完訳 論語

完訳 論語

井波律子［訳］

岩波書店

『論語』世界へのいざない

孔子は後世に流布する、儒家《じゆか》思想の祖という厳《いか》めしいイメージとはうらはらに、たいへん魅力的な人物だった。心身ともに健やかで、明朗闊達、ユーモア感覚にあふれ、なまじの苦難をものともしない強靱な精神を保ちつづけた。とはいえ、いつも余裕たっぷり、穏やかだったわけではなく、喜怒哀楽はいたってはげしく、哀しいときは身も世もあらず嘆き、腹が立つときは思いきり怒り、容赦なく辛辣な批判を加える一方、うれしいとき、楽しいときは手放しで喜びに浸り、気分を高揚させた。弟子たちはそんな孔子の姿を、「子《し》は温《おだ》やかにして而《しか》も厲《はげ》し。威《い》ありて而《しか》も猛《たけ》からず。恭《うやうや》しくして而《しか》も安《やす》し（先生は穏やかだけれども、きびしい。威厳があるけれども、たけだけしくはない。きちんとして礼儀正しいけれども、楽々として堅苦しくはない）」（述而7－37）と、敬愛をこめて記している。

長短とりまぜ五百有余章からなる『論語』の大部分を占めるのは、こうした孔子の対話の記録であり、対話の相手のほとんどは弟子たちである。一説では、孔子には七十七人の高弟がいたとされる。なかでも、悠揚迫らぬ大いなる秀才の顔回《がんかい》、対照的に才気煥発、機敏な秀才の子貢《しこう》、直情径行の快男児の子路《しろ》、の三人は、孔子がとりわけ深く信頼した高弟であり、『論語』にもしばしば孔子の対話の相手として登場する。孔子と彼らがそれぞれ、対話の情景が彷彿とするるような、問答を繰り広げるさまは圧巻というほかない。
もっとも、すべての弟子が優秀というわけではなく、なかには、ユニークだけれども、呑み込みのわるい者や、逆に素っ頓狂な慌て者等々もいるが、孔子は、そんな弟子たちに対しては、彼らの個性や志向を十二分に承知して柔軟に向かい合い、あるいは噛んで含めるように、あるいはビシリとたしなめながら、彼らがそれぞれ理解を深めることができるよういざなった。こうしたやりとりもまた、無類の面白みにあふれる。

このように、『論語』が孔子の著書ではなく、主として多種多様の弟子たちと語り合った対話の記録であるということは、この書物の稀有の魅力の源泉となっている。そこで、本書では、孔子のざっくばらんでいきいきした言動にスポットを当てるとともに、孔子を深く敬愛しつつ、それぞれの視点から、果敢に問いかける弟子たちの持ち味や来歴についても、おりおりに言及した。

こうして、はるか二千五百年余りの時を超えて、孔子とその弟子たちの形づくる『論語』世界をいささかなりとも、今、ここに「現在形」で浮き彫りにすることができればと願いつつ、私自身、末席に連なり、彼らのやりとりをじっさいに見聞きするような気持ちで、本書を綴った。本書を手に取ってくださる方々もまた、『論語』世界の躍動する面白さをそれぞれ感受され、『論語』をぐっと身近なものとしてとらえられるよう、願うばかりである。

目次

『論語』世界へのいざない
学而　第一　1
為政　第二　21
八佾　第三　49
里仁　第四　79
公冶長　第五　105
雍也　第六　139
述而　第七　173
泰伯　第八　213
子罕　第九　237
郷党　第十　271
先進　第十一　299
顔淵　第十二　337
子路　第十三　367
憲問　第十四　401
衛霊公　第十五　451
季氏　第十六　487
陽貨　第十七　509
微子　第十八　539
子張　第十九　555
堯曰　第二十　583
解　説　593
孔子関連地図　600
孔子関連年表　601
主要参考文献　602
語句索引　*20*
語注索引　*5*
人名索引　*1*

装丁＝坂口　顯

学而《がくじ》 第一

学而 1-1

子曰、學而時習之、不亦説乎。有朋自遠方來、不亦樂乎。人不知而不慍、不亦君子乎。

子《し》曰《いわ》く、学《まな》んで時《とき》に之《こ》れを習《なら》う、亦《ま》た説《よろこ》ばしからずや。朋《とも》有《あ》り遠方《えんぽう》自《よ》り来《き》たる、亦《ま》た楽《たの》しからずや。人《ひと》知《し》らずして慍《いか》らず、亦《ま》た君子《くんし》ならずや。

先生は言われた。「学んだことをしかるべきときに復習するのは、喜ばしいことではないか。勉強仲間が遠方から来てくれるのは、楽しいことではないか。人から認められなくとも腹を立てない、それこそ君子ではないか」。

○**亦《ま》た〜ずや**　〜ではないか。穏やかな問いかけ。○**説《よろこ》ぶ**　「説」は「悦」に同じ。「よろこぶ」の意。○**君子《くんし》**　ひとかどのりっぱな人物。

二十篇からなる『論語』の開巻「学而第一」の冒頭に置かれた言葉であり、『論語』世界の雰囲気を象徴する発言である。「学」のうちには、『詩経《しきょう》』や『書経《しょきょう》』などの古典を学ぶことのほか、儀式や日常生活における礼法を実践的に学びとることも含まれている。さまざまな形で学んだことを、それが身についた時期に、もう一度おさらいして、自分のものにするのは喜ばしいことではないか。同じように学びの体験を積んでいる友人が遠方から訪ねてきてくれ、うちとけて語り合い共感するのは、楽しいことではないか。こうして学ぶことの喜び、共感できる友人との談笑する楽しみがある以上、世間から評価されなくとも腹を立てない。それこそ「君子」ではないか。君子はもともと、上層階層に属し、美的・倫理的に修練を積んだ人物を指すが、孔子の描く君子像は階層を超え、より広がりをもつ理想的人間像である。

この章の発言はすべて「亦《ま》た〜ずや」という、圧迫を感じさせない穏やかな問いかけの語調になっており、先生と弟子が自由かつ活発に語り合った孔子一門のざっくばらんな雰囲気を、おのずと明らかにする。

学而 1－2

有子曰、其爲人也孝弟、而好犯上者鮮矣。不好犯上、而好作亂者、未之有也。君子務本。本立而道生。孝弟也者、其爲仁之本與。

有子《ゆうし》曰《いわ》く、其《そ》の人《ひと》と為《な》りや孝弟《こうてい》にして、而《しか》も上《かみ》を犯《おか》すことを好《この》む者《もの》は鮮《すくな》し。上《かみ》を犯《おか》すことを好《この》まずして、而《しか》も乱《らん》を作《な》すことを好《この》む者《もの》は、未《いま》だ之《こ》れ有《あ》らざる也《なり》。君子《くんし》は本《もと》を務《つと》む。本立《もとた》ちて道生《みちしょう》ず。孝弟《こうてい》なる者《もの》は、其《そ》れ仁《じん》の本為《もとた》るか。

有子《ゆうし》は言った。「その人柄が、身内の年長者に対する素直さにあふれた者で、目上の者に反抗したがる者は少ない。目上の者に反抗したがらない者で、混乱状態を引き起こしたがる者は、いたためしがない。君子は根本のことに努力する。根本が確立すると道はおのずと生まれてくる。身内の年

○**孝弟**《こうてい》 両親や兄など身内の年長者に対する素直さ。「弟」は「悌」に同じ。○**上**《かみ》 広く上位者、目上の者を指す。○**乱**《らん》 混乱状態。○**君子**《くんし》 前章

長者に対する素直さは、仁の根本であろうか」。

発言者の有子《ゆうし》（子は敬称）は孔子の高弟。姓を有《ゆう》、名を若《じゃく》、あざなを子有《しゆう》という。年齢については、孔子より十三歳、三十三歳、四十三歳、それぞれ年下だったとするなど、諸説ある。風貌が孔子に似ていたため、孔子の没後、弟子たちの間で、孔子の代わりに推そうとする動きがあったが、高弟の曾《そう》子《し》の反対により沙汰やみになったというエピソードもある（『孟子《もうし》』滕文公《とうぶんこう》篇）。この章の発言も、孔子のようなのびやかな自在さに欠け、やや教条的である。

注参照。○**仁**《じん》 誠実な思いやりや人間愛など、さまざまな要素を包括した大いなる徳義。

学而 1－3

子曰、巧言令色、鮮矣仁。

子《し》曰《いわ》く、巧言令色《こうげんれいしょく》、鮮《すくな》し仁《じん》。

先生は言われた。「巧妙な言葉づかい、とりつくろった表情の人間は真情に欠ける」。

○**巧言**《こうげん》 巧妙な言葉づかい、口先上手。○**令色**《れいしょく》 とりつくろった表情、人当たりのよい顔つき。○**仁**《じん》 前章注参照。

辛辣で歯切れのよい言葉である。孔子は、言語における美的表現や細やかに神経のゆきとどいた行動形式を好み重視したが、それはすべて人としての誠実さを基盤とした上でのことであり、上滑りで真実味のない「巧言令色《こうげんれいしょく》」は論外だった。

この辛辣で攻撃的な発言の対極に位置するのは、「剛毅木訥《ごうきぼくとつ》、仁《じん》に近《ちか》し」(子路13-27)であろう。否定するにせよ、肯定するにせよ、孔子の発言にはときとして寸鉄人を刺す、おそるべき鋭さがある。

学而 1-4

曾子曰、吾日三省吾身。爲人謀而不忠乎。與朋友交而不信乎。傳不習乎。

曾子《そうし》曰く、吾《わ》れ日《ひ》に三《み》たび吾《わ》が身《み》を省《かえ》りみる。人《ひと》の為《ため》に謀《はか》りて忠《ちゅう》ならざるか。朋《ほう》友《ゆう》と交《まじ》わりて信《しん》ならざるか。習《なら》わざるを伝《つた》うるか。

曾子《そうし》は言った。「私は毎日、三つの事について反省する。他者の相談に乗りながら、まごころを尽くさなかったのではないか。友人との交際で、信義を守らなかったのではないか。よく理解していないことを、後輩に伝授したのではないか、と」。

○忠《ちゅう》 誠心誠意、まごころを尽くすこと。○信《しん》 誠実に信義を守ること。

他者、友人、後輩や弟子という、三様の相手に対し、それぞれ誠実であることを願う、いかにも実直で生真面目な曾子《そうし》らしい言葉である。

曾子は姓を曾《そう》、名を参《しん》、あざなを子与《しよ》という。孔子より四十六歳年下、孔子門下における年少の弟子である。真面目すぎて「魯《ろ》(ぐず)」と評される面もあったが(先進11-18参照)、篤実で手堅く、孔子亡き後の一門をとりまとめた。曾子の父、曾点《そうてん》あざな子皙《しせき》(曾皙《そうせき》とも呼ばれる)も孔子の弟子である。

なお、「習《なら》わざるを伝《つた》うるか」は伝統的な注(古注)による読みかた。朱子《しゅし》の新注では「伝えて習わざるか(先生に習ったことを十分に復習しなかったか)」と読む。

学而 1-5

子曰、道千乘之國、敬事而信、節用而愛人、使民以時。

子《し》曰《いわ》く、千乗《せんじょう》の国《くに》を道《みち》びくに、事《こと》を敬《つつし》みて信《しん》、用《よう》を節《せっ》して人《ひと》を愛《あい》し、民《たみ》を使《つか》うに時《とき》を以《もっ》てす。

先生は言われた。「千乗の国を治めるには、慎重に事を運んで信義を守り、公費を節約して住民を大切にし、住民を使役するさいには、しかるべき季節に実施せよ」。

○**千乗《せんじょう》の国《くに》** 戦いにおいて、千台の戦車とそれに見合った兵士を出動できる国。当時における諸侯の国をいう。○**道《みち》びく** 「導く」に同じ。○**時《とき》**

諸侯の国々において、住民を基礎とし、彼らから信頼されることを、行政の最重点課題とする発言。孔子の政治的理想主義が如実にうかがえる。

を以《もっ》てす しかるべき季節に行うこと。農民を使役するさい、農繁期を避けることをいう。

学而 1－6

子曰、弟子入則孝、出則弟、謹而信、汎愛衆而親仁、行有餘力、則以學文。

子《し》曰《いわ》く、弟子《ていし》入《い》りては則《すなわ》ち孝《こう》、出《い》でては則《すなわ》ち弟《てい》、謹《つつし》みて信《しん》、汎《ひろ》く衆《しゅう》を愛《あい》して仁《じん》に親《した》しみ、行《おこな》いて余力有《よりょくあ》らば、則《すなわ》ち以《もっ》て文《ぶん》を学《まな》べ。

先生は言われた。「若い諸君よ、家のなかでは父母に孝行を尽くし、家の外では年長者に従い、言動には気をつけて誠実に実行し、広く大勢の人々と交際して、人格者に親しむように。そういうふうに実践して、余力があれば、書物を読みなさい」。

○**孝**《こう》、**弟**《てい》、**仁**《じん》 学而(本篇)1-2注参照。○**信**《しん》 学而(本篇)1-4注参照。○**文**《ぶん》 ここでは「文学」の意。読書など、いわゆる学問を指す。

「弟子《ていし》」には文字どおり弟子すなわち門弟の意味と、広く若者を意味する場合があるが、ここでは後者の意。孔子が若い門弟たちに向かって、「若い諸君よ」と呼びかけたとおぼしい。節度ある社会の到来を願った孔子は、その第一歩として、父母には孝、年長者には弟という具合に、まず身近な人間関係の秩序性を重んじた。これを基礎として、言動における慎重さと誠実さ、人との関わりにおける広がりと密度の高さが、肝要だと説く。これらはすべて他者ひいては社会と個人の関わりにおけるポイントにほかならない。これらのポイントを学びとり、社会的に実践したうえで、なお余力があれば、狭義の学問である読書に励むようにというのである。孔子がいかに実践を重視したかを示す発言。

学而 1－7

子夏曰、賢賢易色、事父母能竭其力、事君能致其身、與朋友交、言而有信、雖曰未學、吾必謂之學矣。

子夏《しか》曰《いわ》く、賢《けん》を賢《けん》として色《いろ》に易《か》え、父母《ふぼ》に事《つか》えて能《よ》く其《そ》の力《ちから》を竭《つ》くし、君《きみ》に事《つか》えて能《よ》く其《そ》の身《み》を致《いた》し、朋友《ほうゆう》と交《まじ》わるに、言《い》いて信《しん》有《あ》らば、未《いま》だ学《まな》ばずと曰《い》うと雖《いえど》も、吾《わ》れは必《かなら》ず之《こ》れを学《まな》びたりと謂《い》わん。

子夏《しか》は言った。「賢者を賢者として美女のように尊重し、父母に仕えて力のかぎりを尽くし、君主に仕えて骨身を惜しまず、友人との交際において、

○**色**《いろ》 美女。

自分の言ったことに誠実であるならば、たとえその人が正式に学問をしたことがなくとも、私は必ず学のある人として認める」。

子夏《しか》は姓を卜《ぼく》、名を商《しょう》、あざなを子夏という。孔子より四十四歳年下。学而(本篇)1-4に登場した曾子《そうし》と同様、孔子門下における年少の弟子であり、「文学には子游《しゆう》・子夏」(先進11-3)と称されるように、文学(学問)にすぐれていた。

この子夏の発言については古来、さまざまな解釈がある。ことに解釈が分かれるのは「賢《けん》を賢《けん》として色《いろ》に易《か》え」の部分だが、「賢者を尊重すること美女を尊重するごとくなれ」という、孔子儒学集団ならではの、開放的なニュアンスのある伝統的な注(古注)によった。優秀な学者だった子夏が、このように正式の学問をしていなくとも、実践や行動においてすぐれた人物を、あえて高く評価しているのは、実践を重視した孔子の薫陶によるものであろう。

学而 1-8

子曰、君子不重則不威。學則不固。主忠信、無友不如己者。過則勿憚改。

子《し》曰《いわ》く、君子《くんし》は重《おも》からざれば則《すなわ》ち威《い》あらず。学《まな》べば則《すなわ》ち固《こ》ならず。忠信《ちゅうしん》を主《しゅ》とし、己《おのれ》に如《し》かざる者《もの》を友《とも》とすること無《な》かれ。過《あやま》てば則《すなわ》ち改《あらた》むるに憚《はばか》ること勿《な》かれ。

先生は言われた。「君子は重々しくなければ威厳がない。学問をすれば、頑固でなくなる。まごころと誠実さを主とし、自分より劣る者を友人にするな。過ちを犯したならば、ためらわずに改めよ」。

○**君子**《くんし》 学而（本篇）1-1の注、解説参照。○**固**《こ》 頑固、かたくな。○**忠信**《ちゅうしん》 学而（本篇）1-4注参照。○**過**《あやま》**つ** 過ちを犯す。

「忠信《ちゅうしん》を主《しゅ》とし……」以下の句は、同じ表現が子罕9-25にも見える（字にはやや異同がある）。おそらく孔子はこう告げて、しばしば弟子に注意をうながしたのであろう。

この文章は、一見、つながりのない断片的な発言を羅列したように見えるところから、別々のときに言った言葉をまとめて収録したという説もある。しかし、多様な角度から、君子（ひとかどのりっぱな人物）に不可欠な条件を述べたものと読めば、すんなり腑に落ちる。ことに、末句の「過《あやま》てば則《すなわ》ち改《あらた》むるに憚《はばか》ること勿《な》かれ」は、孔子自身、まちがったと思ったときには、あっさり「前言《ぜんげん》は之《こ》れに戯《たわ》むるるのみ」（陽貨17-4）と、非を認める人物だったことを思うと、いかにも実感がこもっており、孔子がみずからの経験をふまえて、弟子たちに向き合う教育者だったことがよくわかる。

学而 1-9

曾子曰、愼終追遠、民德歸厚矣。

曾子《そうし》曰《いわ》く、終《お》わりを愼《つつし》み遠《とお》きを追《お》えば、民《たみ》の德《とく》 厚《あつ》きに帰《き》せん。

曾子《そうし》は言った。「父母の葬式を哀悼の意を込め慎重に行い、遠い先祖に対する祭祀を心を込めて行えば、民衆の気風もおのずと誠実な方向へと帰するだろう」。

○**終《お》わりを慎《つつし》む** 父母の死に対する儀式(葬式)を悲しみを込めて慎重に行うこと。○**遠《とお》きを追《お》う** 遠い先祖に対する祭祀を心を込めて行うこと。○**徳《とく》** ここでは「気風」の意。

曾子《そうし》は、『孝経《こうきょう》』を著したとされるように、孔子一門のなかで、とりわけ父母や先祖に対する敬愛を重視した人物である。これは、そうした敬愛を民衆教化の核とした発言。

学而 1－10

子禽問於子貢曰、夫子至於是邦也、必聞其政。求之與、抑與之與。子貢曰、夫子温良恭倹譲以得之。夫子之求之也、其諸異乎人之求之與。

子禽《しきん》　子貢《しこう》に問《と》いて曰《いわ》く、夫子《ふうし》の是《こ》の邦《くに》に至《いた》るや、必《かなら》ず其《そ》の政《まつりごと》を聞《き》く。之《こ》れを求《もと》めたるか、抑《そも》そも之《こ》れを与《あた》えたるか。子貢曰《しこういわ》く、夫子《ふうし》は温《おん》・良《りょう》・恭《きょう》・倹《けん》・譲《じょう》以《もっ》て之《こ》れを得《え》たり。夫子《ふうし》の之《こ》れを求《もと》むるや、其《そ》れ諸《こ》れ人《ひと》の之《こ》れを求《もと》めたるに異《こと》なるか。

子禽《しきん》が子貢《しこう》にたずねて言った。「先生はある国へ行かれると、必ずその国から政治の相談を受けられました。これは先生のほうから要求されたのでしょうか、それとも相手からもちかけられたのでしょうか」。子貢は言った。「先生はおだやかさ、すなおさ、うやうやしさ、つつましやかでひかえめな人柄によって、そうした成りゆきになられたのだ。たとえ先生が要求されたとしても、それは他の者の要求の仕方とは異なっているようだね」。

子貢《しこう》は姓を端木《たんぼく》、名を賜《し》、あざなを子貢という。孔子より三十一歳年下。「言語には宰我《さいが》・子貢」（先進11－3）と称されるように、弁論にすぐれた孔子門下の秀才であり、外交官として活躍し、商才に長けた大商人でもあった。孔子はみずからの政治的理想の実現をめざし、飽くことなく諸国を遍歴した。子禽《しきん》（注参照）の質問に答えて、子貢が語ったこの言葉は、そうした師に対するあたたかく深い理解に満ちている。

○**子禽**《しきん》 姓を陳《ちん》、名を亢《こう》、あざなを子禽というとされる。孔子の直弟子ではなく、子貢《しこう》もしくは孔子の息子の孔鯉《こうり》の弟子だとする説もある。○**夫子**《ふうし》 先生や目上の人に対する尊称。ここでは孔子を指す。○**是**《こ》**の邦**《くに》 ここでは、特定の国ではなく、不特定のある一つの国という意。○**抑**《そも》**そも** あるいは、それとも。○**温**《おん》**・良**《りょう》**・恭**《きょう》**・倹**《けん》**・譲**《じょう》 温はおだやかさ、良はすなおさ、恭はうやうやしさ、倹はつつましやか、譲はひかえめ。○**其**《そ》**れ諸**《こ》**れ** リズムをととのえるための助字。

学而 1-11

子曰、父在観其志、父没観其行。三年無改於父之道、可謂孝矣。

子《し》曰《いわ》く、父《ちち》在《いま》せば其《そ》の志《こころざし》を観《み》、父《ちち》没《ぼっ》すれば其《そ》の行《こう》を観《み》る。三年《さんねん》 父《ちち》の道《みち》を改《あらた》むる無《な》きは、孝《こう》と謂《い》う可《べ》し。

先生は言われた。「父の在世中は、父の意志を見てとり、父が亡くなってからは、父の生前の振る舞いを思い起こす。（そのうえで）服喪三年の間、父のやりかたを変えない者は、孝行者だといえる」。

○**志**《こころざし》 意志、考え。○**行**《こう》 行為、振る舞い。○**三年**《さんねん》 父に対する服喪期間。足かけ三年。二十五か月もしくは二十七か月とされる。

通説では、「其《そ》の志《こころざし》」「其《そ》の行《こう》」を、「子《こ》の志」「子《こ》の行」とし、「三年《さんねん》……」の句と合わせて、すべて子の言動を説いたものとし、この三つの関門をパスすれば、その人物が孝行者かどうか判断できると、述べた言葉だとする。しかし、これはあまりに窮屈かつ教条的な解釈であり、常に孝行者かどうか監視されているような息苦しさがある。したがって、ここでは清《しん》の銭大昕《せんたいきん》などの説により、「其の」をすべて「父の」と読み、父の生前、没後、服喪期間を通して、子の父に対する、血の通ったあたたかい思いを述べたものと解した。そのほうが、自然な流露感があり、のびやかな孔子の発言にふさわしいと思われる。

学而 1－12

有子曰、禮之用和爲貴、先王之道斯爲美。小大由之、有所不行。知和而和、不以禮節之、亦不可行也。

有子《ゆうし》曰《いわ》く、礼《れい》の和《わ》を用《もっ》て貴《とうと》しと為《な》すは、先王《せんおう》の道《みち》も斯《これ》を美《び》と為《な》す。小大《しょうだい》之《こ》れに由《よ》れば、行《おこな》われざる所《ところ》有《あ》り。和《わ》を知《し》って和《わ》すれども、礼《れい》を以《もっ》て之《こ》れを節《せっ》せざれば、亦《ま》た行《おこな》う可《べ》からざる也《なり》。

有子《ゆうし》は言った。「礼が調和を尊重することについては、先王のやりかたもこの点ですばらしかった。（しかし）何もかも調和によると、うまくゆかないところが出てくる。調和のよさを認識して調和するとしても、礼の法則性によって節制しないと、やはりうまくゆかなくなる」。

○**礼**《れい》 冠礼《かんれい》（元服の儀式）、婚礼、喪《そう》礼《れい》（喪中の礼法）など、社会生活におけるもろもろの儀式の定め。節度ある人間関係の具体的表現としての型の方式。○**和**《わ》 調和。○**先王**《せんおう》 古《いにしえ》のすぐれた王。○**小大**《しょうだい》 大も小も、何もかも。

これも孔子の高弟有若《ゆうじゃく》（学而〈本篇〉1－2参照）の発言。礼におけるゆるやかな調和性と秩序だった法則性の両面を、バランスよく用いるようにと説いたもの。

学而 1-13

有子曰、信近於義、言可復也。恭近於禮、遠恥辱也。因不失其親、亦可宗也。

有子《ゆうし》曰《いわ》く、信《しん》 義《ぎ》に近《ちか》づけば、言《げん》 復《ふ》む可《べ》き也《なり》。恭《きょう》 礼《れい》に近《ちか》づけば、恥辱《ちじょく》に遠《とお》ざかる也《なり》。因《よ》ること 其《そ》の親《しん》を失《うしな》わざれば、亦《ま》た宗《むね》とす可《べ》き也《なり》。

有子《ゆうし》は言った。「約束を守る誠実さが正しさに近づくと、言葉どおりに実行できる。うやうやしさが礼に近づくと、人の辱《はずかし》めを受けずにすむ。信頼すべき対象を選ぶさい、親しく近づくにふさわしい人を見失わないと、これまた尊敬される」。

○**信**《しん》 約束を守る誠実さ。○**義**《ぎ》 正しさ。○**復む**《ふ》 「履《ふ》む」に同じ。履行、実行すること。○**恭**《きょう》 うやうやしさ。○**因《よ》ること** 信頼すべき人間。○**宗《むね》とす** 尊ぶ。

前章と同様、有若《ゆうじゃく》の発言。『論語』は有若の発言を計四章、収録しており、三章はこの篇に見える（残る一章は、顔淵12-9）。この章の解釈には諸説あるが、いずれも今一つ、判然としない。ここでは、個人的要素の強い「信《しん》」「恭《きょう》」「因《よ》ること」は、それだけでは不十分であり、それぞれ「義《ぎ》」「礼《れい》」「親《しん》を失《うしな》わず」という客観的要素と結びついてはじめて成就される、と解した。この有若の発想のパターンは前章と共通する。

学而 1－14

子曰、君子食無求飽、居無求安。敏於事、而愼於言。就有道而正焉。可謂好學也已。

子《し》曰《いわ》く、君子《くんし》は食飽《しょくあ》くを求《もと》むること無《な》く、居安《きょやす》きを求《もと》むること無《な》し。事《こと》に敏《びん》にして、言《げん》に慎《つつし》む。有道《ゆうどう》に就《つ》きて正《ただ》す。学《がく》を好《この》むと謂《い》う可《べ》きのみ。

先生は言われた。「君子は食事については満腹を求めることなく、住まいについては快適を求めない。行動においては敏捷、発言については慎重であり、さらにまた、道義を体得した人について批判を乞う。そうした人は学を好むといえよう」。

○**君子《くんし》** ひとかどのりっぱな人物。学而（本篇）1-1解説参照。○**有道《ゆうどう》** 道義を体得した人。

君子は、食や住については贅沢を求めず、行動においては果断にして機敏、発言においてはぺらぺらしゃべらず慎重であることを重視しつつ、おりにつけ有道者の教示・批判を受けて、自己反省する。そうした人物は学を好むといえると、孔子は言う。物質的な充足よりも、適正な実践を重視する言葉である。

さらに孔子は、このような実践につとめる者を「学《がく》を好《この》む」者だとする。これは、孔子の言うところの学が、単に書斎の学問を指すのではなく、行動や発言のありかたや方法を含む実践的なものだったことを意味する。

付言すれば、孔子は、この章で食や住に対する過剰な欲求についてはたしかに否定しているけれども、だからといって、けっして極端に貧しい物質生活を称揚しているわけではない。ゆたかな感性をもつ孔子は、後世の道学者のような窮屈なリゴリズムとは無縁だったのである。

学而 1－15

子貢曰、貧而無諂、富而無驕、何如。子曰、可也、未若貧而樂、富而好禮者也。子貢曰、詩云、如切如磋、如琢如磨、其斯之謂與。子曰、賜也、始可與言詩已矣。告諸往而知來者。

子貢《しこう》曰《いわ》く、貧《まず》しくして諂《へつら》うこと無《な》く、富《と》んで驕《おご》ること無《な》きは、何如《いかん》。子《し》曰《いわ》く、可《か》也《なり》、未《いま》だ貧《まず》しくして楽《たの》しみ、富《と》んで礼《れい》を好《この》む者《もの》に若《し》かざる也《なり》。子貢《しこう》曰《いわ》く、詩《し》に、切《せっ》するが如《ごと》く磋《さ》するが如《ごと》く、琢《たく》するが如《ごと》く磨《ま》するが如《ごと》しと云《い》うは、其《そ》れ斯《これ》を之《こ》れ謂《い》うか。子《し》曰《いわ》く、賜《し》や、始《はじ》めて与《とも》に詩《し》を言《い》う可《べ》きのみ。諸《これ》に往《おう》を告《つ》げて来《らい》を知《し》る者《もの》なり。

子貢《しこう》が言った。「貧しくとも卑屈にならず、金持ちでも高ぶらないというのは、どうでしょうか」。先生は言われた。「それもよいが、貧しくとも楽

○**詩**《し》 ここでは、『詩経《しきょう》』衛風《えいふう》「淇奥《きいく》」の詩句を指す。○**切**《せつ》 骨の加工。○**磋**《さ》

しく暮らし、金持ちであって礼を好む者には及ばないだろう」。子貢は言った。「『詩経《しきょう》』の「切《せつ》するが如《ごと》く、磋《さ》するが如《ごと》く、琢《たく》するが如《ごと》く磨《ま》するが如《ごと》し」というのは、このことをいうのですね」。先生は言われた。「賜《し》(子貢の本名、端木賜《たんぼくし》)よ、おまえとこそはじめていっしょに詩の話ができるというものだ。おまえは何かを告げると、その先のことがわかる人間だ」。

象牙の加工。〇琢《たく》 玉《ぎょく》の加工。〇磨《ま》 石の加工。〇往《おう》 過去。〇来《らい》 未来。

子貢《しこう》の「貧しくとも卑屈にならず、金持ちでも高ぶらない」という、抑制のきいた生きかたはどうですかとの質問に対し、孔子はそれもわるくはないが、「貧しくとも楽しく暮らし、金持ちであって礼を好む」という、積極的《アグレッシブ》な生きかたには及ばないだろうと答える。すると、すかさず子貢は、孔子門下の教科書である『詩経《しきょう》』の衛風《えいふう》「淇奥《きいく》」第一節を引用し、つまりこういうことですねと、問いかける。子貢が引用した詩句は、

瞻彼淇奥　彼《か》の淇《き》の奥《くま》を瞻《み》れば
緑竹猗猗　緑《みどり》の竹《たけ》の猗猗《いい》として
有匪君子　有《げ》にも匪《あざや》けき君子《くんし》は
如切如磋　切《せつ》するが如《ごと》く磋《さ》するが如《ごと》く
如琢如磨　琢《たく》するが如《ごと》く磨《ま》するが如《ごと》し

というかたちで入っており、「淇水《きすい》の隅を見やると、緑の竹がみずみずしい。そのようにりっぱな人

物は、切磋琢磨《せっさたくま》して、自分を磨きあげる」というのが、あらましの意味である。聡明で反射神経にすぐれた子貢が即座に、こうして「いやがうえにも磨きをかける」という意味の詩句を引用し、孔子の言わんとすることをみごとに言い当てる。

感心した孔子の子貢への賛辞、「諸《これ》に往《おう》を告《つ》げて来《らい》を知《し》る者《もの》なり」の「往」はもともと過去を指し、「来」は未来を指す。孔子はここで、「おまえは往(すでに言ったこと)から、来(まだ言っていないこと)を推し量り察知できる者だ」と、子貢の呑み込みのはやさをほめているのである。それにしても、ここもそうだが、孔子と子貢の会話はいきいきとしてテンポがはやく、快感をおぼえさせるものがある。とうてい二千五百年も前に生きた人々の会話とは思えない。

学而 1－16

子曰、不患人之不己知、患不知人也。

子《し》曰《いわ》く、人《ひと》の己《おのれ》を知《し》らざるを患《うれ》えず、人《ひと》を知《し》らざるを患《うれ》うる也《なり》。

先生は言われた。「自分が人から認められないことは気に病まず、自分が人を認めないことを気に病む」。

『論語』の開巻「学而第一」の結びの章である。この篇の冒頭に置かれた第一章の「人知《ひとし》らずして慍《いか》らず、亦《ま》た君子《くんし》ならずや」と、この結びの「人《ひと》の己《おのれ》を知《し》らざるを患《うれ》えず、人《ひと》を知《し》らざるを患《うれ》うる也《なり》」が、呼応し響きあって、美しい円環を描いているのが見てとれる。

さらに、この結びの発言では、気に病むべきことは、自分が他人に認められないことではなく、他人を認めることができないことだと、受動的な発想を主体的発想に逆転させている。孔子の弾力性に富む精神の強靱さが、絶妙のレトリックによって、鮮やかに浮き彫りにされた発言である。

為政《いせい》 第二

為政
2－1

子曰、爲政以德、譬如北辰、居其所、而衆星共之。

子《し》曰《いわ》く、政《まつりごと》を為《な》すに徳《とく》を以《もっ》てせば、譬《たと》えば北辰《ほくしん》の、其《そ》の所《ところ》に居《い》て、衆星《しゅうせい》の之《こ》れに共《むか》うが如《ごと》し。

先生は言われた。「政治を行うのに徳によったならば、北極星がじっとその場にいて、他の多くの星がこれに向かっておじぎをするように、調和がもたらされるだろう」。

おだやかに徳性を発揮して頂点に立つ者を、みずからは動かず、中心で光彩を放つ北辰《ほくしん》(北極星)にたとえ、臣下を北辰の周囲に位置する多くの星にたとえながら、徳にもとづく政治が調和をもたらすさまを美しく描いたものである。

「衆星《しゅうせい》の之《こ》れに共《むか》うが如《ごと》し」について、吉川幸次郎著『論語』は次のように述べる。「共は拱《きょう》の音通であるとし、星たちが北極星の方に向かっておじぎをし、挨拶をしていると説く漢《かん》の鄭玄《じょうげん》の説を、私はとりたい。砂子をめぐらしたように、大空いっぱいにひろがる星が、北極星に向かって、おじぎ、おじぎ、といっても、それはからだをおりまげたことごとしいおじぎではなく、今の中国人がよくするように、軽く両手を前に組み合わせてのおじぎをしている、というのは、道徳による政治の効果の比喩として、美しいイメージである」。みごとな解釈である。

現代の政治といえば、状況も異なり問題も山積していることもあって、ひたすら喧噪の印象がつよいが、この言葉にはそれとは天と地ほども隔たった、見果てぬ夢にも似た静かな充足感が漂う。

為政 2-2

子曰、詩三百、一言以蔽之、曰、思無邪。

子《し》曰《いわ》く、詩《し》三百《さんびゃく》、一言《いちごん》以《もっ》て之《こ》れを蔽《おお》えば、曰《いわ》く、思《おも》い邪《よこしま》無《な》し。

先生は言われた。「『詩経《しきょう》』三百篇の詩を、一言で総括すれば、「思《おも》い邪《よこしま》無《な》し（感情の純粋さ）」ということだろう」。

孔子が愛してやまなかった古代の歌謡集『詩経《しきょう》』に収録されたおよそ三百篇（実際には三百五篇）の詩の特徴を、ずばり一言で指摘した名言である。

『詩経』は三部構成をとり、第一部は黄河流域にあった国々および周《しゅう》王朝直轄領の歌謡、あわせて百六十篇を国別に収録した「国風《こくふう》」、第二部は周王朝の歌、あわせて百五篇を収録した「雅《が》（大雅《たいが》と小《しょう》雅《が》に分かれる）」、第三部は国家の祖先の功を称える祭祀の歌、あわせて四十篇を収録した「頌《しょう》（周頌《しゅうしょう》、魯頌《ろしょう》、商頌《しょうしょう》がある）」となっている。ここで孔子があげた「思《おも》い邪《よこしま》無《な》し」は、第三部の魯頌に見える

「駉《けい》」という詩の一句である。

こうして三部に分かれるとはいえ、古代に生きた人々の喜怒哀楽、生活感覚などを、よりいきいきと今に伝えるのは、第一部の「国風」の詩だといえよう。恋歌もあれば、失意の歌もあり、歌われる内容は多種多様だが、素朴な一行四言のスタイルによるその詩篇は、まさに「思い邪無し」、高ぶる感情を純粋かつストレートに表現したものにほかならない。

「国風」を核とする『詩経』は孔子一門の教科書でもあったが、後述のように、孔子が詩とともに音楽を深く愛したことを考えあわせると、これらの詩篇は読むのではなく、歌われたとおぼしい。

為政 2-3

子曰、道之以政、齊之以刑、民免而無恥。道之以德、齊之以禮、有恥且格。

子曰《しいわ》く、之《こ》れを道《みち》びくに政《まつりごと》を以《もっ》てし、之《こ》れを斉《ととの》うるに刑《けい》を以《もっ》てせば、民免《たみまぬか》れて恥無《はじな》し。之《こ》れを道《みち》びくに徳《とく》を以《もっ》てし、之《こ》れを斉《ととの》うるに礼《れい》を以《もっ》てせば、恥有《はじあ》りて且《か》つ格《いた》る。

先生は言われた。「人々を導くにあたって法制や禁令により、刑罰によって取り締まったならば、刑罰から逃れることばかり考え、恥じる心がなく

○**道《みち》びく**　「導く」に同じ。○**政《まつりごと》**　法制や禁令。○**斉《ととの》う**　整える。ひいて

なる。人々を導くにあたって徳により、礼によって整えたならば、恥じる心が生まれ、正しい道に至る」。

法制、禁令、刑罰によって、人々を威圧的に抑え込もうとすれば、人心はいっそう荒廃するとし、本篇冒頭の2-1と同様、徳による政治を称揚したもの。こうした考えかたは、春秋の乱世のまっただなかを生きた孔子の揺るぎなき信念であり、見果てぬ夢であった。

は、取り締まること。○**免《まぬか》る** 逃れる。○**礼《れい》** 儀式や日常生活における礼法。○**格《いた》る** 正しい道に至る。

為政 2-4

子曰、吾十有五而志于學。三十而立。四十而不惑。五十而知天命。六十而耳順。七十而從心所欲、不踰矩。

子《し》曰《いわ》く、吾《わ》れ十有五《じゅうゆうご》にして学《がく》に志《こころざ》す。三十《さんじゅう》にして立《た》つ。四十《しじゅう》にして惑《まど》わず。五十《ごじゅう》にして天命《てんめい》を知《し》る。六十《ろくじゅう》にして耳順《みみした》がう。七十《しちじゅう》にして心《こころ》の欲《ほっ》する所《ところ》に従《した》がって、矩《のり》を踰《こ》えず。

先生は言われた。「私は十五歳になったとき、学問をしようと決心し、三十歳になったとき、学問的に自立した。四十歳になると、自信ができて迷わなくなり、五十歳になると、天が自分に与えた使命をさとった。六十歳になると、自分と異なる意見を聞いても反発しなくなり、七十歳になると、欲望のままに行動しても、人としての規範をはずれることはなくなった」。

孔子が晩年、みずからの生涯を段階的にたどった自叙伝である。ここには簡潔ながら孔子の生の軌跡が鮮明に刻み込まれている。これをもとに後世、十五歳を「志学《しがく》」、三十歳を「而立《じりつ》」、四十歳を「不惑《ふわく》」、五十歳を「知命《ちめい》」、六十歳を「耳順《じじゅん》」というようになる。

孔子は不遇な少年時代を乗り越え、十五歳のとき、学問で身を立てようと決意する。なお、当時の学問は礼法など広い知識を実践的に習得するものだった。三十代に入ったころ、学問の基礎ができあがり、社会的にも深い学識の持ち主だと認められて、弟子入りする者もふえた。四十代から五十代にかけ、みずからの学問に自信を深め、下剋上《げこくじょう》に揺れる故国魯《ろ》の政治体制改革をめざして出仕する。やがて念願かない、魯の君主定《てい》公に抜擢されて大司寇《だいしこう》(司法長官)となり、魯の実権をにぎる三大貴族(三《さん》桓《かん》。魯の桓《かん》公の子孫である季孫《きそん》氏、孟孫《もうそん》氏、叔孫《しゅくそん》氏を指す)の勢力弱体化に取り組んだものの、あえなく失敗、紀元前四九七年、五十五歳のとき魯を去った。その後、足かけ十四年にわたり大勢の弟子を連れてみずからの政治理念を理解してくれる君主を求めて諸国を遊説した。しかし、願いかなわず、前四八四年、六十八歳で魯に帰国、弟子の教育と著述に専念し、前四七九年、七十三歳で生涯を終えた。

意欲的な少年時代、積極果敢な青壮年時代から、大いなる受容の精神に浸された晩年へ。この簡潔な自伝は孔子の軌跡をみごとに浮き彫りにしている。

為政 2－5

孟懿子問孝。子曰、無違。樊遲御。子告之曰、孟孫問孝於我。我對曰、無違。樊遲曰、何謂也。子曰、生事之以禮、死葬之以禮、祭之以禮。

孟懿子《もういし》 孝《こう》を問《と》う。子曰《しいわ》く、違《たが》うこと無《な》し。樊遅《はんち》 御《ぎょ》たり。子《し》之《こ》れに告《つ》げて曰《いわ》く、孟孫《もうそん》 孝《こう》を我《わ》れに問《と》う。我《わ》れ対《こた》えて曰《いわ》く、違《たが》うこと無《な》し。樊遅曰《はんちいわ》く、何《なん》の謂《いい》ぞや。子曰《しいわ》く、生《い》けるには之《こ》れに事《つか》うるに礼《れい》を以《もっ》てし、死《し》すれば之《こ》れを葬《ほうむ》るに礼《れい》を以《もっ》てし、之《こ》れを祭《まつ》るに礼《れい》を以《もっ》てす。

孟懿子《もういし》が孝行についてたずねた。先生は言われた。「はずれないようにすることです」。樊遅《はんち》が(帰りの)御者をつとめた。先生は樊遅に向かって語りかけられた。「孟孫《もうそん》が私に孝行についてたずねたので、私は「はずれないようにすることです」と答えたよ」。樊遅は言った。「どういう意味ですか」。先生は言われた。「(ご両親が)生きておられるときは、礼によってお仕えし、亡くなったときは、礼によって葬り、法要するときは、礼によって行うことだよ」。

○**孟懿子**《もういし》 魯《ろ》の実権をにぎる三大貴族の一つ、孟孫氏《もうそんし》の一族。前章解説参照。○**違**《たが》**う** 取り違える、はずれる。○**御**《ぎょ》 御者。

孔子は、魯《ろ》の重臣である孟懿子《もういし》に呼ばれ、孝について質問されたとき、簡潔に「はずれないようにすることです」と答える。その帰り道、御者をつとめる弟子の樊遅《はんち》にその話をすると、呑み込みのよくない樊遅は「何《なん》の謂《い》いぞや」と聞き返す。これに対して、孔子は親の生存中、死去したとき、さらに法要を行うとき、と三段階に分け、いずれの場合も礼法にはずれないよう対応することだ、と嚙み砕いて説明してやったというものである。

樊遅は姓を樊《はん》、名を須《しゅ》、あざなを子遅《しち》といい、孔子より三十六歳年下の弟子である。ここでも見てとれるように、あまり頭の回転が速いほうでなく、ピントはずれの質問をし、「小人《しょうじん》なる哉《かな》　樊須《はんしゅ》や（つまらない男だな、樊須は）」（子路13－4）と、孔子を嘆かせたりもしている。もっとも、この章は、孟懿子の質問に対する、端的すぎる観のある答えを、孔子自身が呑み込みのよくない樊遅を相手に、きめこまかく解説するという形を取って、わかりやすく普遍化しているともいえよう。

為政 2－6

孟武伯問孝。子曰、父母唯其疾之憂。

孟武伯《もうぶはく》　孝《こう》を問《と》う。子曰《しいわ》く、父母《ふぼ》は唯《た》だ其《そ》の疾《やまい》を之《こ》れ憂《うれ》う。

孟武伯《もうぶはく》が親孝行についてたずねた。先生は言われた。「父母にはただその病気のことだけ心配されよ」。

質問者の孟武伯《もうぶはく》は前章の孟懿子《もういし》の子。その孟武伯が父と同様、親孝行について質問したのに対する、孔子の答えである。実はこの答えについては古来、三通りの解釈がある。

第一は、「其《そ》の疾《やまい》」を「子《こ》の病気」ととり、父母が子供の病気のことだけ心配するようにし、ほかのことでは心配をかけてはならない、と解釈するもの。第二は、第一と同様「其の疾」を「子の病気」ととるが、父母は子供が病気になることだけ心配しているのだから、病気にならないよう身体を大事にしなさい、と解釈するもの。第三は「其の疾」を「父母の病気」ととり、父母についてはただ病気のことだけ心配しなさい、と解釈するものである。

この短い文章に、これほど多様な解釈があり、しかもこの三通りの解釈がいずれも成り立ちうるのだから、中国語の文章が内包する多義性に改めて驚かされる。このうち第三の解釈が、もっとも素直に自然の流れに沿ったものだと思われるため、これによって訳した。

為政 2-7

子游問孝。子曰、今之孝者、是謂能養。至於犬馬、皆能有養。不敬、何以別乎。

子游《しゆう》孝《こう》を問《と》う。子曰《しいわ》く、今《いま》の孝《こう》なる者《もの》は、是《こ》れを能《よ》く養《やしな》うを謂《い》う。犬馬《けんば》に至《いた》るまで、皆《み》な能《よ》く養《やしな》う有《あ》り。敬《けい》せずんば、何《なに》を以《もっ》て別《わか》たんや。

子游《しゆう》が孝行についてたずねた。先生は言われた。「今どきの親孝行は、扶

○**能《よ》く養《やしな》う**　扶養する、食糧を与え

養することをいう。（しかし、人は）犬や馬でも食糧を与えて養っている。敬愛する気持ちがなければ、どうして両者（親と犬馬）を区別できようか」。

質問者の子游《しゆう》は姓を言《げん》、名を偃《えん》、あざなを子游といい、孔子より四十五歳年下である。「文学には子游・子夏《しか》」（先進11－3）と称されるように、学問にすぐれた高弟だった。

この章は、その子游が孝行について質問したのに対する孔子の答えだが、古来、別の解釈がある。「養《やしな》う」を「奉仕する」と解し、「人が親に奉仕するように、犬や馬だって人に奉仕する」と読むのである。しかし、この読みかたでは、桑原武夫著『論語』ですでに指摘されているように、「養う」の主語が、それぞれ「人」と「犬馬」と異なることになり、ねじれがあって、たいへん読みにくい。このため、上記のように訳した。

いずれにせよ、孝は単に親を物質的に扶養することではなく、敬愛の情が不可欠だという孔子の言葉はあたたかみにあふれている。それにしても、孔子が生きた、今を去ること二千五百年も前、「今どきの親孝行」がすでに物質化していたかと思うと、うたた感慨深い。

て養う。このほか、「奉仕する」と読む説もある。

為政 2－8

子夏問孝。子曰、色難。有事、弟子服其勞。有酒食、先生饌。曾是以爲孝乎。

子夏《しか》 孝《こう》を問《と》う。子曰《しいわ》く、色難《いろかた》し。事有《ことあ》れば、弟子《ていし》 其《そ》の労《ろう》に服《ふく》す。酒食有《しゅしあ》れば、先生《せんせい》に饌《せん》す。曾《すなわ》ち是《こ》れを以《もっ》て孝《こう》と為《な》せるか。

子夏《しか》が孝についてたずねた。先生は言われた。「表情が難しい。行事があれば、若い者が労力を出して立ち働く。酒やご飯があれば、先輩にすすめる。そういうことだけで孝行になるかね」。

○**色**《いろ》 顔色、表情。○**弟子**《ていし》 広く若者を指す。○**酒食**《しゅし》 「食」はシと読み、「ご飯」の意。酒やご飯。○**先生**《せんせい》 広く先輩を指す。○**饌す**《せん》 送る、すすめる。

優秀な年少の弟子、子夏《しか》(学而1－7参照)の孝行についての質問に対する孔子の答えである。「色難《いろかた》し(表情が難しい)」という言葉については、父母の色(表情)と見なし、父母の表情からその真意を見てとることがもっとも難しいとするもの、子《こ》の色と見なし、子たるものが父母に対する敬愛をその表情にあらわすことがもっとも難しいとするもの、の二説がある。後の語句とのつながりから見ると、後者の解釈が妥当だと思われる。親孝行は、ひろく先輩に対するように、労力を提供したり、酒食をすすめたり等々、型どおりの言動だけでは不十分であり、内面的な敬愛の情を表出させることが大事だと説いたものであろう。

本篇では、この章まで四章にわたり孝行に関する対話がつづく。相手によって孔子の答えかたは融《ゆう》通無碍《ずうむげ》、微妙に異なっており、教条的な堅苦しさとはおよそ無縁である。

為政 2-9

子曰、吾與回言終日、不違如愚。退而省其私、亦足以發。回也不愚。

子《し》曰《いわ》く、吾《わ》れ回《かい》と言《い》うこと終日《しゅうじつ》、違《たが》わざること愚《ぐ》なるが如《ごと》し。退《しりぞ》いて其《そ》の私《わたくし》を省《かえ》りみれば、亦《ま》た以《もっ》て発《はっ》するに足《た》れり。回《かい》や愚《ぐ》ならず。

○発《はっ》す　啓発する、ハッとさせる。

先生は言われた。「顔回《がんかい》と朝から晩まで話をしていると、はいはいと逆らわないさまはバカのようだ。しかし、私の前からしりぞいた後の私生活を見ると、やはり人をハッとさせるものがある。顔回はバカじゃない」。

顔回《がんかい》は姓を顔、名を回、あざなを淵《えん》(顔淵《がんえん》、子淵《しえん》ともいう)という。孔子より三十歳年少であり、孔子最愛の弟子だった。『論語』において、孔子はしばしば顔回に言及しているが、ほとんど絶賛ばかりである。顔回は同世代の子貢《しこう》のように才気煥発、目から鼻へぬけるような秀才型ではなく、この章の孔子の言葉からうかがえるように、一見、愚者のように茫洋としたタイプだった。まさに「大智《だいち》は愚《ぐ》の如《ごと》し(大いなる智者は愚か者のようだ)」(北宋《ほくそう》の蘇東坡《そとうば》の言葉)そのものである。孔子自身は頭の回転の速い、才気煥発の人であり、それなるがゆえにいっそう、悠揚迫らぬ雰囲気をもつ顔回に魅かれたのかもしれない。他の高弟たちも顔回の長所は十分、認めてはいたものの、あまりに孔子が肩入れするために、稚気あふれる子路《しろ》などは嫉妬して、露骨に張り合う微笑ましい場面も見られる(述而7-10参照)。

為政 2－10

子曰、視其所以、観其所由、察其所安、人焉廋哉、人焉廋哉。

子曰《しいわ》く、其《そ》の以《もち》うる所《ところ》を視《み》、其《そ》の由《よ》る所《ところ》を観《み》、其《そ》の安《やす》んずる所《ところ》を察《さっ》すれば、人焉《ひといず》くんぞ廋《かく》さんや、人焉《ひといず》くんぞ廋《かく》さんや。

先生は言われた。「その人物の行動を観察し、その行動がどんな理由でなされたかを観察し、その行動の落ち着き先（行方）を推察すれば、その人はどうして（自分の真の姿を）隠せようか、どうして隠せようか」。

いかにも有為転変を経てきた孔子らしい、きびしく鋭い人間観察である。

○**以う**《もち》 用いる、行動する。○**由る**《よ》 理由とする。○**安んず**《やす》 落ち着く。○**廋す**《かく》 隠す。

為政 2－11

子曰、溫故而知新、可以爲師矣。

子曰《しいわ》く、故《ふる》きを温《たず》ねて新《あたら》しきを知《し》る、以《もっ》て師《し》と為《な》る可《べ》し。

先生は言われた。「過去を歴史的現在として学び、現実の問題を認識してこそ、人の教師になることができる」。

○**温故**《おんこ》 「温」はもともと冷えた食物をあたためること。「温故」は過去を歴史的現在としてホットな視点で学ぶこと。○**知新**《ちしん》　現実問題を認識すること。

過去を過ぎさった時代として冷たく固定的にとらえるのではなく、流動する歴史的現在としてホットな視点でとらえ返すことにより、今、ここの現実問題を明確に認識する。そうした知的トレーニングを重ねた者こそ、人の教師になれると、孔子は言う。至言である。

為政 2-12

子曰、君子不器。

子《し》曰《いわ》く、君子《くんし》は器《うつわ》ならず。

先生は言われた。「君子は用途のきまった器物であってはならない」。

○**君子**《くんし》　ひとかどのりっぱな人物。学而1-1解説参照。

君子が専門化、分化、特化することをまっこうから否定する発言。ここに浮かびあがるのは、広い視野をもつ悠揚迫らぬ大人物のイメージである。孔子は若いころ、学問に励む一方、さまざまな仕事について生計を立てた。だから、彼自身は多くの技能を身につけていた。そうした経験を踏まえつつ、君子は専門化された技能者であってはならないというのだ。経験の深い襞《ひだ》を織り込んだ、含蓄に富む言葉である。

為政2-13

子貢問君子。子曰、先行其言、而後從之。

子貢《しこう》 君子《くんし》を問《と》う。子曰《しいわ》く、先《さき》に其《そ》の言《げん》を行《おこな》いて、而《しこう》して後《のち》に之《こ》れに従《したが》う。

子貢《しこう》が君子についてたずねた。先生は言われた。「まず、言わんとすることを実行し、その後で言葉が行動を追いかける人のことだ」。

不言実行を説いたもの。孔子は、「巧言令色《こうげんれいしょく》、鮮《すくな》し仁《じん》(巧妙な言葉づかい、とりつくろった表情の人間は真情に欠ける)」(学而1-3)、あるいは、「君子《くんし》は言《げん》に訥《とつ》にして、行《おこな》いに敏《びん》ならんと欲《ほっ》す(君子は口下手であっても、行動は敏捷でありたいと願う)」(里仁4-24)とも述べているように、ぺらぺらと空疎な美辞麗句を操ることを嫌い、否定した。

ちなみに、孔子自身もこの章の質問者である高弟子貢《しこう》も傑出した能弁家であった。孔子は、そんな子貢であったればこそ、空論を操るな、まず実行せよと、君子論にことよせて、穏やかに注意をうながしたのであろう。

為政 2－14

子曰、君子周而不比。小人比而不周。

子《し》曰《いわ》く、君子《くんし》は周《しゅう》して比《ひ》せず。小人《しょうじん》は比《ひ》して周《しゅう》せず。

先生は言われた。「君子は誠実さと節度をもって人と交わるが、馴れ親しむことはない。小人は馴れ親しむが、誠実さと節度をもって交わらない」。

○**周《しゅう》す** ここでは誠実さと節度を保ちながら人と親しくすること。○**比《ひ》す** 誠実さも節度もなく、ひたすらべったり人と馴れ親しむこと。○**小人《しょうじん》** 小人物、つまらない人間。解説参照。

君子がもともとは上層階層に属するりっぱな人物を意味するのと同様、小人ももともとは低い身分階層に属し芳しくない性向をもつ者を指す。しかし、孔子の言う小人は階層に関わりなく品性下劣な小人物を指す場合が多い。人間関係における節度、秩序性を重視した孔子は、人と交際するさいの小人の無限定な態度を軽蔑し否定するのである。

ちなみに、儒家思想と対立する道家《どうか》思想の祖の一人、荘子《そうし》もまた「君子《くんし》の交《まじ》わりは淡《あわ》きこと水《みず》の若《ごと》く、小人《しょうじん》の交《まじ》わりは甘《あま》きこと醴《れい》の若《ごと》し。君子《くんし》は淡《あわ》くして以《もっ》て親《した》しみ、小人《しょうじん》は甘《あま》くして以《もっ》て絶《た》つ（君子の交わりは淡々として水のようだが、小人の交わりはべたべたして甘酒のようだ。君子は淡々として親しみを増し、小人はべたつくくせに、すぐ絶交する）」と述べている。荘子の表現はいかにも辛辣だが、主旨そのものは、孔子の発言と期せず一致する。やたらに密着するくせに、わりに合わないとみれば、たちまち離れてゆく小人の交わりを嫌悪する点では、儒家も道家も変わらない。

為政 2－15

子曰、學而不思則罔。思而不學則殆。

子《し》曰《いわ》く、学《まな》んで思《おも》わざれば則《すなわ》ち罔《くら》し。思《おも》うて学《まな》ばざれば則《すなわ》ち殆《あや》うし。

先生は言われた。「書物や先生から学ぶだけで自分で考えないと、混乱するばかりだ。考えるだけで学ばないと、不安定だ」。

○罔《くら》し　混乱すること。○殆《あや》うし　不安定であること。

やみくもに読書をしたり、また先生から次から次に教えを受けるだけで、自分の頭で考えないと、つめこんだ知識がふえるばかりで「罔《くら》し」、すなわち焦点ぼけしてまとまらず、混乱に陥ってしまう。かといって、ただ思索にふけっているだけで学ばないと「殆《あや》うし」、つまり独善的になって客観的なとらえ方ができなくなり、はなはだ危うく不安定だというのである。学びつつ思索すること、思索しつつ学ぶことのバランスを説くこの発言は、はるか時間を超えて現代にもそのまま通じる知性論、学問論だといえよう。

為政 2-16

子曰、攻乎異端、斯害也已。

子《し》曰《いわ》く、異端《いたん》を攻《おさ》むるは、斯《こ》れ害《がい》あるのみ。

先生は言われた。「さまざまな異論、異説を調べても、(根本から遠ざかるばかりで)害になるだけだ」。

○**異端《いたん》** 諸説あるが、ここでは、さまざまな異論、異説と解する。○**攻《おさ》む** 調べる、研究する。

この解釈は古来、それこそ異論、異説続出であり、定説がない。あんな説がある、こんな説があると、異論、異説を調べ並べたてても、踏み迷い根本から遠ざかるだけだと、弟子を諭す言葉として解するのが、穏当であろう。

なお、異端といえば、現代ではすぐいわゆる「異端の思想」を連想するが、孔子を祖とする儒家思想が正統思想として認知されたのは、孔子の没後、三百年以上も経過した前漢《ぜんかん》の武帝《ぶ》(前一四一―前八七在位)の時代である。孔子が生きた時代は諸子百家もまだ出現しておらず、まさしく思想の揺籃期であった。だから、この言葉を孔子がいわゆる異端の思想を攻撃したものと解することはできない。ちなみに、『論語』において、「異端」という語が見えるのは、この章のみである。

為政 2−17

子曰、由、誨女知之乎。知之爲知之、不知爲不知。是知也。

子《し》曰《いわ》く、由《ゆう》、女《なんじ》に之《こ》れを知《し》ることを誨《おし》えんか。之《こ》れを知《し》るを之《こ》れを知《し》ると為《な》し、知《し》らざるを知《し》らずと為《な》す。是《こ》れ知《し》る也《なり》。

先生は言われた。「由《ゆう》(子路《しろ》の本名、仲由《ちゅうゆう》)よ、おまえに知るとはどういうことか教えようか。わかったことはわかったこととし、わからないことはわからないとする。これが知ることだ」。

子路《しろ》は姓を仲《ちゅう》、名を由《ゆう》、あざなを子路(季路《きろ》ともいう)といい、孔子より九歳年下である。剛直で腕っぷしがつよく、若いころは遊侠だったが、孔子に心酔して弟子となった後は、「子路《しろ》聞《き》くこと有《あ》りて、未《いま》だ之《こ》れを行《おこな》うこと能《あた》わざれば、唯《た》だ聞《き》くこと有《あ》るを恐《おそ》る(子路は先生から何か教えを聞き、まだそれが実行できないうちに、次の教えを聞くことをひたすらこわがった)」(公冶長5−14)というふうに、一途な態度で師事した。孔子もこのやや粗暴なところはあるものの、なんともナイーブな子路をこよなく愛したのだった。『論語』において、子路は顔回《がんかい》や子貢《しこう》と同様、ひんぱんに登場する高弟である。

この章は、孔子の発言がこの子路を相手にしたものであることを考慮に入れて読むと、にわかに臨場感を帯びてくる。豪快な子路は深く考えず、見る前に跳べとばかりに、暴走する傾向がある。だからこそ、孔子は、まずわかったこととわからないことを区別し、整理して考えることが必要なのだと、噛んで含めるように説き聞かせたのである。

為政 2－18

子張學干祿。子曰、多聞闕疑、愼言其餘、則寡尤。多見闕殆、愼行其餘、則寡悔。言寡尤、行寡悔、祿在其中矣。

子張《しちょう》 禄《ろく》を干《もと》めんことを学《まな》ぶ。子《し》曰《いわ》く、多《おお》く聞《き》きて疑《うたが》わしきを闕《か》き、慎《つつし》んで其《そ》の余《あま》りを言《い》えば、則《すなわ》ち尤《とが》め寡《すく》なし。多《おお》く見《み》て殆《あや》うきを闕《か》き、慎《つつし》んで其《そ》の余《あま》りを行《おこな》えば、則《すなわ》ち悔《く》い寡《すく》なし。言《げん》に尤《とが》め寡《すく》なく、行《おこな》いに悔《く》い寡《すく》なければ、禄《ろく》 其《そ》の中《うち》に在《あ》り。

子張《しちょう》が官職を得て俸給を得る方法をたずねた。先生は言われた。「できるだけ多くを聞いて、疑わしいものをはぶき、残ったことを慎重に口にしたなら、あやまちが少なくなる。できるだけ多くを見て、あやふやなものをはぶき、残ったところを慎重に行動すれば、後悔が少なくなる。言葉にあやまちが少なく、行動に後悔が少なければ、官職や俸給は自然にそのなかから出てくる」。

○**禄《ろく》を干《もと》む** 官職を得て俸給を得ること。○**学《まな》ぶ** ここでは「問う」の意。○**闕《か》く** はぶく、除く。○**尤《とが》め** あやまち。○**殆《あや》うし** 不安定であること、あやふやなこと。

子張《しちょう》は姓を顓孫《せんそん》、名を師《し》、あざなを子張という。孔子より四十八歳年下、先に登場した曾子《そうし》よりも二歳年下で、孔子門下の最年少ともいうべき若い弟子であり、礼法に詳しかったとされる。頭の切れる若い子張が露骨に就職の方法をたずねたのに対し、孔子が、そんなに前のめりにならず、見聞を広め、自分の納得できることだけを、慎重に言いあらわし、実行に移しなさいと、やんわり言い含めたもの。露骨でぶしつけな弟子の質問を素知らぬていでかわし、望ましい方向に転換させる説得の論理が鮮やかである。

為政 2－19

哀公問曰、何爲則民服。孔子對曰、擧直錯諸枉、則民服。擧枉錯諸直、則民不服。

哀公問《あいこうと》いて曰《いわ》く、何《なに》を為《な》さば則《すなわ》ち民服《たみふく》せん。孔子《こうし》対《こた》えて曰《いわ》く、直《なお》きを挙《あ》げて諸《これ》を枉《まが》れるに錯《お》けば、則《すなわ》ち民服《たみふく》す。枉《まが》れるを挙《あ》げて諸《これ》を直《なお》きに錯《お》けば、則《すなわ》ち民服《たみふく》せず。

哀公《あい》がたずねられた。「どうすれば民衆は従うでしょうか」。孔子は答えて言われた。「正しい者を抜擢して不正な者の上におけば、民衆は従います。不正な者を抜擢して正しい者の上におけば、民衆は従いません」。

哀公《あい》は孔子の母国魯《ろ》の君主で、紀元前四九四年から四六八年まで在位した。紀元前四八四年、孔子は長かった諸国放浪の旅に終止符を打ち、魯に帰国した。ときに六十八歳。孔子が死去したのは紀元前四七九年、七十三歳のときだから、この問答は孔子の帰国後、死去するまでの五年の間になされたものである。

農民反乱が頻発した当時、不安に駆られた哀公が深い学識経験を備えた孔子に問いかけたとおぼしい。これに対して孔子は、最大の問題は直接、民衆と関わる役人の資質にあるとする。現実的な視点からなされた政治観である。

為政 2－20

季康子問、使民敬忠以勸、如之何。子曰、臨之以莊則敬。孝慈則忠。擧善而敎不能則勸。

季康子《きこうし》問《と》う、民《たみ》をして敬忠《けいちゅう》にして以《もっ》て勧《すす》ましむるには、之《こ》れを如何《いかん》。子曰《しいわ》く、之《こ》れに臨《のぞ》むに荘《そう》を以《もっ》てすれば則《すなわ》ち敬《けい》。孝慈《こうじ》なれば則《すなわ》ち忠《ちゅう》。善《ぜん》を挙《あ》げて不能《ふのう》を教《おし》うれば則《すなわ》ち勧《すす》む。

季康子《きこうし》がたずねた。「民衆がまごころをこめてつとめ、彼らにまごころを尽くすようにさせるには、どうしたらいいでしょうか」。先生は言われた。「民衆に対してきちんと端正な態度で臨まれたならば、まごころをこめてつとめるようになり、親孝行で人々に慈愛深くなさったならば、まごころを尽くすようになり、善なる者を登用し、能力のない者を親切に指導するようになさったならば、自発的に励むようになります」。

○**敬忠**《けいちゅう》 「敬」はまごころをこめてつとめること、「忠」は誠心誠意、まごころを尽くすこと。○**勧**《すす》**む** 自発的に励む。○**荘**《そう》 きちんと端正なさま。○**不能**《ふのう》 ここでは能力のない者を指す。

質問者の季康子《きこうし》は魯《ろ》の三大貴族「三桓《さんかん》」(為政〈本篇〉2－4解説参照)の一つ、季孫《きそん》氏の一族。父の季《き》桓子《かんし》は孔子と因縁が深く、孔子が魯を去り、遊説の旅に出る直接の原因となった人物である。息子の季康子は父の死後、紀元前四九一年に後を継ぎ、その七年後、使いを出して孔子を迎えに行かせ、魯に帰国するよう計らったという(『史記《しき》』孔子《こうし》世家《せいか》)。季康子は帰国した孔子にしばしば政治について質問しており、『論語』にもその質疑応答が何度も見られる。

この章で、孔子は、民衆にまっとうな態度を望むなら、まずもって為政者自身がまっとうであれと、きっぱり言い切っており、毅然とした爽快感がある。

為政 2－21

或謂孔子曰、子奚不爲政。子曰、書云、孝乎惟孝、友于兄弟、施於有政。是亦爲政。奚其爲爲政。

或《ある》ひと孔子《こうし》に謂《い》いて曰《いわ》く、子《し》奚《なん》ぞ政《まつりごと》を為《な》さざる。子《し》曰《いわ》く、書《しょ》に云《い》う、孝《こう》なるかな惟《こ》れ孝《こう》、兄弟《けいてい》に友《ゆう》なり、有政《ゆうせい》に施《ほどこ》すと。是《こ》れ亦《ま》た政《まつりごと》を為《な》すなり。奚《なん》ぞ其《そ》れ政《まつりごと》を為《な》すことを為《な》さん。

ある人が孔子にたずねて言った。「あなたはどうして政治に関わらないのですか」。先生は言われた。「『書経《しょきょう》』に「ひたすら親孝行であり、兄弟仲睦まじければ、政治に貢献したことになる」とあります。これもまた政治にたずさわることです。何もわざわざ国の政治に関わる必要はありません」。

○**或《ある》ひと** ここでは「ある人」の意。○**奚《なん》ぞ** どうして。「何ぞ」に同じ。○**書《しょ》** 『書経《しょきょう》』。○**友《ゆう》** 仲がよいこと、仲睦まじいこと。○**有政《ゆうせい》** 政治。「有」は意味のない置き字。

父母を大切にし、兄弟仲よくして、家庭内の秩序をきちんと保つこともまた政治であり、大きな視点からみれば、国の政治に結びつく。だから、わざわざ政治家になって国の政治にたずさわるまでもないと、孔子は明言する。自分自身を起点とし家庭、国家、天下へと秩序性を拡大してゆく、儒家思想・儒教の根本的な政治理念である「修身《しゅうしん》・斉家《せいか》・治国《ちこく》・平天下《へいてんか》」(『大学《だいがく》』)の原型が読みとれる発言である。なお、ここで孔子が引用している『書経《しょきょう》』の文章は、現存する『書経』には見られない。このため、どこまでを『書経』の引用とするかによって、説が分かれるが、ここでは通説に従った。

為政 2－22

子曰、人而無信、不知其可也。大車無輗、小車無軏、其何以行之哉。

子《し》曰《いわ》く、人《ひと》にして信《しん》無《な》くば、其《そ》の可《か》なることを知《し》らざる也《なり》。大車《だいしゃ》に輗《げい》無《な》く、小車《しょうしゃ》に軏《げつ》無《な》くんば、其《そ》れ何《なに》を以《もっ》てか之《こ》れを行《や》らんや。

先生は言われた。「人間でありながら誠実に信義を守らない者は、可能性が見いだせない。牛車に輗《げい》がなく、馬車に軏《げつ》がなければ、どうして車を進めることができようか」。

○**信**《しん》 誠実に信義を守ること。○**可**《か》 よいところ、見所、可能性。○**輗**《げい》 大車すなわち牛車につけるくびき（轅《ながえ》の端につけて牛のうしろ首にかける横木）。○**軏**《げつ》 小車すなわち馬車につける横木。

くびきのついていない牛車や馬車は無方向に走りまわり暴走する。信のない人間の見込みのなさを、巧みな比喩で表現した発言である。

為政 2-23

子張問、十世可知也。子曰、殷因於夏禮。所損益、可知也。周因於殷禮。所損益、可知也。其或繼周者、雖百世可知也。

子張問《しちょうと》う、十世《じっせい》知《し》る可《べ》きや。子曰《しいわ》く、殷《いん》は夏《か》の礼《れい》に因《よ》る。損益《そんえき》する所《ところ》、知《し》る可《べ》き也《なり》。周《しゅう》は殷《いん》の礼《れい》に因《よ》る。損益《そんえき》する所《ところ》、知《し》る可《べ》き也《なり》。其《そ》の或《あ》るいは周《しゅう》を継《つ》ぐ者《もの》は、百《ひゃく》世《せい》と雖《いえど》も知《し》る可《べ》き也《なり》。

子張《しちょう》が質問した。「十代さきの王朝のことを予知できるでしょうか」。先生は言われた。「殷《いん》王朝は夏《か》王朝の礼法制度を受け継いだ。増したり減らしたりして変更を加えたところは、察知できるはずだ。周《しゅう》王朝は殷王朝の礼法制度を受け継いだ。増したり減らしたりして変更を加えたところは、察知できるはずだ。だから、周王朝を継ぐ王朝の礼法制度は、百代さきであっても察知できるはずだ」。

子張《しちょう》については為政(本篇)2-18解説参照。頭は切れるが、突飛なところのある子張が、十代さきの王朝のことまで予知できるかと、やや唐突な質問をした。すると、子張が礼法に詳しいことを知る孔子は、ほかならぬ礼、すなわち礼法制度の視点から、過去の夏《か》、殷《いん》二王朝、および現在の周《しゅう》王朝の三代をとりあげ、三代はそれぞれ前代王朝の礼法制度を受け継ぎ変更を加えたものだから、礼に詳し

いおまえ(子張)には、そのありかたが察知できるはずだと言う。かくて、孔子はこれを土台として考えれば、周王朝を継ぐ後世の王朝は、十代はおろか百代さきでも察知できるはずだとの結論を引き出す。まず既定の過去および現在の王朝をとりあげ、そこで明らかになったことを、未来の王朝に推しひろげてゆく論法である。

すでに多くの論者が指摘するように、この発言は、孔子には、部分的な変更や修正をともないつつ、歴史は無限に連続し発展するものだという、確信に満ちた歴史観があったことを示している。悲観的な終末論などとはおよそ無縁な、明るく大らかな歴史観である。

付言すれば、この発言に見える、夏王朝は中国最初の王朝とされるが、長らく実在が確認されなかった。しかし、近年、あいついでその遺跡が発見され、その実在が立証されつつある。夏につぐ殷王朝は目下のところ実在が確認される最古の王朝であり、紀元前一六〇〇年ごろに成立、紀元前一〇五〇年ごろ、周の武《ぶ》王に滅ぼされた。かくて、成立した周王朝は、紀元前七七〇年以降、衰微して名目的な存在となり、じっさいには各地に依拠する諸侯が覇権を争う春秋(前七七〇—前四〇三)、戦国(前四〇三—前二二一)の乱世が四百数十年にわたってつづく。孔子はこの春秋時代後半を生きたのである。

為政 2-24

子曰、非其鬼而祭之、諂也。見義不爲、無勇也。

子曰《しいわ》く、其《そ》の鬼《き》に非《あら》ずして之《こ》れを祭《まつ》るは、諂《へつら》い也《なり》。義《ぎ》を見《み》て為《な》さざるは、勇無《ゆうな》き也《なり》。

先生は言われた。「自分の先祖の霊魂でもないのに祭るのは、へつらいである。人としてなすべきことを見ながらやらないのは、勇気のない人間である」。

○鬼《き》 先祖の霊魂。○義《ぎ》 人としてなすべきこと。

孔子の生きた当時は、自分の先祖の霊魂を祭ることがたいへん重視された。子孫に祭られることにより、先祖の霊魂は他界で生きつづけることができると、考えられたのである。しかし、この風習がエスカレートし、有力者などの先祖の霊魂を祭る者まで出現したとみえ、孔子は、それは有力者におもねる卑屈で卑怯な行為だと、きびしく批判したのである。

さらにこのことから連想して、ある事態に直面しながら、逃げ腰になったり知らん顔をしたりして、人としてなすべきことをやらないのは、卑怯きわまりなく、「勇無《ゆうな》き也《なり》」だと、明言したとおぼしい。卑劣、卑怯な態度や行為を、別の角度からえぐりだした発言である。

なお、後の句の「義《ぎ》を見《み》て為《な》さざるは、勇無《ゆうな》き也《なり》」は、俠の精神の真髄を表現した言葉として、後世、長らく生きつづけてゆく。

八佾《はちいつ》 第三

八佾 3－1

孔子謂季氏、八佾舞於庭。是可忍也、孰不可忍也。

孔子《こうし》 季氏《きし》を謂《い》う、八佾《はちいつ》を庭《にわ》に舞《ま》わす。是《こ》れをしも忍《しの》ぶ可《べ》くんば、孰《いず》れをか忍《しの》ぶ可《べ》からざらん。

孔子は季《き》氏を批評された。「八佾《はちいつ》の舞を自分の家の中庭で舞わすとは。これをがまんできるなら、世の中にがまんできないことはない」。

○**季氏**《きし》 魯《ろ》の三大貴族（三桓《さんかん》）の一つ、季孫《きそん》氏。○**八佾**《はちいつ》 天子が宗廟（祖先を祭る廟）の祭祀を行うさいに奉納される群舞。一列八人の舞い手が、八列六十四人並んで行う。

天子にのみ認められた八佾《はちいつ》の舞を、諸侯である魯《ろ》の君主の重臣にすぎない季孫《きそん》氏が自分の家の中庭で実施した。孔子はこの僭上沙汰に憤慨し、これをがまんできるなら、世の中にがまんできないことはないと、言うのである。節度と秩序を重んじる孔子らしい怒りの爆発だといえよう。

八佾 3－2

三家者以雍徹。子曰、相維辟公、天子穆穆。奚取於三家之堂。

三家者《さんかしゃ》 雍《よう》を以《もっ》て徹《てっ》す。子曰《しいわ》く、相《たす》くるは維《こ》れ辟公《へきこう》、天子穆穆《てんしぼくぼく》と。奚《なん》ぞ三家《さんか》の堂《どう》に取《と》らん。

季孫氏《きそん》、孟孫氏《もうそん》、叔孫氏《しゅくそん》の三家が、（自分の家の祭祀のさい）雍《よう》の歌を演奏させてお開きとした。先生は言われた。「『祭祀のさいに手伝うのは諸侯、天子はご機嫌うるわしい』（『詩経《しきょう》』周頌《しゅうしょう》「雍」の詩句）とあるのに、どうしてそれを三家の正堂で演奏するのか」。

○**三家者**《さんかしゃ》 「三家」は魯《ろ》の三大貴族の三桓《さんかん》。すなわち魯の桓《かん》公の子孫である季孫《きそん》氏、孟孫《もうそん》氏、叔孫《しゅくそん》氏を指す。「者」は意味のない置き字。○**雍**《よう》 周《しゅう》王朝の天子の祭祀の歌。『詩経《しきょう》』周頌《しゅうしょう》「雍」を指す。○**徹**《てっ》**す** 供物をさげる、祭祀をお開きとする。○**辟公**《へきこう》 諸侯。○**穆穆**《ぼくぼく》 うるわしいさま。○**奚**《なん》**ぞ** どうして。「何ぞ」に同じ。

前章と同様、孔子はここで、周《しゅう》王朝の天子の歌である「雍《よう》」を、たかだか周の諸侯たる魯《ろ》の重臣にすぎない三桓《さんかん》が、自家の祭祀のお開きに演奏したことに憤然とするのである。

八佾 3-3

子曰、人而不仁、如禮何。人而不仁、如樂何。

子曰《しいわ》く、人《ひと》にして仁《じん》ならずんば、礼《れい》を如何《いかん》。人《ひと》にして仁《じん》ならずんば、楽《がく》を如何《いかん》。

先生は言われた。「人間として誠実な思いやりや愛情をもたないならば、礼を学んだとて何になろう。人間として誠実な思いやりや愛情をもたないならば、音楽を学んだとて何になろう」。

人に対する誠実な思いやりや愛情もないのに、礼や音楽を学んでも小手先の型をなぞるだけで、空疎なものになってしまう。礼や音楽は仁の具体的表現としてのみ、価値があるということである。

○**仁**《じん》 誠実な思いやりや人間愛など、さまざまな要素を包括した大いなる徳義。○**礼**《れい》 社会生活におけるもろもろの儀式の定め。節度ある人間関係の具体的表現としての型の方式。○**楽**《がく》 音楽。

八佾 3－4

林放問禮之本。子曰、大哉問。禮與其奢也寧儉。喪與其易也寧戚。

林放《りんぼう》 礼《れい》の本《もと》を問《と》う。子曰《しいわ》く、大《おお》いなる哉《かな》 問《と》いや。礼《れい》は其《そ》の奢《おご》らん与《よ》りは寧《むし》ろ倹《けん》せよ。喪《そう》は其《そ》の易《おさ》めん与《よ》りは寧《むし》ろ戚《いた》め。

林放《りんぼう》が礼の根本をたずねた。先生は言われた。「大きな質問だな。礼はゴタゴタ豪華に飾りたてるより、むしろ質素にしたほうがいい。喪中の礼は細々ととのえるより、ひたすら哀悼したほうがいい」。

○**与**《よ》**りは寧**《むし》**ろ** 「〜するよりは〜したほうがいい」の意。○**喪**《そう》 喪礼、喪中の礼法。○**易**《おさ》**む** 細々ととのえる。

質問者の林放《りんぽう》は魯《ろ》の人というだけで、詳細は不明。その林放の質問に対して、孔子はまず礼の儀式全般について、見せかけの豪華さよりも質素であれと答え、ことに喪中の礼においては、枝葉末節にこだわるよりは、まず亡き人への心からの哀悼が肝要だと答える。前章およびこの章から、孔子が礼においても、空疎な形式主義をいかに嫌い否定したか、如実に読みとれる。

八佾 3-5

子曰、夷狄之有君、不如諸夏之亡也。

子《し》曰《いわ》く、夷狄《いてき》の君有《きみあ》るは、諸夏《しょか》の亡《な》きに如《し》かざる也《なり》。

先生は言われた。「異民族に君主が存在したとしても、中国に君主が存在しない場合にもおよばない」。

○**夷狄《いてき》** 中国周辺の異民族の総称。
○**諸夏《しょか》** 中国。

孔子の生きた春秋時代後半は下剋上に揺れた乱世であり、中国諸国において、君主が不在になるケースもしばしば見られた。孔子の母国魯《ろ》も例外ではない。ここで孔子は、そんな混乱した時代においても、総体として中国には、文化・文明の伝統が脈々と受け継がれており、たとえ君主が存在しないという状況に陥っても、文化・文明の伝統のない周辺地域の異民族に君主が存在するよりはまさっていると、明言する。こう言い切ることによって、手のつけようのない混乱の渦中で、ともすれば虚脱感や絶望感にとらわれがちな弟子や自分自身を、鼓舞したのであろう。
この発言は後世、「夷狄《いてき》」に当たるモンゴル族の元《げん》、満州族の清《しん》など、征服王朝の時代に問題視されたという。下剋上の乱世を生きた孔子の発言が、のちのち思わぬ波紋を巻き起こした一例である。

八佾 3－6

季氏旅於泰山。子謂冉有曰、女弗能救與。對曰、不能。子曰、嗚呼、曾謂泰山不如林放乎。

季氏《きし》　泰山《たいざん》に旅《りょ》す。子《し》　冉有《ぜんゆう》に謂《い》いて曰《いわ》く、女《なんじ》　救《すく》うこと能《あた》わざるか。対《こた》えて曰《いわ》く、能《あた》わず。子《し》曰《いわ》く、嗚呼《ああ》、曾《すなわ》ち泰山《たいざん》を林放《りんぽう》に如《し》かずと謂《おも》えるか。

季孫《きそん》氏が泰山で山神を祭った。先生は冉有《ぜんゆう》に向かって言われた。「おまえ、何とかできなかったのか」。（冉有は）答えて言った。「できませんでした」。先生は言われた。「ああ、なんとまあ、おまえは（礼のすべてを熟知されている）泰山の神を（あの礼の根本を聞いた）林放《りんぽう》におよばないと思っているのか」。

○**季氏**《きし》　季孫《きそん》氏。八佾（本篇）3−1注参照。○**泰山**《たいざん》　山東省にある名山、魯《ろ》の領内にあった。礼の規定によれば、諸侯はそれぞれ領内にある山川を祭ることができたが、季孫氏のような家臣は祭ることはできない。○**旅**《りょ》**す**　山神などを祭る。○**冉有**《ぜんゆう》　孔子の弟子。当時、季孫氏の宰《さい》（執事）だった。○**救**《すく》**う**　ここでは規定違反をおかさないよう救済すること。○林《りん》放《ぽう》 八佾（本篇）3-4参照。

八佾（本篇）3-1および2と同様、魯《ろ》の君主しか祭ることのできない泰山を、家臣にすぎない季孫《きそん》氏が祭った僭上沙汰に対する、孔子の怒りの表明である。ここで、孔子はその怒りの矛先を、季孫氏の執事をつとめる弟子の冉有《ぜんゆう》に向け、礼の根本を質問した林放《りんぽう》を引き合いに出しつつ、おまえは大いなる泰山の神が季孫氏の非礼きわまりない所業に気づかれないとでも思っているのか、どうして季孫氏をとめなかったのか、と叱責しているのである。

なお、冉有は姓を冉、名を求《きゅう》、あざなを子有《しゆう》といい、孔子より二十九歳年下。政治能力があり、孔子に「求《きゅう》や芸《げい》（冉有は多才だ）」（雍也6-8）と評されている。

八佾 3-7

子曰、君子無所争。必也射乎。揖譲而升下、而飲。其争也君子。

子《し》曰《いわ》く、君子《くんし》は争《あらそ》う所無《ところな》し。必《かなら》ずや射《しゃ》か。揖譲《ゆうじょう》して升《のぼ》り下《くだ》り、而《しこう》して飲《の》む。其《そ》の争《あらそ》いや君子《くんし》なり。

先生は言われた。「君子は何事につけても人と争わない。（争うとすれば）きっと弓の勝負だろう。（しかし、選手は試合の開始前に）会釈し先を譲り合いながら、（正堂の）階段を上り下りし、（勝負のついた後は、勝った者が負けた者に）罰として酒を飲ませる。争いかたも君子らしいのだ」。

弓の試合は射礼《しゃれい》と称され、細かく約束事を定めた儀式の一種であった。なべて人と争わない君子（ひとかどのりっぱな人物）も射礼のさいには、相手と勝負を争うが、それもきちんと約束事にのっとって行うとしたもの。

なお、射礼のさい、一組二人の選手は、試合開始前に競技場にあてられた中庭から、正堂の階段を上って主催者に挨拶し、挨拶がすむと階段を下りてまた中庭にもどる。階段を上り下りするさい、両者は必ず「揖譲《ゆうじょう》」のポーズをするのがきまりであった。こうした試合前の約束事から、試合後の罰杯に至るまで、射礼は式次第に沿って粛々と行われる、「君子の厳かなゲーム」だったといえよう。

○**必《かなら》ずや〜か** きっと〜だろう。○**射《しゃ》** 弓の試合、射礼《しゃれい》。○**揖譲《ゆうじょう》** 「揖」は両手を胸の前で組み合わせ、上下させながら会釈すること。「譲」は先を譲ること。

八佾 3-8

子夏問曰、巧笑倩兮、美目盼兮、素以爲絢兮、何謂也。子曰、繪事後素。曰、禮後乎。子曰、起予者商也。始可與言詩已矣。

子夏《しか》問《と》いて曰《いわ》く、巧笑倩《こうしょうせん》たり、美目盼《びもくはん》たり、素《そ》以《もっ》て絢《あや》を為《な》すとは、何《なん》の謂《いい》ぞや。

子《し》曰《いわ》く、絵《え》の事《こと》は素《しろ》きを後《のち》にす。曰《いわ》く、礼《れい》は後《のち》か。子《し》曰《いわ》く、予《わ》れを起《お》こす者《もの》は商《しょう》也《なり》。始《はじ》めて与《とも》に詩《し》を言《い》う可《べ》きのみ。

子夏《しか》がたずねて言った。
「巧笑倩《こうしょうせん》たり　　にっこり笑うとえくぼがくっきり
美目盼《びもくはん》たり　　つぶらな瞳はぱっちりと
素以《そもっ》て絢《あや》を為《な》す　　色の白さが美しさをきわだたせる
とは、どういう意味ですか」。先生は言われた。「絵というものは、白色を最後に加える、ということだよ」。（子夏は）言った。「礼が仕上げだということですか」。先生は言われた。「私を触発してくれるのは、商《しょう》（子夏の本名、朴商《ぼくしょう》）だな。おまえとこそはじめていっしょに詩の話ができるというものだ」。

○「巧笑倩《こうしょうせん》たり」以下三句　『詩経《しきょう》』衛風《えいふう》「碩人《せきじん》」の詩句。詳細は解説参照。

質問者の子夏《しか》については、学而1－7参照。文学（学問）にすぐれた弟子の子夏が引いた詩句は、注記したように、『詩経《しきょう》』衛風《えいふう》「碩人《せきじん》」のなかにある。もっとも、現存する「碩人」の詩には、「巧笑《こうしょう》倩《せん》たり、美目盼《びもくはん》たり」の二句はたしかにあるが、三句めの「素以《そもっ》て絢《あや》を為《な》す」は欠けている。もともとこの三句めは意味がつかみにくく、そのために子夏が孔子に質問したとおぼしい。ちなみに、この「碩人」の詩篇は、衛《えい》の荘《そう》公（前七五七—前七三五在位）の正夫人だった、美貌の荘姜《そうきょう》を賛美した歌だとされる。

この三句のつながりがよくわからないという、子夏の質問に対し、孔子は絵を引き合いに出し、

「絵《え》の事《こと》は素《しろ》きを後《のち》にす」、すなわち絵がいろいろの色彩を用いたうえで、最後に白色を加えると、全体がひきたち完成するのと、同じ意味だと答える。この最後に白色を加えるというのは、おそらく白いふちどりをほどこすことであろう。これを聞いても、上掲の三句の意味は今ひとつ判然としないのだが、私見によれば、くっきりしたえくぼ、ぱっちりした瞳という美しい顔の造作は、すっきり色白の肌によってひきたち、完成の域に達するということだと思われる。

洞察力に富む秀才、子夏はこの孔子の答えを聞くと、一気に飛躍し、絵が最後に白色を加えて仕上げられるとすれば、これを人間に置き換えると、さまざまな学問教養を積み重ねたうえで、最終段階の教養として礼を加えたならば、完成の域に達するということですかと、重ねて質問する。孔子は、子夏の鮮やかな類推に、わが意を得たりと大喜びし、「始《はじ》めて与《とも》に詩《し》を言《い》う可《べ》きのみ」と手放しの賛辞を与える。実のところ、孔子は同じ言い回しの賛辞を子貢《しこう》にも与えている(学而1－15)。こうしてみると、「始めて」には、「おまえこそ」という強調のニュアンスがあるようだ。

この章の孔子と子夏のやりとりは、詩句の解釈から絵画論へ、さらには人間論へと、やつぎばやに展開されており、孔子と弟子が触発しあう知的快感あふれる雰囲気をまざまざと実感させる。

八佾 3－9

子曰、夏禮吾能言之、杞不足徵也。殷禮吾能言之、宋不足徵也。文獻不足故也。足則吾能徵之矣。

子《し》曰《いわ》く、夏《か》の礼《れい》を吾《わ》れ能《よ》く之《こ》れを言《い》えども、杞《き》　徴《しるし》とするに足《た》らざる也《なり》。殷《いん》の礼《れい》を吾《わ》れ能《よ》く之《こ》れを言《い》えども、宋《そう》　徴《しるし》とするに足《た》らざる也《なり》。文献《ぶんけん》　足《た》らざるが故也《ゆえなり》。足《た》らば則《すなわ》ち吾《わ》れ能《よ》く之《こ》れを徴《しるし》とせん。

先生は言われた。「夏《か》王朝の礼法制度を、私は推察し説明できるけれども、（夏の子孫の国である）杞《き》には、それを実証するものが不足している。殷《いん》王朝の礼法制度を、私は推察し説明できるけれども、（殷の子孫の国である）宋《そう》には、それを実証するものが不足している。記録も賢者も不足しているのである。もし、（記録や賢者が）十分に存在していたならば、私は私の説を実証できるのだが」。

○**夏**《か》　中国最古の王朝とされる夏王朝。為政2-23参照。○**杞**《き》　夏王朝の子孫が封じられた国。○**徴とす**《しるし》　実証する、証明する。○**殷**《いん》　目下のところ、実在が確認される最古の王朝。為政2-23参照。○**宋**《そう》　殷王朝の子孫が封じられた国。○**文献**《ぶんけん》　「文」は記録。「献」は賢の意、古《いにしえ》のことをよく知る賢者。

先に為政2-23において、孔子は弟子の子張《しちょう》に対して、歴代の王朝はすべて前代王朝の礼法制度を受け継ぎ変更を加えたものだから、いずれもそのありかたが察知できると述べた。しかし、ここでは、過去の王朝の夏《か》や殷《いん》について、その礼法制度を自分は推察できるけれども、後裔の諸国、杞《き》や宋《そう》に記録や伝承が残っていないために、その推察、推論を実証できないと、率直に吐露している。孔子が推察や推論には裏付けが必要だと考える、合理精神の持ち主だったことを示す発言である。

八佾 3-10

子曰、禘自既灌而往者、吾不欲観之矣。

子曰《しいわ》く、禘《てい》既《すで》に灌《かん》して自《よ》り往《のち》は、吾《わ》れ之《こ》れを観《み》るを欲《ほっ》せず。

先生は言われた。「禘《てい》の大祭では、かぐわしい酒をそそぐ儀式から以後は、私は見る気がしない」。

○**禘**《てい》 君主が先祖を合わせて祭る大祭。○**灌**《かん》 禘の祭りのさい、まず行われる儀式であり、地面に立てた藁《わら》にかぐわしい酒をそそぎ、先祖の霊魂を招く。○**往**《のち》 ここでは「以後、のち」の意。

なぜ、孔子が、禘《てい》の祭りの開幕に行われる、魂寄《たまよ》せの儀式である「灌《かん》」以後、「(祭りを)見る気がしない」のか、という点については、古注では、魯《ろ》の禘では先祖の位牌を祭る順序に乱れがあったためだとし、新注では、灌の儀式がすむと、君臣ともに緊張感がなくなるからだとする。いずれにせよ、孔子が儀式の進行に違和感を感じていたことはたしかだが、今一つ、意味のとりにくい章である。

八佾 3-11

或問禘之說。子曰、不知也。知其說者之於天下也、其如示諸斯乎。指其掌。

或《ある》ひと禘《てい》の説《せつ》を問《と》う。子《し》曰《いわ》く、知《し》らざる也《なり》。其《そ》の説《せつ》を知《し》る者《もの》の天下《てんか》に於《お》けるや、其《そ》れ諸《こ》れ斯《ここ》に示《み》るが如《ごと》きか。其《そ》の掌《たなごころ》を指《さ》す。

ある人が禘《てい》の意味などについて説明を求めた。先生は、「わかりません。その意味などがわかる人は、世界のことを何もかも、ちょうどここに見るようなものでしょう」と言われながら、自分の手のひらを指さされた。

○**禘**《てい》 前章注参照。○**説**《せつ》 意味などの説明。○**示**《み》**る** 「示」は「視」に同じ。

前章で見たように、孔子は魯《ろ》で行われる禘《てい》の大祭に違和感があり、その裏に複雑な政治的事情もあったとおぼしい。それを知ってか知らずか、禘の大祭について説明を求めてきた者があった。これに対して、孔子はあっさり知らないといなし、それを説明できる人は天下のすべてを、ここ(手のひら)に要約してはっきり見ることができるような人でしょうと、手のひらを指す身ぶりをしながら答えたというもの。答えにくい質問をさらりとかわす、孔子の鮮やかな身のこなしが光る章である。なお、いうまでもなく、これが「指掌《ししょう》(掌を指す)」という成語の典拠となった。

八佾 3-12

祭如在。祭神如神在。子曰、吾不與祭、如不祭。

祭《まつ》ること在《いま》すが如《ごと》くす。神《かみ》を祭《まつ》ること神在《かみいま》すが如《ごと》くす。子《し》曰《いわ》く、吾《わ》れ祭《まつ》りに与《あず》からざれば、祭《まつ》らざるが如《ごと》し。

(先生は)先祖を祭るさいには、先祖がその場におられるように振る舞われ、神々を祭るさいには、神々がその場におられるように振る舞われた。先生は言われた。「私は(差支えがあって)祭りに参加できなかったときは、祭りがすんだような気がしない」。

最初の二句は、新注により、孔子が先祖や他の神々の祭祀のさい、つねにそれらの霊魂と交感するかのように、うやうやしい態度で臨んだことを、弟子が記したものと解した。なお、この二句には異なった読みかたがあり、たとえば、荻生徂徠《おぎゅうそらい》は、この二句は孔子以前の古語だとしている。

八佾 3－13

王孫賈問曰、與其媚於奧、寧媚於竈、何謂也。子曰、不然、獲罪於天、無所禱也。

王孫賈《おうそんか》問《と》いて曰《いわ》く、其《そ》の奧《おう》に媚《こ》びん与《よ》りは、寧《むし》ろ竈《そう》に媚《こ》びよとは、何《なん》の謂《いい》ぞや。
子《し》曰《いわ》く、然《しか》らず、罪《つみ》を天《てん》に獲《う》れば、禱《いの》る所無《ところな》き也《なり》。

王孫賈《おうそんか》がたずねて言った。「奥でかまどの神さまのご機嫌をとるよりは、かまどの前でご機嫌をとったほうがいい、という諺がありますが、どうい

○**王孫賈**《おうそんか》　衛《えい》の霊《れい》公の時代の重臣であり、実力者だった。解説参照。○

う意味ですか」。先生は言われた。「それはちがいます。天に対して罪を犯せば、禱《いの》る対象がなくなってしまいます」。

魯《ろ》を去った孔子が衛《えい》に立ち寄ったさいの問答であろう。王孫賈《おうそんか》は、孔子が実力者の彼を跳び越えて、じかに衛の君主霊公《れいこう》と語り合うことに不快感をもち、諺を引き合いに出しながら、奥でかまどの神さま(霊公)にご機嫌をとるより、まずかまどの前でその神さま(自分すなわち王孫賈)そのもののご機嫌をとったほうが手っ取り早いでしょうと、嫌味な問いを投げかける。孔子は、その含むところを百も承知でありながら、それはちがうときっぱりはねつけ、私が小汚い真似をして天に罪を得たなら、「竈《そう》」も「奥《おう》」もなく、禱《いの》る対象そのものがなくなってしまうと言い切る。下心をもつ者が接近してきたさい、孔子はこうして一歩も引かず、ぴしりとやりこめ、断固として拒絶するのである。剛毅というほかない。

奥《おう》 奥まった西南の部屋の西南の隅。○**媚ぶ**《こ》 機嫌をとる、へつらう。○**竈**《そう》 かまど。夏にかまどの神を祭る風習があった。かまどの前でその神を祭った後、「奥」においてもう一度、その神を祭る。

八佾 3-14

子曰、周監於二代。郁郁乎文哉。吾従周。

子《し》曰《いわ》く、周《しゅう》は二《に》代《だい》に監《かんが》む。郁郁乎《いくいくこ》として文《ぶん》なる哉《かな》。吾《わ》れは周《しゅう》に従《したが》わん。

先生は言われた。「周《しゅう》王朝は二代（夏《か》王朝と殷《いん》王朝）を参考にしてつくられ、かぐわしくもうるわしい。私は周の文化に従いたい」。

○**郁郁乎**《いくいくこ》 馥郁《ふくいく》と香気あふれ、うるわしいさま。○**文**《ぶん》 ここでは「文化」の意。

孔子は、甥の成《せい》王を輔佐して周《しゅう》の礼法や制度を定めた周公旦《しゅうこうたん》を終生、敬愛しつづけた。その周公旦が基礎を築いた周初のかぐわしい文化こそ、孔子の理想だったのである。周の文化を指して、「郁郁《いくいく》乎《こ》として文《ぶん》なる哉《かな》」とする表現は、かぐわしい香気に満ちたその文化のありようを、まざまざと実感させ、まことに美しい。

八佾 3－15

子入大廟、毎事問。或曰、孰謂鄹人之子知禮乎。入大廟、毎事問。子聞之曰、是禮也。

子《し》 大廟《たいびょう》に入《い》りて、事《こと》ごとに問《と》う。或《ある》ひと曰《いわ》く、孰《たれ》か鄹人《すうひと》の子《こ》を礼《れい》を知《し》ると謂《い》うか。大廟《たいびょう》に入《い》りて、事《こと》ごとに問《と》う。子《し》 之《こ》れを聞《き》きて曰《いわ》く、是《こ》れ礼也《れいなり》。

先生は大廟《たいびょう》にお参りされたとき、一つ一つ係の者にたずねながら振る舞われた。ある人が言った。「いったい誰があの鄹《すう》にいた男の息子を礼に詳し

○**大廟**《たいびょう》 解説参照。○**鄹人の子**《すうひと　こ》 「鄹」は地名。詳しくは解説参照。

いなどと言うのか。大廟に参って、いちいち質問したというではないか」。先生はこのことを伝え聞いて言われた。「そうすることが礼なのだ」。

大廟《たいびょう》とは、その国の初代君主を祭った廟であり、ここでは魯《ろ》の始祖、周公旦《しゅうこうたん》を祭った廟を指す。ちなみに、周公旦は周王朝を立てた武《ぶ》王の弟であり、武王の死後、後継の座についた武王の息子成《せい》王を輔佐して礼や制度を定め、周王朝の基礎を築いた。魯は周公旦の封地であり、孔子は、八佾(本篇)3-14の解説でも述べたように、魯と深いゆかりのあるこの周公旦を理想とし、憧憬しつづけた。

孔子が大廟に参詣したのは、おそらく紀元前四九九年、大臣のポストの一つ、大司寇《だいしこう》(司法長官)に就任したころであろう。優秀な礼法学者として抜擢された孔子を快く思わない者が、大廟に入った孔子が、係の者にいちいち参拝の手順を質問したと知るや、鬼の首でもとったように、礼法に詳しいなんて嘘っぱちだと痛烈に批判した。

ここで、この批判者が孔子を「鄹人《すうひと》の子《こ》」と呼んだのは、孔子の父叔梁紇《しゅくりょうこつ》がこの土地を拠点としたことに由来する。鄹は辺鄙な片田舎だったとおぼしく、「鄹人の子」という表現には、父の叔梁紇およびその庶子である孔子に対する、底意地のわるい侮蔑がこめられている。この侮蔑的な発言を伝え聞いた孔子は慌てず騒がず、参拝の手順を係に聞くことこそ、そうした場合の礼なのだと、あっさりと、しかし核心をつく反論を述べる。これは、当時、魯の政治変革をめざした孔子が、いかに旧態依然とした上層階級の根深い反感にさらされていたかを、如実にものがたる話だといえよう。さらにまた、反感や蔑視をものともしない孔子の姿には、尋常ならざる弾力性に富む強靱さが認められる。

八佾 3-16

子曰、射不主皮。爲力不同科。古之道也。

子《し》曰《いわ》く、射《しゃ》は皮《ひ》を主《しゅ》とせず。力《ちから》の科《しな》を同《おな》じくせざる為《ため》なり。古《いにしえ》の道也《みちなり》。

先生は言われた。「弓の試合は的に命中させることを主としない。（競技者の）力の等級が異なるからである。これこそ古《いにしえ》の美しいやりかただ」。

○**射**《しゃ》 弓の試合、射礼《しゃれい》（八佾〈本篇〉3-7解説参照）。なお、「射《しゃ》は皮《ひ》を主《しゅ》とせず」は『儀礼《ぎらい》』郷射礼《きょうしゃれい》に見える。○**皮**《ひ》 的《まと》。○**科**《しな》 等級、レベル。

弓の試合では、各選手の能力にレベルの差があるから、ただ的に命中させることのみならず、レベルに応じて、各自どれだけ真摯に試合に臨んだかが、重視される。これが勝負の結果だけを重視しない、古代の美しいやりかただ、としたもの。

以上は、主として新注によった読みかただが、古注では、「射《しゃ》は皮《ひ》を主《しゅ》とせず。力《ちから》を為《な》すこと科《か》を同《おな》じくせず（弓の試合は的に命中させることを主としない。力仕事も体力の等級に応じてちがった仕事を割り当てる）」と、二句を切り離して読む。

八佾 3-17

子貢欲去告朔之餼羊。子曰、賜也、爾愛其羊。我愛其禮。

子貢《しこう》 告朔《こくさく》の餼羊《きよう》を去《さ》らんと欲《ほっ》す。子曰《しいわ》く、賜《し》や、爾《なんじ》は其《そ》の羊《ひつじ》を愛《あい》す。我《わ》れは其《そ》の礼《れい》を愛《あい》す。

子貢《しこう》が、いけにえの羊を供える告朔《こくさく》の儀式を廃止しようとした。先生は言われた。「賜《し》(子貢の本名、端木賜《たんぼくし》)よ、おまえはその羊を惜しむが、私は告朔の儀礼がなくなることのほうを惜しむ」。

○告朔《こくさく》、餼羊《きよう》 「朔」は陰暦の毎月一日。諸侯は前の年の暮に天子から暦を受け取り、それを祖先の廟に収め、毎月はじめに、餼羊(いけにえの羊)を祖廟に供え、朔日であることを報告する儀式を行った。この儀式を「告朔」という。○爾《なんじ》 あなた、おまえ。○愛《あい》す 惜しむ。

当時、魯《ろ》の国では告朔《こくさく》の儀式は形骸化し、いけにえの羊を供えるだけになっていた。そこで、孔子の高弟子貢《しこう》がそんなことは無駄だから、廃止したほうがいいと主張する。すると、孔子は、現在は無用の長物と化していようとも、輝かしい過去を思い起こす「よすが」となる、伝統的行事や儀式は残しておくべきだと、子貢を諭した。「郁郁乎《いくいくこ》として文《ぶん》なる」(八佾〈本篇〉3-14)周《しゅう》のよき時代の文化を追慕してやまない、孔子ならではの発言だといえよう。なお、子貢はこれまでもたびたび登場しているが、詳細については学而1-10など参照。

八佾 3－18

子曰、事君盡禮、人以爲諂也。

子曰《しいわ》く、君《きみ》に事《つか》うるに礼《れい》を尽《つ》くせば、人以《ひともっ》て諂《へつら》えりと為《な》す也《なり》。

先生は言われた。「君主に仕えるさい、十分に礼の規定どおり振る舞うと、諂《へつら》っていると言う者がいる」。

君主に会見した場合などに、孔子が礼法どおり、うやうやしく丁重に振る舞うと、媚び諂《へつら》っていると、非難する者がいると、慨嘆した言葉。非難した者は、おそらく八佾（本篇）3－15で、孔子を「鄹《すう》人《ひと》の子《こ》」と罵った輩《やから》であろう。これまた魯《ろ》の政治改革をめざした孔子が、鵜の目鷹の目、常に敵対者の意地わるい視線にさらされていたことを、ものがたる言葉である。

八佾 3－19

定公問、君使臣、臣事君、如之何。孔子對曰、君使臣以禮、臣事君以忠。

定公問《ていこうと》う、君《きみ》 臣《しん》を使《つか》い、臣《しん》 君《きみ》に事《つか》うる、之《こ》れを如何《いかん》。孔子《こうし》対《こた》えて曰《いわ》く、君《きみ》 臣《しん》を使《つか》うに礼《れい》を以《もっ》てし、臣《しん》 君《きみ》に事《つか》うるに忠《ちゅう》を以《もっ》てす。

定公《てい》がたずねられた。「君主が臣下を用い、臣下が君主に仕えるには、どうしたらいいだろうか」。孔子は答えて言われた。「君主が臣下を用いるさいには、礼によって用い、臣下が君主に仕えるさいには、誠心誠意、まごころを尽くして、お仕えするのです」。

定公《てい》は兄の昭公《しょう》が重臣たちに追放された後、紀元前五〇九年から四九五年まで在位した魯《ろ》の君主。孔子はこの定公に抜擢され、紀元前四九九年、大臣のポストの一つ、大司寇《だいしこう》(司法長官)に就任した(八佾〈本篇〉3-15解説参照)。おそらく、その時期の問答であろう。

○忠《ちゅう》 誠心誠意、まごころを尽くすこと。

八佾 3-20

子曰、關雎、樂而不淫、哀而不傷。

子《し》曰《いわ》く、関雎《かんしょ》は、楽《たの》しみて淫《いん》せず、哀《かな》しみて傷《やぶ》らず。

先生は言われた。「『関雎《かんしょ》』の詩は、いかにも楽しげでありながら、節度を保って耽溺することはない。悲哀の感情もあるが、心を鋭く傷つけることはない」。

○関雎《かんしょ》 『詩経《しきょう》』国風《こくふう》の冒頭に配された「周南《しゅうなん》」の最初の詩。○淫《いん》す おぼれる、耽溺する。○傷《やぶ》らず 心を傷つけないこと。

「関雎《かんしょ》」は、領主がよき配偶者とめぐりあい、幸福な結婚をするよう祈る歌だとされる。その第一節はこう歌われる。

關關雎鳩　関関《かんかん》たる雎鳩《しょきゅう》は
在河之洲　河《かわ》の洲《す》に在《あ》り
窈窕淑女　窈窕《ようちょう》たる淑《よ》き女《むすめ》は
君子好逑　君子《くんし》の好《よ》き逑《つれあい》

「かあかあと鳴くみさごの鳥は、川の中洲にいる。（そのように）上品でよい娘はりっぱなお方のよい連れあい」。

この第一節につづいて、そうしたよき娘と出会えない苦しみをへて、ついにめぐりあい、結ばれる過程が歌われる。孔子はこの詩について、なかなか出会えない悲しみを歌っても、過剰に心を食い破るまでにはいたらず、念願かなって出会い結婚にいたる楽しさを歌っても、過度に耽溺するまでにはいたらないと、バランス感覚にあふれたその表現を称賛するのである。ここにも節度とバランスを重視する孔子の美学があらわれている。

なお、この「関雎《かんしょ》」は、孔子の時代には楽器の伴奏によって広く歌われた楽曲であり、この孔子の言葉も歌詞についてではなく、メロディーについてのものだとする説もある。しかし、歌詞じたいにも先述のとおり、哀楽がともに歌いこまれており、そうはいいきれないと思う。

八佾 3-21

哀公問社於宰我。宰我對曰、夏后氏以松、殷人以柏、周人以栗。曰、使民戰栗。子聞之曰、成事不說、遂事不諫、既往不咎。

哀公《あいこう》 社《しゃ》を宰我《さいが》に問《と》う。宰我《さいが》 対《こた》えて曰《いわ》く、夏后氏《かこうし》は松《まつ》を以《もっ》てし、殷人《いんひと》は柏《はく》を以《もっ》てし、周人《しゅうひと》は栗《くり》を以《もっ》てす。曰《いわ》く、民《たみ》をして戦栗《せんりつ》せしむ。子《し》 之《こ》れを聞《き》きて曰《いわ》く、成事《せいじ》は説《と》かず、遂事《すいじ》は諫《いさ》めず、既往《きおう》は咎《とが》めず。

哀《あい》公が(孔子の弟子の)宰我《さいが》に、「社」についてたずねられた。宰我は答えて言った。「夏《か》王朝は神木に松を用い、殷《いん》王朝の人々は柏を用い、周《しゅう》王朝の人々は栗を用いました」。(さらにまた宰我は)言った。「(栗を用いたのは)民衆を戦慄させるためです」。先生はこれを聞いて言われた。「やってしまった事はあれこれ言わない、すんでしまった事は諫めない、過ぎ去った事は咎めだてしない」。

○**社**《しゃ》 樹木を神体とする土地神。○**戦栗**《せんりつ》 「栗」は同音の「慄」に同じで、戦慄の意。○**成事**《せいじ》 やってしまった事。○**遂事**《すいじ》 すんでしまった事。○**既往**《きおう》 過ぎ去った事。

孔子の言葉は、弟子の宰我《さいが》の「(栗を用いたのは)民衆を戦慄させるためです」という発言を、君主に恐怖政治をそそのかすものだとし、言ってしまったことは咎めだてしないが、以後、ものの言いかたに注意せよ、とたしなめたものだとされる。

この章には不可解なところがあり、哀《あい》公と宰我の問答の裏に複雑な政治的要素が絡んでいたとする説も多い。しかし、いずれも推測の域を出ず、ここでは、宰我の不用意な失言を、孔子がぴしりと諫めたと取っておきたい。

ちなみに、宰我は姓を宰《さい》、名を予《よ》、あざなを子我《しが》といい、孔子より二十九歳年下の弟子である。「言語には宰我・子貢《しこう》」と称され、孔子門下で子貢と並び称される能弁家だが、才子、才に溺れる傾向があり、素行にも問題があったため、孔子にしばしばきびしく叱責されている（公冶長5-10、雍也6-26を合わせて参照）。また、哀公は八佾（本篇）3-19に見えた定公《てい》の息子。定公の没後、後を継いで魯《ろ》の君主となり、紀元前四九四年から四六八年まで在位した（為政2-19解説参照）。

八佾 3-22

子曰、管仲之器小哉。或曰、管仲儉乎。曰、管氏有三歸。官事不攝。焉得儉。然則管仲知禮乎。曰、邦君樹塞門、管氏亦樹塞門。邦君爲兩君之好、有反坫。管氏亦有反坫。管氏而知禮、孰不知禮。

子《し》曰《いわ》く、管仲《かんちゅう》の器《うつわ》は小《ちい》さい哉《かな》。或《ある》ひと曰《いわ》く、管仲《かんちゅう》は倹《けん》なるか。曰《いわ》く、管氏《かんし》に三帰《さんき》有《あ》り。官《かん》の事《こと》は摂《か》ねず。焉《いず》くんぞ倹《けん》なるを得《え》ん。然《しか》らば則《すなわ》ち管仲《かんちゅう》は礼《れい》を知《し》れるか。曰《いわ》く、邦君《ほうくん》は樹《じゅ》して門《もん》を塞《ふさ》ぐ、管氏《かんし》も亦《ま》た樹《じゅ》して門《もん》を塞《ふさ》ぐ。邦君《ほうくん》は両君《りょうくん》の好《よしみ》を為《な》すに、反坫《はんてん》有《あ》り。管氏《かんし》も亦《ま》た反坫《はんてん》有《あ》り。管氏《かんし》にして礼《れい》を知《し》らば、孰《たれ》か礼《れい》を知《し》らざらん。

先生は言われた。「管仲《かんちゅう》の器量は小さいな」。ある人が言った。「管仲は倹約家だったのですか」。(先生は)言われた。「管仲には三人の夫人があり、配下の役人にもいくつかの仕事を兼任させなかった。どうして倹約家といえようか」。(ある人がまた言った。)「それなら、管仲は礼を心得ていたのですか」。(先生は)言われた。「君主は石の衝立を立てて門内が見通せないようにするが、管仲もまた石の衝立を立てて門内が見通せないようにした。君主は他国と友好を結ぶにあたり、献酬《けんしゅう》の杯を置く台を設けるが、管仲もまた献酬の杯を置く台を設けた。管仲が礼を心得ているというなら、礼を心得ていない人間はどこにもいないことになる」。

○**管仲**《かんちゅう》 ?―前六四五。春秋時代初期の斉《せい》の名臣。斉の桓《かん》公を輔佐して覇者に押し上げた人物。○**器**《うつわ》 ここでは人物、あるいは度量、器量の意。○**倹**《けん》 倹約。○**三帰**《さんき》 「帰」は「嫁」と同意。ここでは三人の夫人がいたことをいう。○**官**《かん》**の事**《こと》**は摂**《か》**ねず** 君主と異なり、大夫(大臣)は配下として、職種ごとに一人ずつ役人を置かず、一人の役人にいくつかの仕事を兼任させ、出費を節約するが、管仲はそうしなかったことをいう。○**樹**《じゅ》 門の内側に立てる大きな石の衝立。屋敷の内部を見通せないようにする。○**反坫**《はんてん》 正堂の柱の間に設けられた、酒宴の献酬《けんしゅう》の杯を置く台。

管仲《かんちゅう》は孔子より百年余り前に活躍した、春秋時代初期の斉《せい》の名臣であり(注参照)、孔子も憲問14―17、18で、その功績を称賛している。しかし、ここではほとんど全面的否認に終始している。孔子はまず管仲を器量が小さいと評し、その言葉に疑念をもった人物が、器量が小さいということは、ちまちました倹約家だったのかとたずねる。すると、孔子は夫人が三人いたこと、および配下の役人をどんどん雇用したことをあげ、なんとも勝手放題、贅沢なやりかただと否定する。なお、ここで孔子があげた二つの事柄は、いずれも君主にのみ認められる礼の規定であり、管仲はこれにも違反していることになる。
礼の規定からの連想で、質問者がつづいて「管仲は礼を心得ていたのですか」とたずねると、孔子は、管仲が、これまた君主にのみ設置が認められる「樹《じゅ》(石の衝立)」と「反坫《はんてん》(献酬《けんしゅう》の杯を置く台)」を設置したことをとりあげ、「管氏《かんし》にして礼《れい》を知《し》らば、孰《たれ》か礼《れい》を知《し》らざらん」と、糾弾ともいえるような、きびしい口調で批判する。
こうしてみると、ここでの孔子の管仲否定の根拠は、すべてその礼法違反行為によっているのが明らかになる。孔子は、いくら有能でも、ゆったりとしかもけじめ正しく、礼法どおりに振る舞えない者を、とうてい容認できなかったのである。

八佾 3-23

子語魯大師樂曰、樂其可知也。始作翕如也。従之純如也。皦如也。繹如也。以成。

子《し》 魯《ろ》の大師《たいし》に楽《がく》を語《かた》りて曰《いわ》く、楽《がく》は其《そ》れ知《し》る可《べ》き也《なり》。始《はじ》めて作《おこ》すに翕如《きゅうじょ》たり。之《こ》れを従《はな》ちて純如《じゅんじょ》たり。皦如《きょうじょ》たり。繹如《えきじょ》たり。以《も》って成《な》る。

先生は魯《ろ》の楽団長に音楽のことを語って言われた。「音楽の構成を私はこ

○**大師**《たいし》 楽団長。○**翕如**《きゅうじょ》 打楽器がい

う理解しています。最初に打楽器がさかんに鳴り響き、ついですべての楽器が自在に調和して合奏され、さらにそれぞれの楽器が順を追って明瞭に演奏され、連綿と展開されて、完結するのですね」。

っせいに大きく鳴り響くさま。○**純如**《じゅんじょ》 ゆるやかに調和するさま。○**皦如**《きょうじょ》 はっきり明瞭なさま。○**繹如**《えきじょ》 連綿と連なり響くさま。

孔子がすぐれた音楽的センスの持ち主であったことを、如実に示す発言である。楽曲の演奏は、鐘《かね》などの金属製打楽器を盛大に打ち鳴らすことに始まり、やがて笙《しょう》などの管楽器や琴《きん》や瑟《しつ》などの弦楽器等々、すべての楽器がこれに調和してゆるやかに合奏され、さらに各パートの楽器が順々にはっきりと演奏され、連綿とつづくうちに余韻ゆたかに完結する。孔子の時代における楽曲の構成や演奏の展開が追体験できるような、臨場感あふれる音楽論だといえよう。

八佾 3－24

儀封人請見。曰、君子之至於斯也、吾未嘗不得見也。從者見之。出曰、二三子何患於喪乎。天下之無道也久矣。天將以夫子爲木鐸。

儀《ぎ》の封人《ほうじん》 見《まみ》えんことを請《こ》う。曰《いわ》く、君子《くんし》の斯《ここ》に至《いた》るや、吾《わ》れ未《いま》だ嘗《かつ》て見《み》るを得《え》ずんばあらざる也《なり》。従者《じゅうしゃ》 之《こ》れを見《まみ》えしむ。出《い》でて曰《いわ》く、二三子《にさんし》 何《なん》ぞ喪《さまよ》うことを患《うれ》えんや。天下《てんか》の道《みち》無《な》きや久《ひさ》し。天《てん》 将《まさ》に夫子《ふうし》を以《もっ》て木鐸《ぼくたく》と為《な》す。

儀《ぎ》の国境守備官が、(孔子に)お目にかかりたいと願って言った。「りっぱな方がここにおいでになったとき、私は今までお会いできなかったことはありません」。お供の弟子が会わせると、(国境守備官は)出て来てから言った。「みなさんは放浪の旅をすることを、気に病まれることはありません。天下に道理が失われてからずいぶんになりますが、天は、先生(孔子を指す)を木鐸《ぼくたく》にしようと考えておられるのです」。

○**儀《ぎ》の封人《ほうじん》** 「儀」は地名。衛《えい》(河南省北部)の国の町だとされる。「封人」は国境守備にあたる地方官。○**二三子《にさんし》** きみたち、諸君、みなさん。ここでは孔子の弟子を指す。○**喪《さまよ》う** ここでは「さすらう、放浪の旅をする」の意。○**木鐸《ぼくたく》** 金属製の鈴で、舌《ぜつ》が木のもの。政府が布告するときに鳴らした。転じて、社会の指導者という意味に用いられる。

紀元前四九七年、魯《ろ》を去った孔子はまず衛《えい》の国へ行き、以後、足かけ十四年にわたって諸国をめぐる遊説の旅をつづけた。この間、何度も衛にもどっており、これは、そのいずれかのときの話である。地方の国境守備官に、思いがけず「木鐸《ぼくたく》」と称えられ、孔子自身も弟子たちもほのぼのとした喜びに浸ったことであろう。それにしても、この国境守備官の見識の高さには特筆すべきものがある。なお、後世、国境守備官のこの言葉をもとに、「木鐸」は社会の指導者を指すようになる。

八佾 3－25

子謂韶、盡美矣、又盡善也。謂武、盡美矣、未盡善也。

子《し》 韶《しょう》を謂《い》う、美《び》を尽《つ》くせり、又《ま》た善《ぜん》を尽《つ》くす也《なり》。武《ぶ》を謂《い》う、美《び》を尽《つ》くせり、未《いま》だ善《ぜん》を尽《つ》くさざる也《なり》。

先生は舜《しゅん》の音楽を評して言われた。「美の極み、善の極みだ」。(周《しゅう》の)武《ぶ》王の音楽を評して言われた。「美の極みだが、善の極みには達していない」。

○**韶《しょう》** 舜《しゅん》の音楽。○**武《ぶ》** 周《しゅう》王朝の始祖、武《ぶ》王の音楽。

舜《しゅん》は聖天子堯《ぎょう》から平穏に帝位を譲り受けた。このため、その作った音楽もまた美の極み、善の極みの完璧なものである。しかし、周《しゅう》の武《ぶ》王は前王朝の殷《いん》を武力によって滅ぼし、新しい王朝を立てた。このため、その作った音楽もまた美の極みではあるが、善の極みには達していない、というもの。孔子は「韶《しょう》」をもっともすぐれた音楽だとし、斉《せい》の国で韶の音楽を聞いたとき、そのあまりのすばらしさに、「三月《さんがつ》 肉《にく》の味《あじ》を知《し》らず(三か月間、肉の味さえわからなくなった)」(述而7-13)というほど、魂を奪われたとされる。孔子は美的であると同時に、穏やかに調和のとれた精神を表現する音楽を、至高のものと考えたのである。

八佾
3－26

子曰、居上不寛、爲禮不敬、臨喪不哀、吾何以觀之哉。

子《し》曰《いわ》く、上《かみ》に居《い》て寛《かん》ならず、礼《れい》を為《な》して敬《けい》せず、喪《も》に臨《のぞ》んで哀《かな》しまずんば、吾《わ》れ何《なに》を以《もっ》てか之《こ》れを観《み》んや。

先生は言われた。「上位にいながら寛容でない者、礼の身ぶりをしながら敬意をもたない者、葬儀に臨席しながら哀悼しない者を、私は見るに耐えない」。

寛容、敬意、哀悼はすべて人の真情の発露である。上位にふんぞりかえっているだけの高官、礼のポーズをするだけの人間、ただ葬儀に参列しているだけの人間は、うつろに型を守っているだけで、真情がこもっておらず、そんな輩《やから》は言語道断だと、孔子はつよい口調で否定する。

葬儀などの儀式はむろんのこと、さまざまな年齢の人々が共存する日常生活においても、たとえば目上の人や年長者に敬意を表すべく、動作や身ぶりを規定するなど、礼はもともと「型の方式」にほかならない。ちなみに、孔子を祖とする儒家思想では、とりわけ喪礼《そうれい》(喪中の礼法)を重視するため、後世にいたるほど規定が厳格かつ煩瑣になってゆく。しかし、始祖である孔子自身は、このように「型の方式」はあくまでも真情に裏打ちされた表現方法でなければならないと述べている。礼にまつわる発言の多い、この「八佾第三」の末尾を飾るにふさわしい言葉だといえよう。

里仁《りじん》第四

里仁 4－1

子曰、里仁爲美。擇不處仁、焉得知。

子《し》曰《いわ》く、仁《じん》に里《お》るを美《よ》しと為《な》す。択《えら》んで仁《じん》に処《お》らずんば、焉《いず》くんぞ知《ち》なるを得《え》ん。

先生は言われた。「仁に安住するのはりっぱだというが、仁を選び取ってそこに安住できない者は、どうして知者といえようか」。

○**仁**《じん》 誠実な思いやりや人間愛など、さまざまな要素を包括した大いなる徳義。○**里**《お》**る** ここでは動詞。「処《お》る」の意。なお、「里」を名詞とし、村、集落の意とする説もある（解説参照）。

難解な章である。訳は主として荻生徂徠《おぎゅうそらい》の説によったもの。徂徠は、孔子の発言の第一句「里仁為美」は古い諺であり、以下の言葉はこれを解説したものだとする。古い諺かどうかは確かではないが、次章の「仁者《じんしゃ》は仁《じん》に安《やす》んじ、知者《ちしゃ》は仁《じん》を利《り》とす」との関連から見ると、ここはやはり徂徠説のように読むほうが、すんなりと腑に落ちる。

なお、古注及び新注では、「里《り》は仁《じん》を美《よ》しと為《な》す。択《えら》んで仁《じん》に処《お》らずんば、焉《いず》くんぞ知《ち》なるを得《え》ん（集落は仁の気風があるところがよい。住まいを選ぶ場合も仁の気風のあるところに身を置かなければ、どうして知者といえようか）」と読む。孟子《もうし》の母が三回も転居し教育環境をととのえた「孟母三遷《もうぼさんせん》」の話があるように、孔子以降の儒学思想には、生活環境を重視する傾向がある。これを考慮に入れれば、説得力のある読みかただが、この孔子の発言の指すところと一致しているかどうかには、疑問が残る。

里仁 4−2

子曰、不仁者不可以久處約。不可以長處樂。仁者安仁、知者利仁。

子《し》曰《いわ》く、不仁者《ふじんしゃ》は以《もっ》て久《ひさ》しく約《やく》に処《お》る可《べ》からず。以《もっ》て長《なが》く楽《たの》しきに処《お》る可《べ》からず。仁者《じんしゃ》は仁《じん》に安《やす》んじ、知者《ちしゃ》は仁《じん》を利《り》とす。

先生は言われた。「不仁者は、長らく貧乏暮らしをつづけることはできず、長らく豊かな暮らしをつづけることはできない。仁者は仁に安住し、知者は仁を自分を高める手立てとする」。

○不仁者《ふじんしゃ》 仁徳をもたない者。○約《やく》 困窮した生活、貧乏暮らし。○楽《たの》しき 安楽な生活、豊かな暮らし。○仁者《じんしゃ》 仁徳を体得した人。○知者《ちしゃ》 すぐれた知性や理性をもつ人。理性的な人。○利《り》 ここでは「自分を高める手立て」の意。

不仁者は長らく貧乏暮らしをつづけると、嫌気がさしてよからぬ行為に走り、長らく豊かな暮らしをつづけると、傲慢になり見境がなくなる。これとは反対に、仁者は体得した仁の境地にゆったり安住し、けっして軽挙妄動しない。こうした仁者に対して、理性的な知者は、仁を体得しているわけではないが、仁を自分を高める手立てとして用いる。

この章の脈絡をたどれば、以上のようになる。不仁者が貧富にかかわらず、いかなる場合も落ち着いて暮らせないのに対して、仁者は体得した仁の境地に落ち着いて安住するとし、仁者とは異なるも

の の、やはり称えられるべき存在である知者の仁との関わりかたが、連想されたとおぼしい。ちなみに、孔子はしばしば仁者と知者を比較対照している。

付言すれば、「不仁者」について述べた前半と、「仁者」と「知者」を対比させた後半とは、うまく繫がらず、別の機会の発言であった可能性もある。

里仁 4-3

子曰、惟仁者、能好人、能悪人。

子《し》曰《いわ》く、惟《た》だ仁者《じんしゃ》のみ、能《よ》く人《ひと》を好《この》み、能《よ》く人《ひと》を悪《にく》む。

先生は言われた。「仁徳を体得した人だけが、真に人を好み、人を憎むことができる」。

仁者すなわち人間に対する誠実な思いやりをもつ人物だけが、心から人を愛し憎むことができるというのだ。孔子の言う仁とは、無差別的に安っぽく愛情をふりまくことではない。みずからの感情を抑制することなく、善き人を好み、品性下劣な人間を憎んできびしい態度でのぞむ。仁者とは、こうした感情の起伏をきわめて自然に表現し、それがおのずと摂理にかなっている人物を指すのである。

里仁 4-4

子曰、苟志於仁矣、無悪也。

子曰《しいわ》く、苟《いや》しくも仁《じん》に志《こころざ》せば、悪《あ》しきこと無《な》き也《なり》。

先生は言われた。「もし少しでも仁に志せば、悪事をするようなことはなくなる」。

○**苟《いや》しくも** もし少しでも～すれば。「まことに～ならば」と読む説もある(新注)。○**悪《あ》しきこと** 悪事。なお、伊藤仁斎《いとうじんさい》はこれを「悪《にく》まるること」と読む。

一見、いたって常識的なこの短い言葉にも、注に記したごとく、二様の読みかたがあり、微妙にニュアンスが異なる。「仁遠《じんとお》からんや。我《わ》れ仁《じん》を欲《ほっ》すれば、斯《ここ》に仁至《じんいた》る(仁は遠いところにあるものだろうか。いや、自分が仁を求めさえすれば、仁はたちまちここにやって来る)」(述而7－29)という言葉があるように、孔子は、仁の徳義を高尚で自分には及びもつかないものだと、つい腰を引いてしまう弟子たちを、そんなに堅苦しく考えるなと、しばしば励ました。この発言もまた同様に、「少しでも仁に志せば……」と、弟子たちを鼓舞したものであろう。これを、新注のように「もしもまことに仁に志せば……」と読むと、覚悟をうながす決めつけの調子になり、孔子の本意にそぐわないと思う。

里仁 4-5

子曰、富與貴、是人之所欲也。不以其道、得之不處也。貧與賤、是人之所悪也。不以其道、得之不去也。君子去仁、悪乎成名。君子無終食之間違仁。造次必於是、顚沛必於是。

子《し》曰《いわ》く、富《とみ》と貴《たっと》きとは、是《こ》れ人《ひと》の欲《ほっ》する所也《ところなり》。其《そ》の道《みち》を以《もっ》てせざれば、之《こ》れを得《う》るも処《お》らざる也《なり》。貧《まず》しきと賤《いや》しきとは、是《こ》れ人《ひと》の悪《にく》む所也《ところなり》。其《そ》の道《みち》を以《もっ》てせざれば、之《こ》れを得《う》るも去《さ》らざる也《なり》。君子《くんし》は仁《じん》を去《さ》りて、悪《いず》くにか名《な》を成《な》さん。君子《くんし》は食《しょく》を終《お》うる間《あいだ》も仁《じん》に違《たが》うこと無《な》し。造次《ぞうじ》にも必《かなら》ず是《ここ》に於《お》いてし、顚沛《てんぱい》にも必《かなら》ず是《ここ》に於《お》いてす。

先生は言われた。「富むことと身分が高いことは、人がほしがるものだ。(しかし)しかるべき方法によらなければ、これを手に入れても、そこに居座らない。貧しいことと身分が低いことは、人が嫌がるものだ。(しかし)しかるべき理由もないのに、貧賤になった場合は、それから逃げない。君子は仁を離れて、どうして名誉を成就できよう。君子はご飯を食べおえる間も必ず仁から遠ざからず、あわただしいときでも必ず仁を離れず、つまずいて倒れるときでも必ず仁を離れない」。

○**其《そ》の道《みち》** しかるべき方法、理由。○**悪《いず》くにか～** どうして～しようか。○**造次《ぞうじ》** あわただしいこと。○**顚沛《てんぱい》** つまずき倒れること。

孔子はけっして富貴を否定しないが、当然そうなってしかるべき方法や理由もないのに富貴になった場合は、いかに心地よくともそこに居座るべきでないと言い、また、逆に貧賤になってもしかたがない理由がないのに、不運にもそうなった場合は、その状況から逃げるべきではないと言う。君子(ひとかどのりっぱな人物)はいついかなるときも、大いなる仁の徳義から離れないことこそ肝要だというのである。

君子が常に仁とともにあるさまを、ご飯を食べおえる間も、バタバタとあわただしいときも、つまずいて倒れるときも、仁を離れないと、卑近な具体例を羅列して語っているところが、何ともユーモラスにして秀逸だ。

里仁 4－6

子曰、我未見好仁者、惡不仁者。好仁者、無以尚之。惡不仁者、其爲仁矣。不使不仁者加乎其身。有能一日用其力於仁矣乎、我未見力不足者。蓋有之矣、我未之見也。

子《し》曰《いわ》く、我《わ》れ未《いま》だ仁《じん》を好《この》む者《もの》、不仁《ふじん》を悪《にく》む者《もの》を見《み》ず。仁《じん》を好《この》む者《もの》は、以《もっ》て之《こ》れに尚《くわ》うる無《な》し。不仁《ふじん》を悪《にく》む者《もの》は、其《そ》れ仁《じん》を為《な》すなり。不仁者《ふじんしゃ》をして其《そ》の身《み》に加《くわ》えしめず。能《よ》く一日《いちじつ》も其《そ》の力《ちから》を仁《じん》に用《もち》いること有《あ》らんか、我《わ》れ未《いま》だ力足《ちからた》らざる者《もの》を見《み》ず。蓋《けだ》し之《こ》れ有《あ》らん、我《わ》れ未《いま》だ之《こ》れを見《み》ざる也《なり》。

先生は言われた。「私は仁を好む人間、不仁を憎む人間をまだ見たことがない。仁を好む人間は文句のつけようがなく、不仁を憎む人間もやはり仁を行っていることになる。というのも不仁なる者に、自分の身(不仁を憎む者の身)に害毒を加えさせないからだ。もし、(仁に志し)一日だけでもその力を仁のために使おうとする者がいるとしたら、私は、その力にも不足するという人間をまだ見たことがない。いや、たぶんそういう人間はいるかも知れないが、私はまだ見たことがない」。

○**尚《くわ》う**　ここでは「注文をつける」の意。○**其《そ》の身《み》に加《くわ》えしめず**　ここでは「自分の身に害毒を加えさせない」の意。○**能《よ》く〜か**　後に文がつづくとき、「よく〜すれば」、と条件を示すケースがある。

この章は『論語』のなかでも難解をきわめる章の一つである。ことに冒頭の二句が唐突で、わかりにくい。この二句をのぞけば、以後の言葉は何とか脈絡をたどることができる。

後半の四句のうち、まず「能《よ》く一日《いちじつ》も其《そ》の力《ちから》を仁《じん》に用《もち》いること有《あ》らんか、我《わ》れ未《いま》だ力足《ちからた》らざる者《もの》を見《み》ず」の二句で、誰だって一日くらい自分の力を仁のために用いることができると、人間の可能性を力強く肯定し、これを受けた末尾の二句で、「蓋《けだ》し之《こ》れ有《あ》らん、我《わ》れ未《いま》だ之《こ》れを見《み》ざる也《なり》」と、もしかしたら、一日たりとて、用いることができない者もいるかも知れないが、そんな人間はまだ見たことがない、と言葉を重ね、先の可能性の肯定をいっそう強化している。いかにも孔子らしい鮮やかなレトリックである。

この章は、「我れ未だ〜を見ず」ではじまり、「我れ未だ力足らざる者を見ず」「我れ未だ之れを見ざる也」で締めくくられている。「未だ見ず」のオンパレードである。だとすれば、冒頭の二句は、結末の四句を引き出すための伏線であり、この二句を「私は(徹底的に)仁を好み、(徹底的に)不仁を憎む人間をまだ見たことがない」と読めば、後半における、人には何ができるかという、可能性の追求、肯定へと繋がってゆく。これもまた、誰だって一日くらい自分の力を仁に用いることはできるんだよ、と里仁(本篇)4-4と同様、弟子たちを励ました言葉であろう。

里仁 4-7

子曰、人之過也、各於其黨。觀過、斯知仁矣。

子《し》曰《いわ》く、人《ひと》の過《あやま》つや、各《おの》おの其《そ》の党《とう》に於《お》いてす。過《あやま》ちを観《み》れば、斯《ここ》に仁《じん》を知《し》る。

先生は言われた。「人が過失をおかすのはそれぞれ類《たぐい》による。過失を見れば、その人の仁のほどがわかる」。

○**党**《とう》 類《たぐい》(範疇、カテゴリー)。○**斯**《ここ》「~れば、則《すなわ》ち~」の「則」に同じく、前の条件文を受ける語。

この章には多様な解釈がある。ここにあげた訳は、従来、もっとも流布する朱子《しゅし》の注による。朱子の意見では、人の過失は注記したように「類《たぐい》(範疇、カテゴリー)」によって生じ、君子には君子の、小人には小人の過失がある。君子は思いやりが深すぎるために過失をおかし、小人は薄情なために過失をおかす。だから過失を見れば、その人が仁であるか不仁であるかわかる、というのである。こう読めば、過失というマイナス方向から、その人物の特性を把握しようとする、面白い見方が浮かんでくる。

このほか荻生徂徠《おぎゅうそらい》のように、「党」を「郷党《きょうとう》（地域社会）」と解釈し、「人（住民）が過失をおかすのは、それぞれ地域社会の影響による。住民の過失を見ると、その地の支配者（君主）の仁のほどがわかる」と読む説もある。あまりにも政治主義的な読みかたであり、私はこの解釈に違和感をおぼえる。

いずれにせよ、孔子のおりおりの発言を収録した『論語』の言葉は、いわば断片の集積であり、このように多様な解釈を可能にする余地がある。その意味で『論語』の言葉は、膨らみと曖昧性を帯びた詩的言語に似るといえよう。

里仁 4-8

子曰、朝聞道、夕死可矣。

子《し》曰《いわ》く、朝《あした》に道《みち》を聞《き》かば、夕《ゆうべ》に死《し》すとも可《か》なり。

先生は言われた。「朝、おだやかな節度と調和にあふれる理想社会が到来したと聞いたら、その日の夜、死んでもかまわない」。

たいへん有名な言葉。上記の訳は伝統的な解釈(古注)にもとづいたものである。この言葉は、新注以来、「道」を倫理的・道徳的な真理ととらえ、そうした「道」について聞いたならば、すぐ死んでもかまわない、という意味だとされてきた。「道」のためなら死も厭わないという、ややヒステリックに硬直した道徳主義的色彩の濃厚な解釈である。しかし、孔子はこれまで見てきた種々の発言からうかがえるように、そんな性急さとは無縁な人だった。

こうしたことを考えあわせると、ここでいわれる「道」は、伝統的な解釈が説くように、思いやりを基本とし、おだやかな節度と調和にあふれた理想社会の実現、もしくは到来を意味すると思われる。孔子は、理想社会が容易に到来しないことを十二分に承知しながら、なおもその到来を願い、そのために尽力しつづけようとした。この言葉には、そんな孔子のつよい思いがこめられている。

ちなみに、桑原武夫著『論語』は、この「死《し》すとも可《か》なり」に焦点をあてながら、次のように述べている。「立派な美しい言葉だが、孔子の時代を考えれば、ここはやはり、どこか個人の自覚といった色彩のある新注よりも、共同体的雰囲気の感じられる古注に従うほうが適切であろう。礼楽を中心とする先王の道が光被する世界へのノスタルジア、しかし、それはただ夢のような憧《あこが》れではなく、あの人にひと目会えたらすぐ死んでもいい、などというときのような切実さをもっての希求なのである」。ここには、黄金色の光彩を放つ「先王の道」と、それを切実に希求する孔子のイメージが、美しく浮き彫りにされている。まことに感動的な解釈である。

里仁
4-9

子曰、士志於道、而恥悪衣悪食者、未足與議也。

子曰《しいわ》く、士《し》 道《みち》に志《こころざ》して、而《しか》も悪衣《あくい》悪食《あくしょく》を恥《は》ずる者《もの》は、未《いま》だ与《とも》に議《はか》るに足《た》らざる也《なり》。

先生は言われた。「道に志す士でありながら、粗末な衣服や食物を恥ずかしがる者は、まったく問題にならない」。

「士」は本来、卿《けい》・大夫《たいふ》・士《し》・庶人《しょじん》の四身分の一つだが、ここではより広く「一人前の人間」くらいの意味で用いられている。この発言については説明するまでもないが、孔子はここで道に志す者は必ず悪衣悪食でなければならない、と述べているのではないことに、注意したい。ちなみに、孔子は生活美学を重んじ、食生活においても繊細な美意識を発揮した人であった(郷党10-7参照)。だから、ここでは弟子たちに向かって、本質的な事がらを棚上げにし、服装や食物ばかり気にして、みすぼらしくて恥ずかしいなどと思ってはいけないよ、と励ましているのである。ちなみに、孔子には武骨な高弟の子路《しろ》をとりあげ、「敝《やぶ》れたる縕袍《おんぽう》を衣《き》、狐貉《こかく》を衣《き》る者《もの》と立《た》ちて、而《しか》も恥《は》じざる者《もの》は、其《そ》れ由《ゆう》(子路)なるか(ボロボロの上衣をはおり、上等の狐やムジナの毛皮のコートを着た者と並んで立っても、堂々と恥ずかしがらない者がいるとすれば、それは子路だろう)」(子罕9-27)とほめた言葉もある。子路の堂々たる姿は、この章における孔子の発言の意図を、みごとに実践したものにほかならない。

里仁 4－10

子曰、君子之於天下也、無適也、無莫也。義之與比。

子《し》曰《いわ》く、君子《くんし》の天下《てんか》に於《お》けるや、適《てき》も無《な》く、莫《ばく》も無《な》し。義《ぎ》にのみ之《こ》れ与《とも》に比《した》しむ。

先生は言われた。「君子は天下において、人に親切だったり、薄情だったりはしない。ただひたすら義《ただ》しいものにのみ親しむのだ」。

○**適**《てき》、**莫**《ばく》 厚（親切）と薄（不親切、薄情）、善と悪、好むことと憎むこと等々、諸説ある。ここでは東晋《とうしん》の范《はん》甯《ねい》の説により、厚と薄と解した。○**義**《ぎ》 正しさ。○**比**《した》**しむ** 親しむ。

君子すなわちひとかどのりっぱな人物は、個々の対象に対して主観的な思い入れをして、いちいち親切にしたり薄情にしたりはしない。まっとうな義《ただ》しさをもつ対象にだけ親近感をもつ、というのである。里仁（本篇）4－3の「惟《た》だ仁者《じんしゃ》のみ、能《よ》く人《ひと》を好《この》み、能《よ》く人《ひと》を悪《にく》む」と一見、矛盾するようだが、「義《ぎ》にのみ之《こ》れ与《とも》に比《した》しむ」という本章の結びの部分を考え合わせれば、まっとうな義しさをもつ者をこそ心から愛し、そうでない者を憎みきびしい態度でのぞむということになり、この二様の発言の方向性は、けっきょく一致する。

里仁
4-11

子曰、君子懐徳、小人懐土。君子懐刑、小人懐恵。

子曰《しいわ》く、君子《くんし》は徳《とく》を懐《おも》い、小人《しょうじん》は土《ど》を懐《おも》う。君子《くんし》は刑《けい》を懐《おも》い、小人《しょうじん》は恵《けい》を懐《おも》う。

先生は言われた。「君子はいつも徳義を心にかけ、小人はいつも故郷を心にかけている。君子はいつも刑罰を気にかけ、小人はいつも恩恵を気にかけている」。

○**懐《おも》う** つねに心にかける。懐かしむ。○**土《ど》** 故郷。○**刑《けい》** 刑罰。○**恵《けい》** 恩恵。

君子と小人を対比させた発言。最初の二句は、土地に縛られず、徳義を重視し自由に行動する君子と、故郷の土地に執着し、自由に行動できない小人を対比したものであり、理解に難くはない。しかし、後半の二句は、君子を本来の「上層階層(支配階級)に属し、美的・倫理的に修練を積んだ人物」、小人を「低い身分階層に属し芳しくない性向をもつ者」と考えないと、意味がとりにくい。すなわち、支配階級に属するりっぱな人物たる君子は、いつも大所高所に立って刑罰(罰則ひいては法則)に思いを馳せ、低い身分階層に属する芳しくない小人は、いつも支配者から恩恵を受けることばかり思っている、ということになる。なお、この発言では、徳と土、刑と恵とが、一種の語呂合わせになっている。

里仁 4-12

子曰、放於利而行、多怨。

子《し》曰《いわ》く、利《り》に放《よ》りて行《おこな》えば、怨《うら》み多《おお》し。

先生は言われた。「利益によって行動すれば、怨まれることが多い」。

我利我欲によって行動すれば、得手勝手になり、人から怨まれることが多いということ。常識的ながら、時代を超えた真理である。

○**放《よ》る**「依る」に同じ。

里仁 4-13

子曰、能以禮讓爲國乎、何有。不能以禮讓爲國、如禮何。

子《し》曰《いわ》く、能《よ》く礼譲《れいじょう》を以《もっ》て国《くに》を為《おさ》めんか、何《なに》か有《あ》らん。能《よ》く礼譲《れいじょう》を以《もっ》て国《くに》を為《おさ》めずんば、礼《れい》を如何《いかん》。

先生は言われた。「礼のひかえめなやりかたによって、国を治めたならば、何の困難もない。礼のひかえめなやりかたによって、国を治めないならば、

○**能《よ》く〜か**　里仁(本篇)4-6注参照。
○**礼譲《れいじょう》**「譲」はひかえめ、謙遜の意。

礼を学んだとて何になろう」。

末句の「礼《れい》を如何《いかん》」については、八佾3－3に「人而不仁、如礼何。人而不仁、如楽何（人《ひと》にして仁《じん》ならずんば、礼《れい》を如何《いかん》。人《ひと》にして仁《じん》ならずんば、楽《がく》を如何《いかん》）」と、同じ句がある。合わせて参照。

○**何《なに》か有《あ》らん** 何の困難があるだろうか、何の困難もない。

里仁 4－14

子曰、不患無位、患所以立。不患莫己知、求爲可知也。

子《し》曰《いわ》く、位《くらい》無《な》きを患《うれ》えず、立《た》つ所以《ゆえん》を患《うれ》う。己《おのれ》を知《し》る莫《な》きを患《うれ》えず、知《し》る可《べ》きを為《な》すを求《もと》むる也《なり》。

先生は言われた。「地位のないことを気に病まず、地位を得るだけの実力がないことを気に病む。人が自分を認めてくれないことを気に病まず、認められることを成し遂げるよう心がける」。

○**立《た》つ所以《ゆえん》** 地位を得る理由。ここではその地位にふさわしい実力がないことを指す。

この発言の底には、ひたすら実力を磨きたくわえていったならば、必ず他人や社会も認めるだろうという、大らかな楽観主義がある。貧しい少年時代に学に志し、ひたすら研鑽を積んで飛翔した孔子ならではの言葉であり、里仁(本篇)4－25の「徳《とく》は孤《こ》ならず、必《かなら》ず鄰《とな》り有《あ》り」とも通じる、じめつかない陽性の健やかさが感じとれる発言である。

里仁 4－15

子曰、參乎、吾道一以貫之。曾子曰、唯。子出。門人問曰、何謂也。曾子曰、夫子之道、忠恕而已矣。

子《し》曰《いわ》く、参《しん》よ、吾《わ》が道《みち》は一以《いつもっ》て之《こ》れを貫《つらぬ》く。曾子《そうし》曰《いわ》く、唯《い》。子《し》出《い》づ。門人《もんじん》問《と》いて曰《いわ》く、何《なん》の謂《いい》ぞや。曾子《そうし》曰《いわ》く、夫子《ふうし》の道《みち》は、忠恕《ちゅうじょ》のみ。

先生は言われた。「参《しん》よ、私の道はただ一つのもので貫かれている」。曾子《そうし》は言った。「はい」。先生が出て行かれた後、他の弟子がたずねて言った。「どういう意味ですか」。曾子は言った。「先生の道は忠恕《ちゅうじょ》で貫かれている、ということだよ」。

○**参**《しん》 曾子《そうし》の本名。○**道**《みち》 ここでは、広く行動、態度、生きかたを指す。○**唯**《い》 ていねいな返事。「はい、さようでございます」といったニュアンスがある。○**門人**《もんじん》 門弟。ここでは曾子の弟子(孔子の孫弟子)を指すという説もある。○**忠恕**《ちゅうじょ》「忠」は自分に対する誠実さ、忠実さ、「恕」はすなわち思いやりや愛情。「忠」を他者に及ぼしたもの、すな曾子《そうし》は孔子より四十六歳年下、孔子門下における年少の弟子である。詳細は学而1－4参照。孔子がその曾子に向かって、「私の生きかたはただ一つのもので貫かれている」と言っただけで、曾子はすばやくその真意をくみとり、「唯《い》」と答える。それを横で聞いていた「門人」は意味が呑み込めず、曾子に質問すると、曾子は「夫子《ふうし》の道《みち》は、忠恕《ちゅうじょ》のみ」と答える。「忠恕」は注に記したように、「忠」は自分に対する誠実さ、忠実さの意であり、「恕」は「忠」を他者に及ぼしたもの、すなわち思いやりや愛情である。この「忠恕」の感情を統合すると、「仁」になると思われる。孔子の原点が自他に対する誠実さと思いやりであったことを、如実に示す章である。

里仁 4－16

子曰、君子喩於義、小人喩於利。

子《し》曰《いわ》く、君子《くんし》は義《ぎ》に喩《さと》り、小人《しょうじん》は利《り》に喩《さと》る。

先生は言われた。「君子は義（正しさ）に敏感に反応し、小人は利益に敏感に反応する」。

○**喩《さと》る** 敏感にさとる、敏感に反応する。

人は自分がつねづね好み、念頭に置いていることに対して敏感だということ。ズバリと的をついた言葉である。

里仁 4－17

子曰、見賢思齊焉、見不賢而内自省也。

子曰《しいわ》く、賢《けん》を見《み》ては斉《ひと》しからんことを思《おも》い、不賢《ふけん》を見《み》ては内《うち》に自《みずか》ら省《かえ》りみる也《なり》。

先生は言われた。「すぐれた人物に会えば、自分もそうなりたいと思い、つまらない人間に会ったら、(自分もあんなふうでないかと)心のうちをさぐり、みずから反省する(というふうにしなさい)」。

○賢《けん》 すぐれた人物。○不賢《ふけん》 賢ならざる人物、つまらない人間。

弟子たちに向かって、日々、具体的にみずからを向上させる術《すべ》を説いた言葉であろう。

里仁 4－18

子曰、事父母幾諫。見志不從、又敬不違。勞而不怨。

子曰《しいわ》く、父母《ふぼ》に事《つか》うるには幾《ようや》くに諫《いさ》む。志《こころざし》の従《したが》われざるを見《み》ては、又《ま》た敬《けい》して違《たが》わず。労《ろう》して怨《うら》まず。

先生は言われた。「父母に仕えるさいには、おだやかに諫める。父母の気

○幾《ようや》くに おだやかに、遠まわしに。

持ちがそれを受け入れないと見てとったときは、敬虔な態度でその気持ちにさからわない。心配しても怨んだりしない」。

父母に対して、おかしいと思うことがあっても、声を荒げて非難などせず、おだやかに注意をうながし、それでも受け入れられないときは、追い打ちをかけず、その意向にしたがう。内心、このままでいいのかと心配はしても、怨めしくは思わない。これは、老いた父母の人としての尊厳を、おだやかに尊重する言葉である。

なお、「労《ろう》して怨《うら》まず」は、注に記したように、諫められて不快感をもった父母に、骨の折れる労働を課せられても怨まないとするのが、従来の説である。しかし、この読みかたでは、父母を諫めて受け入れられないとき、子たる者はどうすべきかを説いた、この章の文脈にそぐわないと思われる。そこで、清《しん》の王引之《おういんし》の『経義述聞《けいぎじゅつぶん》』に「労《ろう》は憂《ゆう》なり」とあるのにより、「心配しても怨んだりしない」と解した。

○**志**《こころざし》　ここでは、父母の志、気持ち、意向。○**労す**《ろう》　心を労すること、憂慮すること。従来の説では、骨を折って労働すること、と解する。

里仁 4－19

子曰、父母在、不遠遊。遊必有方。

子《し》曰《いわ》く、父《ふ》母《ぼ》在《いま》せば、遠《とお》く遊《あそ》ばず。遊《あそ》ぶこと必《かなら》ず方《ほう》有《あ》り。

先生は言われた。「父母の在世中は、遠くに旅をしない。旅する場合には必ず(どこへ行くか)方角を告げる」。

○**遠《とお》く遊《あそ》ぶ**　遠くに旅する。○**方《ほう》**　方角。

高齢の父母に心配をかけないため、また、父母に不測の事態が起こったときのための、心得を述べたもの。なお、「方」を方角とするのは新注であり、古注は「方《ほう》は猶《な》お常《じょう》のごとし」とする。古注のように読めば、旅するときも、常にきまりがあり、自分の思いつくままにはしない、という意味になる。つまるところ、父母に告げることなく、勝手気ままに行く先を変えないという点では、新注も古注も変わりはない。

里仁 4-20

子曰、三年無改於父之道、可謂孝矣。

子《し》曰《いわ》く、三年《さんねん》父《ちち》の道《みち》を改《あらた》むる無《な》きは、孝《こう》と謂《い》う可《べ》し。

先生は言われた。「服喪三年の間、父のやりかたを変えない者は、孝行者だといえる」。

学而1－11の後半に同じ文章がある。

里仁 4－21

子曰、父母之年、不可不知也。一則以喜、一則以懼。

子《し》曰《いわ》く、父母《ふぼ》の年《とし》は、知《し》らざる可《べ》からざる也《なり》。一《ひと》つには則《すなわ》ち以《もっ》て喜《よろこ》び、一《ひと》つには則《すなわ》ち以《もっ》て懼《おそ》る。

先生は言われた。「父母の年は知っておかねばならない。一つにはその長命を喜び、一つには高齢で不測の事態が起こるのを恐れるのである」。

堅苦しい親孝行の教義とはおよそ無縁な、深いやさしさにあふれた言葉である。

里仁 4－22

子曰、古者言之不出、恥躬之不逮也。

子曰《しいわ》く、古《いにしえ》の者《もの》 言《げん》を出《い》ださざるは、躬《み》の逮《およ》ばざるを恥《は》じる也《なり》。

先生は言われた。「昔の人がみだりに発言しなかったのは、自分の行動が言葉に追いつかないのを、恥ずかしいと思ったからである」。

○**躬**《み》 自分自身。ここでは「自分の行動」の意。○**逮ぶ**《およぶ》 およぶ、追いつく。

この後の里仁(本篇)4-24の「君子《くんし》は言《げん》に訥《とつ》にして、行《おこな》いに敏《びん》ならんと欲《ほっ》す(君子は口下手であっても、行動は敏捷でありたいと願う)」とも共通する言葉。自分にできそうにないことは軽々しく口にせず、誠実に言動一致をめざすことは、孔子のモットーの一つであり、『論語』でもおりにつけ述べられている。

里仁 4-23

子曰、以約失之者、鮮矣。

子曰《しいわ》く、約《やく》を以《もっ》て之《こ》れを失《うしな》う者《もの》は、鮮《すくな》し。

先生は言われた。「引き締まったひかえめな暮らしかたをしていれば、失敗することは少ない」。

○**約**《やく》 困窮した生活、貧乏暮らし。ひいては、引き締まったひかえめな暮らしかた。○**之れを失う**《こうしな》 失敗すること。

里仁（本篇）4－2にも「不仁者《ふじんしゃ》は以《もっ》て久《ひさ》しく約《やく》に処《お》る可《べ》からず」と、経済的に困窮した暮らしを指して、「約」とする言いかたが見える。ここでは、「約」の指示内容をもう少し広くとり、「万事にわたって引き締まったひかえめな暮らしかた、生きかた」と解した。勝手放題、膨張し浮足立った生きかたをつづければ、やがて首が回らなくなり、破綻するのは自明の理であり、落ち着き引き締まった生きかたをするにかぎる、ということである。

里仁 4－24

子曰、君子欲訥於言、而敏於行。

子《し》曰《いわ》く、君子《くんし》は言《げん》に訥《とつ》にして、行《おこな》いに敏《びん》ならんと欲《ほっ》す。

先生は言われた。「君子は口下手であっても、行動は敏捷でありたいと願う」。

○訥《とつ》　訥弁、つっかえながら、スローテンポでしゃべる口下手をいう。
○敏《びん》　敏捷。

孔子は必ずしも能弁を否定しているわけではなく、ぺらぺらしゃべりまくるだけの口先人間を否定し、君子たる者はたとえスローな口下手であっても、行動はスピーディに敏捷でありたいと願うものだ、と言う。実践を最重視した孔子らしい発言である。孔子自身は訥弁どころか、絶妙のレトリックを駆使する超一流の弁論術、話術の持ち主であった。この発言は弟子たちに向かって、流暢な空論を操るな、敏速に行動せよと、呼びかけたものであろう。

里仁 4－25

子曰、徳不孤、必有鄰。

子曰《しいわ》く、徳《とく》は孤《こ》ならず、必《かなら》ず鄰《とな》り有《あ》り。

先生は言われた。「徳を体得した者は孤独ではなく、必ず隣人がいる」。

この章は「君子」を主語としたものではないが、「徳」すなわち大いなる徳（道徳）を体得した個人と、「君子」はほとんど重なる存在である。そうした徳の体得者はけっして孤立無援ではなく、必ず身近に自分と同種の人物あるいは理解者がいるものだと、孔子は言う。この言葉は、「人《ひと》の己《おのれ》を知《し》らざるを患《うれ》えず」（学而１－16）や「己《おのれ》を知《し》る莫《な》きを患《うれ》えず」（里仁〈本篇〉４－14）という発言とも呼応する。ここには、まっとうに誠実に生きてさえいれば、必ず認められ、友人や理解者もあらわれるという、孔子ひいては孔子集団に顕著な、明朗な開放感がくっきりと映しだされている。人を鼓舞する力に満ちた一章である。

里仁 4-26

子游曰、事君數、斯辱矣。朋友數、斯疏矣。

子游曰《しゆういわ》く、君《きみ》に事《つか》えて数《しば》しばすれば、斯《ここ》に辱《はずかし》めらる。朋友《ほうゆう》に数《しば》しばすれば、斯《ここ》に疏《うと》んぜらる。

子游《しゆう》は言った。「君主に仕えて、うるさく何回も諫めたりすれば、辱めを受け、友人にうるさく何回も忠告したりすれば、敬遠される」。

○数《しば》しばす　うるさく何回もやること。○斯《ここ》「～れば、則ち～」の「則」に同じく、前の条件文を受ける語。

子游《しゆう》は孔子より四十五歳年下の高弟。詳しくは為政2-7参照。しつこく諫言や忠告をくりかえすと、仏の顔も三度、とどのつまり、うるさがられ嫌われるということ。

公冶長《こうやちょう》 第五

公冶長 5－1

子謂公冶長、可妻也。雖在縲絏之中、非其罪也。以其子妻之。

子《し》 公冶長《こうやちょう》を謂《い》わく、妻《め》あわす可《べ》き也《なり》。縲絏《るいせつ》の中《うち》に在《あ》りと雖《いえど》も、其《そ》の罪《つみ》に非《あら》ざる也《なり》と。其《そ》の子《こ》を以《もっ》て之《こ》れに妻《め》あわす。

先生は公冶長《こうやちょう》を評された。「娘を嫁にやってもいい男だ。罪人として縄で縛られ投獄されたことがあったが、無実の罪だった」。かくて自分の娘を彼のもとに嫁がせた。

○謂《い》う　ここでは「評する」の意味。
○縲絏《るいせつ》　縄で縛られ投獄されること。

公冶長《こうやちょう》は孔子の弟子だが、この章以外、『論語』にも『史記《しき》』にも登場せず、詳しいことはわからない。ただ、彼が投獄されたいきさつについては、面白い説がある。鳥の言葉がわかる彼は、鳥のさえずりから殺された幼児の死体のありかを知った。このため殺人犯として逮捕されたが、やがて疑いが晴れ釈放されたというものである（皇侃《おうがん》著『論語義疏《ろんごぎそ》』）。孔子はこの変わった能力と経験をもつ公冶長を見込んで、娘の配偶者に選んだ。なんとも大胆な選択だが、孔子は牢獄から生還した公冶長に、絶体絶命の窮地を乗り越える力があると確信し、娘を委ねたのかも知れない。

公冶長 5－2

子謂南容、邦有道、不廢。邦無道、免於刑戮。以其兄之子妻之。

子《し》南容《なんよう》を謂《い》わく、邦《くに》に道有《みちあ》れば、廃《す》てられず。邦《くに》に道無《みちな》ければ、刑戮《けいりく》より免《まぬか》れんと。其《そ》の兄《あに》の子《こ》を以《もっ》て之《こ》れに妻《め》あわす。

○刑戮《けいりく》 刑罰・殺戮。

先生は南容《なんよう》を評された。「国家に道理があるときは、無視されることなく、国家に道理がなくなったときも、刑罰や殺戮の禍《わざわい》にあうことはない」。そこで、兄の娘を彼のもとに嫁がせた。

娘につづき、姪の配偶者を選んだ話である。南容《なんよう》は孔子の弟子で、魯《ろ》の三大貴族(三桓《さんかん》)の一つ孟孫《もうそん》氏の一族、南宮縚《なんきゅうとう》あざな子容《しよう》を指すという。孔子はこの南容を、国が平穏なときはそれなりに処遇され、乱れたときも危険な目にあうことのない、安定度の高い人物だと評価し、姪の配偶者に選んだ。前章の公冶長《こうやちょう》に比べ、はるかに無難な選択だが、彼ら二人に共通するのは、危機的状況においても、生きのびる力があるということだろう。乱世の知恵にあふれた婿選びである。

子謂子賤、君子哉若人。魯無君子者、斯焉取斯。

子《し》　子賤《しせん》を謂《い》わく、君子《くんし》なる哉《かな》　若《か》くのごとき人《ひと》。魯《ろ》に君子《くんし》無《な》かりせば、斯《こ》れ焉《いず》くにか斯《こ》れを取《と》らん。

先生は子賤《しせん》を評された。「君子だな、このような人物は。魯《ろ》に君子(の手本)がいなかったならば、彼はどうして君子の徳義を取得できただろうか」。

○**若《か》くのごとき人《ひと》**　ここの「若」は「かくのごとき(このような)」と訓読する。○**魯無君子者**　「者」は仮定をあらわし、「魯《ろ》に君子《くんし》無《な》かりせば」と訓読する。○**斯《こ》れ**　先の「斯れ」は子賤を指し、後の「斯れ」は君子の徳義を指す。○**焉《いず》くにか**　どこから、どうして。

子賤《しせん》は姓を宓《ふく》、名を不斉《ふせい》、あざなを子賤といい、孔子より三十歳年下の弟子。『史記《しき》』仲尼弟子《ちゅうじていし》列伝に、単父《ぜんほ》(山東省)の宰《さい》(地方長官)になった子賤が孔子に、「この国には私より賢明な者が三人おりまして、治政のやりかたを教えてくれました」と報告したところ、孔子は、「不斉の治める土地が小さいのが残念だ。広かったら期待できるのになあ」と言ったという話がある。孔子の子賤評は、この話が示すように、子賤に先達となる人物がいたことを、念頭においたものであろう。

公冶長
5－4

子貢問曰、賜也何如。子曰、女器也。曰、何器也。曰、瑚璉也。

子《し》貢《こう》問《と》いて曰《いわ》く、賜《し》や何如《いかん》。子《し》曰《いわ》く、女《なんじ》は器也《うつわなり》。曰《いわ》く、何《なん》の器《うつわ》ぞや。曰《いわ》く、瑚璉也《これんなり》。

子貢《しこう》がたずねて言った。「賜《わたくし》（子貢の本名、端木賜《たんぼくし》）はどうですか」。先生は言われた。「おまえは器《うつわ》だ」。（子貢は）言った。「何の器ですか」。（先生は）言われた。「瑚璉《これん》だ」。

「瑚璉《これん》」は宗廟でお供物の黍稷《しょしょく》（キビと高粱）のご飯を盛る器《うつわ》、つまり最上級の器を指す。子貢《しこう》が孔子に、先生は私をどういう人間だと思われますか、とたずねると、孔子は「おまえは器だ」と答える。孔子は「君子《くんし》は器《うつわ》ならず（君子は用途のきまった器物であってはならない）」（為政2－12）と述べており、これが持論だったと思われる。だから、「女《なんじ》は器也《うつわなり》」と言われた子貢は、意想外の答えにとまどうとともに、やや気色ばみ、「それでは、私は何の器なのですか」と突っ込む。孔子はたぶん「しまった」と思ったのだろうが、平然と「器は器でも、最高級の瑚璉だよ」と答える。この答えに子貢も安堵し、誇らしさを覚えたことであろう。この章にもさまざまな解釈があるが、私はこのように読みたい。

この孔子と子貢のやりとりも、まことに弾んだ快調なテンポでなされており、目を見張るような臨場感がある。弁舌さわやかな子貢は、すぐれた外交官であり、また目先のきく大商人でもあった。その意味で、たしかに「器」だったが、そんじょそこらにある器ではなく、文字どおり「大器」にほかならなかった。このため、孔子は、器は器でも、用途のかぎられた実用的な器ではなく、祭祀用に用いられる最高の器である瑚璉にたとえたものと思われる。孔子と弟子たちが自由に語り合う、孔子グループの雰囲気が彷彿とする面白い章である。

公冶長 5-5

或曰、雍也、仁而不佞。子曰、焉用佞。禦人以口給、屢憎於人。不知其仁。焉用佞。

或《ある》ひと曰《いわ》く、雍《よう》や、仁《じん》にして佞《ねい》ならず。子《し》曰《いわ》く、焉《いず》くんぞ佞《ねい》を用《もち》いん。人《ひと》を禦《ふせ》ぐに口給《こうきゅう》を以《もっ》てせば、屢《しば》しば人に憎《にく》まる。其《そ》の仁《じん》を知《し》らず。焉《いず》くんぞ佞《ねい》を用《もち》いん。

ある人が言った。「雍《よう》(冉雍《ぜんよう》)は、誠実でりっぱな人だが口下手ですね」。先生は言われた。「どうして弁がたつ必要があろうか。人に対応するとき、ぺらぺらと口達者だと、しばしば憎まれる。雍が誠実でりっぱかどうかはわからないが、どうして弁がたつ必要があろうか」。

○**佞**《ねい》 弁がたつこと、弁舌さわやかなこと。○**禦**《ふせ》**ぐ** ここでは「応答する、対応する」の意。○**口給**《こうきゅう》 ぺらぺらと口達者なこと。

すでに、「君子《くんし》は言《げん》に訥《とつ》にして、行《おこな》いに敏《びん》ならんと欲《ほっ》す」(里仁4-24)という発言もあるように、孔子は内実の伴わない、ぺらぺらと口達者な人間をしばしばきびしく批判し、ここでも、誠実だが口下手だとされる高弟の冉雍《ぜんよう》を強力にバックアップしている。
冉雍は姓を冉、名を雍、あざなを仲弓《ちゅうきゅう》といい、一説では孔子より二十九歳年下だという。冉雍は貧しい家の出身だったが、誠実で大らかな人となりであり、孔子は、「雍《よう》や南面《なんめん》せしむ可《べ》し（雍は君主にしてもよい男だ）」（雍也6－1）と言うほど、高く評価し、いたく愛した。孔子自身、貧窮のなかで成長したため、共通した要素のある冉雍に対して、格別の思い入れがあったのかもしれない。冉雍を口下手だと批判した者に猛反発したこの発言にも、そんな孔子の気持ちが見てとれる。

公冶長 5－6

子使漆雕開仕。對曰、吾斯之未能信。子說。

子《し》 漆雕開《しっちょうかい》をして仕《つか》えしむ。対《こた》えて曰《いわ》く、吾《わ》れ斯《こ》れを之《こ》れ未《いま》だ信《しん》ずること能《あた》わず。
子《し》説《よろこ》ぶ。

先生は漆雕開《しっちょうかい》を仕官させようとなさった。（漆雕開は）答えて言った。「私はこのこと（仕官すること）にはまだ自信がありません」。先生はよろこばれた。

○**信《しん》ず** 自信をもつ、自信がある。
○**説《よろこ》ぶ** 「悦ぶ」に同じ。

漆雕開《しっちょうかい》は姓を漆雕、名を開、あざなを子若《しじゃく》（子開《しかい》とも）といい、孔子より十二歳年下の弟子である。仕官を勧める孔子に対する漆雕開の答え、「吾《わ》れ斯《こ》れを之《こ》れ未《いま》だ信《しん》ずること能《あた》わず」の「斯れ」が何を指すかについては、諸説あるが、深読みせず、そのまま「仕官すること」ととったほうが自然であろう。仕官を勧められ、宮仕えはどうやら複雑そうで、私には手に余り、とても足を踏み入れる自信がありません、という率直な漆雕開の答えに、その複雑さをよく知る孔子は、思わず「よく言った」と喜んだとおぼしい。率直そのもの、たがいに本音で語り合うことのできる、健やかな師弟関係が彷彿とする章である。

公冶長 5－7

子曰、道不行、乘桴浮于海。從我者、其由與。子路聞之喜。子曰、由也好勇過我。無所取材。

子曰《しいわ》く、道行《みちおこな》われず、桴《いかだ》に乗《の》りて海《うみ》に浮《う》かばん。我《わ》れに従《したが》う者《もの》は、其《そ》れ由《ゆう》なるか。子路《しろ》之《こ》れを聞《き》いて喜《よろこ》ぶ。子曰《しいわ》く、由《ゆう》や勇《ゆう》を好《この》むこと我《わ》れに過《す》ぎたり。材《ざい》を取《と》る所《ところ》無《な》からん。

先生は言われた。「（私の理想とする）道は行われない。いっそ桴《いかだ》に乗って

○材《ざい》　ここでは桴《いかだ》を作る材木。

海を渡ろうか。(そのとき)私について来るのは由《ゆう》(子路《しろ》の本名、仲由《ちゅうゆう》)だろうか」。子路はこれを聞いて喜んだ。先生は言われた。「由よ、おまえは私以上に勇敢なことが好きだ。だが、(桴《いかだ》を作る)材木はどこから調達するのかね」。

不屈の精神をもって逆境に立ち向かう孔子もときには疲れ、何もかも振り捨てて、脱出の夢を抱くことがあった。この国は混乱を深めるばかりで、自分の理想とする節度ある社会など実現しそうもない。いっそのことイカダに乗って海に漂い、未知の国をめざそうか。そのときに、私について来るのは、冒険好きの勇ましい子路《しろ》だろうな。

そんな孔子のつぶやきを聞いた子路は、先生が認めてくださったと勇気百倍、大喜びする。今にも旅支度にとりかかりそうな子路の姿を見た孔子は、はたと我れにかえって子路に言う。私も勇敢なことが好きだが、おまえは私以上に勇敢なことが好きだ。イカダに乗って船出するといっても、そのイカダの材木をどこから取ってくるのかね、と。こうして血気にはやる子路をユーモアたっぷりにたしなめ、からかいながら、孔子は疲労感と落ち込んだ気分を一掃し、明るく快活に態勢を立て直すのである。

冒険好きで一本気な子路と向き合ううちに、孔子がじょじょに元気を回復するさまを活写するこの章は、そんな孔子と弟子の関係を鮮やかに描き出している。孔子の愛する高弟、快男児の子路については、公冶長(本篇)5-14を合わせて参照。

公冶長 5-8

孟武伯問、子路仁乎。子曰、不知也。又問。子曰、由也、千乘之國、可使治其賦也。不知其仁也。求也何如。子曰、求也、千室之邑、百乘之家、可使爲之宰也。不知其仁也。赤也何如。子曰、赤也、束帶立於朝、可使與賓客言也。不知其仁也。

孟武《もうぶ》伯《はく》問《と》う、子路《しろ》は仁《じん》なるか。子曰《しいわ》く、知《し》らざる也《なり》。又《ま》た問《と》う。子曰《しいわ》く、由《ゆう》や、千乗《せんじょう》の国《くに》、其《そ》の賦《ふ》を治《おさ》めしむ可《べ》き也《なり》。其《そ》の仁《じん》を知《し》らざる也《なり》。求《きゅう》や何如《いかん》。子曰《しいわ》く、求《きゅう》や、千室《せんしつ》の邑《ゆう》、百乗《ひゃくじょう》の家《いえ》、之《こ》れが宰《さい》たらしむ可《べ》き也《なり》。其《そ》の仁《じん》を知《し》らざる也《なり》。赤《せき》や何如《いかん》。子曰《しいわ》く、赤《せき》や、束帯《そくたい》して朝《ちょう》に立《た》ち、賓客《ひんかく》と言《い》わしむ可《べ》き也《なり》。其《そ》の仁《じん》を知《し》らざる也《なり》。

孟武《もうぶ》伯《はく》がたずねた。「子路《しろ》は仁者ですか」。先生は言われた。「わかりません」。また、たずねた。先生は言われた。「由《ゆう》(子路の本名、仲由《ちゅうゆう》)は、戦車を千台出せる諸侯の国の軍政をまかせることができます。(しかし)仁者であるかどうかはわかりません」。「求《きゅう》(冉求《ぜんきゅう》)はどうですか」。先生は言われた。「求は総戸数千戸の大きな町や戦車を百台出せる貴族の家の宰《さい》(執事)となることができます。(しかし)仁者であるかどうかはわかりません」。「赤《せき》(公西華《こうせいか》の本名、公西赤)はどうですか」。先生は言われた。「赤は衣冠束帯の礼装を身につけて朝廷に立ち、他国からの賓客と応対することができます。(しかし)仁者であるかどうかはわかりません」。

○**仁**《じん》 仁者。仁徳を体得した人。○**千乗**《せんじょう》**の国**《くに》 千台の戦車を出せる諸侯の国。○**賦**《ふ》 ここでは「軍政」の意。○**千室**《せんしつ》**の邑**《ゆう》 総戸数千戸の大きな町。○**百乗**《ひゃくじょう》**の家**《いえ》 百台の戦車を出せる貴族の家。○**宰**《さい》 地方長官、あるいは貴族の家の執事。○**束帯**《そくたい》 衣冠束帯。正式の礼装。○**朝**《ちょう》 朝廷。

質問者の孟武伯《もうぶはく》は、すでに為政2‐6に登場しており、魯《ろ》の実権をにぎる三大貴族（三桓《さんかん》）の一つ、孟孫氏《もうそん》の一族で、孔子と何かと因縁のあった孟懿子《もういし》の子である。これは、そんな魯の若き実力者、孟武伯との問答を記したもの。この問答は、孟武伯がまず孔子の高弟のうち、子路《しろ》をとりあげ、「子路は仁者ですか」と質問するところから始まる。やんちゃな快男児の子路は悠揚迫らぬ仁者のイメージと距離があるにもかかわらず、何か含むところでもあるのか、わざとこんな質問をした孟武伯に、いささかカチンときた孔子は、「わかりません」と、素知らぬていで突き放す。

しかし、孟武伯がさらに質問しつづけたため、孔子は、今度は方向をそらし、子路の軍政面の才能を称揚する。これを皮切りに、孟武伯は冉求《ぜんきゅう》、公西華《こうせいか》という孔子の二人の高弟について質問し、孔子はそれぞれのこれまた現実的かつ実践的な才能に言及して、いちいち「（しかし）仁者であるかどうかはわかりません」と、皮肉な調子で付け加える。孔子はこうして知ったかぶりをする貴公子を巧みにいなしながら、愛弟子をしっかり擁護するのである。

なお、ここに名前のあがった三人の高弟のうち、公西華は初登場である。公西華は姓を公西、名を赤《せき》、あざなを子華《しか》といい、孔子より四十二歳年下の若い弟子。なお、冉求はすでに八佾3‐6に登場しているが、姓を冉、名を求、あざなを子有《しゆう》といい、このため冉有《ぜんゆう》とも呼ばれる。孔子より二十九歳年下だが、「政事《せいじ》には冉有・季路《きろ》（子路）」（先進11‐3）と称されるように、孔子門下では、子路とともに抜群のすぐれた政治能力の持ち主だった。

この子路、冉求、公西華の三人は、先進11‐22、および26（ここでは、曾子《そうし》の父曾皙《そうせき》が加わり、顔ぶれは四人となっている）でも、そろって登場している。

公冶長 5-9

子謂子貢曰、女與回也孰愈。對曰、賜也何敢望回。回也聞一以知十。賜也聞一以知二。子曰、弗如也。吾與女弗如也。

子《し》 子貢《しこう》に謂《い》いて曰《いわ》く、女《なんじ》と回《かい》と孰《いず》れか愈《まさ》れる。対《こた》えて曰《いわ》く、賜《し》や何《なん》ぞ敢《あ》えて回《かい》を望《のぞ》まん。回《かい》や一《いち》を聞《き》いて以《もっ》て十《じゅう》を知《し》る。賜《し》や一《いち》を聞《き》いて以《もっ》て二《に》を知《し》る。子《し》曰《いわ》く、如《し》かざる也《なり》。吾《わ》れと女《なんじ》と如《し》かざる也《なり》。

先生は子貢《しこう》に向かって言われた。「おまえと顔回《がんかい》とどちらがすぐれているかね」。(子貢は)答えて言った。「賜《わたくし》(子貢の本名、端木賜《たんぼくし》)は顔回にはおよびもつきません。顔回は一を聞いて十を悟りますが、私は一を聞いて二を悟るだけです」。先生は言われた。「(顔回に)おまえは、およばないな、私もおまえもおよばないのだ」。

○**女**《なんじ》「汝」と同じ。○**愈る**《まさ》 勝る。
○**望む**《のぞ》 遠くから眺めること。「望まん」と反語になると、遠くから眺めることもできない、およびもつかない、の意味になる。

子貢《しこう》は孔子より三十一歳年下、顔回《がんかい》は孔子より三十歳年下だから、子貢と顔回は同世代である。理解力も洞察力も抜群の子貢が同輩の顔回をこれほど評価するところを見ると、顔回はやはり余人のおよびがたい、逸材だったのであろう。孔子が子貢のみならず、自分も顔回にはおよばないと言っているのは、妙にライバル意識をもたず、あっさり顔回に兜をぬいでみせた子貢に対する、称賛と励ましの意味もあったのかもしれない。

公冶長 5-10

宰予晝寢。子曰、朽木不可雕也。糞土之牆、不可杇也。於予與何誅。子曰、始吾於人也、聽其言、而信其行。今吾於人也、聽其言、而觀其行。於予與改是。

宰予《さいよ》、昼《ひる》に寝《い》ぬ。子曰《しいわ》く、朽《く》ちたる木《き》は雕《ほ》る可《べ》からざる也《なり》。糞土《ふんど》の牆《かき》は、杇《ぬ》る可《べ》からざる也《なり》。予《よ》に於《お》いてか何《なん》ぞ誅《せ》めん。子曰《しいわ》く、始《はじ》め吾《わ》れ人《ひと》に於《お》けるや、其《そ》の言《げん》を聴《き》きて、其《そ》の行《こう》を信《しん》ず。今《いま》　吾《わ》れ人《ひと》に於《お》けるや、其《そ》の言《げん》を聴《き》きて、其《そ》の行《こう》を観《み》る。予《よ》に於《お》いてか是《こ》れを改《あらた》む。

宰予《さいよ》が昼間から奥の間に引っ込んで寝ていた。先生は言われた。「腐った木には彫刻できない。泥土の垣には上塗りができない。宰予のような者は叱ってもしようがない」。また先生は言われた。「私は今まで他人に対して、その言葉を聞くと、(言葉どおりだと思って)その行動も信じてきた。これからは他人に対して、その言葉を聞き、その行動もよく見るようにする。宰予のことをきっかけに、このように態度を改めよう」。

○**糞土《ふんど》の牆《かき》** 劣悪な泥土で作った垣根、塀。○**杇《ぬ》る** 塗る。○**誅《せ》む** 責める、叱る。

宰予《さいよ》は姓を宰、名を予、あざなを子我《しが》(宰我《さいが》とも呼ばれる)といい、すでに八佾3-21に登場している。「言語には宰我・子貢《しこう》」と称される能弁の持ち主だが、あまりに才気走ったところがあり、虫が好かなかったのか、孔子はしばしば叱りつけている。ここでは宰予が真っ昼間から寝ていたというので、激怒した孔子が、こんなだらしのない者は処置なし、叱る値打ちもないと、痛烈に批判したものである。のみならず、孔子はこの宰予のことを契機として、他人に対しては、言葉を聞くだけでなく、その行動もじっくり観察してから、評価し判断するよう、態度を改めるとまで言っており、その怒りかたは尋常ではない。

宰予が口のうまさとはうらはらに、つねづねだらしないところがあったために、孔子の逆鱗《げきりん》に触れたとおぼしいが、それにしても、昼寝をしていただけで、孔子がここまで腹を立てるのは異様な感がある。そこで、江戸の儒者荻生徂徠《おぎゅうそらい》は、宰予が昼間から奥の間で寝ていたというのには、「蓋《けだ》し言《い》うべからざるもの有《あ》り（言うに言えないことがあったのだろう）」、すなわち女性と同衾していたのだという説を立てている。真偽のほどは定かでないが、なかなか説得力のある面白い説である。いずれにせよ、孔子は許しがたいことに対しては、たちまち激し、怒りを爆発させた。喜怒哀楽の感情をストレートに表出する、率直な人だったのである。

公冶長 5－11

子曰、吾未見剛者。或對曰、申棖。子曰、棖也慾、焉得剛。

子《し》曰《いわ》く、吾《わ》れ未《いま》だ剛《ごう》なる者《もの》を見《み》ず。或《ある》ひと対《こた》えて曰《いわ》く、申棖《しんとう》あり。子《し》曰《いわ》く、棖《とう》や慾《よく》、焉《いず》くんぞ剛《ごう》なるを得《え》ん。

先生は言われた。「私はこれまで真につよい人間を見たことがない」。ある人が答えて言った。「申棖《しんとう》がいるではありませんか」。先生は言われた。「申棖は欲望がある。どうしてつよいといえようか」。

○剛《ごう》 つよい、精神的に強靱であること。新注によれば、堅強不屈であること。○申棖《しんとう》 孔子の弟子。魯《ろ》の人というだけで、詳細は不明。○慾《よく》 欲望。

ここで孔子の言う「剛《ごう》なる者《もの》」は強靱な精神をもつ者を指す。これを聞いた者が、名をあげた申棖《しんとう》は、孔子の弟子のうち、ほとんど無名の人物だが、おそらく腕っぷしがつよかったのだろう。「剛」の意味をとりちがえた会話の相手に対し、孔子は、申棖には欲望にふりまわされるという精神的な弱さがあると、ずばり指摘し、そんな人間は「剛」とはいえないと断言する。ときに、とりちがえやすれちがいが起こる会話の場において、臨機応変、会話の相手を望ましい方向に振り向ける、孔子の巧みな話術を浮き彫りにする問答である。

公冶長 5-12

子貢曰、我不欲人之加諸我也。吾亦欲無加諸人。子曰、賜也、非爾所及也。

子貢《しこう》曰《い》わく、我《わ》れ人《ひと》の我《わ》れを加《しの》ぐを欲《ほっ》せざる也《なり》。吾《わ》れも亦《ま》た人《ひと》を加《しの》ぐ無《な》からんと欲《ほっ》す。子《し》曰《い》わく、賜《し》や、爾《なんじ》の及《およ》ぶ所《ところ》に非《あら》ざる也《なり》。

子貢《しこう》は言った。「私は他人が私に圧力を加えることを望まないし、私もやはり他人に圧力を加えることがないようにしたい」。先生は言われた。「賜《し》(子貢の本名、端木賜《たんぼくし》)よ、それはおまえにはできそうにないことだな」。

○**加《しの》ぐ** 凌《しの》ぐ。他人に圧力を加え、高飛車に抑えつけること。○**爾《なんじ》** 「汝」に同じ。

頭の回転の速い秀才の子貢《しこう》のまっとうすぎるほどまっとうで、殊勝な発言に対し、愛弟子の長所も短所もよく知る孔子は、その言やよしだが、切れすぎる気味のあるおまえには、ちょっと無理だろうなと、やんわりたしなめる。もしかしたら、このとき孔子は力んだ子貢の発言に、思わずふっと笑ったのかも知れない。いずれにせよ、孔子はあたたかくも畏怖すべき、大いなる教師だったのである。

公冶長 5－13

子貢曰、夫子之文章、可得而聞也。夫子之言性與天道、不可得而聞也。

子貢《しこう》曰《いわ》く、夫子《ふうし》の文章《ぶんしょう》は、得《え》て聞《き》く可《べ》き也《なり》。夫子《ふうし》の性《せい》と天道《てんどう》とを言《い》うは、得《え》て聞《き》く可《べ》からざる也《なり》。

子貢《しこう》は言った。「先生が、具体的な文化について話されるのを、聞くことはできるが、性や天道について話されるのを、聞くことはできない」。

○**文章《ぶんしょう》** 礼や音楽なども含む具体的な文化事象。○**性《せい》** 人が普遍的に生まれながらにしてもつ本質。○**天道《てんどう》** 天の摂理、宇宙の法則。

前章につづき高弟子貢《しこう》の発言。孔子は、具体的な文化事象については、おりおりに語り、弟子たちに教授したけれども、性や天道に関する抽象論は語らなかったと述べたものである。たしかに孔子は抽象的な概念よりも、個別具体的な行為や実践を重視する姿勢を厳然としてとりつづけており、その様相は言行録である『論語』に明確にあらわれている。たとえば、「性」については、「性相《せいあ》い近《ちか》き也《なり》。習《なら》い相《あ》い遠《とお》き也《なり》」（陽貨17－2）と述べているのが唯一の例であり、「天道」という言葉は、『論語』にはまったく見当たらない。この章は、後世の儒者の間で種々の論議を呼んだものだが、子貢がみずからの見聞を率直に語ったものとして、そのまま受け取っておきたい。

公冶長 5－14

子路有聞、未之能行、唯恐有聞。

子路《しろ》聞《き》くこと有《あ》りて、未《いま》だ之《こ》れを行《おこな》うこと能《あた》わざれば、唯《た》だ聞《き》くこと有《あ》るを恐《おそ》る。

子路《しろ》は先生（孔子）から何か教えを聞き、まだそれが実行できないうちに、次の教えを聞くことをひたすらこわがった。

子路《しろ》は直情径行の快男児であった。孔子を熱烈に崇拝していた彼は、孔子から何か教示をうけると、すぐ実行しようと努力し、それがまだ達成できないうちに、次の教示をうけることをたいへん恐れた。両方とも中途半端に終わることを、いやがったのである。このように純情でひたむきな子路は、誰もが好感をもたずにはいられない愛すべき人物であり、孔子はやや粗暴なところのある彼をときにからかいながらも、たいへん愛したのだった。

子路は孔子より九歳年下、もとは遊侠であり、「おんどりの羽を冠につけ、豚皮を腰の剣の飾りにする」(『史記《しき》』仲尼弟子《ちゅうじていし》列伝)という、鬼面《きめん》人を驚かす派手ないでたちで、肩で風を切って歩いていた。そんな彼は最初、学者然とした孔子をばかにしていたが、しだいに圧倒されて心酔するようになり、みずから志願して弟子入りした。以来、子路はこの章のように純情一筋、形に添う影のように孔子に師事しつづけた。後年、子路は就職して衛《えい》の出《しゅつ》公に仕えたが、紀元前四八〇年、衛の内乱のさい、奮戦のあげく戦死するに至った。この知らせを聞いた孔子は、「吾《わ》れ由《ゆう》を得《え》てより、悪言耳《あくげんみみ》に聞《き》こえず(私は子路を得てから、悪口を耳にすることがなくなったものを)」(『史記』仲尼弟子列伝)と、悲嘆に暮れたのだった。勇名高い子路が、命がけで孔子をガードし、誰にも妙な真似はさせまいと、意気ごむ姿が彷彿とする言葉である。

公冶長 5-15

子貢問曰、孔文子何以謂之文也。子曰、敏而好學、不恥下問。是以謂之文也。

子《し》貢《こう》問《と》いて曰《いわ》く、孔《こう》文《ぶん》子《し》は何《なに》を以《もっ》て之《こ》れを文《ぶん》と謂《い》うや。子《し》曰《いわ》く、敏《びん》にして学《がく》を好《この》み、下《か》問《もん》を恥《は》じず。是《ここ》を以《もっ》て之《こ》れを文《ぶん》と謂《い》う也《なり》。

子貢《しこう》が質問して言った。「孔文子《こうぶんし》はどうして文という諡《おくりな》がつけられたのでしょうか」。先生は言われた。「鋭敏でありながら学問を好み、目下の者の意見を聞くことを恥ずかしいと思わなかった。だから、文という諡がつけられたのだよ」。

○**孔文子**《こうぶんし》 本名は孔圉《こうぎょ》。文はその諡《おくりな》（死者にその生前の行為に応じてつける呼び名）。衛《えい》の霊《れい》公の娘婿にして衛の重臣。○**文**《ぶん》 ここでは、孔文子の諡に、高い評価を示す「文」が入っていることを指す。○**下問**《かもん》 目下の者の意見を聞くこと。

孔文子《こうぶんし》すなわち孔圉《こうぎょ》は公私混同、とかく問題の多い人物だった。また、その妻である衛《えい》の霊《れい》公の娘孔伯姫《こうはくき》は身持ちがわるく、夫孔圉の死後、愛人の渾良夫《こんりょうふ》とともに内乱に加担し、衛を大混乱させた（詳細は子路13-3解説参照）。高弟の子貢《しこう》は、このように、とかくきなくさいところのある孔圉が死後、どうして諡《おくりな》の最高ランクである「文」とされたのかと、疑問をもち、孔子にたずねる。これに対して、孔子は孔圉のマイナス面にはまったく言及せず、いたって穏当な答えを返した。孔子はかつて衛に滞在中、ある事件に関して孔圉に意見を求められ、敢然と反対意見を述べたところ、孔圉が受け入れたことがあった。このため、孔子は大方の見方に同調せず、ここで孔圉を擁護したという説もある。なお、諡をつける風習は中国では、古代から近代まで連綿と受け継がれた。

公治長 5－16

子謂子産、有君子之道四焉。其行己也恭。其事上也敬。其養民也恵。其使民也義。

子《し》 子産《しさん》を謂《い》わく、君子《くんし》の道《みち》四《よ》つ有《あ》り。其《そ》の己《おのれ》を行《おこな》うや恭《きょう》。其《そ》の上《かみ》に事《つか》うるや敬《けい》。其《そ》の民《たみ》を養《やしな》うや恵《けい》。其《そ》の民《たみ》を使《つか》うや義《ぎ》。

先生は子産《しさん》を評された。「君子にふさわしい四つの属性がある。みずからの行動においては慎み深く、目上の人に仕えるさいには敬虔、人々を養いはぐくむさいには恵み深く、人々を使役するさいにはきちんとした法則性がある」。

○**子産**《しさん》 ?—前五二二。春秋時代の小国鄭《てい》の名宰相。孔子より一世代上で、孔子が三十歳のときに死去している。○**謂**《い》**う** ここでは「評する」の意。○**恭**《きょう》 うやうやしく慎み深いこと。○**敬**《けい》 敬虔。○**恵**《けい》 恵み深いこと。○**義**《ぎ》 正しいこと、きちんとした法則性があること。

孔子が敬愛する先輩子産《しさん》について、その人間としても政治家としても卓越した点を、称賛した言葉である。なお、子産は神秘主義から脱却した合理的な政治思想の持ち主であり、孔子に深い影響を与えたとされる。

公治長 5－17

子曰、晏平仲善與人交。久而人敬之。

子《し》曰《いわ》く、晏平仲《あんぺいちゅう》は善《よ》く人《ひと》と交《まじ》わる。久《ひさ》しくして人之《ひとこ》れを敬《けい》す。

先生は言われた。「晏平仲《あんぺいちゅう》はおおいに人と交際した。しばらくすると、人は誰でも敬意をもつようになる」。

○**晏平仲**《あんぺいちゅう》 ?—前五〇〇。本名は晏《あん》嬰《えい》。春秋時代の斉《せい》の名臣で、人々に敬愛され人望があった。前章の子産《しさん》よりかなり若く、孔子とも面識があったとされる。○**善く**《よ》 ここでは「おおいに、しばしば」の意。○**之**《こ》**れ** ここでは晏平仲を指す。

偉大な政治家の晏平仲《あんぺいちゅう》は誰とでも気軽につきあうが、つきあいが長くなると、相手はだんだんその偉さがわかってきて襟をただし、敬愛するようになる、というのである。

以上は、梁《りょう》の皇侃《おうがん》の『論語義疏《ろんごぎそ》』に拠ったものであり、他のテキストでは、「久而敬之(久《ひさ》しくして之《こ》れを敬《けい》す)」と「人」の字がなく、この句の主語を晏平仲、目的語の「之れ」を人(相手)と取って、「晏平仲は人とのつきあいかたがりっぱで、つきあいが長くなっても相手に対する敬意を失わない」と解するのが、ふつうである。ここであげた皇侃本とは、主語と目的語があべこべになるわけだ。私見によれば、かりに従来のテキストのように「人」の字がなくても、ここにあげたような読みかたや解釈は可能であり、また、そのほうが多くの人々に敬愛され、孔子を感服させた晏平仲の自在な姿を、よくあらわしていると思う。

子曰、臧文仲居蔡。山節藻梲。何如其知也。

子《し》曰《いわ》く、臧文仲《ぞうぶんちゅう》　蔡《さい》を居《お》けり。節《せつ》を山《やま》にし梲《せつ》を藻《も》にす。何如《いかん》ぞ其《そ》れ知《ち》ならんや。

先生は言われた。「臧文仲《ぞうぶんちゅう》は(君主専用の)占いに用いる大きい亀甲を家に置き、(天子にのみ許される装飾であるのに)梁《はり》を支える柱の上の部分を山型にし、うだちに藻の模様をえがいた。どうして知性のある人物だといえようか」。

○**臧文仲**《ぞうぶんちゅう》　?—前六一七。本名は臧《ぞう》孫辰《そんしん》。孔子が生まれる六十六年前に死去した、魯《ろ》の重臣にして君主の一族。○**蔡**《さい》　君主専用の占いに用いる大きな亀の甲。○**節**《せつ》　梁《はり》を支える柱の上の部分。これを山型にするのは天子にのみ許される装飾である。○**梲**《せつ》　うだち(梁の上に立てる短い柱)。これに藻の模様をえがくのも天子にのみ許される装飾である。

臧文仲《ぞうぶんちゅう》はその没後も魯《ろ》では評価の高い人物だが、孔子はここでもろもろの僭上沙汰があったとし、異議をとなえる。なお、孔子は、衛霊公15－14でも臧文仲をとりあげ、「臧文仲《ぞうぶんちゅう》は其《そ》れ位《くらい》を窃《ぬす》む者《もの》か云々」と批判している。孔子は自分の生まれるはるか前に没した、臧文仲の偉人伝説は虚像にすぎないと、違和感を抱いていたようだ。

公冶長 5－19

子張問曰、令尹子文、三仕爲令尹、無喜色。三已之、無慍色。舊令尹之政、必以告新令尹。何如。子曰、忠矣。曰、仁矣乎。曰、未知。焉得仁。崔子弑齊君。陳文子有馬十乘。棄而違之。至於他邦、則曰、猶吾大夫崔子也。違之。之一邦、則又曰、猶吾大夫崔子也。違之。何如。子曰、清矣。曰、仁矣乎。曰、未知。焉得仁。

子張《しちょう》　問《と》いて曰《いわ》く、令尹子文《れいいんしぶん》、三《み》たび仕《つか》えて令尹《れいいん》と為《な》りて、喜《よろこ》ぶ色無《いろな》し。三《み》たび之《こ》れを已《や》むるも、慍《いか》る色無《いろな》し。旧令尹《きゅうれいいん》の政《せい》、必《かなら》ず以《もっ》て新令尹《しんれいいん》に告《つ》ぐ。何如《いかん》。子曰《しいわ》く、忠《ちゅう》なり。曰《いわ》く、仁《じん》なりや。曰《いわ》く、未《いま》だ知《し》らず。焉《いず》くんぞ仁《じん》なるを得《え》ん。崔子《さいし》斉《せい》の君《きみ》を弑《しい》す。陳文子《ちんぶんし》　馬十乗有《うまじゅうじょうあ》り。棄《す》てて之《こ》れを違《さ》る。他邦《たほう》に至《いた》って、則《すなわ》ち曰《いわ》く、猶《な》お吾《わ》が大夫崔子《たいふさいし》のごとき也《なり》と。之《こ》れを違《さ》る。一邦《いっぽう》に之《ゆ》き、則《すなわ》ち又《ま》た曰《いわ》く、猶《な》お吾《わ》が大夫崔子《たいふさいし》のごとき也《なり》。之《こ》れを違《さ》る。何如《いかん》。子曰《しいわ》く、清《せい》なり。曰《いわ》く、仁《じん》なりや。曰《いわ》く、未《いま》だ知《し》らず。焉《いず》くんぞ仁《じん》なるを得《え》ん。

子張《しちょう》がたずねて言った。「令尹子文《れいいんしぶん》は三回、首相になりましたが、うれしそうな顔をせず、三回、辞任させられましたが、怨みがましい顔をせず、前任の令尹の政務を必ず新任の令尹に引き継ぎました。どう思われます

○**令尹子文**《れいいんしぶん》　姓は闘《とう》、名は穀於菟《こうおと》、子文はあざな。令尹は官名、首相にあたる。春秋時代の楚《そ》の大政治家で、

か」。先生は言われた。「忠実だ」。(子張は)言った。「仁といえましょうか」。(先生は)言われた。「さあ、わからないね。(忠実であっても)どうして仁だといえようか」。(子張がたずねた。)「崔子《さいし》が斉《せい》の君主を殺したとき、陳文子《ちんぶんし》は四頭立ての戦車十台を出せる領地を所有しながら、これを放棄して斉を立ち去り、他国に行きましたが、他国に到着すると、「やはり我が国の崔子のような者がいる」と言って、立ち去りました。別の国に行くと、また「やはり我が国の崔子のような者がいる」と言って、立ち去りました。どう思われますか」。先生は言われた。「清潔だ」。(子張は)言った。「仁といえましょうか」。(先生は)言われた。「さあ、わからないね。(清潔であっても)どうして仁だといえようか」。

孔子より百年以上も前に活躍した人物である。○**忠**《ちゅう》 忠実。○**崔子**《さいし》 本名は崔杼《さいちょ》、春秋時代の斉《せい》の重臣。紀元前五四八年、崔杼は斉の君主荘《そう》公を殺害した。このとき孔子は四歳だった。○**弑す**《しい》 身分の下の者が上の者を殺すこと。○**陳文子**《ちんぶんし》 本名は陳須《ちんしゅ》無《ぶ》、文は諡《おくりな》、斉の重臣だった。○**馬**《うま》**十乗有り**《じゅうじょうあ》 四頭立ての戦車十台を出せる領地を所有していたことをいう。○**違る**《さ》 ここでは「去る」の意。○**清**《せい》 清潔。

これも過去の有名な人物を評したものである。質問者の子張《しちょう》は孔子門下の最年少ともいうべき若い弟子。詳細は為政2-18および23を参照。子張が定評のある有名な二人の人物、令尹子《れいいんし》文《ぶん》と陳文子《ちんぶんし》のすぐれた行為をとりあげ、孔子に問いかけたところ、孔子はそれぞれを忠実、清潔だと評価するが、「それだけではどうして仁だといえようか」と言い、彼らは仁者という最高ランクには達していないと断言する。おそらく、仁者は忠実も清潔も包含したもっと大いなる存在だということであろう。

なお、「未知。焉得仁(未《いま》だ知《し》らず。焉《いず》くんぞ仁《じん》なるを得《え》ん)」の五字を一句とし、「未《いま》だ焉《いず》くにか仁《じん》を得《う》るかを知《し》らず」すなわち「(忠実、清潔ということはたしかだが)仁であるかどうかはわからない」とする読みかたもある。しかし、ここは二句に切り、頭は切れるが露骨なところのある子張が、孔子の肯定的な令尹子文評と陳文子評に対し、さらに「仁といえましょうか」と勢い込んで質問してくると、孔子はいったん「さあ、わからないね」と穏やかにかわしたうえで、最後にずばりと、「それだけでは仁とはいえないよ」と言い切ったと解釈した。

公冶長 5－20

季文子三思而後行。子聞之曰、再斯可矣。

季文子《きぶんし》　三《み》たび思《おも》いて而《しか》る後《のち》に行《おこな》う。子《し》　之《こ》れを聞《き》きて曰《いわ》く、再《ふたた》びせば斯《こ》れ可《か》なり。

季文子《きぶんし》は三度考えてから実行に移した。先生はこれを聞いて言われた。「二度考えれば十分だ」。

○**季文子《きぶんし》**　？―前五六八。姓は季孫《きそん》、名は行父《こうほ》、文は諡《おくりな》。魯《ろ》の宰相。孔子が生まれる十七年前に死去した。

季文子《きぶんし》も孔子に先立つ魯《ろ》の有名な政治家である。季文子は慎重な性格であり、晋《しん》に赴くとき、晋の君主襄《じょう》公が病気だと聞くと、用意周到、喪にあったときの礼を学んでから出発した。「三《み》たび思《おも》いて而《しか》る後《のち》に行《おこな》う」とはこのことを指すという（新注）。これを聞いた孔子はものには限度があり、二度考えたら十分だと批判した。慎重すぎるのもね、と、孔子が苦笑しながら、慨嘆するさまが浮かんでくるような言葉である。

公冶長 5－21

子曰、甯武子邦有道則知、邦無道則愚。其知可及也。其愚不可及也。

子《し》曰《いわ》く、甯武子《ねいぶし》　邦《くに》に道有《みちあ》れば則《すなわ》ち知《ち》、邦《くに》に道無《みちな》ければ則《すなわ》ち愚《ぐ》。其《そ》の知《ち》は及《およ》ぶ可《べ》き也《なり》。其《そ》の愚《ぐ》は及《およ》ぶ可《べ》からざる也《なり》。

先生は言われた。「甯武子《ねいぶし》は国が治まっているときは知者となり、国が混乱しているときは愚者となった。その知者ぶりは真似し追いつくことができるが、その愚者ぶりは真似することはできない」。

○**甯武子《ねいぶし》**　姓は甯、名は兪《ゆ》、武は諡《おくりな》。紀元前六三二年ごろから六二三年ごろまで活躍した小国衛《えい》の重臣。

この篇では第十五章からこの章まで合わせて七章、過去の有名な人物の批評がつづく。甯武子《ねいぶし》は紀元前七世紀後半、北方の大国晋《しん》と南方の大国楚《そ》の間に挟まり、苦境がつづいた小国衛《えい》の重臣として力を尽くし、衛の存続をはかった。孔子はここで、甯武子が国の治まっているときは、知者として手腕を発揮し、混乱したときは、愚者のふりをして素知らぬていを装ったことをとりあげ、後者すなわち愚者のふりをしたことを高く評価する。

ちなみに、甯武子は紀元前六二三年、国使として魯《ろ》を訪れたとき、歓迎の宴席で場違いな演奏がされると、まったく反応しなかった。わけを聞かれると、「楽人が練習しているのだとばかり思っていました」と答えたという。甯武子はとぼけたポーズで相手に恥をかかさず、その非礼を悟らせたのである。老練の政治家というほかない。これは孔子が生まれる七十年余り前の話だが、孔子が甯武子の愚者ぶりを称えた根底には、魯と関係するこの名高いエピソードがあったとおぼしい。

公冶長 5－22

子在陳曰、歸與、歸與。吾黨之小子狂簡、斐然成章。不知所以裁之。

子《し》 陳《ちん》に在《あ》りて曰《いわ》く、帰《かえ》らんか、帰《かえ》らんか。吾《わ》が党《とう》の小子《しょうし》 狂簡《きょうかん》にして、斐然《ひぜん》として章《しょう》を成《な》す。之《こ》れを裁《さい》する所以《ゆえん》を知《し》らず。

先生は陳《ちん》にいらっしゃったときに言われた。「さあ帰ろう。さあ帰ろう。私の門下の若者たちは、意気盛ん、やたらに活動しているが、はなばなしく美々しい模様を織り成しているばかりで、どう判断してけじめをつければいいか、わからないのだから」。

○**吾《わ》が党《とう》の小子《しょうし》** もともと「党」は五百家の集落、「小子」は若者を指す。ここでは、諸国を遊説中の孔子が魯《ろ》に残して来た門下の若者を指す。○**狂簡《きょうかん》** 意気盛ん、やたらに活動するさま。○**斐然《ひぜん》** はなばなしく美々しいさま。○**裁《さい》す** 判断してきめる。○**章《しょう》を成《な》す** 模様を織り成す。

過去の有名な人物の批評はここでいったん休止し(この後、また三章つづく)、この章は諸国遊説中の孔子が陳《ちん》に立ち寄ったさいの発言を載せる。孔子は紀元前四九七年、五十五歳のとき魯《ろ》を去り、その後、足かけ十四年にわたり大勢の弟子を連れ、諸国を旅して遊説した(詳しくは為政2－4解説参照)。陳にも少なくとも二度、立ち寄っており、紀元前四八九年には、陳で戦乱に巻き込まれ、食糧危機に見舞われた(詳しくは衛霊公15－2参照)。この発言はこのころのものであろう。遊説の旅もはかばかしい成果を上げるに至らず、孔子はここに見えるように、帰国して若い弟子の教育に本腰を入れようと思いはじめる。というのも、魯に残留した若い弟子は、一見、はなばなしく活動しているものの、よるべき指針を見失い、判断ができない状態にあったのだ。もっとも、孔子が実際に帰国したのは、この五年後のことであった。

公冶長 5－23

子曰、伯夷叔齊、不念舊惡。怨是用希。

子《し》曰《いわ》く、伯夷《はくい》・叔斉《しゅくせい》、旧悪《きゅうあく》を念《おも》わず。怨《うら》み是《ここ》を用《もっ》て希《まれ》なり。

先生は言われた。「伯夷《はくい》・叔斉《しゅくせい》は人の旧悪をいつまでも気にかけなかった。このため人に怨まれることはめったになかった」。

○**伯夷《はくい》・叔斉《しゅくせい》** はるか古代、殷《いん》末にあった孤竹《こちく》という国の君主の息子、伯夷が兄、叔斉が弟である。清廉潔伯夷《はくい》・叔斉《しゅくせい》は後継者問題が原因で、故国の孤竹《こちく》を去り、有徳の誉《ほま》れ高い周《しゅう》の西伯《せいはく》（文王《ぶんおう》）身を寄せようとした。しかし、周に到着したとき、西伯はすでに死去し、後継者の武《ぶ》王が殷《いん》最後の天子、暴君の紂《ちゅう》討伐に向かうところだった。武王の放伐《ほうばつ》（武力革命）に異を唱えた二人は、周王朝成立後、「周《しゅう》の粟《ぞく》は食《は》まず」と首陽山《しゅようざん》に身を隠し、ワラビを採って飢えをしのいだが、やがて餓死した。『史記《しき》』の列伝の冒頭「伯夷列伝」はこの二人を対象とする。

この孔子の発言は、伯夷・叔斉は清廉潔白の化身とされるが、人の旧悪を気にかけなかったために、人から怨まれることはめったになかったと、弁護し称揚したもの。もっとも、孔子の言う「旧悪《きゅうあく》を念《おも》わず」の具体的な事例は不明である。

白の化身とされる。〇**是《ここ》を用《もっ》て**「是《ここ》を以《もっ》て」に同じ。このため、だから、の意。

公冶長 5－24

子曰、孰謂微生高直。或乞醯焉。乞諸其鄰、而與之。

子《し》曰《いわ》く、孰《たれ》か微生高《びせいこう》を直《なお》しと謂《い》うや。或《ある》ひと醯《す》を乞《こ》う。諸《これ》を其《そ》の鄰《りん》に乞《こ》うて、而《しこう》して之《こ》れに与《あた》う。

先生は言われた。「誰が微生高《びせいこう》を正直者だというのか。ある人が酢を借りに行ったとき、(自分の家になかったので)隣から借りてきて、その人にわたしたというではないか」。

○**微生高**《びせいこう》 魯《ろ》の人で正直者として有名だったというが、詳しい事迹は不明。○**醯**《す》 酢。

下世話な言いかたをすれば、人の褌《ふんどし》で相撲をとる者は、とても正直者とはいえない、ということである。従来の注者はおおむねこの発言を、孔子がこうして微生高《びせいこう》を批判したものだとする。しかし、荻生徂徠《おぎゅうそらい》だけは、微生高は率直一点張りの人ではなく、人から頼まれれば、意を曲げてでも、親切に調達する柔軟さをあわせもつと、戯れ気分で言ったと解する。徂徠の説は人情の機微をうがった面白いものだが、やや無理があると思われる。

公冶長 5-25

子曰、巧言令色足恭、左丘明恥之。丘亦恥之。匿怨而友其人、左丘明恥之。丘亦恥之。

子《し》曰《いわ》く、巧言《こうげん》・令色《れいしょく》・足恭《すうきょう》、左丘明《さきゅうめい》 之《こ》れを恥《は》ず。丘《きゅう》も亦《ま》た之《こ》れを恥《は》ず。怨《うら》みを匿《かく》して其《そ》の人《ひと》を友《とも》とす、左丘明《さきゅうめい》 之《こ》れを恥《は》ず。丘《きゅう》も亦《ま》た之《こ》れを恥《は》ず。

先生は言われた。「巧妙な言葉づかい、とりつくろった表情、過度のうやうやしさを、左丘明《さきゅうめい》は恥ずべきことだとした。私もこれを恥ずべきことだと思う。怨みを秘めかくしながら、その人と友だちづきあいすることを、左丘明は恥ずべきことだとした。私もこれを恥ずべきことだと思う」。

○**巧言**《こうげん》 巧妙な言葉づかい、口先上手。○**令色**《れいしょく》 とりつくろった表情、人当たりのよい顔つき。○**足恭**《すうきょう》 過度のうやうやしさ。○**左丘明**《さきゅうめい》 孔子と同時代、もしくはそれ以前の人。『春秋左氏伝《しゅんじゅうさしでん》』の著者とされるが、不詳。○**丘**《きゅう》 孔子の名。

注に記したように、左丘明《さきゅうめい》の事迹は不詳であり、孔子との関係も不明だが、ここで孔子が全面的に肯定し、また深い共感と敬意を示しているところから見て、孔子の先輩にあたる人物だとおぼしい。

公冶長 5-26

顔淵季路侍。子曰、盍各言爾志。子路曰、願車馬衣(輕)裘、與朋友共、敝之而無憾。顔淵曰、願無伐善。無施勞。子路曰、願聞子之志。子曰、老者安之、朋友信之、少者懷之。

顔淵《がんえん》・季路《きろ》侍《じ》す。子《し》曰《いわ》く、盍《なん》ぞ各《おの》おの爾《なんじ》の志《こころざし》を言《い》わざる。子路《しろ》曰《いわ》く、願《ねが》わくは車馬《しゃば》衣裘《いきゅう》、朋友《ほうゆう》と共《とも》にし、之《こ》れを敝《やぶ》りて憾《うら》み無《な》からん。顔淵曰《がんえんいわ》く、願《ねが》わくは善《ぜん》を伐《ほこ》ること無《な》からん。労《ろう》を施《ほどこ》すこと無《な》からん。子路《しろ》曰《いわ》く、願《ねが》わくは子《し》の志《こころざし》を聞《き》かん。子《し》曰《いわ》く、老者《ろうしゃ》は之《こ》れに安《やす》んじ、朋友《ほうゆう》は之《こ》れを信じ、少者《しょうしゃ》は之《こ》れを懐《なつ》く。

顔淵《がんえん》(顔回《がんかい》)と季路《きろ》(子路《しろ》)がお側にいたとき、先生が言われた。「どうだ、めいめい自分の理想を言ってごらん」。子路は言った。「できたら、馬車や衣服や毛皮を友だちと共有し、それがいたんでも気に病まないようでありたいと思います」。顔淵は言った。「善い事をしても自慢せず、いやなことを他人に押しつけないようにしたいと思います」。子路は言った。「先生の理想を聞かせてください」。先生は言われた。「老人からは安心して頼られ、友だちには信頼され、若い者から慕われ、というふうでありたい」。

○**盍《なん》ぞ〜ざる**　再読文字。どうして〜しないのか。○**衣《い》(軽)裘《きゅう》**　「軽」は後世、付加されたという。「裘」は毛皮。○**労《ろう》を施《ほどこ》す**　いやなことを他人に押しつける。○**伐《ほこ》る**　誇る、自慢する。○**少者《しょうしゃ》**　若い者。

たまたま子路《しろ》と顔回《がんかい》が孔子の側にいたときの問答である。孔子の評価の高い顔回が同席しており、これを意識したためか、子路の答えはテンションが高く、心情のみならず物質的にも貴重なものを、全面的に共有する友人関係を結ぶことが理想だと、熱っぽく語る。これにつぐ顔回の言葉は、いかにも生真面目で優等生的。最後に子路の要請に応じて口を開いた孔子は、老人、同輩、年少者に、それぞれ信頼され良好な関係を結ぶことが理想だと述べる。孔子の答えは率直にして目配りがきき、熱意の塊のような子路、面白味に欠ける顔回の答えに比べて、はるかに円熟し、穏やかな味わいがあるといえよう。

公冶長 5-27

子曰、已矣乎。吾未見能見其過、而内自訟者也。

子《し》曰《いわ》く、已《や》んぬるかな。吾《わ》れ未《いま》だ能《よ》く其《そ》の過《あやま》ちを見《み》て、而《しか》も内《うち》に自《みずか》ら訟《せ》むる者《もの》を見《み》ざる也《なり》。

先生は言われた。「もうおしまいだ。私はこれまで自分の過ちに気がつき、心のうちで、自分を責めることのできる人間を、見たことがない」。

○已《や》んぬるかな 慨嘆の言葉。「もうおしまいだ」の意。○訟《せ》む 責める、咎める。

自省心や自責の念を失い果て、自己顕示欲に駆られる一方の、世相や人の姿を慨嘆したもの。ほぼ二千五百年後の現在をも鋭く穿つ言葉である。

公冶長 5-28

子曰、十室之邑、必有忠信如丘者焉。不如丘之好學也。

子《し》曰《いわ》く、十室《じっしつ》の邑《ゆう》にも、必《かなら》ず忠信《ちゅうしん》丘《きゅう》の如《ごと》き者有《ものあ》らん。丘《きゅう》の学《がく》を好《この》むに如《し》かざる也《なり》。

先生は言われた。「戸数十軒の小さな村にも、きっと私と同様、まごころをもった誠実な者はいるであろう。しかし、学問を好むという点では、私におよばないだろう」。

人は単に誠実であるだけでは不十分であり、学問をして知性や感覚を磨き、文化の型を体得してこそ、真に誠実な人間になることができる。しかも、みずから積極的に好んで学問するのでなければ、何も身につかない。十五歳で学に志して以来、孔子は生涯にわたって広い意味での学問を心から愛し、学びつづけた。そんな孔子の強い自負と誇りが伝わってくる発言である。

○**忠信**《ちゅうしん》 「忠」は誠心誠意、まごころを尽くすこと。「信」は誠実に信義を守ること。○**丘**《きゅう》 孔子の名。

雍也《ようや》第六

雍也 6－1

子曰、雍也可使南面。

子《し》曰《いわ》く、雍《よう》や南面《なんめん》せしむ可《べ》し。

先生は言われた。「雍《よう》(冉雍《ぜんよう》)は君主にしてもよい男だ」。

○**南面**《なんめん》 天子や君主など、人の上に立つ地位につくこと。

孔子の高弟の一人、冉雍《ぜんよう》あざな仲弓《ちゆうきゆう》はすでに公冶長5－5に登場している。合わせて参照。冉雍は貧しい家の出身で口下手ながら、誠実で大らかな人柄だった。孔子は彼を高く評価し、ここでは異様なまでに絶賛している。雍也(本篇)6－6を合わせて参照。

雍也 6－2

仲弓問子桑伯子。子曰、可也。簡。仲弓曰、居敬而行簡、以臨其民、不亦可乎。居簡而行簡。無乃大簡乎。子曰、雍之言然。

仲弓《ちゆうきゆう》 子桑伯子《しそうはくし》を問《と》う。子《し》曰《いわ》く、可《か》也《なり》。簡《かん》なり。仲弓曰《ちゆうきゆういわ》く、敬《けい》に居《い》て簡《かん》を行《おこな》い、以《もっ》て其《そ》の民《たみ》に臨《のぞ》まば、亦《また》た可《か》ならずや。簡《かん》に居《い》て簡《かん》を行《おこな》う。乃《すなわ》ち大《はなは》だ簡《かん》なる無《な》からんや。子曰《しいわ》く、雍《よう》の言然《げんしか》り。

仲弓《ちゅうきゅう》(冉雍《ぜんよう》のあざな)が子桑伯子《しそうはくし》について質問した。先生は言われた。「いいね。こせつかず大まかだ」。仲弓は言った。「自分自身はつつしみ深く慎重でありながら、大まかな政治をして、人々に対するなら、それもいいでしょうが、自分自身も大まかで、大まかな政治をやれば、大まかすぎることになりませんか」。先生は言われた。「雍の言《おまえ》うとおりだよ」。

○子桑伯子《しそうはくし》 当時の政治家とされるが、不詳。○簡《かん》 こせつかず大まかであること。○敬《けい》 つつしみ深く慎重であること。

前章につづき冉雍《ぜんよう》との問答である。真面目な冉雍が、子桑伯子《しそうはくし》なる人物をこせつかず大まかだと、評価する孔子に対し、公私ともども大まかなのはどうもいただけませんね、と果敢に異議を唱えると、孔子はなるほどとばかり、あっさり同調する。これまた、孔子の冉雍への肩入れが見てとれる面白いやりとりである。

雍也 6-3

哀公問、弟子孰爲好學。孔子對曰、有顏回者、好學。不遷怒。不貳過。不幸短命死矣。今也則亡。未聞好學者也。

哀公問《あいこうと》う、弟子《ていし》 孰《たれ》か学《がく》を好《この》むと為《な》す。孔子対《こうしこた》えて曰《いわ》く、顔回《がんかい》なる者有《ものあ》り、学《がく》を好《この》む。怒《いか》りを遷《うつ》さず。過《あやま》ちを弐《ふたた》びせず。不幸《ふこう》短命《たんめい》にして死《し》せり。今《いま》や則《すなわ》ち亡《な》し。未《いま》だ学《がく》を好《この》む者《もの》を聞《き》かざる也《なり》。

哀公《あい》が聞かれた。「お弟子さんのうち、誰が学問好きと思いますか」。孔子は答えて言われた。「顔回《がんかい》という者がおりました。学問好きで、怒りに駆られず、同じ過ちを繰り返すことはありませんでしたが、不幸にも短命で死にました。今はもうこの世にいません。(彼の死後)学問好きの者がいるとは聞いたことがありません」。

質問者の哀公《あい》は孔子の母国魯《ろ》の君主であり、紀元前四九四年から四六八年まで在位した。顔回《がんかい》の没年については諸説あるが、紀元前四八一年、孔子に先立つこと二年、四十一歳で死去したとの説に説得力がある。とすれば、このとき孔子は七十一歳。この発言は、最愛の弟子顔回の死が、晩年の孔子にいかに深刻な打撃を与えたかを如実に示している。別の箇所にも魯の有力貴族の一人、季康子《きこうし》が哀公と同じ質問をしたところ、孔子はやはり「顔回《がんかい》なる者有《ものあ》り、学《がく》を好《この》む。不幸《ふこう》短命《たんめい》にして死《し》せり。今《いま》や則《すなわ》ち亡《な》し」(先進11-7)と答えたと記されている。

ちなみに、顔回が死んだとき、孔子は「噫《ああ》、天《てん》予《わ》れを喪《ほろ》ぼせり、天《てん》予《わ》れを喪《ほろ》ぼせり」(先進11-9)と激越な絶望の言葉を吐き、悲嘆にくれた。顔回の死後、学問好きな者はもういないとか、顔回の死は、天が私を滅ぼすということだとか、孔子が公然と、これほど顔回に肩入れするのを目の当たりにしたとき、ほかの高弟たちはどう思ったのだろうか。これによって、孔子集団に波風が立った気配はまったくないところを見ると、後世の人間には顔回のどこが偉大なのか、よくわからないところもあるが、おそらく孔子門下では余人の手の届かない、別格の存在と見なされていたのであろう。

雍也 6－4

子華使於齊。冉子爲其母請粟。子曰、與之釜。請益。曰、與之庾。冉子與之粟五秉。子曰、赤之適齊也、乘肥馬、衣輕裘。吾聞之也。君子周急不繼富。

子華《しか》 斉《せい》に使《つか》いす。冉子《ぜんし》 其《そ》の母《はは》の為《ため》に粟《ぞく》を請《こ》う。子曰《しいわ》く、之《こ》れに釜《ふ》を与《あた》えよ。益《ま》すを請《こ》う。曰《いわ》く、之《こ》れに庾《ゆ》を与《あた》えよ。冉子《ぜんし》 之《こ》れに粟五秉《ぞくごへい》を与《あた》う。子曰《しいわ》く、赤《せき》の斉《せい》に適《ゆ》くや、肥馬《ひば》に乗《の》り、軽裘《けいきゅう》を衣《き》る。吾《わ》れ之《こ》れを聞《き》く。君子《くんし》は急《とぼ》しきを周《すく》うも富《と》めるに継《つ》がず。

子華《しか》(公西赤《こうせいせき》のあざな。公西華《こうせいか》とも呼ばれる)が使者として斉《せい》に赴いた。冉《ぜん》子(冉求《ぜんきゅう》)は子華の母のために、穀物をやってほしいと頼んだ。先生は言われた。「一釜《いっぷ》、やりなさい」。冉子が増やしていただきたいと頼んだ。(先生は)言われた。「一庾《いちゆ》、やりなさい」。冉子は五秉《ごへい》の穀物を与えた。先生は言われた。「赤《せき》は斉に行くにあたり、肥えた馬に乗り、上等の軽い皮衣

○**粟**《ぞく》 粟など広く穀物を指す。○**釜**《ふ》 一釜は当時の六斗四升(約十二リットル)。○**庾**《ゆ》 一庾は当時の十六斗(約三一リットル)。○**秉**《へい》 一秉は十六斛《こく》すなわち百六十斗(約三一〇リ

を着ていたと、聞いている。君子は貧しい者は援助するが、裕福な者には上乗せしないものだ」。

ットル)。五秉は八百斗(約一五五〇リットル)。○軽裘《けいきゅう》 上等の軽い皮衣(毛皮のコート)。

公西赤《こうせいせき》(公西華《こうせいか》)と冉求《ぜんきゅう》(冉有《ぜんゆう》)はすでに公治長5-8にそろって登場している。合わせて参照。孔子が、外交官の才能のある公西華を使者として斉《せい》に派遣したさい、公西華と親しい間柄とおぼしい冉求が、留守を預かる公西華の母のために、留守手当として穀物を贈ってほしいと言うと、孔子はわずかしか出そうとしない。交渉しても埒《らち》があかないと思った冉求は、独断で大幅に上乗せして贈った。冉求が贈った五秉《ごへい》は、孔子が最初に提示した一釜《いっぷ》のなんと約百二十九倍、二度めに提示した一庾《いちゆ》の約五十倍である。こうした冉求のやりかたに対し、孔子は公西華の美々しい旅出のいでたちを指摘し、そんな豊かな者に留守手当など不要だと、びしりと言ってのける。弟子たちを甘やかさない、孔子の明快な合理精神がうかがえる話である。

雍也 6-5

原思爲之宰、與之粟九百。辭。子曰、毋、以與爾隣里鄕黨乎。

原思《げんし》 之《こ》れが宰《さい》と為《な》り、之《こ》れに粟九百《ぞくきゅうひゃく》を与《あた》う。辞《じ》す。子曰《しいわ》く、毋《いな》、以《もっ》て爾《なんじ》の隣《りん》里郷党《りきょうとう》に与《あた》えんか。

原思《げんし》（原憲《げんけん》）が先生の所領の宰領になった。彼に穀物九百を与えたところ、辞退した。先生は言われた。「いや、だめだ。それをおまえの隣近所に分ければいいではないか」。

○宰《さい》　ここでは孔子の所領の取締まりにあたる宰領。○粟九百《ぞくきゅうひゃく》　単位が示されていないが、古注は九百斗（約一七〇〇リットル）とする。○毋《いな》　否《いな》。「いや、だめだ」の意。

前章とは異なり、孔子が紀元前四九九年、魯《ろ》の大司寇《だいしこう》（司法長官）となり領地を得たとき、その取締りをまかせた貧しい弟子の原憲《げんけん》に、たっぷり手当を与える話である。原憲は姓を原、名を憲、あざなを子思《しし》という（原思《げんし》と呼ばれることが多い）。清貧の人物として名高い。多額の手当を与えられた原憲が潔癖に辞退すると、孔子はおまえがいらないなら、近所の人に分けてあげなさいと諭して、受け取らせる。弟子それぞれの資質から経済状態まで熟知し、臨機応変に対応する孔子は、まさに炯眼《けいがん》の大いなる指導者というほかない。

雍也 6-6

子謂仲弓曰、犂牛之子、騂且角、雖欲勿用、山川其舍諸。

子《し》　仲弓《ちゅうきゅう》を謂《い》いて曰《いわ》く、犂牛《りぎゅう》の子《こ》、騂《あか》くして且《か》つ角《つの》あらば、用《もち》うる勿《な》からんと欲《ほっ》すと雖《いえど》も、山川《さんせん》其《そ》れ諸《これ》を舍《す》てんや。

先生は仲弓《ちゅうきゅう》（冉雍《ぜんよう》のあざな）を評して言われた。「農耕用の牛の子でも、赤毛でちゃんと角《つの》があれば、（人間が）祭祀用の牛にしないでおこうと思っても、山や川の神がそのまま見過ごされるはずがない」。

○**犂牛**《りぎゅう》 農耕用の牛。○**騂**《あか》 赤毛。○**用**《もち》**う** 祭祀のいけにえとして用いること。いけにえにされるのは、特にりっぱな牛に限られる。○**山川**《さんせん》 祭祀の対象の山や川の神。○**舎**《す》**つ** そのまま見過ごす、放っておく。

孔子は、この篇の冒頭で「雍《よう》や南面《なんめん》せしむ可《べ》し」と絶賛した高弟の冉雍《ぜんよう》あざな仲弓《ちゅうきゅう》を、ここでも高く評価している。冉雍は「犂牛《りぎゅう》の子《こ》」に喩えられるように、きわめて貧しい階層の出身だが、孔子はそんな彼の優秀さを見抜き、きっといつか世に認められるだろうと、期待をかけ励ましつづけた。孔子は出身階層にこだわらず優秀な者を愛する、すこやかにして柔軟な精神の持ち主だったのである。なお、いけにえの牛にされるのは、現代の感覚ではありがたくない話だが、当時は牛にとって至高の名誉とされたことはいうまでもない。

雍也 6－7

子曰、回也其心三月不違仁。其餘則日月至焉而已矣。

子《し》曰《いわ》く、回《かい》や其《そ》の心《こころ》 三月《さんがつ》 仁《じん》に違《たが》わず。其《そ》の余《よ》は則《すなわ》ち日月《じつげつ》に至《いた》るのみ。

先生は言われた。「顔回《がんかい》はその心を、三か月も仁からそらさない。ほかの者は、せいぜい一日か一か月、仁の境地に至るだけだ」。

○違《たが》う　そらす、離す。○其《そ》の余《よ》　ほかの弟子たちを指す。

最愛の弟子顔回《がんかい》を称えた言葉。以上の読みかたは通説によるものだが、この発言を孔子の顔回への呼びかけ、「其《そ》の余《よ》」を仁以外の徳義とし、顔回よ、おまえの心はもっとも重要な仁から三か月も離れないのだから、それ以外の徳義なら一日か一か月でマスターできるね、とする説など、諸説ある。通説のように読むと、あまりに顔回だけを特別視し、ほかの弟子を軽視しすぎることになると、配慮したものである。しかし、この篇の3および11でも、孔子が手放しで顔回を絶賛していること、また、ごく自然に読めば、通説のように受け取れること等々を考え合わせ、以上のように解釈した。いずれにせよ、顔回は孔子にとって、他との比較を絶する、とびきりすぐれた弟子だったのである。

雍也 6-8

季康子問、仲由可使従政也與。子曰、由也果。於従政乎何有。曰、賜也可使従政也與。曰、賜也達。於従政乎何有。曰、求也可使従政也與。曰、求也藝。於従政乎何有。

季康子《きこうし》問《と》う、仲由《ちゅうゆう》は政《まつりごと》に従《したが》わしむ可《べ》きか。子曰《しいわ》く、由《ゆう》や果《か》。政《まつりごと》に従《したが》うに於《お》いてか何《なに》か有《あ》らん。曰《いわ》く、賜《し》や政《まつりごと》に従《したが》わしむ可《べ》きか。曰《いわ》く、賜《し》や達《たつ》。政《まつりごと》に従《したが》うに於《お》いてか何《なに》か有《あ》らん。曰《いわ》く、求《きゅう》や政《まつりごと》に従《したが》わしむ可《べ》きか。曰《いわ》く、求《きゅう》や芸《げい》。政《まつりごと》に従《したが》うに於《お》いてか何《なに》か有《あ》らん。

季康子《きこうし》がたずねた。「仲由《ちゅうゆう》（子路《しろ》の本名）は政治にたずさわらせることができますか」。先生は言われた。「仲由は果断です。政治にたずさわることなど、何でもありません」。（季康子は）たずねた。「賜《し》（子貢《しこう》の本名、端木賜《たんぼくし》）は政治にたずさわらせることができますか」。（先生は）言われた。「賜は達識（ものの道理に広く通じること）です。政治にたずさわることなど、何でもありません」。またたずねた。「求《きゅう》（冉求《ぜんきゅう》）は政治にたずさわらせることができますか」。（先生は）言われた。「求は多才です。政治にたずさわることなど、何でもありません」。

○**果**《か》　果断。○**達**《たつ》　達識。○**芸**《げい》　多才。

季康子《きこうし》は先にも登場したが（為政2－20）、魯《ろ》の三大貴族（三桓《さんかん》）の一つ、季孫《きそん》氏の一族であり、彼の父季桓子《きかんし》は孔子と同僚だったこともある。孔子の長かった旅の間に、季康子は魯の宰相となり、この章に名前の見える冉求《ぜんきゅう》（冉有《ぜんゆう》）はすでに季康子に仕えていた。『史記《しき》』の孔子世家《こうしせいか》によれば、冉求から孔子の偉大さを聞いた季康子は、紀元前四八四年、使者を送って孔子を魯に帰国させたという。ときに孔子六十八歳。孔子が帰国すると、季康子はしばしば孔子と語り、意見を聞いた。これもその一つである。

ここで、季康子は孔子の三人の高弟、子路《しろ》、子貢《しこう》、冉求について、政治能力があるかどうか、順々にたずねる。すると、孔子は、子路は果断、子貢は達識、冉求は多才と、三者の長所をあげ、いずれも難なく政治をこなす能力があると断言する。それぞれ並々ならぬ才能をもつ弟子に対する、孔子の誇らしさと愛情が伝わってくる美しい章である。なお、先進11－22に、子路と冉求の性格を比較した孔子の発言も見える。

雍也 6－9

季氏使閔子騫爲費宰。閔子騫曰、善爲我辭焉。如有復我者、則吾必在汶上矣。

季氏《きし》　閔子騫《びんしけん》をして費《ひ》の宰《さい》と為《な》らしむ。閔子騫《びんしけん》曰《いわ》く、善《よ》く我《わ》が為《ため》に辞《じ》せよ。如《も》し我《わ》れに復《ふたた》びする者有《ものあ》らば、則《すなわ》ち吾《わ》れは必《かなら》ず汶《ぶん》の上《ほとり》に在《あ》らん。

季孫氏《きそんし》が閔子騫《びんしけん》を費《ひ》の長官に任命しようとした。閔子騫は（使者に）言った。「私のためによろしく辞退してください。ふたたびおいでになるようなことがあれば、私はきっと汶《ぶん》水のほとりに逃げて行くでしょう」。

○**季氏**《きし》　季孫氏《きそんし》。前章解説参照。○**費**《ひ》　季孫氏の領地。○**宰**《さい》　ここでは地方長官。○**汶**《ぶん》　魯《ろ》と斉《せい》の国境近くの河。

閔子騫《びんしけん》は姓を閔、名を損《そん》、あざなを子騫といい、孔子より十五歳年下の弟子。「徳行《とくこう》には顔淵《がんえん》（顔《がん》回《かい》）・閔子騫・冉伯牛《ぜんはくぎゅう》（冉耕《ぜんこう》）・仲弓《ちゅうきゅう》（冉雍《ぜんよう》）」（先進11－3）と称されるように、有徳の人だった。その閔子騫が季孫《きそん》氏から任官の要請を受け、きっぱり拒絶したときの言葉である。拒絶の理由はわからないが、季孫氏にとかく僭上沙汰があったためとおぼしい。この季孫氏が、父の季桓子《きかんし》であるか、息子の季康《きこう》子《し》であるかは不明。なお、前章の解説で述べたように、冉求《ぜんきゅう》は閔子騫と異なり、季孫氏（季康子）に仕えている。

ここには、孔子の発言は見えないが、閔子騫の断固たる態度に爽快感を抱いたことは推測に難くない。孔子は弟子が仕官し、政治に関与することをむしろ積極的にバックアップしたが、その反面、この閔子騫や漆雕開《しつちょうかい》（公治長5－6）のように、仕官することに違和感をもつ潔癖な高弟にも深い理解を示した。弟子の資質に応じた対処のしかたと思われるが、孔子自身もまた官界に対し二律背反的な意識を抱いていたことがうかがえる。

雍也 6－10

伯牛有疾。子問之。自牖執其手、曰、亡之。命矣夫。斯人也而有斯疾也。斯人也而有斯疾也。

伯牛《はくぎゅう》　疾《やまい》有《あ》り。子《し》　之《こ》れを問《と》う。牖《まど》自《よ》り其《そ》の手《て》を執《と》りて、曰《いわ》く、之《こ》れを亡《ほろ》ぼせり。命《めい》なるかな。斯《こ》の人《ひと》にして斯《こ》の疾《やまい》有《あ》るや。斯《こ》の人《ひと》にして斯《こ》の疾《やまい》有《あ》るや。

伯牛《はくぎゅう》(冉耕《ぜんこう》)が不治の病にかかった。先生は見舞いに行かれ、窓の外からその手を握って言われた。「もうおしまいだ。天命というほかない。こんないい人間がこんな病気になるとは。こんないい人間がこんな病気になるとは」。

○牖《まど》 窓。○命《めい》 運命、天命。

伯牛《はくぎゅう》は姓を冉《ぜん》、名を耕《こう》といい、伯牛はあざなである。孔子より七歳年下だから、年かさの弟子にあたる。前章でも述べたように、「徳行《とくこう》には顔淵《がんえん》・閔子騫《びんしけん》・冉伯牛《ぜんはくぎゅう》・仲弓《ちゅうきゅう》」と称される有徳の人だった。その伯牛が不治の病にかかり、孔子が見舞いに行ったときの話である。有名な章だが、細かい点ではわからないことが多い。

その一つは、孔子がなぜ病室に入らず、窓の外から見舞い、手を握ったかということである。諸説あるが、対面もはばかられる深刻な病状だったとすることでは一致する。今一つは、意識不明ならばともかく、病人に向かって直接「之《こ》れを亡《ほろ》ぼせり(もうおしまいだ)」などと言うのは露骨すぎるということである。

このように不明な点はあるものの、この孔子の発言においてもっとも印象的なのは、「斯《こ》の人《ひと》にして斯《こ》の疾《やまい》有《あ》るや。斯《こ》の人《ひと》にして斯《こ》の疾《やまい》有《あ》るや」のくだりである。深い詠嘆のこめられたこの言葉は、理不尽な病気にかかった人に捧げるもっとも感動的な言葉として、今に至るまで伝えられている。

雍也 6−11

子曰、賢哉回也。一簞食、一瓢飲、在陋巷。人不堪其憂。回也不改其樂。賢哉回也。

子《し》曰《いわ》く、賢《けん》なる哉《かな》 回《かい》や。一簞《いったん》の食《し》、一瓢《いっぴょう》の飲《いん》、陋巷《ろうこう》に在《あ》り。人《ひと》は其《そ》の憂《うれ》いに堪《た》えず。回《かい》や其《そ》の楽《たの》しみを改《あらた》めず。賢《けん》なる哉《かな》 回《かい》や。

先生は言われた。「えらい男だな、顔回《がんかい》は。弁当箱に一杯のご飯、ひさごのお椀に一杯の飲み物だけで、狭い路地裏に住んでいる。ふつうの人間ならうんざりして耐えられないが、顔回はその暮らしの楽しさを改めようとはしない。えらい男だよ、顔回は」。

○**一簞《いったん》の食《し》** 一簞すなわち竹製の四角い弁当箱に詰めたご飯。○**一瓢《いっぴょう》の飲《いん》** 一瓢すなわち丸いひさごを半分に割ったお椀に入れた飲み物。○**陋巷《ろうこう》** 狭い路地裏。

顔回《がんかい》を称賛したたいへん有名な言葉である。顔回は粗末な食事をとり、路地裏の貧相な家に住み、ふつうの人間ならその惨めさにうんざりしてしまうのに、いっこう意に介さず、嬉々としてそのシンプルな暮らしのなかで、自分の思いどおり学問し生きることを楽しんでいる。孔子はそんな顔回の姿に感動し、「賢《けん》なる哉《かな》 回《かい》や」とほめたたえるのである。

孔子は日常の暮らしにおいても繊細な美学を発揮した人であり、けっして顔回のようにひたすらシンプル・イズ・ビューティフルという生活を送ったわけではない。ただ、「疏食《そし》を飯《くら》い水《みず》を飲《の》み、肱《ひじ》を曲《ま》げて之《こ》れを枕《まくら》とす。楽《たの》しみ亦《ま》た其《そ》の中《うち》に在《あ》り。不義《ふぎ》にして富《と》み且《か》つ貴《とうと》きは、我《われ》に於《お》いて浮雲《ふうん》の如《ごと》し」（述而7－15）と述べているように、不正な手段で得た富で豊かな暮らしをするよりは、粗末でシンプルな暮らしのなかで、意のままに生きるほうがずっと楽しいという信念があった。愛弟子顔回はそんな孔子の思いを体現した存在だったといえよう。

雍也 6－12

冉求曰、非不説子之道。力不足也。子曰、力不足者、中道而廢。今女畫。

冉求《ぜんきゅう》曰《いわ》く、子《し》の道《みち》を説《よろこ》ばざるに非《あら》ず。力《ちから》足《た》らざる也《なり》。子《し》曰《いわ》く、力《ちから》足《た》らざる者《もの》は、中道《ちゅうどう》にして廃《はい》す。今《いま》女《なんじ》は画《かぎ》れり。

冉求《ぜんきゅう》が言った。「先生の教えをすばらしいと感嘆しないわけではありませんが、私には（実行する）力が足りないのです」。先生は言われた。「力が足りない者は途中で挫折するが、おまえはあらかじめ自分で自分の限界をきめているのだ」。

○**道**《みち》 ここでは「教え、説」の意。○**説**《よろこ》**ぶ** 「悦ぶ」に同じ。すばらしいと感嘆する。○**画**《かぎ》**る** 限界を設ける、あらかじめ限界をきめる。

冉求《ぜんきゅう》（冉有《ぜんゆう》）は雍也（本篇）6－4、8に登場し、孔子から「求《きゅう》や芸《げい》（冉求は多才だ）」と評された弟子である。才気煥発の人物だが、じっくり考えて慎重に行動するのは、苦手だったと見え、ここで、先生の教えを実行するには力不足だと弱音を吐く。すると、孔子は、おまえは力が足りないのではなく、あらかじめ自分の限界をきめているのだと、びしりと痛いところをつく。この孔子の言葉は一見、非常にきびしいけれども、その裏に、限界をきめず努力しつづければ、おまえも遠いところまで行くことができる、という励ましの意もあると思われ、まことに含蓄に富む。

雍也 6－13

子謂子夏曰、女爲君子儒。無爲小人儒。

子《し》 子夏《しか》に謂《い》いて曰《いわ》く、女《なんじ》は君子《くんし》の儒《じゅ》と為《な》れ。小人《しょうじん》の儒《じゅ》と為《な》る無《な》かれ。

先生は子夏《しか》(卜商《ぼくしょう》)に対して言われた。「おまえは視野の広い大らかな君子の学者になれ、こせこせしたつまらない小人の学者となるな」。

○君子《くんし》の儒《じゅ》 「儒」は学者、教育者。「君子の儒」は視野の広い大らかな儒。○小人《しょうじん》の儒《じゅ》 こせこせと目先のことしか考えない、つまらない儒。

子夏《しか》(卜商《ぼくしょう》)はすでに学而1－7、為政2－8等々に登場している。合わせて参照。これは、「文学には子游《しゆう》・子夏」と称されるように、文学(学問)にすぐれた子夏に対する戒めの言葉。君子の儒、小人の儒については、膨大な議論があるが、要は、視野の広い堂々たる学者になれ、こせついたつまらない学者になるなと、優秀な子夏に発破をかけた発言にほかならない。なお、「儒」という語が見えるのは、『論語』中で本章のみである。

さらに付言すれば、子張19－12に、やはり文学にすぐれた子游の言葉として、「子夏《しか》の門人小子《もんじんしょうし》は、洒掃《さいそう》・応対《おうたい》・進退《しんたい》に当《あ》たりては、則《すなわ》ち可《か》なり。抑《そも》そも末也《すえなり》（子夏の弟子の若者は、掃除、お客への応対、お客の扱いは、よくできるが、そもそもこれらは瑣末なことだ）」という批判が見える。瑣末なことにこだわる子夏の性癖を知る孔子が、これを踏まえてそれとなく注意を与えたという、面白い説もある。

雍也 6－14

子游爲武城宰。子曰、女得人焉耳乎。曰、有澹臺滅明者。行不由徑。非公事、未嘗至於偃之室也。

子游《しゆう》 武城《ぶじょう》の宰《さい》と為《な》る。子曰《しいわ》く、女《なんじ》 人《ひと》を得《え》たりや。曰《いわ》く、澹台滅明《たんだいめつめい》なる者有《ものあ》り。行《ゆ》くに径《こみち》に由《よ》らず。公事《こうじ》に非《あら》ざれば、未《いま》だ嘗《かつ》て偃《えん》の室《しつ》に至《いた》らざる也《なり》。

子游《しゆう》が武城《ぶじょう》の長官になった。先生は言われた。「りっぱな人物を見つけたか」。（子游は）言った。「澹台滅明《たんだいめつめい》という者がおります。歩くときには近道せず、公用でなければ、偃《わたくし》（子游の本名、言偃《げんえん》）の家に来たことはありません」。

○**武城**《ぶじょう》　山東省費県《ひ》。○**宰**《さい》　ここでは「地方長官」の意。○**径**《こみち》　近道。○**室**《しつ》　私宅。

前章の子夏《しか》とともに文学（学問）にすぐれた弟子の子游《しゆう》は、すでに為政2－7などに登場している。

合わせて参照。武城《ぶじょう》の長官になった子游が、正々堂々、私心のない人物と称えた澹台滅明《たんだいめつめい》（澹台が姓、滅明が名。あざなは子羽《しう》）には、興味深い逸話がある（『史記《しき》』仲尼弟子列伝《ちゅうじていしでん》）。子游の紹介があったのか、彼はやがて孔子に師事したが、容貌が醜く、孔子はあまり重視しなかった。しかし、その後、南方に行き、三百人もの弟子を指導して孔子の思想を広め、名声をとどろかせた。これを知った孔子は、「貌《ぼう》を以《もっ》て人《ひと》を取《と》り、之《こ》れを子羽《しう》に失《うしな》う（容貌で人を判断して、子羽の場合に失敗した）」と、慨嘆したというものである。なお、子游が武城の長官になって大張り切りした話が、陽貨17－4に見える。

雍也 6－15

子曰、孟之反不伐。奔而殿。将入門。策其馬曰、非敢後也。馬不進也。

子《し》曰《いわ》く、孟之反《もうしはん》伐《ほこ》らず。奔《はし》って殿《でん》たり。将《まさ》に門《もん》に入《い》らんとす。其《そ》の馬《うま》に策《むち》うって曰《いわ》く、敢《あ》えて後《おく》るるに非《あら》ざる也《なり》。馬《うま》進《すす》まざる也《なり》。

先生は言われた。「孟之反《もうしはん》は手柄を誇らない人物だ。（戦いに敗北して）逃げるさい、しんがりをつとめた。城門に入ろうとしたとき、自分の馬に鞭をあてながら、「すすんでしんがりをつとめたわけではありません。馬が走らなかったのです」と言ったのだから」。

○**孟之反**《もうしはん》 孔子と同時代の魯《ろ》の名将。○**伐**《ほこ》**らず** 手柄を誇らない。○**殿**《でん》 しんがり。

孟之反《もうしはん》が敗軍のしんがりをつとめ、鮮やかに魯《ろ》軍を撤退させたのは、紀元前四八四年、侵攻して来た北の大国斉《せい》と激戦したときのことだという。敗走する軍勢のしんがりをつとめるのは、至難のわざであり、これをまっとうした孟之反の手腕には並々ならないものがある。しかし、彼はまったく手柄顔をせず、以上のように、さらりと言ってのける。まさに、武人のなかの武人、奥ゆかしくも颯爽たる姿が目に浮かぶような情景だ。そんな情景をみごとに提示する、孔子の美的センスもまたすばらしいというほかない。

雍也 6-16

子曰、不有祝鮀之佞、而有宋朝之美、難乎免於今之世矣。

子《し》曰《いわ》く、祝鮀《しゅくだ》の佞《ねい》有《あ》らずして、宋朝《そうちょう》の美《び》有《あ》るは、難《かた》いかな　今《いま》の世《よ》に免《まぬか》るること。

先生は言われた。「祝鮀《しゅくだ》ほどの能弁がないのに、宋朝《そうちょう》のような美貌をもつ者は、むずかしいな、今の世で害されずにすむことは」。

○**祝鮀**《しゅくだ》　衛《えい》の霊《れい》公（前五三四―前四九三在位）の重臣。能弁であった。○**佞**《ねい》　ここではプラス方向の能弁、雄弁の意。○**宋朝**《そうちょう》　霊公の夫人、南子《なんし》の愛人。非常な美男子だった。雍也（本篇）6-28解説参照。

以上は古注によった読みかたである。新注は「祝鮀《しゅくだ》の佞有《ねいあ》りて、宋朝《そうちょう》の美有《びあ》らずば……」と、否定の「不」を二句双方にかけて読み、祝鮀の能弁と宋朝の美貌をあわせもつ者でないかぎり、今の世に無事に生きてゆくのは難しいと解釈する。

新注のように読むと、つまるところ、現実にはほとんどの人間が無事に生きていけないことになる。この篇の後出、雍也6-28に孔子との絡みで、じっさいに宋朝と関係の深い南子《なんし》も登場しており、ここで孔子がつよく意識していたのは、危険な美男子宋朝だと見なされることから、古注の解釈によった。なお、祝鮀ほどの才知も雄弁もなかった宋朝は、けっきょく出奔したという。

雍也 6-17

子曰、誰能出不由戶。何莫由斯道也。

子曰《しいわ》く、誰《たれ》か能《よ》く出《い》づるに戸《こ》に由《よ》らざらん。何《なん》ぞ斯《こ》の道《みち》に由《よ》ること莫《な》きや。

先生は言われた。「誰でも出るときには戸口によるものだ。どうして人としての道(道理)によって生きない者があろうか」。

○**斯《こ》の道《みち》** 人としての道、道理。

身近で具体的な例を引き合いに出しながら、深遠な道理を語る、孔子ならではの説得的な語り口である。

雍也 6－18

子曰、質勝文則野。文勝質則史。文質彬彬、然後君子。

子《し》曰《いわ》く、質《しつ》 文《ぶん》に勝《か》てば則《すなわ》ち野《や》。文《ぶん》 質《しつ》に勝《か》てば則《すなわ》ち史《し》。文質彬彬《ぶんしつひんぴん》として、然《しか》る後《のち》に君子《くんし》。

先生は言われた。「素朴さが文化的要素をしのぐと野蛮になり、文化的要素が素朴さをしのぐと自然さがなくなる。素朴さと文化的要素が均衡とれてこそ君子だ」。

○**質**《しつ》 素朴さ。○**文**《ぶん》 装飾や技巧などの文化的要素。○**史**《し》 ここでは、文にかたより自然さがなくなること。○**彬彬**《ひんぴん》 均衡のとれたさま。

孔子はここで「文」と「質」が調和し、バランスがとれてこそ君子だと述べる。文化的素養を存分に身につけながら、人間としての自然な素朴さを失わないこと。それはいつの時代においても、誰にとっても忘れてはならないことであろう。

雍也 6－19

子曰、人之生也直。罔之生也、幸而免。

子《し》曰《いわ》く、人《ひと》の生《い》くるや直《なお》し。之《こ》れを罔《し》いて生《い》くるや、幸《さいわ》いにして免《まぬか》る。

先生は言われた。「人が生きるのは(本来)まっすぐなものである。まがって生きているのは、僥倖にも(災禍を)免れているだけだ」。

○直《なお》し まっすぐ。正直。○罔《し》う まっすぐでない、よこしま。あざむく、偽る。

人の本性はもともとまっすぐなものだというのは、儒家思想の性善説の原点となる考えかただといえよう。

雍也 6-20

子曰、知之者不如好之者。好之者不如樂之者。

子曰《しいわ》く、之《こ》れを知《し》る者《もの》は之《こ》れを好《この》む者《もの》に如《し》かず。之《こ》れを好《この》む者《もの》は之《こ》れを楽《たの》しむ者《もの》に如《し》かず。

先生は言われた。「ものごとに対して知識をもち理解する者は、それを好む者にはかなわない。好む者はそれを楽しむ者にはかなわない」。

○如《し》かず およばない、かなわない。

対象に対する「知る」「好む」「楽しむ」という三様の関わりかたを述べ、最後の「楽しむ」境地に達した者を称揚する。「知る」段階では、対象との間に距離をおいて、客観的に把握しようとするが、

「好む」段階になると、深い思い入れが生じ、対象との距離が縮まる。さらに「楽しむ」段階になると、対象との距離がなくなり、対象とみずからが自在に融合し、一体化するに至る。この三段階は、人としての成熟のプロセスだともいえよう。

雍也 6－21

子曰、中人以上、可以語上也。中人以下、不可以語上也。

子《し》曰《いわ》く、中人以上《ちゅうじんいじょう》には、以《もっ》て上《かみ》を語《かた》る可《べ》き也《なり》。中人以下《ちゅうじんいか》には、以《もっ》て上《かみ》を語《かた》る可《べ》からざる也《なり》。

先生は言われた。「中程度以上の人間には、高度な話をしてもよいが、中程度以下の人間には、高度な話をしてもしかたがない」。

○**中人**《ちゅうじん》　中程度の人間、平均的な人間。○**上**《かみ》　高度な話。

孔子は、「唯《た》だ上知《じょうち》と下愚《かぐ》は移《うつ》らず（ただ最上の知者と最下の愚者だけは、変化しない）」（陽貨17－3）とも言っており、人間を上中下のランクに分ける発想があったとおぼしい。もっとも、このランクは固定的なものではなく、「性相《せいあ》い近《ちか》き也《なり》。習《なら》い相《あ》い遠《とお》き也《なり》（人のもともとの素質にはそれほど個人差はない。ただ後天的な習慣・学習によって距離が生じ遠く離れる）」（同上17－2）とも言っているように、可変的なものであった。その例外が「上知」と「下愚」であり、こればかりはどうしても変化しようがないとされる。
この章は、中程度以下の人間には、高度な話をしても通じないから、してもしようがないというものだが、これは、孔子がため息まじりに漏らした言葉のように受けとれる。桑原武夫著『論語』が述べているように、孔子の「実感的感想」と読むのが妥当であろう。

雍也 6－22

樊遅問知。子曰、務民之義、敬鬼神而遠之。可謂知矣。問仁。曰、仁者先難而後獲。可謂仁矣。

樊遅《はんち》 知《ち》を問《と》う。子曰《しいわ》く、民《たみ》の義《ぎ》を務《つと》め、鬼神《きしん》を敬《けい》して之《こ》れを遠《とお》ざく。知《ち》と謂《い》う可《べ》し。仁《じん》を問《と》う。曰《いわ》く、仁者《じんしゃ》は先《ま》ず難《なや》んで後《のち》に獲《う》。仁《じん》と謂《い》う可《べ》し。

樊遅《はんち》が知について質問した。先生は言われた。「人としての道理を得るようにつとめ、鬼神には敬意を表するが距離を置く。これが知だ」。（さらに）仁について質問すると、（先生は）言われた。「仁徳をそなえた人はまずいろいろ苦労をしたあげく、目的に達する。これが仁だ」。

○**民**《たみ》 ここでは「人、人間」の意。
○**鬼神**《きしん》 「鬼」は死者の霊魂、「神」は天の神。両方を合わせて神々の意。
○**難**《なや》**む** いろいろ苦労すること。

鈍才の気味のある樊遅《はんち》（為政2－5参照）が「知」とは何ですかと質問すると、孔子はその答えの一つとして、鬼神には敬意を表するけれども、距離を置くことだと述べる。なお、この前にあげる「知」のもう一つの説明である「民の義《たみ ぎ》を務《つと》め」については、「民」を「人民」ととり、為政者が「人民を教化する道につとめる」ことだとするなど、さまざまな説があるが、ここでは広く「民」を「人、人間」とする説によった。さらに付言すれば、樊遅のあとの質問、すなわち「仁」とは何かという質問に対する孔子の答えについても、いろいろな読みかたがある。以上の訳は、従来の読みかたに従ったものである。

実は、『論語』のなかにこのほかもう一か所、樊遅が孔子に「仁」と「知」について質問した話が見える。「樊遅《はんち》 仁《じん》を問《と》う。子曰《しいわ》く、人《ひと》を愛《あい》す。知《ち》を問《と》う。子曰《しいわ》く、人《ひと》を知《し》る……」(顔淵12－22)というものだ。この孔子の答えはここにあげた章の説明とは、異なる視点からなされている。ここにも仁や知などの基本的な理念について、抽象的な定義づけや論理化を好まず、会話の相手やその場の雰囲気によって、自在に視点を変え、具体例をあげながら語る孔子の姿が見てとれる。

雍也 6－23

子曰、知者樂水、仁者樂山。知者動、仁者靜。知者樂、仁者壽。

子曰《しいわ》く、知者《ちしゃ》は水《みず》を楽《たの》しみ、仁者《じんしゃ》は山《やま》を楽《たの》しむ。知者《ちしゃ》は動《うご》き、仁者《じんしゃ》は静《しず》かなり。知者《ちしゃ》は楽《たの》しみ、仁者《じんしゃ》は寿《いのちなが》し。

先生は言われた。「知者は水を楽しみ、仁者は山を楽しむ。知者は動的だが、仁者は静的だ。知者は楽しく暮らし、仁者は(穏やかに暮らして)長生きする。

たいへん有名な言葉。知者と仁者について、まず水と山という自然の風景に対する好みの差を述べ、これとの連想で、流動的な水のように活動的な知者と、動かない山のようにどっしりと落ちついた仁者の振る舞いや行動を比較し、最後に、心を躍らせ楽しく生きる知者と、穏やかな暮らしを持続し長寿を保つ仁者の生きかたを対比する。知者と仁者に優劣をつけることなく、それぞれの特徴をとりあげ、すぐれた人間の二つのタイプとして示したものだといえよう。

雍也 6－24

子曰、齊一變至於魯。魯一變至於道。

子《し》曰《いわ》く、斉一変《せいいっぺん》せば魯《ろ》に至《いた》らん。魯《ろ》一変《いっぺん》せば道《みち》に至《いた》らん。

先生は言われた。「斉《せい》が少し変化すれば、魯《ろ》のようになれるし、魯が少し変化すれば、節度と調和にあふれた理想的な国になれるだろう」。

○**斉**《せい》 周《しゅう》王朝創業の名臣、太公望呂尚《たいこうぼうりょしょう》を祖とする大国。○**魯**《ろ》 周王朝の基礎を作った周公旦《しゅうこうたん》(周の武《ぶ》王の弟)を祖とする国。孔子の母国。○**道**《みち》

はるか時代を遡った建国の時点では、周《しゅう》の名臣太公望呂尚《たいこうぼうりょしょう》の立てた斉《せい》より、周王朝の一族である周《しゅう》公旦《こうたん》の立てた魯《ろ》のほうが、ランクが上だった。しかし、孔子の生きた春秋時代では、斉は大国であり、魯はこれとは比べものにならない小国であった。にもかかわらず、ここで、「斉一変《せいいっぺん》せば魯《ろ》に至《いた》らん」と述べているのは、魯は斉に比べ文化的にはるかに優越していると、つよい自負心をもっていたためであろう。

ここでは、節度と調和にあふれた理想的な国。

雍也 6－25

子曰、觚不觚。觚哉、觚哉。

子《し》曰《いわ》く、觚《こ》觚《こ》ならず。觚《こ》ならんや、觚《こ》ならんや。

先生は言われた。「觚《こ》のさかずきが觚のさかずきでなくなった。これが觚であろうか。これが觚であろうか」。

○**觚**《こ》 さかずき。西周《せいしゅう》から春秋時代の度量衡では二升（約四〇〇cc）入った。

ここで、孔子が「觚《こ》のさかずきが觚のさかずきでなくなった」と慨嘆した理由については、觚のもともとの形もしくは材質が変わってしまったためだとされ、どう変わったのかについても諸説ある。荻生徂徠《おぎゅうそらい》は、觚の容量は約四〇〇cc（今の日本の度量衡で約二合）で、古代のさかずきでは小さい部類に属し、少量飲むときに用いるものだったが、孔子の時代には大酒を飲む者が増えたため、觚のサイズを大きくして、これで何杯も飲むようになった。それで、孔子は嘆いたのだと説明している。明快な説だが、真偽のほどはわからない。

詳細は不明ながら、これは、時代の経過とともに、モノの姿が変わってゆくこと、ひいては文化的伝統が廃れてゆくことに対する、孔子の嘆きの言葉にほかならない。

雍也 6－26

宰我問曰、仁者雖告之曰、井有仁焉、其従之也。子曰、何爲其然也。君子可逝也、不可陥也。可欺也。不可罔也。

宰我《さいが》問《と》いて曰《いわ》く、仁者《じんしゃ》は之《こ》れに告《つ》げて、井《せい》に仁有《ひとあ》りと曰《い》うと雖《いえど》も、其《そ》れ之《こ》れに従《したが》わんや。子曰《しいわ》く、何為《なんす》れぞ其《そ》れ然《しか》らんや。君子《くんし》は逝《ゆ》かしむ可《べ》き也《なり》、陥《おちい》らしむ可《べ》からざる也《なり》。欺《あざむ》く可《べ》き也《なり》。罔《し》う可《べ》からざる也《なり》。

宰我《さいが》（宰予《さいよ》、あざな子我《しが》）が質問して言った。「仁徳をもつ人は、誰かに「井戸のなかに人が落ちた」と言われたら、すぐ飛び込むでしょうか」。先生は言われた。「どうしてそんなことをするものか。仁徳のある君子は、そこ（井戸のほとり）まで行かせることはできるが、飛び込ませることはできない。君子はだますことはできるが、見境もなくさせることはできないのだ」。

○**仁**《ひと》 ここでは「人」の意。○**何為**《なんす》**れぞ** 「どうして」の意。○**罔**《し》**う** ここでは、人を見境もない状態に追い込むこと。

宰我《さいが》はすでに八佾3－21、および公冶長5－10に登場している。合わせて参照。宰我は才子だが、素行に問題があり、孔子にしばしば叱責された。ここに見える「井戸に仁《ひと》が落ちた」と言われると、仁者（仁徳のある人）はすぐ助けに飛び込むかという質問にも、鬼面《きめん》人を驚かす嫌味な奇抜さがある。

しかし、孔子は宰我の挑発をまったく意に介さず、冷静に答える。仁徳をもつ君子は、そんなウソをつかれても、井戸のほとりまで行ってはみるが、前後の見境なく飛び込んだりはしないものだ、と。ここでは仁者と君子は同義だが、そうした誠実でまっとうな人物は、慎重に状況を判断したうえで行動するとされているのが、注目される。孔子は行動における果断さをよしとしたが、「暴虎馮河《ぼうこひょうが》（素手で猛虎に立ち向かい、大河を歩いてわたること）」（述而7－10）の無謀さはきっぱり否定するのである。

雍也 6-27

子曰、君子博學於文、約之以禮、亦可以弗畔矣夫。

子《し》曰《いわ》く、君子《くんし》は博《ひろ》く文《ぶん》を学《まな》びて、之《こ》れを約《やく》するに礼《れい》を以《もっ》てすれば、亦《ま》た以《もっ》て畔《そむ》かざる可《べ》し。

先生は言われた。「君子はひろく文化的教養を身につけ、これを礼によって凝縮し表現したならば、道からはずれることはないだろう」。

○**約《やく》す**　ここでは、凝縮して表現し実践することをいう。○**畔《そむ》く**　背《そむ》く、道からはずれる。

「博《ひろ》く文《ぶん》を学《まな》びて」の「文」は、古典などの文献のみならず、広く文化的な事柄を指す。まずさまざまな「文」すなわち文献や文化的事象を「博」く学んで、ゆたかな知識や教養を身につけたうえで、「礼」すなわち生活方式や身体表現により、そのエッセンスを「約」すなわち凝縮して表現実践する。そうすれば、道からはずれることはないと、孔子は言う。「文」と「礼」の相関関係をずばり端的に指摘した発言である。

雍也 6-28

子見南子。子路不說。夫子矢之曰、予所否者、天厭之、天厭之。

子《し》 南子《なんし》を見《み》る。子路《しろ》 説《よろこ》ばず。夫子《ふうし》 之《こ》れに矢《ちか》いて曰《いわ》く、予《わ》れ否《しか》らざる所《ところ》の者《もの》は、天《てん》 之《こ》れを厭《す》てん、天《てん》 之《こ》れを厭《す》てん。

先生が南子《なんし》と会われた。子路《しろ》は不機嫌であった。すると先生は子路に誓って言われた。「もし私のしたことが道にはずれていたならば、天が私を見捨てるだろう、天が私を見捨てるだろう」。

○矢《ちか》う 誓う。○否《しか》らざる所《ところ》 道にはずれたこと。○厭《す》つ 捨てる、見捨てる。

『論語』のうち、唯一、女性の登場する章である。南子《なんし》は衛《えい》の霊《れい》公の夫人で、有名な美女だった。もと宋《そう》の公女だが、結婚前に宋朝《そうちょう》という美貌の恋人がおり、結婚後、奔放な彼女は巧みな口実をもうけて霊公の許可をとり、宋朝を衛に呼び寄せた(宋朝については雍也〈本篇〉6-16参照)。この奔放な美女が原因で後年、衛に内乱が起こり、その火の粉をかぶって子路《しろ》も戦死するのである。

紀元前四九七年、魯《ろ》を去り、弟子ともども遊説の旅に出た孔子はまず衛に立ち寄り、まもなく衛から陳《ちん》の国に向かおうとしたが、匡《きょう》で襲撃されたため、衛に逆戻りした。こうして再度、衛に身を寄せたとき、かの禍の美女、南子が孔子に会いに来るよう求めた。君主の霊公と親しく交際する者は、夫人である南子とも会見するのが習いだというのである。そこで、やむなく孔子は会いに行った。このとき、南子は薄い葛布の帳《とばり》ごしに孔子と対面し、孔子の稽首《けいしゅ》の礼に答えて再拝したとき、彼女の腰につけた佩玉《はいぎょく》がすずがしい音をたてたという(『史記《しき》』孔子世家《こうしせいか》)。真偽のほどは定かでないが、そこはかとなく艶麗な雰囲気の漂う描写である。かくて孔子がもどってくると、とかく評判のわるい南子に会うとは何事かと、一本気な子路が心証を害して、ぷりぷりしている。それを見た孔子が、以上のようにこたえ、疾しいところは、何もないと誓ったというのが、この話の内幕である。孔子を絶対的に崇拝し、そんな問題の女性になぞ会ってほしくないという子路の、大人げない力みが伝わってくるような場面だ。孔子もそんな子路をもてあまし、改まった態度で向き合うしかなかったのであろう。「矢《ちか》いて曰《いわ》く」というオーバーな表現には、そんな師弟のほほえましい関係が映し出されている。

ちなみに、孔子はこの後もう一度、今度は霊公と南子が馬車に乗って外出したとき、後続の馬車に乗り込まされ、ともに町中をめぐったという話もある。霊公や南子の真意はわからないが、霊公は名声の高い大学者の孔子との親交の深さを誇示し、わがままな南子には、自分など歯牙にもかけない孔子を、困惑させたいという気持ちがあったのかもしれない。いずれにせよ、この章には大いに読む者の想像を刺激するところがある。谷崎潤一郎の短篇小説「麒麟」は、これを素材に虚構を膨らませたものであり、中島敦の「弟子」にもこの話が見えている。

雍也 6-29

子曰、中庸之爲徳也、其至矣乎。民鮮久矣。

子《し》曰《いわ》く、中庸《ちゅうよう》の徳《とく》為《た》るや、其《そ》れ至《いた》れるかな。民鮮《たみすくな》きこと久《ひさ》し。

先生は言われた。「中庸の徳義としての価値は、至高のものだ。（しかし、その徳義をもつ）人間が乏しくなってから、長い時間がたってしまった」。

○中庸《ちゅうよう》「中」は過不足がないこと、「庸」は偏らないこと、平常。○民《たみ》 人、人間。○鮮《すくな》し 少ない、乏しい。

孔子の孫の子思《しし》が著したとされる「中庸《ちゅうよう》」（『礼記《らいき》』中庸篇に収録）が、ずっと時代が下り、宋《そう》代になると、「四書」の一つとなったことからも明らかなように、「中庸」は儒家思想の重要な概念となるに至る。この孔子の言葉はその萌芽となるものだが（「中庸」の語が見えるのは『論語』ではこの章のみ）、ここでは、概念的な定義付けはいっさい見られず、過不足なく、偏りのない、「バランスのとれた良識」といったニュアンスで用いられている。

雍也 6－30

子貢曰、如有博施於民、而能濟衆、何如。可謂仁乎。子曰、何事於仁。必也聖乎。堯舜其猶病諸。夫仁者、己欲立而立人、己欲達而達人。能近取譬。可謂仁之方也已。

子貢《しこう》曰《いわ》く、如《も》し博《ひろ》く民《たみ》に施《ほどこ》して、能《よ》く衆《しゅう》を済《すく》うもの有《あ》らば、何如《いかん》。仁《じん》と謂《い》う可《べ》きか。子《し》曰《いわ》く、何《なん》ぞ仁《じん》を事《こと》とせん。必《かなら》ずや聖《せい》か。堯舜《ぎょうしゅん》も其《そ》れ猶《な》お諸《これ》を病《や》めるか。夫《そ》れ仁者《じんしゃ》は、己《おのれ》立《た》たんと欲《ほっ》して人《ひと》を立《た》て、己《おのれ》達《たっ》せんと欲《ほっ》して人《ひと》を達《たっ》す。能《よ》く近《ちか》く譬《たと》えを取《と》る。仁《じん》の方《みち》と謂《い》う可《べ》きのみ。

子貢《しこう》が言った。「もし広く民衆に恩愛をほどこし、民衆を救済することができれば、どうでしょう。仁というべきでありましょうか」。先生は言われた。「それは仁どころではない。聖人なければできないことだ。いや、堯・舜のような聖人でさえ、やはりむずかしいことだ。そもそも仁者は自分が樹立したいと思えば、まず人に樹立させる。自分が達成したいと思えば、まず人に達成させる。(何かを他人にしようとするときは)自分の身にひきつけ考えてから始める。これこそ、仁を実践する方法だ」。

秀才の高弟、子貢《しこう》が恩愛をもって民衆を救済することが仁かと、大局的かつ政治的な視点から質問したのに対し、孔子は、それは古の聖天子堯《ぎょう》や舜《しゅん》にとっても至難の業だと述べ、子貢の遠大な質問の方向を転換する。ここで孔子の説く仁は、他者との共生をめざすものであり、他者を尊重し、まず自分を基本として想像力を働かせながら、誠実な思いやりや愛情を顔の見える個々の人間に、ゆるやかにおよぼしてゆくことにほかならない。

○堯舜《ぎょうしゅん》 古の聖天子である堯と舜。
○方《みち》 実践する方法。

述而《じゅつじ》 第七

述而
7-1

子曰、述而不作。信而好古。竊比於我老彭。

子《し》曰《いわ》く、述《の》べて作《つく》らず。信《しん》じて古《いにしえ》を好《この》む。窃《ひそ》かに我《わ》が老彭《ろうほう》に比《ひ》す。

先生は言われた。「祖述して創作はしない。古《いにしえ》の文化のすばらしさを確信して心から愛する。こうした自分をひそかに老彭《ろうほう》になぞらえている」。

○**述**《の》**ぶ**　ここでは「祖述（過去の文化や学問を受け継いで伝えること）」の意。○**作**《つく》**る**　創作する。○**老彭**《ろうほう》　殷《いん》代の賢者で、七百六十七歳まで生きた仙人のような人物。詳細は不明。

さまざまな叡智の結晶である過去の文化や学問を受け継ぎ、そのエッセンスを吸収するけれども、独創による創作はしないという、姿勢を示したものである。なるほど、孔子は『詩経《しきょう》』や『書経《しょきょう》』などの古典を整理・編纂したとされるが、みずからの著書を残していない。『論語』はいうまでもなく弟子たちがまとめた孔子の言行録である。ここで、そうした自分の姿勢や方法を「老彭《ろうほう》」（注参照）になぞらえるとしている。

より広い意味で受けとめれば、この言葉は誰にとっても示唆的なものを含む。長い時間を超えて伝えられてきた古典には、いつの世にも人の心をとらえるつよい力がある。だから、すぐに色あせる新奇なものを追い求めるより、いつまでも色あせず、いきいきとした魅力を保つ古典をじっくり味読したいものである。

述而 7－2

子曰、默而識之、學而不厭。誨人不倦。何有於我哉。

子曰《しいわ》く、默《もく》して之《こ》れを識《しる》し、学《まな》んで厭《いと》わず。人《ひと》に誨《おし》えて倦《う》まず。我《わ》れに於《お》いて何《なに》か有《あ》らんや。

先生は言われた。「黙ってしっかり記憶し、嫌気を起こさず学問に励み、飽くことなく人に教える。こんなことは私にとって苦にならない」。

○**識《しる》す** 記憶する。○**誨《おし》う** 教える。

あれこれ穿鑿《せんさく》せずに、学びの過程で大事なポイントをしっかり記憶すること、そうした学びの過程は気が遠くなるほど長いけれども、嫌気を起こして途中で投げだすことなく学問に励むこと、うんざりせずに粘りづよく人に教えること。こうして学ぶことと教えることの要点を三つあげ、こんなことは自分にとって何の苦にもならないと、孔子は言う。自分自身の学びの過程では「厭《いと》わず」、他人に教える場合には「倦《う》まず」と、いずれのケースにおいても持続性を強調しているのが注目される。あたりまえのことを言っているようだが、持続にはつよい意志力とエネルギーが必要である。その意味で、千金の重みをもつ発言だといえよう。

ちなみに、この発言の最後のフレーズ「我《わ》れに於《お》いて何《なに》か有《あ》らんや」については、私はこの三つのことについては自信があるが、そのほかについては「私に何があろうか」、いや何もない、というふうに読む説もある。これは、いささか無理があり、やはり孔子の率直な自負の言葉と読むのが、妥当であろう。

述而 7-3

子曰、徳之不脩、學之不講、聞義不能徙、不善不能改、是吾憂也。

子《し》曰《いわ》く、徳《とく》の脩《おさ》まらざる、学《がく》の講《こう》ぜざる、義《ぎ》を聞《き》きて徙《うつ》る能《あた》わざる、不善《ふぜん》を改《あらた》むる能《あた》わざる、是《こ》れ吾《わ》が憂《うれ》い也《なり》。

先生は言われた。「徳義の修養が不十分であること、学問の勉強が不十分であること、正しいことを聞きながら、わが身をその正しさに移せないこと、悪しき点を(自覚しながら)改められないこと、これが私の悩みの種だ」。

○**脩《おさ》む** 修養すること。○**講《こう》ず** 勉強する、習う、学ぶ。○**義《ぎ》** 正しいこと。○**徙《うつ》る** ここでは、身を移すこと。○**不善《ふぜん》** よからぬ点、悪しき点。

孔子の自戒あるいは反省の言葉。大いなる先生の謙虚な反省の言葉を聞いて、弟子たちは「先生でさえ……」とほっとしたことであろう。

述而 7-4

子之燕居、申申如也。夭夭如也。

子《し》の燕居《えんきょ》は、申申如《しんしんじょ》たり。夭夭如《ようようじょ》たり。

先生が自宅でくつろいでおられるときは、のびのびと、またいきいきとしておられる。

○**燕居**《えんきょ》 役所など公的な場から帰宅しくつろいでいること。○**申申如**《しんしんじょ》 オノマトペ。のびのびしたさま。○**夭夭如**《ようようじょ》 オノマトペ。『詩経《しきょう》』周南《しゅうなん》「桃夭《とうよう》」の詩が、結婚前のういういしい少女を「桃《もも》の夭夭《ようよう》たる」と比喩的に表現するように、本来、いきいきとつややかなさまをあらわす。

孔子は「場」を厳密に区別してとらえ、その「場」に応じた話しかたや身ぶりをするのが常だった。この章は、公的な場ではきめこまかにマナーを重んじる孔子が、自宅にもどるや、一転して、ゆったりとのびやかに、いきいきと楽しげにくつろぐ姿を鮮やかに寸描する。

述而 7-5

子曰、甚矣吾衰也。久矣、吾不復夢見周公。

子曰《しいわ》く、甚《はなはだ》しいかな　吾《わ》が衰《おとろ》えたるや。久《ひさ》しいかな、吾《わ》れ復《ま》た夢《ゆめ》に周公《しゅうこう》を見《み》ず。

先生は言われた。「私もひどく老いたものだ。ずいぶんになるな、周《しゅう》公の夢をみなくなってから」。

周《しゅう》王朝を創設した武《ぶ》王の弟、周公旦《しゅうこうたん》は武王の死後、後継者となった武王の息子成《せい》王を輔佐して礼や制度を定め、周王朝の基礎を築いた。孔子はこの周公旦を理想の人物として崇拝し、いつも夢にみるほど憧憬しつづけた。ここで孔子は、そんなにも敬慕しているにもかかわらず、心身ともに老化し、このところずっと周公旦の夢をみていないと、嘆くのである。しかし、孔子は理想の人物、周公旦の夢をみなくなったことで、みずからの老いを実感したと言うが、この言葉には、いつまでも周公旦の夢をみつづけたいものだという気持ちもこめられており、孔子が不退転の理想主義者だったことがわかる。

述而 7-6

子曰、志於道、據於德、依於仁、游於藝。

子曰《しいわ》く、道《みち》に志《こころざ》し、徳《とく》に拠《よ》り、仁《じん》に依《よ》り、芸《げい》に游《あそ》ぶ。

先生は言われた。「大いなる道に志し、徳を根本とし、仁をよすがとし、六芸《りくげい》の世界に遊ぶ」。

○芸《げい》　礼《れい》・楽《がく》・射《しゃ》・御《ぎょ》・書《しょ》・数《すう》の六芸《りくげい》。詳しくは解説参照。

孔子の理想とする境地を述べたもの。道すなわち理想社会の実現をめざすにあたって、まず徳を根本として立脚点を定め、仁すなわち誠実な思いやりを身につけて、六芸《りくげい》の世界に自在に遊ぶ、というのである。六芸とは、礼《れい》・楽《がく》(音楽)・射《しゃ》(弓射《きゅうしゃ》)・御《ぎょ》(馬車を駆ること)・書《しょ》(書法)・数《すう》(算術)を指し、ひとかどの人間が身につけるべき基本的な教養とされる。孔子はこのように道、徳、仁といった精神性と同時に、礼儀作法、音楽、スポーツなど、身体性と関わる項目を含む六芸の世界に遊ぶことを理想とした。ここには精神性と身体性が車の両輪のように共存する、たくましくもすこやかな人間のイメージが浮き彫りにされている。

述而 7-7

子曰、自行束脩以上、吾未嘗無誨焉。

子曰《しいわ》く、束脩《そくしゅう》を行《おこな》う自《よ》り以上《いじょう》は、吾《わ》れ未《いま》だ嘗《かつ》て誨《おし》うる無《な》くんばあらず。

先生は言われた。「束脩《そくしゅう》以上の謝礼をもって入門して来た者に対して、私はこれまで教えなかったことはない」。

その多寡にかかわらず、きちんと謝礼を出して入門して来た者には、自分はこれまで必ず教えて来たと、孔子は確信をもって言う。述而（本篇）7－2の「人《ひと》に誨《おし》えて倦《う》まず」という言葉とも呼応する発言である。

○**束脩《そくしゅう》** 束ねた干し肉。入門のとき、先生に贈る謝礼。謝礼のうち、もっとも軽いもの。○**誨《おし》う** 教える。

述而 7－8

子曰、不憤不啓。不悱不發。擧一隅不以三隅反、則不復也。

子《し》曰《いわ》く、憤《ふん》せずんば啓《けい》せず。悱《ひ》せずんば発《はっ》せず。一隅《いちぐう》を挙《あ》げて三隅《さんぐう》を以《もっ》て反《かえ》らざれば、則《すなわ》ち復《ま》たせざる也《なり》。

先生は言われた。「知りたい気持ちがもりあがってこなければ、教えない。言いたいことが口まで出かかっているようでなければ、導かない。物事の一つの隅を示すと、残った三つの隅にも反応して答えてこないようなら、同じことを繰り返さない」。

○**憤《ふん》す** 心が疑問でふくれあがる。○**啓《けい》す** 教える。○**悱《ひ》す** 言いたいことが口まで出かかっているのに、うまく表現できない。○**発《はっ》す** 導く。○**反《かえ》る** 反応する。

孔子の基本的な教育方針を述べたもの。最後の「一隅《いちぐう》を挙《あ》げて三隅《さんぐう》を以《もっ》て反《かえ》らざれば……」は、弟子が対象についてまだ十分に理解できず、習熟していないことを示し、そんな場合は時期尚早だと判断して、繰り返し教えないという意味である。この発言は、孔子が強制的かつ画一的な詰めこみ教育を否定し、あくまでも弟子それぞれの自発性を重視して、彼ら自身の知への欲求がおのずと高まるのを待つ、大いなる教師だったことを示す。二千五百年後の現代においても、否、むしろ現代においてこそ、深い意味をもつ血の通った教育論だといえよう。

述而 7－9

子食於有喪者之側、未嘗飽也。子於是日哭、則不歌。

子《し》 喪《も》有《あ》る者《もの》の側《かたわら》に食《しょく》すれば、未《いま》だ嘗《かつ》て飽《あ》かざる也《なり》。子《し》 是《こ》の日《ひ》に於《お》いて哭《こく》すれば、則《すなわ》ち歌《うた》わず。

先生は服喪中の者の側で食事をされるときは、満腹するまで食べられることはなかった。（また、弔問に行き、死者のために）哭礼《こくれい》をされた日には、（帰宅してからも）歌をうたわれなかった。

○**飽《あ》く** 満腹するまで食べる。○**哭《こく》す** 哭礼すなわち声をあげて泣く礼を行う。

儒家思想ではとりわけ喪礼《そうれい》（喪中の礼法）を重んじる。服喪中の者の側でひかえめに食事をとることや、死者のために哭礼《こくれい》した日には歌をうたわないというのも、喪礼の一種だとされる。ちなみに、孔子はこうした特別な日以外は、毎日、門下の弟子とともに『詩経《しきょう》』の詩をうたい、また、高らかに独唱して楽しんだとおぼしい。いきいきした音楽のリズムやメロディーは、孔子の精神の躍動性をますます高めたに相違ない。

述而 7－10

子謂顔淵曰、用之則行、舎之則藏。惟我與爾有是夫。子路曰、子行三軍、則誰與。子曰、暴虎馮河、死而無悔者、吾不與也。必也臨事而懼、好謀而成者也。

子《し》 顔淵《がんえん》に謂《い》いて曰《いわ》く、之《こ》れを用《もち》うれば則《すなわ》ち行《おこな》い、之《こ》れを舎《す》つれば則《すなわ》ち蔵《かく》る。惟《た》だ我《わ》れと爾《なんじ》とのみ是《こ》れ有《あ》るかな。子路《しろ》曰《いわ》く、子《し》 三軍《さんぐん》を行《おこな》わば、則《すなわ》ち誰《たれ》と与《とも》にせん。子《し》曰《いわ》く、暴虎《ぼうこ》馮河《ひょうが》、死《し》して悔《く》い無《な》き者《もの》は、吾《わ》れ与《とも》にせざる也《なり》。必《かなら》ずや事《こと》に臨《のぞ》んで懼《おそ》れ、謀《はかりごと》を好《この》んで成《な》る者也《ものなり》。

先生は顔淵《がんえん》（顔回《がんかい》）に言われた。「自分を認めて任用する者がいれば、世に出て活動する。見捨てられれば、隠遁する。そんなふうにできるのは、私

○**三軍**《さんぐん》 諸侯の軍隊。周《しゅう》の制度では、一軍は一万二千五百人の兵士で構成

とおまえだけだね」。子路《しろ》が言った。「もし先生が三軍を指揮されるなら、誰といっしょになさいますか」。先生は言われた。「虎と素手で闘い、大河を徒歩《かち》わたりして、死んでもかまわないという者とは、私はいっしょに行動しない。必ずや事にあたって慎重にかまえ、計画性があって成功するような者でなければならないのだ」。

され、天子は六軍、諸侯の大国は三軍を出動させるのが規定だった。○**暴虎馮河**《ぼうこひょうが》 虎と素手で闘い、大河を徒歩《かち》わたりすること。無謀な勇気、勇敢さのたとえ。

孔子が顔回《がんかい》に向かって、任用されれば表舞台に出て活動し、任用されなければ静かに隠遁するという具合に、とらわれなく自在に振る舞えるのは、私とおまえだけだなと語りかけると、側で聞いていた子路《しろ》が思わずムッとして口をはさむ。「それでは、先生が三軍の総司令官になられたときは、誰をともなわれますか」。そのときは、ひょろひょろした青二才の顔回では役に立たず、勇敢で腕っぷしの強い自分でなければ、という自負心むきだしの発言である。

　この子路の言葉に対して、孔子は「暴虎馮河《ぼうこひょうが》」の無謀な勇気をふるい、命も惜しくないという輩《やから》とはいっしょに行動することなく、自分が行動をともにするのは慎重で計画性のある者に限られると言い切る。こうして我れこそはと、いきりたつ子路をピシリとたしなめたのである。一本気な子路がしょげかえる姿が目に浮かぶようだ。なお、子路は孔子より九歳年少だが、顔回よりは二十一歳も年上であり、おそらく子路にとって顔回が若造、青二才に見える局面も多々あったとおぼしい。

　孔子は優秀ですがすがしい雰囲気にあふれる顔回に、過剰とも思えるほどの期待をかけていたが、純情な熱血漢、子路の長所もまた十分に理解し、愛情をそそいだ。ただ、子路が勇気を頼んで暴走することを心配し、つねにブレーキをかけていたのも事実である。孔子の危惧は図に当たり、子路は不幸な最期を遂げて、孔子を深く悲しませたのだった(子路13－3解説参照)。

述而 7－11

子曰、富而可求也、雖執鞭之士、吾亦爲之。如不可求、從吾所好。

子曰《しいわ》く、富《とみ》にして求《もと》む可《べ》くんば、執鞭《しつべん》の士《し》と雖《いえど》も、吾《わ》れも亦《ま》た之《こ》れを為《な》さん。如《も》し求《もと》む可《べ》からずんば、吾《わ》が好《この》む所《ところ》に従《したが》わん。

先生は言われた。「富というものが追求してもよいものならば、たとえ御者にでも、私はなるだろう。(しかし)追求してはならないものならば、私は好きなように生きるだろう」。

○**執鞭**《しつべん》 鞭を持つ者、御者。

富の追求がまっとうな正しいこととして許容されるならば、私はそれを得るために、どんな仕事でもする。しかし、富の追求がまっとうなこととして許容されない以上、好きなように生きたい、という意味。孔子は、やみくもに富貴を否定しないが、富貴なるものは、しかるべき理由もないのに転がり込んでくる場合があるなど(里仁4－5参照)、たぶんに偶然性があり、それじたいを正当化あるいは目的化するようなものではないと、考えていたとおぼしい。

述而 7-12

子之所愼、齊、戰、疾。

子《し》の慎《つつし》む所《ところ》は、斉《さい》、戦《せん》、疾《しつ》。

先生が慎重に対処されたのは、ものいみ、戦い、病気である。

○斉《さい》 「斎《さい》」に同じ。ものいみ（祖先の祭りを行う前に、何日か斎戒沐浴すること）。

ものいみに対して慎重であるのは、先祖を重んじるため、戦いに対して慎重であるのは、これにかかわる人々の命を重んじるため、病気に対して慎重であるのは、自分の身を重んじるためだと、ふつう解釈される。斉《さい》、戦《せん》、疾《しつ》と、たった三語で、無限の広がりを感じさせる表現である。

述而 7-13

子在齊聞韶。三月不知肉味。曰、不圖爲樂之至於斯也。

子《し》 斉《せい》に在《あ》りて韶《しょう》を聞《き》く。三月《さんがつ》 肉《にく》の味《あじ》を知《し》らず。曰《いわ》く、図《はか》らざりき 楽《がく》を為《な》すことの斯《ここ》に至《いた》るや。

先生は斉《せい》の国で韶《しょう》の音楽を聞かれ、三か月間、肉の味さえわからなくなられた。そこで言われた。「音楽のもたらす感動が、これほどまでに深いとは思いもしなかった」。

○**韶**《しょう》 伝説の聖天子舜《しゅん》が作ったとされる音楽。

孔子は斉《せい》の国で韶《しょう》の音楽を聞き、そのあまりの美しさ、すばらしさに魂を奪われて、三か月間、当時、最高の食物であった肉を食べても、その味さえわからなかったというもの。孔子が尋常ならざる音楽好きであったことを示す話である。孔子はよほど韶に感動したと見え、「(韶は)美《び》を尽《つ》くせり、又《ま》た善《ぜん》を尽《つ》くす也《なり》」(八佾3－25)とも述べている。

なお、孔子が斉で韶を聞いたのは、紀元前五一七年、三十五歳のときに、魯《ろ》で内乱が起こり一時的に斉に亡命したときのことだとされる(二、三年後に帰国)。

述而 7－14

冉有曰、夫子爲衞君乎。子貢曰、諾。吾將問之。入曰、伯夷叔齊何人也。曰、古之賢人也。曰、怨乎。曰、求仁而得仁。又何怨。出曰、夫子不爲也。

冉有《ぜんゆう》曰《いわ》く、夫子《ふうし》は衛《えい》の君《きみ》を為《たす》けんか。子貢《しこう》曰《いわ》く、諾《だく》。吾《わ》れ将《まさ》に之《こ》れを問《と》わんとす。入《い》りて曰《いわ》く、伯夷《はくい》・叔斉《しゅくせい》は何人《なんびと》ぞや。曰《いわ》く、古《いにしえ》の賢人也《けんじんなり》。曰《いわ》く、怨《うら》みたるか。曰《いわ》く、仁《じん》を求《もと》めて仁《じん》を得《え》たり。又《ま》た何《なに》をか怨《うら》まん。出《い》でて曰《いわ》く、夫子《ふうし》は為《たす》けざる也《なり》。

冉有《ぜんゆう》(冉求《ぜんきゅう》)が言った。「先生は衛《えい》の君主を助けられるだろうか」。子貢《しこう》は言った。「わかった。私が(なかへ入って)おたずねして来よう」。なかへ入ってたずねた。「伯夷《はくい》・叔斉《しゅくせい》はどんな人だったでしょうか」。(先生は)言われた。「昔の賢人だ」。(子貢は)言った。「怨みを抱いていたでしょうか」。(先生は)言われた。「仁徳を追求して仁徳を獲得したのだ。そのうえ、何を怨むことがあろうか」。(子貢は)出て来て言った。「先生は(衛の君主を)助けられないだろう」。

○**為《たす》く** ここでは「助ける」の意。○**諾《だく》** よろしい、わかった。○**伯夷《はくい》・叔斉《しゅくせい》** 殷末《いんまつ》にあった孤竹《こちく》という国の君主の息子、伯夷が兄、叔斉が弟である。清廉潔白の化身とされる。

冉有《ぜんゆう》(本名は冉求《ぜんきゅう》)も子貢《しこう》もすでにしばしば登場した孔子の高弟。当時、衛《えい》はお家騒動のまっただなかにあり、衛と縁の深い孔子の去就が注目されていた。弟子たちも孔子の真意がわからず、子貢が質問に出向いたというのが、この章の舞台裏である。

ちなみに、衛のお家騒動のそもそもの発端は、雍也6-28に登場した衛の霊《れい》公の美しく奔放な妻南《なん》子《し》にある。孔子が南子と会った後のことだが、南子の息子で後継の太子だった蒯聵《かいかい》が、身持ちの悪い母を殺害しようとして失敗、国外に逃亡する事件が起こった。紀元前四九三年、霊公が死去すると、蒯聵の息子が重臣に推されて即位した。出《しゅつ》公である。これを不満とする亡命中の父蒯聵は大国晋《しん》のバックアップを得て、何度も衛に攻め込み息子を追い落として君主になろうとし、この血肉の争いは十数年にわたってつづいた。この章の問答は、この時点のものである。

このとき、孔子が衛の君主出公につくか、それとも亡命中の出公の父蒯聵につくか、判断しかねた冉有ら弟子の意向を受け、質問役になって出向いた子貢は、開口一番、当面の問題とは一見、無関係な殷《いん》末の伯夷《はくい》・叔斉《しゅくせい》をとりあげる。伯夷・叔斉もすでに公冶長5－23に登場したが、彼らがそろって故国の孤竹《こちく》を去った原因は、後継者問題だった。彼らの父にあたる孤竹の君主は弟の叔斉を愛し後継者にしようと考えていた。このため、父が死ぬと、父の思いを知る兄の伯夷は叔斉に後継の座を譲るべく、国外に逃亡した。すると、弟の叔斉もまた兄をさしおいて後継者となることを潔しとせず、兄の後を追って逃亡したというものである。

この故事を知る子貢が孔子に対し、彼らの行為をどう考えるかと、次々に質問すると、孔子はこの章に見えるとおり、骨肉の争いを回避した彼らの身の処し方を、全面的に肯定した。これを聞いた子貢は、孔子が衛の見苦しい骨肉の争いに介入する気がまったくなく、当時の君主の出公にもその父の蒯聵にも力を貸さないことを悟り、相弟子の冉有に「夫子《ふうし》は為《たす》けざる也《なり》」と伝えたのだった。

子貢は現実問題である衛のお家騒動を直接、話題にせず、古《いにしえ》の伯夷・叔斉をもちだして、骨肉の争いに対する孔子の本音をみごと引き出した。もし、露骨に問いをぶつけたなら、孔子も答えにくく、はぐらかしたことであろう。さすが子貢は孔子門下でずばぬけた俊才らしく、聡明このうえない。なお、衛のお家騒動は、紀元前四八四年、孔子が魯《ろ》に帰国した後もえんえんとつづく。この詳細については、子路13－3解説参照。

述而 7－15

子曰、飯疏食飲水、曲肱而枕之。樂亦在其中矣。不義而富且貴、於我如浮雲。

子《し》曰《いわ》く、疏食《そし》を飯《く》らい水《みず》を飲《の》み、肱《ひじ》を曲《ま》げて之《こ》れを枕《まくら》とす。楽《たの》しみ亦《ま》た其《そ》の中《うち》に在《あ》り。不義《ふぎ》にして富《と》み且《か》つ貴《とうと》きは、我《わ》れに於《お》いて浮雲《ふうん》の如《ごと》し。

先生は言われた。「粗末な食事をとって水を飲み、ひじをまげて枕にする。そんな暮らしのなかにも、楽しみはある。不正な手段で得た富や高い地位は、私にとっては空に浮かぶ雲のようなものだ」。

○**疏食《そし》** 菜食を指すという説と、米以外の粗末な穀物を指すという説がある。いずれにしても粗末な食事の意。

粗末な食事をし、ひじをまげて枕がわりにするような質素な暮らしのなかにも、精神的に充実していたならば、安らかな楽しみがある。経済的に豊かであること、高い地位にあることをやみくもに否定するわけではないが、もしそれが不正な手段で得たものなら、私にとってすぐに消え去る浮雲のようなものだと、孔子は言う。不正な手段で時めく者を、余裕をもって眺めやっているような、穏やかな自信に満ちた発言である。

なお、すでに紹介したように、孔子には、「一簞《いったん》の食《し》、一瓢《いっぴょう》の飲《いん》、陋巷《ろうこう》に在《あ》り」（雍也6－11）という質素な生活のなかで、自分の思いどおり学問し生きることを楽しむ愛弟子顔回《がんかい》を、深い共感をこめて称賛した発言もある。

述而 7－16

子曰、加我數年、五十以學易、可以無大過矣。

子《し》曰《いわ》く、我《わ》れに数年《すうねん》を加《くわ》え、五十《ごじゅう》にして以《もっ》て易《えき》を学《まな》べば、以《もっ》て大《おお》いなる過《あやま》ち無《な》かる可《べ》し。

先生は言われた。「私にもう数年の寿命が与えられ、五十になったときに、『易《えき》』の勉強ができたならば、大きな過ちがなくなるだろう」。

○**易**《えき》　『易経《えききょう》』。五経の一つ。五十本の筮竹《ぜいちく》による占いの書。

以上は、古注によるごくふつうの読みかたである。この発言には、新注をはじめ異なった読みかたがある（後述）。しかし、この発言をそのまま読めば、このとき孔子は四十代中ごろであり、それまでもおそらく『易《えき》』の勉強はしていたであろうが、五十歳になるころには、もっと本腰を入れて勉強したいという願望を述べたと受け取れる。実際には、孔子は七十三歳まで生き、『史記《しき》』孔子世家《こうしせいか》によれば、晩年、『易』を大いに好み、「韋編三絶《いへんさんぜつ》（竹片を綴じるなめし皮が三度断ち切れること）」するほど熟読した。本望を達したわけだ。

ちなみに、孔子世家はこの「韋編三絶」のくだりで、孔子が「我《わ》れに数年《すうねん》を仮《か》し、是《か》くの若《ごと》くなれば、則《すなわ》ち彬彬《ひんぴん》たらん（もし私に数年の寿命が与えられ、このように勉強できるならば、文質彬彬〈雍也6－18参照〉とした状態になるだろう）」と述べたとしている。ここに「五十《ごじゅう》にして……」のくだりがなく、晩年の言葉とされているところから、この章を孔子世家に合わせるべく、さまざまな説が立てられているのである。ここでは、孔子世家の記述はさておき、この章の記述どおり読んでおきたい。

述而 7-17

子所雅言、詩書執禮、皆雅言也。

子《し》の雅《つね》に言《い》う所《ところ》は、詩《し》・書《しょ》・執礼《しつれい》、皆《み》な雅《つね》に言《い》う也《なり》。

先生がいつも話題にされたのは、『詩経《しきょう》』『書経《しょきょう》』と礼を執《おこな》うことであった。この三つについていつも話題にされたのである。

○雅《つね》に 常に。○詩《し》『詩経《しきょう》』。○書《しょ》『書経《しょきょう》』。○執礼《しつれい》「執」は行う。「礼」は社会や家庭における儀礼や法則。

この章については、まったく異なる読みかたもあるが、ここではもっとも穏当と思われる朱子《しゅし》の新注によった。「詩」は『詩経《しきょう》』、すなわちもともと三千篇以上あった歌謡のなかから、孔子が三百五篇を選定したとされる歌謡集であり、孔子儒家集団の教科書でもあった。孔子がもっとも重視し、また愛好した古典である。「書」は『書経《しょきょう》』、すなわち古代の為政者の政治や軍事に関する発言を、孔子が編纂したとされる書物。「礼」はもともと周《しゅう》王朝の基礎を築いた周公旦《しゅうこうたん》が定めた社会や家庭における儀礼や法則であり、孔子儒家集団ではこれを実習した。

述而
7－18

葉公問孔子於子路。子路不對。子曰、女奚不曰、其爲人也、發憤忘食、樂以忘憂、不知老之將至云爾。

葉公《しょうこう》 孔子《こうし》を子路《しろ》に問《と》う。子路《しろ》対《こた》えず。子《し》曰《いわ》く、女奚《なんじなん》ぞ曰《い》わざる、其《そ》の人《ひと》と為《な》りや、憤《いきどお》りを発《はっ》して食《しょく》を忘《わす》れ、楽《たの》しんで以《もっ》て憂《うれ》いを忘《わす》れ、老《お》いの将《まさ》に至《いた》らんとするを知《し》らざるのみと。

葉《しょう》公が、孔子はどんな人かと子路《しろ》にたずねたところ、答えなかった。（その話を聞いた）先生は言われた。「おまえ、なぜ言わなかったのか。その人柄は、興奮すると食事も忘れるが、楽しむときは憂いを忘れ、老いが迫るのも気づかない人だと」。

○**葉公**《しょうこう》 楚《そ》の重臣で、葉（河南省）の地方長官だった沈諸梁《しんしょりょう》を指す。賢明で人望があった。○**奚ぞ**《なん》 何ぞ。「どうして、なぜ」の意。○**憤り**《いきどお》 感情の高揚した状態、興奮した状態。

葉《しょう》公についてはは注参照。孔子が葉公と会ったのは、紀元前四八九年、六十三歳ごろだったとされる。このとき、孔子のお供をしていた高弟子路《しろ》は、葉公から孔子の人となりをたずねられると、孔子の熱烈な崇拝者である彼は、言いたいことがありすぎ、また口下手なせいもあって、その魅力的な人柄をうまく表現できず、黙ってしまう。その話を聞いた孔子は、口ごもった子路の気持ちを十分くみとりながら、鮮やかに言ってのける。その人となりは、さまざまな憂わしいことを思い、気持ちが昂ぶってくると、食事をすることも忘れるが、楽しい気分になると、そんな憂わしいことも忘れてしまい、老いが身に迫ることにも気づかない人だと、どうして言わなかったのか、と。

どんな逆境にあっても、躍動感あふれる明朗さを失わず、たくましく生きたみずからの姿をみごとに表現した言葉である。ちなみに、孔子がとりわけ楽しい気分になったのは、美しい音楽を聴いたときや、弟子たちと弾んだ対話を交わしたときだったのではなかろうか。

述而 7－19

子曰、我非生而知之者。好古敏以求之者也。

子《し》曰《いわ》く、我《わ》れは生《う》まれながらにして之《こ》れを知《し》る者《もの》に非《あら》ず。古《いにしえ》を好《この》み敏《びん》にして以《もっ》て之《こ》れを求《もと》むる者也《ものなり》。

先生は言われた。「私は生まれながらにして知識をもっているわけではない。古代の事柄を好み、そのなかから敏感に知識や法則を追究しようとする者だ」。

○**敏**《びん》 敏感、鋭敏。

孔子は、ここでまず自分の知性すなわち知識や知恵は先天的に備わっているものではなく、後天的な学びによって習得されたものだと言う。ついで、自分は過去の事象（歴史、古典）を好み、その錯綜した累積のなかから、鋭敏にポイントをつかむことを追究しつづけてきたのだと、その習得の方法を述べる。

　ここで、「古《いにしえ》を好《この》み」と、学問の道に進み入る初発の動機として、自発的なインタレスト（興味、面白いと思う心の動き）をあげているのが、注目される。孔子は、「之《こ》れを知る者《もの》は之《こ》れを好《この》む者《もの》に如《し》かず。之《こ》れを好《この》む者《もの》は之《こ》れを楽《たの》しむ者《もの》に如《し》かず」（雍也6－20）とも述べており、好むこと、楽しむことを何よりも重視したのである。また、その好ましい古のことも、一切合財うけいれるのではなく、敏感にポイントを把握して吸収しようとする、みずからの姿勢をはっきり示している。まことに自覚的にして主体的な学びの態度である。

述而 7－20

子不語怪力亂神。

子《し》は怪《かい》・力《りき》・乱《らん》・神《しん》を語《かた》らず。

先生は怪《かい》（怪異）、力《りき》（超人的な力）、乱《らん》（混乱、無秩序）、神《しん》（鬼神）について語られなかった。

幽霊や妖怪変化などの怪異現象、千鈞《きん》（一鈞は約八キロ）の重さの鼎《かなえ》を持ち上げるような超人的な腕力、人力では収拾不能の大混乱、鬼神（「鬼」は死者の霊魂、「神」は天の神。両方を合わせて神々の意）、この四つの不可知の事について、孔子はまっこうから否定はしないが、厳然と距離を置き、けっして言及しなかったというもの。この言葉は、孔子が語の真の意味における合理的な現実主義者《リアリスト》であったことを示す。なお、雍也6-22においても、孔子は「鬼神《きしん》を敬《けい》して之《こ》れを遠《とお》ざく。知《ち》と謂《い》う可《べ》し（鬼神には敬意を表するが距離を置く。これが知だ）」と述べている。

付言すれば、この「怪力乱神」を二字ずつ区切り、怪力（異様に強い力）、乱神（邪神）と読む説もあるが、一字ずつ区切って読む従来の説によった。

述而 7-21

子曰、三人行、必有我師焉。擇其善者而從之。其不善者而改之。

子《し》曰《いわ》く、三人行《さんにんあゆ》めば、必《かなら》ず我《わ》が師《し》有《あ》り。其《そ》の善《よ》き者《もの》を択《えら》んで之《こ》れに従《したが》う。其《そ》の善《よ》からざる者《もの》は之《こ》れを改《あらた》む。

先生は言われた。「三人で道を歩いていても、きっと私の先生がいる。（彼らの振る舞いのなかから）よいものを選んで見習い、よくないものは（自分もそうであれば）改める」。

「三人行」の「行」を、道を行く、道を歩くと読むのは、清《しん》末の劉宝楠《りゅうほうなん》の説。ことさら先生について学ばなくとも、ありふれた日常のなかに、見習うべきお手本や、逆に自己反省のきっかけになるものは、いくらでも存在するということである。里仁4-17の「賢《けん》を見《み》ては斉《ひと》しからんことを思《おも》い、不《ふ》賢《けん》を見《み》ては内《うち》に自《みずか》ら省《かえ》りみる也《なり》」という発言と、呼応している。

述而 7-22

子曰、天生徳於予。桓魋其如予何。

子曰《しいわ》く、天《てん》 徳《とく》を予《わ》れに生《な》せり。桓魋《かんたい》 其《そ》れ予《わ》れを如何《いかん》せん。

先生は言われた。「天が私に徳をさずけられている。桓魋《かんたい》ごときが私をどうすることができようぞ」。

○**生《な》す** 生じさせる。与える、さずける。○**桓魋《かんたい》** 孔子に反感をもつ宋《そう》の重臣。

危機に直面したときの孔子のつよい自負にあふれた言葉である。これは、諸国行脚中の紀元前四九二年、孔子一行が宋《そう》に立ち寄ったさいのことだとされる。『史記《しき》』孔子世家《こうしせいか》によれば、孔子が大樹の下で弟子たちと礼の儀式の実習をしていたとき、孔子に反感をもつ宋の重臣桓魋《かんたい》がその大樹を切り倒し、殺そうとした。身の危険を感じた孔子一行は逃亡にかかったが、孔子が悠然としていたため、弟子たちは早く逃げるように勧めた。すると、孔子は「天《てん》徳《とく》を予《わ》れに生《な》せり。桓魋《かんたい》其《そ》れ予《わ》れを如何《いかん》せん」と述べて弟子たちの動揺を抑え、ゆったりと立ち去ったのだった。なお、この事件および桓魋については、顔淵12－5を合わせて参照。

述而
7－23

子曰、二三子、以我爲隱乎。吾無隱乎爾。吾無行而不與二三子者、是丘也。

子曰《しいわ》く、二三子《にさんし》、我《わ》れを以《もっ》て隠《かく》せりと為《な》すか。吾《わ》れは隠《かく》す無《な》きのみ。吾《わ》れ行《おこな》いて二三子《にさんし》と与《とも》にせざる無《な》き者《もの》は、是《こ》れ丘也《きゅうなり》。

先生は言われた。「きみたちは、私が何かを隠していると思っているのではないか。私は何も隠していない。私は行動するとき、きみたちといっしょにやらないことはない。それが丘《わたくし》のやりかただ」。

○**二三子《にさんし》** きみたち、諸君、みなさん。ここでは孔子の弟子を指す（八佾3－24にも見える）。○**乎爾《のみ》** 強調の助字。○**丘《きゅう》** 孔子の名。ここでは自称。

孔子には測り知れない深遠さ、偉大さがあると敬愛し畏怖する弟子たちの間に、先生は未熟なわれわれには理解できないと、まだ隠しておられることがあるのではないか、という気分があるのを見てとった、孔子の発言である。私はきみたちの前に何もかもさらけだし、いつだって行動をともにするだけだという言葉は、弟子との信頼関係を何よりも大切にする、孔子の思いを端的にあらわしており、力強く爽快きわまりない。

述而 7－24

子以四教。文、行、忠、信。

子《し》は四《し》を以《もっ》て教《おし》う。文《ぶん》、行《こう》、忠《ちゅう》、信《しん》。

先生は四つのことを(重点的に)教えられた。文(学問)、行(実践)、忠(誠実)、信(信義)。

○**文**《ぶん》 学問。○**行**《こう》 行動、実践。○**忠**《ちゅう》 誠心誠意、まごころを尽くすこと。○**信**《しん》 誠実に信義を守ること。

簡にして要を得た表現であり、暗唱にも適する。孔子門下では、このように孔子の教えのポイントを簡潔に凝縮し、おりにつけ唱えたのかも知れない。

述而 7-25

子曰、聖人吾不得而見之矣。得見君子者、斯可矣。子曰、善人吾不得而見之矣。得見有恆者、斯可矣。亡而爲有、虚而爲盈、約而爲泰。難乎有恆矣。

子曰《しいわ》く、聖人《せいじん》は吾《わ》れ得《え》て之《こ》れを見《み》ず。君子者《くんししゃ》を見《み》るを得《う》れば、斯《こ》れ可《か》なり。子曰《しいわ》く、善人《ぜんじん》は吾《わ》れ得《え》て之《こ》れを見《み》ず。恒有《つねあ》る者《もの》を見《み》るを得《う》れば、斯《こ》れ可《か》なり。亡《な》くして有《あ》りと為《な》し、虚《むな》しくして盈《み》てりと為《な》し、約《まず》しくして泰《ゆた》かなりと為《な》す。恒有《つねあ》るに難《かた》し。

先生は言われた。「聖人に、会うことはできないだろうが、君子者に会うことができれば、それでよい」。先生は言われた。「善人《ぜんじん》に、会うことはできないだろうが、言動の安定した人に会うことができれば、それでよい。(見栄を張って)もっていないのに、もっているふりをしたり、からっぽなのに、満ちあふれているふりをしたり、乏しいのに豊富なふりをしたりして、言動に基準があり揺れがないというのは、難しいのだから」。

○**聖人《せいじん》** 完全無欠な徳義と知性を兼ね備えた人。○**君子者《くんししゃ》** すぐれた徳義をもつりっぱな人。○**善人《ぜんじん》** まったき善を有する人。聖人のような超人性はないが、完全な徳義をもつ人の意か。○**恒有《つねあ》る者《もの》** 言動に一定の基準があって揺れがない人、安定した人。○**約《まず》し** 乏しく貧弱なこと。○**泰《ゆた》か** 豊富なこと。

この章には二度、「子曰く」が見える。荻生徂徠《おぎゅうそらい》などは、別の機会の発言をまとめたためだとする。おそらくそのとおりであろう。後のほうの発言には、見栄を張って自分を大きく見せようとする世の風潮に対する、辛辣な批判がこめられている。

述而 7-26

子釣而不綱。弋不射宿。

子《し》釣《つ》りして綱《こう》せず。弋《よく》して宿《しゅく》を射《い》ず。

先生は一本釣りはされたが、綱《こう》のやりかたは用いられなかった。射ぐるみで飛ぶ鳥はとられたが、ねぐらにいる鳥はとられなかった。

○**釣《つ》りす** 一本の竿で一匹ずつ魚を釣ること。○**綱《こう》す** 川の流れを横断して縄をはり、多くの釣り糸をたらして大量の魚をとること。○**弋《よく》す** 「弋」は射ぐるみ。矢に糸をつけ、当たるとからみつくようにしたもので、飛ぶ鳥を射ること。○**宿《しゅく》** ねぐらにいる鳥。

孔子は、魚釣りや猟を楽しむさいにも、生きとし生けるものに対して、きめこまかな節度を保ったということである。

述而 7－27

子曰、蓋有不知而作之者。我無是也。多聞擇其善者而從之、多見而識之、知之次也。

子《し》曰《いわ》く、蓋《けだ》し知《し》らずして之《こ》れを作《つく》る者有《ものあ》らん。我《わ》れは是《こ》れ無《な》き也《なり》。多《おお》く聞《き》き其《そ》の善《よ》き者《もの》を択《えら》びて之《こ》れに従《したが》い、多《おお》く見《み》て之《こ》れを識《しる》すは、知《し》るの次也《つぎなり》。

先生は言われた。「世のなかには十分な知識がないのに、創作をする者がいるようだ。私は、そんなことはしない。多くのことを聞いて、そのなかからすぐれたものを選んで従い、多くのものを見て、そのなかから（選んで）記憶する。これは完全な知とはいえないが、それに次ぐやりかただ」。

孔子の知識や法則の把握が、多くの見聞をへてそのポイントをつかむこと、すなわち帰納法によることを示す発言であり、述而（本篇）7－19の「我《わ》れは生《う》まれながらにして之《こ》れを知《し》る者《もの》に非《あら》ず。古《いにしえ》を好《この》み敏《びん》にして以《もっ》て之《こ》れを求《もと》むる者也《ものなり》（私は生まれながらにして知識をもっているわけではない。古代の事柄を好み、そのなかから敏感に知識や法則を追究しようとする者だ）」とも共通するところがある。多くのもののなかから、すぐれたものを識別するためには、できるだけ多くの事例に当たって知的経験を積み、習熟するしかないのである。

述而 7-28

互郷難與言。童子見。門人惑。子曰、與其進也。不與其退也。唯何甚。人潔己以進。與其潔也。不保其往也。

互郷《ごきょう》 与《とも》に言《い》い難《がた》し。童子《どうじ》見《まみ》ゆ。門人惑《もんじんまど》う。子曰《しいわ》く、其《そ》の進《すす》むに与《くみ》する也《なり》。其《そ》の退《しりぞ》くに与《くみ》せざる也《なり》。唯《ひと》えに何《なん》ぞ甚《はなは》だしきや。人《ひと》 己《おのれ》を潔《いさぎよ》くして以《もっ》て進《すす》む。其《そ》の潔《いさぎよ》きに与《くみ》する也《なり》。其《そ》の往《おう》を保《ほ》せざる也《なり》。

互郷《ごきょう》の人とは話がしにくい。（その互郷で）子供が（先生と）面会したので、門人たちは怪訝《けげん》に思った。先生は言われた。「（私は）この子の進歩したいという気持ちに手を貸したのであり、退歩しようとするなら、手を貸さない。それなのに怪訝に思うとはひどすぎるではないか。人が心身ともにすっきりと清潔にして会いに来たときには、その清潔さに手を貸す。その先のことまでは保証できないがね」。

○**互郷《ごきょう》** 地名。所在は不詳。○**進《すす》む** 進歩する。○**与《くみ》す** 助ける、手を貸す。○**退《しりぞ》く** 後退する、退歩する。○**潔《いさぎよ》くす** 心身ともにすっきりと清潔にすること。○**往《おう》** ここでは、古注により「以往」すなわち「未来（先のこと）」を指すと解釈する。なお、新注は「過去」を指すという。○**保《ほ》す** 責任をもつ、保証する。

孔子一行が馴染めない互郷《ごきょう》の地で、孔子に会いに来た子供がおり、孔子がその子供と面会したため、弟子たちは驚きいぶかしんだ。このとき、子供でも会いに来た以上は、進歩したいという思いがあり、それで心身ともに清潔にして来たのだから、その気持ちにこたえ、彼の未来のことはともかく、今、この時点で手を貸したのだと、孔子は弟子たちに説明する。話が通じにくく、よそよそしい互郷の地では、おそらく孔子に敬意を表して会いに来る者もおらず、孔子は、そんななかで勇敢にやって来た子供の気持ちを喜ばしく思い、あたたかく接したものと思われる。孔子の包容力に富むやさしさを、垣間見ることのできる話である。

述而 7－29

子曰、仁遠乎哉。我欲仁、斯仁至矣。

子《し》曰《いわ》く、仁遠《じんとお》からんや。我《わ》れ仁《じん》を欲《ほっ》すれば、斯《ここ》に仁至《じんいた》る。

先生は言われた。「仁は遠いところにあるものだろうか。いや、自分が仁を求めさえすれば、仁はたちまちここにやって来る」。

仁は誠実な思いやりや人間愛など、さまざまな要素を包括した大いなる徳義をいい、仁者とはこうした徳義を体現した人物をいう。孔子はここで、大いなる仁の徳義は高邁で容易に手のとどかないものだと、しり込みする弟子たちに向かって、仁は手のとどかないものではない、自分が体得したいと強く求めさえすれば、仁のほうから目の前にやって来るものだよと、励ます。溌溂《はつらつ》とした力強い言葉である。仁というつかみにくい理念を、擬人化したようなこの言葉には、意表をつく面白さがある。

述而 7－30

陳司敗問。昭公知禮乎。孔子曰、知禮。孔子退、揖巫馬期而進之、曰、吾聞、君子不黨。君子亦黨乎。君取於呉。爲同姓、謂之呉孟子。君而知禮、孰不知禮。巫馬期以告。子曰、丘也幸。苟有過、人必知之。

陳《ちん》の司敗《しはい》問《と》う。昭公《しょうこう》は礼《れい》を知《し》れるか。孔子《こうし》曰《いわ》く、礼《れい》を知《し》れり。孔子《こうし》退《しりぞ》く、巫馬期《ふばき》を揖《ゆう》して之《こ》れを進《すす》ましめて、曰《いわ》く、吾《わ》れ聞《き》く、君子《くんし》は党《とう》せずと。君子《くんし》も亦《ま》た党《とう》するか。君《きみ》 呉《ご》に取《めと》る。同姓《どうせい》なるが為《ため》に、之《こ》れを呉孟子《ごもうし》と謂《い》う。君《きみ》にして礼《れい》を知《し》らば、孰《たれ》か礼《れい》を知《し》らざらん。巫馬期《ふばき》以《もっ》て告《つ》ぐ。子《し》曰《いわ》く、丘《きゅう》や幸《さいわ》いなり。苟《いや》しくも過《あやま》ち有《あ》らば、人《ひと》必《かなら》ず之《こ》れを知《し》る。

陳《ちん》の司法長官がたずねた。「(貴国の)昭《しょう》公は礼をご存じですかな」。孔子はお答えした。「礼をご存じです」。孔子が退出すると、(司法長官は)巫馬《ふば》期に会釈して前に進ませて言った。「私は、君子は仲間ぼめしないと聞いているが、君子もまた仲間ぼめされるのかな。昭公は呉から奥方を迎えられたが、同姓であるために(姫《き》と呼ばず)呉孟子《ごもうし》と呼ばれた。この君が礼をご存じだというなら、礼を知らない者などいないだろう」。巫馬期がこの言葉をお伝えすると、先生は言われた。「丘《わたくし》(孔子の名)は幸せ者だ。少しでも過ちがあったら、人が必ず気づいてくれる」。

○**陳**《ちん》 河南省東部にあった小国。○**司敗**《しはい》 官名。司法長官。○**昭公**《しょうこう》 孔子の母国魯《ろ》の君主(前五四一—前五一〇在位)。○**巫馬期**《ふばき》 孔子の弟子。姓を巫馬、名を期、あざなを子期《しき》という。『論語』ではこの章にのみ登場する。○**揖**《ゆう》**す** 会釈する。○**党**《とう》**す** ここでは、仲間ぼめをすること。○**同**《どう》**姓**《せい》 ここでは、魯と呉《ご》がともに「姫《き》」

孔子は諸国遊説の途中、紀元前四九二年から四八九年まで陳《ちん》に滞在しており、これはその時期の話である。このとき、魯《ろ》の昭《しょう》公はすでに死去していたが、陳の司法長官は、含むところあって孔子に意地わるい質問をした。孔子がさりげなく受け流して退出した後、司法長官はその場に残った弟子の巫《ふ》馬期《ばき》に向かって、昭公が礼のタブーを破って同姓である呉《ご》から妻を迎えたことをあげつらい、孔子のような君子でも仲間ぼめをするのかと非難する。後からこれを聞いた孔子が、「丘《わたくし》は幸せ者だ。少しでも過ちがあったら、人が必ず気づいてくれる」と、言ったというものである。

すでに多くの論者が指摘するように、孔子は昭公がタブーを破り、同姓の女性と結婚したことを百も承知だったものの、わざわざ事を荒立てるまでもないと思い、「(昭公は)礼をご存じです」と言ったが、司法長官はさらに追い打ちをかけてきた。そこで、「丘《わたくし》は幸せ者だ云々」と、自分の非を認める含蓄の深い発言をしたのであろう。孔子は懐の深い大人であり、相手の底意地のわるい質問にまともに反応するはずもないのである。

を姓とすることをいう。なお、中国では古くから同姓の者は結婚しないのが、礼のきまりであった。

述而 7-31

子與人歌而善、必使反之、而後和之。

子《し》人《ひと》と歌《うた》いて善《よ》ければ、必《かなら》ず之《こ》れを反《かえ》さしめて、而《しか》る後《のち》に之《こ》れに和《わ》す。

先生は歌の会のさい、いい歌だと思われたときには、必ずもう一度うたわせたあと、自分も合唱された。

歌の好きな孔子の姿を寸描した楽しい話である。音感も抜群にすぐれていた孔子は、うたうのみならず、楽器も演奏した。楽しくうたい演奏する音楽好きの孔子の姿は、堅苦しい儒者のイメージとはほど遠いものがある。

述而 7-32

子曰、文莫吾猶人也。躬行君子、則吾未之有得。

子《し》曰《いわ》く、文《ぶん》は吾《わ》れ人《ひと》の猶《ごと》くなること莫《な》からんや。躬《み》もて君子《くんし》を行《おこな》うことは、則《すなわ》ち吾《わ》れ未《いま》だ之《こ》れを得《う》る有《あ》らず。

先生は言われた。「学問については、私は人並みにできないことはなかろうが、みずから君子としての行いを実践することは、まだまだできない」。

孔子はここで、知的習練は十分に積んだが、まだ君子にふさわしい行為を十全に実践するには至らないと言う。けっして傲り高ぶらず、謙虚な孔子の姿が彷彿とする言葉である。

○**文**《ぶん》 ここでは「学問」の意。○**人**《ひと》**の猶**《ごと》**し** 人並みである。○**躬**《み》**もて行**《おこな》**う** みずから実践する。

述而 7-33

子曰、若聖與仁、則吾豈敢。抑爲之不厭、誨人不倦、則可謂云爾已矣。公西華曰、正唯弟子不能學也。

子《し》曰《いわ》く、聖《せい》と仁《じん》の若《ごと》きは、則《すなわ》ち吾《わ》れ豈《あ》に敢《あ》えてせんや。抑《そも》そも之《こ》れを為《な》して厭《いと》わず、人《ひと》に誨《おし》えて倦《う》まざるは、則《すなわ》ち謂《い》う可《べ》きのみ。公西華《こうせいか》曰《いわ》く、正《まさ》に唯《こ》れ弟子《ていし》学《まな》ぶ能《あた》わざる也《なり》。

先生は言われた。「聖人や仁者のような段階となると、私にはとても及びもつかない。しかし、嫌気を起こさず辛抱強くやりつづけ、飽くことなく人に教えるという点では、評価してもらえるだろう」。公西華《こうせいか》(公西赤《こうせいせき》)は言った。「これぞまさしく弟子たちが真似られないことです」。

○**聖**《せい》 聖人。○**仁**《じん》 仁者、まったき仁徳を有する人。○**抑**《そも》**そも** しかし。○**厭**《いと》**わず** 嫌気を起こさないこと。○**倦**《う》**まず** 飽きないこと。○**謂**《い》**う** 評して言う。なお、この句の原文末尾の「云爾已矣」は、四字とも強勢の助字。「のみ」と読む。○学《まな》ぶ「ここでは真似る」の意。

述而（本篇）7－2にも「学《まな》んで厭《いと》わず。人《ひと》に誨《おし》えて倦《う》まず。我《わ》れに於《お》いて何《なに》か有《あ》らんや」と、同様の発言があった。これは、聖人や仁者には及びもつかないと、謙虚さを保ちつつ、あらゆる困難をものともしない、みずからの持続力に対する、孔子の自負の言葉である。この言葉を聞いた高弟の公西《こうせい》華《か》（本名は公西赤《こうせいせき》）は、その稀有の持続力こそ、われわれの真似られないものだと、実感をこめて感嘆する。公西華はすでにしばしば登場しているが、詳細については、公冶長5－8など参照。

述而 7－34

子疾病。子路請禱。子曰、有諸。子路對曰、有之。誄曰、禱爾于上下神祇。子曰、丘之禱久矣。

子《し》の疾《やまい》病《へい》なり。子路《しろ》禱《いの》らんことを請《こ》う。子曰《しいわ》く、諸有《これあ》りや。子路《しろ》対《こた》えて曰《いわ》く、之《こ》れ有《あ》り。誄《るい》に曰《いわ》く、爾《なんじ》を上下《しょうか》の神祇《しんぎ》に禱《いの》ると。子曰《しいわ》く、丘《きゅう》の禱《いの》ること久《ひさ》し。

先生が病気で重態になられたので、子路《しろ》は祈禱させてほしいと頼んだ。先生は言われた。「そんな例があるか」。子路は答えて言った。「あります。誄《るい》に「爾《なんじ》を天地の神々に禱《いの》る」とあります」。先生は言われた。「丘《わたくし》（孔子の名）はずっと前から祈っているよ」。

○疾《やまい》病《へい》なり　病気で重態になる。○禱《いの》る　祈禱する。○誄《るい》　死者を称える文章のスタイル。○神祇《しんぎ》　「神」は天の神、「祇」は地の神。天神地祇。

これは諸家が述べるように、孔子の臨終の言葉ではない。というのも、子路《しろ》は孔子が七十三歳で死去する前年の紀元前四八〇年、戦死しているのである。それ以前、正確な時期は不明だが、孔子が重態になったことがあり、焦った子路は祈禱したいと願いでた。孔子の弟子になる前は遊俠の徒だった子路には、おそらく民間の怪しげなお祓《はら》いの類に頼る気質も残っていたのかもしれない。子路の申し出をうけた孔子が冷静に先例はあるかとたずねると、子路は「誄《るい》」の文句をもちだす。ちなみに、「誄」は注に記したように、もともと死者を称える文章のスタイルであり、ここで引き合いに出すのはふさわしくない。というわけで、子路の引いた「誄」が何なのか、よくわからないのだが、ともあれ、子路が唱える「誄」の「爾《なんじ》を上下《しょうか》の神祇《しんぎ》に禱《いの》る」という文句を聞いた孔子は、「丘《きゅう》の禱《いの》ること久《ひさ》し」と言い、ことごとしい祈禱を断固としてはねつけたというわけだ。

現実主義者の孔子は神秘的な祈禱の類は否定したが、仁を核とする節度ある社会の到来を祈願し、尽力しつづけた。その意味において「丘の禱ること久し」の生涯にほかならなかった。孔子の生涯が凝縮された美しい言葉である。

述而 7-35

子曰、奢則不孫、儉則固。與其不孫也寧固。

子《し》曰《いわ》く、奢《おご》れば則《すなわ》ち不孫《ふそん》、倹《けん》なれば則《すなわ》ち固《いや》し。其《そ》の不孫《ふそん》ならん与《よ》りは寧《むし》ろ固《いや》しかれ。

先生は言われた。「贅沢な暮らしをしていると、不遜になる。きりつめた暮らしをしていると、固陋になる。不遜であるより、むしろ固陋であれ」。

○**奢《おご》る** 贅沢であること。○**不孫《ふそん》** 不遜。傲慢であること。○**倹《けん》** 倹約。つつましく、きりつめること。○**固《いや》し** ここでは、固陋すなわち頑なで見識がせまいこと。○**与《よ》りは寧《むし》ろ** 「～するよりは～したほうがいい」の意。八佾3-4に既出。

くだいた言いかたをすれば、贅沢に慣れて傲慢に偉ぶるより、つましく暮らしながら、片意地でしょぼくれているほうがよい、ということ。孔子は、後の「郷党第十」に顕著に見られるように、ごくふつうの生活者の感覚と常識を保ちつづけた人であり、やみくもに見栄を張ったり、威張りかえったりする者をけっして容認しなかった。そんな孔子の人となりは、本篇の末尾を飾る述而7-37によくあらわれている。

述而 7-36

子曰、君子坦蕩蕩。小人長戚戚。

子《し》曰《いわ》く、君子《くんし》は坦《たん》として蕩蕩《とうとう》。小人《しょうじん》は長《とこし》なえに戚戚《せきせき》。

先生は言われた。「君子(ひとかどのりっぱな人物)はおだやかにのびのびしている。小人(小人物、つまらない人間)はいつまでたってもこせこせしている」。

蕩蕩、戚戚という両様のオノマトペが、君子と小人の差異をあざやかに印象づけている。

○坦《たん》 おだやかでやすらかなさま。○蕩蕩《とうとう》 オノマトペ。のびのびしたさま。○戚戚《せきせき》 オノマトペ。こせこせしたさま。

述而 7-37

子溫而厲。威而不猛。恭而安。

子《し》は温《おだ》やかにして而《しか》も厲《はげ》し。威《い》ありて而《しか》も猛《たけ》からず。恭《うやうや》しくして而《しか》も安《やす》し。

先生は穏やかだけれども、きびしい。威厳があるけれども、たけだけしくはない。きちんとして礼儀正しいけれども、楽々として堅苦しくはない。

○厲《はげ》し きびしい。○威《い》 威厳。○恭《うやうや》し きちんとして礼儀正しい。○安《やす》し 楽々として堅苦しくない。

誰とは特定されないが、弟子たちが孔子のすぐれた人となりを記したもの。ここに描かれる、穏やかさときびしさを合わせもち、犯しがたい威厳はあるけれども、たけだけしく威圧的ではなく、礼儀正しいけれども、堅苦しくはなく、ゆったりと余裕あふれる孔子のイメージは、まさに理想的な人間像にほかならない。述而（本篇）7－4の「子《し》の燕居《えんきょ》は、申申如《しんしんじょ》たり。夭夭如《ようようじょ》たり（先生が自宅でくつろいでおられるときは、のびのびと、またいきいきとしておられる）」と合わせて見ると、自然な流露感あふれる孔子像がおのずと浮かびあがってくる。

泰伯《たいはく》第八

泰伯 8-1

子曰、泰伯其可謂至德也已矣。三以天下讓。民無得而稱焉。

子《し》曰《いわ》く、泰伯《たいはく》は其《そ》れ至徳《しとく》と謂《い》う可《べ》きのみ。三《み》たび天下《てんか》を以《もっ》て譲《ゆず》る。民《たみ》得《え》て称《しょう》する無《な》し。

先生は言われた。「泰伯《たいはく》は至上の徳の持ち主だといってよかろう。三度も天下を譲ったのに、人々は（その事情を知らず）称賛することがなかった」。

○**泰伯**《たいはく》　周《しゅう》王朝創業以前の君主、古《こ》公亶父《こうたんぽ》の長男。賢者として名高い。詳しくは解説参照。○**至徳**《しとく》　至上の徳。

周《しゅう》王朝創業以前の君主、周の古公亶父《ここうたんぽ》には三人の息子があった。長男がここに見える泰伯《たいはく》、二男が虞仲《ぐちゅう》、三男が季歴《きれき》である。この三男の季歴に昌《しょう》という息子があり、生まれたときに瑞祥《ずいしょう》（めでたい現象）があり、また優秀だったため、祖父の古公亶父はたいへん期待をかけた。このようすを見た長男の泰伯と二男の虞仲は、父の古公亶父がまず三男の季歴を自分の後継者に立て、ついで孫の昌に伝えたいと望んでいることを察知する。そこで、二人は周の地を去って長江の南に行き、南方の風習に従って「文身断髪《ぶんしんだんぱつ》（刺青をして断髪すること）」し、二度と周に帰らない決意を示した。春秋時代に強力となった呉《ご》は、この長男の泰伯の子孫が立てた国だとされる。なお、泰伯と虞仲がこうして周の君主の座を放棄した後、三男の季歴、季歴の死後は息子の昌が後継者となった。この昌が後の周の文《ぶん》王（西《せい》伯《はく》。周王朝の初代天子武《ぶ》王の父）にほかならない。

孔子はこうして後継の座を譲った泰伯を高く評価し、その至上の徳がおおい隠されていたために、当時の周の人々に広く伝わらなかったことを惜しむのである。付言すれば、ここで、孔子は泰伯が「三《み》たび天下《てんか》を以《もっ》て譲《ゆず》る」と述べているが、これについては未詳。泰伯が断固として譲りつづけたことを誇張した表現だとも考えられる。

泰伯 8－2

子曰、恭而無禮則勞。愼而無禮則葸。勇而無禮則亂。直而無禮則絞。君子篤於親、則民興於仁。故舊不遺、則民不偸。

子《し》曰《いわ》く、恭《きょう》にして礼無《れいな》ければ則《すなわ》ち労《ろう》す。慎《しん》にして礼無《れいな》ければ則《すなわ》ち葸《し》す。勇《ゆう》にして礼無《れいな》ければ則《すなわ》ち乱《みだ》る。直《ちょく》にして礼無《れいな》ければ則《すなわ》ち絞《こう》。君子《くんし》　親《しん》に篤《あつ》ければ、則《すなわ》ち民《たみ》仁《じん》に興《おこ》る。故旧《こきゅう》遺《わす》れざれば、則《すなわ》ち民《たみ》　偸《うす》からず。

先生は言われた。「うやうやしいばかりで法則性がなければ、骨折り損になる。慎重なばかりで法則性がなければ、びくつくことになる。勇敢なばかりで法則性がなければ、無謀になる。正直なばかりで法則性がなければ、わが身を締めつけることになる。上の者が親類を情愛深く遇すれば、庶民

○**恭**《きょう》　うやうやしいこと。○**礼**《れい》　ここでは「法則性」の意。○**労**《ろう》　骨折り損。○**慎**《しん》　慎重。○**葸す**《し》　びくつく。○**直**《ちょく》　正直。○**絞**《こう》　締めつけること。○**君**《くん》

は思いやる気持ちを高める。（上の者が）昔馴染みを忘れなければ、庶民は薄情でなくなる」。

子《し》　ここでは「上の者、上位者」の意。○**親**《しん》　親類。○**仁**《じん》　ここでは、思いやり、人を思いやること。○**故旧**《こきゅう》　昔馴染み。○**偸**《うす》**し**　軽薄、薄情。

新注では、「君子《くんし》　親《しん》に篤《あつ》ければ」以下は、別の機会の発言だとする。前半は、恭、慎、勇、直は、礼の法則性によってコントロールしなければ、マイナスに転化すると述べるが、後半は、上の者が情愛深ければ、下の者は感化されると述べており、たしかに文脈が異なる。これは、おそらく新注の指摘のとおりであろう。

泰伯 8－3

曾子有疾。召門弟子曰、啓予足、啓予手。詩云、戰戰兢兢、如臨深淵、如履薄冰。而今而後、吾知免夫、小子。

曾子《そうし》　疾《やまい》有《あ》り。門弟子《もんていし》を召《め》して曰《いわ》く、予《わ》が足《あし》を啓《ひら》け、予《わ》が手《て》を啓《ひら》け。詩《し》に云《い》う、戦戦兢兢《せんせんきょうきょう》として、深淵《しんえん》に臨《のぞ》むが如《ごと》く、薄氷《はくひょう》を履《ふ》むが如《ごと》し。而今《いま》よりして後《のち》、吾《わ》れは免《まぬか》るることを知《し》るかな、小子《しょうし》。

曾子《そうし》が病気で重態になった。（そのとき）門弟たちを呼び集めて言った。「私の足をひらきなさい。私の手をひらきなさい。『詩経《しきょう》』（小雅《しょうが》「小旻《しょうびん》」）に、「戦戦兢兢《せんせんきょうきょう》として、深淵《しんえん》に臨《のぞ》むが如《ごと》く、薄氷《はくひょう》を履《ふ》むが如《ごと》し（戦戦兢兢と恐れつつしみ、深い淵にのぞむように、薄い氷を踏むように）」とあるが、（そのように私は自分の身を注意深く扱ってきたが）これから先は、その心配もなくなるのだ。そうだね、きみたちよ」。

○**門弟子**《もんていし》 門弟。○**「戦戦兢兢**《せんせんきょうきょう》**として」以下三句** 『詩経《しきょう》』小雅《しょうが》「小旻《しょうびん》」の句。○**免**《まぬか》**る** ここでは「心配から免れる、心配がなくなる」の意。○**小子**《しょうし》 若者、きみたち。

曾子《そうし》は、名を参《しん》といい、孔子より四十六歳年下、孔子門下における年少の弟子であり、紀元前四三四年、七十二歳で死去したとされる。曾子が臨終にさいして、門弟たちに「私の足をひらきなさい。私の手をひらきなさい」と言ったことについては、諸説あるが、要は、自分の両手両足を門弟たちに持ってひらかせ、身体に故障がないことを確認させたのである。

ちなみに、曾子は『孝経《こうきょう》』を著したとされ、父母や先祖に対する敬愛を重視した人物である。その『孝経』に「身体髪膚《しんたいはっぷ》、之《こ》れを父母《ふぼ》に受《う》く、敢《あ》えて毀傷《きしょう》せざるは、孝《こう》の始《はじ》まりなり」とある。『孝経』は『論語』より後に編纂された書物であり、ほんとうに曾子が著したかどうかも定かでないが、少なくともここに見える曾子の臨終の言葉には、「身体髪膚……」という表現と共通するものがある。

ともあれ、わが身を臨終に至るまで、大切に注意深く扱ってきた、真面目な曾子が、その配慮からもこれで解放されると、ほっと安堵するようすが、伝わってくる言葉である。なお、この章から全五章にわたって曾子の発言がつづく。

泰伯 8－4

曾子有疾。孟敬子問之。曾子言曰、鳥之將死、其鳴也哀。人之將死、其言也善。君子所貴乎道者三。動容貌、斯遠暴慢矣。正顏色、斯近信矣。出辭氣、斯遠鄙倍。籩豆之事、則有司存。

曾子《そうし》　疾《やまい》有《あ》り。孟敬子《もうけいし》　之《こ》れを問《と》う。曾子《そうし》言《い》いて曰《いわ》く、鳥《とり》の将《まさ》に死《し》なんとするや、其《そ》の鳴《な》くこと哀《かな》し。人《ひと》の将《まさ》に死《し》なんとするや、其《そ》の言《げん》や善《よ》し。君子《くんし》の道《みち》に貴《たっと》ぶ所《ところ》の者《もの》は三《さん》。容貌《ようぼう》を動《うご》かせば、斯《ここ》に暴慢《ぼうまん》に遠《とお》ざかる。顔色《がんしょく》を正《ただ》せば、斯《ここ》に信《しん》に近《ちか》づく。辞気《じき》を出《い》だせば、斯《ここ》に鄙倍《ひばい》を遠《とお》ざく。籩豆《へんとう》の事《こと》は、則《すなわ》ち有司《ゆうし》存《そん》す。

曾子《そうし》が重態になったとき、孟敬子《もうけいし》が見舞った。曾子は彼に対して言った。「絶命直前の鳥の鳴き声は哀切であり、絶命直前の人間の発言は誠実だと申します。君子が礼の道において、尊重すべきことが三つあります。第一に、立ち居振る舞いに気をつければ、他人の暴力や侮りから遠ざかることができます。第二に、顔の表情を正しくおごそかにすれば、人からだまされないという状態に近づくことができます。第三に、言葉づかいに気をつければ、他人の下品で道理に合わない言葉が耳に入らなくなります。籩豆《へんとう》（祭祀用の器）のことなどは、担当の役人にまかされればよろしい」。

○**問《と》う**　ここでは「見舞う」の意。○**暴慢《ぼうまん》**　暴力と侮り。○**辞気《じき》**　言葉づかい。○**鄙倍《ひばい》**　下品で道理に合わないこと。○**籩豆《へんとう》**　「籩」は竹製のたかつき、「豆」は木製のたかつき。いずれも祭祀用の器。○**有司《ゆうし》**　担当の役人。

前章につづき、曾子《そうし》の臨終の言葉。孟敬子《もうけいし》は孟武伯《もうぶはく》（為政2－6参照）の息子であり、魯《ろ》の三大貴族

(三桓《さんかん》)の一つ、孟孫《もうそん》氏の一族である。これは、その孟敬子が曾子を臨終の枕辺に見舞ったとき、曾子が言いのこした言葉。曾子が前置きとして述べた四句、「鳥《とり》の将《まさ》に死《し》なんとするや、其《そ》の鳴《な》くこと哀《かな》し。人《ひと》の将《まさ》に死《し》なんとするや、其《そ》の言《げん》や善《よ》し」は、当時の諺のようだが、後世、名言として流布する。

この前置きの後、曾子は孟敬子に為政者として心すべき三つのことを告げる。上記の訳は、この三点をすべて他人から嫌な目にあわないための注意だとする、伝統的な解釈によったものである。これとは異なり、「立ち居振る舞いに気をつければ、自分のなかから乱暴さがなくなる」というふうに、すべて自分の悪しき性向を抑えるための注意だと解釈する説もあるが、やや無理があると思われる。礼の道はあくまでも人間関係、他者との関係を調整する方式なのだから。

最後の「籩豆《へんとう》(祭祀用の器)のことなどは、担当の役人にまかされればよろしい」という言葉は、為政者は根本的なことにのみ専念し、祭祀の準備などという瑣末なことは、担当の役人にまかせておけばよいと、孟敬子に言い聞かせたもの。孟敬子には瑣末なことを気にする傾向があったのだろう。

泰伯 8-5

曾子曰、以能問於不能、以多問於寡、有若無、實若虛、犯而不校。昔者吾友、嘗從事於斯矣。

曾子《そうし》曰《いわ》く、能《のう》を以《もっ》て不能《ふのう》に問《と》い、多《おお》きを以《もっ》て寡《すく》なきに問《と》い、有《あ》れども無《な》きが若《ごと》く、実《み》つれども虚《むな》しきが若《ごと》く、犯《おか》されて校《むく》いず。昔者《むかし》吾《わ》が友《とも》、嘗《かつ》て斯《ここ》に従事《じゅうじ》せり。

曾子《そうし》が言った。「自分は才能があるのに、才能のない者に質問し、自分は豊かな知識があるのに、知識の乏しい者に質問し、持っているのに、持っていないようにし、充実しているのに、からっぽのようにし、喧嘩を仕掛けられても手向かわない。昔、私の友だちは、そんなふうに行動していたものだ」。

○能《のう》　有能。才能、能力があること。○犯《おか》さる　害される、喧嘩を仕掛けられる。○校《むく》いず　手向かわない。

曾子《そうし》が、つねに謙虚に振る舞い、挑発にはけっして乗らない、すがすがしくも落ち着いた昔の友人を称え、懐かしくしのんだ言葉である。古注はこの友人は顔回《がんかい》だとする。顔回は曾子より十六歳も年上だが、孔子にもっとも愛された優秀な先輩顔回を、曾子はおそらく深く敬愛していたのであろう。

泰伯 8-6

曾子曰、可以託六尺之孤、可以寄百里之命、臨大節而不可奪也。君子人與、君子人也。

曾子《そうし》曰《いわ》く、以《もっ》て六尺《りくせき》の孤《こ》を託《たく》す可《べ》く、以《もっ》て百里《ひゃくり》の命《めい》を寄《よ》す可《べ》く、大節《たいせつ》に臨《のぞ》んで奪《うば》う可《べ》からず。君子《くんし》人《じん》か、君子《くんし》人也《じんなり》。

曾子《そうし》は言った。「幼い孤児を預けることができ、（幼い君主の輔佐として）百里四方の国の政治をまかせることができ、大事件にさいしても（その志を）奪うことができない。（そうした人は）君子らしい人物であろうか、（そうした人こそ）君子らしい人物である」。

○**六尺《りくせき》の孤《こ》**　六尺は当時の度量衡で約一三五センチ。身の丈一三五センチの孤児を指すが、ここでは、父が早死にし、幼少で即位した君主を指す。○**百里《ひゃくり》の命《めい》を寄《よ》す**　諸侯の国の政治をまかせることをいう。当時、諸侯の国の面積は原則として百里四方だった。「命」は政令。○**大節《たいせつ》**　大事件。○**君子人《くんしじん》**　君子らしい人物。

この曾子《そうし》の発言の冒頭、「以《もっ》て六尺《りくせき》の孤《こ》を託《たく》す可《べ》く」は有名な言葉であり、後世、幼君の輔佐役の金科玉条となった。ちなみに、ずっと時代が下った三国時代の蜀《しょく》の劉備《りゅうび》は、諸葛亮《しょかつりょう》に「孤を託して」瞑目したとされる（『三国志《さんごくし》』先主伝《せんしゅでん》）。諸葛亮はこの曾子の発言を地でゆく理想的な輔佐役だった。付言すれば、末尾の「君子人《くんしじん》か、君子人也《くんしじんなり》」は、曾子の自問自答であり、強調のニュアンスをもつ。

泰伯 8－7

曾子曰、士不可以不弘毅。任重而道遠。仁以爲己任。不亦重乎。死而後已。不亦遠乎。

曾子《そうし》曰《いわ》く、士《し》は以《もっ》て弘毅《こうき》ならざる可《べ》からず。任《にん》重《おも》くして道遠《みちとお》し。仁《じん》以《もっ》て己《おのれ》が任《にん》と為《な》す。亦《ま》た重《おも》からずや。死《し》して後《のち》已《や》む。亦《ま》た遠《とお》からずや。

曾子《そうし》は言った。「士たるものは大らかで強い意志をもたねばならない。その任務は重くて、道のりは遠いからである。仁愛の実践を自分の任務とするのだから、なんと重いではないか。死ぬまでがんばって完了するのだから、なんとはるばる遠いではないか」。

○士《し》 もともとは卿《けい》・大夫《たいふ》・士《し》・庶人《しょじん》の四身分の一つだが、ここでは広く「教養を身につけた社会的人間」の意。
○弘毅《こうき》 大らかで強い意志をもつこと。

五章つづいた曾子《そうし》の発言の掉尾《とうび》を飾る、たいへん美しい言葉である。士たるものは大らかで強い意志をもち、仁の実践をめざして、死ぬ瞬間までがんばらねばならないと、曾子はエールをおくる。途中で投げださず、粘りづよく持続することは、誰にとってもどんな場合でも、もっとも大切なことだ。時を超えて、今もなお人を鼓舞する言葉である。

泰伯 8－8

子曰、興於詩、立於禮、成於樂。

子《し》曰《いわ》く、詩《し》に興《おこ》り、礼《れい》に立《た》ち、楽《がく》に成《な》る。

先生は言われた。「『詩経《しきょう》』を学ぶことによって精神や感情を高揚させ、礼法を学ぶことによって自立し、音楽によって教養を完成させる」。

○詩《し》 『詩経《しきょう》』。○興《おこ》る 精神や感情を高揚させる。○楽《がく》 音楽。

身につけるべき教養の順序を述べた言葉。『詩経《しきょう》』はもともと三千篇以上あった歌謡のなかから、孔子が三百五篇を選定したとされる歌謡集で、孔子儒家集団の教科書だった。教養の第一にあげられるのは、この『詩経』を学んで、精神や感情を思いきり高揚させ、熱い思いや志を実感することであり、第二にあげられるのは、礼法を実地に学んで、家や社会における自分の位置づけを知り、社会的に自立することである。かくて、最終段階において、美しい音楽に耳を傾け、すべてが調和した境地に浸ることができれば、教養は完成するというのである。孔子が非常に音楽を好んだことは、すでに述而7－13に見えるように、斉《せい》の国で詔《しょう》の演奏を聴いて、三か月間も肉の味がわからないほど陶然としたという話からも、明らかである。また、季氏16－13に、孔子が息子の孔鯉《こうり》に、第一に『詩経』、第二に礼を学ぶようすすめたという話がある。ここには音楽への言及はないが、まず『詩経』を学び、ついで礼を学ぶのが、教養を身につけるための既定の順序だったことがわかる。

泰伯 8－9

子曰、民可使由之。不可使知之。

子《し》曰《いわ》く、民《たみ》は之《こ》れに由《よ》らしむ可《べ》し。之《こ》れに知《し》らしむ可《べ》からず。

先生は言われた。「人民は従い頼らせるべきであり、その理由を知らせるまでもない」。

○**由《よ》る** 従い頼る。

以上は従来、広く行われてきたごく普通の読みかたである。この読みかたが専制主義的あるいは封建主義的であり、徳治《とくち》(徳をもって治めること)をモットーとする孔子にふさわしくないとして、新注をはじめ、苦心と工夫を凝らした読みかたがなされている。しかし、従来の読みかた以外は不自然であり、無理があると思われる。

孔子は、力ずくではなく、徳による政治を行い、人々がそこで違和感をもたず安心して暮らせるような状態を理想としていた。その理想が実現すれば、人々は安心して身をゆだねることができ、なぜそうなのかと、理由をいちいち知らせるまでもない。ここでは、そうした理想の実現を希求し、「民《たみ》は之《こ》れに由《よ》らしむ可《べ》し。之《こ》れに知《し》らしむ可《べ》からず」と述べたものと、解しておきたい。

泰伯 8-10

子曰、好勇疾貧、亂也。人而不仁、疾之已甚、亂也。

子曰《しいわ》く、勇《ゆう》を好《この》みて貧《まず》しきを疾《にく》むは、乱《みだ》る。人《ひと》にして不仁《ふじん》なるを、之《こ》れを疾《にく》むこと已甚《はなはだ》しければ、乱《みだ》る。

先生は言われた。「勇敢さを好む者が、自分の貧しい状態に不満をもつと、混乱を引き起こす。誠実でない人間を、過度に憎悪すると、(やはり)混乱を引き起こす」。

○**疾《にく》む** 憎む。○**不仁《ふじん》** 誠実でないこと。○**已甚《はなはだ》し** 已も甚も「はなはだしい」の意。

勇敢な者は逆境に置かれると、不満が高じて暴走し、好ましからざる者を過剰に忌み嫌うと、自暴自棄になって爆発する。限度を超えた過剰な抑圧は、それぞれ混乱を引き起こすということである。

泰伯 8-11

子曰、如有周公之才之美、使驕且吝、其餘不足觀也已。

子曰《しいわ》く、如《も》し周公《しゅうこう》の才《さい》の美有《びあ》りとも、驕《おご》りて且《か》つ吝《やぶさ》かならしめば、其《そ》の余《よ》は観《み》るに足《た》らざるのみ。

先生は言われた。「周公旦《しゅうこうたん》のように完全な美しい才能があったとしても、傲慢でしかもケチだったなら、それ以外のことは、(どんなにすばらしくとも)論ずるまでもない」。

○**周公《しゅうこう》** 周王朝の基礎を築いた周公《しゅうこう》旦《たん》。述而7-5参照。○**才の美《さいのび》** 完全な美しい才能。○**吝か《やぶさか》** 吝嗇、ケチ。

もっとも敬愛する周公旦《しゅうこうたん》まで引き合いに出し、孔子はここで、威張りかえっているうえに、ケチな人間など論外だと、きびしい口調で糾弾する。孔子が、いかに傲慢で威張った人間を嫌ったか、如実にうかがえる言葉である。

泰伯 8-12

子曰、三年學、不至於穀、不易得也。

子《し》曰《いわ》く、三年《さんねん》学《まな》びて、穀《こく》に至《いた》らざるは、得易《えやす》からざる也《なり》。

先生は言われた。「三年間、学問をして、(官吏として)俸禄のもらえる地位につけない者は、めったにいない」。

○穀《こく》 俸禄。○得易《えやす》からず めったにない。

この発言には三通りの解釈がある。古注は「穀《こく》」を「善」とし、三年間、学問をして、善に至らない者は、めったにいないと、解釈する。また、皇侃《おうがん》の『論語義疏《ろんごぎそ》』は東晋《とうしん》の孫綽《そんしゃく》の説を引いて、「穀」を「禄(俸禄)」とし、三年間、学問をすれば、俸禄を得ることができ、そうでない者はめったにいないと、解釈する。さらにまた新注も、「穀」を「禄(俸禄)」だとするが、長い間、学問をして俸禄を求めない者は、めったにいないと、解釈する。

孔子は、広い意味の学問に励んでいれば、俸禄を得る道は自然に開けると考えており、仕官を求める弟子たちにも、そう教えていた。たとえば、為政2-18で、子張《しちょう》が仕官して俸給を得る方法をたずねたときも、学問をつづけていれば、官職や俸給は自然にそのなかから出てくる、という意味の答えをしている。これを考え合わせ、ここでは、三説のうち、皇侃の説によって読んだ。孔子は、ちゃんと学問さえしていれば、焦らなくとも道は開けるものだよと、弟子たちを諭し励ましたのであろう。

泰伯 8-13

子曰、篤信好學、守死善道。危邦不入。亂邦不居。天下有道則見、無道則隱。邦有道、貧且賤焉、恥也。邦無道、富且貴焉、恥也。

子曰《しいわ》く、篤《あつ》く信《しん》じて学《がく》を好《この》み、死《し》を守《まも》って道《みち》を善《よ》くす。危邦《きほう》には入《い》らず。乱邦《らんぽう》には居《お》らず。天下《てんか》道有《みちあ》れば則《すなわ》ち見《あらわ》れ、道無《みちな》ければ則《すなわ》ち隠《かく》る。邦《くに》に道有《みちあ》るに、貧《まず》しくして且《か》つ賤《いや》しきは、恥《はじ》也《なり》。邦《くに》に道無《みちな》きに、富《と》み且《か》つ貴《とうと》きは、恥《はじ》也《なり》。

先生は言われた。「確信をもって学問を愛し、命あるかぎり正しい道の実現のために尽くす。危機に瀕した国には足を踏み入れず、混乱した国にはとどまらない。天下に道義が行われている場合には、世に出て活動するが、天下に道義が失われている場合には、隠棲する。国に道義が行われているときに、(世に出て活動せず)貧しくて低い地位にいるのは恥辱である。国に道義が行われないときに、裕福で高い地位にいるのは恥辱である」。

○危邦《きほう》 危機に瀕した国。○乱邦《らんぽう》 混乱した国。

第二句の「死《し》を守《まも》って道《みち》を善《よ》くす」については、「守《まも》って善《よ》き道《みち》に死《し》す」すなわち「守りつづけて善き道において死ぬ」とする読みかたがある。たしかに孔子は、これにつづく文章からも明らかなように、「命がけ」といった発想をしない人である。ここでは、「死を守って道を善くす」と訓読したうえで、「死を守って」を「死ぬまで」、つまり「命あるかぎり」、と読んでおきたい。

「確信をもって学問を愛し、命あるかぎり正しい道の実現のために尽くす」ことを理想的目標としたうえで、後の文章で、危険で混乱した国を避け、秩序のある時代には積極的に世に出て活動するが、無秩序な時代には隠棲する等々、この理想を達成するための臨機応変、柔軟な生きかたを述べる。かくして記される末尾の二節、「邦《くに》に道有《みちあ》るに、貧《まず》しくして且《か》つ賤《いや》しきは、恥也《はじなり》。邦《くに》に道無《みちな》きに、富《と》み且《か》つ貴《とうと》きは、恥也《はじなり》」は明快このうえなく、孔子がけっして偏狭な清貧至上主義者でなかったことを、あますところなく示している。

泰伯
8－14

子曰、不在其位、不謀其政。

子《し》曰《いわ》く、其《そ》の位《くらい》に在《あ》らざれば、其《そ》の政《まつりごと》を謀《はか》らず。

先生は言われた。「その地位についていなければ、その職務について、あれこれ考えをめぐらさない」。

○位《くらい》 地位。○政《まつりごと》 ここでは「職務」の意。

その地位についていない者が、その職務にかかわることに、あれこれ考えをめぐらし、口を出すのは、無責任な越権行為だというもの。いろいろなケースはあるものの、当事者には当事者の、部外者には部外者の立場があるのは、いつの世も変わりはない。きっぱりとした小気味のいい発言である。

なお憲問14－27でも、孔子は同様の発言をしている。

泰伯 8－15

子曰、師摯之始、關雎之亂、洋洋乎盈耳哉。

子曰《しいわ》く、師摯《しし》の始《はじ》め、関雎《かんしょ》の乱《おわ》りは、洋洋乎《ようようこ》として耳《みみ》に盈《み》てる哉《かな》。

先生は言われた。「師摯《しし》が楽曲の演奏を始め、「関雎《かんしょ》」の終章に至ると、ゆったりひろびろと耳に満ちあふれる」。

○**師摯**《しし》 「師」は楽官、「摯」は魯《ろ》の楽官の名。○**関雎**《かんしょ》 『詩経《しきょう》』国風《こくふう》の冒頭に配された「周南《しゅうなん》」の最初の詩。八佾3－20参照。○**乱り**《おわ》 楽曲の終章、最後の合奏。○**洋洋乎**《ようようこ》 ゆったりひろびろとしたさま。「乎」は形容詞の後につけ、意味を強調したりリズムをととのえたりする助字。

この発言については、諸説あるが、いずれも不可解な点がある。今、基本的に朱子《しゅし》の新注によりつつ読んだが、もっとも難解なのは、冒頭の「師摯《しし》の始《はじ》め」という句である。師摯が何をどういうふうに「始め」たのか、判然としないのだ。ここでは、師摯が『詩経《しきょう》』国風《こくふう》の冒頭に配された「関雎《かんしょ》」の詩（楽曲）の演奏を開始し、さまざまな楽器の合奏や合唱を経て、終章に至ると、ゆったりとした音が耳に満ちあふれ、陶然とした気分になるというふうに解釈した。

泰伯 8-16

子曰、狂而不直、侗而不愿、悾悾而不信、吾不知之矣。

子《し》曰《いわ》く、狂《きょう》にして直《ちょく》ならず、侗《とう》にして愿《げん》ならず、悾悾《こうこう》にして信《しん》ならず、吾《わ》れ之《こ》れを知《し》らず。

先生は言われた。「情熱的なのに真正直でない者、子供っぽいのに真面目でない者、バカ正直なのに誠実でない者を、私は見たことがない」。

○**狂**《きょう》 狂おしいほど情熱的であること。○**直**《ちょく》 真正直。○**侗**《とう》 愚かしいほど子供っぽいこと。○**愿**《げん》 真面目。○**悾**《こう》**悾**《こう》 バカ正直であること。○**信**《しん》 誠実。

狂《きょう》、侗《とう》、悾悾《こうこう》は、いずれも過剰にあふれ、バランスを欠いた性癖を指す。しかし、そうした一種、常識の枠からはずれた人々は、狂なる者は真正直、侗なる者は真面目、悾悾なる者は誠実という具合に、必ず人を裏切らない美点をもっていると、孔子は言う。一見、バランスのとれた中庸《ちゅうよう》のみを重んじる印象のつよい孔子が、このように真情あふれる過剰さを肯定し、共感を寄せているのは、孔子という人物の振幅の大きさを示すものとして、はなはだ興味深い。

泰伯 8-17

子曰、學如不及、猶恐失之。

子《し》曰《いわ》く、学《まな》ぶに及《およ》ばざるが如《ごと》くするも、猶《な》お之《こ》れを失《うしな》うを恐《おそ》る。

先生は言われた。「学問をするには、（学ぶ対象を必死で追いかけても）追いつけないような気持ちでやっても、まだ見失う恐れがある」。

○及《およ》ぶ 追いつく。○失《うしな》う 対象を見失う。

学ぶことを、対象を追いかけ、走りつづけることに喩えた言葉。走れ、走り切れよと、弟子たちを鼓舞したのである。

泰伯 8－18

子曰、巍巍乎、舜禹之有天下也。而不與焉。

子《し》曰《いわ》く、巍巍《ぎぎ》たるかな、舜禹《しゅんう》の天下《てんか》を有《たも》てるや。而《しこう》して与《あず》からず。

先生は言われた。「堂々としたものだね。舜《しゅん》や禹《う》が天下を治め保有したやりかたは。しかも、（適任者に政務をまかせて）自分は関与しなかったのだから」。

○巍巍《ぎぎ》 堂々と高くそびえたつさま。○舜禹《しゅんう》 伝説の聖天子、舜と禹。○与《あず》からず ここでは、適任者に政務をまかせて関与しない、関知しない、の意。

聖天子舜《しゅん》（次章、泰伯8－19解説参照）と禹《う》（泰伯8－21参照）の偉大さは、的確に適任者を選んで実務をまかせ、ゆったり堂々と君臨したところにあるとしたもの。中国の理想の君主像である。なお、この章を含め、以下四章にわたり、伝説的な聖天子、古代の名君への賛辞《オマージュ》がつづく。

泰伯 8－19

子曰、大哉堯之爲君也。巍巍乎唯天爲大。唯堯則之。蕩蕩乎民無能名焉。巍巍乎其有成功也。煥乎其有文章。

子《し》曰《いわ》く、大《おお》いなる哉《かな》 堯《ぎょう》の君為《きみた》るや。巍巍乎《ぎぎこ》として 唯《た》だ天《てん》を大《おお》いなりと為《な》す。唯《た》だ堯《ぎょう》 之《こ》れに則《のっと》る。蕩蕩乎《とうとうこ》として 民能《たみよ》く名《な》づくる無《な》し。巍巍乎《ぎぎこ》として 其《そ》れ成功有《せいこうあ》り。煥乎《かんこ》として 其《そ》れ文章有《ぶんしょうあ》り。

先生は言われた。「偉大なものだ、堯《ぎょう》の君主としてのありかたは。堂々と高くそびえるのは、ただ天だけが大いなるものだが、堯だけがこれを手本としている。（堯の治政は）ゆったり穏やかに広がり、人民は（そのすばらしさを）言葉で表現しようもなかった。（しかし、堯は）堂々と高らかに、政治的な業績をあげ、輝かしい文化を作りあげた」。

○**堯**《ぎょう》 伝説の聖天子。舜《しゅん》を後継者として抜擢した。○**巍巍乎**《ぎぎこ》 堂々と高くそびえたつさま。「乎」は形容詞の後につけ、意味を強調したりリズムをととのえたりする助字。○**蕩蕩乎**《とうとうこ》 ゆったり穏やかに広がるさま。○**成功**《せいこう》 業績。○**煥乎**《かんこ》 輝かしいさま。○**文章**《ぶんしょう》 ここでは「文化」の意。

前章の舜《しゅん》・禹《う》に先立つ聖天子堯《ぎょう》への賛辞である。堯は晩年、不肖の息子をしりぞけ、民間から舜を抜擢して、自分の二人の娘と結婚させ、天子の職務を代行させた。堯の死後、舜は人々に推され、即位するに至る。

堯の治政は天のように大らかであり、人々はそのもとでゆったり、のびのびと暮らし、その偉大さをどう表現していいのか、わからないほどだった。しかし、堯はただ大らかであるのみならず、その一方で、政治的業績をあげ、輝かしい文化を樹立した。孔子はこう述べて、理想的な君主たる堯を手放しで絶賛している。

泰伯 8-20

舜有臣五人、而天下治。武王曰、予有亂臣十人。孔子曰、才難。不其然乎。唐虞之際、於斯爲盛。有婦人焉。九人而已。三分天下有其二、以服事殷。周之德、其可謂至德也已矣。

舜《しゅん》に臣《しん》五人《ごにん》有り、而《しこう》して天下《てんか》治《おさ》まる。武王《ぶおう》曰《いわ》く、予《わ》れに乱臣十人《らんしんじゅうにん》有り。孔子《こうし》曰《いわ》く、才《さい》難《かた》し。其《そ》れ然《しか》らずや。唐虞《とうぐ》の際《さい》、斯《ここ》に於《お》いて盛《さか》んと為《な》す。婦人《ふじん》有り。九人《きゅうにん》のみ。天下《てんか》を三分《さんぶん》して其《そ》の二《に》を有《たも》ち、以《もっ》て殷《いん》に服事《ふくじ》す。周《しゅう》の徳《とく》は、其《そ》れ至徳《しとく》と謂《い》う可《べ》きのみ。

舜《しゅん》にはすぐれた臣が五人おり、それで天下はよく治まった。周《しゅう》の武《ぶ》王は言われた。「私には政治にたずさわる有能な臣が十人いる」。孔子は言われた。「人材を得るのは難しいというが、そのとおりだ。堯《ぎょう》・舜・禹《う》の時代以降では、この周王朝初期が盛んであった。(武王は十人と言っているが)そのうち一人は女性(注参照)であり、(男性の有能な臣は)九人だけだった。(武王の父の文《ぶん》王は)天下の三分の二を保有しながら、殷《いん》に仕えたのだから、周の徳こそ至徳(至上の徳)といえよう」。

○**五人**《ごにん》 禹《う》、稷《しょく》、契《せつ》、皐陶《こうよう》、伯益《はくえき》を指す。○**武王**《ぶおう》 周《しゅう》王朝の創始者。○**乱臣十人**《らんしんじゅうにん》 「乱」には反訓《はんくん》すなわち普通の意味とは逆の、「治める」という意味がある。ここでは、これによって乱臣は治臣、すなわち政治にたずさわる臣下の意となる。十人は周《しゅう》公旦《こうたん》、召公奭《しょうこうせき》、太公望呂尚《たいこうぼうりょしょう》、畢《ひつ》公、栄《えい》公、大顚《たいてん》、閎夭《こうよう》、散宜生《さんぎせい》、南宮适《なんきゅうかつ》、太姒《たいじ》(文王の妻、武王の母)を指すとされる。○**唐虞**《とうぐ》**の際**《さい》 「唐虞」は三人の聖天子、堯《ぎょう》・舜《しゅん》・禹《う》の時代。「際」は諸説あるが、清《しん》末の劉宝楠《りゅうほうなん》著『論《ろん》語正義《ごせいぎ》』の「際《さい》は猶《な》お下《か》のごとし」という説により、「以下、以降」と解する。○**斯**《ここ》 周王朝初期を指す。

周《しゅう》王朝の創始者武《ぶ》王の言葉を引き合いに出しつつ、孔子は武王が有能な臣下を持ったことを称え、さらにさかのぼって、武王の父文《ぶん》王(西伯《せいはく》)が勢力を強め、天下の三分の二を保有しながら、なお殷《いん》王朝に仕えたことを「至徳」と絶賛して、この発言の結びとする。

ちなみに、武王は文王の死後、諸侯同盟軍を率いて殷の暴君紂《ちゅう》を滅ぼし、周王朝を立てて、天子となった。これは、舜《しゅん》から夏《か》王朝の祖である禹《う》までつづく、禅譲《ぜんじょう》(天子が血縁によらず、もっともすぐれた者に位を譲ること)による帝位の移行とは異なる、放伐《ほうばつ》(武力革命)である(放伐は、禹が立てた夏王朝最後の天子桀《けつ》を討伐した殷の湯《とう》王に始まる。夏王朝については、次章の解説を合わせて参照)。孔子の発言は、人材獲得からしだいに方向転換し、武力革命によらなかった周の文王の賛美に移っているが、周王朝はこのうるわしき文王の至徳に基礎を置いていることを、強調したのであろう。

泰伯 8－21

子曰、禹吾無間然矣。菲飲食、而致孝乎鬼神、悪衣服、而致美乎黻冕、卑宮室、而盡力乎溝洫。禹吾無間然矣。

子《し》曰《いわ》く、禹《う》は吾《わ》れ間然《かんぜん》すること無《な》し。飲食《いんしょく》を菲《うす》くして、孝《こう》を鬼神《きしん》に致《いた》し、衣服《いふく》を悪《あ》しくして、美《び》を黻冕《ふつべん》に致《いた》し、宮室《きゅうしつ》を卑《いや》しくして、力《ちから》を溝洫《こうきょく》に尽《つ》くす。禹《う》は吾《わ》れ間然《かんぜん》すること無《な》し。

先生は言われた。「禹《う》について、私は非難しようがない。自分の飲食をきりつめて、神々にりっぱなお供えを捧げ、ふだんの衣服を質素にして、祭祀の礼装を美々しくし、自分の住居を粗末にして、田畑の水路の充実に力を尽くした。禹について、私は非難しようがない」。

○**間然**《かんぜん》 欠点を指摘し非難すること。○**菲**《うす》**くす** きりつめる。○**孝**《こう》**を鬼神**《きしん》**に致**《いた》**す** 「孝」はお供え。神々にりっぱなお供えを捧げる。○**黻冕**《ふつべん》 前垂

三人の聖天子の最後の一人、禹《う》がきりつめた暮らしをしながら、祭祀や政治に尽力したことを称えたもの。この発言は「禹《う》は吾《わ》れ間然《かんぜん》すること無《な》し」ではじまり、同じ言葉を繰り返して結ばれる。こうして孔子は禹に対する賛美をいやがうえにも高めているのである。

禹は舜《しゅん》が堯《ぎょう》の天子代行だったとき、治水工事に失敗し断罪された父鯀《こん》の後を継ぎ、不眠不休で治水工事にあたり、大洪水の災禍を除くことに成功した。舜が天子になると、禹は行政の最高責任者となって、後継の天子に指名され、舜の死後、人々に推されて天子の座につく。もっともすぐれた者が天子に選ばれるというスタイルはこの禹までであり、以後、禹の子孫が帝位を世襲する夏《か》王朝が成立する。

れと冠。祭祀の礼装。○**宮室《きゅうしつ》を卑《いや》しくす** 住居の高さを低くする、住居を粗末にする。○**溝洫《こうきょく》** 田畑の間にある水路。

子《し》罕《かん》第九

子罕 9－1

子罕言利與命與仁。

子《し》は罕《まれ》に利《り》と命《めい》と仁《じん》とを言《い》う。

先生はめったに利益、運命、仁徳について語られなかった。

○利《り》 利益。○命《めい》 運命。○仁《じん》 仁徳。

この章についてはさまざまな読みかたや解釈がある。この訳は伝統的な読みかたに従ったものである。なるほど『論語』において孔子は「利（利益）」についてはほとんど語っておらず、「命（運命）」については、ときに語ることはあるものの、そう頻繁でないといえる。しかし、「仁（仁徳）」については、頻繁に言及している。にもかかわらず、めったに語らなかったというのは矛盾するというのが、読みかたや解釈が分かれる理由である。

そこで、荻生徂徠《おぎゅうそらい》をはじめ、この文章を途中で区切り、「子《し》は罕《まれ》に利《り》を言《い》う。命《めい》と与《とも》にし仁《じん》と与《とも》にす（先生はめったに利益について語られなかった。語られる場合は運命や仁徳と関連づけられた）」と読む説が出てくる。斬新にして説得力のある新説である。

ただ、孔子は、「過《あやま》ちを観《み》れば、斯《ここ》に仁《じん》を知《し》る」（里仁4－7）とか「我《わ》れ仁《じん》を欲《ほっ》すれば、斯《ここ》に仁至《じんいた》る」（述而7－29）等々のように、さまざまな仁のあらわれかたについては、しばしば語っているものの、仁とは何かという定義づけをすることは、それこそめったにない。このため、弟子たちは総じて、先生は仁（そのもの）についてめったに語られることはない、という印象をもったのではなかろうか。孔子は仁のみならず、基本となる理念について、あらかじめがっちり定義づけし論理化することはなく、多様な角度から個別具体的な事例を積みあげ、複合的に浮かびあがらせようとする。いかにも実践的思想家孔子らしい思考方式であり、表現方法だといえよう。

子罕 9-2

達巷黨人曰、大哉孔子。博學而無所成名。子聞之、謂門弟子曰、吾何執。執御乎。執射乎。吾執御矣。

達巷党《たっこうとう》の人《ひと》曰《いわ》く、大《おお》いなる哉《かな》孔子《こうし》。博学《はくがく》にして而《しか》も名《な》を成《な》す所無《ところな》し。子《し》之《こ》れを聞《き》き、門弟子《もんていし》に謂《い》いて曰《いわ》く、吾《わ》れ何《なに》をか執《と》らん。御《ぎょ》を執《と》らんか。射《しゃ》を執《と》らんか。吾《わ》れは御《ぎょ》を執《と》らん。

達巷《たっこう》村の人は言った。「偉いもんだ、孔子さまは。広くいろいろなことを学びながら、特にきまった専門家としての名声はおもちでないのだから」。先生はこれを聞いて門弟たちに言われた。「それでは私は何の専門家になろうかな。御者《ぎょしゃ》になろうか。射手《しゃしゅ》になろうか。やはり私は御者になろう」。

○**達巷党**《たっこうとう》「達巷」は地名だが、所在地は不明。「党」は五百軒の集落。○**名**《な》**を成**《な》**す** 専門家として名声を得ること。○**門弟子**《もんていし》 門弟。○**御**《ぎょ》 御者。○**射**《しゃ》 射手。

達巷《たつこう》なる集落のある人物が、孔子が限定された狭い専門分野で名を成すことを求めず、広く学び博学多識であることに感嘆した。これを知った孔子はわが意を得たりとうれしく思うが、そのまま肯定するのも面映ゆい。そこで、私も世間並みに専門家として名乗りをあげるなら、御者にしようか、射手にしようか、やっぱり御者にしようと、ユーモアたっぷりに言ってのけたのである。

当時の必須の教養とされた六芸《りくげい》、すなわち礼《れい》・楽《がく》(音楽)・射《しゃ》(弓射《きゅうしゃ》)・御《ぎょ》(馬車を駆ること)・書《しょ》(書法)・数《すう》(算術)のうち、孔子はとりわけ礼と楽を重視した。にもかかわらず、ここであえて身体運動に属する射と御をとりあげ、その専門家になろうかと洒落のめしている。ユーモラスな発言ながら、偏狭な専門家なるものに対する鋭い諷刺も見られる。

子罕 9-3

子曰、麻冕禮也。今也純儉。吾従衆。拝下禮也。今拝乎上泰也。雖違衆、吾従下。

子《し》曰《いわ》く、麻冕《まべん》は礼也《れいなり》。今《いま》や純《じゅん》なるは倹《けん》なり。吾《わ》れは衆《しゅう》に従《したが》う。下《した》に拝《はい》するは礼也《れいなり》。今《いま》は上《うえ》に拝《はい》するは泰也《たいなり》。衆《しゅう》に違《たが》うと雖《いえど》も、吾《わ》れは下《した》に従《したが》わん。

先生は言われた。「(礼装としては)麻の冠が礼法だ。現在、絹になっているのは倹約のためだ。(だから)私はみんなのやりかたに従う。(君主のお

○**麻冕**《まべん》 麻でつくった礼装用の冠。
○**純**《じゅん》 絹。○**下**《した》、**上**《うえ》 正堂の下と上。

招きを受けたとき)正堂の下におりてお辞儀をするのが礼法だ。現在、正堂の上でお辞儀をするのは、傲慢だ。(だから)みんなのやりかたと違っても、私は下でお辞儀をするやりかたに従う」。

○泰《たい》 おごりたかぶる、傲慢。

当時は麻のほうが絹よりずっと高価だった。このため、礼装用の冠も、麻をつかう昔からの礼法には違反するが、倹約して絹をつかうようになった。孔子は、これは経済的にやむをえないこととして、一般のやりかたを肯定する。しかし、君主の招待を受け、お礼の気持ちを表明するにあたり、いったん堂上からおり、お辞儀する昔ながらの礼法に違反し、安易にそのまま堂上でお辞儀する現在のやりかたは、傲慢で失礼だとして、きっぱり否定する。ここにも、礼は、節度ある人間関係の具体的表現としての型の方式であるという、孔子の考えかたが明確にあらわれている。

子罕 9-4

子絶四。毋意、毋必、毋固、毋我。

子《し》 四《し》を絶《た》つ。意《い》毋《な》く、必《ひつ》毋《な》く、固《こ》毋《な》く、我《が》毋《な》し。

先生は四つのことをなさらなかった。私意をもたず、無理押しせず、固執せず、我を張られなかったのである。

○**絶《た》つ** なくする、しない。○**意《い》** 私意。○**必《ひつ》** 無理押し。○**固《こ》** 固執。○**我《が》** 我を張る、利己主義。

孔子はこのように強引で押しつけがましいやり方を峻拒《しゅんきょ》したが、次章に見えるとおり、ここぞというところでは、毅然として自分の信念をつらぬく人だった。

子罕 9-5

子畏於匡。曰、文王既沒、文不在茲乎。天之將喪斯文也、後死者不得與於斯文也。天之未喪斯文也、匡人其如予何。

子《し》　匡《きょう》に畏《い》す。曰《いわ》く、文王既《ぶんおうすで》に没《ぼっ》し、文《ぶん》　茲《ここ》に在《あ》らざらんや。天《てん》の将《まさ》に斯《こ》の文《ぶん》を喪《ほろ》ぼさんとするや、後死《こうし》の者《もの》　斯《こ》の文《ぶん》に与《あず》かることを得《え》ざる也《なり》。天《てん》の未《いま》だ斯《こ》の文《ぶん》を喪《ほろ》ぼさざるや、匡人《きょうひと》　其《そ》れ予《わ》れを如何《いかん》せん。

先生が匡《きょう》の町で襲撃されたとき、言われた。「周《しゅう》の文《ぶん》王はすでに亡くなっており、その文化は、ここ、私の身に存在しているではないか。天が、（私の身にそなわっている）この文化を滅ぼそうとするならば、後の時代の者はこの文化の恩恵に浴することができなくなる。天が（私にそなわっている）この文化を滅ぼそうとしないのならば、匡の者どもが私をどうすることができようぞ」。

○**匡**《きょう》　地名。宋の国の町。詳細は不明。○**畏**《い》**す**　危難にあう、襲撃される。○**文王**《ぶんおう》　周《しゅう》の文王。泰伯8-20解説参照。○**後死**《こうし》**の者**《もの》　後世の者。

紀元前四九七年、五十五歳のとき、政治改革に失敗した孔子は魯《ろ》を去り、大勢の弟子を連れて諸国遊説の旅に出た。こうして旅に出た年かあるいはその翌年、孔子一行は宋《そう》の国の町、匡《きょう》を通過しようとしたさい、とつじょ武装した匡の人々に襲撃された（詳しくは先進11－23を参照）。これは絶体絶命の窮地に陥った孔子が、弟子に向かって言った言葉である。この発言には、自分こそ唯一、周《しゅう》の文化を受け継ぐ者であり、そんな自分がこんなところで命を落とすはずがないという、強い自負があふれている。こうして孔子は意気高らかに弟子たちを励まし、彼らを率いて血路を開き、危機を脱したのだった。

子罕 9－6

大宰問於子貢曰、夫子聖者與。何其多能也。子貢曰、固天縦之将聖。又多能也。子聞之曰、大宰知我乎。吾少也賤。故多能鄙事。君子多乎哉。不多也。

大宰《たいさい》子貢《しこう》に問《と》いて曰《いわ》く、夫子《ふうし》は聖者《せいじゃ》か。何《なん》ぞ其《そ》れ多能《たのう》なるや。子貢曰《しこういわ》く、固《もと》より天《てん》之《こ》れを縦《ほしい》ままにして将《まさ》に聖《せい》ならしめんとす。又《ま》た多能也《たのうなり》。子《し》之《こ》れを聞《き》きて曰《いわ》く、大宰《たいさい》は我《わ》れを知《し》れるか。吾《わ》れ少《わか》くして賤《いや》し。故《ゆえ》に鄙事《ひじ》に多能《たのう》なり。君子《くんし》は多《た》ならんや。多《た》ならざる也《なり》。

大宰《たいさい》（呉《ご》の大臣）が子貢《しこう》にたずねて言った。「あなたの先生は聖人なのでしょうね。それにしては、なんとまあいろいろな才能をもっておられることか」。子貢は言った。「もともと天が先生を自由自在に行動させて聖人にしようとしているのです。それでまたいろいろな才能をおもちなのです」。先生はこの話を聞いて言われた。「大臣は私のことをよくご存じだね。私は若いとき貧しく身分が低かった。だから、つまらない仕事がいろいろできるのだ。しかし、君子は多芸であってよかろうか。いや、多芸であってはならないのだよ」。

○**大宰**《たいさい》 大臣。ここでは、呉王夫差《ごふさ》の腹心だった呉の大臣、大宰嚭《たいさいひ》を指すという。解説参照。○**少し**《わか》 年少、若い。○**鄙事**《ひじ》 つまらない仕事。

子貢《しこう》に質問した大宰《たいさい》は、呉王夫差《ごふさ》の腹心だった呉の大臣、大宰嚭《たいさいひ》を指すという。ちなみに、大宰嚭は呉王夫差のライバル越《えつ》王句践《こうせん》から賄賂をとるなど、強欲な政治家だった。孔子門下の俊才子貢については、学而1－10解説など参照。優秀な外交官でもあった子貢は紀元前四八八年と四八三年の二度にわたり、魯《ろ》の代表として大宰嚭に会い外交交渉しており、この話はこのいずれかの機会になされたもの。

孔子はほんとうに聖人なのか、それにしては多芸すぎるという、やや嫌味な大宰嚭の質問に対し、子貢は、孔子は天が自在にその才能を伸ばさせ聖人にしようとしているから、なんでもできるのだと答える。聡明な子貢にしては、今一つ迫力に欠ける答えである。

このやりとりを伝え聞いた孔子は、彼が多芸多能になった経緯をずばりと述べ、自分は貧しかったから必然的にそうなったけれども、本来、君子たるものは多芸多能であってはならないと断言する。

なんともすっきりとした態度であり、大宰嚭の嫌味などたちまち吹き飛ばす颯爽感がある。なお、孔子は次章でも、「吾《わ》れ試《もち》いられず、故《ゆえ》に芸《げい》なり」と述べている。合わせて参照。

子罕 9-7

牢曰、子云、吾不試、故藝。

牢曰《ろういわ》く、子云《しい》う、吾《わ》れ試《もち》いられず、故《ゆえ》に芸《げい》なり。

琴牢《きんろう》は言った。「先生は言われた。「私はなかなか世の中でもちいられず、それで多芸になったのだよ」と」。

○**牢**《ろう》 新注によれば、孔子の弟子で、姓は琴《きん》、あざなは子開《しかい》、またのあざなは子張《しちょう》。牢は名であろう。○**芸**《げい》 多才、多芸。

前章につづき、孔子が、多芸になった経緯を述べたもの。孔子は、ここでも貧窮のなかで成長した生い立ちや苦労を率直に淡々と語っている。経て来たことを、ありのままにふりかえる深みのある発言である。なお、孔子の言葉を伝えた弟子の「牢《ろう》」については、注に記したとおりだが、『論語』ではこの章にしか登場せず、『史記《しき》』仲尼弟子列伝《ちゅうじていし》にも記載されておらず、詳細は不明。

子罕
9－8

子曰、吾有知乎哉。無知也。有鄙夫問於我。空空如也。我叩其兩端而竭焉。

子曰《しいわ》く、吾《わ》れ知《し》ること有《あ》らんや。知《し》ること無《な》き也《なり》。鄙夫《ひふ》有《あ》りて我《わ》れに問《と》う。空空《くうくう》如《じょ》たり。我《わ》れ其《そ》の両端《りょうたん》を叩《たた》いて竭《つ》くす。

先生は言われた。「私は知者だろうか。いや、知者ではない。しかし、身分の低いつまらない者が私に質問し、そのさまがバカ正直であれば、私は始めから終わりまで聞いて問いただし、存分に答えるのだ」。

○**鄙夫《ひふ》** 身分の低いつまらない男。○**空空如《くうくうじょ》** バカ正直なさま。○**両端《りょうたん》** 始めから終わりまで。○**叩《たた》く** ここでは「問う、たずねる」の意。○**竭《つ》くす** 存分に答えること。

孔子は、述而7－28にも、面会に来た子供と快く会い話し合ったという記述があったが、真摯に対面を求める者には誰とでも会い、存分に語り尽くす開放的な人であった。孔子は、彼を近づきがたい偉大な知者だとする世評に違和感を覚え、あえてこうした発言をしたのであろう。

子罕
9－9

子曰、鳳鳥不至。河不出圖。吾已矣夫。

子《し》曰《いわ》く、鳳鳥《ほうちょう》至《いた》らず。河《か》図《と》を出《い》ださず。吾《わ》れ已《や》んぬるかな。

先生は言われた。「鳳鳥《ほうちょう》は飛来せず、黄河から河図《かと》も出てこない。私はもうおしまいだ」。

○**鳳鳥**《ほうちょう》 鳳凰《ほうおう》。聖天子が出現すると飛来するとされる。○**河**《か》 黄河。○**図**《と》 河図《かと》。聖天子が出現すると浮かび出るという神秘的な図形。

孔子は仁を核とする節度ある社会の到来を切望し、春秋の乱世のただなかで奮闘した。しかし、孔子の努力は報われることなく、世の混乱は深まるばかり。その徒労感、絶望感を、「鳳鳥《ほうちょう》」「河図《かと》」の伝説にことよせて、美しく表現した言葉である。孔子も晩年、ふと思い屈し、聖天子によって実現される太平の世はけっして到来しないと、嘆息することがあったことを示す言葉である。

子罕 9-10

子見齊衰者、冕衣裳者、與瞽者、見之雖少必作。過之必趨。

子《し》　斉《し》衰《さい》の者《もの》と、冕衣裳《べんいしょう》の者《もの》と、瞽者《こしゃ》とを見《み》れば、之《こ》れを見《み》て少《わか》しと雖《いえど》も必《かなら》ず作《た》つ。之《こ》れを過《す》ぐれば必《かなら》ず趨《はし》る。

先生は斉衰《しさい》を着ている人、礼装をしている人、目のわるい人を見かけられると、それが若い人であっても、必ず立たれた。わきを通り過ぎるときは、必ず小走りになられた。

○**斉衰**《しさい》 近親者の服喪中に着る喪服。麻製。○**冕衣裳**《べんいしょう》 礼装。○**瞽者**《こしゃ》 目のわるい人。○**少**《わか》**し** 年少、若い。○**作**《た》**つ** ここでは「立つ」の意。○**趨**《はし》**る** 小走り。敬意を示す走りかた。

弟子が、孔子がいかに礼法をきちんと遵守したかを、感嘆をこめつつ述べた言葉。

子罕 9－11

顔淵喟然歎曰、仰之彌高、鑽之彌堅。瞻之在前、忽焉在後。夫子循循然善誘人。博我以文、約我以禮。欲罷不能。既竭吾才、如有所立卓爾。雖欲從之、末由也已。

顔淵《がんえん》 喟然《きぜん》として歎《たん》じて曰《いわ》く、之《こ》れを仰《あお》げば弥《いよ》いよ高《たか》く、之《こ》れを鑽《き》れば弥《いよ》いよ堅《かた》し。之《こ》れを瞻《み》るに前《まえ》に在《あ》り、忽焉《こつえん》として後《うしろ》に在《あ》り。夫子《ふうし》は循循然《じゅんじゅんぜん》として善《よ》く人《ひと》を誘《さそ》う。我《わ》れを博《ひろ》むるに文《ぶん》を以《もっ》てし、我《わ》れを約《やく》するに礼《れい》を以《もっ》てす。罷《や》まんと欲《ほっ》すれども能《あた》わず。既《すで》に吾《わ》が才《さい》を竭《つ》くすに、立《た》つ所《ところ》有《あ》りて卓爾《たくじ》たるが如《ごと》し。之《こ》れに従《したが》わんと欲《ほっ》すと雖《いえど》も、由《よ》る末《な》きのみ。

顔淵《がんえん》(顔回《がんかい》)はフーッとためいきをついて言った。「仰げば仰ぐほどいよいよ高く、切りこもうとするといよいよ堅い。前におられるかと思うと、ふいにまたうしろにおられる。先生は循循然《じゅんじゅんぜん》と(順序だてて)よく人を前に進ませられる。文化的教養によって私の視野を広げ、礼の法則によって教養をまとめ集約してくださる。途中で学ぶことをやめようと思っても、もうやめられない。自分の全力を出し尽くしたつもりでも、先生はすっくと高みに立っておられる。そのあとについて行こうと思っても、よるべき手だてがみつからない」。

○**喟然**《きぜん》 ためいきをつくさま。○**忽焉**《こつえん》 たちまち、ふいに。○**循循然**《じゅんじゅんぜん》 順序だち整然としたさま。○**卓爾**《たくじ》 高く抜きんでたさま。

孔子の愛弟子顔回《がんかい》の感嘆の言葉である。孔子はけっして偉ぶることなく、つねに屈託のない自在な態度で弟子と向き合いながら、彼らを触発し、高みへと誘《いざな》った。しかし、奮起した弟子が全力を尽くして、これで先生に追いつくことができたと思った瞬間、孔子先生はさらなる高みにすっくと立っておられる。これでは、自分のような者には、とても追いつくすべもないと、顔回はためいきをつきながら、その偉大さに手放しで感嘆するのである。この顔回の言葉には、はかりしれないスケールをもつ孔子の弟子でありえたことの幸福感が漂っている。なんとも羨ましい師弟関係というほかない。

子罕 9－12

子疾病。子路使門人爲臣。病閒。曰、久矣哉、由之行詐也、無臣而爲有臣。吾誰欺。欺天乎。且予與其死於臣之手也、無寧死於二三子之手乎。且予縦不得大葬、予死於道路乎。

子《し》の疾《やまい》病《へい》なり。子路《しろ》門人《もんじん》をして臣《しん》と為《な》らしむ。病《やまい》間《い》えたり。曰《いわ》く、久《ひさ》しい哉《かな》、由《ゆう》の詐《さ》を行《おこな》うや、臣《しん》無《な》くして臣《しん》有《あ》りと為《な》す。吾《わ》れ誰《たれ》をか欺《あざむ》かん。天《てん》を欺《あざむ》かんか。且《か》つ予《わ》れ其《そ》の臣《しん》の手《て》に死《し》せん与《よ》りは、無寧《むしろ》二三子《にさんし》の手《て》に死《し》せんか。且《か》つ予《わ》れ縦《たと》い大葬《たいそう》を得《え》ざるも、予《わ》れ道路《どうろ》に死《し》なんや。

先生が病気で重態になられた。子路《しろ》は門弟を家臣に仕立てようとした。病気が小康状態になると、（先生は）言われた。「よくも長い間、由《ゆう》（子路の本名、仲由《ちゅうゆう》）よ、おまえは私をごまかしてきたものだ。家臣がないのに、家臣があるように装った。私はいったい誰を欺こうというのか。天を欺こうというのか。それに私はニセの家臣に手をとられて死ぬよりは、きみたちに手をとられて死にたいのだ。それにまた、私はりっぱな葬式をしてもらえなくとも、私が路上で野たれ死にするはずもなかろう」。

○**疾《やまい》 病《へい》なり** 病気で重態になる。○**間《い》ゆ** 病気が少しよくなる、小康状態になる。○**詐《さ》** ペテン、ごまかし。○**無寧《むしろ》** むしろ。○**二三子《にさんし》** 諸君、きみたち。○**大葬《たいそう》** りっぱな葬式。

述而7－34にも、孔子が重態になったとき、子路《しろ》が祈禱をさせてほしいと願いでた話が見えたが、これも同じ時期の話である。子路がここで門弟を家臣に仕立てたのには、わけがある。というのも、当時、諸侯およびその重臣は家臣をもち、諸侯や重臣の臨終から葬式にかけては、その家臣がさまざまな役割を分担するのが習いであった。孔子はかつて魯《ろ》の大臣だったものの、このときは無位無官であり、家臣はもっていない。そこで、孔子を崇拝する子路は、なんとか孔子の死を重臣同様のかたちで見送りたいと焦り、門弟を家臣に見立てて役割分担させる手配をした。

しかし、幸い孔子は回復し、小康を得たときにこのことを知ると、子路のこうした「詐《さ》」つまりごまかしを咎めた。そんなインチキをすれば、ほかならぬこの私が天を欺くことになる。私はニセの家臣に手をとられて死ぬより、門弟たるきみたちに手をとられて死にたいのだ、と。なお、臨終にさいしては、側で見守る者が両手両足を持つのが、古代における礼の規則だったとされる(泰伯8-3参照)。

孔子はさらに言葉をつぎ、いずれにしても、りっぱな葬式をしてもらえなくとも、私が行き倒れになることはないだろうよ、と、ユーモアをまじえつつ、子路へのお説教をしめくくる。この場面における孔子は、門弟をニセの家臣に仕立ててまで、孔子の死を格調高く扱いたいという、一途な子路の真情を十分理解しつつ、そのゆきすぎや過ちをきびしくたしなめている。ニセの家臣に手をとられて死ぬより、二三子《きみたち》に手をとられて死にたいという、その二三子のなかにはむろん子路も入っている。きびしくもやさしい孔子の心情がうかがえる発言である。

子罕 9-13

子貢曰、有美玉於斯。韞匵而藏諸。求善賈而沽諸。子曰、沽之哉、沽之哉。我待賈者也。

子貢《しこう》曰《いわ》く、斯《ここ》に美玉《びぎょく》有《あ》り。匵《ひつ》に韞《おさ》めて諸《これ》を蔵《ぞう》せんか。善《よ》き賈《こ》を求《もと》めて諸《これ》を沽《う》らんか。子《し》曰《いわ》く、之《こ》れを沽《う》らん哉《かな》、之《こ》れを沽《う》らん哉《かな》。我《わ》れは賈《こ》を待《ま》つ者也《ものなり》。

子貢《しこう》が言った。「ここに美しい玉《ぎょく》があるとします。それを箱のなかに入れてしまいこんでおいたものでしょうか。よい買い手をみつけて売ったものでしょうか」。先生は言われた。「売るとも。売るとも。私は買い手を待っているのだ」。

○**賈**《こ》　コと読むと「商人・買い手」、カと読むと「価格」の意味になる。

美しい玉《ぎょく》がある場合、しまっておくべきか、買い手をみつけて売るべきかという、商才に長《た》けた高弟子貢《しこう》の質問に対して、孔子は即座に「之《こ》れを沽《う》らん哉《かな》、之《こ》れを沽《う》らん哉《かな》。我《わ》れは賈《こ》を待《ま》つ者也《ものなり》」と答える。子貢の質問は晩年、官途につかなかった孔子に、今なお出仕の意志があるかどうか、美玉の比喩を用いて確かめようとしたものだが、孔子の答えは見てのとおり、気迫十分、終生現役の積極性あふれるものだった。買い手つまり自分を評価してくれるよき君主があらわれるなら、いつでも喜んで出仕するよ、と。この発言には気取りもてらいもなく、老いてなお果敢に現実社会にコミットしつづけようとする、孔子の強靱な精神が浮き彫りにされている。

子罕 9-14

子欲居九夷。或曰、陋如之何。子曰、君子居之、何陋之有。

子《し》九夷《きゅうい》に居《お》らんと欲《ほっ》す。或《あ》るひと曰《いわ》く、陋《いや》しきこと之《こ》れを如何《いかん》。子《し》曰《いわ》く、君子《くんし》之《こ》れに居《お》らば、何《なん》の陋《いや》しきこと之《こ》れ有《あ》らん。

先生は九夷《きゅうい》(の地)に住もうとなさった。ある人が言った。「むさくるしいところですが、どうでしょうか」。先生は言われた。「君子(ひとかどのりっぱな人物)がそこに住めば、何のむさくるしいことがあるものか」。

○**九夷**《きゅうい》 東方の異民族。九種族あったとされる。○**陋**《いや》**し** 粗末でむさくるしい。

公冶長5-7にも、孔子がイカダに乗って海に出ようかと口走った話が見える。理想の実現にはほど遠い現実に失望したとき、孔子はふとこんな脱出の夢を語ったのであろう。

子罕 9-15

子曰、吾自衛反魯、然後樂正、雅頌各得其所。

子《し》曰《いわ》く、吾《わ》れ衛自《えいよ》り魯《ろ》に反《かえ》りて、然《しか》る後《のち》に楽《がく》正《ただ》しく、雅頌《がしょう》各《おの》おの其《そ》の所《ところ》を得《え》たり。

先生は言われた。「私が衛《えい》から魯《ろ》に帰国した後、音楽は正しく整理され、

○**楽**《がく》 音楽。○**雅頌**《がしょう》 雅は、『詩経《しきょう》』

雅《が》や頌《しょう》はそれぞれ（『詩経《しきょう》』の）正しい位置に分類・整理された」。

孔子が足かけ十四年の諸国遊説の旅に終止符を打ち、衛《えい》から魯《ろ》に帰国したのは、紀元前四八四年、六十八歳のときだった。その五年後、七十三歳で死去するまで、孔子は弟子の教育と『詩経《しきょう》』をはじめとする古典の整理・編纂に専念した。この発言は、その成果の一部を述べたもの。ここで、もともと音楽を好み、重視した孔子は、まず混乱していた古典音楽の調子をととのえ、『詩経』の雅《が》と頌《しょう》の分類に乱れがあったのを整理し、正しく分類、配置したと、自負している。『詩経』の分類については、注および為政2－2解説を合わせて参照。

子罕 9－16

子曰、出則事公卿、入則事父兄。喪事不敢不勉。不爲酒困。何有於我哉。

の第二部に収められた周《しゅう》王朝の歌。あわせて百五篇を収録する（大雅《たいが》と小雅《しょうが》に分かれる）。頌は、『詩経』の第三部に収められた、国家の祖先の功を称える祭祀の歌、あわせて四十篇を収録する（周頌《しゅうしょう》、魯頌《ろしょう》、商頌《しょうしょう》がある）。ちなみに、第一部は国風《こくふう》、すなわち黄河流域にあった国々および周王朝直轄領の歌謡、あわせて百六十篇を国別に収録する。

子曰《しいわ》く、出《い》でては則《すなわ》ち公卿《こうけい》に事《つか》え、入《い》りては則《すなわ》ち父兄《ふけい》に事《つか》う。喪事《そうじ》は敢《あ》えて勉《つと》めずんばあらず。酒《さけ》の困《みだ》れを為《な》さず。我《わ》れに於《お》いて何《なに》か有《あ》らんや。

先生は言われた。「外に出れば高官に仕え、家に帰れば父や兄に仕え、葬式には一所懸命、誠意を尽くし、酒を飲んでも乱れない。こんなことは私にとって苦にならない」。

○**公卿《こうけい》** 公と卿。高官。○**喪事《そうじ》** 葬式。

日常生活において、公私両面できちんとルールを守り、葬儀のような重要な儀式は誠心誠意つとめ、酒を飲んでもむやみに羽目をはずさないのは、いわば大人の良識だが、これを完全にやりとげるのは、なかなか難しい。これを「我《わ》れに於《お》いて何《なに》か有《あ》らんや」と言い切る孔子は、やはり悠揚迫らぬ傑物だというほかない。なお、「我れに於いて何か有らんや」は、述而7－2にまったく同じ表現がある。

子罕 9－17

子在川上曰、逝者如斯夫、不舍晝夜。

子《し》 川《かわ》の上《ほとり》に在《あ》りて曰《いわ》く、逝《ゆ》く者《もの》は斯《か》くの如《ごと》きか、昼夜《ちゅうや》を舎《お》かず。

先生は川のほとりで言われた。「過ぎゆくものはすべてこの川の流れと同

○**上《ほとり》** ここでは「ほとり」の意。

じなのだろうか。昼も夜も一刻もとどまることがない」。

いわゆる「川上の嘆《せんじょうのたん》」である。一刻もとどまらない川の流れを眺めながら、孔子はこの流れと同様、万物流転、人も世も自然も不可逆的に推移する時間とともにあり、みずからもまた刻一刻と老いてゆくことを実感する。深い詠嘆のこもった言葉だが、ここには暗い絶望感は認められず、生きとし生けるものが尽きることなく滔々と流れる川と同様、大いなる流動性とともにあるという、一種、宇宙的なダイナミズムも読みとれる。

さまざまなニュアンスのちがいこそあれ、以上のように、この発言を基本的に時間の推移に対する詠嘆だとする読みかたとは異なり、朱子《しゅし》の新注をもとに、これは川の流れのように人はたゆまず努力し、無限に進歩、向上すべきだと説くものだとする読みかたもある。しかし、この解釈はあまりに道学臭がつよく、この言葉のゆたかな詩的イメージにそぐわないものである。

子罕
9－18

子曰、吾未見好徳如好色者也。

子曰《しいわ》く、吾《わ》れ未《いま》だ徳《とく》を好《この》むこと　色《いろ》を好《この》むが如《ごと》くする者《もの》を見《み》ざる也《なり》。

先生は言われた。「私は美女を愛するように、徳を愛する人にいまだかつ

○徳《とく》　徳義、あるいは徳義を有する

てお目にかかったことがない」。

人を指す。○色《いろ》 美女。

美女に恋い焦がれるような激しい情熱をもって、徳義を愛し求める人を見たことがないと、孔子は言う。美女と徳を対比させた大胆な発言であり、のちの頭の固い道学者には想像もつかない、すこやかなエロス性を含む発想である。孔子自身、先にとりあげたように、理想の人物周公旦《しゅうこうたん》をあたかも恋人のように、夢にみつづけた人であった（述而7－5参照）。

子罕 9－19

子曰、譬如爲山。未成一簣、止吾止也。譬如平地。雖覆一簣、進吾往也。

子曰《しいわ》く、譬《たと》えば山《やま》を為《つく》るが如《ごと》し。未《いま》だ一簣《いっき》を成《な》さざるも、止《や》むは吾《わ》が止《や》む也《なり》。譬《たと》えば地《ち》を平《たい》らかにするが如《ごと》し。一簣《いっき》を覆《おお》うと雖《いえど》も、進《すす》むは吾《わ》が往《ゆ》く也《なり》。

先生は言われた。「たとえば築山をつくるようなものであり、あとモッコ一杯分で完成するときに、そこで止めてしまえば、それは自分が止めたのだ。（また）地面を平らかにするようなものであり、（はじめの）モッコ一杯分を地面にあけたとしても、それは進んだのであり、自分が前に向かったのである」。

○一簣《いっき》 モッコ一杯分。○覆《おお》う 地面にあける。

孔子自身についていえば、子罕（本篇）9－15に見える古典の整理・編纂のような、成し遂げるのに長い時間とたゆみない努力を要する、大きな仕事を念頭においた発言だとおぼしい。あと一歩で完成するときに、投げだしてしまうのも自分の責任、思い切って最初の一歩を踏みだすのも、自分の責任だというのだ。なお、以上は、「其《そ》の止《や》み其《そ》の往《ゆ》くこと、皆《み》な我《わ》れに在《あ》りて人《ひと》に在《あ》らざる也《なり》」と解する、新注によった読みかたである。

子罕 9－20

子曰、語之而不惰者、其回也與。

子《し》曰《いわ》く、之《こ》れに語《つ》げて惰《おこた》らざる者《もの》は、其《そ》れ回《かい》なるか。

先生は言われた。「講義をしているとき、退屈そうにしない者は顔回《がんかい》だけだな」。

難しい話になると、ほかの弟子はみな飽きて退屈そうな顔をするが、顔回《がんかい》だけはそうでないと、これまた顔回を称賛した言葉。伝統的な解釈では、顔回が退屈しなかったのは、理解力にすぐれ、孔子の話がすべてわかったためだったとする。

孔子は「吾《わ》れ回《かい》と言《い》うこと終日《しゅうじつ》、違《たが》わざること愚《ぐ》なるが如《ごと》し」(為政2－9)とも述べており、これを考えあわせると、顔回は才気走った反論をせず、かといって退屈することもなく、黙々と孔子の言葉に耳を傾け、ゆったりと吸収する深い海のようなタイプの弟子だったのであろう。

子罕
9－21

子謂顔淵曰、惜乎。吾見其進也。未見其止也。

子《し》　顔淵《がんえん》を謂《い》いて曰《いわ》く、惜《お》しいかな。吾《わ》れ其《そ》の進《すす》むを見《み》る也《なり》。未《いま》だ其《そ》の止《と》まるを見《み》ざる也《なり》。

先生は顔淵《がんえん》(顔回《がんかい》)を評して言われた。「(早死にしたのが)残念だ。私は、彼が前進するのを見たが、いまだかつて停止するのを見たことがない」。

紀元前四八一年、孔子に先立つこと二年で死去した最愛の弟子、顔回《がんかい》を悼んだ言葉。前章と合わせて読むとき、孔子をけっして失望させることのなかった顔回に対する、思いの深さが如実にうかがえる。なお、孔子は顔回が死んだとき、「噫《ああ》、天《てん》　予《わ》れを喪《ほろ》ぼせり」(先進11－9)と慟哭した。合わせて参照。

子罕 9-22

子曰、苗而不秀者有矣夫。秀而不實者有矣夫。

子《し》曰《いわ》く、苗《なえ》にして秀《ひい》でざる者《もの》有《あ》り。秀《ひい》でて実《みの》らざる者《もの》有《あ》り。

先生は言われた。「苗のままで伸びて花の咲かないものがある。伸びて花が咲いても実をつけないものがある」。

○秀《ひい》づ　伸び出て花が咲く。

この前に、顔回《がんかい》に関する発言が二章つづくこともあり、この孔子の言葉も早く死んだ顔回を悼んだものだとする説が多い。孔子は、「不幸《ふこう》短命《たんめい》にして死《し》せり」(雍也6-3)と、顔回の死を悼んでいるが、その実、顔回が死去したのは四十一歳のときであり、そう若いとはいえない年齢である。この発言に即して見れば、後の部分の「秀《ひい》でて実《みの》らざる者《もの》有《あ》り」のほうには、たしかに顔回を思わせるところがあり、さらに命長らえることができたなら、成熟し実りの季節を迎えられたものを、という孔子の痛恨の思いがこもっているように、見受けられる。

子罕 9-23

子曰、後生可畏。焉知來者之不如今也。四十五十而無聞焉、斯亦不足畏也已。

子曰《しいわ》く、後生《こうせい》畏《おそ》る可《べ》し。焉《いず》くんぞ来者《らいしゃ》の今《いま》に如《し》かざるを知《し》らんや。四十五十《しじゅうごじゅう》にして聞《きこ》ゆること無《な》くんば、斯《こ》れ亦《ま》た畏《おそ》るるに足《た》らざるのみ。

先生は言われた。「後輩や若者こそ畏敬すべきだ。未来の人間である彼らがどうして現在の人間より劣るとわかるか。しかし、(その若者とて)四十五十になっても、何の名声も得られないようなら、これまたいっこう畏敬するに値しない」。

○**後生**《こうせい》　後に生まれた者。後輩、若者。○**来者**《らいしゃ》　未来の人間。

孔子のすぐれた弟子には、孔子より三十も四十も年下の者が多かった。孔子は未来のある彼らに期待し、あるいはきびしく、あるいは柔軟に鍛錬しつづけた。しかし、若者もいつしか年をとる。若く未来があるからといって、甘えていてはだめだ。四十五十になっても、ひとかどの人間になれないようなら、それは問題外だと、孔子は注意をうながす。辛辣な孔子らしい鋭いコメントである。

子罕 9－24

子曰、法語之言、能無従乎。改之爲貴。巽與之言、能無説乎。繹之爲貴。説而不繹、従而不改、吾末如之何也已矣。

子曰《しいわ》く、法語《ほうご》の言《げん》は、能《よ》く従《したが》う無《な》からんや。之《こ》れを改《あらた》むるを貴《とうと》しと為《な》す。巽与《そんよ》の

言《げん》は、能《よ》く説《よろこ》ぶ無《な》からんや。之《こ》れを繹《たず》ぬるを貴《とうと》しと為《な》す。説《よろこ》んで繹《たず》ねず、従《したが》いて改《あらた》めざれば、吾《わ》れ之《こ》れを如何《いかん》ともする末《な》きのみ。

先生は言われた。「厳かな教訓の言葉は、従わないではいられない。(しかし、その言葉によって)自分の行いを改めることが大事だ。穏やかで、ものやわらかな言葉は、うれしい気分にならずにはいられない。(しかし)じっくりとその意味を考えることが大事だ。うれしがってじっくり意味を考えず、従わねばと思うだけで、自分の行いを改めない者は、私も処置なしだ」。

○**法語《ほうご》の言《げん》** 厳かな教訓の言葉。○**巽与《そんよ》の言《げん》** 穏やかで、ものやわらかな言葉。○**説《よろこ》ぶ** 「説」は「悦」に同じ。よろこぶ。○**繹《たず》ぬ** じっくりと意味を考える。

「法語《ほうご》の言《げん》」と「巽与《そんよ》の言《げん》」はじっさいに何を指すか、不明である。ここでは、一般的に、前者は権威ある厳かな教訓、後者は耳あたりのよい穏やかな言葉と解しておく。

厳かな教訓を聞いて恐れ入るだけで、わが身をふりかえり、至らないところを改めようとしない者と、穏やかなやさしい言葉を聞いて慰藉され、うれしがるだけで、その真の意味をじっくり考えようとしない者とは、両方とも処置なしだというのだから、これは、人の心理の裏をつく、たいへん鋭い言葉である。恐れ入るだけでも処置なし、うれしがるだけでも処置なしだと、孔子に言われた弟子たちはさぞ耳が痛かったことだろう。

子罕
9-25

子曰、主忠信、毋友不如己者。過則勿憚改。

子曰《しいわ》く、忠信《ちゅうしん》を主《しゅ》とし、己《おのれ》に如《し》かざる者《もの》を友《とも》とすること毋《な》かれ。過《あやま》てば則《すなわ》ち改《あらた》むるに憚《はばか》ること勿《な》かれ。

先生は言われた。「まごころと誠実さを主とし、自分より劣る者を友人にするな。過ちを犯したならば、ためらわずに改めよ」。

学而1-8にほぼ同じ言葉が見える(字にはやや異同がある)。合わせて参照。

子罕
9-26

子曰、三軍可奪帥也。匹夫不可奪志也。

子曰《しいわ》く、三軍《さんぐん》も帥《すい》を奪《うば》う可《べ》き也《なり》。匹夫《ひっぷ》も志《こころざし》を奪《うば》う可《べ》からざる也《なり》。

先生は言われた。「三軍の総大将を奪い取ることはできても、一人の人間の志を奪い取ることはできない」。

○**三軍《さんぐん》** 諸侯の軍隊。周《しゅう》の制度では、一軍は一万二千五百人の兵士で構成大軍勢の三軍でもまとまりがなければ、総大将を奪い去ることはできる。しかし、地位も身分もない者でも、その堅固な意志を強制的に奪い去ることはできない、というのである。個人の不屈の意志や精神力を重視するこの発言には、人をふるいたたせるものがある。

ちなみに、明《みん》の滅亡後、征服王朝清《しん》に仕えることを潔《いさぎよ》しとせず、明の遺民として生涯を終えた大学者の顧炎武《こえんぶ》(一六一三—一六八二)に、「天下《てんか》を保《たも》つ者《もの》は匹夫《ひっぷ》の賤《せん》も与《あず》かって責《せ》め有《あ》るのみ(天下を保っていくことには、卑賤な一人の人間にも責任がある)」という言葉がある。この言葉は「国家の興亡《こうぼう》は匹夫にも責めあり」という表現によって、清末の改革派や革命派のスローガンになった。これらの言葉はこの孔子の発言をもとにしながら、そこに強烈な政治性や社会性を帯びさせたものである。

子罕 9-27

子曰、衣敝縕袍、與衣狐貉者立、而不恥者、其由也與。

子《し》曰《いわ》く、敝《やぶ》れたる縕袍《おんぽう》を衣《き》、狐貉《こかく》を衣《き》る者《もの》と立《た》ちて、而《しか》も恥《は》じざる者《もの》は、其《そ》れ由《ゆう》

され、天子は六軍、諸侯の大国は三軍を出動させるのが規定だった。述而7-10参照。○**帥**《すい》 総大将。○**匹夫**《ひっぷ》 もともと地位の低い者を指す。

なるか。

先生は言われた。「ボロボロの上衣をはおり、上等の狐やムジナの毛皮のコートを着た者と並んで立っても、堂々と恥ずかしがらない者がいるとすれば、それは由《ゆう》(子路《しろ》の本名、仲由《ちゅうゆう》)だろう」。

○**縕袍**《おんぽう》 縕(麻の綿)の入った袍(上衣)。○**狐貉**《こかく》 狐やムジナの上等の毛皮。

服装など問題にしない武骨な子路《しろ》の堂々たる態度を称賛した言葉である。孔子は「士《し》 道《みち》に志《こころざ》して、而《しか》も悪衣《あくい》悪食《あくしょく》を恥《は》ずる者《もの》は、未《いま》だ与《とも》に議《はか》るに足《た》らざる也《なり》(道に志す士でありながら、粗末な衣服や食物を恥ずかしがる者は、まったく問題にならない)」(里仁4-9)とも述べている。上記の言葉には、こうした孔子の主張を体現して、右顧左眄《うこさべん》せず、雄々しく誠実に生きる子路の姿がくっきりと映しだされている。

子罕 9-28

不忮不求、何用不臧。子路終身誦之。子曰、是道也、何足以臧。

忮《そこな》わず求《もと》めず、何《なに》を用《もっ》て臧《よ》からざらん。子路《しろ》 終身《しゅうしん》之《こ》れを誦《しょう》す。子《し》曰《いわ》く、是《こ》の道《みち》や、何《なん》ぞ以《もっ》て臧《よ》しとするに足《た》らん。

「人に害を与えず、無理な要求をしなければ、どうしてよくないことが起

○**忮**《そこな》**わず求**《もと》**めず、何**《なに》**を用**《もっ》**て臧**《よ》**からざ**

ころうか」。子路《しろ》は生涯、この言葉をくちずさんでいた。先生は言われた。「このやりかたでは、どうしてそれで十分よいといえようか」。

らん 『詩経《しきょう》』邶風《はいふう》「雄雉《ゆうち》」の詩句。「忮わず」は人に害を与えないこと。「求めず」は無理な要求をしないこと。○**臧し**《よ》「善し」に同じ。○**道**《みち》 やりかた、方法。

この章は前章につづいて子路《しろ》をとりあげているため、合わせて一章とする説もあるが、ここでは別の章として扱う。孔子がここで、そのやりかたでは、十分よいといえないとしたのは、吉川幸次郎著『論語』に、「「忮《そこな》わず求《もと》めず」だけでは、消極的であり、さらに積極的なこころがまえこそ、子路に望ましいとしたのである」と、説かれているとおりであろう。すべてにわたり暴走気味の子路が自戒をこめて、「忮わず求めず」をモットーとしていたところ、いつも彼にブレーキをかける孔子が、それでは足りない、もっとドンドン行けと発破をかけているのも、面白い話である。

子罕 9－29

子曰、歳寒、然後知松柏之後彫也。

子《し》曰《いわ》く、歳寒《としさむ》くして、然《しか》る後《のち》に松柏《しょうはく》の彫《しぼ》むに後《おく》るることを知《し》る也《なり》。

先生は言われた。「寒い季節になってはじめて、松《まつ》や柏《はく》がしぼまないこと

○**松柏**《しょうはく》 松《まつ》や柏《はく》（ヒノキなど常緑樹

がわかる」。

——の総称)。

厳冬になってはじめて凋落しない常緑樹の松や柏《はく》の強靱さがわかる。それと同様、人間も危機や逆境に直面してはじめて、その本質がわかる、というのである。諸国遍歴をつづけ、何度も苦境に陥った孔子は、危機や逆境になると、たちまち掌を返したように態度を変える人間を嫌というほど見てきたことであろう。しかしまた、そんなときにこそ、けっして流されない者の強靱さもはっきりする。苦境をへてきた孔子の経験に裏打ちされた、含蓄に富む言葉である。この言葉がもとになり、志操堅固な者を「松柏《しょうはく》の質《しつ》」と形容するようになる。

子罕 9-30

子曰、知者不惑。仁者不憂。勇者不懼。

子《し》曰《いわ》く、知者《ちしゃ》は惑《まど》わず。仁者《じんしゃ》は憂《うれ》えず。勇者《ゆうしゃ》は懼《おそ》れず。

先生は言われた。「知者は迷わない。仁者は悩まない。勇者は恐れない」。

○**知者**《ちしゃ》 知性のある人。○**仁者**《じんしゃ》 誠実な思いやりをもつ人。○**勇者**《ゆうしゃ》 勇気のある人。

すぐれた知性をもつ人は透徹した認識力があるから迷うことはなく、誠実な思いやりをもつ人は自分の言動に確信があるから悩むことはなく、勇気のある人は強い意志があるから恐れない、というのである。

知者、仁者、勇者の特性を比較したというより、孔子はこの三者の特性を兼ね備えることを理想とした。それは、「君子《くんし》の道《みち》なる者《もの》三《みっ》つ、我《わ》れ能《よ》くすること無《な》し。仁者《じんしゃ》は憂《うれ》えず。知者《ちしゃ》は惑《まど》わず。勇者《ゆうしゃ》は懼《おそ》れず」(憲問14－29)と述べていることからも、明らかに見てとれる。ちなみに、ここで孔子は「君子が実践しなければならない生きかたは三つあるが、私はどれもできない」と言って仁、知、勇、の三つをあげる。今あげた章とは順番が違うが内容はまったくひとしい。こうしてみると、孔子の言う君子とは、仁徳、知性、勇気をあわせもった理想的人間像ということになるであろう。美しくも雄々しき人間像である。

なお、すでに見たように、孔子には知者と仁者を比較対照し、「知者《ちしゃ》は水《みず》を楽《たの》しみ、仁者《じんしゃ》は山《やま》を楽《たの》しむ。知者《ちしゃ》は動《うご》き、仁者《じんしゃ》は静《しず》かなり。知者《ちしゃ》は楽《たの》しみ、仁者《じんしゃ》は寿《いのちなが》し」(雍也6－23)と述べた、美しい発言もある。

子罕 9－31

子曰、可與共學。未可與適道。可與適道。未可與立。可與立。未可與權。

子《し》曰《いわ》く、与《とも》に共《とも》に学《まな》ぶ可《べ》し。未《いま》だ与《とも》に道《みち》に適《ゆ》く可《べ》からず。与《とも》に道《みち》に適《ゆ》く可《べ》し。未《いま》だ与《とも》に立《た》つ可《べ》からず。与《とも》に立《た》つ可《べ》し。未《いま》だ与《とも》に権《はか》る可《べ》からず。

先生は言われた。「ともに学問することはできても、同じ道を行くことができるとは限らない。同じ道を行くことができても、ともに毅然として立つことができるとは限らない。ともに毅然として立つことができても、ともに臨機応変の措置ができるとは限らない」。

○**道《みち》に適《ゆ》く** 「適」は「往」に同じ。道を行く。○**立《た》つ** 毅然として自分の位置に立つこと。○**権《はか》る** 時と場合に応じ適宜、措置すること。権道すなわち臨機応変の措置。

人の行動や振る舞いの重要性が、学ぶこと、道に適《ゆ》くこと、立つこと、権《はか》ることと、段階的に増してゆくさまを、誰かとともに行動するというかたちで比喩的に表現したもの。ここでもっとも重視されているのは権《はか》ること、すなわち臨機応変の措置ができることである。乱世のただなかを生きた孔子が、いかに柔軟《フレキシブル》な感覚の持ち主であったかは、泰伯8-13で、「危邦《きほう》には入《い》らず。乱邦《らんぽう》には居《お》らず。天下《てんか》道有《みちあ》れば則《すなわ》ち見《あらわ》れ、道無《みちな》ければ則《すなわ》ち隠《かく》る(危機に瀕した国には足を踏み入れず、混乱した国にはとどまらない。天下に道義が行われている場合には、世に出て活動するが、天下に道義が失われている場合には、隠棲する)」云々と、臨機応変、柔軟な生きかたを説いていることからも、明らかに見てとれる。

子罕
9-32

唐棣之華、偏其反而。豈不爾思。室是遠而。子曰、未之思也、夫何遠之有。

唐棣《とうてい》の華《はな》、偏《へん》として其《そ》れ反《はん》せり。豈《あ》に爾《なんじ》を思《おも》わざらんや。室《しつ》の是《こ》れ遠《とお》ければなり。子《し》曰《いわ》く、未《いま》だ之《こ》れを思《おも》わざる也《なり》、夫《そ》れ何《なん》ぞ遠《とお》きことか之《こ》れ有《あ》らん。

「唐棣《ニワザクラ》の花がひらひらゆれている、おまえをいとしいと思わないわけじゃないが、ただ家が遠いだけ」。先生は言われた。「(この歌の作者は)相手をいとしがってはいない。(いとしがっていれば)家が遠いなんてことはありえないよ」。

○**唐棣《とうてい》の華《はな》**… 冒頭の四句は逸詩《いっし》(『詩経《しきょう》』に収録されていない歌謡)。唐棣は和名ニワザクラ。○**爾**《なんじ》 あなた、おまえ。○**室**《しつ》 家。

古注では、前章とこの章を合わせて一章とし、前の章の「権《はか》る」の議論のつづきと解釈する。一方、新注は前章と切り離し、独立した章だとする。古注の説には無理があると思われ、ここでは後者により、孔子が恋歌を引き合いに出しながら、対象を心から慕わしく思い、追い求めようとするなら、距離など問題ではないと言ったものと、解釈した。

子罕(本篇)9-18で「吾《わ》れ未《いま》だ徳《とく》を好《この》むこと 色《いろ》を好《この》むが如《ごと》くする者《もの》を見《み》ざる也《なり》」と、徳と美女を対比させたり、恋歌を引き合いに出しながら、追求の精神の何たるかを明らかにしたり、孔子の枠にとらわれない、大胆な発想には感嘆するほかない。

郷党 第十
きょうとう

郷党 10－1

孔子於鄕黨、恂恂如也。似不能言者。其在宗廟朝廷、便便言、唯謹爾。

孔子《こうし》郷党《きょうとう》に於《お》いて、恂恂如《じゅんじゅんじょ》たり。言《い》う能《あた》わざる者《もの》に似《に》たり。其《そ》の宗廟《そうびょう》・朝廷《ちょうてい》に在《あ》るや、便便《べんべん》として言《い》い、唯《た》だ謹《つつし》めり。

孔子は自分の住む地域では、ひかえめで慎み深く、口下手な人のようであった。しかし、宗廟《そうびょう》や朝廷では、ハキハキと発言するが、あくまでも謹厳であった。

○**郷党**《きょうとう》 地方組織の単位。自分の住む地域。○**恂恂如**《じゅんじゅんじょ》 ひかえめで慎み深いさま。○**宗廟**《そうびょう》 国家の君主の先祖を祭る霊廟。○**朝廷**《ちょうてい》 君臣が集まる会議場。○**便便**《べんべん》 ハキハキしたさま。

「郷党第十」は、孔子が公私におよぶ生活のなかでいかなる言動をとったかを、具体的に記す言葉を集めたものである。その冒頭に置かれたこの章では、孔子の公的な場における姿と私の場における姿が明確に対比されている。

ちなみに、この篇では、「子曰く……」で始まる章が皆無であり、この章のように、「孔子……」とあるか、あるいは主語を明示しない章ばかりである。さらに付言すれば、『論語』では孔子と弟子の対話の記録は、「子曰く……」という形をとり、弟子以外の者とのそれは、距離を置いた「孔子曰く……」という形をとるのが通例である。こうした点を考えあわせると、郷党篇に記された孔子の言動は、おそらく後世の弟子集団のなかで、理想的な手本として伝えられたものであろう。

それはさておき、「郷党」とは地方組織の単位であるが、ここでは、孔子が居住していた地域社会というくらいのニュアンスである。そうした地域社会の集まりに出席したときの孔子はひかえめで、とつとつと語るだけだった。これとは対照的に、宗廟《そうびょう》や朝廷つまり君臣の集まる会議場など公的な場では、打って変わって「便便《べんべん》」すなわちハキハキと発言したが、出過ぎた態度はけっしてとらず、あくまで謹厳であったというのである。

孔子は魯《ろ》の大臣だった時期もあるが、そうした高い位についていたときも、私的な場ではけっして高ぶらず「ふつうの人」として穏やかに暮らし、公的な場では、謹厳さを保ちつつ、なすべきこと、言うべきことはきっぱりやり遂げた。このように本来の「場」をわきまえ、それぞれのケースに応じた孔子の態度は、公的な場では右顧左眄《うこさべん》してろくに意見も述べないのに、私的な場では居丈高になって威張りちらす人々が多いなか、きわだってすぐれたものである。

郷党 10－2

朝與下大夫言、侃侃如也。與上大夫言、誾誾如也。君在、踧踖如也、與與如也。

朝《ちょう》して下大夫《かたいふ》と言《い》う、侃侃如《かんかんじょ》たり。上大夫《じょうたいふ》と言《い》う、誾誾如《ぎんぎんじょ》たり。君在《きみいま》せば、踧踖《しゅくせき》如《じょ》たり、与与如《よよじょ》たり。

(孔子は)朝廷で下大夫《かたいふ》と話をするときは、なごやかで穏やかであり、上大《じょうたい》夫《ふ》と話をするときは、きちんと的確であり、君主がお出ましになると、慎み深く、また落ち着いてゆったりとした。

○下大夫《かたいふ》 ランクの低い官吏。○侃《かん》如《じょ》 なごやかで穏やかなさま。○上大夫《じょうたいふ》 ランクの高い官吏。○誾誾《ぎんぎん》如《じょ》 きちんと的確に中正を得たさま。○踧踖如《しゅくせきじょ》 慎み深いさま。○与与如《よよじょ》 落ち着いてゆったりしたさま。

孔子自身がこのとき上大夫《じょうたいふ》であったか、下大夫《かたいふ》であったかについては、諸説があり一定しない。いずれにせよ、この章はまず孔子が朝廷において、相手に対し官僚社会のランクに応じて、礼法どおり適切に対応した姿を、オノマトペを用いて雰囲気的に描出する。さらにまた、君主に対しては、やたらに恐れ入って慎み深くするだけでなく、落ち着いてゆったりと対峙したとし、権威に媚びない孔子の姿をさりげなく描出している。

郷党 10－3

君召使擯、色勃如也。足躩如也。揖所與立、左右手。衣前後襜如也。趨進翼如也。賓退、必復命曰、賓不顧矣。

君《きみ》召《め》して擯《ひん》たらしむれば、色《いろ》勃如《ぼつじょ》たり。足《あし》躩如《かくじょ》たり。与《とも》に立《た》つ所《ところ》を揖《ゆう》すれば、手《て》を左右《さゆう》にす。衣《い》の前後《ぜんご》襜如《せんじょ》たり。趨《はし》り進《すす》むには翼如《よくじょ》たり。賓退《ひんしりぞ》けば、必《かなら》ず復命《ふくめい》して曰《いわ》く、賓顧《ひんかえり》みずと。

君主のお召しをうけて、賓客の接待役に任命されると、(孔子は)緊張した顔つきをし、おもむろに足を運んだ。いっしょに並んで立っている同じ接待役に会釈するときは、(その胸の前で組んでいる)手を(左側の者には)左、(右側の者には)右に向け、そのたびに着物の前後が美しく揺れ動いた。小走りに進むさまは、きちんとりっぱであった。賓客が退出するときは、(大門の外まで見送り)必ず君主に、「お客さまはふりむかなくなられ、ちゃんとお帰りになりました」と報告した。

孔子が君主の賓客の接待役に任命されたとき、完璧に礼法どおり、きちんと見事に振る舞ったことを述べたもの。最後の「賓退《ひんしりぞ》けば、必《かなら》ず復命《ふくめい》して曰《いわ》く、賓顧《ひんかえり》みず」というのは、接待役が大門まで賓客を見送り、うしろをふりかえって何度も会釈していた賓客が、もうふりかえらなくなった時点で、賓客の訪問の儀礼は完了し、同時に接待役の任務も完了する。この最後の句は、その完了の時点まで見とどけたことを、孔子が君主にきちんと報告したことをいう。

○**擯**《ひん》 賓客の接待役。○**色**《いろ》 顔、顔つき。○**勃如**《ぼつじょ》 緊張したさま。○**躩如**《かくじょ》 おもむろに歩くさま。○**揖**《ゆう》**す** 胸の前で組み合わせた両手を前に出し、上下させて会釈する。○**襜如**《せんじょ》 美しく揺れ動くさま。○**趨**《はし》**り進**《すす》**む** 小走りに進む。○**翼如**《よくじょ》 きちんとりっぱなさま。鳥が翼を広げるように両肘を張るさまだとする説もある。

郷党 10－4

入公門、鞠躬如也。如不容。立不中門。行不履閾。過位、色勃如也。足躩如也。其言似不足者。攝齊升堂、鞠躬如也。屏氣似不息者。出降一等、逞顔色、怡怡如也。沒階、趨進翼如也。復其位、踧踖如也。

公門《こうもん》に入《い》るに、鞠躬如《きくきゅうじょ》たり。容《い》れられざるが如《ごと》くす。立《た》つに門《もん》に中《ちゅう》せず。行《ゆ》くに閾《しきい》を履《ふ》まず。位《くらい》を過《す》ぐれば、色《いろ》勃如《ぼつじょ》たり。足《あし》躩如《かくじょ》たり。其《そ》の言《い》うこと足《た》らざる者《もの》に似《に》たり。斉《し》を摂《かか》げて堂《どう》に升《のぼ》るに、鞠躬如《きくきゅうじょ》たり。気《き》を屏《おさ》めて息《いき》せざる者《もの》に似《に》たり。出《い》でて一等《いっとう》を降《くだ》れば、顔色《かおいろ》を逞《の》べて、怡怡如《いいじょ》たり。階《かい》を没《つ》くせば、趨《はし》り進《すす》むこと翼如《よくじょ》たり。其《そ》の位《くらい》に復《かえ》れば、踧踖如《しゅくせきじょ》たり。

（孔子は）宮殿の門に入るときは、おそれ慎み、（身体が）入りかねるような身ぶりをした。門の中央には立たず、門の敷居は踏まない。君主の座席の側を通り過ぎるときは（君主がおられないときでも）、緊張した顔つきをして、おもむろに足を運び、十分ものが言えない者のように言葉少なになった。もすそを持ち上げて正堂の階段をのぼって行くときは、おそれ慎み、息をひそめて、息もできない者のようにした。正堂を出て階段を一段下りると、顔つきをやわらげて、ホッとうれしげになり、階段を下りきると、小走りに進み、そのさまはきちんとりっぱであった。ふたたび君主の座席

○**公門《こうもん》** 宮殿の門。○**鞠躬如《きくきゅうじょ》** おそれ慎むさま。○**位《くらい》** 君主の座席。○**斉《し》** すそ、もすそ。○**顔色《かおいろ》を逞《の》ぶ** 顔つきをやわらげること。○**怡怡如《いいじょ》** ホッとしてうれしげなさま。○**踧踖《しゅくせき》如《じょ》** おそれ慎むさま。○**勃如《ぼつじょ》**、**躩如《かくじょ》**、**翼如《よくじょ》** 前章の注参照。

の側を通り過ぎるときは、おそれ慎むようすをした。

孔子が宮中に参内し退出するまでの動作、身ぶりを記録したもの。礼法が身ぶりの美学であることを顕著に示す章である。

郷党 10－5

執圭、鞠躬如也。如不勝。上如揖、下如授。勃如戰色。足蹜蹜如有循。享禮有容色。私覿愉愉如也。

圭《けい》を執《と》れば、鞠躬如《きくきゅうじょ》たり。勝《た》えざるが如《ごと》し。上《あ》ぐることは揖《ゆう》するが如《ごと》く、下《お》ろすことは授《さず》くるが如《ごと》し。勃如《ぼつじょ》として戦色《せんしょく》あり。足《あし》は蹜蹜《しゅくしゅく》として循《したが》う有《あ》るが如《ごと》し。享《きょう》礼《れい》には容色有《ようしょくあ》り。私覿《してき》には愉愉如《ゆゆじょ》たり。

(孔子は他国に使いし、使者の印として自国の君主の)圭《けい》を手に持つときは、おそれ慎み、自分がその役割に耐えられないというような敬虔なようすをした。圭を上に上げるときは会釈するように、下ろすときは(ほかの人に)手渡すようにした。顔つきは緊張し、おそれおののくようであり、足どりはおそれ慎み、しずしずと何かの上を滑るように運んだ。(この最初の儀

○**圭**《けい》 諸侯の身分を示す玉《ぎょく》。臣下が君主の使者として他国に行くとき、たずさえて行く。○**鞠躬如**《きくきゅうじょ》 おそれ慎むさま。○**揖**《ゆう》**す** 胸の前で組み合わせた両手を前に出し、上下させて

式がすみ）享礼《きょうれい》の儀式に移ると、顔つきはゆったりとし、私覿《してき》の儀式になると、楽しげな顔つきをした。

会釈する。○勃如《ぼつじょ》 緊張したさま。○戦色《せんしょく》 おそれおののくさま。○蹜《しゅく》蹜《しゅく》 おそれ慎むさま。○享礼《きょうれい》 君主からの贈り物を進呈する儀式。○容《よう》色《しょく》 ゆったりしたさま。○私覿《してき》 使者自身の贈り物を進呈する儀式。○愉《ゆ》愉《ゆ》如《じょ》 楽しげなさま。

孔子が魯《ろ》の君主の使者として他国に赴いたさいの行動や身ぶりを記したものだとされる。孔子は使者として他国に赴いたことはないとする説もあり、使者となったときの一般的な行動や身ぶりの規範を記したものだと、読むこともできる。

郷党 10－6

君子不以紺緅飾。紅紫不以爲褻服。當暑袗絺綌、必表而出之。緇衣羔裘。素衣麑裘。黄衣狐裘。褻裘長。短右袂。必有寢衣、長一身有半。狐貉之厚以居。去喪無所不佩。非帷裳、必殺之。羔裘玄冠、不以弔。吉月必朝服而朝。齊必有明衣、布。

君子《くんし》は紺緅《かんしゅう》を以《もっ》て飾《かざ》らず。紅紫《こうし》は以《もっ》て褻服《せつふく》と為《な》さず。暑《しょ》に当《あ》たっては袗《ひとえ》の絺《ち》綌《げき》、必《かなら》ず表《ひょう》して之《こ》れを出《い》だす。緇衣《しい》には羔裘《こうきゅう》。素衣《そい》には麑裘《げいきゅう》。黄衣《こうい》には狐裘《こきゅう》。褻裘《せつきゅう》は長《なが》し。右《みぎ》の袂《たもと》を短《みじか》くす。必《かなら》ず寝衣《しんい》有《あ》り、長《た》け一身有半《いっしんゆうはん》。狐貉《こかく》の厚《あつ》きを以《もっ》て居《お》る。喪《も》を去《のぞ》けば佩《お》びざる所無《ところな》し。帷裳《いしょう》に非《あら》ざれば、必《かなら》ず之《こ》れを殺《さい》す。羔裘玄冠《こうきゅうげんかん》しては、以《もっ》て弔《ちょう》せず。吉月《きつげつ》には必《かなら》ず朝服《ちょうふく》して朝《ちょう》す。斉《さい》するときは必《かなら》ず明衣《めいい》有《あ》り、布《ふ》なり。

君子は、(祭祀用の衣服の色である)紺色やとき色で襟やそで口の縁取りをしない。(中間色の)紅い色や紫色の平服は作らない。暑いときは葛布《くずぬの》の単《ひと》衣《え》を着るが、必ず(肌が透けて見えないよう)上衣をはおって外出する。(寒いときは)黒い上衣には、下に黒い子羊の毛皮を着込み、白い上衣には、下に白っぽい子鹿の毛皮を着込み、黄色い上衣には、下に狐の毛皮を着込む。平服の毛皮は丈を長くし、右袖を短くする。必ず寝間着を用い、その長さは身の丈の一倍半とする。狐やムジナの毛皮を敷いて座る。喪が明けると、すべての装飾を身につける。(出仕や祭祀のときに着る)帷裳《いしょう》以外は、必ず下を広くし、上を狭く縫い込む。(吉事用の)黒い子羊の毛皮と黒い冠では、葬儀には行かない。毎月一日《ついたち》には、必ず朝服《ちょうふく》を着て朝廷に出仕する。ものいみのときには、必ず(湯あみ用の)浴衣を準備する。(浴衣は)木綿である。

○**紺緅《かんしゅう》**「紺」は紺色、「緅」はとき色。○**飾《かざ》る** 襟やそで口の縁取りをする。○**褻服《せつふく》** 平服、普段着。○**絺綌《ちげき》** 葛布《くずぬの》。○**表《ひょう》して出《い》づ** 諸説あるが、葛布は肌が透けて見えるので、上衣をはおって外出することと解しておく。○**緇衣《しい》** 黒い上衣。○**羔裘《こうきゅう》** 黒い子羊の毛皮。○**素衣《そい》** 白い上衣。○**麑裘《げいきゅう》** 白っぽい子鹿の毛皮。○**褻裘《せつきゅう》** 普段着の毛皮。○**寝衣《しんい》** 寝間着。掛け布団とする説もある。○**狐貉《こかく》** 狐やムジナの厚い毛皮。○**居《お》る** ここでは「敷く」の意。○**帷裳《いしょう》** 出仕や祭祀のときに着る裳(袴)。○**殺《さい》す** 上と下が同じ幅である帷裳と異なり、上に襞《ひだ》をつけて絞るように仕立てる。「殺」は始めから下を広くし、上を狭く縫い込むこと。○**吉月《きつげつ》** 月初めのつい冒頭の「君子」を孔子とする説と、一般的に広く「君子」を指すという、両様の説がある。いずれにせよ、普遍的な当時の服飾の規定を示すものである。たいへん細かい規定だが、黒の上衣の下には黒い毛皮、白い上衣の下には白い毛皮を着込むなど、シックな美的感覚もうかがえ、興味深い。付言すれば、日本とは逆に、中国ではその後も、服喪中は白い衣服を身につけるのが、習いであり、黒は吉事の色だった。

たち。○**朝服**《ちょうふく》 宮中に参内するときの正装。○**斉**《さい》**するとき** ものいみ(祭祀の準備期間)。○**明衣**《めいい》 浴衣。○**布**《ふ》 木綿。

郷党 10－7

齊必變食、居必遷坐。食不厭精。膾不厭細。食饐而餲、魚餒而肉敗、不食。色惡不食。臭惡不食。失飪不食。不時不食。割不正不食。不得其醬不食。肉雖多、不使勝食氣。惟酒無量、不及亂。沽酒市脯不食。不撤薑食。不多食。

斉《さい》するときは必《かなら》ず食《しょく》を変《へん》じ、居《きょ》は必《かなら》ず坐《ざ》を遷《うつ》す。食《し》は精《しら》げを厭《いと》わず。膾《なます》は細《ほそ》きを厭《いと》わず。食《し》の饐《い》して餲《あい》せる、魚《うお》の餒《あさ》れて肉《にく》の敗《やぶ》れたる、食《く》らわず。色悪《いろあ》しき食《く》らわず。臭《にお》いの悪《あ》しき食らわず。飪を失える食《く》らわず。時《とき》ならざる　食《く》らわず。割《き》りめ正《ただ》しからざれば　食《く》らわず。其《そ》の醤《しょう》を得《え》ざれば　食《く》らわず。肉《にく》は多《おお》しと雖《いえど》も、食《し》の気《き》に勝《か》たしめず。惟《た》だ酒《さけ》は量《りょう》無《な》し、乱《らん》に及《およ》ばず。沽《か》う酒《さけ》と市《か》う脯《ほしにく》は食《く》らわず。薑《はじかみ》を撤《す》てずして食《く》らう。多《おお》く食《く》らわず。

（孔子は）ものいみのときは、必ずふだんとちがう食事をとり、座席も必ずふだんとちがう場所に移した。（平生の食生活では）米は精白されたものほど好み、膾《なます》は細かく刻んだものほど好んだ。ご飯が異臭を発して味が変になったのや、いたんだ魚や腐った肉は食べなかった。色のわるいものは食べず、悪臭のするものは食べなかった。飪《じん》（煮かげん）がよくないものは食べず、季節はずれのものは食べなかった。切りかたが正しくないものは食べず、醤《しょう》（ドレッシング）が合わなければ食べなかった。肉はいくら多く食べてもご飯の量を超さなかった。ただ酒にはきまった分量はないが、乱れるまでは飲まない。市販の酒とほし肉は食べない（自家製でまかなう）。（魚肉に添えた臭み消しの）ハジカミは捨てずに食べるが、多量には食べない。

○**食**《し》　米やご飯を指すとき、「食」の字はシと読む。○**膾**《なます》　魚肉の刺身。○**饐**《い》**して餲**《あい》**す**　腐って異臭を発する。○**餒**《あさ》**る**　いたみ腐る。○**飪**《じん》**を失**《うしな》**う**　煮かげんがよくないこと。○**醤**《しょう》　ドレッシング。

この章については、最初の二句だけ「ものいみ」のことをいい、あとはすべて孔子の平生の食生活を述べたとする説と、すべて「ものいみ」の作法だとする説がある。後者の説には無理があり、いまは前者の説に従う。

第三句以下に微細に記された孔子の食生活は、これが二千五百年以上も昔の話だとは思えないほど、孔子の繊細な美意識とレベルの高い味覚のありようを、具体的に示しており、驚嘆するほかない。孔子は、米は精白米、刺身は細かく刻んだものを好む。腐った魚肉類はむろん食べず、煮かげんがわるくて、煮えすぎたものや生煮えのものは食べず、季節はずれのものは嫌い、旬のものを食べる。ドレッシングが合わないもの、切り目が不ぞろいなものは食べない。

これらの記述は、孔子が食材の選び方、調理の仕方、料理の盛りつけや合わせかたにまで、細やかに神経のゆきとどいたものを好み、視覚的にも味覚的にも最上のものを求める、真の意味での美食を追求したことをおのずとあらわす。孔子が単純素朴に清貧をよしとし、食の快楽をことさらに否定する並みの道学者とは、およそ異なる人物であったことが、この一事をもってしても明らかになるであろう。

また、肉の分量には、いくら食べてもご飯の量を超えないという限度があるけれども、酒については限度を設けず、乱れない程度までとするのにも、味わい深いものがある。乱れない程度といっても個人差があり、推測をたくましくすれば、長身(一説によれば、九尺六寸すなわち二メートル二〇センチあったという)の偉丈夫だった孔子は酒もつよく、いくら飲んでも端然として、「乱《らん》に及《およ》ぶ」ことはなかったのではあるまいか。

郷党 10－8

祭於公、不宿肉。祭肉不出三日。出三日、不食之矣。

公《こう》に祭《まつ》れば、肉《にく》を宿《しゅく》せず。祭《まつ》りの肉《にく》は三日《みっか》を出《い》でず。三日《みっか》を出《い》づれば、之《こ》れを食《く》らわず。

君主の先祖の祭祀の(臣下に分配される)お下がりの肉は、夜を越さない(その日のうちに食べてしまう)。自分の家の祭祀の肉は、三日を越さない。三日以上になると、食べない(三日以内に食べる)。

○**公《こう》に祭《まつ》る** 君主の先祖の祭祀を行う。○**宿《しゅく》す** 夜を越す。○**祭《まつ》りの肉《にく》** 自分の家の祭祀の肉。

郷党 10－9

食不語。寝不言。

食《く》らうに語《かた》らず。寝《い》ぬるに言《い》わず。

(孔子は)食事中は口をきかず、就寝中は口をきかなかった。

何事も集中するのが肝要であり、孔子は食べるときは食べることに、眠るときは眠ることに集中し、黙して語らなかったというのである。これでは、あまりに窮屈すぎるから、食事のとき、孔子は教訓めいた話はしなかったという意味だと説く注釈もある。

郷党 10－10

雖疏食菜羹瓜、祭必齊如也。

疏食《そし》と菜羹《さいこう》と瓜《うり》と雖《いえど》も、祭《まつ》れば必《かなら》ず斉如《さいじょ》たり。

（孔子は）粗末なご飯、野菜のスープ、瓜でも、その一部をとりわけて祭るときは、必ず敬虔な態度をとった。

○**疏食**《そし》 粗末なご飯。○**菜羹**《さいこう》 野菜のスープ。○**祭る**《まつ》 ここでは、食べ物の一部をとりわけ、はじめてその食物を食べることを思いついた先人に敬意を表することをいう。○**斉如**《さいじょ》 敬虔なさま。

郷党 10－11

席不正、不坐。

席正《せきただ》しからざれば、坐《ざ》せず。

（孔子は）座席は、ちゃんとした方向に向いていないと座らなかった。

中国では唐代から椅子をつかうようになったが、それ以前は、床の上に座布団にあたる敷物を置いて座っていた。孔子の生きた春秋時代もむろんそうだった。孔子はその座席をまっすぐに直してから座ったというもの。これは孔子が潔癖症であったというより、礼の一種だったのであろう。

○**席**《せき》 座布団にあたる敷物。

郷党 10-12

郷人飲酒、杖者出、斯出矣。

郷人《きょうじん》の飲酒《いんしゅ》に、杖《つえ》つく者《もの》出《い》づれば、斯《ここ》に出《い》づ。

村の人々が宴会を催したとき、杖をついた老人が退出してから、（孔子は）はじめて退出した。

○**郷人**《きょうじん》 「郷」は地方組織の単位。「郷人」はここでは、村の人々くらいの意味。○**飲酒**《いんしゅ》 郷では決まった時期に宴会を催した。○**杖つく者**《つえもの》 老人を指す。

郷党 10-13

郷人儺、朝服而立於阼階。

郷人《きょうじん》の儺《おにやらい》には、朝服《ちょうふく》して阼階《そかい》に立《た》つ。

村の人々の儺《おにやらい》のとき、(行列が入って来ると、孔子は)朝服を着て、自家の廟の東側の階段に立って迎えた。

○**儺**《おにやらい》　追儺《ついな》。日本では、節分の行事として残っている。厄病神を追い払う行事。もともと年末に行われた。追儺の行列は村の家ごとに入って来て、お祓いをした。○**朝服**《ちょうふく》　宮中に参内するときの正装。○**阼階**《そかい》　自家の先祖を祭った廟の東側の階段。

郷党 10-14

問人於他邦、再拜而送之。

人《ひと》を他邦《たほう》に問《と》えば、再拝《さいはい》して之《こ》れを送《おく》る。

他国の友人のもとに使者を派遣するとき、(孔子は)二度、地面に跪いててていねいに拝礼し、使者を見送った。

○**再拝**《さいはい》「拝」は地面に跪いてお辞儀をすること、拝礼。「再拝」はこれを二度くりかえすこと。

出発する使者を拝礼して見送ったのは、他国にいる友人に対して敬意を表したのである。

郷党 10-15

康子饋薬。拝而受之。曰、丘未達。不敢嘗。

康子《こうし》　薬《くすり》を饋《おく》る。拝《はい》して之《こ》れを受《う》く。曰《いわ》く、丘未《きゅういま》だ達《たっ》せずと。敢《あ》えて嘗《な》めず。

季康子《きこうし》から薬を贈られた。（孔子は）拝礼してありがたく受け取った後、言われた。「丘《わたくし》（孔子の名）はまだ薬の効能がよくわからないので、服用することはできかねます」。

○**康子**《こうし》　季康子《きこうし》。魯《ろ》の三大貴族「三桓《さんかん》」の一つ、季孫《きそん》氏の一族で、魯の重臣。為政2-20、雍也6-8参照。○**饋る**《おく》　贈る。○**拝す**《はい》　前章注参照。○**達せず**《たっ》　ここでは「（薬の）効能がよくわからない」という意味。

季康子《きこうし》は、孔子が遊説の旅から帰国するさいも、尽力した魯《ろ》の重臣であり（為政2-20解説参照）、薬を贈られて、むげに断るのは礼を失する。そこで孔子はいったんありがたく受け取ったうえで、薬の効能がよくわからないので、服用はできかねると述べたというもの。薬は問題の多いものであり、人からもらっても、すぐに服用できないケースが多い。黙ってありがたく受け取り、服用しないでおけば、それですむものを、孔子が、なぜあえて服用できかねると告げたのか。新注はこの点について、拝して受け取ったのは礼であり、効能がわからないので服用できかねると告げたのは、率直な態度だとしている。

郷党 10－16

廏焚。子退朝曰、傷人乎。不問馬。

厩《うまや》焚《や》けたり。子《し》 朝《ちょう》より退《しりぞ》いて曰《いわ》く、人《ひと》を傷《そこ》なえりやと。馬《うま》を問《と》わず。

（孔子の自宅の）馬屋が火事になって焼けた。先生は朝廷から退出し帰宅されて言われた。「誰かケガをしなかったか」。馬のことは聞かれなかった。

馬屋が火事になったとき、孔子が馬はさておき、まず人の身を案じたというこの話は、中国でも日本でも古来、人口に膾炙《かいしゃ》する。落語の「厩火事」はこの話を下敷きとして、ひねりをきかせたものである。落語にまで、『論語』の話が転用されるとは、『論語』がいかに日本で普及し親しまれていたか、よくわかる。

郷党 10－17

君賜食、必正席、先嘗之。

君《きみ》食《しょく》を賜《たま》わば、必《かなら》ず席《せき》を正《ただ》して、先《ま》ず之《こ》れを嘗《な》む。

(孔子は)君主から食べ物をいただくと、必ず座席をちゃんとした方向に直してから、まず味見をした。

○**席**《せき》 郷党(本篇)10－11注参照。

郷党 10－18

君賜腥、必熟而薦之。君賜生、必畜之。

君《きみ》腥《なまぐさ》きを賜《たま》わば、必《かなら》ず熟《に》て之《こ》れを薦《すす》む。君《きみ》生《い》けるを賜《たま》わば、必《かなら》ず之《こ》れを畜《か》う。

(孔子は)君主から生《なま》の肉をいただくと、必ずこれを煮て祖先の廟にお供えした。君主から生き物をいただくと、必ずこれを飼育した。

○**腥**《なまぐさ》**き** 生《なま》の肉。○**熟**《に》**る** 煮る。○**薦**《すす》**む** 自家の祖先の廟に供える。

郷党 10-19

侍食於君、君祭先飯。

君《きみ》に侍食《じしょく》するに、君祭《きみまつ》れば先《ま》ず飯《はん》す。

(孔子は)君主に陪食するとき、君主が、先人に敬意を表すべく、とりわけられると、(自分は)まずご飯を食べた。

君主より先にご飯を食べるのは無作法なようだが、古注では、君主のために毒見をする意味だという。

○**侍食**《じしょく》 陪食。○**祭**《まつ》**る** 郷党(本篇)10-10注参照。○**飯**《はん》**す** ご飯を食べる。

郷党 10-20

疾、君視之、東首加朝服、拖紳。

疾《やまい》あり、君《きみ》之《こ》れを視《み》れば、東首《とうしゅ》して朝服《ちょうふく》を加《くわ》え、紳《しん》を拖《ひ》く。

(孔子が)病気になり、君主がお見舞いに来られたとき、東枕にして横になって礼服を体の上にかけ、(その上に)幅広の帯を伸ばしてかけた。

○**東首**《とうしゅ》**す** 東枕にして寝る。○**紳**《しん》 礼装用の幅の広い帯。○**拖**《ひ》**く** 引き伸ばす。

病気で礼服を身につけられないため、身につけたふうにしたのである。

郷党 10－21

君命召、不俟駕行矣。

君《きみ》命《めい》じて召《め》せば、駕《が》を俟《ま》たずして行《ゆ》く。

(孔子は)君主からお召しがあると、馬車の用意ができないうちに、すぐ外へ歩きだした。

○駕《が》 馬車を引く馬の用意をすること。

君主から呼び出しがかかると、即座に対応し、機敏に行動を開始する孔子の姿を描いたもの。むろん歩いている途中で、準備のできた馬車が追いついてくれば、それに乗ったことだろうが、とるものもとりあえず、呼んだ相手に応じようとする誠実な態度が、いかにもすっきりと小気味よい。君主にかぎらず、人と約束した時間を守るのは、いつの時代においても基本的ルールである。遅刻癖のある向きには拳々服膺《けんけんふくよう》すべき言葉だといえよう。

郷党
10－22

入大廟、毎事問。

大廟《たいびょう》に入《い》るに、事《こと》ごとに問《と》う。

(孔子は)大廟《たいびょう》にお参りしたとき、一つ一つ係の者にたずねながら振る舞った。

八佾3－15に同じ記述がある。合わせて参照。

郷党
10－23

朋友死、無所歸。曰、於我殯。

朋友死《ほうゆうし》して、帰《き》す所無《ところな》し。曰《いわ》く、我《わ》れに於《お》いて殯《ひん》せよ。

友人が死んで、身寄りがない場合、(孔子は)言われた。「私の家でかりもがりしなさい」。

○**殯《ひん》す** かりもがりをする。埋葬するまえに、亡骸を柩《ひつぎ》に入れて安置しておくこと。

郷党
10－24

朋友之饋、雖車馬、非祭肉、不拝。

朋友《ほうゆう》の饋《き》は、車馬《しゃば》と雖《いえど》も、祭肉《さいにく》に非《あら》ざれば、拝《はい》せず。

(孔子は)友人からの贈り物は、車馬のような高価なものであっても、祭祀の肉のお下がり以外は、拝礼して謝意を表することはなかった。

○饋《き》 贈り物。○拝《はい》す 地面に跪いてお辞儀をすること、拝礼。○祭肉《さいにく》 祭祀のお下がりの肉。

郷党
10－25

寝不尸。居不容。

寝《い》ぬるに尸《し》せず。居《お》るに容《かたち》つくらず。

(孔子は)寝るときに(屍のように)大の字にならず、家でくつろいでいるときは、堅苦しい顔つきをしなかった。

○尸《し》す 屍のように大の字になって寝ること。○居《お》る 家でくつろいでいることをいう。○容《かたち》つくる 堅苦しい顔つき、ようすをすること。

郷党 10－26

見齊衰者、雖狎必變。見冕者與瞽者、雖褻必以貌。凶服者式之。式負版者。有盛饌、必變色而作。迅雷風烈必變。

斉衰《しさい》の者《もの》を見《み》ては、狎《な》れたりと雖《いえど》も必《かなら》ず変《へん》ず。冕者《べんしゃ》と瞽者《こしゃ》とを見《み》ては、褻《な》れたりと雖《いえど》も必《かなら》ず貌《かたち》を以《もっ》てす。凶服《きょうふく》の者《もの》には之《こ》れに式《しょく》す。負版《ふはん》の者《もの》に式《しょく》す。盛饌《せいせん》有《あ》れば、必《かなら》ず色《いろ》を変《へん》じて作《た》つ。迅雷《じんらい》・風烈《ふうれつ》には必《かなら》ず変《へん》ず。

(孔子は)斉衰《しさい》の喪服を着た人に会うと、親しい間柄であっても必ずハッと居ずまいを正した。公式の冕《べん》の冠をかぶった人や目のわるい人に会うと、親しい間柄であっても必ず改まったおごそかな態度をとった。凶服《きょうふく》を着た人には、車中で軽く前かがみになって敬礼し、負版《ふはん》の人にも同様に敬礼した。豪勢なごちそうをふるまわれると、必ずパッと顔色を変え態度を改めて立ち上がり、感謝を表した。激しい雷や暴風にあうと、必ずハッと居ずまいを正した。

○**斉衰《しさい》** 母の死などにあい、重い程度の喪に服する者が着用する喪服。○**変《へん》ず** ハッと居ずまいを正すこと。○**冕者《べんしゃ》**「冕」は公式の冠。「冕者」はそれをかぶった人を指す。○**瞽者《こしゃ》** 目のわるい人。○**凶服《きょうふく》** 斉衰《しさい》よりは軽い程度の喪に服する者が着用する喪服。○**式《しょく》す** 車中で軽く前かがみになって敬礼すること。○**負版《ふはん》の者《もの》** 戸籍簿を背に担いだ役人。○**盛饌《せいせん》** 豪勢なごちそう。○**作《た》つ** 立つ。

さまざまの尋常ならざる事態、あるいはそうした事態にある人と遭遇したさい、孔子はそれぞれのケースや度合に応じて、顔つき、身ぶり、しぐさなどで、対象に対する思いを具体的に表現した。程度の重い喪に服する人、公式の冠をかぶった高官、障害のある人には、ハッと厳粛な顔になり居ずまいを正して、深い哀悼の意や敬意を表し、程度の軽い喪に服する人や戸籍簿を担いだ係官には、軽く敬礼して、さりげなく哀悼の意や敬意を表し、豪勢なごちそうをふるまわれたときには、態度を改めて立ち上がり、謝意をあらわす、という具合である。まさに、礼のルールにのっとった身ぶりの美学、しぐさの美学による、誠意の表現にほかならず、文化の何たるかを実感させられる。

最後の「迅雷《じんらい》・風烈《ふうれつ》には必《かなら》ず変《へん》ず」だけは、それまでの身ぶりがすべて人間に関わることであるのに対し、異様な自然現象に遭遇したさいの態度を述べる。これは、けっして臆病さをあらわすものではなく、孔子が自然の脅威に対しても常に敏感かつ敬虔であったことを示すものだといえよう。

ちなみに、このくだりは、はるかに時代の下った『三国志演義《さんごくしえんぎ》』第二十一回に盛り込まれている。根拠地を失い、曹操《そうそう》に身を寄せていた劉備《りゅうび》が曹操に招かれて酒を飲み、四方山話をするうち、曹操に警戒されていることを察知して仰天し、思わず手に持っていた箸を落としてしまう。そのときちょうど雷鳴がとどろき、大雨が降りだしたので、これ幸いと「聖人も迅雷・風烈には必ず変ず、と言っておられます」などと言いつくろい、内心の動揺を巧みに糊塗し、曹操の疑念をはらしたというものである。この話は、『正史《せいし》三国志《さんごくし》』「先主伝《せんしゅでん》」に付された裴松之《はいしょうし》注『華陽国志《かようこくし》』にもすでに見えている。いずれにせよ、あまり勉強の得意でなかった劉備さえ、とっさにこの言葉を思いだし、危機を逃れたということは、『論語』がいかに普遍的な教養として広く流布していたかを、示すものだといえよう。

郷党 10－27

升車、必正立執綏。車中不内顧、不疾言、不親指。

車《くるま》に升《のぼ》れば、必《かなら》ず正《ただ》しく立《た》ちて綏《すい》を執《と》る。車《くるま》の中《うち》にては内顧《ないこ》せず、疾言《しつげん》せず、親《した》しく指《ゆび》ささず。

（孔子は）馬車に乗ると、必ずまっすぐ立って、垂れひもをしっかり持った。車上ではふりかえらず、声高に早口でしゃべらず、自分で指さしたりしなかった。

○**綏**《すい》 馬車の乗り降りのさいや車中でつかまるヒモ、垂れひも。○**内顧**《ないこ》 ふりかえること。○**疾言**《しつげん》 声高に早口でしゃべること。

馬車に乗れるのは階層の高い者だから、それにふさわしく、がさつで軽はずみな言動を控えたのである。

郷党 10－28

色斯擧矣、翔而後集。曰、山梁雌雉、時哉、時哉。子路共之。三嗅而作。

色《いろ》みて斯《ここ》に挙《あ》がり、翔《かけ》りて而《しか》る後《のち》に集《とど》まる。曰《いわ》く、山梁《さんりょう》の雌雉《しち》、時《とき》なる哉《かな》、時《とき》なる哉《かな》。子路《しろ》 之《こ》れに共《きょう》す。三《み》たび嗅《か》ぎて作《た》つ。

人の顔色を見て、(危険を感じると)飛びたち、飛びまわってからとまる。(孔子は)言われた。「山中の橋にいるメスのキジは、時機をよく知っているなあ、時機をよく知っているなあ」。(この言葉を聞いた)子路《しろ》は(勘違いして)、キジをつかまえて料理し、おすすめした。(孔子は)三度匂いを嗅ぐと、(食べずに)立ちあがった。

○色《いろ》みる 人の顔色を見る。○山梁《さんりょう》 山中の橋。○雌雉《しち》 メスのキジ。○共《きょう》す 「供す」に同じ。ここでは、キジをつかまえて料理してすすめることをいう。○作《た》つ 立つ。

この章は、難解であることにおいて定評がある。孔子が公私両面にわたり日常生活のなかでいかなる言動をとったかを、具体的に記す言葉を集めた郷党篇において、この最終章だけは異質であり、意味がよくわからない。また、荻生徂徠《おぎゅうそらい》は冒頭の二句を何かの詩から採ったものだとするが、だとすると、後の子路《しろ》の行動とうまくつながらない。

とりあえず、字句をたどって読めば、孔子が敏感なキジの動きを見て、「時《とき》なる哉《かな》(時機をよく知っているなあ)」と感心する。すると、粗忽な子路はその「時」をとりちがえ、孔子が「時に合った食べ物だ」と言ったと思い込み、つかまえて料理して進呈する。孔子は子路の好意を無にしないよう、ちょっと匂いだけはかいだものの、口にせず立ちあがったという展開になる。だとすれば、この篇の他の章の趣旨とは異なるものの、慌て者の子路のトンチンカンな行為と、やれやれと思いながら、それをやんわり受けとめた孔子の落ち着いた態度を対比しつつ、アクシデントにも動じない孔子の姿を浮き彫りにした、なかなか面白い話だということになる。なお、以上はごくふつうの読みかたでもある。

付言すれば、この子路のくだりにも異説があり、子路がキジをつかまえようとすると、キジは三度羽ばたいて飛び去ってしまったとするのだが、こう読むと、いっそうこの章の意味するところがわからなくなってしまう。

いずれにせよ、孔子と子路の登場するこの章をもって、論語の前半十篇、いわゆる上篇は幕切れとなる。

先進《せんしん》　第十一

先進 11－1

子曰、先進於禮樂、野人也。後進於禮樂、君子也。如用之、則吾從先進。

子《し》曰《いわ》く、先進《せんしん》の礼楽《れいがく》に於《お》けるは、野人也《やじんなり》。後進《こうしん》の礼楽《れいがく》に於《お》けるは、君子也《くんしなり》。如《も》し之《こ》れを用《もち》うれば、則《すなわ》ち吾《わ》れは先進《せんしん》に従《したが》わん。

先生は言われた。「先輩たちの文化に対する態度は、素朴な田舎者のようであった。後輩たちの文化に対する態度は、洗練された君子のようだ。どちらかの態度を選び取るとすれば、私は先輩たちに従おう」。

○**先進《せんしん》** 先輩たち、前の世代の人々。○**礼楽《れいがく》** 礼と音楽をはじめ、広く文化を指す。○**野人《やじん》** 素朴な田舎者。○**後進《こうしん》** 後輩たち、後の世代の人々。

素朴さ、質朴さ、あるいは野性を保ちながら、文化的事象に接し、これを享受しようとする孔子の基本的姿勢を、明らかにした言葉である。「剛毅《ごうき》木訥《ぼくとつ》、仁《じん》に近《ちか》し」(子路13－27)という発言もあるように、孔子には過度に美的かつ繊細であるよりは、飾り気のない質朴さをよしとする価値観があった。

先進 11－2

子曰、從我於陳蔡者、皆不及門也。

子曰《しいわ》く、我《わ》れに陳《ちん》・蔡《さい》に従《したが》いし者《もの》は、皆《み》な門《もん》に及《およ》ばざる也《なり》。

先生は言われた。「私に陳《ちん》・蔡《さい》までつき従った者たちは、みな就職の機会を逸してしまった」。

○陳《ちん》・蔡《さい》 いずれも国名（解説参照）。
○門《もん》に及《およ》ばず 弟子たちが就職の機会を逸したことをいう。別の読みかたもある（解説参照）。

紀元前四八九年、諸国遊説中の孔子一行は、陳《ちん》から蔡《さい》へ行く途中、戦乱に巻き込まれ、食糧危機に陥った（詳細は衛霊公15－2参照）。これは、その五年後、魯《ろ》に帰国した孔子が、陳・蔡の危機を回想し、あのときも私の側を離れなかった弟子たちは、このため、ついに貴門（有力者の家）に就職する機会を逸してしまったと、慨嘆したもの。

以上は、古注によった読みかただが、新注では、「門《もん》に及《およ》ばず」を、そんな弟子たちも今は散り散りになり、自分のもとに誰もいなくなったと、嘆いた言葉だとする。なかなか魅力的な読みかただが、「門に及ばず」を「自分（孔子）の門下から去った」と読むのは、いささか無理があると思われる。さらにまた、たとえば、陳・蔡の危機のさい、同行していた子路《しろ》も、その後、衛《えい》で就職してはいるものの、けっして望ましい職ではなかったことを考え合わせれば、やはり古注のように読むのが妥当であろう。

先進 11-3

徳行顔淵閔子騫冉伯牛仲弓。言語宰我子貢。政事冉有季路。文學子游子夏。

徳行《とくこう》には顔淵《がんえん》・閔子騫《びんしけん》・冉伯牛《ぜんはくぎゅう》・仲弓《ちゅうきゅう》。言語《げんご》には宰我《さいが》・子貢《しこう》。政事《せいじ》には冉有《ぜんゆう》・季路《きろ》。文学《ぶんがく》には子游《しゆう》・子夏《しか》。

○**言語**《げんご》 弁論。○**政事**《せいじ》 政治。○**文学**《ぶんがく》 学問。

（孔子門下では）徳行の領域では、顔淵《がんえん》（顔回《がんかい》）、閔子騫《びんしけん》（閔損《びんそん》）、冉伯牛《ぜんはくぎゅう》（冉耕《ぜんこう》）、仲弓《ちゅうきゅう》（冉雍《ぜんよう》）、言語（弁論）の領域では、宰我《さいが》（宰予《さいよ》）、子貢《しこう》（端木賜《たんぼくし》）、政事（政治）の領域では、冉有《ぜんゆう》（冉求《ぜんきゅう》）、季路《きろ》（仲由《ちゅうゆう》、もう一つのあざなは子路《しろ》）、文学（学問）の領域では、子游《しゆう》（言偃《げんえん》）、子夏《しか》（卜商《ぼくしょう》）がすぐれている。

孔子には七十七人の高弟がいたとされるが、この章は、孔門四科《こうもんしか》と称される徳行、言語（弁論）、政事（政治）、文学（学問）の四つのジャンルにおいて、それぞれことにすぐれた高弟十人の名を列挙したものである。この十人の高弟は、すでに上篇において全員、登場している。なお、ここで彼らは全員、あざなで記されており、訳のなかでカッコに入れて本名を記しておいた。また、彼らの登場する章については巻末の「人名索引」参照。

先進11-4

子曰、回也、非助我者也。於吾言、無所不說。

子曰《しいわ》く、回《かい》や、我《わ》れを助《たす》くる者《もの》に非《あら》ざる也《なり》。吾《わ》が言《げん》に於《お》いては、説《よろこ》ばざる所無《ところな》し。

先生は言われた。「顔回《がんかい》は、私を助けてくれる者ではない。私が何を言っても、すべて喜んで受け入れるばかりなのだから」。

孔子の最愛の弟子顔回《がんかい》に対する批評。といっても「吾《わ》れ回《かい》と言《い》うこと終日《しゅうじつ》、違《たが》わざること愚《ぐ》なるが如《ごと》し。退《しりぞ》いて其《そ》の私《わたくし》を省《かえ》りみれば、亦《ま》た以《もっ》て発《はっ》するに足《た》れり。回《かい》や愚《ぐ》ならず」(為政2-9)とも述べているように、これは顔回への飽き足りなさを述べた言葉ではなく、ひとひねりした賛辞である。顔回は、敏感に反応したり、反発したりする才子型の弟子のように、孔子を刺激することはなく、孔子の言葉をひたすら喜んで聞き、受け入れるばかり。そんな顔回と向き合っていると、孔子はその場で啓発される(助けられる)ことはないが、深く広い海に向き合っているように、みずからの思考をより深めることができたのではなかろうか。

なお、末尾の「説《よろこ》ばざる所無《ところな》し」の「説」を「理解する」という意味で「説《と》く」と読み、「説《と》かざる所無《ところな》し」とする説もある。顔回は、私(孔子)の言うことをすべてすぐ理解するので、私は考え直すきっかけもない。だから、顔回は私の助けにならないと言ったのだというのである。これまた顔回に対する、ひとひねりした賛辞であり、「説《よろこ》ぶ」と読むのと、けっきょく一致するといえよう。

先進 11－5

子曰、孝哉閔子騫。人不間於其父母昆弟之言。

子曰《しいわ》く、孝《こう》なる哉《かな》　閔子騫《びんしけん》。人《ひと》　其《そ》の父母《ふぼ》昆弟《こんてい》に間《かん》する言《げん》あらず。

先生は言われた。「孝行者であることよ、閔子騫《びんしけん》は。人が、彼の父母や兄弟をそしる言葉も聞いたことがない」。

○**昆弟《こんてい》**　兄弟。○**間《かん》す**　そしる。

先進(本篇)11－3に徳行にすぐれた高弟としてあげられるように、閔子騫《びんしけん》(姓は閔《びん》、名は損《そん》)は有徳の人であった(詳しくは雍也6－9参照)。ことに、ここで孔子が称揚しているように親孝行であり、漢《かん》代以降、継母のいじめに耐えた孝子物語の主人公となる。ここに見える「昆弟《こんてい》(兄弟)」はおそらく異母弟を指すとおぼしい。閔子騫の純粋な親孝行の余徳を蒙って、とかく問題のある彼の父、継母、異母弟まで、人からとやかく言われなくなったと、孔子は閔子騫を称揚しているのである。

先進 11－6

南容三復白圭。孔子以其兄之子妻之。

南容《なんよう》　三《み》たび白圭《はくけい》を復《ふく》す。孔子《こうし》　其《そ》の兄《あに》の子《こ》を以《もっ》て之《こ》れに妻《め》あわす。

南容《なんよう》はしばしば「白圭《はくけい》」の詩を口ずさんだ。（これを聞いた）孔子は自分の兄の娘を彼のもとに嫁がせた。

○南容《なんよう》　孔子の弟子。南宮縚《なんきゅうとう》あざな子容《しよう》。○三《み》たび～を復《ふく》す　しばしば口ずさむこと。○白圭《はくけい》『詩経《しきょう》』大雅《たいが》「抑《よく》」の詩句。白圭はもともと白玉を指す。

南容《なんよう》は公冶長5－2において、「邦《くに》に道有《みちあ》れば、廃《す》てられず。邦《くに》に道無《みちな》ければ、刑戮《けいりく》より免《まぬか》れん（国家に道理があるときは、無視されることなく、国家に道理がなくなったときも、刑罰や殺戮の禍《わざわい》にあうことはない）」と、孔子にその安定度の高さを見込まれ、孔子の姪の配偶者に選ばれたという話が見える。この章はそのヴァリエーションである。ここで南容がしばしば口ずさんでいた「白圭《はくけい》」の詩は、『詩経《しきょう》』大雅《たいが》「抑《よく》」の

白圭之玷　白圭《はくけい》の玷《か》くるは
尚可磨也　尚《な》お磨《みが》く可《べ》き也《なり》
斯言之玷　斯《こ》の言《げん》の玷《か》くるは
不可爲也　為《な》す可《べ》からざる也《なり》

という詩句だとされる。玉《ぎょく》のきずは磨いて直せるが、失言は取り消しようがないという意味である。この詩句をいつも口ずさんでいたとすれば、南容がいかに慎重で敬虔な人となりであったか、推測に難くない。なお、南容についての詳細は公冶長5－2解説参照。

先進 11－7

季康子問、弟子孰爲好學。孔子對曰、有顏回者、好學。不幸短命死矣。今也則亡。

季康子《きこうし》問《と》う、弟子《ていし》孰《たれ》か学《がく》を好《この》むと為《な》す。孔子《こうし》対《こた》えて曰《いわ》く、顔回《がんかい》なる者有《ものあ》り、学《がく》を好《この》む。不幸《ふこう》短命《たんめい》にして死《し》せり。今《いま》や則《すなわ》ち亡《な》し。

季康子《きこうし》がたずねた。「お弟子さんのうち、誰が学問好きと思われますか」。孔子は答えて言われた。「顔回《がんかい》という者がおりました。学問好きでしたが、不幸にも短命で死にました。今はもうこの世にいません」。

○**季康子**《きこうし》　魯《ろ》の三大貴族「三桓《さんかん》」の一つ、季孫《きそん》氏の一族で、魯の重臣。為政2-20、雍也6-8、郷党10-15に登場。合わせて参照。

雍也6－3に、哀公《あい》の同様の問いに対し、孔子が、「顔回《がんかい》なる者有《ものあ》り、学《がく》を好《この》む。怒《いか》りを遷《うつ》さず。過《あやま》ちを弐《ふたた》びせず。不幸《ふこう》短命《たんめい》にして死《し》せり。今《いま》や則《すなわ》ち亡《な》し。未《いま》だ学《がく》を好《この》む者《もの》を聞《き》かざる也《なり》」と言ったという記述が見える。この章の発言は、これをやや切り詰めたものだが、主旨は同じである。

先進 11－8

顏淵死。顏路請子之車以爲之椁。子曰、才不才、亦各言其子也。鯉也死。有棺而無椁。吾不徒行以爲之椁。以吾從大夫之後、不可徒行也。

顔淵《がんえんし》死す。顔路《がんろ》 子《し》の車《くるまもっ》以て之《こ》れが椁《かく》を為《つく》らんと請《こ》う。子《し》曰《いわ》く、才《さい》あるも才《さい》あらざるも、亦《ま》た各《おの》おの其《そ》の子《こ》を言《い》う也《なり》。鯉《り》や死《し》す。棺《かんあ》有りて椁《かくな》無し。吾《わ》れ徒《と》行《こう》して以《もっ》て之《こ》れが椁《かく》を為《つく》らず。吾《わ》れ大夫《たいふ》の後《あと》に従《したが》うを以《もっ》て、徒行《とこう》す可《べ》からざる也《なり》。

顔淵《がんえん》（顔回《がんかい》）が死んだ。（顔回の父の）顔路《がんろ》が、先生の車をいただき、それで椁《かく》を作りたいと願いでた。先生は言われた。「才能があってもなくても、（親は）それぞれ子供のことを称揚したがるものだ。（私は息子の）鯉《り》が死んだとき、棺《かん》は作ったが、椁は作らなかった。私は、（車を売って椁を作り）徒歩で外出してまで、息子の椁を作りはしなかった。私は大夫の末席に連なる者であり、（馬車に乗らず）徒歩で外出するわけにはいかないからだ」。

○**顔路**《がんろ》 本名は無繇《むよう》。顔回《がんかい》の父。やはり孔子の弟子で、孔子より六歳年下。○**椁**《かく》 当時、身分の高い者などを葬るとき、棺を二重にした。その外棺。○**鯉**《り》 孔鯉《こうり》、あざな伯魚《はくぎょ》。孔子の息子。紀元前四八三年、孔子に先立つこと四年で死去（この二年後、顔回死去）。○**大夫**《たいふ》 ここでは「重臣」の意味。

紀元前四八一年、最愛の弟子顔回《がんかい》が四十一歳で死去したときの話である。このとき、やはり孔子の弟子だった顔回の父顔路《がんろ》が、抜群に優秀だった顔回を手厚く葬るべく、二重の棺に入れてやろうとしたが、外側の棺（椁《かく》）を作る資金がない。そこで、孔子に馬車をいただき、これを売って椁を作りたいと願いでる。すると、孔子は、その二年前（前四八三）、息子孔鯉《こうり》が死去したときも、大夫である自分にとって不可欠な馬車を売ってまで、息子の椁を作らなかったと述べ、顔路の願いをやんわり拒絶する。

子罕9－12に、孔子が重病にかかったとき、大げさな葬儀を用意しようとする子路《しろ》をたしなめ、「予《わ》れ縦《たと》い大葬《たいそう》を得《え》ざるも、予《わ》れ道路《どうろ》に死《し》なんや（私はりっぱな葬式をしてもらえなくとも、私が路上で野たれ死にするはずもなかろう）」と言いきっているように、もともと見栄を張った盛大な葬礼（厚葬《こうそう》）には反対だった。孔子は、才ある愛弟子顔回やそれほど才のない息子孔鯉の葬礼にも、その考えかたを変えなかったのである。

なお、この顔回の死の翌年、誠実無比の子路も死去した。息子、愛弟子を次々に失った孔子は、子路の死の翌年（前四七九）、七十三歳で死去するに至る。

先進 11－9

顔淵死。子曰、噫、天喪予、天喪予。

顔淵《がんえん》死《し》す。子《し》曰《いわ》く、噫《ああ》、天《てん》　予《わ》れを喪《ほろ》ぼせり、天《てん》　予《わ》れを喪《ほろ》ぼせり。

顔淵《がんえん》（顔回《がんかい》）が死んだ。先生は言われた。「ああ、天が私を滅ぼした。天が私を滅ぼした」。

前章でも述べたように、孔子がもっとも信頼し期待をかけた最愛の弟子顔回《がんかい》（あざな淵《えん》）が死んだのは、紀元前四八一年である。ときに四十一歳、孔子に先立つこと二年であった。このとき七十一歳だった孔子は深甚な打撃を受け、これは天が私を滅ぼすということだとまで言いきって、身も世もあらず、はげしい悲嘆にくれた。顔回の死の翌年、愛すべき快男児の子路《しろ》も不慮の死を遂げ、最晩年の孔子はたてつづけに回復不能の深傷《ふかで》を負ったのだった。顔回の死については、雍也6－3および先進(本篇)11－10(次章)、11、23を合わせて参照。

先進 11－10

顔淵死。子哭之慟。従者曰、子慟矣。曰、有慟乎。非夫人之爲慟而誰爲。

顔淵死《がんえんし》す。子《し》之《こ》れを哭《こく》して慟《どう》す。従者曰《じゅうしゃいわ》く、子《し》慟《どう》す。曰《いわ》く、慟《どう》する有《あ》るか。夫《か》の人《ひと》の為《ため》に慟《どう》するに非《あら》ずして誰《た》が為《ため》にせん。

顔淵《がんえん》(顔回《がんかい》)が死んだ。先生は哭礼《こくれい》され慟哭《どうこく》された。従者が言った。「先生は慟哭されましたね」。(先生は)言われた。「私は慟哭したか。彼のために慟哭しないで、いったい誰のために慟哭しようというのか」。

○**哭《こく》す**　哭礼《こくれい》する。哭礼は死者のために大声をあげて泣く喪礼《そうれい》(喪中の礼法)の一種。○**慟《どう》す**　哭礼の域を超えて慟哭する。

前章と同様、顔回《がんかい》が死んだときの言葉である。弔問に行った孔子は、顔回の棺《ひつぎ》の前で哭礼をするうちに、はげしい悲しみがこみあげ、礼の型を超えて慟哭し泣き崩れてしまう。随行した弟子がこれを見て驚嘆し、「さっき慟哭されましたね」と言うと、ふだんは礼の型を重んじる孔子が、きっぱりと「彼のために慟哭しないで、いったい誰のために慟哭しようというのか」と言いきる。顔回を失った孔子の悲嘆が堰《せき》を切ってあふれるさまを如実にあらわした話である。

先進 11－11

顔淵死。門人欲厚葬之。子曰、不可。門人厚葬之。子曰、回也視予猶父也。予不得視猶子也。非我也。夫二三子也。

顔淵《がんえん》死《し》す。門人《もんじん》 厚《あつ》く之《こ》れを葬《ほうむ》らんと欲《ほっ》す。子《し》曰《いわ》く、不可《ふか》なりと。門人《もんじん》 厚《あつ》く之《こ》れを葬《ほうむ》る。子《し》曰《いわ》く、回《かい》や予《わ》れを視《み》ること 猶《な》お父《ちち》のごとく也《なり》。予《わ》れは視《み》ること猶《な》お子《こ》のごとくするを得《え》ざる也《なり》。我《わ》れに非《あら》ざる也《なり》。夫《か》の二三子《にさんし》也《なり》。

顔淵《がんえん》（顔回《がんかい》）が死んだ。兄弟弟子は丁重かつ盛大な葬りかたをしようとした。先生は言われた。「だめだ」。兄弟弟子は（聞き入れず）丁重かつ盛大な葬りかたをした。先生は言われた。「顔回は私を実の父のように思っていた。だが、私は彼を実の息子と同様にしてやれなかった。（こんなことになったのは）私のせいではない。きみたちのせいだ」。

○**門人**《もんじん》 門弟、弟子。ここでは、顔《がん》回《かい》の兄弟弟子、相弟子を指す。○**厚**《あつ》**く葬**《ほうむ》**る** 丁重かつ贅沢な葬りかた（厚葬）をする。○**二三子**《にさんし》 きみたち、諸君。

これも先進(本篇)11－8と同じく、顔回《がんかい》の葬りかたに関する記述である。顔回が死んだとき、孔子門下の相弟子たちは孔子の反対に耳を貸さず、丁重で盛大な葬儀を行った。彼らは、孔子がその実、顔回を手厚く葬ることを望んでいると考えたのであろう。しかし、孔子は、それでは、自分を父と思ってくれた顔回に対し、自分は実の息子と同様にしてやれなかったことになると、怒りを爆発させる。先の第八章に見えるとおり、孔子は息子の孔鯉《こうり》が死んだとき、厚葬を否定するみずからの考えかたにより、盛大で仰々しい葬式を行わなかった。「実の息子と同様にしてやれなかった」とは、このことを指す。

孔子は、「喪《そう》は其《そ》の易《おさ》めん与《よ》りは寧《むし》ろ戚《いた》め(喪中の礼は細々ととのえるより、ひたすら哀悼したほうがいい)」(八佾3－4)とも述べており、弟子たちのおせっかいなやりかたに対する怒りの爆発の陰に、顔回の死に対する痛切な悲しみ、深い哀悼が読みとれる。孔子が怒り嘆く姿を寸描するこの章をもって、五章つづいた顔回の死にかかわる記述は締めくくられる。

先進 11－12

季路問事鬼神。子曰、未能事人、焉能事鬼。敢問死。曰、未知生、焉知死。

季路《きろ》 鬼神《きしん》に事《つか》えんことを問《と》う。子曰《しいわ》く、未《いま》だ人《ひと》に事《つか》うる能《あた》わず、焉《いず》くんぞ能《よ》く鬼《き》に事《つか》えん。敢《あ》えて死《し》を問《と》う。曰《いわ》く、未《いま》だ生《せい》を知《し》らず、焉《いず》くんぞ死《し》を知《し》らん。

季路《きろ》(子路《しろ》)が鬼神への仕えかたを質問した。先生は言われた。「生きている人間に仕えることもできないのに、どうして鬼《き》(死者の霊魂)に仕えることができようか」。(子路がさらに)果敢にも死について質問した。(先生は)言われた。「生きている間のこともわからないのに、どうして死んだあとのことがわかるか」。

○**鬼神**《きしん》「鬼」は死者の霊魂、「神」は天の神を指すが、ここでの孔子の答えはもっぱら「鬼」に焦点をあてたもの。

季路《きろ》は、やんちゃで純情な高弟子路《しろ》のもう一つのあざなともいう。子路がまず「鬼神」への仕えかたをたずねたのに対し、孔子は上記のように答えて、不可知の世界に踏み込まない姿勢をきっぱりと明らかにする。こうして不可知の世界に踏み込むなと諭されながら、やや繊細さに欠ける子路はさらに突っ込んで、死について質問し、「未《いま》だ生《せい》を知《し》らず、焉《いず》くんぞ死《し》を知《し》らん」と一蹴されるにいたる。

この発言は、孔子が不可知の世界にはけっして踏み込まず、厳然と距離をおく、現実重視のリアリストだったことを示すものとして知られ、宋《そう》代儒学における無神論の有力な論拠となった。

先進 11-13

閔子侍側、誾誾如也。子路行行如也。冉有子貢侃侃如也。子樂。若由也、不得其死然。

閔子《びんし》側《かたわら》に侍《じ》す、誾誾如《ぎんぎんじょ》たり。子路《しろ》行行如《こうこうじょ》たり。冉有《ぜんゆう》・子貢《しこう》侃侃如《かんかんじょ》たり。子《し》楽《たの》しむ。由《ゆう》の若《ごと》きは、其《そ》の死《し》を得《え》ざるがごとく然《しか》り。

閔子騫《びんしけん》らがそばに座っていた。閔子騫はおだやかにくつろいでおり、子路《しろ》はいかつく武ばっており、冉有《ぜんゆう》と子貢《しこう》はなごやかなようすだった。先生は楽しそうにしておられたが、ふと言われた。「由《ゆう》(子路の本名、仲由《ちゅうゆう》)のような者は、天寿をまっとうできないな」。

○誾誾如《ぎんぎんじょ》 おだやかにくつろぐさま。
○行行如《こうこうじょ》 いかつく武ばったさま。
○侃侃如《かんかんじょ》 なごやかなさま。

閔子騫《びんしけん》はすでに孝行者として先進(本篇)11－5に登場している。子路《しろ》、冉有《ぜんゆう》(冉求《ぜんきゅう》)、子貢《しこう》はお馴染みの高弟である。この四人の弟子がそれぞれ持ち味を発揮して、孔子のかたわらに座って話をしていたさい、よき弟子に囲まれた孔子はとても楽しげであったが、こんなときでも、肩に力の入った子路のいかついさまが気になり、ふと口走った。「由《ゆう》の若《ごと》きは、其《そ》の死《し》を得《え》ざるがごとく然《しか》り」と。この不吉な予感は不幸にも的中した。すでに、公冶長5－14解説などで述べたように、紀元前四八〇年、子路は衛《えい》の内乱に巻き込まれて非業の最期を遂げたのである。

先進 11－14

魯人爲長府。閔子騫曰、仍舊貫、如之何。何必改作。子曰、夫人不言、言必有中。

魯人《ろひと》 長府《ちょうふ》を為《つく》る。閔子騫《びんしけん》曰《いわ》く、旧貫《きゅうかん》に仍《よ》らば、之《こ》れを如何《いかん》。何《なん》ぞ必《かなら》ずしも改《あらた》め作《つく》らん。子《し》曰《いわ》く、夫《か》の人《ひと》は言《い》わず、言《い》わば必《かなら》ず中《あた》ること有《あ》り。

魯《ろ》の政府関係者が倉庫を作った。閔子騫《びんしけん》が言った。「慣例どおりにしておいたらどうでしょう。何も慣例を改めて新しく作る必要はありますまい」。先生は言われた。「あの人は寡黙だが、何か言うと、必ず的にあたる」。

○**魯人**《ろひと》　ここでは「魯の政府関係者」の意。○**長府**《ちょうふ》　国の財貨などを収納する倉庫。○**旧貫**《きゅうかん》　先例、慣例。

前章にも登場した、寡黙で落ち着いた閔子騫《びんしけん》が、まれに口を開くと、必ず的確なことを言うと、孔子が称賛したものである。

なお、この閔子騫の発言について、「長府《ちょうふ》」を普通名詞ではなく固有名詞とし、歴史的事件と絡ませて解釈する説もある。紀元前五一七年、魯《ろ》の昭《しょう》公が、魯の実権をにぎる三大貴族（三桓《さんかん》。季孫《きそん》氏、孟《もう》孫《そん》氏、叔孫《しゅくそん》氏）を倒すため、その拠点として、財貨や武器を納める「長府」という新しい倉庫を作ったが、まもなく昭公はクーデタに失敗し、斉《せい》に国外逃亡した。閔子騫の発言は、その史実を踏まえたものだというのである。

この事件の起こったとき、孔子は三十五歳であり、亡命した昭公の後を追って、短期間ながら斉に行った。閔子騫は孔子より十五歳年下だから、このとき二十歳の青年である。この章の発言がその時点でなされたものだとすれば、孔子も閔子騫もいたって若い時代のことになる。しかし、これはもっと老成したやりとりであり、ここに見える「長府」を昭公の事件と直接結びつける解釈には、無理があると思われる。

先進
11－15

子曰、由之瑟、奚爲於丘之門。門人不敬子路。子曰、由也升堂矣。未入於室也。

子曰《しいわ》く、由《ゆう》の瑟《しつ》、奚為《なんす》れぞ丘《きゅう》の門《もん》に於《お》いてせん。門人《もんじん》子路《しろ》を敬《けい》せず。子曰《しいわ》く、由《ゆう》や堂《どう》に升《のぼ》れり。未《いま》だ室《しつ》に入《い》らざる也《なり》。

先生は言われた。「由《ゆう》（子路《しろ》の本名、仲由《ちゅうゆう》）の瑟《しつ》の弾きかたなら、なにも丘《わたくし》（孔子の名）の家で弾かなくてもよさそうだ」。（これを聞いた）門弟たちは子路に敬意をはらわなくなった。先生は言われた。「由は座敷には上がっているのだが、奥の間にまだ入れないだけなのだ」。

○瑟《しつ》　大型の琴《きん》。ふつうの琴は七弦だが、瑟は二十五弦ある。ほかにも十五、十九、二十七、五十弦等々、多くの種類がある。○堂《どう》　正堂、座敷。○室《しつ》　奥の間。

孔子門下では音楽が重視され、瑟《しつ》を弾きながら『詩経《しきょう》』を学んだとされる。子路《しろ》はなにぶん武骨な人物だから、優雅に瑟を弾くなどという芸は不得手だった。あるとき、それでも一所懸命に練習している子路の演奏を聴いた孔子が、これはひどいぞと、ユーモアたっぷりにからかった。すると、これを聞いた他の門弟たちが年長の子路を軽く見て、敬意をはらわなくなった。ユーモアを解さない門弟の振る舞いを目にし、これはまずいと思った孔子は、今度は子路をかばい、子路は音楽を含めた学問も行動も、りっぱに座敷に上がれるほどのレベルに達しているが、まだ奥の間に入るにいたらない、すなわち奥義に達していないだけだと、弁護したのである。

子路には通じるユーモアも、ほかの弟子には通じず、ちょっとあわてた孔子の姿が浮き彫りにされた面白い章である。孔子が辛辣な口調で子路をからかう場面は、『論語』にしばしば見られる（先進〈本篇〉11－25参照）。孔子の辛口のユーモアは、子路への愛情表現だったといえよう。

先進 11－16

子貢問、師與商也孰賢。子曰、師也過、商也不及。曰、然則師愈與。子曰、過猶不及。

子《し》貢《こう》問《と》う、師《し》と商《しょう》と孰《いず》れか賢《まさ》れる。子《し》曰《いわ》く、師《し》や過《す》ぎたり、商《しょう》や及《およ》ばず。曰《いわ》く、然《しか》らば則《すなわ》ち師《し》愈《まさ》れるか。子《し》曰《いわ》く、過《す》ぎたるは猶《な》お及《およ》ばざるがごとし。

子《し》貢《こう》がたずねた。「師《し》（顓孫師《せんそんし》あざな子張《しちょう》）と商《しょう》（卜商《ぼくしょう》あざな子夏《しか》）とどちらがすぐれているでしょうか」。先生は言われた。「師はやりすぎであり、商は引っ込み思案だ」。（子貢は）言った。「ならば師のほうがすぐれていますか」。先生は言われた。「やりすぎと引っ込み思案は似たようなものだ」。

○**賢《まさ》る、愈《まさ》る**　ここはいずれも「まさる（すぐれる）」の意。

この章は、人物批評、人物比較を好んだとされる子貢《しこう》が孔子に、同門の子張《しちょう》と子夏《しか》の優劣をたずねたもの。ずっと時代が下った魏晋《ぎしん》貴族社会において、清談《せいだん》（哲学談議）が大流行し、人物批評はその重要な分野を占めたが、その源流は孔子グループにまで遡ることができるようだ。

子貢が比較の対象とした二人のうち、子張は孔子より四十八歳年下の若い弟子。先に孔子に対して、「十世《じっせい》知る可《べ》きや(十代さきの王朝のことを予知できるでしょうか)」(為政2－23)と質問した秀才である。もう一人の子夏はこれまた孔子より四十四歳年下の若い弟子で、「文学には子游《しゆう》・子夏」と称されるように、学問にすぐれた人物だった。

子貢の質問に対し、孔子は、子張はやりすぎ、子夏は引っ込み思案だと言い、やりすぎと引っ込み思案は似たようなものだと結論づける。後世広く流布する「過《す》ぎたるは猶《な》お及《およ》ばざるがごとし」の出典となった章だが、この孔子の言葉には、過剰も不足も好ましくはなく、中庸こそ望ましいという考えかたが、はっきりと打ちだされている。

先進 11－17

季氏富於周公。而求也爲之聚斂而附益之。子曰、非吾徒也。小子鳴鼓而攻之可也。

季氏《きし》　周公《しゅうこう》より富《と》む。而《しこう》して求《きゅう》や之《こ》れが為《ため》に聚斂《しゅうれん》して之《こ》れに附益《ふえき》す。子曰《しいわ》く、吾《わ》が徒《と》に非《あら》ざる也《なり》。小子《しょうし》　鼓《こ》を鳴《な》らして之《こ》れを攻《せ》めて可《か》也《なり》。

季孫《きそん》氏は(魯《ろ》の始祖の)周公旦《しゅうこうたん》より金持ちだった。にもかかわらず、求《きゅう》(冉《ぜん》求《きゅう》)は季孫氏のために租税を取り立て、財産を増やしていた。先生は言われた。「われわれの仲間ではない。きみたち、太鼓を鳴らして攻め立ててもいいよ」。

○**季氏**《きし》 魯《ろ》の三大貴族の一つ、季孫《きそん》氏。○**周公**《しゅうこう》 魯の始祖、周公旦《しゅうこうたん》。○**聚斂**《しゅうれん》**す** 租税を取り立てる。○**附益**《ふえき》**す** 増やす。○**徒**《と》 仲間。○**小子**《しょうし》 きみたち。

冉求《ぜんきゅう》(あざな子有《しゆう》。冉有《ぜんゆう》とも呼ばれる)は、先進(本篇)11-3において、「政事には冉有・季路《きろ》(子路《しろ》)」と称されているように、政治能力があり、季孫《きそん》氏の執事をつとめていた。ここで、孔子はその冉求が季孫氏のために、人々から搾取し、もともと金持ちの季孫氏の財産をさらに増やしていると非難し、弟子たちに彼をドンドン批判せよと、発破をかけている。よほど腹に据えかねたのであろう。ちなみに、八佾3-6でも、孔子は、冉求が季孫氏の僭上行為をとめなかったことを叱責している。有能で器用な冉求は、小回りが利き過ぎるうえ、権力に迎合する功利的なところがあったとおぼしい。

先進 11-18

柴也愚、參也魯、師也辟、由也喭。

柴《さい》**や愚**《ぐ》**、参**《しん》**や魯**《ろ》**、師**《し》**や辟**《へき》**、由**《ゆう》**や喭**《がん》**。**

柴《さい》(高柴《こうさい》)は愚、参《しん》(曾参《そうしん》、曾子《そうし》)は魯、師《し》(子張《しちょう》の本名、顓孫師《せんそんし》)は辟《へき》、由《ゆう》

○**愚**《ぐ》 愚直。○**魯**《ろ》 魯鈍、ぐず。○**辟**《へき》

(子路《しろ》の本名、仲由《ちゅうゆう》)は喭《がん》だ。

誇張、オーバー。○喭《がん》 粗野で不作法。

高柴《こうさい》、曾参《そうしん》、子張《しちょう》、子路《しろ》の短所を、一字で端的に述べた言葉。朱子《しゅし》の説くように、「子曰く」が脱落したものであり、おそらく孔子の言葉であろう。

高柴はあざなを子羔《しこう》といい、孔子より三十歳年下の弟子であり、もっさりと風采のあがらぬ人物だった。曾参はすでにしばしば登場しているが、里仁4-15で、孔子が「吾《わ》が道《みち》は一以《いつもっ》て之《こ》れを貫《つらぬ》く」と言った瞬間に、その意味するところを悟り、「夫子《ふうし》の道《みち》は、忠恕《ちゅうじょ》のみ」と述べた人物である。いかにも呑み込みが早そうだが、その実、孝行論に通暁した篤実な曾参は慎重な人柄であり、「魯(ぐず)」と評される面があったとおぼしい。なお、孔子より四十六歳も年下だった曾参は後年、多くの弟子を有して、孔子の儒学思想を継承し、その普及に貢献した。子張については、先進(本篇)11-16において、「師《し》や過《す》ぎたり(子張はやりすぎだ)」と評した孔子の言葉があり、ここに見える「辟《へき》(誇張、オーバー)」という指摘とも呼応する。才気ばしった子張には大げさで過剰な面があったのだろう。子路に対する「喭《がん》(粗野で不作法)」という指摘はまさにぴったり、誰しも納得するものだ。

弟子の性格・特徴を知り尽くした孔子はときにユーモアたっぷり、彼らの短所や欠点をこうしてずばり指摘し、彼らの自覚をうながしたものと思われる。

先進 11－19

子曰、回也其庶乎。屢空。賜不受命、而貨殖焉。億則屢中。

子《し》曰《いわ》く、回《かい》や其《そ》れ庶《ちか》きか。屢《しば》しば空《むな》し。賜《し》は命《めい》を受《う》けずして、貨殖《かしょく》す。億《おもんぱか》れば則《すなわ》ち屢《しば》しば中《あた》る。

先生は言われた。「顔回《がんかい》は理想的存在に近いだろう。だが、しょっちゅう無一文になる。賜《し》(子貢《しこう》の本名、端木賜《たんぼくし》)は君命を受けないで、自由に商売し金儲けをする。予測すればしばしば的中する」。

○**庶《ちか》し** ここでは「(理想に)近い」の意。○**空《むな》し** すっからかんになる、無一文になる。○**貨殖《かしょく》す** 金儲けする。○**億《おもんぱか》る** 予測する、予想する。

孔子が、高弟のなかで一、二を争う秀才の顔回《がんかい》と子貢《しこう》を比較対照した言葉である。古来、この章にはさまざまな読み方があるが、上記の訳はふつうに行われている説によった。

顔回は、仁徳にあふれ学を好むなど、孔子が理想とする存在に近いけれども、貧乏でしばしばスッテンテンになる(顔回が貧乏暮らしを楽しんでいたことについては、雍也6－11参照)。顔回と対照的なのが子貢である。子貢は弁舌さわやかであり、魯《ろ》の外交使節として斉《せい》・呉《ご》・越《えつ》などの大国に赴き活躍した。諸国を往来した子貢は、魯の君主の許可を得るまでもなく、自由に貿易を営み、金儲けをした。のみならず、勘がいいので思惑買い、思惑売りをすると、しばしば的中し、さらに大きな利を占めたと、孔子は言う。子貢が大商人として資産を積んだのは事実である。大商人の伝記を収録した『史記《しき》』貨《か》殖《しょく》列伝にも子貢の伝記が見え、「(子貢は)曹《そう》・魯の地方で、物資を売りに出したり買い占めたりして貨殖した。孔子門下七十人の高弟のうち、子貢がもっとも金持ちだった云々」と、記されている。

付言すれば、孔子はこの発言において、理想的な存在に近いが貧乏な顔回と、自由に商売して金儲けの上手な子貢に、けっして優劣の差をつけていないことが注目される。経済センスがなくて貧乏な顔回から、それとは反対に金儲けの上手な子貢を連想し、優秀な二人の弟子のそれぞれ個性的な生きかたを、あたたかく見守っているのである。

先進 11-20

子張問善人之道。子曰、不踐迹。亦不入於室。

子張《しちょう》 善人《ぜんじん》の道《みち》を問《と》う。子《し》曰《いわ》く、迹《あと》を践《ふ》まず。亦《ま》た室《しつ》に入《い》らず。

子張《しちょう》が善人《ぜんじん》の生きかたや生きる態度についてたずねた。先生は言われた。「(善人は)先人のやりかたに従うだけではないが、しかし(聖人のように)奥義には達しない」。

○**善人**《ぜんじん》 まったき善を有する人。述而7-25に見える。○**道**《みち》 方法、態度。○**迹**《あと》**を践**《ふ》**む** 先人のやりかたに従う。○**室**《しつ》 奥の部屋、深奥、奥義。

子張《しちょう》は先進(本篇)11-16および18にすでに登場し、孔子にやりすぎでオーバーなところがあると評される弟子。これは、その子張が「善人《ぜんじん》」の生きかたについて、質問したのに対する孔子の答えである。孔子は、元気はいいが、出しゃばり気味の子張を、こうして「善人」の限界に事寄せて、やんわりたしなめたのかも知れない。

なお、「善人」は述而7-25に見え、聖人のような超人性はないが、完全な徳義をもつ人を指しており、ランクはそうとう高い。ここに記した孔子の答えは、「善人は先人のやりかた(慣例)に従うだけでなく、いくぶん独創性はあるが、聖人の奥義には到達しない」という、古注の解釈に沿って訳したものである。

付言すれば、この章の読みかたには異説があり、「迹《あと》を践《ふ》まざれば、亦《ま》た室《しつ》に入《い》らず」すなわち「善人は、先人のやりかたに従わねば、奥義には達しない」と読み、古注とは大いに方向を異にするが、これにはよらなかった。

先進 11-21

子曰、論篤是與、君子者乎、色莊者乎。

子《し》曰《いわ》く、論《ろん》の篤《あつ》きに是《こ》れ与《くみ》せば、君子《くんし》者《しゃ》か、色荘者《しきそうしゃ》か。

先生は言われた。「議論のしかたが誠実だからというだけで、評価すれば、

○論《ろん》の篤《あつ》き　議論のしかたが誠実で

（その人が）ほんとうにすぐれたりっぱな人物か、うわべだけが厳かでまじめな人か（わからない）」。

この章は古注と新注とで、大きく読みかたが異なる。古注はこの章を前章につづくものとし、新注は前章とは無関係な独立した章だとする。ここでは新注により独立した章として読んだ。いずれにせよ、やや舌足らずの感のある発言である。

先進 11－22

子路問、聞斯行諸。子曰、有父兄在。如之何其聞斯行之。冉有問、聞斯行諸。子曰、聞斯行之。公西華曰、由也問、聞斯行諸。子曰、有父兄在。求也問、聞斯行諸。子曰、聞斯行之。赤也惑、敢問。子曰、求也退、故進之。由也兼人、故退之。

子路《しろ》問《と》う、聞《き》けば斯《すなわ》ち諸《これ》を行《おこな》わんか。子《し》曰《いわ》く、父兄《ふけい》在《いま》す有《あ》り。之《こ》れを如何《いかん》ぞ其《そ》れ聞《き》けば斯《すなわ》ち之《こ》れを行《おこな》わん。冉有《ぜんゆう》問《と》う、聞《き》けば斯《すなわ》ち諸《これ》を行《おこな》わんか。子《し》曰《いわ》く、聞《き》けば

あること。○**与す**《くみ》 ここでは、高く買うこと、評価すること。○**君子者**《くんししゃ》 すぐれた徳義をもつりっぱな人物。述而7－25参照。○**色荘者**《しきそうしゃ》 顔つき、すなわちうわべが厳かでまじめな人。

斯《すなわ》ち之《こ》れを行《おこな》え。公西華《こうせいか》曰《いわ》く、由《ゆう》や問《と》う、聞《き》けば斯《すなわ》ち諸《これ》を行《おこな》わんかと。子曰《しいわ》く、父兄在《ふけいいま》す有《あ》りと。求《きゅう》や問《と》う、聞《き》けば斯《すなわ》ち諸《これ》を行《おこな》わんかと。子曰《しいわ》く、聞《き》けば斯《すなわ》ち之《こ》れを行《おこな》えと。赤《せき》や惑《まど》う、敢《あ》えて問《と》う。子曰《しいわ》く、求《きゅう》や退《しりぞ》く、故《ゆえ》に之《こ》れを進《すす》む。由《ゆう》や人《ひと》を兼《か》ぬ、故《ゆえ》に之《こ》れを退《しりぞ》く。

子路《しろ》がたずねた。「何か聞いたらすぐに実行に移しますか」。先生は言われた。「お父さんやお兄さんがいらっしゃる以上、どうしてすぐ実行に移せようか」。冉有《ぜんゆう》(冉求《ぜんきゅう》、あざな子有《しゆう》)がたずねた。「何か聞いたらすぐに実行に移しますか」。先生は言われた。「聞いたらすぐ実行に移しなさい」。公《こう》西華《せいか》(本名は公西赤《こうせいせき》)が言った。「由《ゆう》(子路の本名、仲由《ちゅうゆう》)が「何か聞いたらすぐに実行に移しますか」とおたずねすると、先生は「お父さんやお兄さんがいらっしゃる以上、どうしてすぐ実行に移せようか」とおっしゃいました。求《きゅう》(冉有)が「何か聞いたらすぐに実行に移しますか」とおたずねすると、先生は「聞いたらすぐ実行に移しなさい」とおっしゃいました。赤《わたくし》にはわかりませんので、そのわけをおたずねしたいと思います」。先生は言われた。「求は引っ込み思案だ。だから進めたのだ。由は出しゃばりだ。だから抑えたのだ」。

孔子は教条的、画一的な教えかたをせず、弟子の個性や性格に応じた教えかたをした。そうした柔軟な孔子の姿勢を明確に示した話である。

○**斯《すなわ》ち** ここでは「すぐに」の意。○**退《しりぞ》く** 先の「退く」は引っ込み思案の意、末尾の「退く」は退ける、抑えるの意。○**人《ひと》を兼《か》ぬ** ここでは「出しゃばり」の意。

「政事《せいじ》には冉有《ぜんゆう》・季路《きろ》」と称されるように、子路《しろ》（季路）も冉有（冉求《ぜんきゅう》、あざな子有《しゆう》）も孔子門下では、屈指の政治的能力の持ち主だが、子路は「人《ひと》を兼《か》ぬ（出しゃばり）」、冉有は「退《しりぞ》く（引っ込み思案）」と、対照的な性格だったのも興味深い。なお、冉有は先進（本篇）11－17では、季孫《きそん》氏の聚斂《しゅうれん》（租税の取り立て）に手を貸していると、孔子にきつく批判されており、引っ込み思案の反面、迎合的なところのある人物だったとおぼしい。ちなみに、この後の先進（本篇）11－24でも子路と冉有がセットで話題にされている。

この章において、同席していた公西華《こうせいか》は、孔子が子路と冉有の同じ問いに対して、異なる答えかたをしたのをいぶかしみ、「赤《せき》や惑《まど》う、敢《あ》えて問《と》う」と、率直に質問している。これまた自由で開放的な孔子グループの雰囲気を彷彿とさせる。公西華もすでにしばしば登場しているが、詳しくは、公冶長5－8参照。

さらに付け加えれば、ここで公西華が孔子と子路・冉有の問答をそのまま繰り返した形になっているが、すでに論者の指摘があるように、これは、『論語』の編者が、反復表現による強調の効果を十分に意識していたことを示す。『論語』の成立の時期や編者について、詳しいことは不明だが、孔子の生存中からすでに弟子による記録があり、孔子の死後、編纂されたというのが定説である。編纂にあたった人々は、単に意をとるだけでなく、孔子と弟子の問答を臨場感ゆたかに再現すべく、表現にも細心の注意をはらったことが、この章からも見てとれる。

先進 11-23

子畏於匡。顔淵後。子曰、吾以女爲死矣。曰、子在。回何敢死。

子《し》匡《きょう》に畏《い》す。顔淵《がんえん》後《おく》る。子《し》曰《いわ》く、吾《わ》れ女《なんじ》を以《もっ》て死《し》せりと為《な》す。曰《いわ》く、子《し》在《いま》す。回《かい》何《なん》ぞ敢《あ》えて死《し》せん。

先生が匡《きょう》で襲撃を受けられたとき、顔淵《がんえん》（顔回《がんかい》）がおくれて追いついて来た。先生は言われた。「私はおまえが死んでしまったものと思っていた」。（顔淵は）言った。「先生が生きていらっしゃるかぎり、回《わたくし》は死にはしません」。

○畏《い》す　襲撃される。

紀元前四九七年、五十五歳のとき、孔子は政治改革に失敗して魯《ろ》を去り、足かけ十四年にわたって大勢の弟子を連れ、遊説の旅をつづけた。この間、この章に見えるように、孔子一行は「匡《きょう》」の地で襲撃され、ひどい目にあった。この事件の原因、起こった時期、匡の位置等々については、諸説あって一定しないが、『史記《しき》』孔子世家《こうしせいか》によれば、魯を去った年かもしくは翌年、孔子一行は滞在していた衛《えい》の国から陳《ちん》の国へ向かうにあたり、宋《そう》の国の町である匡を通過しようとしたさい、いきなり武装した匡の人々に襲撃された。かつて魯の陽虎《ようこ》（陽貨《ようか》。魯の三大貴族の一つ、季孫《きそん》氏の執事。クーデタを起こし、魯の実権をにぎった。陽貨17-1および5解説参照）がこの町を侵略、破壊したことがあり、孔子の容貌が陽虎に似ていたため、また陽虎が来たと、誤解されたのが原因だったという。

真相は定かでないが、ともあれ襲撃された孔子一行は、子路《しろ》をはじめ腕におぼえのある弟子が先頭に立って血路を開き、散り散りになって逃げたとおぼしい。この章の問答は、この事件で孔子と離れ離れになった顔回《がんかい》が、ようやく追いついたときのものである。このとき顔回はまだ二十五、六歳。若く真面目な顔回の真情あふれる言葉が胸をうつ場面である。孔子と顔回のみならず、こうして修羅場をくぐりぬけながら旅をつづけるなかで、孔子グループの師弟関係はいっそう緊密になっていったのであろう。

しかし、「子《し》在《いま》す。回《かい》 何《なん》ぞ敢《あ》えて死《し》せん」という頼もしい言葉にもかかわらず、この十数年後の紀元前四八一年、顔回は孔子に先立つこと二年、四十一歳で病死したとされる。この詳細については雍也6－3など参照。

先進 11－24

季子然問、仲由冉求、可謂大臣與。子曰、吾以子爲異之問。曾由與求之問。所謂大臣者、以道事君、不可則止。今由與求也、可謂具臣矣。曰、然則從之者與。子曰、弑父與君、亦不從也。

季《き》子《し》然《ぜん》問《と》う、仲由《ちゅうゆう》と冉求《ぜんきゅう》は、大臣《だいじん》と謂《い》う可《べ》きか。子《し》曰《いわ》く、吾《わ》れ子《し》を以《もっ》て異《こと》なるを之《こ》れ問《と》うと為《な》せり。曾《すなわ》ち由《ゆう》と求《きゅう》とを之《こ》れ問《と》うか。所謂大臣《いわゆるだいじん》なる者《もの》は、道《みち》を以《もっ》て君《きみ》に事《つか》え、不可《ふか》なれば則《すなわ》ち止《や》む。今《いま》 由《ゆう》と求《きゅう》とは、具臣《ぐしん》と謂《い》う可《べ》し。曰《いわ》く、然《しか》らば則《すなわ》ち之《こ》れに従《したが》う者《もの》か。子《し》曰《いわ》く、父《ちち》と君《きみ》を弑《しい》すれば、亦《ま》た従《したが》わざる也《なり》。

季子然《きしぜん》がたずねた。「仲由《ちゅうゆう》(子路《しろ》)と冉求《ぜんきゅう》(冉有《ぜんゆう》)は大臣といえるでしょうか」。先生は言われた。「私はあなたが別のことをおたずねになるかと思っていましたが、なんとまあ仲由と冉求のことをおたずねになるのですか。大臣というものは、正しい道によって主君に仕え、主君が正しい道からはずれれば、身を引きます。今、仲由と冉求は具臣《ぐしん》というべきです」。(季子然は)言った。「だとすれば、彼らは主君の言いなりですか」。先生は言われた。「(主君が自分の)父と君主を殺害しようとすれば、やはり言いなりにはなりません」。

○**季子然**《きしぜん》 魯《ろ》の三大貴族の一つ、季孫《きそん》氏の一族だとされる。当時、子《し》路《ろ》(仲由《ちゅうゆう》)と冉求《ぜんきゅう》は季孫氏に仕えていた。○**大臣**《だいじん》 ここでは「りっぱな臣下」の意。○**曾ち**《すなわ》 なんとまあ。○**道**《みち》 正しい道、正しいやりかた。○**具臣**《ぐしん》 臣下の数に入っているだけの家来。○**弑す**《しい》 身分が下の者が上の者を殺す。

この会話の時点で、子路《しろ》と冉求《ぜんきゅう》は魯《ろ》の重臣、季孫《きそん》氏に仕えていた。季子然《きしぜん》はそれが鼻高々で孔子に質問をしかけたところ、上記のように、孔子は、彼ら二人はとびきりりっぱな臣下とはいえないが、それでも主君(この場合は季孫氏)が自分の父や君主(この場合は魯の君主)を殺害しようとしたら、唯々諾々と従いはしないと、ぴしりと言ってのける。当時、季孫氏は魯の君主をしのぐ実権をふるっており、この事態を容認できない孔子は暗にこれを批判したのである。そもそも季子然が子路と冉求を話題にした当初から、孔子はもっと大事な事かと思ったら、「曾《すなわ》ち由《ゆう》と求《きゅう》とを之《こ》れ問《と》うか」とさも呆れた口調で問い返している。にもかかわらず、季子然はこの痛烈な皮肉がわからず、さらに愚かしくも質問を重ね、最後に孔子の一撃を浴びる羽目になったのである。孔子の尖鋭な批判精神がきわだつやりとりだといえよう。

先進 11-25

子路使子羔爲費宰。子曰、賊夫人之子。子路曰、有民人焉、有社稷焉。何必讀書、然後爲學。子曰、是故惡夫佞者。

子路《しろ》 子羔《しこう》をして費《ひ》の宰《さい》と為《な》らしむ。子《し》曰《いわ》く、夫《か》の人《ひと》の子《こ》を賊《そこな》わん。子路《しろ》曰《いわ》く、民人《みんじん》有《あ》り、社稷《しゃしょく》有《あ》り。何《なん》ぞ必《かなら》ずしも書《しょ》を読《よ》みて、然《しか》る後《のち》に学《まな》ぶと為《な》さんや。子《し》曰《いわ》く、是《こ》の故《ゆえ》に夫《か》の佞者《ねいしゃ》を悪《にく》む。

子路《しろ》が（おとうと弟子の）子羔《しこう》（高柴《こうさい》）を費《ひ》の長官に推薦した。先生は言われた。「あの若者をだめにするだろうよ」。子路は言った。「（あそこには）住民もいますし、土地の神と五穀の神を祭るやしろもあります。（実践によって学べますから）どうして書物を読むことだけが、学ぶことだといえましょうか」。先生は言われた。「これだから口のうまい者は嫌いだ」。

○**子羔**《しこう》 高柴《こうさい》のあざな。先進（本篇）11-18で、孔子に「柴《さい》や愚《ぐ》」と評された弟子。○**費**《ひ》 季孫《きそん》氏の領地。○**賊**《そこな》**う** だめにする、台無しにする。○**社**《しゃ》**稷**《しょく》 「社」は土地の神、「稷」は五穀の神。○**佞者**《ねいしゃ》 口のうまい者、詭弁を弄する者。

子羔《しこう》は本名を高柴《こうさい》といい、先進（本篇）11-18で、孔子に「柴《さい》や愚《ぐ》」と評された弟子である。このもっさりした子羔を、すでに季孫《きそん》氏に仕えていた子路《しろ》が取り立ててやりたいと、季孫氏の領地費《ひ》の長官に推挙した。孔子がそんな大事で難しい仕事は、あの若者には無理だと反対したのに対し、子路はむきになって反論する。ここで孔子が子路を「佞者《ねいしゃ》（口達者）」と呼んでいるのは、武骨で口下手な子路の性格を知り尽くした孔子の、おやおや、力が入っているなという、揶揄であろう。こう言われたとき、子路がどんな顔をしたか、想像するだけで面白い話である。

先進 11－26①

子路曾皙冉有公西華、侍坐。子曰、以吾一日長乎爾、毋吾以也。居則曰、不吾知也。如或知爾、則何以哉。

子路《しろ》・曾皙《そうせき》・冉有《ぜんゆう》・公西華《こうせいか》、侍坐《じざ》す。子曰《しいわ》く、吾《わ》れ一日爾《いちじつなんじ》に長《ちょう》ぜるを以《もっ》て、吾《わ》れを以《もっ》てする毋《な》き也《なり》。居《お》れば則《すなわ》ち曰《いわ》く、吾《わ》れを知《し》らざる也《なり》と。如《も》し或《ある》いは爾《なんじ》を知《し》らば、則《すなわ》ち何《なに》を以《もっ》てせんや。

子路《しろ》・曾皙《そうせき》・冉有《ぜんゆう》・公西華《こうせいか》が先生の側に座っていた。先生は言われた。「私はきみたちより少しだけ年上だが、だからといって私に遠慮しなくてもよい。（きみたちは）いつも世間が自分を認めてくれないとこぼしているが、もし認められたら、どんなことがしたいのかね」。

○**侍坐《じざ》す**　側に座る。○**長《ちょう》ず**　年上であること。

この章は『論語』において、もっとも長文であるため、四段階に分けて読んでゆく。子路《しろ》・曾皙《そうせき》・冉有《ぜんゆう》・公西華《こうせいか》の四人の弟子が孔子に侍座していたときの話である。子路と冉有はすでに何度も登場しているが、「政事《せいじ》には冉有・季路《きろ》(子路)」と称されるように、ともにすぐれた政治能力の持ち主だった。曾皙は曾点《そうてん》あざな子皙《しせき》、曾子《そうし》(曾参《そうしん》)の父である。孔子より九歳年下の子路と同世代で、謹厳な息子とは対照的に自由奔放な人物であった。公西華は姓を公西、名を赤《せき》、あざなを子華《しか》という。孔子より四十二歳年下の若い弟子であり、礼法に習熟していた。この四人に対して、孔子がそれぞれ世間に認められた場合、何がしたいのか、遠慮なく抱負を述べるようにと、うながすところから、この章は始まる。

先進 11－26②

子路率爾而對曰、千乘之國、攝乎大國之間、加之以師旅、因之以飢饉。由也爲之、比及三年、可使有勇、且知方也。夫子哂之。求爾何如。對曰、方六七十、如五六十。求也爲之、比及三年、可使足民。如其禮樂、以俟君子。赤爾何如。對曰、非曰能之。願學焉。宗廟之事、如會同、端章甫、願爲小相焉。

子路《しろ》　率爾《そつじ》として対《こた》えて曰《いわ》く、千乗《せんじょう》の国《くに》、大国《たいこく》の間《あいだ》に摂《はさ》まれ、之《こ》れに加《くわ》うるに師《し》旅《りょ》を以《もっ》てし、之《こ》れに因《かさ》ぬるに飢饉《ききん》を以《もっ》てす。由《ゆう》や之《こ》れを為《おさ》むるに、三年《さんねん》に及《およ》ぶ比《ころ》おいには、勇有《ゆうあ》らしめ、且《か》つ方《みち》を知《し》らしむ可《べ》き也《なり》。夫子《ふうし》　之《こ》れを哂《わら》う。求《きゅう》　爾《なんじ》は何如《いかん》。対《こた》えて曰《いわ》く、方六七十《ほうろくしちじゅう》、如《も》しくは五六十《ごろくじゅう》。求《きゅう》や之《こ》れを為《おさ》むるに、三年《さんねん》に及《およ》ぶ比《ころ》おいには、民《たみ》を足《た》らしむ可《べ》し。其《そ》の礼楽《れいがく》の如《ごと》きは、以《もっ》て君子《くんし》を俟《ま》たん。赤《せき》爾《なんじ》は何如《いかん》。対《こた》えて曰《いわ》く、之《こ》れを能《よ》くすと曰《い》うに非《あら》ず。願《ねが》わくは学《まな》ばん。宗廟《そうびょう》の事《こと》、如《も》しくは会同《かいどう》に、端章甫《たんしょうほ》して、願《ねが》わくは小相《しょうしょう》と為《な》らん。

子路《しろ》があわてて答えて言った。「千乗の国(千台の戦車を出せる諸侯の国)が、大国の間にはさまって、侵略をうけ、おまけに飢饉が起こったとします。由《わたくし》(子路の本名、仲由《ちゅうゆう》)がこの国の政治を担当したら、三年の間に、(この国の人々を)勇敢で、正しい道がわかるようにしてみせます」。先生は哄笑され、「求《きゅう》(冉求《ぜんきゅう》、あざな子有《しゆう》)よ、おまえはどうだ」と言われた。(冉有《ぜんゆう》は)答えて言った。「四方六、七十里か五、六十里の土地があるとします。求《わたくし》がこの土地の政治を担当したら、三年の間に、この地の人々を経済的に充足させてみせましょう。礼楽など文化的なことについては、りっぱな方におまかせします」。(先生は言われた。)「赤《せき》(公西華《こうせいか》の本名、公西赤《こうせいせき》)よ、おまえはどうだ」。(公西華は)答えて言った。「うまくできるとはいえませんが、学んでそうしてみたいと思うことがあります。宗廟《そうびょう》(君主の先祖を祭る廟)で行われる行事や会同《かいどう》(君主たちの会合)において、礼服や礼冠を身につけて、儀式の進行係をつとめたいと思います」。

○**率爾**《そつじ》 あわただしいさま。○**師旅**《しりょ》 軍隊。○**方**《みち》 正しい道。○**方**《ほう》 四方。○**端章甫**《たんしょうほ》 端は礼服、章甫は礼冠。○**小相**《しょうしょう》 儀式の進行係。

孔子にうながされ、まっさきにあわてて抱負を述べたのは、「人《ひと》を兼《か》ぬ(出しゃばり)」と評された子《し》路《ろ》だった。子路が意気込んで危機に瀕した国を救済したいと述べると、孔子は「哂《わら》」った。この

「哂」については、ほがらかに大笑いしたとする説と、微笑したとする説がある。いずれにしても、ここで孔子は、いかにも果敢にして無鉄砲な子路らしい答えだと、思わず笑ってしまったのである。その脈絡からみて、ここでは快活明朗に大笑いしたと解しておきたい。

ついで冉有《ぜんゆう》に答えをうながすと、「退《しりぞ》く（引っ込み思案）」と評される彼は、子路よりはぐっとひかえめに、小さな土地に的を絞り、これを経済的に充足させたいと抱負を述べる。さらに、公西華《こうせいか》に問いを向けると、彼は得意の礼法の知識を生かし、国家的祭祀や会合の進行係をつとめたいと、これまたひかえめの答えをする。

こうして子路、冉有、公西華の三人は、孔子にうながされて、三者三様、得意分野にあわせて抱負を述べたわけだが、この三人が孔子の前で顔をそろえる場面は先進（本篇）11－22にもみえる。

先進 11－26③

點爾何如。鼓瑟希、鏗爾舍瑟而作。對曰、異乎三子者之撰。子曰、何傷乎。亦各言其志也。曰、莫春者、春服既成、冠者五六人、童子六七人、浴乎沂、風乎舞雩、詠而歸。夫子喟然歎曰、吾與點也。

点《てん》、爾《なんじ》は何如《いかん》。瑟《しつ》を鼓《ひ》くこと希《まれ》なり、鏗爾《こうじ》と瑟《しつ》を舎《お》きて作《た》つ。対《こた》えて曰《いわ》く、三子《さんし》者《しゃ》の撰《せん》に異《こと》なり。子《し》曰《いわ》く、何《なん》ぞ傷《いた》まんや。亦《ま》た各《おの》おの其《そ》の志《こころざし》を言《い》う也《なり》。曰《いわ》く、莫春《ぼしゅん》には、春服《しゅんぷく》既《すで》に成《な》り、冠者《かんじゃ》五六人《ごろくにん》、童子《どうじ》六七人《ろくしちにん》、沂《ぎ》に浴《よく》し、舞雩《ぶう》に風《ふう》し、詠《えい》じて帰《かえ》らん。夫子《ふうし》喟然《きぜん》として歎《たん》じて曰《いわ》く、吾《わ》れは点《てん》に与《くみ》せん。

(先生は言われた。)「点《てん》(曾皙《そうせき》の本名、曾点《そうてん》)よ、おまえはどうだ」。瑟《しつ》を爪《つま》びいていた曾皙は、かたりと瑟を置いて立ち上がり、答えて言った。「三人の諸君の趣旨とはちがうのですが」。先生は言われた。「かまわない。それぞれ抱負を述べているのだから」。(曾皙は)言った。「晩春、春の服がすっかり仕立て上がったころ、冠をかぶった成年の者五、六人と未成年の者六、七人を連れて、沂水《ぎすい》で水を浴びてから、舞雩《ぶう》に登って風に吹かれ、歌をうたいながら帰って来たいものです」。先生はフーッとため息をついて言われた。「私は点に賛成だ」。

○**希《まれ》なり** ここでは爪びくこと。○**鏗爾《こうじ》** 瑟《しつ》を置く音。○**撰《せん》** 趣旨。○**冠者《かんじゃ》** 冠をかぶった成年の者を指す。○**舞雩《ぶう》** 雨乞いのために築かれた土壇。○**喟然《きぜん》** ため息をつくさま。

それぞれ公的な活躍をしたいと述べた子路《しろ》、冉有《ぜんゆう》、公西華《こうせいか》とは異なり、ここで曾皙《そうせき》の述べた抱負は、ゆったりと華やいだ生の幸福感にあふれ、まことに美しい。これを聞いた孔子は、曾皙の語る暮春の情景を思い浮かべ、感嘆の吐息をもらすのである。このくだりは、『論語』のなかでも屈指の名文とされるが、内容と文章がみごとに調和し、圧巻というほかない。なお、沂水《ぎすい》は魯《ろ》の首都曲阜《きょくふ》を流れる川、舞雩《ぶう》はこの沂水が城門に接する地点にあったとされる。

先進
11－26④

三子者出。曾皙後。曾皙曰、夫三子者之言何如。子曰、亦各言其志也已矣。曰、夫子何哂由也。曰、爲國以禮。其言不讓、是故哂之。唯求則非邦也與。安見方六七十、如五六十、而非邦也者。唯赤則非邦也與。宗廟會同、非諸侯而何。赤也爲之小、孰能爲之大。

三子者《さんししゃ》出《い》づ。曾皙《そうせき》後《おく》る。曾皙曰《そうせきいわ》く、夫《か》の三子者《さんししゃ》の言《げん》は何如《いかん》。子曰《しいわ》く、亦《ま》た各《おの》おの其《そ》の志《こころざし》を言《い》うのみ。曰《いわ》く、夫子《ふうし》何《なん》ぞ由《ゆう》を哂《わら》うや。曰《いわ》く、国《くに》を為《おさ》むるには礼《れい》を以《もっ》てす。其《そ》の言《げん》譲《ゆず》らず、是《こ》の故《ゆえ》に之《こ》れを哂《わら》う。唯《こ》れ求《きゅう》は則《すなわ》ち邦《ほう》に非《あら》ざるか。安《いずく》んぞ方六七十《ほうろくしちじゅう》、如《も》しくは五六十《ごろくじゅう》にして、邦《ほう》に非《あら》ざる者《もの》を見《み》んや。唯《こ》れ赤《せき》は則《すなわ》ち邦《ほう》に非《あら》ざるか。宗廟《そうびょう》・会同《かいどう》は、諸侯《しょこう》に非《あら》ずして何《なん》ぞや。赤《せき》や之《こ》れが小《しょう》と為《な》る、孰《たれ》か能《よ》く之《こ》れが大《だい》と為《な》らん。

三人が退出し、曾皙《そうせき》が遅れてその場に残った。曾皙は言った。「三人の言ったことはどうでしたか」。先生は言われた。「それぞれ抱負を述べたのだから、それでいいのだよ」。（曾皙はまた）言った。「先生はどうして由《ゆう》（子路《しろ》）を笑われたのですか」。（先生は）言われた。「国を治めるには礼によらなければならない。子路の言葉には謙遜がなく（はやりすぎで）、それで笑ったのだ。求《きゅう》（冉有《ぜんゆう》）の言うことは国家の問題ではないか。四方六、七十里、もしくは五、六十里の小さな土地でも国家でないものがあろうか。赤《せき》（公西《こうせい》華《か》）の言うことも国家の問題ではないか。宗廟《そうびょう》や会同《かいどう》は、諸侯でなければありえないものだ。赤は「小相《しょうしょう》（進行係）」になりたいと言っているが、（彼ほどの男が「小相」になったら）いったい誰が「大相《だいしょう》（儀式の総監督）」になるのかね」。

この長い章の結びの場面である。他の三人が退出したあと、称賛された曾皙《そうせき》が一歩遅れて一人残り、これを機に、孔子に三人の発言についての意見を求める。すると、孔子は、子路《しろ》は気負いすぎ、はやりすぎで、謙譲の美徳に欠け、冉有《ぜんゆう》と公西華《こうせいか》はともに謙遜しすぎで、大らかな抱負を述べるに至っていないと批評する。弟子の長所も短所も知りつくした孔子の鋭い洞察力と、やさしい包容力が如実にあらわれた言葉である。

　総じて孔子は、風に吹かれてわが道をゆく曾皙やシンプルな暮らしを楽しんだ顔回《がんかい》のような生きかたに、つよく魅かれていたと思われる。しかし、その一方で、孔子は、人が他者との関わりのなかで生きる社会的な存在であることを痛感していた。あらまほしき社会的関係性の構築を模索しながら、自己本来の自在な生きかたを保つこと。それは、まさしく孔子の見果てぬ夢だったといえよう。

顔淵《がんえん》 第十二

顔淵 12－1

顔淵問仁。子曰、克己復禮爲仁。一日克己復禮、天下歸仁焉。爲仁由己、而由人乎哉。顔淵曰、請問其目。子曰、非禮勿視。非禮勿聽。非禮勿言。非禮勿動。顔淵曰、回雖不敏、請事斯語矣。

顔淵《がんえん》 仁《じん》を問《と》う。子曰《しいわ》く、己《おのれ》に克《か》ちて礼《れい》に復《かえ》るを仁《じん》と為《な》す。一日己《いちじつおのれ》に克《か》ちて礼《れい》に復《かえ》らば、天下《てんか》仁《じん》に帰《き》す。仁《じん》を為《な》すは己《おのれ》に由《よ》る、而《しこう》して人《ひと》に由《よ》らんや。顔淵曰《がんえんいわ》く、請《こ》う其《そ》の目《もく》を問《と》う。子曰《しいわ》く、礼《れい》に非《あら》ざれば視《み》る勿《な》かれ。礼《れい》に非《あら》ざれば聴《き》く勿《な》かれ。礼《れい》に非《あら》ざれば言《い》う勿《な》かれ。礼《れい》に非《あら》ざれば動《うご》く勿《な》かれ。顔淵曰《がんえんいわ》く、回《かい》や不敏《ふびん》と雖《いえど》も、請《こ》う斯《こ》の語《ご》を事《こと》とせん。

顔淵《がんえん》(顔回《がんかい》)が仁についてたずねた。先生は言われた。「自分の欲望を克服して礼の方式にたちかえることこそ、仁徳である。一日でも自分の欲望を克服して礼の方式にたちかえったならば、天下じゅうの人々がその仁徳になつき集まって来る。仁徳を実践するのは、自分自身によるものであり、他人によるものではない」。顔淵が言った。「(そうした仁徳の)実践項目をうかがわせてください」。先生は言われた。「礼の方式にはずれたものには、目を向けてはならない。礼の方式にはずれたものには、耳を傾けてはいけない。礼の方式にはずれたことは言ってはならない。礼の方式にはずれた

○**仁**《じん》 誠実な思いやりや人間愛など、さまざまな要素を包括した大いなる徳義。○**己**《おのれ》**に克**《か》**つ** 自分自身の欲望を克服する。○**礼**《れい》 社会生活におけるもろもろの儀式の定め。節度ある人間関係の具体的表現としての型の方式。○**目**《もく》 実践の項目。○**事**《こと》**とす** 実行する、実践する。

行為はしてはならない」。顔淵は言った。「回《わたくし》は愚かではありますが、このお言葉を実行したいと思います」。

「己《おのれ》に克《か》ちて礼《れい》に復《かえ》る」すなわち「克己復礼《こっきふくれい》」という成語のもとになった章であるが、孔子の言葉は全体として抽象的かつ教条的であり、前半十篇（上篇）の発言に見られるような躍動感に欠ける。なお、江戸の儒学者伊藤仁斎《いとうじんさい》の説によれば、『論語』二十篇のうち、孔子の弟子や孫弟子によって前半十篇（上篇）がまず整理・編纂され、後半十篇（下篇）がのちに附加されたという。この仁斎説には、前半十篇の表現が、総じて孔子の生気あふれる言葉づかいを、簡潔かつストレートに伝えている感があるのに比べ、この章もそうであるように、後半十篇の表現には理に落ち、やや精彩を欠くものがあることを考えあわせると、まことに鋭いものがある。

顔淵 12－2

仲弓問仁。子曰、出門如見大賓、使民如承大祭。己所不欲、勿施於人。在邦無怨、在家無怨。仲弓曰、雍雖不敏、請事斯語矣。

仲弓《ちゅうきゅう》　仁《じん》を問《と》う。子曰《しいわ》く、門《もん》を出《い》でては大賓《たいひん》を見《み》るが如《ごと》くし、民《たみ》を使《つか》うには大《たい》祭《さい》に承《つか》うるが如《ごと》くす。己《おのれ》の欲《ほっ》せざる所《ところ》を、人《ひと》に施《ほどこ》す勿《な》かれ。邦《くに》に在《あ》りても怨《うら》み無《な》く、家《いえ》に在《あ》りても怨《うら》み無《な》し。仲弓《ちゅうきゅう》曰《いわ》く、雍《よう》や不敏《ふびん》と雖《いえど》も、請《こ》う斯《こ》の語《ご》を事《こと》とせん。

仲弓《ちゅうきゅう》(冉雍《ぜんよう》)が仁についてたずねた。先生は言われた。「家の門を出て外へ出れば、(誰に対しても)君主の大切な賓客に会うときのように(うやうやしく)し、(役人として)人民を使役するときは、国の重要な祭祀の手伝いをするときのように(敬虔な心持ちで)する。自分がしてほしくないことを、他人にしてはならない。(そうすれば)国に仕えているときも人から怨まれることはなく、(仕えないで)家にいるときも怨まれることはないだろう」。仲弓は言った。「雍《わたくし》は愚かではありますが、このお言葉を実行したいと思います」。

○**大賓**《たいひん》 君主のところに来た大切な賓客。○**大祭**《たいさい》 国の重要な祭祀。

質問者の仲弓《ちゅうきゅう》、本名冉雍《ぜんよう》は、先進11－3で、「徳行《とくこう》には顔淵《がんえん》・閔子《びんし》騫《けん》・冉伯牛《ぜんはくぎゅう》・仲弓《ちゅうきゅう》」と名をあげられている高弟であり、孔子は彼を「雍《よう》や南面《なんめん》せしむ可《べ》し(冉雍は君主にしてもよい男だ)」(雍也6－1)と高く評価した。

この冉雍とのやりとりも、前章の顔回《がんかい》の場合と同じく、孔子の発言に顕著な、いきいきとした躍動感に乏しく、「雍や南面せしむ可し」というような、意表をつく言いまわしの妙味もない。末尾の冉雍の言葉も、前章の顔回とまったく同じでワンパターンだ。

顔淵 12-3

司馬牛問仁。子曰、仁者其言也訒。曰、其言也訒、斯謂之仁矣乎。子曰、爲之難、言之得無訒乎。

司馬牛《しばぎゅう》 仁《じん》を問《と》う。子曰《しいわ》く、仁者《じんしゃ》は其《そ》の言《げん》や訒《じん》。曰《いわ》く、其《そ》の言《げん》や訒《じん》、斯《すなわ》ち之《こ》れを仁《じん》と謂《い》うか。子曰《しいわ》く、之《こ》れを為《な》すこと難《かた》し、之《こ》れを言《い》いて訒《じん》する無《な》きを得《え》んや。

司馬牛《しばぎゅう》が仁についてたずねた。先生は言われた。「仁者とは、言葉がすらすら出ない人のことだ」。（司馬牛が）言った。「言葉がすらすら出なければ、それで仁者といえるのですか」。先生は言われた。「何事も実行するのは難しい。だから、それを口にするときも、すらすら言えないではないか」。

○**司馬牛**《しばぎゅう》 孔子の弟子。名は耕《こう》。詳しくは顔淵（本篇）12-5参照。○**訒**《じん》 言葉がすらすら出ないこと、口ごもること。

司馬牛《しばぎゅう》は次々章に見えるように、いわくのある身の上だったが、『史記《しき》』仲尼弟子列伝《ちゅうじていしでん》によれば、「多言《たげん》にして躁《さわが》し（おしゃべりで騒々しい）」という性癖があったという。これを考慮に入れて、この章の孔子の発言を見れば、司馬牛の質問に事寄せて、やんわり注意を与えたものと思われる。この発言は、この前の二章の発言と比べれば、いかにも孔子らしいユーモアがあり、たいへん面白い。

顔淵 12－4

司馬牛問君子。子曰、君子不憂不懼。曰、不憂不懼、斯謂之君子矣乎。子曰、内省不疚、夫何憂何懼。

司馬牛《しばぎゅう》　君子《くんし》を問《と》う。子曰《しいわ》く、君子《くんし》は憂《うれ》えず懼《おそ》れず。曰《いわ》く、憂《うれ》えず懼《おそ》れず、斯《すなわ》ち之《こ》れを君子《くんし》と謂《い》うか。子曰《しいわ》く、内《うち》に省《かえ》りみて疚《やま》しからず、夫《そ》れ何《なに》をか憂《うれ》え何《なに》をか懼《おそ》れん。

司馬牛《しばぎゅう》が君子についてたずねた。先生は言われた。「君子は悩みもせず、恐れもしない」。(司馬牛は)言った。「悩まず恐れもしなければ、それで君子といえるのですか」。先生は言われた。「自分で内心、反省し、うしろめたいことがなければ、何も悩み、恐れることはないだろう」。

○疚《やま》し　うしろめたい。

前章につづき司馬牛《しばぎゅう》の登場である。司馬牛はここでも前章と同様、孔子の答えを逆転させて質問を重ねており、やや小賢しい感がある。司馬牛はおしゃべりで騒々しいうえ、利口ぶるところがあったと見える。ちなみに、最後の孔子の答えは、司馬牛の質問に見合ったものではない。次章で述べるとおり、司馬牛の兄の桓魋《かんたい》はかつて孔子を襲撃したことがあり、おしゃべりでにぎやかな司馬牛もその実、これを気に病んでいた。これを知る孔子が、君子問答に事寄せて、自分自身にうしろめたいことがないなら、そんなことは気にするなと、司馬牛を励ましたのかもしれない。大いなる包容力のある先生である。

顔淵 12－5

司馬牛憂曰、人皆有兄弟。我獨亡。子夏曰、商聞之矣。死生有命。富貴在天。君子敬而無失、與人恭而有禮、四海之內、皆兄弟也。君子何患乎無兄弟也。

司馬牛憂《しばぎゅううれ》えて曰《いわ》く、人皆《ひとみ》な兄弟有《けいていあ》り。我《わ》れ独《ひと》り亡《な》し。子夏《しか》曰《いわ》く、商《しょう》　之《こ》れを聞《き》く。死生《しせい》　命有《めいあ》り。富貴《ふうき》　天《てん》に在《あ》り。君子《くんし》は敬《けい》して失《うしな》う無《な》く、人《ひと》と与《まじ》わるに恭《うやうや》しくして礼有《れいあ》らば、四海《しかい》の内《うち》、皆《み》な兄弟也《けいていなり》。君子《くんし》何《なん》ぞ兄弟無《けいていな》きを患《うれ》えんや。

司馬牛《しばぎゅう》が嘆いて言った。「人にはみな兄弟があるのに、私にだけはない」。子夏《しか》は言った。「商《わたくし》（子夏の本名、卜商《ぼくしょう》）は「人間の生き死にには定めがあり、富貴は天の与えた運命だ」と聞いている。君子たる者が慎み深く過失を犯さず、他人と丁重に礼儀正しく交わったならば、世界中の人がみな兄弟となる。君子は兄弟がないことなど気に病まないものだ」。

○**命**《めい》　定め。○**失う無し**《うしなな》　過失がないこと。○**四海**《しかい》　天下、世界。

司馬牛《しばぎゅう》は名を耕《こう》、あざなを子牛《しぎゅう》といい、宋《そう》の出身である。ここで、司馬牛は自分には兄弟がないと嘆き、子夏《しか》に慰められているが、その実、司馬牛には兄があったとする説が、古来、流布する。その兄は桓魋《かんたい》(司馬魋《しばたい》)という人物であり、紀元前四八一年、孔子が魯《ろ》に帰国した後、君主の寵愛を笠にきて宋で反乱を起こし、斉《せい》に亡命した。司馬牛は当時、斉にいたが、兄が逃げ込んでくると、ただちに魯に赴き、孔子門下に入ったとされる。実はこの十一年前の紀元前四九二年、諸国を旅していた孔子が宋に立ち寄ったさい、宋の重臣だった桓魋に襲撃されたこともある(述而7-22参照)。司馬牛は不始末ばかりしでかす悪しき兄と絶縁状態にあったようだが、それでもかつて兄が孔子を襲撃した事件を気にかけ、悩みが尽きなかったとおぼしい。

そんな司馬牛があえて「私には兄弟がない」と言い切り、子夏に孤独感を吐露したところ、子夏は司馬牛が憂鬱になるわけを百も承知でありながら、すべては運命であり、きちんとした態度で他者と交わったならば、「四海《しかい》の内《うち》、皆《み》な兄弟也《けいていなり》(世界中の人がみな兄弟となる)」と、ややオーバーな表現で、司馬牛をあたたかく慰めた。司馬牛の来歴を知ったうえで読むと、なかなか含蓄に富む問答である。それにしても、子夏は、あまり呑み込みのよくない樊遲《はんち》から、孔子の言葉の解説を求められたり(顔淵〈本篇〉12-22参照)、司馬牛にこうして悩みを打ち明けられたりするところを見ると、包容力のあるやさしい人となりだったのであろう。

なお、ここで子夏の発言にある「四海の内、皆な兄弟也」という言葉は、後世、遊侠など裏社会で生きる者の合言葉として、広く用いられるにいたる。

顔淵 12－6

子張問明。子曰、浸潤之譖、膚受之愬、不行焉。可謂明也已矣。浸潤之譖、膚受之愬、不行焉。可謂遠也已矣。

子張《しちょう》 明《めい》を問《と》う。子《し》曰《いわ》く、浸潤《しんじゅん》の譖《しん》、膚受《ふじゅ》の愬《そ》、行《おこな》われず。明《めい》と謂《い》う可《べ》きのみ。浸潤《しんじゅん》の譖《しん》、膚受《ふじゅ》の愬《そ》、行《おこな》われず。遠《えん》と謂《い》う可《べ》きのみ。

子張《しちょう》(本名は顓孫師《せんそんし》)が聡明についてたずねた。先生は言われた。「じわじわと心に浸み込むような中傷、知らず知らず皮膚に食い込んでくるような悪口を、受けつけないなら、聡明といえよう。じわじわと心に浸み込むような中傷、知らず知らず皮膚に食い込んでくるような悪口を、受けつけないなら、(聡明どころか)遠大な見識といえよう」。

○**明**《めい》 聡明。○**浸潤の譖**《しんじゅんのしん》 じわじわと心に浸み込むような悪口、中傷。○**膚受の愬**《ふじゅのそ》 知らず知らずに皮膚に食い込むような謗り《そし》、悪口。○**遠**《えん》 遠大な見識。

質問者の子張《しちょう》は、孔子に「師《し》や過《す》ぎたり(子張はやりすぎだ)」(先進11－16)と評された弟子である。頭は切れるが、出しゃばりで早トチリしそうなこの子張が、聡明とは何かと質問すると、孔子は、陰険にじわじわと人の心を侵す巧妙な誹謗中傷を見抜き、受けつけないことこそ聡明さだと、言って聞かせる。やや短絡的な傾向のある子張の性格をよく知る、孔子の答えはみごとというほかない。これまた、弟子との対話における孔子の発言が、それぞれの弟子の個性や特性に応じつつ、なされていることを如実に示すやりとりである。

付言すれば、「浸潤《しんじゅん》の譖《しん》、膚受《ふじゅ》の愬《そ》」という言いかたは、いかにも生理的な嫌悪感にあふれ、孔子の感覚の鋭敏さを浮き彫りにしている。

顔淵 12－7

子貢問政。子曰、足食、足兵、民信之矣。子貢曰、必不得已而去、於斯三者何先。曰、去兵。子貢曰、必不得已而去、於斯二者何先。曰、去食。自古皆有死。民無信不立。

子《し》貢《こう》 政《まつりごと》を問《と》う。子《し》曰《いわ》く、食《しょく》を足《た》らしめ、兵《へい》を足《た》らしめ、民《たみ》 之《こ》れを信《しん》ず。子《し》貢曰《こういわ》く、必《かなら》ず已《や》むを得《え》ずして去《さ》らば、斯《こ》の三者《さんしゃ》に於《お》いて何《なに》をか先《さき》にせん。曰《いわ》く、兵《へい》を去《さ》らん。子《し》貢曰《こういわ》く、必《かなら》ず已《や》むを得《え》ずして去《さ》らば、斯《こ》の二者《にしゃ》に於《お》いて何《なに》をか先《さき》にせん。曰《いわ》く、食《しょく》を去《さ》らん。古《いにしえ》自《よ》り皆《み》な死《し》有《あ》り。民《たみ》 信《しん》無《な》くんば立《た》たず。

子《し》貢《こう》が政治についてたずねた。先生は言われた。「食糧を十分にし、軍備を十分にし、民衆が信頼感をもつことだ」。子貢は言った。「どうしてもやむをえず、どれかを捨てねばならないときは、この三つのうち、どれを先にしたらいいでしょうか」。（先生は）言われた。「軍備を捨てることだ」。

○**信《しん》ず** 信頼感をもつ。○**去《さ》る** ここでは「はぶく、捨てる」の意。

子貢は言った。「どうしてもやむをえず、どちらかを捨てねばならないとき、残る二つのうち、どれを先にしたらいいでしょうか」。（先生は）言われた。「食糧を捨てることだ。昔から誰でもみな死ぬ運命にある。民衆は信頼感がなければ、立ちゆかないものだ」。

秀才の高弟子貢《しこう》の鋭い質問に対して、孔子は一つ一つていねいに答え、政治を行う場合、何よりも大事なのは、民衆の信頼を得ることだと強調する。孔子はこうした一種、現実ばなれのした政治理想をかかげて、みずからの主張に共鳴してくれる君主を求め、下剋上に揺れる春秋の乱世のさなか、長らく諸国を遊説してまわった。孔子は不可知な世界には踏み込まない合理的なリアリストである一方、現実をいささかでも節度ある理想社会に近づけたいと、あくまでも夢を追いつづける大いなるロマンティストでもあった。

顔淵 12－8

棘子成曰、君子質而已矣。何以文爲。子貢曰、惜乎。夫子之說君子也、駟不及舌。文猶質也、質猶文也、虎豹之鞟、猶犬羊之鞟。

棘子成《きょくしせい》曰《いわ》く、君子《くんし》は質《しつ》のみ。何《なん》ぞ文《ぶん》を以《もっ》て為《な》さんや。子貢《しこう》曰《いわ》く、惜《お》しいかな。夫《ふう》子《し》の君子《くんし》を説《と》くや、駟《し》も舌《した》に及《およ》ばず。文《ぶん》は猶《な》お質《しつ》のごとく、質《しつ》は猶《な》お文《ぶん》のごとくならば、虎豹《こひょう》の鞟《かく》は、猶《な》お犬羊《けんよう》の鞟《かく》のごとし。

棘子成《きょくしせい》が言った。「君子は質だけで十分だ。文など不必要だ」。(それを伝え聞いた)子貢《しこう》は言った。「残念なことよ。あのかたの君子についてのご発言は、四頭立ての馬車で追いかけても追いつけない失言だ。もし、文が質と同じで、質が文と同じなら(それで一方だけでよいとするなら)、虎や豹の毛を抜いたなめし皮は、犬や羊の毛を抜いたなめし皮と同じだということになるではないか」。

○**棘子成**《きょくしせい》 衛《えい》の重臣だとする説もあるが、不詳。○**質**《しつ》 素朴さ。○**文**《ぶん》 装飾や技巧などの文化的要素。○**夫子**《ふうし》 先生、あのかた。○**駟**《し》**も舌**《した》**に及**《およ》**ばず** 「駟」は四頭立ての馬車。「舌」はここでは失言の意。四頭立ての馬車で追いかけても失言には追いつけない、ということ。○**鞟**《かく》 毛を抜いた皮、なめし皮。

孔子は、「文質彬彬《ぶんしつひんぴん》として、然《しか》る後《のち》に君子《くんし》(素朴さと文化的要素が均衡とれてこそ君子だ)」(雍也6－18)と述べているように、「文」と「質」が調和し、バランスがとれてこそ君子だと考えていた。ここで、子貢《しこう》は棘子成《きょくしせい》なる人物のあらっぽい意見を、みごとな比喩を用いて一蹴し、孔子の考えかたの妥当性を強調している。頼もしい高弟である。

顔淵 12－9

哀公問於有若曰、年饑用不足。如之何。有若對曰、盍徹乎。曰、二吾猶不足。如之何其徹也。對曰、百姓足、君孰與不足。百姓不足、君孰與足。

哀公《あいこう》　有若《ゆうじゃく》に問《と》いて曰《いわ》く、年饑《としう》えて用《よう》足《た》らず。之《こ》れを如何《いかん》。有若《ゆうじゃく》対《こた》えて曰《いわ》く、盍《なん》ぞ徹《てっ》せざるや。曰《いわ》く、二《に》だに吾《わ》れ猶《な》お足《た》らず。之《こ》れを如何《いかん》ぞ其《そ》れ徹《てっ》せんや。対《こた》えて曰《いわ》く、百姓《ひゃくせい》足《た》らば、君《きみ》　孰《たれ》と与《とも》にか足《た》らざらん。百姓《ひゃくせい》足《た》らずんば、君《きみ》　孰《たれ》と与《とも》にか足《た》らん。

哀公《あい》が有若《ゆうじゃく》にたずねて言われた。「今年は飢饉で財政が不足している。どうしたものだろうか」。有若は答えて言った。「どうして収穫の十分の一を取る税法を使われないのですか」。(哀公は)言われた。「十分の二を取っても、まだ不足しているのに、どうして十分の一になぞできようか」。(有若は)答えて言った。「民衆が充足していれば、君主だけが充足しないことがありましょうか。民衆が充足していなければ、君主だけが充足することがありましょうか」。

○**哀公**《あいこう》　孔子の晩年の魯《ろ》の君主(前四九四—前四六八在位)。○**用**《よう》　財政。○**盍**《なん》**ぞ〜せざるや**　どうして〜しないのか。○**徹**《てっ》**す**　ここでは、農民の収穫の十分の一を取り立てること。○**百姓**《ひゃくせい》　民衆、人民。

有若《ゆうじゃく》は孔子の高弟(学而1-2解説参照)。顔淵(本篇)12-7で明らかなように、孔子は「民《たみ》　信無《しんな》くんば立《た》たず(民衆は信頼感がなければ、立ちゆかないものだ)」と、民衆の信頼を得ることこそ、行政にたずさわる者の最重要課題だとした。ここで有若は孔子の考えかたに沿って、哀公《あい》に飢饉に苦しむ民衆の負担を軽減すべきだと説く。前章の子貢《しこう》といい、この有若といい、孔子の高弟たちがその教えを深く体得し、それぞれ現実の場面でごく自然に表出させているさまが如実にうかがえ、興味深い。

顔淵 12－10

子張問崇徳辨惑。子曰、主忠信、徙義、崇徳也。愛之欲其生、惡之欲其死。既欲其生、又欲其死。是惑也。（誠不以富、亦祇以異。）

子張《しちょう》　徳《とく》を崇《たか》くし惑《まど》いを弁《わきま》えんことを問《と》う。子曰《しいわ》く、忠信《ちゅうしん》を主《しゅ》とし、義《ぎ》に従《うつ》るは、徳《とく》を崇《たか》くする也《なり》。之《こ》れを愛《あい》しては其《そ》の生《い》きんことを欲《ほっ》し、之《こ》れを悪《にく》んでは其《そ》の死《し》なんことを欲《ほっ》す。既《すで》に其《そ》の生《い》きんことを欲《ほっ》し、又《ま》た其《そ》の死《し》なんことを欲《ほっ》す。是《こ》れ惑《まど》い也《なり》。（誠《まこと》に富《とみ》を以《もっ》てせず、亦《ま》た祇《まさ》に異《い》を以《もっ》てす。）

子張《しちょう》が、「徳を高め、迷いを弁別して明らかにする」ことについてたずねた。先生は言われた。「誠心誠意、まごころを尽くして、誠実に信義を守ることを主とし、正しい方向に移ることが、徳を高めることだ。愛するときには、その人が生きていることを望み、憎悪すると、その者が死ぬことを望む。いったん生きていることを望みながら、また死ぬことを望む。これが迷いだ」。

○**徳《とく》を崇《たか》くす**　徳を高める。○**惑《まど》いを弁《わきま》う**　迷いを弁別して明らかにする。○**忠信《ちゅうしん》**「忠」は誠心誠意、まごころを尽くすこと。「信」は誠実に信義を守ること。○**義《ぎ》**　ここでは「正しい方向」の意。

質問者の子張《しちょう》については顔淵（本篇）12－6解説参照。子張の質問「崇徳弁惑（徳《とく》を崇《たか》くし惑《まど》いを弁《わきま》う）」は、古くからある成語だとおぼしい。この成語の意味をたずねた子張に対し、孔子は「崇徳」と「弁惑」の二つに分けて説明を加える。このうち、後の「弁惑」についての説明には、孔子のゆたかな人生経験が反映されており、ことに含蓄に富む。なお、顔淵（本篇）12－21に見える樊遅《はんち》の質問も、ここの子張の質問とほぼ同様の趣旨であり、合わせて参照。

さらに付言すれば、この章の末尾に付された「誠不以富、亦祇以異」の二句は、この章の文脈と繋がらず、意味不明だが、新注によれば、季氏16－12の句が混入されたものだとされる。これに従い、ここでは取りあげない。

顔淵 12－11

齊景公問政於孔子。孔子對曰、君君、臣臣、父父、子子。公曰、善哉。信如君不君、臣不臣、父不父、子不子、雖有粟、吾得而食諸。

斉《せい》の景公《けいこう》 政《まつりごと》を孔子《こうし》に問《と》う。孔子《こうし》対《こた》えて曰《いわ》く、君君《きみきみ》たり、臣臣《しんしん》たり、父父《ちちちち》たり、子子《ここ》たり。公曰《こういわ》く、善《よ》き哉《かな》。信《まこと》に如《も》し君君《きみきみ》たらず、臣臣《しんしん》たらず、父父《ちちちち》たらず、子《こ》子《こ》たらずば、粟《ぞく》有《あ》りと雖《いえど》も、吾《わ》れ得《え》て諸《これ》を食《く》らわんや。

斉《せい》の景公《けい》が政治について孔子にたずねられた。孔子は答えて言われた。「君主は君主らしく、臣下は臣下らしく、父は父らしく、子は子らしくあることです」。景公は言われた。「なるほどねえ。もし、君主が君主らしく、臣下が臣下らしく、父が父らしく、子が子らしくなかったなら、私は穀物

○**斉《せい》の景公《けいこう》** 前五四七―前四九〇在位。在位は長いが凡庸な君主だった。○**粟《ぞく》** アワ。ここでは広く穀物を指す。

が手に入ったとしても、食べることができないな」。

斉《せい》の景《けい》公は国が混乱の渦中にあっても、収拾につとめようとせず、私財を肥やすことにしか関心のない、凡庸な君主だった。ここでも、政治とは国の成員がそれぞれ自分の持ち前に応じ、きちんとやってゆくことだという、孔子の発言を生半可に解釈し、「なるほどねえ、でなかったら、穀物が手に入ったとしても、食べることができないな（経済的なゆたかさを存分に享受できないな）」と、トンチンカンな反応を示している。

このやりとりが、いつなされたかについては諸説あるが、おそらく紀元前五〇〇年、重要メンバーの一人として、孔子が魯《ろ》の定《てい》公について斉に行ったときのものであろう。ちなみに、孔子は後年（前四九〇）、景公が死去したとき、「斉《せい》の景公《けいこう》　馬千駟《うませんし》有《あ》り。死《し》するの日《ひ》、民《たみ》　徳《とく》として称《たた》うる無《な》し（斉の景公は四千頭の馬をもっていたが、死んだとき、人々のなかに、有徳の君主として称える者は一人もいなかった）」（季氏16－12）と酷評している。

顔淵 12－12

子曰、片言可以折獄者、其由也與。子路無宿諾。

子《し》曰《いわ》く、片言《へんげん》以《もっ》て獄《うった》えを折《さだ》む可《べ》き者《もの》は、其《そ》れ由《ゆう》なるか。子路《しろ》　宿諾《しゅくだく》無《な》し。

先生は言われた。「(被告・原告の)一方の言い分を聞いただけで、正しい裁きができる者は由《ゆう》(子路《しろ》の本名、仲由《ちゅうゆう》)だろうな」。子路は宵越しの承諾はしなかった。

○片言《へんげん》　一方の言い分。○獄《うった》えを折《さだ》む　正しい裁きをする。○宿諾《しゅくだく》　宵越しの承諾。

裁判はふつう被告・原告双方の主張を聞いてから、なされるものだが、子路《しろ》はどちらか一方の主張を聞いただけで、事件の全貌を把握し、正しい裁きを下すことができると、孔子はその果断さを称賛する。ここまでが孔子の言葉で、そのあとの「子路《しろ》　宿諾無《しゅくだくな》し」は、『論語』の編者のコメントだとされる。果断な子路はいったん承諾したことは、必ずその日のうちに実行し、翌日までひきのばすことはなかったというのである。

「一諾千金《いちだくせんきん》」すなわち「いったん承諾したことには千金の値打ちがある」という言葉がある。この言葉は存在をかけて信義を守ることを旨とする、俠の精神を象徴するものにほかならない。孔子門下の後輩にあたる編者の「子路　宿諾無し」という言葉は、子路の心に脈うつ爽快な俠の精神に対する賛辞である。

顔淵 12－13

子曰、聴訟吾猶人也。必也使無訟乎。

子曰《しいわ》く、訟《しょう》を聴《き》くは吾《わ》れ猶《な》お人《ひと》のごとき也《なり》。必《かなら》ずや訟無《しょうな》からしめんか。

先生は言われた。「法廷で訴えを聞くとすれば、私もやはり他の人と同じであろう。（私は）きっと訴訟などない世の中にしたいと思う」。

○訟《しょう》 訴訟、訴え。

裁判沙汰に立ち会うとすれば、自分の能力は他の人と同じくらいだろうが、私はそれよりももめ事や裁判沙汰などない社会を招来したいと、孔子は根源的にして壮大な夢を語る。

顔淵 12－14

子張問政。子曰、居之無倦、行之以忠。

子張《しちょう》政《まつりごと》を問《と》う。子曰《しいわ》く、之《こ》れに居《お》りて倦《う》むこと無《な》く、之《こ》れを行《おこな》うに忠《ちゅう》を以《もっ》てす。

子張《しちょう》が政治についてたずねた。先生は言われた。「その位についている間は、飽くことなくつとめ、職務を行うさいには、誠心誠意、まごころを尽くすことだ」。

○之《こ》れに居《お》る その位についていること。

行政に当たる者は、持続することと誠意を尽くすことが最重要だと説いたもの。孔子はおりにつけ、「忠《ちゅう》（誠心誠意、まごころを尽くすこと）」の重要性を説いており、また「倦《う》むこと無《な》き」持続性の重要性についても、「人《ひと》に誨《おし》えて倦《う》まず。我《わ》れに於《お》いて何《なに》か有《あ》らんや（飽くことなく人に教える。こんなことは私にとって苦にならない）」（述而7－2）というふうに、しばしば言及している。

顔淵 12－15

子曰、博學於文、約之以禮、亦可以弗畔矣夫。

子《し》曰《いわ》く、博《ひろ》く文《ぶん》を学《まな》びて、之《こ》れを約《やく》するに礼《れい》を以《もっ》てすれば、亦《ま》た以《もっ》て畔《そむ》かざる可《べ》し。

先生は言われた。「ひろく文化的教養を身につけ、これを礼によって凝縮して表現したならば、道からはずれることはないだろう」。

雍也6－27に同様の言葉が見える。

顔淵
12－16

子曰、君子成人之美、不成人之惡。小人反是。

子曰《しいわ》く、君子《くんし》は人《ひと》の美《び》を成《な》し、人《ひと》の悪《あく》を成《な》さず。小人《しょうじん》は是《こ》れに反《はん》す。

先生は言われた。「君子は他人が善いことをするのは助けるが、わるいことをするのは助けない。小人はその反対である」。

○美《び》 善いこと。○成《な》す （援助し）完成させる。

君子は、人から協力を求められたとき、それが善なることなら、積極的に協力し助力を惜しまないが、善ならざることであれば、きっぱり拒否して手を貸さない。これは、君子ならざる普通の人間にとっても、心すべき人間関係のポイントである。こうしてみると、孔子の言う「君子」とは、けっして普通の人間には及びもつかない超人ではなく、誰でも努力すればその域に達することのできる、コモンセンスを備えたまっとうな人間像を指すともいえる。それにしても、こうした君子とは反対だと、ばっさり卑劣な小人を断罪する口調は痛烈きわまりなく、孔子の内に秘めた激しさを感じさせる。

顔淵
12－17

季康子問政於孔子。孔子對曰、政者正也。子帥以正、孰敢不正。

季康子《きこうし》 政《まつりごと》を孔子《こうし》に問《と》う。孔子《こうし》対《こた》えて曰《いわ》く、政《せい》なる者《もの》は正也《せいなり》。子《し》 帥《ひき》いるに正《せい》を以《もっ》てせば、孰《たれ》か敢《あ》えて正《ただ》しからざらん。

季康子《きこうし》が政治について孔子にたずねた。孔子は答えて言われた。「政とは正です。あなたご自身が、人々を導くさい、正しい道によって行えば、誰もが正しい道によるようになるでしょう」。

○帥《ひき》いる 導く。

季康子《きこうし》はすでに何度も登場したが、魯《ろ》の三大貴族「三桓《さんかん》」の一つ、季孫《きそん》氏の一族で、魯の重臣であり、孔子とも何かと因縁が深い（為政2－20、雍也6－8など参照）。この季康子の政治方法に問題があったため、孔子はこう述べて注意をうながしたという。

顔淵 12－18

季康子患盜、問於孔子。孔子對曰、苟子之不欲、雖賞之不竊。

季康子《きこうし》 盗《とう》を患《うれ》えて、孔子《こうし》に問《と》う。孔子《こうし》対《こた》えて曰《いわ》く、苟《いや》しくも子《し》の欲《ほっ》せざれば、之《こ》れを賞《しょう》すと雖《いえど》も竊《ぬす》まず。

季康子《きこうし》が泥棒の横行を苦にして、孔子にたずねた。孔子は答えて言われた。「かりにもあなたが私欲をもたれなければ、賞金をかけても誰も泥棒などしませんよ」。

○**苟《いや》しくも** かりにも〜ならば。つよい調子の仮定。○**欲《ほっ》す** 欲望、私欲をもつ。○**賞《しょう》す** 賞金や褒美を出す。

前章につづき、季康子《きこうし》との対話である。泥棒の横行を嘆く季康子に対し、孔子は、為政者たるあなたが私欲をもちさえしなければ、たちどころに泥棒はいなくなると、強い調子で言ってのける。察するところ、季康子の政治的不正や金儲け主義には、よほど目に余るものがあったと見える。

顔淵 12－19

季康子問政於孔子曰、如殺無道、以就有道、何如。孔子對曰、子爲政、焉用殺。子欲善而民善矣。君子之德風、小人之德草。草上之風、必偃。

季康子《きこうし》 政《まつりごと》を孔子《こうし》に問《と》いて曰《いわ》く、如《も》し無道《むどう》を殺《ころ》して、以《もっ》て有道《ゆうどう》を就《な》さば、何如《いかん》。孔子《こうし》対《こた》えて曰《いわ》く、子《し》 政《まつりごと》を為《な》すに、焉《いず》くんぞ殺《さつ》を用《もち》いん。子《し》 善《ぜん》を欲《ほっ》すれば民《たみ》 善《ぜん》なり。君子《くんし》の徳《とく》は風《かぜ》、小人《しょうじん》の徳《とく》は草《くさ》。草《くさ》 之《こ》れに風《かぜ》を上《くわ》うれば、必《かなら》ず偃《ふ》す。

季康子《きこうし》が政治について孔子にたずねて言った。「道にはずれた者を死刑に

○**無道《むどう》** 道にはずれた者、不法行為

して、道を守る者を助けるというやりかたは、どうですか」。孔子は答えて言われた。「あなたは政治を行っておられるのに、どうして死刑を用いられるのですか。あなたが善いことをしたいと思われたなら、民衆も善くなります。為政者の徳は風であり、民衆の徳は草です。草に風が吹けば、必ずなびき伏します」。

をする者。○**有道**《ゆうどう》 ここでは、道や法を守る者。○**就**《な》**す** その暮らしがうまくゆくように助ける。○**君子**《くんし》 ここでは「為政者」の意。○**小人**《しょうじん》 ここでは「庶民、一般民衆」の意。○**偃**《ふ》**す** なびき伏す。

三章つづいた季康子《きこうし》との対話の最後に当たるが、孔子の主旨は、三章とも為政者たる季康子自身、襟を正すことが肝要だということに尽きる。しかし、季康子が孔子の言葉をどれだけ真摯に受け止めたか、はなはだ心もとない。

顔淵 12－20

子張問。士何如斯可謂之達矣。子曰、何哉、爾所謂達者。子張對曰、在邦必聞、在家必聞。子曰、是聞也。非達也。夫達也者、質直而好義、察言而觀色、慮以下人。在邦必達、在家必達。夫聞也者、色取仁而行違、居之不疑。在邦必聞、在家必聞。

子張《しちょう》問《と》う。士《し》何如《いか》なれば斯《すなわ》ち之《こ》れを達《たつ》と謂《い》う可《べ》きや。子曰《しいわ》く、何《なん》ぞや、爾《なんじ》の所《いわ》謂《ゆる》達《たつ》なる者《もの》は。子張《しちょう》対《こた》えて曰《いわ》く、邦《くに》に在《あ》りても必《かなら》ず聞《き》こえ、家《いえ》に在《あ》りても必《かなら》ず聞《き》こゆ。子《し》曰《いわ》く、是《こ》れ聞也《ぶんなり》。達《たつ》に非《あら》ざる也《なり》。夫《そ》れ達《たつ》なる者《もの》は、質直《しっちょく》にして義《ぎ》を好《この》み、言《げん》を察《さっ》して色《いろ》を観《み》、慮《おもんぱか》って以《もっ》て人《ひと》に下《くだ》る。邦《くに》に在《あ》りても必《かなら》ず達《たっ》し、家《いえ》に在《あ》りても必《かなら》ず達《たっ》す。夫《そ》れ聞《ぶん》なる者《もの》は、色《いろ》に仁《じん》を取《と》りて行《おこな》いは違《たが》い、之《こ》れに居《お》りて疑《うたが》わず。邦《くに》に在《あ》りても必《かなら》ず聞《き》こえ、家《いえ》に在《あ》りても必《かなら》ず聞《き》こゆ。

子張《しちょう》がたずねた。「知識人はどういうふうにすれば、「達《たつ》」と評されるでしょうか」。先生は言われた。「どういうことかね、きみの言う「達」とは」。子張は答えて言った。「国に仕えているときも必ず評判になり、(仕えないで)家にいるときも必ず評判になるということです」。先生は言われた。「それは「聞《ぶん》」であって、「達」ではない。そもそも「達」とは、素朴で正義を好み、人の言うことをよく聞いて、相手の感情をよみとり、深く考えて人にへりくだる。そうすれば、国に仕えているときも必ず自然に称賛され、家にあっても必ず称賛される。そもそも「聞」とは、表面は誠実そうに振る舞っても、じっさいの行為は食い違っており、そのやりかたに自己満足して疑いをもたない。そうして、国にあっても必ず評判になり、家にあっても必ず評判になるのだ」。

○**士**《し》 ここでは「教養を身につけた者、知識人」の意。○**達**《たつ》 ここでは、自由にのびのびとしながら、自然に称賛されること。○**聞**《ぶん》 ここでは、表面的に誠実そうなポーズをとり、評判になること。○**質直**《しっちょく》 質朴、素朴。○**色**《いろ》**を観**《み》**る** 顔色を見る、相手の感情をよみとる。○**慮**《おもんぱか》**る** 深く考える。○**之**《こ》**れに居**《お》**る** ここでは「そのやりかたに自己満足する、あぐらをかく」の意。

質問者の子張《しちょう》については、顔淵(本篇)12-6解説参照。頭は切れるが、出しゃばりで目立ちたがりの子張が、「達《たつ》」すなわち自由でのびのびしながら、自然に称賛される知識人像について質問すると、孔子は「達」と「聞《ぶん》」すなわち表面的に誠実そうなポーズをとり、評判になる知識人像の二つを対比させ、作為を弄さず、誠実で謙虚な「達」がいかに望ましい理想像であるかを、諄々と説く。こうして、出しゃばりで目立ちたがりのきらいのある子張を諭したのであろう。大いなる師である。

なお、「邦《くに》に在《あ》りても……、家《いえ》に在《あ》りても……」と、二つのケースを対比させる表現は、顔淵(本篇)12－2にも見えた。

顔淵 12－21

樊遅従遊於舞雩之下。曰、敢問崇徳、脩慝辨惑。子曰、善哉問。先事後得、非崇徳與。攻其悪、無攻人之悪、非脩慝與。一朝之忿、忘其身以及其親、非惑與。

樊遅《はんち》 従《したが》いて舞雩《ぶう》の下《もと》に遊《あそ》ぶ。曰《いわ》く、敢《あ》えて徳《とく》を崇《たか》くし、慝《とく》を脩《おさ》め惑《まど》いを弁《わきま》うることを問《と》う。子《し》曰《いわ》く、善《よ》き哉《かな》 問《と》いや。事《こと》を先《さき》にして得《う》るを後《のち》にす、徳《とく》を崇《たか》くするに非《あら》ずや。其《そ》の悪《あく》を攻《せ》め、人《ひと》の悪《あく》を攻《せ》むる無《な》きは、慝《とく》を脩《おさ》むるに非《あら》ずや。一朝《いっちょう》の忿《いか》り、其《そ》の身《み》を忘《わす》れて以《もっ》て其《そ》の親《しん》に及《およ》ぼす、惑《まど》いに非《あら》ずや。

樊遅《はんち》が(先生の)お供をして舞雩《ぶう》のあたりを散歩した。(樊遅は)言った。「思いきって、「徳を高め、悪を除き、迷いを弁別して明らかにする」こと

○**舞雩**《ぶう》 雨乞いのために築かれた土壇。先進11－26に見える。○**徳**《とく》**を崇**《たか》

についておたずねします」。先生は言われた。「よい質問だね。行動を先にして、利益を得るのは後まわしにすることは、徳を高めることではないかな。自分の悪を責めて、他人の悪を責めないことは、悪を除くことではないかな。一時の怒りに、我れを忘れ身内を巻き込むことは、迷いではないかな」。

くし、**（慝《とく》を脩《おさ》め）惑《まど》いを弁《わきま》う** カッコ内の一句を除き、同じ表現が顔淵（本篇）12-10に見える。該当箇所の注参照。○**慝《とく》を脩《おさ》む** 「慝」は悪。悪を除く。○**一朝《いっちょう》** 一時。○**親《しん》** 親族、身内。

樊遅《はんち》はすでに為政2-5および雍也6-22に登場している。樊遅は孔子より三十六歳年下の弟子だが、あまり頭の回転が速いほうでなく、ピントはずれの質問をすることもある。しかし、ここではめずらしく「よい質問だね」と、孔子に褒められている。注にも記したように、顔淵（本篇）12-10で子《し》張《ちょう》もほとんど同じ質問をしているが、孔子の答えかたはことは異なり、もっと複雑微妙である。この樊遅の質問に対する答えは、より嚙み砕いたものであり、わかりやすい。ケース・バイ・ケース、孔子がいかに柔軟に弟子の個性に応じて対話しているか、如実に見てとれる。

顔淵 12-22

樊遲問仁。子曰、愛人。問知。子曰、知人。樊遲未達。子曰、擧直錯諸枉。能使枉者直。樊遲退、見子夏曰、鄕也吾見於夫子、而問知。子曰、擧直錯諸枉。能使枉者直。何謂也。子夏曰、富哉言乎。舜有天下、選於衆擧皐陶、不仁者遠矣。湯有天下、選於衆擧伊尹、不仁者遠矣。

樊遅《はんち》 仁《じん》を問《と》う。子曰《しいわ》く、人《ひと》を愛《あい》す。知《ち》を問《と》う。子曰《しいわ》く、人《ひと》を知《し》る。樊遅《はんち》 未《いま》だ達《たっ》せず。子曰《しいわ》く、直《なお》きを挙《あ》げて諸《これ》を枉《まが》れるに錯《お》く。能《よ》く枉《まが》れる者《もの》をして直《なお》からしむ。樊遅退《はんちしりぞ》いて、子夏《しか》を見《み》て曰《いわ》く、郷《さき》に吾《わ》れ夫子《ふうし》に見《まみ》えて、知《ち》を問《と》う。子曰《しいわ》く、直《なお》きを挙《あ》げて諸《これ》を枉《まが》れるに錯《お》く。能《よ》く枉《まが》れる者《もの》をして直《なお》からしむと。何《なん》の謂《い》ぞや。子夏曰《しかいわ》く、富《と》める哉《かな》 言《げん》や。舜《しゅん》 天下《てんか》を有《たも》ち、衆《しゅう》に選《えら》んで皐陶《こうよう》を挙《あ》ぐれば、不仁《ふじん》なる者遠《ものとお》ざかる。湯《とう》 天下《てんか》を有《たも》ち、衆《しゅう》に選《えら》んで伊尹《いいん》を挙《あ》ぐれば、不仁《ふじん》なる者遠《ものとお》ざかる。

樊遅《はんち》が仁についてたずねた。先生は言われた。「人を愛することだ」。知についてたずねた。先生は言われた。「人を知ることだ」。樊遅はよくわからなかった。先生は言われた。「正しい者を抜擢して不正な者の上におけば、不正な者を矯正することができる」。樊遅は退出し、子夏《しか》に会って聞いた。「さきほど私は先生にお目にかかって、知についておたずねした。先生は「正しい者を抜擢して不正な者の上におけば、不正な者を矯正することができる」とおっしゃったが、どういう意味だろうか」。子夏は言った。「なんとゆたかなお言葉だろう。舜《しゅん》が天下を支配したとき、大勢の者のなかから選んで、皐陶《こうよう》を抜擢すると、不正な者は遠ざかった。(殷《いん》の)湯《とう》王が天下を支配したとき、大勢の者のなかから選んで、伊尹《いいん》を抜擢すると、不正な者は遠ざかった」。

○**達《たっ》す** ここでは「理解する、わかる」の意。○**郷《さき》に** 先に。○**舜《しゅん》、皐陶《こうよう》** 舜は伝説の聖天子、皐陶は舜のときの刑獄の長官。○**湯《とう》、伊尹《いいん》** 湯王は殷《いん》王朝の始祖、伊尹は湯王を輔佐した名宰相。

前章につづき樊遅《はんち》とのやりとりである。樊遅は先にやはり仁と知について質問し、孔子はこのとき「知」については「民《たみ》の義《ぎ》を務《つと》め、鬼神《きしん》を敬《けい》して之《こ》れを遠《とお》ざく。知《ち》と謂《い》う可《べ》し（人としての道理を得るようにつとめ、鬼神には敬意を表するが距離を置く。これが知だ）」と答えている（雍也6－22参照）。

この章において、樊遅はまず「仁」についてたずね、孔子から「人を愛することだ」と説明され、これについては納得する。ついで「知」についてたずね、今度は「人を知ることだ」と説明されるが、どうも理解できない。そこで孔子は比喩を用いてさらに説明してやる。ちなみに、この比喩は、すでに魯《ろ》の君主哀《あい》公と孔子の問答にも見えたものである（為政2－19参照）。

この章は、孔子が仁や知などについて、あらかじめ定義づけすることなく、対話の場面や相手に応じて臨機応変、多様な角度から語ったことを具体的に示している。対話の相手の樊遅は前章でも述べたように、頭の回転は速くはないが、朴訥な人物で、孔子の馬車の御者をつとめたりもしている。

この樊遅が「人《ひと》を知《し》る」について、孔子から比喩を用いて懇切な説明を受けたが、それでもよくわからない。そこで退出した後、秀才の子夏《しか》に「何《なん》の謂《い》いぞや」と教えを乞うたところ、聡明な子夏はたちまち孔子の話のポイントをつかみ、聖天子の舜《しゅん》が皐陶《こうよう》、殷《いん》王朝の始祖湯《とう》王が伊尹《いいん》と、それぞれすぐれた人物を抜擢し、天下を治めた伝説や史実を引き合いに出して、樊遅に説明してやった。

これで樊遅が「人を知る」の真意を、はたと理解したかどうかは、記されておらず、結果はわからない。しかし、孔子門下にはむろん頭の回転の速い者もいれば遅い者もおり、孔子の話がどうにも理解できない場合は、こうして樊遅が子夏に教えを乞うたように、弟子同士でカバーしあったことが、この章からうかがえ、まことに興味深い。

顔淵 12－23

子貢問友。子曰、忠告而善道之。不可則止。無自辱焉。

子貢《しこう》友《とも》を問《と》う。子《し》曰《いわ》く、忠《ちゅう》もて告《つ》げて善《ぜん》もて之《こ》れを道《みち》びく。不可《ふか》なれば則《すなわ》ち止《や》む。自《みずか》ら辱《はずかし》めらるること無《な》かれ。

子貢《しこう》が友情についてたずねた。先生は言われた。「誠心誠意、まごころを尽くして説き、善なる方向に導く。それで聞き入れられなければ止め、嫌な目にあわないようにすることだね」。

○**友**《とも》 友人、友情。○**忠もて告ぐ**《ちゅう》《つ》 誠心誠意、まごころを尽くして説く。忠告する。○**道びく**《みち》 導く。○**不可**《ふか》 うまくゆかないこと、聞き入れられないこと。○**辱めらる**《はずかし》 辱めを受ける、嫌な目にあう。

顔淵(本篇)12－7、8につづき、子貢《しこう》の登場である。友人に忠告するさいにも限界があり、相手が聞く耳を持たないときは、無理じいしないことだという、孔子の発言は、いかにも冷静で成熟したものである。

顔淵
12－24

曾子曰、君子以文會友、以友輔仁。

曾子《そうし》曰《いわ》く、君子《くんし》は文《ぶん》を以《もっ》て友《とも》を会《かい》し、友《とも》を以《もっ》て仁《じん》を輔《たす》く。

曾子《そうし》は言った。「君子は文化的教養によって友人を集め、友人をもって大いなる徳義向上の助けとする」。

○文《ぶん》　ここでは、いわゆる学問はもとより、広く礼や音楽なども含む文化的教養を指す。○会《かい》す　集まる、集める。○仁《じん》　誠実な思いやりや人間愛など、さまざまな要素を包括した大いなる徳義。

久々に孔子のもっとも若い層の弟子に当たる曾子《そうし》の登場である。曾子についての詳細は、学而1－4参照。孔子亡き後、孔子一門をとりまとめた、この曾子の言葉をもって、孔子と弟子の問答を多く収録する本篇は幕を閉じる。

子路《しろ》第十三

子路
13-1

子路問政。子曰、先之勞之。請益。曰、無倦。

子路《しろ》 政《まつりごと》を問《と》う。子《し》曰《いわ》く、之《こ》れに先《さき》んじ之《こ》れを労《ねぎら》う。益《えき》を請《こ》う。曰《いわ》く、倦《う》むこと無《な》かれ。

子路《しろ》が政治についてたずねた。先生は言われた。「何事も人々に先んじてやり、人々をいたわることだ」。（子路が）もう少し話してくださいと頼んだ。（先生は）言われた。「飽くことのないようにしなさい」。

○**益**《えき》　ここでは言葉を増すこと。「もう少し話してください」の意味になる。

孔子とやんちゃな愛弟子、子路《しろ》との、政治をテーマとする対話である。孔子の簡潔な答えに物足りなさを覚え、「益《えき》を請《こ》う」ところが、いかにも武骨で果敢な子路らしい。これに対する答えとして、孔子は「倦《う》むこと無《な》かれ」、すなわち途中で嫌気を起こさず、粘りづよくやりなさいと、持続することの重要性を説く。なお、顔淵12-14でも、子張《しちょう》が政治についてたずねると、孔子は「之《こ》れに居《お》りて倦《う》むこと無《な》く（その位についている間は、飽くことなくつとめ）」と、やはり持続することが肝要だと述べている。合わせて参照。

子路 13-2

仲弓爲季氏宰、問政。子曰、先有司、赦小過、擧賢才。曰、焉知賢才而擧之。曰、擧爾所知。爾所不知、人其舍諸。

仲弓《ちゅうきゅう》　季氏《きし》の宰《さい》と為《な》りて、政《まつりごと》を問《と》う。子曰《しいわ》く、有司《ゆうし》を先《さき》にし、小過《しょうか》を赦《ゆる》し、賢《けん》才《さい》を挙《あ》げよ。曰《いわ》く、焉《いず》くにか賢才《けんさい》を知《し》りて之《こ》れを挙《あ》げん。曰《いわ》く、爾《なんじ》の知《し》る所《ところ》を挙《あ》げよ。爾《なんじ》の知《し》らざる所《ところ》を、人其《ひとそ》れ諸《これ》を舎《す》てんや。

仲弓《ちゅうきゅう》（冉雍《ぜんよう》）が季孫《きそん》氏の執事になり、政治についてたずねた。先生は言われた。「部下の役人に適任者を得るのが先決だ。小さな過ちは大目に見て、賢明な人を推挙しなさい」。（仲弓が）言った。「どこで賢明な人を知って推挙するのですか」。（先生は）言われた。「きみのよく知っている人を推挙しなさい。きみの知らない賢明な人は、ほかの人が放っておくはずがない」。

○**季氏**《きし》　魯《ろ》の三大貴族（三桓《さんかん》）の一つ、季孫《きそん》氏。○**宰**《さい》　地方長官、あるいは貴族の家の執事。○**有司**《ゆうし》　ここでは「部下の役人」の意。○**小過**《しょうか》　小さな過ち。○**舎**《す》**つ**　そのまま見過ごす、放っておく。

仲弓《ちゅうきゅう》（冉雍《ぜんよう》）はすでに何度も登場している。彼は貧しい家の出身だが、誠実な人となりであり、孔子に、「雍《よう》や南面《なんめん》せしむ可《べ》し（冉雍は君主にしてもよい男だ）」（雍也6-1）と高く評価された。孔子は、この仲弓に対しては、政治の要諦は賢明な人物を推挙することだと言い、自分のよく知っている人のうちから選ぶようにと言い聞かせる。さまざまな経験を積んだ孔子ならでは、深い含蓄に富む言葉である。なお、孔子の言葉の末尾に見える「人其《ひとそ》れ諸《これ》を舎《す》てんや」という言いかたは、仲弓自身について、

「山川《さんせん》其《そ》れ諸《これ》を舎《す》てんや（山や川の神がそのまま見過ごされるはずがない）」（雍也6－6）と、その優秀さを指摘した、同様の表現が見える。

子路 13－3

子路曰、衛君待子而爲政、子將奚先。子曰、必也正名乎。子路曰、有是哉、子之迂也。奚其正。子曰、野哉由也、君子於其所不知、蓋闕如也。名不正、則言不順。言不順、則事不成。事不成、則禮樂不興。禮樂不興、則刑罰不中。刑罰不中、則民無所措手足。故君子名之必可言也。言之必可行也。君子於其言、無所苟而已矣。

子路《しろ》曰《いわ》く、衛《えい》の君《きみ》　子《し》を待ちて政《まつりごと》を為《な》さば、子《し》　将《まさ》に奚《いず》れをか先《さき》にせん。子《し》曰《いわ》く、必《かなら》ずや名《な》を正《ただ》さんか。子路《しろ》曰《いわ》く、是《こ》れ有《あ》る哉《かな》、子《し》の迂《う》なるや。奚《なん》ぞ其《そ》れ正《ただ》さん。子《し》曰《いわ》く、野《や》なる哉《かな》　由《ゆう》や、君子《くんし》は其《そ》の知《し》らざる所《ところ》に於《お》いて、蓋闕如《がいけつじょ》たり。名《な》正《ただ》しからざれば、則《すなわ》ち言順《げんしたが》わず。言順《げんしたが》わざれば、則《すなわ》ち事成《ことな》らず。事成《ことな》らざれば、則《すなわ》ち礼楽興《れいがくおこ》らず。礼楽興《れいがくおこ》らざれば、則《すなわ》ち刑罰中《けいばつあた》らず。刑罰中《けいばつあた》らざれば、則《すなわ》ち民《たみ》手足《しゅそく》を措《お》く所無《ところな》し。故《ゆえ》に君子《くんし》は之《こ》れに名《な》づくれば必《かなら》ず言《い》う可《べ》き也《なり》。之《こ》れを言《い》えば必《かなら》ず行《おこな》う可《べ》き也《なり》。君子《くんし》は其《そ》の言《げん》に於《お》いて、苟《いや》しくもする所無《ところな》きのみ。

子路《しろ》は言った。「もし衛《えい》の君主が先生を厚遇して政治をまかされたならば、先生は何をまっさきにされますか」。先生は言われた。「きっと名称を正すことからはじめるだろう」。子路が言った。「そんなことがありますか。先生ときたらまったく迂遠ですね。どうして正そうとされるのですか」。先生は言われた。「野蛮だね、おまえは。君子は自分のわからないことには、黙っているものだ(黙って聞きなさい)。名称が正確でなければ、言語が混乱する。言語が混乱すれば、政治が混乱する。政治が混乱すれば、礼や楽による文化が盛んにならない。礼や楽による文化が盛んにならなければ、裁判が公平でなくなる。裁判が公平でないと、民衆は身のおきどころがなくなる。だから君子は名称をつける場合は、必ず適切な言語であらわすようにし、これを口にするときは、必ず実行しようとする。君子は言ったことに対し、いいかげんであることはないのだ」。

○**迂**《う》 迂遠。○**野**《や》 野蛮。○**由**《ゆう》 子路《しろ》の本名、仲由《ちゅうゆう》。現代語訳では単に「おまえ」とした。○**蓋闕如**《がいけつじょ》 知らないことに対して沈黙すること。○**事**《こと》 政務、政治。

衛《えい》の政治をまかされたら、何から手をつけるかという、子路《しろ》の問いに対して、孔子が名称を正すことから着手すると答える。すると子路は、なんと迂遠なことをおっしゃるのかと、歯に衣《きぬ》着せず、ずばりと切り込む。孔子は即座に「野蛮だね、おまえは」と切りかえし、なぜ名称を正すことが必要か、えんえんと説明する。絶妙の間合いで交わされる孔子と子路の遠慮のないやりとりが、まことに興趣あふれる章である。

この問答は、孔子と何かと縁の深かった衛《えい》の霊《れい》公の孫、出《しゅつ》公(前四九三—前四八一在位)が衛の君主だった時代のものだとされる。この出公の在世中に、亡命中の父蒯聵《かいかい》との間に血肉の争いが起こり、十数年にわたってつづいた(この間の詳細については、述而7-14解説参照)。孔子が魯《ろ》に帰国した四年後の紀元前四八〇年、衛は内乱状態になった。蒯聵が、身持ちのわるい姉孔伯姫《こうはくき》の愛人、渾良夫《こんりょうふ》と結託、姉の息子で衛の重臣の孔悝《こうかい》(蒯聵の甥)を脅してクーデタを起こしたのである。このとき、蒯聵の息子の出公は形勢不利と見ていちはやく逃げ出し亡命した。

このクーデタが起こった時点で、子路は孔子のもとを離れ、孔悝の領地の宰《さい》(長官)をつとめていた。緊急事態発生の情報を得た子路は、やはり衛に仕えていた他の弟子がとめるのをふりきって、城門に駆けつけ、蒯聵の手の者に殺害されるにいたった。このとき、子路は冠の紐を断ち切られたが、「君《くん》子《し》は死《し》すとも冠《かんむり》を免《ぬ》がず」と、紐を結び直して絶命したという。ときに六十三歳。いかにも一本気な子路らしい最期だった。孔子は衛で内乱が起こったと知った瞬間、「嗟乎《ああ》　由《ゆう》や死《し》せり(ああ、子路は死んだ)」(『史記《しき》』仲尼弟子《ちゅうじていし》列伝)と嘆いたという。最晩年の孔子に深い衝撃を与えた子路の死の翌年、孔子も死去した。ときに七十三歳。

付言すれば、血なまぐさいクーデタによって、念願の君主の座を手に入れた蒯聵(衛の荘《そう》公)は在位わずか三年にして、内憂外患により進退きわまって出奔、やがて息子の出公が帰国し復位した。乱れに乱れた衛の、文字どおり仁義なき戦いに巻き込まれた子路は、不運だったというほかない。

子路 13－4

樊遲請學稼。子曰、吾不如老農。請學爲圃。曰、吾不如老圃。樊遲出。子曰、小人哉樊須也。上好禮、則民莫敢不敬。上好義、則民莫敢不服。上好信、則民莫敢不用情。夫如是、則四方之民、襁負其子而至矣。焉用稼。

樊遅《はんち》 稼《か》を学《まな》ばんことを請《こ》う。子曰《しいわ》く、吾《わ》れ老農《ろうのう》に如《し》かず。圃《ほ》を為《な》すを学《まな》ばんことを請《こ》う。曰《いわ》く、吾《わ》れ老圃《ろうほ》に如《し》かず。樊遅《はんち》出《い》づ。子曰《しいわ》く、小人《しょうじん》なる哉《かな》 樊須《はんしゅ》や。上《かみ》 礼《れい》を好《この》めば、則《すなわ》ち民《たみ》 敢《あ》えて敬《けい》せざる莫《な》し。上《かみ》 義《ぎ》を好《この》めば、則《すなわ》ち民《たみ》 敢《あ》えて服《ふく》せざる莫《な》し。上《かみ》 信《しん》を好《この》めば、則《すなわ》ち民《たみ》 敢《あ》えて情《まこと》を用《もち》いざる莫《な》し。夫《そ》れ是《か》くの如《ごと》くなれば、則《すなわ》ち四方《しほう》の民《たみ》、其《そ》の子《こ》を襁負《きょうふ》して至《いた》る。焉《いず》くんぞ稼《か》を用《もち》いん。

樊遅《はんち》が穀物づくりについて教えてもらいたいと言った。先生は言われた。「私は年とった農夫にはおよばない」。(樊遅が)畑づくりについて教えてもらいたいと言った。(先生は)言われた。「私は年とった畑づくりにおよばない」。樊遅が退出すると、先生は言われた。「つまらない男だな、樊須《はんしゅ》(樊遅の本名。あざなが子遅《しち》)は。上の者が礼を好めば、民衆はみな敬愛するようになるし、上の者が正しさを好めば、民衆はみな従うようになり、上の者が誠実さを好めば、民衆はみな誠実な心をはたらかせるようになる。そういうふうになれば、天下四方の民衆が子供をおんぶしてやって来るよ

○**稼**《か》 穀物づくり。○**圃**《ほ》 畑づくり。○**義**《ぎ》 正しさ。○**信**《しん》 誠実さ。○**情**《まこと》 誠実な心。○**襁負**《きょうふ》**す** 背に負う、おんぶする。

うになる。穀物づくりを(学んで)やるまでもないよ」。

樊遅《はんち》はこの前の顔淵12－21、22にも登場した、あのあまり頭の回転が速くない弟子である。この章では何を思ったのか、穀物づくりや畑づくりについて学びたいと言い、孔子にあっさりいなされる。樊遅は、孔子一門ではちょっと間の抜けた、愛すべき存在だったのであろう。孔子が、樊遅はしょうがない男だねとけなしながら、彼をダシにして、他の弟子たちの前で、持論を繰り広げているところからも、その雰囲気が読みとれる。

子路13－5

子曰、誦詩三百、授之以政、不達。使於四方、不能專對。雖多、亦奚以爲。

子《し》曰《いわ》く、詩三百《しさんびゃく》を誦《しょう》するも、之《こ》れに授《さず》くるに政《まつりごと》を以《もっ》てして、達《たっ》せず。四方《しほう》に使《つか》いして、専《ひと》り対《こた》うること能《あた》わず。多《おお》しと雖《いえど》も、亦《ま》た奚《なに》を以《もっ》て為《な》さん。

先生は言われた。「『詩経《しきょう》』の三百篇を暗誦できても、その人物に政治の要務をやらせると、うまくこなせない。外交使節として他国に行っても、みずからの判断で応対できない。(これでは)いくら多くの教養があっても、何にもならない」。

○**詩三百**《しさんびゃく》『詩経《しきょう》』収録の三百篇(現在に伝わるテキストでは三百五篇)の作品。○**達**《たっ》**す** うまくやる、うまくこなす。○**誦**《しょう》**す** 暗誦する。○**専**《ひと》**り対**《こた》**う**

ここでは、外交使節として他国に行き、みずからの判断で応対すること。

孔子は、「詩《し》に興《おこ》り、礼《れい》に立《た》ち、楽《がく》に成《な》る（『詩経《しきょう》』を学ぶことによって精神や感情を高揚させ、礼法を学ぶことによって自立し、音楽によって教養を完成させる）」（泰伯8－8）と述べているように、『詩経《しきょう》』を学びマスターすることを、学問教養の基本に位置づけている。しかし、そこで学んだ多様でゆたかな表現方式を、実践の場で応用できなければ、単なる机上の学問教養にすぎないと、ここではきびしい口調で断言する。いかにも実践としての学問を重視する、孔子らしい発言である。

子路 13－6

子曰、其身正、不令而行。其身不正、雖令不從。

子《し》曰《いわ》く、其《そ》の身《み》正《ただ》しければ、令《れい》せずして行《おこな》わる。其《そ》の身《み》正《ただ》しからざれば、令《れい》すと雖《いえど》も従《したが》われず。

先生は言われた。「自分自身の身もちが正しければ、命令しなくとも実行される。自分自身の身もちが正しくなければ、命令しても実行されない」。

○**令《れい》す**　命令する。

政治にたずさわる者のポイントを述べたもの。

子路 13－7

子曰、魯衛之政、兄弟也。

子《し》曰《いわ》く、魯《ろ》・衛《えい》の政《まつりごと》は、兄弟也《けいていなり》。

先生は言われた。「魯《ろ》と衛《えい》の政治は兄弟だ」。

孔子の母国魯《ろ》の始祖は、周《しゅう》王朝を創設した武《ぶ》王の弟で孔子が敬愛してやまない周公旦《しゅうこうたん》（述而7－5解説参照）であり、孔子が諸国遊説中、長らく滞在した衛《えい》の始祖康叔《こうしゅく》は周公旦の弟である。これは、こうしてもともと兄弟関係にある両国が、当時、下剋上のただなかで、混乱を極めていることを慨嘆した言葉だとされる。

子路 13－8

子謂衛公子荊、善居室。始有曰、苟合矣。少有曰、苟完矣。富有曰、苟美矣。

子《し》 衛《えい》の公子荊《こうしけい》を謂《い》う。善《よ》く室《しつ》に居《お》る。始《はじ》め有《あ》るに曰《いわ》く、苟《いささ》か合《あつま》る。少《すこ》しく有《あ》るに曰《いわ》く、苟《いささ》か完《まった》し。富《さか》んに有《あ》るに曰《いわ》く、苟《いささ》か美《よ》し。

先生は、衛《えい》の公子荊《こうしけい》を評された。「財産を貯えることが上手だ。最初、財産ができたときは、「まあちょっと集まりました」と言い、少しかっこうがついてくると、「まあ何とか完備してきました」と言い、たっぷり財産ができると、「まあ何とかりっぱになりました」と言った」。

○**公子荊**《こうしけい》 衛《えい》の王族だが、詳細は不明。○**室**《しつ》**に居**《お》**る** 「室」は私有財産。「居る」は、たくわえること。○**合**《あつま》**る** 集まる。

公子荊《こうしけい》の蓄財がひかえめでありながら、着実であることを、孔子はここで率直にほめている。蓄財も、まっとうで身の丈にあったやりかたなら、孔子はけっして否定しないのだ。

子路 13－9

子適衛。冉有僕。子曰、庶矣哉。冉有曰、既庶矣。又何加焉。曰、富之。曰、既富矣。又何加焉。曰、教之。

子《し》 衛《えい》に適《ゆ》く。冉有《ぜんゆう》 僕《ぼく》たり。子《し》曰《いわ》く、庶《おお》き哉《かな》。冉有《ぜんゆう》曰《いわ》く、既《すで》に庶《おお》し。又《ま》た何《なに》をか加《くわ》えん。曰《いわ》く、之《こ》れを富《と》まさん。曰《いわ》く、既《すで》に富《と》めり。又《ま》た何《なに》をか加《くわ》えん。曰《いわ》く、

之《こ》れを教《おし》えん。

先生が衛に行かれたとき、冉有《ぜんゆう》(冉求《ぜんきゅう》)が御者をつとめた。先生は言われた。「人が多いな」。冉有は言った。「人口が多くなれば、そのうえに何が必要ですか」。(先生は)言われた。「(人々を)富ませることだ」。(冉有は)言った。「富むようになれば、そのうえに何が必要ですか」。(先生は)言われた。「教育だ」。

○**適《ゆ》く** 行く。○**僕《ぼく》** 馬車の御者。○**庶《おお》し** 多い。

対話の相手の冉有《ぜんゆう》はこれまでしばしば登場している。「政事《せいじ》には冉有《ぜんゆう》・季路《きろ》」(先進11－3)と称されるように、政治能力のある弟子である。まず民衆の生活水準を引き上げたうえで、教育水準を高めることが必要だという、この章の孔子の発言は、現実を見据え、地に足のついたものだといえよう。

子路 13－10

子曰、苟有用我者、期月而已可也。三年有成。

子《し》曰《いわ》く、苟《いや》しくも我《わ》れを用《もち》うる者《もの》有《あ》らば、期月《きげつ》のみにして可《か》也《なり》。三年《さんねん》にして成《な》る有《あ》らん。

先生は言われた。「かりにも、私を重用してくれる人がいたら、一年だけで、まあ何とかする。三年目には、完璧なものにする」。

○期月《きげつ》 一年。○成《な》る 完成する、完璧なものにする。

孔子が、政治家としての自負を語った言葉。司馬遷《しばせん》の『史記《しき》』孔子世家《こうしせいか》では、諸国遊説中の孔子が衛《えい》にいたとき、衛の君主の霊《れい》公が老いて政治に関心を失い、孔子の意見を聞こうとしなかったために、孔子はいたく失望し、こう言ったとする。その後も、孔子はよき君主にめぐりあえず、政治的理想を実現する糸口すら、つかむことができなかった。

子路 13-11

子曰、善人爲邦百年、亦可以勝殘去殺矣。誠哉是言也。

子《し》曰《いわ》く、善人《ぜんじん》 邦《くに》を為《おさ》むること百年《ひゃくねん》、亦《ま》た以《もっ》て残《ざん》に勝《か》ち殺《さつ》を去《さ》る可《べ》し。誠《まこと》なる哉《かな》是《こ》の言《げん》や。

先生は言われた。「「善人《ぜんじん》が百年間、国を治めたなら、やはり横暴な者をおさえて、死刑をなくすことができる」というが、ほんとうだね、この言葉は」。

○善人《ぜんじん》 まったき善を有する人。述而7-25および先進11-20にすでに見える。○残《ざん》 残忍な者、横暴な者。○殺《さつ》 死刑。

古語もしくは成語をとりあげ、孔子がこれに共感し、称えた言葉。

子路 13-12

子曰、如有王者、必世而後仁。

子曰《しいわ》く、如《も》し王者《おうじゃ》有《あ》らば、必《かなら》ず世《せい》にして後《のち》に仁《じん》ならん。

先生は言われた。「もし王者が出現したなら、きっと三十年で、この世は仁愛に満ちたものとなるだろう」。

○**王者**《おうじゃ》 天命を受けて、天下を統一する君主。○**世**《せい》 三十年間。

ここまで、三章つづいて年数が出てくる。まず、孔子自身が重用されたら、三年で完全な社会を作り上げてみせると言うが、重用される見込みはない。ついで、まったき善人《ぜんじん》が百年間、国を治めれば、悪しき要素をとり除くことができると言うが、そんな善人君主はどこにもいない。かくて、この章で、ついに孔子は、天命を受けた王者が出現すれば、三十年で理想社会が到来すると、見果てぬ夢を語るに至る。この三つの章からは、理想社会の実現を希求して遊説の旅をつづけ、失望を重ねた孔子の葛藤が伝わってくる。なお、この王者論は、のちの孟子《もうし》の王道思想などに繋がるとされる。

子路
13－13

子曰、苟正其身矣、於従政乎何有。不能正其身、如正人何。

子曰《しいわ》く、苟《いや》しくも其《そ》の身《み》を正《ただ》しくせば、政《まつりごと》に従《したが》うに於《お》いて何《なに》か有《あ》らん。其《そ》の身《み》を正《ただ》しくすること能《あた》わずんば、人《ひと》を正《ただ》しくすることを如何《いかん》せん。

先生は言われた。「かりにも、自分の生きかたを正しくすれば、政治にたずさわることなど、何の困難もない。自分の生きかたを正しくすることができなければ、人に正しい生きかたをさせることなど、どうしてできようか」。

○何《なに》か有《あ》らん　何の困難があるだろうか、何の困難もない。同様の表現が、里仁4－13に、「能《よ》く礼譲《れいじょう》を以《もっ》て国《くに》を為《おさ》めんか、何《なに》か有《あ》らん」という形で見える。

子路（本篇）13－6に同様の主旨の発言が見える。

子路
13－14

冉子退朝。子曰、何晏也。對曰、有政。子曰、其事也。如有政、雖不吾以、吾其與聞之。

冉子《ぜんし》朝《ちょう》より退《しりぞ》く。子曰《しいわ》く、何《なん》ぞ晏《おそ》きや。対《こた》えて曰《いわ》く、政《まつりごとあ》有り。子曰《しいわ》く、其《そ》れ

事也《ことなり》。如《も》し政《まつりごと》有《あ》らば、吾《わ》れを以《もち》いずと雖《いえど》も、吾《わ》れ其《そ》れ之《こ》れを与《あず》かり聞《き》かん。

冉子《ぜんし》（冉有《ぜんゆう》、本名は冉求《ぜんきゅう》）が朝の会議から退出して来た。先生は言われた。「どうしてこんなに遅くなったのか」。（冉有が）答えて言った。「政治問題があったのです」。先生は言われた。「それは（季孫《きそん》氏の）日常の用務だろう。もし政治問題があったなら、私は（今は）隠退しているとはいえ、きっと相談にあずかるはずだ」。

○**朝**《ちょう》　ふつうは君主の宮廷で早朝、行われる会議を指す。しかし、冉子《ぜんし》すなわち冉有《ぜんゆう》（冉求《ぜんきゅう》）は、魯《ろ》の君主ではなく、魯の重臣である季孫《きそん》氏に仕えており、ここでは季孫氏の家で、行われた朝の会議（私朝《しちょう》）を指す。○**晏**《おそ》**し**　遅い。○**政**《まつりごと》　ここでは「政務、政治問題」の意。○**事**《こと》　日常の用務、事務。○**以**《もち》**いず**　重要な地位についていないこと、ひいては隠退していること。○**与**《あず》**かり聞**《き》**く**　相談にあずかる。

冉子《ぜんし》すなわち冉有《ぜんゆう》（冉求《ぜんきゅう》）はすでにしばしば登場しているが、八佾3－6および先進11－17の解説で述べたように、魯《ろ》の実力者季孫《きそん》氏の執事をつとめる彼は有能ではあるものの、お役目大事とばかりに、せっせと季孫氏に迎合するきらいがあり、腹に据えかねた孔子からおりにつけきびしく注意され、叱責された。ここでも、たかが家臣にすぎない季孫氏の私的な会議で、あたかも国家的に重要な政治問題が議論されたかのような言いかたをする冉有の態度に、カチンときた孔子は、まず「政《まつりごと》（政治問題）」と「事《こと》（日常の用務）」という用語の混同をただし、これを皮切りに開き直って冉有をやりこめる。

冉有には孔子の逆鱗にふれるところがあったのは確かだが、孔子がいかに公私混同を嫌ったか、如実に読みとれる話である。

子路 13－15

定公問、一言而可以興邦、有諸。孔子對曰、言不可以若是、其幾也。人之言曰、爲君難、爲臣不易。如知爲君之難也、不幾乎一言而興邦乎。曰、一言而喪邦、有諸。孔子對曰、言不可以若是、其幾也。人之言曰、予無樂乎爲君。唯其言而莫予違也。如其善而莫之違也、不亦善乎。如不善而莫之違也、不幾乎一言而喪邦乎。

定公《ていこう》問う、一言《いちげん》にして以《もっ》て邦《くに》を興《おこ》す可《べ》きもの、諸《これ》有《あ》りや。孔子《こうし》対《こた》えて曰《いわ》く、言《げん》は以《もっ》て是《か》くの若《ごと》くなる可《べ》からざるも、其《そ》れ幾《ちか》き也《なり》。人《ひと》の言《げん》に曰《いわ》く、君為《きみた》るは難《かた》く、臣為《しんた》るは易《やす》からずと。如《も》し君為《きみた》るの難《かた》きを知《し》らば、一言《いちげん》にして邦《くに》を興《おこ》すに幾《ちか》からずや。曰《いわ》く、一言《いちげん》にして邦《くに》を喪《ほろ》ぼすもの、諸《これ》有《あ》りや。孔子《こうし》対《こた》えて曰《いわ》く、言《げん》は以《もっ》て是《か》くの若《ごと》くなる可《べ》からざるも、其《そ》れ幾《ちか》き也《なり》。人《ひと》の言《げん》に曰《いわ》く、予《わ》れ君為《きみた》るに楽《たの》しむこと無《な》し。唯《た》だ其《そ》の言《い》いて予《わ》れに違《たが》う莫《な》き也《なり》と。如《も》し其《そ》れ善《よ》くして之《こ》れに違《たが》うこと莫《な》きは、亦《ま》た善《よ》からずや。如《も》し善《よ》からずして之《こ》れに違《たが》うこと莫《な》きは、一言《いちげん》にして邦《くに》を喪《ほろ》ぼすに幾《ちか》からずや。

定《てい》公がたずねられた。「一言で国を盛んにするような言葉はないか」。孔子は答えて言われた。「言葉はそんなものではありえませんが、それに近いものならあります。ある人が言うには、「君主になるのは難しく、臣下になるのも容易でない」と。もし、君主になるのが難しいことが、おわかりになったならば、一言で国を盛んにするものに近いのではありませんか」。（定公が）言われた。「一言で国を滅ぼすような言葉はないか」。孔子は答えて言われた。「言葉はそんなものではありえませんが、それに近いものならあります。ある人が言うには、「私は君主になって楽しいことなどない。ただ、私が口を開けば、反対する者がいないことだけが楽しい」と。もし（おっしゃることが）よいことであり、これに反対する者がいなければ、いかにもけっこうです。もし、よくないことであるのに、これに反対する者がいなければ、一言で国を滅ぼすものに近いのではありませんか」。

○**定公**《ていこう》　魯《ろ》の君主。前五〇九—前四九五在位。○**幾し**《ちか》　近い。

孔子は、ここに登場する定《てい》公に抜擢され、紀元前四九九年、大臣のポストの一つ、大司寇《だいしこう》（司法長官）に就任した。この問答はおそらくこの時期のものであろう。なお、孔子と定公の問答は、八佾3-19にも見える。

「幾」を「近い」の意味に解したのは古注による。新注では、「幾」を「期」すなわち「必ず効果があると期待する」という意味だとし、「言《げん》は以《もっ》て是《か》くの若《ごと》く其《そ》れ幾《き》す可《べ》からざる也《なり》（言葉はこのようにすれば必ず効果があるということを、期待すべきものではない）」とつづけて一句に読む。しかし、これでは後の句との繋がりがよくないので、今、古注によって解した。いずれにせよ、この章の孔子の発言は、言いたいことの核心に誘導するまで、ひねった回路があるため、解釈が分かれるといえよう。

子路 13-16

葉公問政。子曰、近者說、遠者來。

葉公《しょうこう》 政《まつりごと》を問《と》う。子《し》曰《いわ》く、近《ちか》き者《もの》は説《よろこ》び、遠《とお》き者《もの》は来《き》たる。

葉《しょう》公が政治についてたずねた。先生は言われた。「近くの人々は喜びなつき、遠くの人々は続々とやって来るようにすることです」。

○**葉公《しょうこう》** 楚《そ》の重臣で、葉（河南省）の地方長官だった沈諸梁《しんしょりょう》を指す。賢明で人望があった。述而7-18にも登場しており、この章も合わせて参照。

簡潔ながら、みごとに政治のポイントを表現した至言である。

子路
13－17

子夏爲莒父宰、問政。子曰、無欲速。無見小利。欲速、則不達。見小利、則大事不成。

子夏《しか》 莒父《きょほ》の宰《さい》と為《な》りて、政《まつりごと》を問《と》う。子曰《しいわ》く、速《すみ》やかなるを欲《ほっ》する無《な》かれ。小《しょう》利《り》を見《み》る無《な》かれ。速《すみ》やかならんと欲《ほっ》すれば、則《すなわ》ち達《たっ》せず。小利《しょうり》を見《み》れば、則《すなわ》ち大《だい》事《じ》成《な》らず。

子夏《しか》が莒父《きょほ》の長官になり、政治についてたずねた。先生は言われた。「早く仕上げたいと思ってはいけない。小さな利益に目を奪われてはいけない。早く仕上げたいと思うと、ゆきとどかなくなる。小さな利益に目を奪われると、大きな事が成し遂げられない」。

○莒父《きょほ》 魯《ろ》の東南の町。○達《たっ》す ゆきとどく。

子夏《しか》は孔子より四十四歳年下の若い弟子であり、「文学には子游《しゆう》・子夏」と称されるように、文学（学問）にすぐれていた。若い子夏はおそらくこのとき、はじめて政治の現場に出たのであろう。学究肌で経験不足の子夏を気づかって、何でも早くやってしまいたいと焦るな、小さな利益に目を奪われるなと、基本的な心得を言い聞かせる孔子は、深い思いやりにあふれている。

子路 13-18

葉公語孔子曰、吾黨有直躬者。其父攘羊。而子證之。孔子曰、吾黨之直者、異於是。父爲子隱、子爲父隱。直在其中矣。

葉公《しょうこう》 孔子《こうし》に語《つ》げて曰《いわ》く、吾《わ》が党《とう》に躬《み》を直《なお》くする者《もの》有《あ》り。其《そ》の父《ちち》 羊《ひつじ》を攘《ぬす》む。而《しこう》して子《こ》は之《こ》れを証《しょう》す。孔子《こうし》曰《いわ》く、吾《わ》が党《とう》の直《なお》き者《もの》は、是《こ》れに異《こと》なる。父《ちち》は子《こ》の為《ため》に隠《かく》し、子《こ》は父《ちち》の為《ため》に隠《かく》す。直《なお》きこと其《そ》の中《うち》に在《あ》り。

葉《しょう》公が孔子に告げて言った。「私のところの村に正直一筋の者がおります。その父が羊を盗んだところ、（正直者の）息子が証人になりました」。孔子は言われた。「私のところの正直一筋の者はそれとはちがいます。父は息子のために罪を隠してかばい、息子は父のために罪を隠してかばいます。ほんとうの正直さはそのなかにあるのです」。

○**葉公《しょうこう》** 子路（本篇）13-16注参照。○**党《とう》** ここでは、原義の「村」の意。五百家から成るとされる。○**躬《み》を直《なお》くす** 正直一筋。なお、同様の話を収める『呂氏春秋《りょししゅんじゅう》』当務《とうむ》篇、『荘子《そうし》』盗跖《とうせき》篇などは、「直躬」を人名とする。○**攘《ぬす》む** 盗む。○**隠《かく》す** 罪を隠してかばう。

子路（本篇）13-16に顔を出した葉《しょう》公すなわち楚《そ》の重臣の沈諸梁《しんしょりょう》の再登場である。ここに見える孔子の答えは、家族愛、家族道徳を基礎とするその考えかたを、如実に示している。家族をかばう見かけの不正直さのなかに、家族を何より重んずるほんとうの正直さがある、というのである。こうした考えかたは以後の儒家思想、儒教に受け継がれてゆく。

子路 13－19

樊遲問仁。子曰、居處恭、執事敬、與人忠。雖之夷狄、不可棄也。

樊遲《はんち》 仁《じん》を問《と》う。子曰《しいわ》く、居処《きょしょ》は恭《きょう》、事《こと》を執《と》りて敬《けい》、人《ひと》と与《まじ》わりて忠《ちゅう》なれ。夷狄《いてき》に之《ゆ》くと雖《いえど》も、棄《す》つ可《べ》からざる也《なり》。

樊遅《はんち》が仁についてたずねた。先生は言われた。「ふだんの振る舞いはうやうやしく、仕事をするときは敬虔に、人と交際するときは誠心誠意、まごころを尽くしなさい。たとえ異民族の国へ行っても、(この三つのことを)忘れてはいけない」。

○**居処**《きょしょ》 ふだんの振る舞い。○**恭**《きょう》 うやうやしいこと。○**事を執る**《こととる》 仕事をする。○**敬**《けい》 敬虔。○**忠**《ちゅう》 誠心誠意、まごころを尽くすこと。○**夷狄**《いてき》 異民族。

質問者は子路(本篇)13－4に登場したあの樊遅《はんち》である。ちなみに、樊遅は先にも仁と知について質問し、孔子の説明が理解できず、子夏《しか》に「何《なん》の謂《いい》ぞや(どういう意味だろうか)」と聞いたことがあった(顔淵12－22)。ここでまた孔子に、仁について質問したところ、孔子は樊遅の理解力を考慮に入れて、今度は、日常的レベルにおける三つの具体的なケースに分け、わかりやすく説明を加えている。これなら、樊遅もきっと呑み込めたことであろう。

子路 13－20

子貢問曰、何如斯可謂之士矣。子曰、行己有恥。使於四方、不辱君命、可謂士矣。曰、敢問其次。曰、宗族稱孝焉、鄕黨稱弟焉。曰、敢問其次。曰、言必信。行必果。硜硜然小人哉。抑亦可以爲次矣。曰、今之從政者何如。子曰、噫、斗筲之人、何足算也。

子貢《しこう》問《と》いて曰《いわ》く、何如《いか》なるをか 斯《こ》れ之《こ》れを士《し》と謂《い》う可《べ》き。子《し》曰《いわ》く、己《おのれ》を行《おこな》いて恥《はじ》有《あ》り。四方《しほう》に使《つか》いして、君命《くんめい》を辱《はずかし》めず、士《し》と謂《い》う可《べ》し。曰《いわ》く、敢《あ》えて其《そ》の次《つぎ》を問《と》う。曰《いわ》く、宗族《そうぞく》は孝《こう》を称《しょう》し、郷党《きょうとう》は弟《てい》を称《しょう》す。曰《いわ》く、敢《あ》えて其《そ》の次《つぎ》を問《と》う。曰《いわ》く、言《げん》は必《かなら》ず信《しん》。行《こう》は必《かなら》ず果《か》。硜硜然《こうこうぜん》として小人《しょうじん》なる哉《かな》。抑《そも》そも亦《ま》た以《もっ》て次《つぎ》と為《な》す可《べ》し。曰《いわ》く、今《いま》の政《まつりごと》に従《したが》う者《もの》は何如《いかん》。子《し》曰《いわ》く、噫《ああ》、斗筲《としょう》の人《ひと》、何《なん》ぞ算《かぞ》うるに足《た》らんや。

子貢《しこう》がたずねて言った。「どういう条件を備えていれば、士といえましょうか」。先生は言われた。「自分の行動に対して恥じる気持ちがあり、四方の国々に使者として赴いたさい、君主から受けた命令を、（きちんと果たして）辱めることがない。それでこそ士といえよう」。（子貢が）言った。「（よくわかりましたが）それに次ぐ条件をおたずねしたいと思います」。

○**士**《し》 広く教養を身につけた者、知識人を指すが、ここでは、政治にたずさわる者のニュアンスがつよい。○**恥有**《はじあ》**り** 恥じる気持ちがある。厚顔無恥の逆。○**宗族**《そうぞく》 同じ祖先をも

(先生は)言われた。「一族からは、親孝行だと称賛され、自分の住む地域の人々からは、年長者に素直だと称賛されることだ」。(子貢が)言った。「それに次ぐ条件をおたずねしたいと思います」。(先生は)言われた。「言ったことは必ず誠実に信義を守り、行いは必ず果敢なことだ。カチンカチンに角張った小人物だが、まずはそれに次ぐ条件といえるだろう」。(子貢が)言った。「今の政治にたずさわる者はいかがですか」。先生は言われた。「ああ、器量の小さい者ばかりで、数の内に入らないな」。

つ一族。○**郷党**《きょうとう》 地方組織の単位。自分の住む地域。○**弟**《てい》 兄など身内の年長者に対する素直さ。「悌」に同じ。○**信**《しん》 誠実に信義を守ること。○**果**《か》 果敢。○**硜硜然**《こうこうぜん》 カチンカチンに角張ったさま。○**斗筲**《としょう》**の人**《ひと》 「斗」は一斗(約1・9リットル)、「筲」は一斗二升(約2・3リットル)。ともに少量の米を量るマス。

優秀な高弟子貢《しこう》とのやりとりである。子貢が次々に政治的人間としての「士」の条件をたずねたのに対し、孔子は、まず廉恥の心をもち、国の外交使節の役割をりっぱに果たすことをあげ、これに次ぐものとして、身近な一族や地域社会のなかで有徳者として評価されること、さらにこれに次ぐものとして、融通のきかない小人物ではあるが、個人的言動の誠実さと果敢さをあげる。レベルが下がるとともに、「士」の行動範囲が、国家、親族および地域社会、個人、と縮小されてゆくのが注目される。

頭の回転の速い子貢との、この対話は快調なテンポで展開されており、小気味がいい。最後に、子貢が今の為政者はどうかとたずねると、孔子が「噫《ああ》、斗筲《としょう》の人《ひと》、何《なん》ぞ算《かぞ》うるに足《た》らんや」と、嘆息交じりに本音を吐露しているところにも、気のおけない師弟関係がうかがえる。ちなみに、子貢は有能な外交官であり、孔子の言う第一級の「士」にほかならない。

子路 13－21

子曰、不得中行而與之、必也狂狷乎。狂者進取。狷者有所不爲也。

子曰《しいわ》く、中行《ちゅうこう》を得《え》て之《こ》れと与《とも》にせずんば、必《かなら》ずや狂狷《きょうけん》か。狂者《きょうしゃ》は進《すす》み取《と》る。狷者《けんしゃ》は為《な》さざる所有《ところあ》る也《なり》。

先生は言われた。「バランスのとれた中庸の人物をみつけ、ともに行動することができないときは、狂なる者か狷《けん》なる者と行動をともにするしかないだろう。狂者は積極的に行動し、狷者《けんしゃ》は断固として妥協しない」。

○中行《ちゅうこう》 バランスのとれた中庸の人物。○狂者《きょうしゃ》 過剰に情熱的な人間。○狷者《けんしゃ》 片意地で偏屈な人間。

常識の枠からはずれた狂者および狷者《けんしゃ》を価値的な存在としてとらえた発言である。穏やかにバランスのとれた中庸の人物がいない場合は、という条件付きではあるものの、孔子が、可もなく不可もない迎合的な常識人よりは、真情あふれる過剰さ、主体性過剰の奇矯さを帯びた人々に、むしろ親近感をおぼえていたことがわかる。孔子の内に秘めた激しさがうかがえる発言であり、「子《し》は温《おだ》やかにして而《しか》も厲《はげ》し（先生は穏やかだけれども、きびしい）」（述而7－37）という弟子の言葉が思いおこされる。

子路 13-22

子曰、南人有言曰、人而無恆、不可以作巫醫。善夫。不恆其德、或承之羞。子曰、不占而已矣。

子《し》曰《いわ》く、南人《なんじんい》言えること有《あ》りて曰《いわ》く、人《ひと》にして恒無《つねな》ければ、以《もっ》て巫医《ふい》を作《な》す可《べ》からずと。善《よ》きかな。其《そ》の徳《とく》を恒《つね》にせざれば、或《あ》るいは之《こ》れが羞《はじ》を承《う》く。子《し》曰《いわ》く、占《うらな》わざるのみ。

先生は言われた。「南国の人の言った言葉に、「言動に一定の基準がなく、不安定な者は、祈禱師や医者にもかかれない」というのがあるが、たいへんいい言葉だ。(『易《えき》』にも)「その徳を一定に保たないと、恥辱をうけることがある」とある」。先生は言われた。「(そんな者は、未来を)占う対象にもならない」。

○南人《なんじん》 南国の人。○恒無《つねな》し 言動に一定の基準がなく、不安定なこと。述而7-25に「恒有《つねあ》る者《もの》を見《み》るを得《う》れば」という表現がある。合わせて参照。○巫医《ふい》「巫」は祈禱師、「医」は医者。○其《そ》の徳《とく》を恒《つね》にせざれば… この二句は『易《えき》』の恒《こう》の卦《か》に見える。

言動に一定の基準があり、ぶれないことを重んじる孔子が、人の言葉や古典を引きながら、フラフラと変わりやすく不安定な人間を痛烈に批判した発言である。

なお、「以《もっ》て巫医《ふいな》を作す可《べ》からず」と読み、不安定な人間は予測も診断もできないから、祈禱師も医者もお手上げだと解するのは、古注であり、新注は、「以《もっ》て巫医《ふいな》と作る可《べ》からず」と読み、そんな不安定な人間は祈禱師や医者にもなれないと解する。ここでは、後の文章との関わりから見て、古注によった。また、「子曰く」が二度あり、奇異な感じがするが、後者については、何らかの事情で混入したか、この後の一句が後から付け加えられたか、詳しいことはわからない。

子路 13-23

子曰、君子和而不同。小人同而不和。

子曰《しいわ》く、君子《くんし》は和《わ》して同《どう》ぜず。小人《しょうじん》は同《どう》じて和《わ》せず。

先生は言われた。「君子は人と調和するが、みだりに同調しない。小人はみだりに同調するが、調和しない」。

○**和《わ》す** 調和する。○**同《どう》ず** 同調する。

人との交際のしかたについて、君子と小人を対比させた有名な言葉である。「和」は、自分の考えかたや意見をしっかり保ちながら、人の考えかたや意見を尊重し、調和のとれた関係を結ぶことをいう。「同」は相手の顔色をうかがい、やみくもに同調する卑屈な態度を指す。主体的に毅然としつつも、他者と調和のとれた関係を結ぶことは、社会内存在である人間にとって、永遠の課題だといえよう。

子路 13－24

子貢問曰、郷人皆好之、何如。子曰、未可也。郷人皆悪之、何如。子曰、未可也。不如郷人之善者好之、其不善者悪之。

子貢《しこう》問《と》いて曰《いわ》く、郷人《きょうじん》皆《み》な之《こ》れを好《この》まば、何如《いかん》。子曰《しいわ》く、未《いま》だ可《か》ならざる也《なり》。郷《きょう》人《じん》皆《み》な之《こ》れを悪《にく》まば、何如《いかん》。子曰《しいわ》く、未《いま》だ可《か》ならざる也《なり》。郷人《きょうじん》の善《よ》き者《もの》 之《こ》れを好《この》み、其《そ》の不善《ふぜん》なる者《もの》 之《こ》れを悪《にく》むに如《し》かず。

子貢《しこう》がたずねて言った。「同じ地域に住む人みんなに好かれるというのは、どうでしょうか」。先生は言われた。「まだ十分じゃないね」。（子貢が言った。）「同じ地域に住む人みんなに嫌われるというのは、どうでしょうか」。先生は言われた。「まだ十分じゃないね。同じ地域に住むよき人から好かれ、よくない者から嫌われるのにはおよばない」。

○**郷人**《きょうじん》 同じ村の人、同じ地域に住む人。

地域社会において、誰からも好かれる人物も、逆に誰からも嫌われる人物も、そのまま評判を鵜呑みにできないところがある。それよりも、地域のよき人に好かれ、よくない者に嫌われる人物のほうがすばらしいと、孔子は言う。もしかしたら、そんなよき人はごく少数かもしれない。要は数の問題ではないのである。

子路
13－25

子曰、君子易事而難說也。說之不以道、不說也。及其使人也、器也。小人難事而易說也。說之雖不以道、說也。及其使人也、求備焉。

子曰《しいわ》く、君子《くんし》は事《つか》え易《やす》くして説《よろこ》ばせ難《がた》き也《なり》。之《こ》れを説《よろこ》ばすに道《みち》を以《もっ》てせざれば、説《よろこ》ばざる也《なり》。其《そ》の人《ひと》を使《つか》うに及《およ》びてや、器《うつわなり》也。小人《しょうじん》は事《つか》え難《がた》くして説《よろこ》ばせ易《やす》き也《なり》。之《こ》れを説《よろこ》ばすに道《みち》を以《もっ》てせずと雖《いえど》も、説《よろこ》ぶ也《なり》。其《そ》の人《ひと》を使《つか》うに及《およ》びてや、備《そな》うるを求《もと》む。

先生は言われた。「君子は仕えやすいが、喜ばせることはむずかしい。道にはずれたやりかたで喜ばせようとしても、喜ばない。（また君子は）人を使う場合には、その人に固有の特殊な才能を求める。小人は仕えるのはむずかしいが、喜ばせることは簡単だ。道にはずれたやりかたで喜ばせても、喜んでくれる。（また小人は）人を使う場合には、何もかも完全であることを求める」。

○**器**《うつわ》 ここでは「固有の特殊な才能」の意。○**備う**《そな》 完全であること、完備していること。

君子と小人を対比し、それぞれの心理を見抜いた、なんとも鋭い洞察力である。ことに、小人の浅薄で得手勝手な心理を容赦なくあぶりだす舌鋒は、辛辣というほかない。

子路 13－26

子曰、君子泰而不驕。小人驕而不泰。

子曰《しいわ》く、君子《くんし》は泰《ゆた》かにして驕《おご》らず。小人《しょうじん》は驕《おご》りて泰《ゆた》かならず。

先生は言われた。「君子はゆったりと落ち着き、傲慢ではない。小人は傲慢だが、落ち着かない」。

○**泰《ゆた》か** ゆったり落ち着いたさま。
○**驕《おご》る** 傲慢なこと。

前章につづき、君子と小人の対比だが、悠揚迫らず、偉ぶらない君子と、威張りかえっているが、挙動に落ち着きのない小人の対比が鮮やかである。

子路 13－27

子曰、剛毅木訥、近仁。

子曰《しいわ》く、剛毅木訥《ごうきぼくとつ》、仁《じん》に近《ちか》し。

先生は言われた。「剛毅で朴訥な人は仁に近い」。

○**剛毅木訥《ごうきぼくとつ》** 心根がきっぱりとして強く、かざりけのないこと。

「君子《くんし》は言《げん》に訥《とつ》にして、行《おこな》いに敏《びん》ならんと欲《ほっ》す（君子は口下手であっても、行動は敏捷でありたいと願う）」（里仁4－24）とも通じる発言である。一方、孔子は「巧言令色《こうげんれいしょく》、鮮《すくな》し仁《じん》（巧妙な言葉づかい、とりつくろった表情の人間は真情に欠ける）」（学而1－3）と述べ、口がうまくて、うわべだけ愛想のよい人間を痛烈に批判している。これらを照らしあわせてみると、孔子が口下手でも真情あふれる人間を高く評価していることが、よくわかる。

子路 13－28

子路問曰、何如斯可謂之士矣。子曰、切切偲偲怡怡如也、可謂士矣。朋友切切偲偲、兄弟怡怡。

子路《しろ》問《と》いて曰《いわ》く、何如《いか》なるをか斯《こ》れ之《こ》れを士《し》と謂《い》う可《べ》き。子《し》曰《いわ》く、切切偲偲《せつせつしし》怡《い》怡如《いじょ》たり、士《し》と謂《い》う可《べ》し。朋友《ほうゆう》には切切偲偲《せつせつしし》、兄弟《けいてい》には怡怡《いい》。

子路《しろ》がたずねて言った。「どういう条件を備えていれば、士といえましょうか」。先生は言われた。「切切偲偲《せつせつしし》とねんごろに励まし、怡怡《いい》としておだやかに親しむ。それでこそ士といえよう。友人にはねんごろに励まし、兄弟にはおだやかに親しむのだ」。

○**士**《し》 子路（本篇）13－20注参照。○**切切偲偲怡怡**《せつせつしし いい》 「切切偲偲」はねんごろに励ますさま、「怡怡」はおだやかに親しむさま。

子路（本篇）13－20において、子貢《しこう》がまったく同じ質問をしており、このとき、孔子は子貢に対して、政治的人間としての「士」について、筋道だった説明をしている。一方、子路《しろ》の同様の質問に対しては、切切偲偲《せつせつしし》や怡怡《いい》といったオノマトペを用い、理屈抜きで直接、感覚に訴えかける表現によって、端的に説明を加えている。孔子は、論理型の子貢と直感型の子路と、それぞれの弟子の特性に応じたもっとも効果的な答えかたによって、彼らを啓発するのだ。臨機応変、みごとな柔軟性である。

子路 13－29

子曰、善人教民七年、亦可以即戎矣。

子《し》曰《いわ》く、善人《ぜんじん》民《たみ》を教《おし》うること七年《しちねん》、亦《ま》た以《もっ》て戎《じゅう》に即《つ》く可《べ》し。

先生は言われた。「善人《ぜんじん》が民衆を七年間、教化すれば、軍事に従事させることができる」。

○**善人《ぜんじん》** 子路（本篇）13－11注参照。○**戎《じゅう》に即《つ》く** 軍事に従事させる。

善人《ぜんじん》とは子路（本篇）13－11の注でも述べたように、「まったき善を有する人」の意である。そんな人物が上に立って教化すれば、民衆を軍事に従事させることだってできる、ということだろうが、実際にはそんな善人はおよそ存在しない。だから、教化された民衆を軍事に従事させることもありえない。孔子は、その不可能性を熟知したうえで、こう述べているのであろう。

子路 13－30

子曰、以不教民戰、是謂棄之。

子《し》曰《いわ》く、教《おし》えざるの民《たみ》を以《もっ》て戦《たたか》う、是《こ》れ之《こ》れを棄《す》つと謂《い》う。

先生は言われた。「教化されない民衆を使って戦争すること、これは民衆を見棄てるということだ」。

前章と深くかかわる発言である。この発言の語気は鋭く、戦争のさい、為政者がやみくもに民衆を駆り立て、平然と見棄てることに対する、つよい怒りがこもっている。

憲問《けんもん》第十四

憲問 14－1

憲問恥。子曰、邦有道穀。邦無道穀、恥也。

憲《けん》 恥《はじ》を問《と》う。子曰《しいわ》く、邦《くに》に道有《みちあ》れば穀《こく》す。邦《くに》に道無《みちな》きに穀《こく》するは、恥也《はじなり》。

原憲《げんけん》が、恥についてたずねた。先生は言われた。「国が治まっているときは、(官吏として)俸給をもらってもいいが、国が混乱しているときに、俸給をもらうのは恥だ」。

○**憲**《けん》 原憲《げんけん》、あざな子思《しし》、原思《げんし》とも呼ばれる。孔子の弟子。○**穀す**《こく》 扶持米(俸給)をもらうこと。

「邦《くに》に道有《みちあ》れば(有るに)……、邦《くに》に道無《みちな》ければ(無きに)……」という対比表現は、「天下《てんか》道有《みちあ》れば則《すなわ》ち見《あらわ》れ、道無《みちな》ければ則《すなわ》ち隠《かく》る。邦《くに》に道有《みちあ》るに、貧《まず》しくして且《か》つ賤《いや》しきは、恥也《はじなり》。邦《くに》に道無《みちな》きに、富《と》み且《か》つ貴《とうと》きは、恥也《はじなり》」(泰伯8－13)など、これまでもしばしば見られたものである。

質問者の原憲《げんけん》は清貧の人物として名高く、すでに雍也6－5に登場しているが、そこでは、孔子の配慮でたっぷり手当が支給されると、潔癖に辞退し、なだめられたりしている。深読みすれば、この章では、潔癖な原憲をよく知る孔子が、「国が治まっているときは俸給をもらってもいいんだよ。国が混乱しているときにもらうことは恥だが」と、言い聞かせているようにも取れる。

憲問14－2

克伐怨欲不行焉、可以爲仁矣。子曰、可以爲難矣。仁則吾不知也。

克《こく》・伐《ばつ》・怨《えん》・欲《よく》 行《おこな》われず、以《もっ》て仁《じん》と為《な》す可《べ》し。子《し》曰《いわ》く、以《もっ》て難《かた》しと為《な》す可《べ》し。仁《じん》は則《すなわ》ち吾《わ》れ知《し》らざる也《なり》。

（ある者がたずねた。）「人に勝ちたがること、自慢すること、怨みをもつこと、欲張ることがなければ、それで仁といえるでしょうか」。先生は言われた。「（それらがないことは）難しいことだといえるが、仁かどうかは、私にはわからないな」。

『史記《しき》』仲尼弟子列伝《ちゅうじていしでん》では、冒頭の質問は、前章に登場した子思《しし》すなわち原憲《げんけん》が問いかけたものだとするが、司馬遷《しばせん》が付け加えたという説もあり、原憲だとは特定しがたい。そこで、ここでは、不特定のある者の質問と解した。なお、孔子の答えには、マイナス性がないからといって、それで仁者とはいえないというニュアンスがある。

○**克**《こく》 人に勝ちたがること。○**伐**《ばつ》 自慢すること。○**怨**《えん》 些細なことを根にもち、怨むこと。○**欲**《よく》 欲張ること。

憲問 14－3

子曰、士而懐居、不足以爲士矣。

子曰《しいわ》く、士《し》にして居《きょ》を懐《おも》うは、以《もっ》て士《し》と為《な》すに足《た》らず。

先生は言われた。「士でありながら、私的な生活のことばかり気にする者は、士としての資格がない」。

○士《し》 ここでは「教養を身につけた者、知識人」の意。顔淵12-20などにも見える。○居《きょ》 住まい、ひいては私的な生活。

学而1-14に、「君子《くんし》は食《しょく》飽《あ》くを求《もと》むること無《な》く、居《きょ》安《やす》きを求《もと》むること無《な》し（君子は食事については満腹を求めることなく、住まいについては快適を求めない）」という、同じ方向性をもった発言がある。広い視野に立たず、自分の身のまわりのことしか念頭にない人間は、君子としても士としても論外だということ。

憲問 14－4

子曰、邦有道、危言危行。邦無道、危行言孫。

子曰《しいわ》く、邦《くに》に道有《みちあ》れば、言《げん》を危《たか》くし行《おこな》いを危《たか》くす。邦《くに》に道無《みちな》ければ、行《おこな》いを危《たか》くし言《げん》は孫《ゆず》る。

先生は言われた。「国家がまっとうな状態にあるときには、高い見地に立ってきっぱりと発言し、高い見地に立ってきっぱりと行動する。国家がまっとうな状態にないときには、高い見地に立ってきっぱりと行動し、発言はひかえめにする」。

○**危《たか》くす** 高い見地に立ってきっぱりとやること。○**孫《ゆず》る** 「孫」は「遜」に同じ。譲る、ひかえめにする。

ここに見える「道」は現実的な意味であり、国家が秩序や節度を保ち、まっとうに機能している状態をいう。また、「危」については、「厲（はげしい）」「高峻（たかくけわしい）」「正（ただしい）」等々、さまざまな解釈があるが、要は世俗に迎合しない、きっぱりとした態度を指す。国家がまっとうな状態にあるときと、そうでない場合とを対比し、後者の場合は、行動はきっぱりと率直であるべきだが、発言はひかえめにしたほうがよいという、きわめて含蓄に富んだ言葉である。卑近な言い方をすれば「口は禍のもと」、混乱した状態にある国で、不用意な発言をして言質《げんち》をとられると、どんな目にあうか、わからない。長らく諸国を遊説行脚《ゆうぜいあんぎゃ》し、辛い経験を重ねた孔子ならではの発言である。孔子は状況を見きわめることなく、猪突猛進する無謀さを否定し、辛抱強く柔軟に理想実現の道を模索しつづけたのだった。

なお、ここにも憲問（本篇）14－1と同様、「邦に道有れば……、邦に道無ければ……」という対比表現が見える。『論語』に頻出するこうした対比表現に、事象をカテゴリー別に分類してとらえようとする、後世中国に顕著な思考方式、ひいては表現方式の原型を見ることができる。

憲問14－5

子曰、有徳者必有言。有言者不必有徳。仁者必有勇。勇者不必有仁。

子《し》曰《いわ》く、徳《とく》有《あ》る者《もの》は必《かなら》ず言《げん》有《あ》り。言《げん》有《あ》る者《もの》は必《かなら》ずしも徳《とく》有《あ》らず。仁者《じんしゃ》は必《かなら》ず勇《ゆう》有《あ》り。勇者《ゆうしゃ》は必《かなら》ずしも仁《じん》有《あ》らず。

○**言有《げんあ》り**　りっぱな発言をすること。

先生は言われた。「徳のある人は必ずりっぱな発言をするが、りっぱな発言をする人が、徳のある人だとはかぎらない。仁者は必ず勇気があるが、勇気のある人が仁者だとはかぎらない」。

逆は必ずしも真ならず。徳のある人や仁者は、さまざまなすぐれた要素を含みもつ存在であり、部分的にすぐれた要素を持っているからといって、徳のある人や仁者とはいえないということ。

憲問 14-6

南宮适問於孔子曰、羿善射、奡盪舟。俱不得其死然。禹稷躬稼而有天下。夫子不答。南宮适出。子曰、君子哉若人、尚德哉若人。

南宮适《なんきゅうかつ》 孔子《こうし》に問《と》いて曰《いわ》く、羿《げい》は射《しゃ》を善《よ》くし、奡《ごう》は舟《ふね》を盪《うご》かす。俱《とも》に其《そ》の死《し》を得《え》ざるがごとく然《しか》り。禹《う》と稷《しょく》は躬《み》ずから稼《か》して天下《てんか》を有《たも》つと。夫子《ふうし》答《こた》えず。南宮适《なんきゅうかつ》出《い》づ。子《し》曰《いわ》く、君子《くんし》なる哉《かな》 若《か》くのごとき人《ひと》、徳《とく》を尚《たっと》ぶ哉《かな》 若《か》くのごとき人《ひと》。

南宮适《なんきゅうかつ》が孔子にたずねて言った。「羿《げい》は弓の名手であり、奡《ごう》は船を動かすほど力がつよかったですが、二人ともまともな死にかたはできませんでした。禹《う》と稷《しょく》は自分で耕作をして天下を治めました」。先生はお答えにならなかった。南宮适が退出してから、先生は言われた。「君子だな、あのような人は。徳を尊ぶ人だな、あのような人は」。

○**南宮适**《なんきゅうかつ》 公冶長5-2および先進11-6に登場する孔子の弟子、南容《なんよう》だとされる。南容は魯《ろ》の三大貴族(三《さん》桓《かん》)の一つ孟孫《もうそん》氏の一族、南宮縚《なんきゅうとう》あざな子容《しよう》だという。○**羿**《げい》 伝説上の人物。有窮《ゆうきゅう》国の君主だった羿は夏《か》王朝を滅ぼしたが、暴虐だったため、けっきょく自分の臣下の寒浞《かんさく》に殺された。○**奡**《ごう》 寒浞が羿の妻に産ませた子。夏王朝の子孫である少康《しょうこう》に殺された。「舟《ふね》を盪《うご》かす」については不詳だが、奡は船を動かすほど力がつよかったという説がある。○**禹**《う》 伝説の聖天子。夏王朝の始祖。○**稷**《しょく》 后稷《こうしょく》。その子孫が周《しゅう》王朝を立てた。

南宮适《なんきゅうかつ》（南容《なんよう》）については、公治長5－2に、孔子が、安定度の高い人物だと評価し、自分の姪の配偶者としたという話が見える。この問答において、南宮适は、力頼みの羿《げい》と奡《ごう》が非業の最期を遂げたことと、勤勉型の禹《う》と稷《しょく》が天下を治めるに至ったことを対比し、後者を高く評価するだけで、孔子に対する質問は明記されていない。おそらく「これをどう思われますか」というニュアンスなのであろう。これに対し、孔子は答えず、南宮适の退出後、彼の言葉から滲み出る落ち着いた人柄と有徳性を手放しで称賛する。阿吽《あうん》の呼吸で交わされた、含みの多いやりとりである。

憲問 14－7

子曰、君子而不仁者有矣夫。未有小人而仁者也。

子《し》曰《いわ》く、君子《くんし》にして仁《じん》ならざる者有《ものあ》り。未《いま》だ小人《しょうじん》にして仁《じん》なる者有《ものあ》らざる也《なり》。

先生は言われた。「君子であっても仁徳を体得していない人はいるが、小人であっても仁徳を体得した者などいたためしがない」。

○**君子**《くんし》 ひとかどのりっぱな人物。○**仁**《じん》 仁徳。誠実な思いやりや人間愛など、さまざまな要素を包括した大いなる徳義。○**小人**《しょうじん》 小人物、つまらない人間。

まことに明快にして歯切れのいい発言である。

憲問
14－8

子曰、愛之、能勿勞乎。忠焉、能勿誨乎。

子《し》曰《いわ》く、之《こ》れを愛《あい》す、能《よ》く労《ねぎら》うこと勿《な》からんや。忠《ちゅう》なり、能《よ》く誨《おし》うること勿《な》からんや。

先生は言われた。「愛する者に対しては、ねぎらいいたわらずにいられようか。(相手が)まごころを尽くしている以上、教えないでいられようか」。

○忠《ちゅう》 誠心誠意。まごころを尽くすこと。

孔子の愛弟子たちのそれぞれの貌が、浮かんでくるような言葉である。

憲問
14－9

子曰、爲命、裨諶艸創之、世叔討論之、行人子羽脩飾之、東里子產潤色之。

子《し》曰《いわ》く、命《めい》を為《つく》るに、裨諶《ひじん》 之《こ》れを艸創《そうそう》し、世叔《せいしゅく》 之《こ》れを討論《とうろん》し、行人《こうじん》の子羽《しう》 之《こ》れを脩飾《しゅうしょく》し、東里《とうり》の子産《しさん》 之《こ》れを潤色《じゅんしょく》す。

先生は言われた。「(鄭《てい》の国では)公文書(外交文書)を作成するとき、裨諶《ひじん》が草稿を作り、世叔《せいしゅく》が検討し、外交官の子羽《しう》が文章を練りあげ、東里《とうり》に住む子産《しさん》が文飾を加えて仕上げる」。

孔子が敬愛する先輩子産《しさん》が宰相をつとめる鄭《てい》の国において、公文書が四段階に分けて、綿密に作成されたことを称えた言葉である。名宰相子産が指揮をとって実施された、このような合理的な方法により、鄭は小国ながら、大国に伍して春秋の乱世をくぐりぬけたのである。なお、次章でも子産がとりあげられている。

○**命**《めい》 公文書。ここでは、直接には外交文書を指すとおぼしい。○**裨諶**《ひじん》 鄭《てい》の重臣。○**艸創**《そうそう》 原案、草稿。○**世叔**《せいしゅく》 鄭の重臣。○**討論**《とうろん》 検討する。○**行人**《こうじん》**の子羽**《しう》 行人(外交官)の子羽。○**脩飾**《しゅうしょく》 文章を練りあげること。○**東里**《とうり》**の子産**《しさん》 子産(?―前五二二)は鄭の名宰相。公治長5-16参照。東里は子産の住む地。なお、子産は孔子より一世代上で、孔子が三十歳のときに死去している。○**潤色**《じゅんしょく》 文飾を加えて仕上げること。

憲問 14-10

或問子産。子曰、恵人也。問子西。曰、彼哉彼哉。問管仲。曰、人也、奪伯氏駢邑三百。飯疏食、没歯無怨言。

或《ある》ひと子産《しさん》を問《と》う。子曰《しいわ》く、恵人也《けいじんなり》。子西《しせい》を問《と》う。曰《いわ》く、彼《かれ》をや彼《かれ》をや。管仲《かんちゅう》を問《と》う。曰《いわ》く、この人《ひと》や、伯氏《はくし》の駢邑三百《べんゆうさんびゃく》を奪《うば》う。疏食《そし》を飯《く》らい、歯《とし》を没《おわ》るまで怨《えん》言無《げんな》し。

ある人が子産《しさん》についてたずねた。先生は言われた。「恵み深い人です」。子《し》西《せい》についてたずねた。(先生は)言われた。「あの人はねえ、あの人はねえ」。管仲《かんちゅう》についてたずねた。(先生は)言われた。「この人は、伯《はく》氏の領地駢邑《べんゆう》の三百戸を奪ったが、(伯氏は)粗末な食事をとりながら、死ぬまで怨み言を言わなかった(これから見ても、公平な人だったことがわかる)」。

○**恵人**《けいじん》 恵み深い人。公冶長5-16に、子産《しさん》を「其《そ》の民《たみ》を養《やしな》うや恵《けい》」と評した言葉がある。合わせて参照。○**子**《し》**西**《せい》 孔子に近い時代で、子西をあざなとする名ある人物は複数いるが、ここの孔子の発言から見て、楚《そ》の昭《しょう》王(前五一五―前四八九在位)の弟で、令尹《れいいん》(首相)だった公子申《こうししん》あざな子西だと推定される。孔子とのかかわりについては解説参照。○**管仲**《かんちゅう》 ?―前六四五。孔子より百年余り前に活躍した、春秋時代初期の斉《せい》の名臣。桓《かん》公を輔佐して覇者に押し上げた。八佾3-22参照。○**駢邑**《べんゆう》 地名。

孔子より一世代上だった鄭《てい》の名宰相子産《しさん》、同時代に名声のあった楚の令尹子西《れいいんしせい》(公子申《こうししん》)、大先輩の斉《せい》の大政治家管仲《かんちゅう》の三人について論評を加えたものである。まず、かねがね敬愛する子産に対しては、その慈愛深さを率直に称賛する。ついで、楚の令尹子西に対しては、「あの人はねえ」と言うだけで、それ以上何も語っていないが、否定的な語調であることはまぎれもない。それもそのはず、諸国遊説中の孔子が楚を訪れたさい、楚の昭王《しょう》は孔子を厚遇しようとしたが、弟の令尹子西の反対により、沙汰やみにしたとされる。そのとき孔子が抱いた不快感が尾を引き、ここに見えるような言葉になってあらわれたとおぼしい。最後の管仲に対する論評は、すでに見た八佾3-22では管仲に否定的であったのとはうらはらに、何か不始末をしでかした伯《はく》氏に対して過酷な処分を下したにもかかわらず、伯氏は死ぬまで管仲を怨まなかったと述べ、その公平さを称えている。なお、後出の憲問(本篇)14-17、18でも、孔子は管仲を称賛している。

憲問 14-11

子曰、貧而無怨難、富而無驕易。

子《し》曰《いわ》く、貧《まず》しくして怨《うら》む無《な》きは難《かた》く、富《と》んで驕《おご》る無《な》きは易《やす》し。

先生は言われた。「貧しくとも怨み言を言わないのは難しいが、金持ちになっても高ぶらないのは簡単だ」。

学而1－15に、子貢《しこう》が「貧《まず》しくして諂《へつら》うこと無《な》く、富《と》んで驕《おご》ること無《な》きは、何如《いかん》」と質問したのを皮切りに、孔子と丁々発止のやりとりをかわした話が見える。この章はそのヴァリエーションだろう。

憲問 14－12

子曰、孟公綽、爲趙魏老則優、不可以爲滕薛大夫。

子《し》曰《いわ》く、孟公綽《もうこうしゃく》、趙魏《ちょうぎ》の老《ろう》と為《な》れば則《すなわ》ち優《ゆう》、以《もっ》て滕薛《とうせつ》の大夫《たいふ》と為《な》る可《べ》からず。

先生は言われた。「孟公綽《もうこうしゃく》は、（晋《しん》の重臣の）趙《ちょう》氏や魏《ぎ》氏の家の家老となれば優秀だが、滕《とう》や薛《せつ》の大臣になってはいけない」。

○**孟公綽**《もうこうしゃく》　魯《ろ》の三代貴族の一つ、孟《もう》孫《そん》氏の一族で賢人だったとされる。○**趙魏**《ちょうぎ》　当時、大国晋《しん》の重臣だった趙《ちょう》氏と魏《ぎ》氏の家を指す。○**老**《ろう》　家臣の筆頭、家老。○**滕薛**《とうせつ》　小さな独立国家の滕と薛。○**大夫**《たいふ》　重臣、大臣。

孟公綽《もうこうしゃく》は次章に見えるように無欲恬淡とした人物だった。このため、大国晋《しん》の重臣である趙《ちょう》氏や魏《ぎ》氏の家の家老として、きちんと家事の総まとめをするには適任だが、小とはいえ、独立国家の滕《とう》や薛《せつ》の大臣になって、政務万端にいそしむ適性はないというもの。無欲で、政治絡みの利害関係にうとい人物の特徴を、ずばりと突いた発言である。

憲問 14-13

子路問成人。子曰、若臧武仲之知、公綽之不欲、卞荘子之勇、冉求之藝、文之以禮樂、亦可以爲成人矣。曰、今之成人者何必然。見利思義、見危授命、久要不忘平生之言、亦可以爲成人矣。

子路《しろ》 成人《せいじん》を問《と》う。子曰《しいわ》く、臧武仲《ぞうぶちゅう》の知《ち》、公綽《こうしゃく》の不欲《ふよく》、卞荘子《べんそうし》の勇《ゆう》、冉求《ぜんきゅう》の芸《げい》の若《ごと》くして、之《こ》れを文《かざ》るに礼楽《れいがく》を以《もっ》てすれば、亦《ま》た以《もっ》て成人《せいじん》と為《な》す可《べ》し。曰《いわ》く、今《いま》の成人《せいじん》なる者《もの》は何《なん》ぞ必《かなら》ずしも然《しか》らん。利《り》を見《み》て義《ぎ》を思《おも》い、危《き》を見《み》て命《めい》を授《さず》け、久《きゅう》要《よう》は平生《へいぜい》の言《げん》を忘《わす》れず、亦《ま》た以《もっ》て成人《せいじん》と為《な》す可《べ》し。

子路《しろ》が完成された人物についてたずねた。先生は言われた。「臧武仲《ぞうぶちゅう》のような知恵、孟公綽《もうこうしゃく》のような無欲さ、卞荘子《べんそうし》のような勇気、冉求《ぜんきゅう》のような多才さがあり、これに礼楽によって磨きをかけたなら、やはり完成された人物といってよかろう」。また言われた。「今の完成された人物というのは、そうとばかりは限らないだろう。利益を目の当たりにしたときは、正しいかどうか考え、危機に遭遇したときは、命をかけ、昔の約束はかつて口にした言葉を忘れない。そんな人は完成された人物といってもよかろう」。

○**成人**《せいじん》 完成された人物。○**臧武仲**《ぞうぶちゅう》 臧孫紇《ぞうそんこつ》。魯《ろ》の重臣。紀元前五五〇年、魯の重臣間の勢力争いに敗北、亡命した。この後の憲問(本篇)14-15参照。○**公綽**《こうしゃく》 孟公綽。前章参照。○**卞荘子**《べんそうし》 魯の三大貴族の一つ、孟孫《もうそん》氏の一族、孟荘子だとする説がある。○**冉求**《ぜんきゅう》 孔子の弟子。冉有《ぜんゆう》。「政事《せいじ》には冉有《ぜんゆう》・季路《きろ》」(先進11-3)と称され、子路とともに政治能力がある。○**芸**《げい》 多才。雍也6-8において、孔子は

「求(冉求)や芸」と述べている。○**文《かざ》る** 磨きをかける。○**命《めい》を授《さず》く** 命をかける。○**久要《きゅうよう》** 昔の約束。○**平生《へいぜい》** かつて、昔。

子路《しろ》の「成人(完成された人物)」とはいかなる存在か、という質問に対する孔子の答えは、二段構えになっている。第一段階では、孔子は、実在した魯《ろ》の知者、賢人、勇者に、子路の相弟子の冉求《ぜんきゅう》まで登場させ、具体的なイメージのもとにレベルの高い成人像を述べる。もっとも、孔子門下の高弟のうち、子路と冉求は政治能力の面で並称されており(注参照)、ここで孔子が冉求まで持ちだしたのは、あるいは、いたずらっ気半分、子路を刺激したのかもしれない。ちなみに、冉求は子路より二十も年下である。

そんなこともあって、ちょっと言い過ぎたかと思ったのか、孔子はやや要求水準を下げ、第二段階で現在の成人像を述べるが、ここでは、具体的な人名を出さず、少し奮起すれば達成できるような成人の条件が語られる。直情型の子路とのこの成人問答の場面は、気のおけない師弟の関係性を念頭に置いて読むと、興趣尽きないものがある。

憲問 14－14

子問公叔文子於公明賈曰、信乎夫子不言不笑不取乎。公明賈對曰、以告者過也。夫子時然後言。人不厭其言。樂然後笑。人不厭其笑。義然後取。人不厭其取。子曰、其然、豈其然乎。

子《し》 公叔文子《こうしゅくぶんし》を公明賈《こうめいか》に問《と》いて曰《いわ》く、信《まこと》に夫子《ふうし》は言《い》わず笑《わら》わず取《と》らざるか。公明《こうめい》賈《か》対《こた》えて曰《いわ》く、以《もっ》て告《つ》ぐる者《もの》 過《あやま》つ也《なり》。夫子《ふうし》は時《とき》にして然《しか》る後《のち》に言《い》う。人《ひと》 其《そ》の言《げん》を厭《いと》わず。楽《たの》しくして然《しか》る後《のち》に笑《わら》う。人《ひと》 其《そ》の笑《わら》いを厭《いと》わず。義《ぎ》にして然《しか》る後《のち》に取《と》る。人《ひと》 其《そ》の取《と》るを厭《いと》わず。子《し》曰《いわ》く、其《そ》れ然《しか》り、豈《あ》に其《そ》れ然《しか》らんや。

先生が公叔文子《こうしゅくぶんし》のことを公明賈《こうめいか》にたずねて言われた。「ほんとうにあのかたはものを言わず、笑わず、贈り物を受け取られないのですか」。公明賈は答えて言った。「それは、先生に告げた人がまちがっています。あのかたはしかるべき時にはじめてものを言われます。(だから)人々はその言葉を嫌がらないのです。楽しい場合にはじめて笑われます。(だから)人々はその笑いを嫌がらないのです。正しい道にあってはじめて贈り物を受け取られます。(だから)人々はその受け取りを嫌がらないのです」。先生は言われた。「そうですかな、そうではないかもしれませんな」。

○**公叔文子**《こうしゅくぶんし》 衛《えい》の重臣、本名は公孫《こうそん》抜《ばつ》。○**公明賈**《こうめいか》 衛の人。○**夫子**《ふうし》 あのかた。ここでは、公叔文子を指す。○**取**《と》**る** 贈り物を受け取る。○**時**《とき》**にして** 「時」は、しかるべき時。

孔子と何かと縁の深い衛《えい》の重臣、公叔文子《こうしゅくぶんし》は賢人として有名だった。しかし、ここで同国人の公明《こうめい》賈《か》が称揚するほど、完璧で身綺麗な人物なのか。そんな孔子の懐疑が、「其《そ》れ然《しか》り、豈《あ》に其《そ》れ然《しか》らんや」という判断を留保した表現に、みごとに映しだされている。多言を弄さず、正面切って異を唱えず、みずからの違和感をしっかり相手に伝える巧みな表現力である。

憲問 14－15

子曰、臧武仲以防求爲後於魯。雖曰不要君、吾不信也。

子《し》曰《いわ》く、臧武仲《ぞうぶちゅう》 防《ぼう》を以《もっ》て後《のち》を魯《ろ》に為《な》すを求《もと》む。君《きみ》を要《よう》せずと曰《い》うと雖《いえど》も、吾《わ》れ信《しん》ぜざる也《なり》。

先生は言われた。「臧武仲《ぞうぶちゅう》は、（亡命したさい）領地の防《ぼう》に立てこもって、魯《ろ》に自分の後継ぎを立てるように要求した。君主を脅迫したわけではないと言いわけしても、私は信じない」。

○**防**《ぼう》 臧武仲《ぞうぶちゅう》（臧孫紇《ぞうそんこつ》）の領地。憲問（本篇）14－13の注に記したように、臧武仲は紀元前五五〇年、魯《ろ》の重臣間の勢力争いに敗北、亡命した。この章で、孔子が問題にしているのは、そのときに起こった事件である。○**後**《のち》**を魯**《ろ》**に為**《な》**す** ここでは、魯に自分の後継ぎを立てることをいう。○**要**《よう》**す** 強要する、脅迫する。

憲問（本篇）14－13で知恵者にあげられた臧武仲《ぞうぶちゅう》は、亡命したとき、領地の防《ぼう》に立てこもり、魯《ろ》において自分の後継ぎを立ててくれるなら、この防の地を引き渡すが、さもなくば渡さないと宣言した。けっきょく、この要求は受け入れられ、臧武仲は防を明け渡して亡命した。ここで、孔子はこうしたやりかたを、君主に対する恫喝、脅迫だとして、きびしく批判するのである。

憲問 14－16

子曰、晉文公譎而不正。齊桓公正而不譎。

子《し》曰《いわ》く、晋《しん》の文公《ぶんこう》は譎《けつ》にして正《せい》ならず。斉《せい》の桓公《かんこう》は正《せい》にして譎《けつ》ならず。

先生は言われた。「晋《しん》の文《ぶん》公は臨機応変の処置に長《た》けているが、基本原則にかなっていない。斉《せい》の桓《かん》公は基本原則にかなっているが、臨機応変の処置が下手だ」。

○**晋《しん》の文公《ぶんこう》** 前六三六—前六二八在位。本名は重耳《ちょうじ》。春秋五覇の第二番目の覇者。○**譎《けつ》** 通説は偽り、虚偽の意だとするが、劉宝楠《りゅうほうなん》著『論語《ろんご》正《せい》義《ぎ》』など清《しん》代の学者によれば、譎は権、権宜、すなわち臨機応変の処置だとする。今、これに従う。○**正《せい》** 通説では正しさだとするが、清代の学者の説によれば、経《けい》すなわち基本原則にかなっていることだとする。こ通説のように読めば、晋《しん》の文《ぶん》公は不正で、斉《せい》の桓《かん》公は正しいということになり、晋の文公は完全に否定されてしまう。これはあまりに単純であり、史実にも合わない。このため、ここでは両者の差異を的確に示す、清《しん》代の論者の説によって解した。

れも今、清代の学者の説による。○**斉《せい》の桓公《かんこう》** 前六八五—前六四三在位。本名は小白《しょうはく》。春秋五覇の最初の覇者。

憲問 14－17

子路曰、桓公殺公子糾。召忽死之。管仲不死。曰、未仁乎。子曰、桓公九合諸侯、不以兵車。管仲之力也。如其仁、如其仁。

子路《しろ》曰《いわ》く、桓公《かんこう》 公子糾《こうしきゅう》を殺《ころ》す。召忽《しょうこつ》 之《こ》れに死《し》す。管仲《かんちゅう》 死《し》せず。曰《いわ》く、未《いま》だ仁《じん》ならざるか。子《し》曰《いわ》く、桓公《かんこう》 諸侯《しょこう》を九合《きゅうごう》し、兵車《へいしゃ》を以《もっ》てせず。管仲《かんちゅう》の力《ちからなり》也。其《そ》の仁《じん》に如《し》かんや、其《そ》の仁《じん》に如《し》かんや。

子路《しろ》が言った。「桓《かん》公が公子糾《こうしきゅう》を殺《ころ》したとき、（輔佐役の）召忽《しょうこつ》は（殉じて）死にましたが、管仲《かんちゅう》は死にませんでした。仁とはいえないのではないでし

○**公子糾《こうしきゅう》** 桓《かん》公の異母兄。○**召忽《しょうこつ》** 公子糾の輔佐役。○**管仲《かんちゅう》** 当初、召忽と

ようか」。先生は言われた。「桓公は諸侯を集めるのに、武力を用いなかった。これは管仲の力だ。誰が彼の仁徳におよぼうか、彼の仁徳におよぼうか」。

ともに公子糾を輔佐したが、後にライバルだった桓公に仕えた。○九《きゅう》合《ごう》 集める。○兵車《へいしゃ》 戦争、武力。

斉《せい》の第十四代君主の襄《じょう》公は暴君であり、異母弟の桓《かん》公と公子糾《こうしきゅう》は斉を脱出し亡命した。その後、斉に内乱が起こり、彼ら二人は君主の座を争う。その渦中で、公子糾は命を落とし、輔佐役の召忽《しょうこつ》は自決した。もう一人の輔佐役の管仲《かんちゅう》は桓公に降伏したものの、かつて桓公を射殺《いころ》そうとしたことがあったため、殺されそうになるが、桓公の輔佐をつとめる友人鮑叔《ほうしゅく》の口添えで命拾いする。これ以後、管仲は桓公を強力にバックアップし、ついに春秋五覇の第一番目の覇者に押し上げる原動力になる。

孔子は、こうした歴史的事実を踏まえ、管仲は仁とはいえないのではないかという子路《しろ》の質問に対して、もとの主君に殉ずることなく、新たな君主桓公に仕えて、めいっぱい力を発揮し、無謀な武力を行使せず、桓公を覇者にした管仲を、誰もかなわないほどの仁徳の主だと、高く評価する。孔子が、単純な忠節や殉死を無条件に称揚する、硬直した倫理主義者でないことを、如実に示す話だといえよう。

なお、末尾の「其《そ》の仁《じん》に如《し》かんや」を、「如《いか》んぞ　其《そ》れ仁《じん》ならんや（どうして仁といえようか）」と読む説もあるが、管仲を肯定する前の句と繋がらないため、ここでは取らない。また、子路の発言のなかに、再度、「曰く」が挿入されているが、混入したものとおぼしい。

憲問
14－18

子貢曰、管仲非仁者與。桓公殺公子糾。不能死。又相之。子曰、管仲相桓公、霸諸侯、一匡天下。民到于今、受其賜。微管仲、吾其被髮左衽矣。豈若匹夫匹婦之爲諒也、自經於溝瀆而莫之知也。

子貢《しこう》曰《いわ》く、管仲《かんちゅう》は仁者《じんしゃ》に非《あら》ざるか。桓公《かんこう》 公子糾《こうしきゅう》を殺《ころ》す。死《し》ぬ能《あた》わず。又《ま》た之《こ》れに相《しょう》たり。子《し》曰《いわ》く、管仲《かんちゅう》 桓公《かんこう》に相《しょう》として、諸侯《しょこう》に覇《は》たらしめ、天下《てんか》を一匡《いっきょう》す。民《たみ》 今《いま》に到《いた》りて、其《そ》の賜《たまもの》を受《う》く。管仲《かんちゅう》 微《な》かりせば、吾《わ》れ其《そ》れ髪《かみ》を被《こうむ》り衽《じん》を左《ひだり》にせん。豈《あ》に匹夫匹婦《ひっぷひっぷ》の諒《まこと》を為《な》すや、自《みずか》ら溝瀆《こうとく》に経《くび》れて之《こ》れを知《し》るもの莫《な》きが若《ごと》くならんや。

子貢《しこう》が言った。「管仲《かんちゅう》は仁者ではないのでしょうか。桓《かん》公が公子糾《こうしきゅう》を殺したとき、自殺することもできず、さらにまた(桓公の)宰相になったのですから」。先生は言われた。「管仲は桓公の宰相として、桓公を諸侯の覇者にならせ、天下を統一し秩序づけた。人々は今に至るまで彼の恩恵を受けている。もし、管仲がいなかったならば、われわれは髪をザンバラにし、左前に着物を着ていたことだろう。庶民の夫婦が、ちょっとした身の証《あかし》を立てるのに、溝のなかで首つり自殺し、誰にも知られないようなこととは、いっしょにならない」。

○**相**《しょう》 宰相。○**一匡す**《いっきょう》 天下を統一し秩序づける。○**髪を被る**《かみ　こうむ》 髷《まげ》をゆわずザンバラ髪にする。異民族の風習。○**衽を左にす**《じん　ひだり》 左前に服を着る。これも異民族の風習。○**匹夫匹婦**《ひっぷひっぷ》 庶民の夫婦。○**諒**《まこと》 ここでは、つまらない義理立て、ちょっとした身の証《あかし》を立てること。○**溝瀆に経れる**《こうとく　くび》 溝のなかで首つり自殺をする。

前章の子路《しろ》と同じく、この章では子貢《しこう》が、管仲《かんちゅう》は仁者ではないのでないかと質問する。これに対して、前章よりも一段と強い口調で、瀬戸際で踏みとどまって生きる道を選び、後世にまで恩恵をもたらした管仲の功績を称える。こうしてみると、子路や子貢など、孔子の高弟たちの間で、管仲の屈折した生きかたに対する疑念があり、孔子はこれを払拭するために、管仲の生きかたを肯定し、忠義立てして無駄死にする必要はない、生きぬいて飛翔することをめざせと、弟子たちに発破をかけたのかもしれない。

憲問 14－19

公叔文子之臣大夫僎、與文子同升諸公。子聞之曰、可以爲文矣。

公叔文子《こうしゅくぶんし》の臣《しん》の大夫僎《たいふせん》、文子《ぶんし》と同《おな》じく諸公《しょこう》に升《のぼ》す。子《し》 之《こ》れを聞《き》きて曰《いわ》く、以《もっ》て文《ぶん》と為《な》す可《べ》し。

公叔文子《こうしゅくぶんし》の家臣である大夫僎《たいふせん》が、(文子の推薦によって衛《えい》の)文子と同列の大臣に取り立てられた。先生はこの話を聞いて言われた。「(公叔文子こそ)「文」を諡《おくりな》としてよい人物だ」。

○**公叔文子**《こうしゅくぶんし》 衛《えい》の重臣、本名は公孫《こうそん》抜《ばつ》。○**大夫僎**《たいふせん》 衛の直接の臣ではなく、公叔文子の家臣だった人物。○**諸公**《しょこう》 大臣。○**文《ぶん》と為《な》す** 文は最上の諡《おくりな》。その「文」を諡とする。

公叔文子《こうしゅくぶんし》はみずからの家臣（陪臣《ばいしん》）である大夫僎《たいふせん》を有能だとして、自分と同列の衛《えい》の大臣に推薦した。孔子はその公平な態度を称賛したのである。憲問（本篇）14－14において、孔子はこの公叔文子について、人が言うほど完璧な人物だろうかと、疑念を表明している。孔子の人物評価は、対象とする人物の評価すべきプラス面と評価し難いマイナス面を具体的に区別して行われるケースがある。前々章および前章で称賛される管仲が、八佾3－22では、「管仲《かんちゅう》の器《うつわ》は小《ちい》さい哉《かな》」と批判されているのも、その例の一つである。

憲問 14－20

子言衛靈公之無道也。康子曰、夫如是、奚而不喪。孔子曰、仲叔圉治賓客、祝鮀治宗廟、王孫賈治軍旅。夫如是、奚其喪。

子《し》 衛《えい》の霊公《れいこう》の無道《むどう》を言《い》う。康子《こうし》曰《いわ》く、夫《そ》れ是《か》くの如《ごと》くんば、奚《なん》ぞ喪《ほろ》びざる。孔子《こうし》曰《いわ》く、仲叔圉《ちゅうしゅくぎょ》は賓客《ひんかく》を治《おさ》め、祝鮀《しゅくだ》は宗廟《そうびょう》を治《おさ》め、王孫賈《おうそんか》は軍旅《ぐんりょ》を治《おさ》む。夫《そ》れ是《か》くの如《ごと》くんば、奚《なん》ぞ其《そ》れ喪《ほろ》びん。

先生は衛の霊《れい》公の無道ぶりを話された。季康子《きこうし》が言った。「そんなふうだったら、どうして位を失わないですんだのでしょうか」。孔子は言われた。

○**衛《えい》の霊公《れいこう》** 衛の君主。前五三四－前四九三在位。○**康子《こうし》** 季康子《きこうし》。魯《ろ》

「仲叔圉《ちゅうしゅくぎょ》が外交を担当し、祝鮀《しゅくだ》が宗廟を担当し、王孫賈《おうそんか》が軍事を担当していました。そんなふうであれば、どうして位を失うことがありましょうか」。

対話の相手の季康子《きこうし》はすでに何度も登場しており、晩年の孔子が魯《ろ》に帰国するさい、援助した人物。このやりとりも孔子の帰国後のものである。孔子が、何かと縁の深かった衛《えい》の霊《れい》公の無道ぶり（雍也6-28など参照）を話題にしたところ、季康子が、ならばどうして位を失わずにすんだのかと、突っ込んだ質問をする。これに対して、孔子は三人の重臣、仲叔圉《ちゅうしゅくぎょ》、祝鮀《しゅくだ》、王孫賈《おうそんか》の名をあげ、彼らの輔佐があったからだと答える。

しかし、じっさいには、この三人のうち、仲叔圉はとかく問題の多い人物であり、王孫賈は孔子に嫌味な質問をしたこともある鼻持ちならない人物だった。残る祝鮀も「祝鮀《しゅくだ》の佞《ねい》」（雍也6-16）などといちおう能弁を称えられてはいるが、うさんくさいところがあった。とすれば、ここでわざわざ孔子が霊公の名輔佐としてこの三人の名をあげているのは、皮肉であり、その真意は、「こんな三人が輔佐して、よく位を失わずにすんだものですね」ということに、あったのではなかろうか。孔子は辛辣で皮肉なところも多分にある人だった。

の三大貴族「三桓《さんかん》」の一つ、季孫《きそん》氏の一族。○**仲叔圉**《ちゅうしゅくぎょ》 孔文子《こうぶんし》、本名は孔圉《こうぎょ》。衛の霊公の娘婿にして衛の重臣。公冶長5-15参照。○**祝鮀**《しゅくだ》 衛の重臣。能弁であった。雍也6-16参照。○**王孫賈**《おうそんか》 衛の重臣。八佾3-13参照。

憲問
14－21

子曰、其言之不怍、則爲之也難。

子曰《しいわ》く、其《そ》れ言《げん》の怍《は》じざるは、則《すなわ》ち之《こ》れを為《な》すや難《かた》し。

先生は言われた。「大言壮語して恥ずかしく思わないような者は、自分の言ったことを実行するのは難しい」。

○怍《は》ず 慚《は》じる。慚愧。

以上は新注によった訳である。できもしないことを言いつのる者は、その言葉を実行できるわけがないということ。

憲問
14－22

陳成子弑簡公。孔子沐浴而朝、告於哀公曰、陳恆弑其君。請討之。公曰、告夫三子。孔子曰、以吾從大夫之後、不敢不告也。君曰、告夫三子者。之三子告。不可。孔子曰、以吾從大夫之後、不敢不告也。

陳成子《ちんせいし》 簡公《かんこう》を弑《しい》す。孔子《こうし》 沐浴《もくよく》して朝《ちょう》し、哀公《あいこう》に告《つ》げて曰《いわ》く、陳恒《ちんこう》 其《そ》の君《きみ》を弑《しい》す。請《こ》う之《こ》れを討《う》たん。公曰《こういわ》く、夫《か》の三子《さんし》に告《つ》げよ。孔子曰《こうしいわ》く、吾《わ》れ大夫《たいふ》の後《あと》に従《したが》うを以《もっ》て、敢《あ》えて告《つ》げずんばあらざる也《なり》。君曰《きみいわ》く、夫《か》の三子者《さんししゃ》に告《つ》げよと。三子《さんし》に之《ゆ》きて告《つ》ぐ。可《き》かず。孔子曰《こうしいわ》く、吾《わ》れ大夫《たいふ》の後《あと》に従《したが》うを以《もっ》て、敢《あ》えて告《つ》げずんばあらざる也《なり》。

陳成子《ちんせいし》(陳恒《ちんこう》)が(主君である斉《せい》の)簡《かん》公を殺した。孔子は沐浴《もくよく》して宮廷に参内し、哀《あい》公に申しあげた。「陳恒がその主君を殺害しました。どうかこれを討伐してください」。哀公は言われた。「あの三人の人たちに言ってください」。孔子は(退出して)言われた。「私は重臣の末席に連なる者として、申しあげずにはいられなかったのだ。しかし、殿は「あの三人の者に言ってください」とおっしゃった」。(そこで)三人の者のところに言って告げたが、聞き入れなかった。孔子は言われた。「私は重臣の末席に連なる者として、申しあげずにはいられなかったのだ」。

○**陳成子**《ちんせいし》 陳恒《ちんこう》。斉《せい》の重臣。紀元前四八一年、斉の簡《かん》公を殺害した。○**沐浴**《もくよく》 髪や身体を洗い清めること。○**哀公**《あいこう》 魯《ろ》の君主。前四九四―前四六八在位。○**三子**《さんし》、**三子者**《さんししゃ》 魯の実権をにぎる三大貴族の三桓《さんかん》。すなわち魯の桓《かん》公の子孫である季孫《きそん》氏、孟《もう》孫氏、叔孫《しゅくそん》氏を指す。○**可かず**《き》 聞き入れない。

紀元前四八一年、陳恒《ちんこう》が主君の斉《せい》の簡《かん》公を殺害したとき、憤慨した孔子は魯《ろ》の哀《あい》公と会見し、陳恒討伐の軍勢を出すように求めた。しかし、魯も下剋上のまっただなかにあり、無力な哀公は実権をにぎる三大貴族(季孫《きそん》氏、孟孫《もうそん》氏、叔孫《しゅくそん》氏)に話してくれと言うばかり。かくて、孔子は彼らのもとに出向くが、彼らは当然のことながら、聞く耳を持たない。

これは、孔子が七十一歳のときの話である。孔子はとっくに隠退していたが、かつて魯の大臣をつとめた身として、斉討つべしと、このとき、果敢に具申した。斉は大国であり、小国魯が立ち向かえる相手でないのは自明の理であり、哀公は逃げ口上を述べ、実権をにぎる三大貴族も、荒唐無稽な戯《たわ》言《ごと》ばかり、孔子の意見など無視するばかり。こうした結果になることは、孔子自身もあらかじめわかっていたにちがいない。しかし、孔子は、黙過できない事態に対して、敢然と異を唱え旗幟《きし》を鮮明にして、筋を通すことを最重視したのである。毅然とした態度だというべきであろう。

なお、陳恒(のち田恒《でんこう》と改姓)は、五覇の第一番目の覇者、斉の桓《かん》公の時代に、小国陳《ちん》から亡命した陳完《ちんかん》なる者の子孫だった。この簡公殺害事件から約百年後の紀元前三八六年、子孫の田和《でんわ》がついに斉を乗っ取り支配者となるに至る。

憲問 14－23

子路問事君。子曰、勿欺也。而犯之。

子路《しろ》　君《きみ》に事《つか》うることを問《と》う。子《し》曰《いわ》く、欺《あざむ》くこと勿《な》かれ。而《しこう》して之《こ》れを犯《おか》せ。

子路《しろ》が君主への仕えかたについてたずねた。先生は言われた。「うそをついてはいけない。そうして(君主に)さからっても諫めよ」。

○**欺《あざむ》く** うそをつく、だます。○**犯《おか》す** さからう。

君主にうそをついて胡麻をするな、君主に盾をついてもほんとうのことを言って諫めよ、というのである。率直にして剛毅な子路《しろ》にとって、この忠告は思ったようにやれということであり、喜んで拳々服膺《けんけんふくよう》したに相違ない。

憲問 14－24

子曰、君子上達、小人下達。

子《し》曰《いわ》く、君子《くんし》は上達《じょうたつ》し、小人《しょうじん》は下達《かたつ》す。

先生は言われた。「君子は高尚なところに上昇してゆくが、小人は低級なところに落下してゆく」。

○上達《じょうたつ》 上方に到達する、高尚なところに上昇してゆく。○下達《かたつ》 下方に到達する、低級なところに落下してゆく。

これまでにも、君子と小人を対比させた発言は頻出しているが、小人すなわち品性下劣な小人物に対する孔子の嫌悪感には、まことに峻烈なものがある。

憲問 14－25

子曰、古之學者爲己、今之學者爲人。

子曰《しいわ》く、古《いにしえ》の学者《がくしゃ》は己《おのれ》の為《ため》にし、今《いま》の学者《がくしゃ》は人《ひと》の為《ため》にす。

先生は言われた。「昔の学者は自分のために勉強し、今の学者は人に名を知られるために勉強する」。

社会的名声を得ることのみを目標とする、見世物、パフォーマンスとしての当時の学問を痛烈に批判した言葉である。この歯に衣《きぬ》着せぬ発言は、まさしく二千数百年後の「今」に生きる「学者」にもそのままあてはまる。以て銘すべし。

憲問 14－26

蘧伯玉使人於孔子。孔子與之坐而問焉。曰、夫子何爲。對曰、夫子欲寡其過而未能也。使者出。子曰、使乎、使乎。

蘧伯玉《きょはくぎょく》　人《ひと》を孔子《こうし》に使《つか》いせしむ。孔子《こうし》　之《こ》れに坐《ざ》を与《あた》えて問《と》う。曰《いわ》く、夫子《ふうし》　何《なに》をか為《な》す。対《こた》えて曰《いわ》く、夫子《ふうし》は其《そ》の過《あやま》ちを寡《すく》なくせんと欲《ほっ》して而《しか》も未《いま》だ能《あた》わざる也《なり》。使者《ししゃ》出《い》づ。子曰《しいわ》く、使《つか》いなるかな、使《つか》いなるかな。

蘧伯玉《きょはくぎょく》が孔子のもとに使者を差し向けた。孔子はこの使者を敷物に座らせて、たずねられた。「あのかたはどうしておられますか」。(使者は)答えて言った。「あのかたは自分の過ちを少なくしたいと思いながら、まだ十分にできていらっしゃいません」。使者が退出すると、先生は言われた。「りっぱな使者だね、りっぱな使者だね」。

孔子が蘧伯玉《きょはくぎょく》のもとから差し向けられた使者に、彼の主人たる蘧伯玉の近況をたずねた。すると、使者は余計なことはまったく言わず、主人の近ごろの精神的努力のさまを端的に伝える。孔子はそんな使者に感心するとともに、ちょっとした使いの者にまで好ましい影響をおよぼす、蘧伯玉の謙虚な人柄に改めて感動したとおぼしい。

○**蘧伯玉**《きょはくぎょく》　衛《えい》の重臣。反省力に富む賢者であり、孔子は彼を敬愛していた。○**夫子**《ふうし》　先生や目上の人に対する尊称。あのかた。

憲問 14－27

子曰、不在其位、不謀其政。曾子曰、君子思不出其位。

子《し》曰《いわ》く、其《そ》の位《くらい》に在《あ》らざれば、其《そ》の政《まつりごと》を謀《はか》らず。曾子《そうし》曰《いわ》く、君子《くんし》は思《おも》うこと其《そ》の位《くらい》を出《い》でず。

先生は言われた。「その地位についていなければ、その職務について、あれこれ考えをめぐらさない」。曾子《そうし》は言った。「君子は、考えることがその地位をはみださない」。

孔子の言葉は、泰伯8‐14にまったく同じものが見える。なお、古注は以上を一章とするが、新注は「曾子曰《そうしいわ》く」以下を別の章とする。曾子の言葉は、孔子の発言を補足、解説したものと受け取れるため、ここでは古注により一章とした。

付言すれば、曾子の言葉は『易《えき》』の艮卦《ごんか》の象伝《しょう》にそのままよったものである。しかし、「君子は、考えることがその地位をはみださない」、すなわちその職務以外のことを考えないというのは、あまりに視野の狭い考えかたであり、ここに見える孔子の発言にそぐわず、適切なコメントとはいえない。孔子より四十六歳も年下で、孔子に「魯(ぐず)」(先進11‐18)と評された曾子の、くそ真面目な頭の硬さが露わに出た表現である。もっとも、孔子の柔軟さと世代のちがう若い弟子たる曾子の小さくまとまった堅苦しさが、ここではくっきりと対比されており、その意味では面白い章だともいえよう。

憲問 14‐28

子曰、君子恥其言而過其行。

子《し》曰《いわ》く、君子《くんし》は其《そ》の言《い》いて其《そ》の行《おこな》いに過《す》ぐるを恥《は》ず。

先生は言われた。「君子は自分の言った言葉が、その行動を超えることを恥じる」。

孔子は、「君子《くんし》は言《げん》に訥《とつ》にして、行《おこな》いに敏《びん》ならんと欲《ほっ》す(君子は口下手であっても、行動は敏捷でありたいと願う)」(里仁4－24)とも述べているように、実践のともなわない口先ばかりの人間を嫌い、否定した。これも、そのモットーを端的に表現した言葉である。

憲問 14－29

子曰、君子道者三、我無能焉。仁者不憂。知者不惑。勇者不懼。子貢曰、夫子自道也。

子《し》曰《いわ》く、君子《くんし》の道《みち》なる者《もの》三《みっ》つ、我《わ》れ能《よ》くすること無《な》し。仁者《じんしゃ》は憂《うれ》えず。知者《ちしゃ》は惑《まど》わず。勇者《ゆうしゃ》は懼《おそ》れず。子貢《しこう》曰《いわ》く、夫子《ふうし》自《みずか》ら道《い》う也《なり》。

先生は言われた。「君子が実践しなければならない生きかたは三つあるが、私はどれもできない。仁者は悩まない。知者は迷わない。勇者は恐れない」。子貢《しこう》が言った。「それは先生がご自分のことをおっしゃったのですね」。

○仁者《じんしゃ》 誠実な思いやりをもつ人。○知者《ちしゃ》 知性のある人。○勇者《ゆうしゃ》 勇気のある人。

子罕9－30でも、孔子は、ここは順序が違うが、「知者《ちしゃ》は惑《まど》わず。仁者《じんしゃ》は憂《うれ》えず。勇者《ゆうしゃ》は懼《おそ》れず」と、君子が実践すべき生きかたとして、知、仁、勇の三つをあげている。

この章では、孔子が、自分は君子の実践すべき三つの生きかたのどれもできないと言い、仁、知、勇をあげる。これに対し、聡明な高弟の子貢《しこう》が、「それは先生がご自分のことをおっしゃったのですね（その三つの生きかたすべてがおできになるということですね）」と言い添え、「私にはできない」と言った孔子の謙遜の美学を、やんわり抑える。両者がたがいに言外の意をすばやく察知する、まことに面白いやりとりである。

憲問 14－30

子貢方人。子曰、賜也賢乎哉。夫我則不暇。

子貢《しこう》　人《ひと》を方《くら》ぶ。子《し》曰《いわ》く、賜《し》や賢《けん》なる哉《かな》。夫《そ》れ我《わ》れ則《すなわ》ち暇《いとま》あらず。

子貢《しこう》はよく人物批評をした。先生は言われた。「賜《し》は賢いな。私はそんなことをする暇はないよ」。

○**方**《くら》**ぶ**　比べる、人物批評をする。
○**賜**《し》　子貢《しこう》の本名、端木賜《たんぼくし》。

孔子はこうして人物批評の好きな子貢《しこう》をからかっているが、その実、『論語』の随所に見られるように、孔子自身、非常に鋭い鑑識眼の持ち主であり、人物批評に長じていた。先進11－16で、子貢が「師《し》(子張《しちょう》)と商《しょう》(子夏《しか》)と孰《いず》れか賢《まさ》れる」と、子張と子夏の優劣をたずねたとき、「師《し》や過《す》ぎたり、商《しょう》や及《およ》ばず(師はやりすぎであり、商は引っ込み思案だ)」と、孔子が絶妙の論評をしたことからも、その一端がうかがえよう。

憲問14－31

子曰、不患人之不己知、患其不能也。

子曰《しいわ》く、人《ひと》の己《おのれ》を知《し》らざるを患《うれ》えず、其《そ》の不能《ふのう》を患《うれ》うる也《なり》。

先生は言われた。「人が自分を認めないのは気に病まないが、自分が無能であることを気に病む」。

○**其《そ》の不能《ふのう》** 自分の無能さ。

孔子は、「人《ひと》の己《おのれ》を知《し》らざるを患《うれ》えず、人《ひと》を知《し》らざるを患《うれ》うる也《なり》」(学而1－16)とも言い、他人つまり世間から評価されなくても気に病まず、自分が他人を認めないことこそ気に病むべきだと説いている。主旨は同じだが、ここでは気に病むべきは、自分の能力の不足だと、自分の欠点から目をそむけない自己認識の大切さを説く。いずれも「評価される」ことばかり気にする受動的な発想を、主体的発想に逆転させた表現である。このほか、ずばり「君子」を主語として、「君子《くんし》は無能《むのう》を病《なや》みとす。人《ひと》の己《おのれ》を知《し》らざるを病《なや》みとせざる也《なり》」（衛霊公15－19）とも述べており、やや言いまわしは異なるが、意味は変わらない。

このように孔子は、他人や社会から認められないことは問題でないと、くりかえし強調しているが、だからといって、けっして世間に背を向け孤高であることこそ君子の条件だと言っているわけではない。全力を尽くして学び生きても、残念ながら認められないことはある。そんな場合もくよくよ悲観せず、堂々と学び生きよと、力強いエールを送っているのである。

憲問 14－32

子曰、不逆詐、不億不信、抑亦先覺者、是賢乎。

子《し》曰《いわ》く、詐《いつわり》を逆《むか》えず、不信《ふしん》を億《おもんぱか》らずして、抑《そも》そも亦《ま》た先《さき》に覚《さと》る者《もの》は、是《こ》れ賢《けん》なるか。

先生は言われた。「だまされるのではないかと警戒せず、うそではないかと気をまわさず、しかも先んじて気がつく者は、賢明であろうか、賢明だ」。

○**詐**《いつわり》　だますこと。○**逆う**《むか》　前もって身構える、警戒する。○**不信**《ふしん》　信義を守らないこと。うそをつくこと。○**億る**《おもんぱか》　気をまわす。○**抑そも亦**《そも》《ま》

やたらに憶測や先回りをしないにもかかわらず、人の欺瞞やうそをいち早く感知する者は賢明だということ。なお、これは新注の解釈によったものである。古注では、後半部を、「先《さき》に人情《にんじょう》を覚《さと》る者《もの》は、是《こ》れ寧《いず》くんぞ能《よ》く賢《けん》ならんや。或《ある》いは時《とき》に反《かえ》って人《ひと》に怨《うら》まるる也《なり》」、すなわち、先んじて気がつく者は、賢明ではなく、時としてあべこべに人から怨まれることもあると、逆の意味に解する。この解釈は、穿ちすぎの感があり、ここでは、すんなりと穏当な新注によって読んだ。

たここでは「しかもまた」の意。

憲問 14－33

微生畝謂孔子曰、丘何爲是栖栖者與。無乃爲佞乎。孔子曰、非敢爲佞也。疾固也。

微生畝《びせいほ》孔子《こうし》に謂《い》いて曰《いわ》く、丘《きゅう》や何《なん》ぞ是《こ》の栖栖《せいせい》たる者《もの》を為《な》すや。乃《すなわ》ち佞《ねい》を為《な》す無《な》からんや。孔子《こうし》曰《いわ》く、敢《あ》えて佞《ねい》を為《な》すに非《あら》ざる也《なり》。固《こ》を疾《にく》む也《なり》。

微生畝《びせいほ》が孔子に向かって言った。「丘《きゅう》よ、どうしてそんなにうろうろ歩きまわるのかね。弁舌を弄してへつらっているのではないか」。孔子は言われた。「弁舌を弄してへつらおうというのではありません。かたくななの

○**微生畝**《びせいほ》 不詳。魯《ろ》の先輩であったとおぼしい。○**丘**《きゅう》 孔子の名。○**栖**《せい》**栖**《せい》 落ち着かないさま、うろうろ歩

が嫌なのです」。

きまわるさま。○佞《ねい》 弁舌を弄して媚びへつらう。○固《こ》 頑固、かたくな。

微《び》生《せい》畝《ほ》なる人物は、孔子を「丘《きゅう》」と本名で呼びつけていることから、おそらく孔子の身近な先輩であろう。それにしても、弁舌さわやかな孔子を、そんなにうろうろ、バタバタと有力者の間をとびまわるのは、うまい口先でへつらっているのではないかとは、ずいぶんな言いようである。これに対して、孔子は腹も立てず、穏やかにしかもピシリと弁明する。嫌味な相手を歯牙にもかけない、落ち着いた余裕のある対応である。おそらくこの微生畝なる先輩は、視野の狭い頑固な石頭の人物だったのであろう。

憲問 14-34

子曰、驥不稱其力。稱其德也。

子《し》曰《いわ》く、驥《き》は其《そ》の力《ちから》を称《しょう》せず。其《そ》の徳《とく》を称《しょう》する也《なり》。

先生は言われた。「駿馬《しゅんめ》は走る力が称賛されるのではなく、その品格が称賛されるのだ」。

○驥《き》 駿馬《しゅんめ》。○力《ちから》 走る力。○徳《とく》 品格。

名馬は馬力ではなく、馬としての品格によって評価される。人に大切なのも、力より徳性、品格だということである。

憲問 14-35

或曰、以徳報怨何如。子曰、何以報徳。以直報怨、以徳報徳。

或《ある》ひと曰《いわ》く、徳《とく》を以《もっ》て怨《うら》みに報《むく》ゆるは何如《いかん》。子《し》曰《いわ》く、何《なに》を以《もっ》てか徳《とく》に報《むく》いん。直《ちょく》を以《もっ》て怨《うら》みに報《むく》い、徳《とく》を以《もっ》て徳《とく》に報《むく》ゆ。

ある人が言った。「善意によって悪意に応じるというのはどうですか」。先生は言われた。「(だとしたら)何によって善意に応じるのですか。まっすぐな正しさによって、悪意に応じ、善意によって善意に応じるのです」。

○徳《とく》 ここでは「善意」の意。○怨《うら》み ここでは「悪意」の意。○直《ちょく》 まっすぐな正しさ。

無原則的な善意のばらまきを否定する、孔子の強靱さをあらわす発言である。悪意に対しては、その誤りを毅然としてただし、善意に対してのみ善意でこたえるというのが、孔子の鉄則にほかならない。

憲問 14－36

子曰、莫我知也夫。子貢曰、何爲其莫知子也。子曰、不怨天。不尤人。下學而上達。知我者其天乎。

子《し》曰《いわ》く、我《わ》れを知《し》る莫《な》きかな。子貢《しこう》曰《いわ》く、何為《なんす》れぞ其《そ》れ子《し》を知《し》る莫《な》きや。子《し》曰《いわ》く、天《てん》を怨《うら》まず。人《ひと》を尤《とが》めず。下学《かがく》して上達《じょうたつ》す。我《わ》れを知《し》る者《もの》は其《そ》れ天《てん》か。

○**下学《かがく》して上達《じょうたつ》す**　身近なところから学びはじめ、しだいに高度なところに到達する。

先生は言われた。「私を理解してくれる者はいないな」。子貢《しこう》が言った。「どうして先生を理解する者がいないと言われるのですか」。先生は言われた。「天を怨む気はないし、人を責める気もない。身近なところから学びはじめ、しだいに高度なところに達する。そんな私を理解してくれるのは、やはり天なのかな」。

聡明な高弟子貢《しこう》に対して、孔子は自分の理解者はいないと、ふと本音を吐露する。すると、子貢は自分も含めて理解者は大勢いると思われるのに、どうしてそんなことを言われるのか、と反論する。これに対して、孔子は自分の軌跡をたどり、こうしてやってきた自分を理解してくれるのは、やはり天だけなのかなと、静かに述懐する。自分の理想を実現する機会を求めて諸国を遊説したものの、ついにそんな機会はなく、晩年、魯《ろ》に帰国し、古典の整理と弟子の教育に専念した孔子の、一種、静謐な諦念が漂う発言である。

憲問 14-37

公伯寮愬子路於季孫。子服景伯以告曰、夫子固有惑志於公伯寮。吾力猶能肆諸市朝。子曰、道之將行也與、命也。道之將廢也與、命也。公伯寮其如命何。

公伯寮《こうはくりょう》 子路《しろ》を季孫《きそん》に愬《うった》う。子服景伯《しふくけいはく》 以《もっ》て告《つ》げて曰《いわ》く、夫子《ふうし》 固《まこと》に公伯寮《こうはくりょう》に惑《まど》える 志《こころざし》有《あ》り。吾《わ》れ力《ちから》猶《な》お能《よ》く諸《これ》を市朝《しちょう》に肆《さら》さん。子曰《しいわ》く、道《みち》の将《まさ》に行《おこな》われんとするや、命也《めいなり》。道《みち》の将《まさ》に廃《すた》れんとするや、命也《めいなり》。公伯寮《こうはくりょう》 其《そ》れ命《めい》を如何《いかん》せん。

公伯寮《こうはくりょう》が季孫氏《きそん》に子路《しろ》の悪口を吹き込んだ。子服景伯《しふくけいはく》はそこで(孔子に)告げて言った。「あのかた(季孫氏)は、公伯寮(の悪口)によって気持ちがぐらついておられます。私は微力ながら、それでも公伯寮ごときを処刑し死体を市場にさらすことくらいはできます」。先生は言われた。「正しい道が行われるのは、天命です。正しい道がすたれるのも、天命です。公伯寮ごときが天命をどうすることもできません」。

○**公伯寮**《こうはくりょう》 あざなは子周《ししゅう》。孔子の弟子。○**季孫**《きそん》 魯《ろ》の三大貴族(三桓《さんかん》)の一つ、季孫氏。時期は特定しがたいが、この話のころ、子路《しろ》は季孫氏に仕えていた。○**愬う**《うった》 訴える、悪口を言う。○**子服景伯**《しふくけいはく》 魯の重臣、子服何《しふくか》(名は何忌《かき》ともいう)。○**夫子**《ふうし》 あのかた。ここでは、季孫氏を指す。○**市朝に肆す**《しちょう さら》 処刑して死体を市場にさらす。○**命**《めい》 天命。

孔子の愛弟子の子路《しろ》が孔子の推薦で、季孫氏《きそん》に仕え重用されていたとき、やはり孔子の弟子の公伯《こうはく》寮《りょう》が季孫氏に告げ口して、子路の足を引っ張ろうとした。なお、公伯寮は『史記《しき》』仲尼弟子列伝《ちゅうじていしでん》に名前が見え、孔子の弟子の一人とされるが、この話から見るかぎり、なんとも品性下劣な人物であり、『論語』においても、この章にしか名前が見えない。

それはさておき、このことを知った魯《ろ》の重臣で孔子に好意的な子服景伯《しふくけいはく》が、さっそく孔子に知らせ、公伯寮ごときは、微力な私でも処刑できると意気込む。これに対して、孔子は、子路のめざすまっとうな政治が実現されるのも天命、実現されないのも天命だと、達観した意見を述べ、下手な手出しをしないよう、やんわりと子服景伯をたしなめる。おそらく背後に複雑な政治事情が絡んだ話であろうが、詳しいいきさつはわからず、どんな結末になったかも不明だが、孔子の腰のすわった沈着冷静な態度が印象的な話である。

憲問 14-38

子曰、賢者辟世。其次辟地。其次辟色。其次辟言。子曰、作者七人矣。

子《し》曰《いわ》く、賢者《けんじゃ》は世《よ》を辟《さ》く。其《そ》の次《つぎ》は地《ち》を辟《さ》く。其《そ》の次《つぎ》は色《いろ》を辟《さ》く。其《そ》の次《つぎ》は言《げん》を辟《さ》く。子《し》曰《いわ》く、作《な》す者《もの》は七人《しちにん》なり。

先生は言われた。「もっとも賢明な者は(乱れた)世のなか全体を避ける。その次の人物は(乱れた)土地を避ける。その次の人物は(権力者の)顔色を

○**辟《さ》く** 避ける。○**地《ち》** 土地。ここでは「乱れた土地」の意。○**色《いろ》** 人つ

見て避ける。その次の人物は（権力者の）言葉を聞いて避ける」。先生は言われた。「これをなしえた人物は七人いる」。

まり権力者の顔色。○**七人**《しちにん》 古注では、長沮《ちょうそ》、桀溺《けつでき》、丈人《じょうじん》、石門《せきもん》（次章の石門の門番を指す）、荷蕢《かき》（憲問〈本篇〉14-40のモッコ担ぎを指す）、封《ほう》人《じん》、狂接輿《きょうせつよ》の七人だとする。

身の危険を察知して、いちはやく身をかわす逃避主義オンパレードの発言である。賢者がもっとも敏感であり、以下、敏感度が下がってゆくのに応じて、ランク付けがなされている。それにしても、つねに不退転の決意をもって、積極的に難関に立ち向かおうとする孔子の言葉とも思えない、この章の消極的な逃げの姿勢礼賛はいかにも唐突である。

なお、古注では、上記を一章とするが、新注では、後の「子曰く」以降を別の章とする。ここでは古注により一章として解した。

憲問 14-39

子路宿於石門。晨門曰、奚自。子路曰、自孔氏。曰、是知其不可、而爲之者與。

子路《しろ》 石門《せきもん》に宿《やど》る。晨門《しんもん》曰《いわ》く、奚《いず》れ自《よ》りする。子路《しろ》曰《いわ》く、孔氏《こうし》自《よ》りす。曰《いわ》く、是《こ》れ其《そ》の不可《ふか》を知《し》りて、而《しか》も之《こ》れを為《な》す者《もの》か。

子路《しろ》が石門《せきもん》の宿場に泊まったとき、門番が聞いた。「どこから来られたのか」。子路は言った。「孔子のところから来ました」。(門番は)言った。「ああ、あの不可能だと知りながら、やっているお方ですね」。

○石門《せきもん》 魯《ろ》の首都曲阜《きょくふ》の近郊にある宿場。○晨門《しんもん》 門番。

いつのころか不明だが、あるとき子路《しろ》が石門《せきもん》に泊まったさい、その地の門番とかわした問答である。この門番の言葉に対する孔子の意見は記されていないが、もしこれを聞いたならば、理想を実現することは不可能だと知りつつ、あくまでも積極的に行動しようとする自分の姿を、よくとらえていると、感じ入ったことであろう。この石門の門番は隠者とおぼしく、前章の注であげた、古注による七人の賢者の一人にあたる。

憲問 14－40

子擊磬於衞。有荷蕢而過孔氏之門者。曰、有心哉、擊磬乎。旣而曰、鄙哉。硜硜乎、莫己知也。斯己而已矣。深則厲、淺則揭。子曰、果哉。末之難矣。

子《し》 磬《けい》を衛《えい》に撃《う》つ。蕢《き》を荷《にな》いて孔氏《こうし》の門《もん》を過《す》ぐる者有《ものあ》り。曰《いわ》く、心有《こころあ》る哉《かな》、磬《けい》を撃《う》つや。既《すで》にして曰《いわ》く、鄙《いや》しい哉《かな》。硜硜乎《こうこうこ》として、己《おのれ》を知《し》る莫《な》き也《なり》。斯《こ》れ己《おのれ》のみ。深《ふか》ければ則《すなわ》ち厲《はげ》し、浅《あさ》ければ則《すなわ》ち掲《けい》せよ。子《し》曰《いわ》く、果《か》なる哉《かな》。之《こ》れを難《かた》しとする末《な》し。

先生が衛《えい》で磬《けい》を打ち鳴らしておられた。モッコを担いで、孔子の家の門を通りかかった者がいて、言った。「思うところがありそうだな、この磬の叩きかたは」。しばらくして言った。「つまらんな。堅苦しく、自分を認めてくれる者がいない(と訴えている)。それは、自分のことしか考えていないのだ。「深いところならざんぶりと、浅いところなら裾をからげよ」というではないか」。先生は言われた。「思いきりのいいことだ。それはそんなに難しいことではないがね」。

隠者とおぼしきモッコ担ぎが、孔子の打ち鳴らす磬《けい》の音の堅苦しさを聞きとがめ、もっと臨機応変に生きたほうがいいとほのめかすと、孔子が、それはそんなに難しいことではないし、そうできれば、めんどうはないのだけれどね、と応じたという話である。これは、衛《えい》に滞在中、霊《れい》公に重用されず、孔子が不遇をかこっていた時期の話である。なお、このモッコ担ぎは、憲問(本篇)14‐38の注であげた、古注による七人の賢者の一人、荷蕢《かき》にあたる。

○**磬**《けい》 石で作った打楽器。○**蕢**《き》 土を入れてかつぐモッコ。○**鄙**《いや》**し** つまらない。○**硜硜乎**《こうこうこ》 かたい音の形容。○**深**《ふか》**ければ則**《すなわ》**ち厲**《はげ》**し、浅**《あさ》**ければ則**《すなわ》**ち掲**《けい》**せよ** 『詩経《しきょう》』邶風《はいふう》「匏有苦葉《ほうゆうくよう》」の二句。「深いところならざんぶりと、浅いところなら裾をからげよ」の意。○**果**《か》 果断、思いきりがいい。○**末**《な》**し** 「無し」に同じ。

憲問 14－41

子張曰、書云、高宗諒陰三年不言、何謂也。子曰、何必高宗。古之人皆然。君薨、百官總己、以聽於冢宰三年。

子張《しちょう》曰《いわ》く、書《しょ》に云《い》う、高宗《こうそう》　諒陰三年《りょうあんさんねん》言《い》わずと、何《なん》の謂《いい》ぞや。子《し》曰《いわ》く、何《なん》ぞ必《かなら》ずしも高宗《こうそう》のみならん。古《いにしえ》の人《ひと》皆《みな》然《しか》り。君《きみ》　薨《こう》ずれば、百官《ひゃくかん》　己《おのれ》を総《す》べて、以《もっ》て冢宰《ちょうさい》に聴《き》くこと三年《さんねん》。

子張《しちょう》が言った。「『書経《しょきょう》』に「高宗《こうそう》　諒陰三年《りょうあんさんねん》言わず（殷《いん》の高宗《こうそう》は父の服喪期間の三年間、ものを言わなかった）」とありますが、どういう意味ですか」。先生は言われた。「高宗だけにかぎらない。昔の人はみなそうだった。君主が他界されると、官僚たちは自分の職務をとりしきり、総理大臣の指揮を受けること、三年にわたった」。

○**書**《しょ》『書経《しょきょう》』。ただし、ここで子張《しちょう》の引く文章は現在、伝わらない篇のもの。○**高宗**《こうそう》　殷《いん》王朝中興の名君、武丁《ぶてい》。○**諒陰三年**《りょうあんさんねん》「諒陰」はもともと天子が父天子の服喪期間（三年）に居住する藁葺きの家。○**薨**《こう》**ず**　貴人の死をいう。○**冢宰**《ちょうさい》　総理大臣。

孔子は礼法のなかでも、とりわけ喪礼《そうれい》を重んじ、儒家思想の基本の一つとなった。親が死去すると、子は三年（じっさいには二十七か月もしくは二十五か月）の間、喪《も》に服し、官吏はこの間、休職するという規定は、はるか後世、二十世紀初頭の清《しん》末まで、生きつづけた（皇帝はこの規定から除外され、ごく短期間、形だけ服喪する場合も多い）。

孔子がいかにこうした喪礼を重視したかは、何かにつけ孔子をいらだたせる弟子の宰我《さいが》が、親に対する三年の服喪期間について、「三年《さんねん》の喪《も》は、期《き》已《すで》に久《ひさ》し(三年の喪は〔長すぎますから〕、一年でもう十分です)」(陽貨17－21)と言い、孔子が憤慨し呆れ果てた話からも、如実にうかがえる。

憲問 14－42

子曰、上好禮、則民易使也。

子《し》曰《いわ》く、上《かみ》礼《れい》を好《この》めば、則《すなわ》ち民《たみ》使《つか》い易《やす》き也《なり》。

先生は言われた。「上位者が礼を好めば、人民は使いやすくなる」。

逆に上位者が礼を無視すれば、人民は逆らう。教化の鉄則である。

―――

憲問 14－43

子路問君子。子曰、脩己以敬。曰、如斯而已乎。曰、脩己以安人。曰、如斯而已乎。曰、脩己以安百姓。脩己以安百姓、堯舜其猶病諸。

子路《しろ》 君子《くんし》を問《と》う。子《し》曰《いわ》く、己《おのれ》を脩《おさ》めて以《もっ》て敬《けい》す。曰《いわ》く、斯《か》くの如《ごと》きのみか。曰《いわ》く、己《おのれ》を脩《おさ》めて以《もっ》て人《ひと》を安《やす》んず。曰《いわ》く、斯《か》くの如《ごと》きのみか。曰《いわ》く、己《おのれ》を脩《おさ》めて以《もっ》て百姓《ひゃくせい》を安《やす》んず。己《おのれ》を脩《おさ》めて以《もっ》て百姓《ひゃくせい》を安《やす》んずるは、堯舜《ぎょうしゅん》も其《そ》れ猶《な》お諸《これ》を病《や》めるか。

子路《しろ》が君子についてたずねた。先生は言われた。「自分の身を修めて慎み深くすることだ」。(子路が)言った。「そんなことだけですか」。(先生は)言われた。「自分の身を修めてほかの人を安心させることだ」。(子路が)言った。「そんなことだけですか」。(先生は)言われた。「自分の身を修めてすべての人々を安心させることだ。自分の身を修めてすべての人々を安心させることは、堯《ぎょう》と舜《しゅん》でさえやはり悩んだことだ」。

○**敬**《けい》 慎み深く慎重であること。○**百姓**《ひゃくせい》 すべての人々。○**堯舜**《ぎょうしゅん》 伝説の聖天子の堯と舜。○**病**《や》**む** 悩む、難しいと思う。

子路《しろ》が君子について質問し、これに対する孔子の答えに飽きたらず、「斯《か》くの如《ごと》きのみか(そんなことだけですか)」と言い放ち、次々により高度な君子の条件を聞きたがり、孔子はついに堯《ぎょう》と舜《しゅん》までもちだして、子路の追求癖に歯止めをかける。無類の面白さのあるやりとりだといえよう。ちなみに、率直で武骨な子路は「質問魔」の傾向があり、子路13-1でも、政治について質問し、孔子の簡潔な答えに飽き足らず、「益《えき》を請《こ》う(もう少し話してください)」と、頼んだりしている。

憲問
14－44

原壌夷俟。子曰、幼而不孫弟。長而無述焉、老而不死、是爲賊。以杖叩其脛。

原壌《げんじょう》 夷《い》して俟《ま》つ。子曰《しいわ》く、幼《よう》にして孫弟《そんてい》ならず。長《ちょう》じて述《の》べらるる無《な》く、老《お》いて死《し》せず、是《こ》れを賊《ぞく》と為《な》す。杖《つえ》を以《もっ》て其《そ》の脛《はぎ》を叩《たた》く。

原壌《げんじょう》が立て膝をして待っていた。(やって来た)先生は言われた。「子供のときは素直でなく、大人になっても、人から褒められもせず、年老いても死なない。そんな者をごくつぶしというのだ」。(かくて)杖でその(立て膝をしている)脛《はぎ》を叩かれた。

○**原壌**《げんじょう》 孔子の旧友。詳細は不明。○**夷**《い》 立て膝をすること。○**孫弟**《そんてい》 「孫」は「遜」に同じで、へりくだること。「弟」は「悌」に同じで、年長者に素直であること。○**述**《の》**べらる** 人から褒められる、称賛される。○**賊**《ぞく》 ごくつぶし。○**脛**《はぎ》 膝から下の部分。すね。

原壌《げんじょう》は、詳細は不明ながら、孔子の旧友もしくは幼馴染みで、あまり素行のよくない人物だったとおぼしい。あるとき、その原壌と待ち合わせをすると、彼は立て膝をして待っていた。カチンときた孔子は彼の生きかたを批判し、持っていた杖で、行儀悪いと言わんばかりに、その脛《はぎ》を軽くコツンと叩いたというもの。歯に衣着《きぬ》せぬ言葉といい、ひっこめよと、杖で軽く脛を叩く動作といい、この原壌はどうしようもない人物ながら、孔子にとって気のおけない昔馴染みだったことがうかがえる。

ちなみに、『礼記《らいき》』檀弓《だんぐう》下に、次のような話がある。原壌の母が死んだとき、孔子は棺の椁《かく》(外棺)

を作る援助をした。すると、原壌は椁を作る木材の上にあがり、木材を叩きながら歌をうたった。孔子のお供の者が注意しないのかと聞くと、孔子は「故《ふる》き者《もの》には其《そ》の故為《こた》るを失《うしな》う毋《な》かれ（昔の友だちには、その友情をなくしてはいけない）」と、そのまま放置したというものである。おそらく、原壌は邪気がなく、憎めない人物だったのだろう。

憲問 14－45

闕黨童子將命。或問之曰、益者與。子曰、吾見其居於位也。見其與先生竝行也。非求益者也。欲速成者也。

闕党《けっとう》の童子《どうじ》 命《めい》を将《おこな》う。或《ある》ひと之《こ》れを問《と》いて曰《いわ》く、益《えき》する者《もの》か。子《し》曰《いわ》く、吾《わ》れ其《そ》の位《くらい》に居《お》るを見《み》る也《なり》。其《そ》の先生《せんせい》と並《なら》び行《ゆ》くを見《み》る也《なり》。益《えき》を求《もと》むる者《もの》に非《あら》ざる也《なり》。速成《そくせい》を欲《ほっ》する者也《ものなり》。

闕党《けっとう》の村の少年が（ある家の）門番をしていた。ある人がこの少年についてたずねた。「進歩してものになりますかね」。先生は言われた。「私は、あの子が大人の座席に座っているのを見ました。年長者と肩を並べて歩いているのも見かけました。進歩しようとする少年ではありません。手っとりばやく大人になりたがっている子ですよ」。

○**闕党**《けっとう》 魯《ろ》の地名。○**命**《めい》**を将**《おこな》**う** 取次ぎをする、門番をする。○**益**《えき》**す** 進歩向上する。○**位**《くらい》 ここでは、大人の座る座席。○**先生**《せんせい》 年長者。○**速**《そく》**成**《せい》 手っとりばやく仕上げる。

門番の少年の利発そうなようすに目をとめた人の質問に対して、孔子は、大人に敬意をはらわない少年の振る舞いをとりあげ、あれは、ものにならないと言いきる。些細な言動から、対象の資質を見抜く鋭い観察眼、洞察力である。

衛霊公《えいれいこう》　第十五

衛霊公 15－1

衛靈公、問陳於孔子。孔子對曰、俎豆之事、則嘗聞之矣。軍旅之事、未之學也。明日遂行。

衛《えい》の霊公《れいこう》は、陳《じん》を孔子《こうし》に問《と》う。孔子《こうし》対《こた》えて曰《いわ》く、俎豆《そとう》の事《こと》は、則《すなわ》ち嘗《かつ》て之《こ》れを聞《き》けり。軍旅《ぐんりょ》の事《こと》は、未《いま》だ之《こ》れを学《まな》ばざる也《なり》。明日《めいじつ》遂《つい》に行《ゆ》く。

衛《えい》の霊《れい》公が陣立てについて孔子に質問された。孔子は答えて言われた。「儀式の事なら、以前、聞いたことがあります。軍事の事は学んだことがありません」。翌日、（衛から）立ち去られた。

○**衛《えい》の霊公《れいこう》**　衛の君主。前五三四—前四九三在位。○**陳《じん》**　「陣」に同じ。陣立て。○**俎豆《そとう》**　俎は祭祀のとき、お供えの肉をのせる「まないた」、豆は食物を盛る「たかつき」。「俎豆の事」は儀式を指す。○**軍旅《ぐんりょ》の事《こと》**　軍事。

衛《えい》の霊《れい》公はこれまで何度も登場した（憲問14‐20など参照）。無能にして無軌道な君主だが、ここでも、仁と礼にもとづく政治理念を標榜する孔子に向かって、あろうことか陣立てについて質問する。徹底的に失望した孔子は翌日、敢然と衛を立ち去ったというもの。長かった遊説の旅の途中、この衛の霊公のみならず、孔子は何度も、箸にも棒にもかからない君主や実力者と出会ったことだろう。

衛霊公
15－2

在陳絶糧。従者病、莫能興。子路慍見曰、君子亦有窮乎。子曰、君子固窮。小人窮、斯濫矣。

陳《ちん》に在《あ》りて糧《りょう》を絶《た》つ。従者病《じゅうしゃや》んで、能《よ》く興《た》つこと莫《な》し。子路《しろ》慍《いか》って見《まみ》えて曰《いわ》く、君子《くんし》も亦《ま》た窮《きゅう》すること有《あ》るか。子曰《しいわ》く、君子固《くんしもと》より窮《きゅう》す。小人窮《しょうじんきゅう》すれば、斯《ここ》に濫《らん》す。

陳《ちん》の国にいたとき、食糧の補給が絶えた。つき従う弟子たちは病み衰えて、立ち上がることもできなかった。子路《しろ》が激怒して対面して言った。「君子もやはり困窮することがあるのですか」。先生は言われた。「君子もむろん困窮することがある。小人は困窮すると自暴自棄になるものだ(君子はそんなことはない)」。

○糧《りょう》を絶《た》つ　食糧の補給が絶えること。○濫《らん》す　乱れる、自暴自棄になる。

紀元前四八九年、孔子一行が陳《ちん》に滞在していたところ、南方の呉《ご》が対立する楚《そ》の同盟国だった陳を攻撃したため、陳は混乱し食糧危機に陥った。この余波をこうむって、孔子一行も食糧を補給できなくなった。弟子たちは飢えと疲れでふらふらになり、立つこともできない。このありさまを見て激情家の子路《しろ》は憤激《ふんげき》して、孔子の前に進み出るや、「君子《くんし》も亦《ま》た窮《きゅう》すること有《あ》るか」とつよい口調で詰問する。孔子はこの詰問を「君子固《くんしもと》より窮《きゅう》す」とうけとめ、窮したときに騒いで自暴自棄になる者は小人物だと言ってのける。

こうして孔子は頭に血が上った子路をみごとに抑え、心身ともに追いつめられた弟子たちを鼓舞するのである。度胸満点の開き直りようであり、孔子の危機に直面したときの強靱さが、なまじのものではないことがよくわかる。また、腹を立てて孔子に食ってかかる子路、これをぴしりと抑え納得させる孔子というふうに、ここには、みじんの虚飾もなく、まっこうから向き合う緊迫度の高い師弟関係があざやかに描かれている。なお、この後まもなく、孔子一行は楚に迎えられ、危機を脱することができた。

衛霊公 15-3

子曰、賜也、女以予爲多學而識之者與。對曰、然。非與。曰、非也。予一以貫之。

子《し》曰《いわ》く、賜《し》や、女《なんじ》は予《わ》れを以《もっ》て多《おお》く学《まな》びて之《こ》れを識《しる》す者《もの》と為《な》すか。対《こた》えて曰《いわ》く、然《しか》り。非《ひ》なるか。曰《いわ》く、非《ひ》也《なり》。予《わ》れは一《いつ》以《もっ》て之《こ》れを貫《つらぬ》く。

先生は言われた。「賜《し》（子貢《しこう》の本名、端木賜《たんぼくし》）よ、おまえは、私が多くのことを学んで、それを記憶している物知りだと思うかね」。（子貢は）答えて言った。「そう思います。ちがいますか」。（先生は）言われた。「ちがうね。私の道はただ一つのもので貫かれているのだよ」。

○**識《しる》す** 記憶する。

聡明な子貢《しこう》とのやりとりである。子貢の「然《しか》り。非《ひ》なるか」という応答は、理解力抜群の彼ならでは、打てば響く俊敏さがあり、感嘆させられる。ちなみに、孔子は里仁4－15でも、曾子《そうし》を相手に、同じ発言をしている。

衛霊公 15－4

子曰、由、知徳者鮮矣。

子曰《しいわ》く、由《ゆう》よ、徳《とく》を知《し》る者《もの》は鮮《すくな》し。

先生は言われた。「由《ゆう》(子路《しろ》の本名、仲由《ちゅうゆう》)よ、徳のわかる者は少ないね」。

古注をはじめ、衛霊公(本篇)15－2において、子路《しろ》が逆上したとき、孔子がなだめて言った言葉とする説が多い。しかし、そう限定しなくても、何らかの事情でいたく失望した孔子が、信頼する子路に、ふと本音を洩らしたと読むことができる。含蓄深い言葉である。

子曰、無爲而治者、其舜也與。夫何爲哉。恭己正南面而已矣。

子曰《しいわ》く、無為《むい》にして治《おさ》むる者《もの》は、其《そ》れ舜《しゅん》なるか。夫《そ》れ何《なに》をか為《な》すや。己《おのれ》を恭《うやうや》しくして正《ただ》しく南面《なんめん》するのみ。

先生は言われた。「あるがままに人為を加えず、統治した者は、舜《しゅん》であろうか。いったい何をされたのか。自分に対して敬虔であり、きちんと天子として南を向いて座っておられただけだ」。

○**無為《むい》** あるがままに人為を加えないこと。○**舜《しゅん》** 伝説の聖天子の一人。○**己《おのれ》を恭《うやうや》しくす** 自分に対して敬虔であること。○**南面《なんめん》** 天子として南を向いて座ること。

聖天子舜《しゅん》の人為を弄さない政治のやりかたを称えたもの。為政2－1の「政《まつりごと》を為《な》すに徳《とく》を以《もっ》てせば、譬《たと》えば北辰《ほくしん》の、其《そ》の所《ところ》に居《い》て、衆星《しゅうせい》の之《こ》れに共《むか》うが如《ごと》し(政治を行うのに徳によったならば、北極星がじっとその場にいて、他の多くの星がこれに向かっておじぎをするように、調和がもたらされるだろう)」と響き合う言葉である。

衛霊公 15－6

子張問行。子曰、言忠信、行篤敬、雖蠻貊之邦行矣。言不忠信、行不篤敬、雖州里行乎哉。立則見其參於前也。在輿則見其倚於衡也。夫然後行。子張書諸紳。

子張《しちょう》 行《おこな》われんことを問《と》う。子《し》曰《いわ》く、言《げん》 忠信《ちゅうしん》、行《こう》 篤敬《とくけい》なれば、蛮貊《ばんばく》の邦《くに》と雖《いえど》も行《おこな》われん。言《げん》 忠信《ちゅうしん》ならず、行《こう》 篤敬《とくけい》ならずんば、州里《しゅうり》と雖《いえど》も行《おこな》われんや。立《た》てば則《すなわ》ち其《そ》の前《まえ》に参《さん》するを見《み》る也《なり》。輿《よ》に在《あ》れば則《すなわ》ち其《そ》の衡《こう》に倚《よ》るを見《み》る也《なり》。夫《そ》れ然《しか》して後《のち》に行《おこな》われん。子張《しちょう》 諸《これ》を紳《しん》に書《しょ》す。

子張《しちょう》がどうすれば自分の思いが受け入れられるだろうかとたずねた。先生は言われた。「言葉は、誠実にまごころを尽くして信義を守り、行動は、実直で慎み深ければ、異民族の国でも受け入れられる。言葉は、誠実にまごころを尽くし信義を守ることがなく、行動は、実直で慎み深くなければ、郷里でも受け入れられない。立っているときは、(これらのことが)目の前にあらわれ、馬車に乗っていれば、その横木に(これらのことが)寄りかかっているのがまざまざと見える。そんなふうにしてはじめて、受け入れられるだろう」。子張はこの言葉を(身につけていた)幅広の帯に書きつけた。

○**行《おこな》わる** ここでは、自分の思いや主張が受け入れられること。○**忠《ちゅう》信《しん》** 「忠」は誠実にまごころを尽くすこと。「信」は誠実に信義を守ること。○**篤敬《とくけい》** 実直で慎み深いこと。○**蛮《ばん》貊《ばく》** 「蛮」は南蛮《なんばん》(南方異民族)。「貊」は北狄《ほくてき》(北方異民族)。あわせて広く異民族を指す。○**州里《しゅうり》** 郷里。○**前《まえ》に参《さん》す** ここでは「忠信と篤敬が目の前にあらわれ、やって来る」の意。○**輿《よ》** 輿馬、すなわち馬車。○**衡《こう》** 馬車の横木。○**紳《しん》** 礼装用の幅の広い帯。

すでにしばしば登場している、孔子より四十八歳も年下の若き秀才、子張《しちょう》とのやりとりである。自分の思いや主張が受け入れられないとき、どうすればいいかという、子張の問いに対し、孔子は言《げん》の忠信《ちゅうしん》、行《こう》の篤敬《とくけい》がもっとも重要だとし、いついかなるときもこれを忘れないようにすることだと、答える。すると、子張は身につけていた帯に、この言葉を書きつける。これは、書きつけるための竹簡などの持ち合わせがなかったというより、この孔子の言葉をいつも身につけるものに書き記し、肌身離さず持ち歩きたいという気持ちのあらわれであろう。いずれにしても、その情景が彷彿とする記述である。

衛霊公 15－7

子曰、直哉史魚。邦有道如矢、邦無道如矢。君子哉蘧伯玉。邦有道、則仕。邦無道、則可巻而懐之。

子曰《しいわ》く、直《ちょく》なる哉《かな》 史魚《しぎょ》。邦《くに》に道有《みちあ》るも矢《や》の如《ごと》く、邦《くに》に道無《みちな》くも矢《や》の如《ごと》し。君子《くんし》なる哉《かな》 蘧伯玉《きょはくぎょく》。邦《くに》に道有《みちあ》れば、則《すなわ》ち仕《つか》う。邦《くに》に道無《みちな》ければ、則《すなわ》ち巻《ま》いて之《こ》れを懐《ふところ》にす可《べ》し。

先生は言われた。「まっすぐな人だな、史魚《しぎょ》は。国が治まっているときも

○**史魚**《しぎょ》 衛《えい》の重臣。剛直な人物だっ

矢のようにまっすぐであり、国が混乱しているときも矢のようにまっすぐだ。君子だな、蘧伯玉《きょはくぎょく》は。国が治まっているときは出仕し、国が混乱したときは自分の能力や意見を引っ込め、秘め隠しておくことができる」。

た。○蘧伯玉《きょはくぎょく》 孔子の敬愛する衛の重臣。憲問14-26参照。○巻《ま》いて之《こ》れを懐《ふところ》にす 自分の能力や意見を引っ込め、秘め隠すこと。

状況のいかんにかかわらず、まっすぐ率直な史魚《しぎょ》の生きかたと、ケース・バイ・ケースで、柔軟に対応する蘧伯玉《きょはくぎょく》の生きかたを比較対照したもの。なお、『論語』に頻出する「邦《くに》に道有《みちあ》れば……、邦《くに》に道無《みちな》ければ……」という対比表現については、憲問14-4参照。

衛霊公 15-8

子曰、可與言、而不與之言、失人。不可與言、而與之言、失言。知者不失人、亦不失言。

子《し》曰《いわ》く、与《とも》に言《い》う可《べ》くして、之《こ》れと言《い》わざれば、人《ひと》を失《うしな》う。与《とも》に言《い》う可《べ》からずして、之《こ》れと言《い》えば、言《げん》を失《うしな》う。知者《ちしゃ》は人《ひと》を失《うしな》わず、亦《ま》た言《げん》を失《うしな》わず。

先生は言われた。「語り合ったほうがよい人物なのに、語り合わないと、その人を失うことになる。語り合うべきでない人物と、語り合うと、言葉がむだになる。知性のある人は、人も言葉も失わないものだ」。

話が通じそうな人なのに、話し合う機会を逸すれば、その人を失うことになり、話が通じそうにない人と、言葉をかわせば、自分の言葉が空転し、むだになってしまう。それは、誰しも覚えのあることだろう。そんな人生の一齣《ひとこま》を鮮やかに切り取った発言である。

衛霊公 15−9

子曰、志士仁人、無求生以害仁、有殺身以成仁。

子《し》曰《いわ》く、志士《しし》・仁人《じんじん》は、生《せい》を求《もと》めて以《もっ》て仁《じん》を害《がい》すること無《な》く、身《み》を殺《ころ》して以《もっ》て仁《じん》を成《な》すこと有《あ》り。

先生は言われた。「志士《しし》・仁人《じんじん》は、生きることを願って仁徳を傷つけることとなく、わが身をかけて仁徳を完成させることがある」。

○**志士《しし》・仁人《じんじん》** 志士は義の志をもつ人、仁人は仁徳をもつ人。

生きるか死ぬか、ぎりぎりの瀬戸際に立たされた場合の身の処しかたを述べたもの。憲問14−17、18で、管仲《かんちゅう》の複雑に屈折した生きかたを肯定するなど、新たな飛翔をめざし、いかなる状況においても、生きぬくことをよしとする孔子には、めずらしい発言である。

衛霊公 15－10

子貢問爲仁。子曰、工欲善其事、必先利其器。居是邦也、事其大夫之賢者、友其士之仁者。

子貢《しこう》仁《じん》を為《な》すことを問《と》う。子曰《しいわ》く、工《たくみ》は其《そ》の事《こと》を善《よ》くせんと欲《ほっ》すれば、必《かなら》ず先《ま》ず其《そ》の器《うつわ》を利《するど》くす。是《こ》の邦《くに》に居《お》るや、其《そ》の大夫《たいふ》の賢《けん》なる者《もの》に事《つか》え、其《そ》の士《し》の仁《じん》なる者《もの》を友《とも》とせよ。

子貢《しこう》が仁徳を実践する方法をたずねた。先生は言われた。「職人はいい仕事をしようと思うと、必ずまず道具を鋭利にする手入れをする。ある一国にいるときは、その国の重臣のうち賢明な者に仕え、官吏のうち、仁徳のある人と友だちになりなさい」。

○**仁《じん》を為《な》す** 仁徳を実践する。○**工《たくみ》** 大工などの職人。○**器《うつわ》** 道具。○**大《たい》夫《ふ》、士《し》** 大夫も士も官吏だが、大夫のほうが上位で重臣にあたる。

子貢《しこう》の問いに対し、孔子は、官吏になり仁徳を実践するには、職人が仕事にとりかかるに先立ち、道具の手入れをするように、よき上役や同僚を選ぶようにと、忠告する。ここでは、上役や同僚を仁徳実践の道具と見なすのである。

衛霊公 15－11

顔淵問爲邦。子曰、行夏之時、乘殷之輅、服周之冕、樂則韶舞。放鄭聲、遠佞人。鄭聲淫、佞人殆。

顔淵《がんえん》邦《くに》を為《おさ》むることを問《と》う。子曰《しいわ》く、夏《か》の時《とき》を行《おこな》い、殷《いん》の輅《ろ》に乗《の》り、周《しゅう》の冕《べん》を服《ふく》し、楽《がく》は則《すなわ》ち韶舞《しょうぶ》。鄭声《ていせい》を放《はな》ち、佞人《ねいじん》を遠《とお》ざく。鄭声《ていせい》は淫《いん》、佞人《ねいじん》は殆《あや》うし。

顔淵《がんえん》（顔回《がんかい》）が国を治める方法をたずねた。先生は言われた。「夏《か》王朝の暦を用い、殷《いん》王朝の馬車に乗り、周《しゅう》王朝の冠をかぶり、音楽は舜《しゅん》の時代の舞楽を用いることだ。鄭《てい》の音楽を追放し、口のうまい人間を排除しなさい。鄭の音楽は煽情的であり、口のうまい人間は危いからだ」。

○**夏の時**《とき》 夏王朝の暦。陰暦の一月を年の初めとする。○**殷の輅**《いんろ》 殷王朝の馬車。○**周の冕**《しゅうべん》 周王朝の冠。○**韶舞**《しょうぶ》 聖天子舜《しゅん》の作った音楽。○**鄭声**《ていせい》 鄭の音楽。○**佞人**《ねいじん》 口のうまい人間。○**淫**《いん》 煽情的であること。

最愛の弟子顔淵《がんえん》（顔回《がんかい》）の国家を治める方法についての質問に対し、孔子はまず積極的になすべきことを、過去の夏《か》、殷《いん》二王朝、現在の周《しゅう》王朝の三代、さらに遡って舜《しゅん》の時代から、四点とりあげる。夏の暦、殷の馬車、周の冠、舜の音楽を用いよ、と。なお、為政2－23において、孔子は夏、殷、周について論じている。また、舜の音楽については、「美《び》を尽《つ》くせり、又《ま》た善《ぜん》を尽《つ》くす也《なり》（美の極み、善の極みだ）」（八佾3－25）と絶賛し、さらに、斉《せい》で舜の音楽を聞き、「三月《さんがつ》 肉《にく》の味《あじ》を知《し》らず（三か月間、肉の味さえわからなくなった）」（述而7－13）と、深い感銘を受けたことが、すでに見える。

衛霊公 15-12

子曰、人無遠慮、必有近憂。

子曰《しいわ》く、人《ひと》遠《とお》き慮《おもんぱか》り無《な》ければ、必《かなら》ず近《ちか》き憂《うれ》い有《あ》り。

先生は言われた。「人は、先々のことまで考えないと、必ずすぐ近くで心配事が起こる」。

視野がせまいと、細かいことばかりが気になり、不安になる。「遠慮」と「近憂」を巧みに対比した表現である。

○**遠《とお》き慮《おもんぱか》り** 先々のことまで考えること。

衛霊公 15-13

子曰、已矣乎。吾未見好徳如好色者也。

子曰《しいわ》く、已《や》んぬるかな。吾《わ》れ未《いま》だ徳《とく》を好《この》むこと 色《いろ》を好《この》むが如《ごと》くする者《もの》を見《み》ざる也《なり》。

先生は言われた。「ああ、もうおしまいだ。私は美女を愛するように、徳を愛する人にいまだかつてお目にかかったことがない」。

○**已《や》んぬるかな** 慨嘆の言葉。「もうおしまいだ」の意。公冶長5-27に同じ表現がある。

「吾《わ》れ未《いま》だ……」以下の文章は子罕9－18と同じである。「已《や》んぬるかな」が付加された分、嘆きはいっそう深い。

衛霊公 15－14

子曰、臧文仲竊其位者與。知柳下恵之賢、而不與立也。

子《し》曰《いわ》く、臧文仲《ぞうぶんちゅう》は其《そ》れ位《くらい》を窃《ぬす》む者《もの》か。柳下恵《りゅうかけい》の賢《けん》を知《し》りて、而《しか》も与《とも》に立《た》たざる也《なり》。

先生は言われた。「臧文仲《ぞうぶんちゅう》は高位を盗んだ者であろうか。柳下恵《りゅうかけい》が賢明だと知りながら、（推挙して）いっしょに重職につかなかったのだから」。

○**臧文仲**《ぞうぶんちゅう》 本名は臧孫辰《ぞうそんしん》。孔子が生まれる六十六年前に死去した、魯《ろ》の重臣にして君主の一族。公冶長5－18にすでに登場。○**柳下恵**《りゅうかけい》 本名は展獲《てんかく》。孔子より百年ほど前の魯の賢者という。後の微子18－2、8に登場する。

孔子は先に公冶長5－18で、僭上沙汰があったとして臧文仲《ぞうぶんちゅう》を批判し、ここでも心の狭い人物だと批判している。孔子がこの名高い魯《ろ》の先輩に対して、容認しがたい感情を抱いていたことは、明らかである。一方、やはり魯の先輩である柳下恵《りゅうかけい》は事迹がよくわからない人物だが、この人に対しては、微子18－2に顕著に見えるように、孔子は大いに敬意を抱いていた。

衛霊公 15－15

子曰、躬自厚、而薄責於人、則遠怨矣。

子《し》曰《いわ》く、躬《み》自《みずか》ら厚《あつ》くして、薄《うす》く人《ひと》を責《せ》むれば、則《すなわ》ち怨《うら》みに遠《とお》ざかる。

先生は言われた。「自分自身をきびしく責め、他人をあまりきびしく責めなければ、怨みを受けないですむ」。

○躬《み》自《みずか》ら厚《あつ》くす　自分自身を厚く（きびしく）責める。

「躬《み》自《みずか》ら厚《あつ》くす」については、「自分自身の徳を厚くする」と読む説もあるが、通説に従って読んだ。

衛霊公 15－16

子曰、不曰如之何、如之何者、吾末如之何也已矣。

子《し》曰《いわ》く、之《こ》れを如何《いかん》、之《こ》れを如何《いかん》と曰《い》わざる者《もの》は、吾《わ》れは之《こ》れを如何《いかん》ともする末《な》きのみ。

先生は言われた。「「どうしよう、どうしよう」と悩まない者を、私はどうしてやることもできない」。

孔子が、弟子自身の問題意識や知への欲求を最重視したことを、明確に述べた言葉である。ちなみに、「如何《いかん》」という語に焦点をあて、「如何、如何」と言わない者に対しては、自分は「如何ともする末《な》きのみ」とする表現には、ユーモラスな機智の閃きがあり、孔子の言語感覚の鋭さがうかがえる。

○如何《いかん》　どうしよう。

衛霊公 15－17

子曰、羣居終日、言不及義、好行小慧、難矣哉。

子《し》曰《いわ》く、群居終日《ぐんきょしゅうじつ》、言《げん》は義《ぎ》に及《およ》ばず、好《この》んで小慧《しょうけい》を行《おこな》う、難《かた》い哉《かな》。

先生は言われた。「一日じゅう、大勢でいっしょにいながら、まともなことを話題にのせず、小利口なことばかり言いがたる。これでは、どうにもならないな」。

○群居終日《ぐんきょしゅうじつ》　一日じゅう、大勢でいっしょにいること。○小慧《しょうけい》　こざかしいこと、小利口。○難《かた》し　見込みがない、どうしようもない。

弟子たちが大勢集まってワイワイしゃべりながら、まともな話もせず、ちょっとした小利口さをひけらかし、得々としている。これでは、見込みがないと、呆れた孔子先生が雷を落としたのであろう。

衛霊公 15－18

子曰、君子義以爲質、禮以行之、孫以出之、信以成之。君子哉。

子《し》曰《いわ》く、君子《くんし》は義《ぎ》以《もっ》て質《しつ》と為《な》し、礼《れい》以《もっ》て之《こ》れを行《おこな》い、孫《そん》以《もっ》て之《こ》れを出《い》だし、信《しん》以《もっ》て之《こ》れを成《な》す。君子《くんし》なる哉《かな》。

先生は言われた。「君子は、正しさを本質とし、礼によってそれを行動にあらわし、謙遜した言葉で表現し、誠実さによって完成させる。そんな人こそ君子である」。

○**義**《ぎ》 正しさ。○**質**《しつ》 本質。○**孫**《そん》 「遜」に同じ。謙遜。○**信**《しん》 信義、誠実さ。

君子についての言及は数えきれないほどあるが、これは、簡潔に理想的君子像を述べた言葉である。以下、第二十三章まで六章にわたって君子論がつづく。

衛霊公 15－19

子曰、君子病無能焉。不病人之不己知也。

子曰《しいわ》く、君子《くんし》は無能《むのう》を病《なや》みとす。人《ひと》の己《おのれ》を知《し》らざるを病《なや》みとせざる也《なり》。

先生は言われた。「君子は自分の無能さを気に病み、人が自分を認めないことは気に病まない」。

憲問14－31の「人《ひと》の己《おのれ》を知《し》らざるを患《うれ》えず、其《そ》の不能《ふのう》を患《うれ》うる也《なり》（人が自分を認めないのは気に病まないが、自分が無能であることを気に病む）」と、言い回しは異なるが、意味はまったく変わらない。なお、次章と矛盾するようだが、この章と合わせて考えれば、やたらに世間に認められたがるのではなく、最善を尽くして自分のなすべきことをやり遂げ、生きている間にきちんと評価されるのが、望ましいということであろう。

衛霊公 15－20

子曰、君子疾没世而名不稱焉。

子曰《しいわ》く、君子《くんし》は世《よ》を没《お》わるまで名《な》の称《しょう》せられざるを疾《にく》む。

先生は言われた。「君子は生涯をおえるまで、自分の名が称えられないことを嫌う」。

君子は、生きている間に、きちんと評価されることを願うということである。

衛霊公 15-21

子曰、君子求諸己、小人求諸人。

子《し》曰《いわ》く、君子《くんし》は諸《これ》を己《おのれ》に求《もと》め、小人《しょうじん》は諸《これ》を人《ひと》に求《もと》む。

先生は言われた。「君子は(何事も)自分に求めるが、小人は(何事も)他人に求める」。

何かを成就したいとき、君子は自分の力でやり遂げようとするが、小人は他人の力をあてにする。何かで失敗したときは、君子はわが身を顧みて反省するが、小人は他人のせいにする。責任転嫁は小人の常であり、君子たるものは自己責任を旨とするということである。

衛霊公 15－22

子曰、君子矜而不争。羣而不黨。

子曰《しいわ》く、君子《くんし》は矜《きょう》にして争《あらそ》わず。群《ぐん》して党《とう》せず。

先生は言われた。「君子は厳然と己《おのれ》を持すが、他人と争わない。他人となごやかに共存するが、徒党は組まない」。

○**矜**《きょう》 矜持。厳然と己《おのれ》を持すこと。○**群**《ぐん》**す** ここでは「人となごやかに共存する」こと。○**党**《とう》**す** 徒党を組む。

君子は厳然と己《おのれ》を持すが、だからといって、やたらに自己主張して人と争ったりしない。人となごやかに共存するが、みだりに徒党を組んだりしない。「君子《くんし》は周《しゅう》して比《ひ》せず。小人《しょうじん》は比《ひ》して周《しゅう》せず（君子は誠実さと節度をもって人と交わるが、馴れ親しむことはない。小人は馴れ親しむが、誠実さと節度をもって交わらない）」（為政2－14）、および「君子《くんし》は和《わ》して同《どう》ぜず。小人《しょうじん》は同《どう》じて和《わ》せず（君子は人と調和するが、みだりに同調しない。小人はみだりに同調するが、調和しない）」（子路13－23）と、同じ趣旨の発言である。

衛霊公 15－23

子曰、君子不以言擧人、不以人廢言。

子曰《しいわ》く、君子《くんし》は言《げん》を以《もっ》て人《ひと》を挙《あ》げず、人《ひと》を以《もっ》て言《げん》を廃《はい》せず。

先生は言われた。「君子は(その人の言った)言葉によって人を推挙せず、(それを言った)人によって言葉を廃棄しない」。

○挙《あ》ぐ 推挙する。○言《げん》を廃《はい》す 言葉を廃棄する。

りっぱなことを言ったからといって、その人が推挙に値するりっぱな人とはかぎらない。これとは逆に、かんばしからぬ人が言ったとしても、言葉じたいとしては価値がある場合もあり、その言葉をないがしろにし廃棄したりはしない。屈折した論理によるものだが、核心をつく面白い発言である。

衛霊公 15-24

子貢問曰、有一言而可以終身行之者乎。子曰、其恕乎。己所不欲、勿施於人。

子貢《しこう》問《と》いて曰《いわ》く、一言《いちげん》にして以《もっ》て身《み》を終《お》うるまで之《こ》れを行《おこな》う可《べ》き者有《ものあ》りや。子曰《しいわ》く、其《そ》れ恕《じょ》か。己《おのれ》の欲《ほっ》せざる所《ところ》を、人《ひと》に施《ほどこ》す勿《な》かれ。

子貢《しこう》がたずねて言った。「一言だけで生涯、行ってゆくべきものがありますか」。先生は言われた。「それは恕《じょ》であろうか。自分がしてほしくないことを、他人にしてはならない」。

○恕《じょ》 思いやりや愛情。

「己《おのれ》の欲《ほっ》せざる所《ところ》を、人《ひと》に施《ほどこ》す勿《な》かれ」という言葉は、顔淵12－2にも見えるが、ここでは、「恕《じょ》」の内容の具体的説明として用いられている。

衛霊公 15－25

子曰、吾之於人、誰毀誰誉。如有所誉者、其有所試矣。斯民也、三代之所以直道而行也。

子《し》曰《いわ》く、吾《わ》れの人《ひと》に於《お》けるや、誰《だれ》をか毀《そし》り誰《だれ》をか誉《ほ》めん。如《も》し誉《ほ》むる所有《ところあ》る者《もの》は、其《そ》れ試《こころ》むる所有《ところあ》り。斯《こ》の民《たみ》や、三代《さんだい》の直道《ちょくどう》にして行《おこな》う所以也《ゆえんなり》。

先生は言われた。「私は人々に対して、誰も安易にけなしたり誉めたりしない。誉めることがある場合も、前もって何かで（その人を）試してから誉める。今の人々も、夏《か》、殷《いん》、周《しゅう》三代のまっすぐなやりかたで、やってきているからだ」。

○**三代**《さんだい》 夏《か》、殷《いん》、周《しゅう》の三王朝。○**直道**《ちょくどう》 まっすぐな道、やりかた。

以上は、古注や新注の解釈によって、読んだものだが、今ひとつ、意味がとらえにくい。ここでは、孔子は、自分は思いつきで安易に人を誉めたりけなしたりせず、きちんと根拠のある場合にのみ誉めるのを旨としているが、そうした自分の慎重なやりかたを、三代のよき遺風を受け継ぐ人々は理解してくれるだろうと、そのまま受け取っておきたい。

衛霊公 15－26

子曰、吾猶及史之闕文也。有馬者借人乗之。今亡矣夫。

子《し》曰《いわ》く、吾《わ》れ猶《な》お史《し》の闕文《けつぶん》に及《およ》ぶ也《なり》。馬《うま》有《あ》る者《もの》は人《ひと》に借《か》して之《こ》れに乗《の》らしむ。今《いま》は亡《な》きかな。

先生は言われた。「私はそれでも昔の史官が疑わしい文字を（記さず）空白にしているのを、目にしている。また、乗りこなせない荒馬を所有する人が、（うまく乗りこなせる）人に貸して乗ってもらうこともあった。今はそういうこともなくなってしまった」。

○**史**《し》 ここでは「史官（歴史記述を担当する官吏）」の意。○**闕文**《けつぶん》 記述が欠けている部分。古代の史官は、疑わしい文字を記さず、空白にした。○**馬**《うま》 乗りこなせない荒馬。

史官が疑わしい文字を闕字《けつじ》にしたり、荒馬の所有者が、うまく乗りこなせる人に貸して、慣らしてもらうといった、誠実でゆとりのあるやりかたを、孔子自身は目にしたが、時代が変わり、そんなよき風習もなくなってしまったと、慨嘆した言葉だとされる。これも今ひとつ、意味のとりにくい言葉である。このため、新注ではあらまし以上のように解したうえで、「此《こ》の章《しょう》の義《ぎ》 疑《うたが》わしければ、強《し》いて解《かい》す可《べ》からず（この章の意味には疑わしいところがあるので、無理に解釈しないほうがよい）」と補足している。

衛霊公
15－27

子曰、巧言亂德。小不忍、則亂大謀。

子曰《しいわ》く、巧言《こうげん》は徳《とく》を乱《みだ》る。小《しょう》を忍《しの》ばざれば、則《すなわ》ち大謀《たいぼう》を乱《みだ》る。

先生は言われた。「巧妙な言葉づかいは徳義に害を与える。ちょっとしたことをがまんしないと、大きな計画に害を与える」。

○巧言《こうげん》　巧妙な言葉づかい、口先上手。○大謀《たいぼう》　大きな計画。

前半は、「巧言令色《こうげんれいしょく》、鮮《すくな》し仁《じん》（巧妙な言葉づかい、とりつくろった表情の人間は真情に欠ける）」（学而1－3）と同工異曲である。この前半部と後半部は有機的な繫がりはないが、「乱《みだ》る（害を与える）」の連想で、結びつけられたものであろう。

衛霊公
15－28

子曰、衆惡之、必察焉。衆好之、必察焉。

子曰《しいわ》く、衆《しゅう》の之《こ》れを悪《にく》む、必《かなら》ず察《さっ》す。衆《しゅう》の之《こ》れを好《この》む、必《かなら》ず察《さっ》す。

先生は言われた。「大勢の人々が嫌う場合は、必ず調べて明らかにし、大勢の人々が好む場合も、必ず調べて明らかにする」。

○察《さっ》す　調べて明らかにする。

世の趨勢には、たぶんにムード的なものがある。流されずに、何が起こっているのか、しっかり見極める必要があるということ。いつの世にも通ずる箴言といえよう。

衛霊公
15－29

子曰、人能弘道。非道弘人。

子曰《しいわ》く、人《ひと》能《よ》く道《みち》を弘《ひろ》む。道《みち》の人《ひと》を弘《ひろ》むるに非《あら》ず。

先生は言われた。「人が道を広めることができるのであり、道が人を広めるのではない」。

○道《みち》　広く行動、態度、生きかたにおける、節度と調和にあふれた正しいやりかた。

まず道ありきではなく、人間じたいが模索しながら道を広めてゆくのだという、あくまで人間を中心とする考えかたを表現したもの。

衛霊公
15－30

子曰、過而不改、是謂過矣。

子曰《しいわ》く、過《あやま》って改《あらた》めざる、是《こ》れを過《あやま》ちと謂《い》う。

先生は言われた。「過ちをおかしながら改めないこと、これを過ちと言うのだ」。

「過《あやま》てば則《すなわ》ち改《あらた》むるに憚《はばか》ること勿《な》かれ」（学而1－8、子罕9－25）と同じ趣旨の言葉である。人はどんなに注意していても、つい過ちや失敗をしてしまうことがある。そんなとき、みずからの過ちを直視し、すぐ改めよと説く孔子は、やはり人の世の荒波を越えてきた、率直にして深い叡智の持ち主だった。

衛霊公
15－31

子曰、吾嘗終日不食、終夜不寢、以思。無益。不如學也。

子曰《しいわ》く、吾《わ》れ嘗《かつ》て終日《しゅうじつ》食らわず、終夜《しゅうや》寝ねず、以《もっ》て思《おも》う。益無《えきな》し。学《まな》ぶに如《し》かざる也《なり》。

先生は言われた。「私はかつて一日中、ものも食べず、一晩中、一睡もせず、思索しつづけたことがある。しかし、まったく効果はなく、やはり学ぶことにおよばなかった。

思索に没頭しつづけたが、何も得るところがなく、学ぶことの大切さを実感した、みずからの経験を述べたもの。「学《まな》んで思《おも》わざれば則《すなわ》ち罔《くら》し。思《おも》うて学《まな》ばざれば則《すなわ》ち殆《あや》うし（書物や先生から学ぶだけで自分で考えないと、混乱するばかりだ。考えるだけで学ばないと、不安定だ）」（為政2-15）は、この経験をふまえて、広く普遍化した発言である。孔子の言葉には、このようにみずからの経験にもとづきつつ、これを普遍化あるいは一般化したものが多い。孔子の言葉が今、ここで発せられたような、いきいきとした輝きと迫力に満ちているのは、おそらくこのためであろう。『論語』の世界には、まさに生身にして等身大の孔子が随所に息づいている。

衛霊公 15-32

子曰、君子謀道不謀食。耕也餒在其中矣。學也祿在其中矣。君子憂道不憂貧。

子《し》曰《いわ》く、君子《くんし》は道《みち》を謀《はか》って食《しょく》を謀《はか》らず。耕《たがや》して餒《う》え其《そ》の中《うち》に在《あ》り。学《まな》びて禄《ろく》其《そ》の中《うち》に在《あ》り。君子《くんし》は道《みち》を憂《うれ》えて貧《まず》しきを憂《うれ》えず。

先生は言われた。「君子は道について考えるが、食については考えない。耕作をしていてもそのなかで（飢饉のために）飢えることもある。学問をしていても俸禄がそのなかから生じることもある。君子は道を心にかけるが、貧しさは気にかけない」。

ここで孔子は、まず君子は道（衛霊公〈本篇〉15－29注参照）については考えるが、食については考えないものだと述べ、なぜそうなのか、つづいて二つの例をあげて、その理由を説明する。一つは、食物と直接、結びつく農耕をしていても、飢饉の年には収穫を得られず飢える場合があること。今一つは、食物と直接、結びつかない学問をしていても、抜擢されて仕官し、食の糧《かて》を得る場合があること。だから、いかにして食を得るか、あれこれ思い悩んでも仕方がないというのだ。貧しさに耐えて、学問をする弟子たちを勇気づける発言であり、将来に何の保証もないのに努力しつづける者を鼓舞する発言である。

衛霊公 15－33

子曰、知及之、仁不能守之、雖得之、必失之。知及之、仁能守之、不莊以涖之、則民不敬。知及之、仁能守之、莊以涖之、動之不以禮、未善也。

子《し》曰《いわ》く、知《ち》之《こ》れに及《およ》べども、仁《じん》之《こ》れを守《まも》る能《あた》わざれば、之《こ》れを得《う》ると雖《いえど》も、

必《かなら》ず之《こ》れを失《うしな》う。知《ち》 之《こ》れに及《およ》び、仁《じん》 能《よ》く之《こ》れを守《まも》れども、荘《そう》 以《もっ》て之《こ》れに涖《のぞ》まざれば、則《すなわ》ち民《たみ》 敬《けい》せず。知《ち》 之《こ》れに及《およ》び、仁《じん》 能《よ》く之《こ》れを守《まも》り、荘《そう》 以《もっ》て之《こ》れに涖《のぞ》めども、之《こ》れを動《うご》かすに礼《れい》を以《もっ》てせざれば、未《いま》だ善《よ》からざる也《なり》。

先生は言われた。「知性によってその地位に到達しても、仁によってその地位を保持することができなければ、地位を得たとしても、必ずその地位を失ってしまう。知性によってその地位に到達し、仁によってその地位を保持することができても、おごそかで正しい態度によってその地位についていなければ、人民は尊敬しない。知性によってその地位に到達し、仁によってその地位を保持することができ、おごそかで正しい態度によってその地位についていても、その地位によって行動するのに、礼によらなければ、まだ十全ではない」。

○**之《こ》れ** 古注によれば、地位、官位。○**及《およ》ぶ** 達する、到達する。○**守《まも》る** 保持する。○**荘《そう》** おごそかで正しい態度。○**涖《のぞ》む** 地位につく、臨む。

望ましい為政者のありかたを述べた言葉である。なお、頻出する「之《こ》れ」をすべて地位、官位とするのは、古注の説。地位への到達、その保持、正しい態度による保持、そのうえでの行動と、段階的にレベルを上げながら、理想的為政者像が描かれてゆく。なお、新注は、最後の「之れ」を人民とし、「人民を動かすのに、礼によらなければ……」と解するが、ここではとらず、古注により、すべて為政者自身の態度を述べたものと解した。

衛霊公 15－34

子曰、君子不可小知、而可大受也。小人不可大受、而可小知也。

子《し》曰《いわ》く、君子《くんし》は小知《しょうち》す可《べ》からず、而《しこう》して大受《たいじゅ》す可《べ》き也《なり》。小人《しょうじん》は大受《たいじゅ》す可《べ》からず、而《しこう》して小知《しょうち》す可《べ》き也《なり》。

先生は言われた。「君子は重要でない小さな範囲の事を見ても、その力のほどがわからないが、人は大きな利益を受けることができる。小人は、大きな利益を与えることはできないが、小さな範囲の事を見ると、その力のほどがわかる」。

○**小知**《しょうち》 重要でない小さな事を見て、その力のほどを理解すること。○**大受**《たいじゅ》 大きな利益を受けること。

読みかたには諸説あるが、人間観察について述べたものと解した。要は、君子は小事に堪能ではないが、重要な仕事をやり遂げ、人に大きな利益をもたらす。これとは逆に、小人は、小事はできるが、重要な仕事はできないということであろう。

衛霊公 15－35

子曰、民之於仁也、甚於水火。水火吾見蹈而死者矣。未見蹈仁而死者也。

子曰《しいわ》く、民《たみ》の仁《じん》に於《お》けるや、水火《すいか》よりも甚《はなは》だし。水火《すいか》は吾《わ》れ踏《ふ》みて死《し》する者《もの》を見《み》る。未《いま》だ仁《じん》を踏《ふ》みて死《し》する者《もの》を見《み》ざる也《なり》。

先生は言われた。「人々が仁を必要とする度合いは、水や火を必要とするより激しく深いものがある。しかし、水や火を踏んで溺れ死んだり焼け死んだりする人は見かけるが、仁を踏んで死んだ人は見たことがない」。

水や火は人が生きていくのに不可欠なものだが、仁（思いやり）はこの水や火よりはるかに必要不可欠なものだ。しかし、水や火が過剰になると、死ぬ者も出てくるが、仁が過剰にあふれ、これによって死んだ者は見たことがないというのである。「未《いま》だ仁《じん》を踏《ふ》みて死《し》する者《もの》を見《み》ざる也《なり》」という言い回しに、巧まざるユーモアのある面白い発言である。この意表をつく言葉によって、仁がいかに不可欠なものであるか、つよく印象づけられる。

衛霊公 15-36

子曰、當仁、不讓於師。

子曰《しいわ》く、仁《じん》に当《あ》たりては、師《し》にも譲《ゆず》らず。

先生は言われた。「仁に関しては、たとえ相手が先生でも一歩も譲らない」。

たいていのことは譲歩してもかまわないが、「仁」に関してだけは、先生に対しても一歩も退かない。孔子は筋金入りの硬骨漢だったのである。

衛霊公 15-37

子曰、君子貞而不諒。

子《し》曰《いわ》く、君子《くんし》は貞《てい》にして諒《りょう》ならず。

先生は言われた。「君子は大きな信義を守るが、つまらない義理立てはしない」。

○貞《てい》 大きな信義。○諒《りょう》 小さな信義、つまらない義理立て、ちょっとした身の証《あかし》を立てること。

ここに見える「諒」については、憲問14-18に、「匹夫《ひっぷ》匹婦《ひっぷ》の諒《まこと》を為《な》すや(庶民の夫婦が、ちょっとした身の証《あかし》を立てるのに)」云々という形で見える。

衛霊公
15－38

子曰、事君、敬其事、而後其食。

子曰《しいわ》く、君《きみ》に事《つか》うるには、其《そ》の事《こと》を敬《つつし》みて、其《そ》の食《しょく》を後《のち》にす。

先生は言われた。「君主に仕えるには、仕事を大切に慎しんでやり、俸給はあとまわしにする」。

○食《しょく》 俸給。

就職してゆく弟子たちに与えた戒めであろう。

衛霊公
15－39

子曰、有教無類。

子曰《しいわ》く、教《おし》え有《あ》りて類《たぐい》無《な》し。

先生は言われた。「人は教育が先決で、種類や等級はない」。

○類《たぐい》 ここでは人間の種類、等級。

教育、教養さえあれば、人間に格差などないという考えかたは、貧窮のなかで育った孔子ならではのものであり、人たるものの可能性への健やかな確信に満ちている。

衛霊公 15－40

子曰、道不同、不相爲謀。

子《し》曰《いわ》く、道《みち》同《おな》じからざれば、相《あ》い為《ため》に謀《はか》らず。

先生は言われた。「めざす道が同じでなければ、おたがいに相手のために話し合うことはない」。

○**謀《はか》る**　話し合う。

めざす道が異なれば、それぞれ自分の道を行くしかない。人それぞれであることを、孔子は苦い思いで知り尽くしていたのであろう。

衛霊公 15－41

子曰、辭達而已矣。

子《し》曰《いわ》く、辞《じ》は達《たっ》するのみ。

先生は言われた。「言葉は意味が通じれば、それでよい」。

装飾過多の言語表現を否定した言葉。もっとも孔子自身は、自分の考えや意志を効果的に伝えるべく、練達した表現技術の持ち主であった。「巧言令色《こうげんれいしょく》、鮮《すくな》し仁《じん》（巧妙な言葉づかい、とりつくろった表情の人間は真情に欠ける）」（学而1－3）と同様、内実のともなわない装飾的表現に警告を発したと、取っておきたい。

衛霊公 15－42

師冕見。及階。子曰、階也。及席。子曰、席也。皆坐。子告之曰、某在斯、某在斯。師冕出。子張問曰、與師言之道與。子曰、然。固相師之道也。

師冕《しべん》見《まみ》ゆ。階《かい》に及《およ》ぶ。子《し》曰《いわ》く、階也《かいなり》。席《せき》に及《およ》ぶ。子《し》曰《いわ》く、席也《せきなり》。皆《み》な坐《ざ》す。子《し》之《こ》れに告《つ》げて曰《いわ》く、某《ぼう》は斯《ここ》に在《あ》り、某《ぼう》は斯《ここ》に在《あ》り。師冕《しべん》出《い》づ。子張《しちょう》問《と》いて曰《いわ》く、師《し》と言《い》う道《みち》か。子《し》曰《いわ》く、然《しか》り。固《もと》より師《し》を相《たす》くる道也《みちなり》。

楽師の冕《べん》が（孔子に）会いに来たとき、階段に来ると、先生は言われた。「階段です」。座席に来ると、先生は言われた。「座席です」。一同が座ると、

○**師冕**《しべん》「師」は地位の高い楽師。「冕」はその名。当時、師はみな目

先生は彼に告げて言われた。「誰々はここにいます、誰々はここにいます」。楽師の冕《べん》が退出すると、子張《しちょう》がたずねて言った。「これが、楽師と話をするやりかたなのですか」。先生は言われた。「そうだ。本来、楽師を介添えするやりかたなのだ」。

がわるかった。

目のわるい音楽家に対する、孔子の思いやりに満ちた振る舞いが光る話である。

この話はよく知られたものであり、五世紀中ごろに編纂された魏晋《ぎしん》の名士のエピソード集『世《せ》説《せつ》新《しん》語《ご》』言語篇においても、巧みに転用されている。すなわち、東晋《とうしん》中期の実力者桓温《かんおん》（三一二―三七三）が、傀儡皇帝の簡文帝《かんぶん》（三七一―三七二在位）に召されて宮中に出向いたとき、簡文帝が暗い部屋にいたため、「上《じょう》は何《いずこ》に在《あ》りや（陛下、どこにおいでですか）」と聞くと、簡文帝は「某《ぼう》は斯《ここ》に在《あ》り」と答え、当時の人々はうまい言いかただと、感心したというものである。『論語』がいかに広く流通し深く浸透していたかを、ものがたる一例だといえよう。

季氏《きし》 第十六

季氏
16－1

季氏將伐顓臾。冉有季路見於孔子曰、季氏將有事於顓臾。孔子曰、求、無乃爾是過與。夫顓臾、昔者先王以爲東蒙主。且在邦域之中矣。是社稷之臣也。何以伐爲。冉有曰、夫子欲之。吾二臣者皆不欲也。孔子曰、求、周任有言、曰、陳力就列。不能者止。危而不持、顚而不扶、則將焉用彼相矣。且爾言過矣。虎兕出於柙、龜玉毀於櫝中、是誰之過與。冉有曰、今夫顓臾、固而近於費。今不取、後世必爲子孫憂。孔子曰、求、君子疾夫舍曰欲之、而必爲之辭。丘也聞、有國有家者、不患寡而患不均。不患貧而患不安。蓋均無貧、和無寡、安無傾。夫如是故、遠人不服、則脩文德以來之。既來之、則安之。今由與求也、相夫子、遠人不服、而不能來也。邦分崩離析、而不能守也。而謀動干戈於邦內。吾恐季孫之憂、不在顓臾、而在蕭牆之內也。

季氏《きし》　将《まさ》に顓臾《せんゆ》を伐《う》たんとす。冉有《ぜんゆう》・季路《きろ》　孔子《こうし》に見《まみ》えて曰《いわ》く、季氏《きし》　将《まさ》に顓臾《せんゆ》に事有《ことあ》らんとす。孔子《こうし》曰《いわ》く、求《きゅう》、乃《すなわ》ち爾《なんじ》是《こ》れ過《あやま》てる無《な》きか。夫《そ》れ顓臾《せんゆ》は、昔者《むかし》先王《せんおう》以《もっ》て東蒙《とうもう》の主《しゅ》と為《な》す。且《か》つ邦域《ほういき》の中《うち》に在《あ》り。是《こ》れ社稷《しゃしょく》の臣也《しんなり》。何《なに》を以《もっ》てか伐《う》つことを為《な》さん。冉有《ぜんゆう》曰《いわ》く、夫子《ふうし》　之《こ》れを欲《ほっ》す。吾《わ》れ二臣《にしん》なる者《もの》は皆《み》な欲《ほっ》せざる也《なり》。孔子《こうし》曰《いわ》く、求《きゅう》、周任《しゅうじん》言《い》えること有《あ》り、曰《いわ》く、力《ちから》を陳《の》べて列《れつ》に就《つ》く。能《あた》わざる者《もの》は止《や》むと。危《あや》うくして持《じ》せず、顚《くつがえ》って扶《たす》けずんば、則《すなわ》ち将《は》た焉《いず》くんぞ彼《か》の相《しょう》を用《もち》いん。且《か》つ爾《なんじ》が言《げん》は過《あやま》てり。虎兕《こじ》　柙《こう》より出《い》で、亀玉《ききょく》　櫝《とく》の中《うち》に毀《こわ》る、是《こ》れ誰《たれ》の過《あやま》ちぞや。冉有《ぜんゆう》曰《いわ》く、今《いま》　夫《か》の顓臾《せんゆ》は、固《かた》くして費《ひ》に近《ちか》し。今《いま》　取《と》らざれば、後世《こうせい》必《かなら》ず子孫《しそん》の憂《うれ》いを為《な》さん。孔子《こうし》曰《いわ》く、求《きゅう》、君子《くんし》は夫《か》の之《こ》れを欲《ほっ》すと曰《い》うを舎《お》きて、而《しか》も必《かなら》ず之《こ》れが辞《じ》を為《な》すことを疾《にく》む。丘《きゅう》や聞《き》く、国《くに》を有《たも》ち家《いえ》を有《たも》つ者《もの》は、寡《すく》なきを患《うれ》えずして均《ひと》しからざるを患《うれ》う。貧《まず》しきを患《うれ》えずして安《やす》からざるを患《うれ》うと。蓋《けだ》し均《ひと》しければ貧《まず》しきこと無《な》く、和《やわ》らげば寡《すく》なきこと無《な》く、安《やす》ければ傾《かたむ》くこと無《な》し。夫《そ》れ是《か》くの如《ごと》くなるが故《ゆえ》に、遠人《えんじん》　服《ふく》せざれば、則《すなわ》ち文徳《ぶんとく》を脩《おさ》めて以《もっ》て之《こ》れを来《き》たす。既《すで》に之《こ》れを来《き》たせば、則《すなわ》ち之《こ》れを安《やす》んず。今《いま》　由《ゆう》と求《きゅう》や、夫子《ふうし》を相《たす》け、遠人《えんじん》　服《ふく》せずして、而《しか》も来《き》たすこと能《あた》わざる也《なり》。邦《くに》は分崩離析《ぶんぽうりせき》して、而《しか》も守《まも》ること能《あた》わざる也《なり》。而《しか》も干戈《かんか》を邦内《ほうない》に動《うご》かさんことを謀《はか》る。吾《わ》れ　季孫《きそん》の憂《うれ》いは、顓臾《せんゆ》に在《あ》らずして、蕭牆《しょうしょう》の内《うち》に在《あ》るを恐《おそ》るる也《なり》。

季孫《きそん》氏が顓臾《せんゆ》を征伐しようとした。冉有《ぜんゆう》（本名は冉求《ぜんきゅう》）と季路《きろ》（子路《しろ》。本名は仲由《ちゅうゆう》）が孔子にお目にかかって言った。「季孫氏が顓臾に対して事を起こそうとしています」。孔子は言われた。「求《きゅう》よ、おまえはまちがっているの

○**季氏**《きし》　魯《ろ》の三大貴族（三桓《さんかん》）の一つ、季孫《きそん》氏。子路《しろ》と冉有《ぜんゆう》は時期はずれるが、この季孫氏に仕えていたことが

ではないか。そもそも顓臾は昔、先王たちが東蒙山《とうもうざん》の祭主とされ、また(魯《ろ》の)国の領域のなかにある。これぞ国家代々の臣であるのに、どうして征伐などするのか」。冉有は言った。「あのかた(季孫氏を指す)がそうしたいと望んでおられるのです。われわれ二人はともに望んでおりません」。孔子は言われた。「求よ、(古《いにしえ》の良史の)周任《しゅうじん》の言葉に、「力を尽くして任務を行い、うまくゆかなければ、辞任する」とあるが、(主君が)危いときに支えず、ひっくりかえったときに助けなければ、どうして輔佐役を用いる必要があろうか。しかもおまえの言うことはまちがっている。虎や兕《じ》が檻から逃げだし、亀甲や玉《ぎょく》が箱のなかで壊れたなら、それは誰の落ち度か」。冉有は言った。「現在、かの顓臾の国は、要害堅固、(季孫氏の領地の)費《ひ》に近いところにあります。今、攻め取らなければ、のちのち必ず子孫の悩みの種になります」。孔子は言われた。「求よ、君子は、何かをほしいとは言わずに、きまってそのために口実を設けることを嫌う。丘《わたくし》(孔子の名)は次のように聞いている。「国を保持し家を保持する者は、少ないことを心配せず、平等でないことを心配する。貧しいことを心配せず、安定しないことを心配する」と。思うに、平等であれば、貧しさはなくなり、和合していれば、乏しさはなくなり、安定していれば、危険はなくなる。だからこそ、遠方の者が服従しなければ、文化的な徳義をととのえて、招きよせる。招きよせたならば、これを安定させる。今、由《ゆう》と求は、あのかたを輔佐しながら、遠方の者は服従せず、招きよせることもできない。国は分裂・崩壊し、守ることができないのに、軍隊を国内で動かそうと計画している。私は、季孫氏の心配が顓臾にあるのではなく、家のなかにある

○**顓臾**《せんゆ》 周《しゅう》初、魯の国が立てられたとき以来の属国(魯の国内にあった)。周以前の原住民の国だという。○**先王**《せんおう》 周初の王。文《ぶん》王、武《ぶ》王、周公旦《しゅうこうたん》を指す。○**東蒙**《とうもう》 山の名。顓臾がその山神を祭る祭主であったという。○**社稷の臣**《しゃしょくのしん》 国家代々の臣。○**周任**《しゅうじん》 古《いにしえ》の良史(すぐれた歴史官)。○**相**《しょう》 輔佐役。○**虎兕**《こじ》 「虎」も「兕」も猛獣。○**柙**《こう》 檻《おり》。○**亀玉**《きぎょく》 亀の甲と玉《ぎょく》。宝物。○**櫝**《とく》 箱。○**費**《ひ》 地名。季孫氏の領地。○**文徳**《ぶんとく》 文化的な徳義。○**分崩離析**《ぶんぽうりせき》 分裂・崩壊。○**干戈**《かんか》 軍隊。○**蕭墻**《しょうしょう》 門内に、見通しを防ぐために造られた塀。転じて、家のなかを指す。

ことを恐れているのだ」。

「季氏第十六」冒頭は、この異様に長い章によってはじまる。この季氏篇は、『論語』の他の篇とは、伝承の経過が異なるテキストを繰り込んだものではないかという説があるように、どの章も、孔子の発言を「子曰く」とせず、「孔子曰く」とするなど、たしかに他篇とは異なる語り口や内容が顕著に見られる。この冒頭の長文も全般に堅苦しい調子であり、潑剌とした面白みに欠けるきらいがある。

また、ここでとりあげられている事件、すなわち季孫《きそん》氏が属国の顓臾《せんゆ》を征伐しようとした事件が、いつ起こったのか、はっきりしないうえ、そのとき、孔子の高弟の冉有《ぜんゆう》と子路《しろ》が同時に季孫氏に仕えていたとされるのも、腑に落ちない。というのも、この二人は、まず子路が季孫氏に仕え、その後、時をおいて、冉有が仕えており、同時に仕えたことはありえないのである。さらにまた、この章では、子路は名前が出ているだけで、まったく発言せず、もっぱら冉有ひとりが孔子とやりとりしているのも、妙だ。これは、じっさいには関係がないにもかかわらず、高名な子路を登場させ、花を添えようとするこの章の語り手の作為によるものかも知れない。

というふうに、いくつか疑問点はあるものの、孔子の論点ははっきりしており、真偽はさておき、文章の脈絡をたどることに困難はない。ひたすら『論語』編纂の曲折を、はるかに感じさせる章だといえよう。

季氏 16－2

孔子曰、天下有道、則禮樂征伐自天子出。天下無道、則禮樂征伐自諸侯出。自諸侯出、蓋十世希不失矣。自大夫出、五世希不失矣。陪臣執國命、三世希不失矣。天下有道、則政不在大夫。天下有道、則庶人不議。

孔子《こうし》曰《いわ》く、天下《てんか》道《みち》有《あ》れば、則《すなわ》ち礼楽征伐《れいがくせいばつ》天子《てんし》自《よ》り出《い》づ。天下《てんか》道《みち》無《な》ければ、則《すなわ》ち礼楽征伐《れいがくせいばつ》諸侯《しょこう》自《よ》り出《い》づ。諸侯《しょこう》自《よ》り出《い》づれば、蓋《けだ》し十世《じっせい》にして失《うしな》わざること希《まれ》なり。大夫《たいふ》自《よ》り出《い》づれば、五世《ごせい》にして失《うしな》わざること希《まれ》なり。陪臣《ばいしん》国命《こくめい》を執《と》れば、三世《さんせい》にして失《うしな》わざること希《まれ》なり。天下《てんか》道《みち》有《あ》れば、則《すなわ》ち政《まつりごと》は大夫《たいふ》に在《あ》らず。天下《てんか》道《みち》有《あ》れば、則《すなわ》ち庶人《しょじん》議《ぎ》せず。

孔子は言われた。「天下に正しい道義が行われていれば、礼と音楽や征伐は天子によって実施される。天下に正しい道義が失われていれば、礼と音楽や征伐は諸侯によって実施される。諸侯によって実施されれば、たぶん十世代で(実施する力が)失われないことはまれだ。大夫によって実施されれば、五世代で(実施する力が)失われないことはまれだ。陪臣が国家政治を支配すれば、三世代で(実施する力が)失われないことはまれだ。天下に正しい道義が行われていれば、政治が大夫の手に帰することはない。天下に正しい道義が行われていれば、一般民衆はあれこれ議論することはない」。

○**道**《みち》 正しい道義。○**大夫**《たいふ》 ここでは、諸侯の重臣。○**陪臣**《ばいしん》 諸侯の大夫の家に仕える家臣。

孔子の生きた時代は、下剋上のまっただなかであり、政治の実権をにぎり、礼や音楽などの文化政策および軍事を担う国家のトップは、天子から諸侯へ、諸侯から大夫へ、大夫から陪臣へと、下位者に移行する一方だった。そんな時代の趨勢のなかで、トップが下位に移行するごとに、不安定の度合いが増すことを述べたものである。ただし、十世代、五世代、三世代などと、表現がいかにも図式的であり、孔子自身の言葉ではなく、後に付加されたとする説がつよい。

季氏 16－3

孔子曰、祿之去公室五世矣。政逮於大夫四世矣。故夫三桓之子孫微矣。

孔子《こうし》曰《いわ》く、禄《ろく》の公室《こうしつ》を去《さ》ること五世《ごせい》なり。政《まつりごと》の大夫《たいふ》に逮《およ》ぶこと四世《しせい》なり。故《ゆえ》に夫《か》の三桓《さんかん》の子孫《しそん》は微《び》なり。

孔子は言われた。「爵位や俸禄を与える権利が、魯《ろ》の君主の手を離れてから五世代になる。政治の実権が重臣にわたってから、四世代になる。だから、あの三桓《さんかん》の子孫は微細になり衰弱しつつあるのだ」。

○**禄**《ろく》 臣下に爵位や俸禄を与える権利。○**公室**《こうしつ》 諸侯、ここでは魯《ろ》の君主を指す。○**三桓**《さんかん》 魯の三大貴族で、魯の桓《かん》公の子孫である季孫《きそん》氏、孟孫《もうそん》氏、叔孫《しゅくそん》氏を指す。

前章と関連する言葉だが、母国の魯《ろ》の下剋上を論じているため、具体性があり、前章ほど図式的ではなく説得力があるといえよう。

季氏 16－4

孔子曰、益者三友、損者三友。友直、友諒、友多聞、益也。友便辟、友善柔、友便佞、損矣。

孔子《こうし》曰《いわ》く、益者三友《えきしゃさんゆう》、損者三友《そんしゃさんゆう》。直《なお》きを友《とも》とし、諒《りょう》を友《とも》とし、多聞《たぶん》を友《とも》とするは、益《えき》なり。便辟《べんぺき》を友《とも》とし、善柔《ぜんじゅう》を友《とも》とし、便佞《べんねい》を友《とも》とするは、損《そん》なり。

孔子は言われた。「つきあって得をする三種の友人と、つきあうと損をする三種の友人がある。正直な人を友人にし、誠実な人を友人にし、博学の人を友人にするのは、得になる。お体裁屋を友人にし、人当たりはいいが誠意のない者を友人にし、口のうまい者を友人にするのは、損になる」。

○**直《なお》き** 正直な人。○**諒《りょう》** ここでは「誠実な人」の意。○**多聞《たぶん》** 博学の人。○**便辟《べんぺき》** お体裁屋。○**善柔《ぜんじゅう》** 人当たりはいいが誠意のない者。○**便佞《べんねい》** 口のうまい者。

なるほどと思わせるところもあるが、友人を損得で分類するのは、いかにも教条的で、孔子らしくない。孔子は素行のよくない昔馴染みの原壌《げんじょう》なる友人とも、長く交際しつづける大らかさをもった人だったのだから（憲問14－44参照）。弟子たちを前にした、孔子の弾力性に富む発言が、孔子没後、孔子一門において、教訓として図式化、教条化されていったことを、うかがわせる章である。

季氏 16－5

孔子曰、益者三樂、損者三樂。樂節禮樂、樂道人之善、樂多賢友、益矣。樂驕樂、樂佚遊、樂宴樂、損矣。

孔子《こうし》曰《いわ》く、益者三楽《えきしゃさんらく》、損者三楽《そんしゃさんらく》。礼楽《れいがく》を節《せっ》するを楽《たの》しみ、人《ひと》の善《ぜん》を道《い》うを楽《たの》しみ、賢友多《けんゆうおお》きを楽《たの》しむは、益《えき》なり。驕楽《きょうらく》を楽《たの》しみ、佚遊《いつゆう》を楽《たの》しみ、宴楽《えんらく》を楽《たの》しむは、損《そん》なり。

孔子は言われた。「得になる三種の楽しみと損になる三種の楽しみがある。礼楽を節度をもって行う楽しみ、他人の長所を称える楽しみ、賢明な友人を多く持つことを楽しむのは、得になる楽しみだ。威張り散らすことを楽しみ、怠惰にふけることを楽しみ、贅沢な飲食を楽しむのは、損になる楽しみだ」。

○**驕楽**《きょうらく》　傲慢におごりたかぶる楽しみ。威張り散らす楽しみ。○**佚遊**《いつゆう》　だらける楽しみ、怠惰にふける楽しみ。○**宴楽**《えんらく》　贅沢な飲食にふける楽しみ。

これも「益者三楽、損者三楽」と数字を用いて、楽しみの損得を分類したもの。前章と同様、いかにも教条的、図式的である。

季氏 16－6

孔子曰、侍於君子有三愆。言未及之而言、謂之躁。言及之而不言、謂之隠。未見顔色而言、謂之瞽。

孔子《こうし》曰《いわ》く、君子《くんし》に侍《はべ》るに三《みっ》つの愆《あやま》ち有《あ》り。言《げん》　未《いま》だ之《こ》れに及《およ》ばずして而《しか》も言《い》う、之《こ》れを躁《そう》と謂《い》う。言《げん》　之《こ》れに及《およ》んで而《しか》も言《い》わず、之《こ》れを隠《いん》と謂《い》う。未《いま》だ顔色《かおいろ》を見《み》ずして而《しか》も言《い》う、之《こ》れを瞽《こ》と謂《い》う。

孔子は言われた。「目上の人にお仕えするのに、三つの過ちがある。話題がそこまで行っていないのに、口に出すこと、これを躁《そう》という。話題がそこまで行っているのに、発言しないこと、これを隠《いん》という。相手の顔色を見ずに発言すること、これを瞽《こ》という」。

○君子《くんし》 ここでは、目上の人。○愆《あやま》ち 過ち。○躁《そう》 軽はずみ。○隠《いん》 引っ込み思案。○瞽《こ》 目が見えない人。

目上の人と対話するときの過ちを三つあげたものだが、これははるか時を隔てた現在においてもなお説得力がある。会話の場面において、目上の人にかぎらず、相手に対する敏感にしてデリケートな配慮が必要なことは、昔も今も変わらない。

季氏 16－7

孔子曰、君子有三戒。少之時、血氣未定。戒之在色。及其壯也、血氣方剛。戒之在鬪。及其老也、血氣既衰。戒之在得。

孔子《こうし》曰《いわ》く、君子《くんし》に三《みっ》つの戒《いまし》め有《あ》り。少《わか》き時《とき》は、血気《けっき》未《いま》だ定《さだ》まらず。之《こ》れを戒《いまし》むること色《いろ》に在《あ》り。其《そ》の壮《そう》に及《およ》びてや、血気《けっき》方《まさ》に剛《かた》し。之《こ》れを戒《いまし》むること闘《とう》に在《あ》り。其《そ》の老《お》ゆるに及《およ》びてや、血気《けっき》既《すで》に衰《おとろ》う。之《こ》れを戒《いまし》むること得《う》るに在《あ》り。

孔子は言われた。「君子には三つの気をつけねばならないことがある。若いときは、血気がまだ安定していない。気をつけねばならないのは、色欲である。壮年になると、血気がちょうど盛んになる。気をつけねばならないのは、喧嘩である。老年になると、血気はもう衰える。気をつけねばならないのは、貪欲である」。

○**君子**《くんし》 ひとかどのりっぱな人物。○**戒**《いまし》**め** 気をつけねばならないこと。○**色**《いろ》 色欲。○**剛**《かた》**し** 盛んなさま。○**闘**《とう》 闘い、喧嘩。○**得**《う》**る** 欲張り、貪欲。

今度は、血気不安定の若い時代、血気盛んな壮年期、血気の衰える老年期と、それぞれの時期に応じ、気をつけるべき三つの点をあげる。正鵠《せいこく》を射た傾聴すべき指摘である。ちなみに、血気の衰える老年期に「得《う》る（貪欲）」に気をつけねばならないとは、もはや能動的になれないため、座して利益を得たり、貯めこんだりしたがることをいう。

季氏 16－8

孔子曰、君子有三畏。畏天命、畏大人、畏聖人之言。小人不知天命不畏也。狎大人、侮聖人之言。

孔子《こうし》曰《いわ》く、君子《くんし》に三《みっ》つの畏《おそ》れ有《あ》り。天命《てんめい》を畏《おそ》れ、大人《たいじん》を畏《おそ》れ、聖人《せいじん》の言《げん》を畏《おそ》る。小人《しょうじん》は天命《てんめい》を知《し》らずして畏《おそ》れざる也《なり》。大人《たいじん》に狎《な》れ、聖人《せいじん》の言《げん》を侮《あなど》る。

孔子は言われた。「君子には三つの敬虔さがある。天命に対する敬虔さ、大人《たいじん》に対する敬虔さ、聖人の言葉に対する敬虔さである。小人は天命がわからないから、敬虔ではなく、大人にはなれなれしくし、聖人の言葉を軽んじる」。

○**畏《おそ》れ**　畏怖すること、敬虔さ。○**天命《てんめい》**　天が与えた使命。為政2-4に「五十《ごじゅう》にして天命《てんめい》を知《し》る」とある。○**大人《たいじん》**　大人物、すぐれた有徳の人。○**聖人《せいじん》**　完全無欠な徳義と知性を兼ね備えた人。○**狎《な》る**　なれなれしくする。

君子の三つのものに対する敬虔さを述べ、もののわからない小人はこれと逆の態度を取るとしたもの。なお、大人《たいじん》の定義には諸説あり、高い身分の者を指すとする説もある。ここでは、聖人が完全無欠の超人的存在であるのに対し、大人はすぐれた徳義をもつ現実世界の大人物と解した。この章をもって季氏（本篇）16－4から五章にわたってつづいた、対象を三種に分類する表現は完了する。

季氏 16－9

孔子曰、生而知之者、上也。學而知之者、次也。困而學之、又其次也。困而不學、民斯爲下矣。

孔子《こうし》曰《いわ》く、生《う》まれながらにして之《こ》れを知《し》る者《もの》は、上也《じょうなり》。学《まな》んで之《こ》れを知《し》る者《もの》は、次也《つぎなり》。困《くる》しみて之《こ》れを学《まな》ぶは、又《ま》た其《そ》の次也《つぎなり》。困《くる》しみて而《しか》も学《まな》ばざるは、民《たみ》にして斯《こ》れを下《げ》と為《な》す。

孔子は言われた。「生まれながらにして知識や知恵が備わっているのは、最上の人間である。学んでこれを身につけるのは、その次の人間である。困難を感じつつ、しいて学ぶのは、またその次である。困難を感じると、しいて学ぼうとしない者は、凡人で下等な人間である」。

○**民**《たみ》 凡人。

学ぶことに対する姿勢によって、人を四つのランクに分けた発言である。孔子は先に「我《わ》れは生《う》まれながらにして之《こ》れを知《し》る者《もの》に非《あら》ず」（述而7－19）と述べており、これによれば、孔子自身はこの第二ランクに属することになる。もっとも、第一ランクの「生《う》まれながらにして之《こ》れを知《し》る者《もの》」というのは、稀有の天才であり、現実にはほとんど存在しないといってよい。「性相《せいあ》い近《ちか》き也《なり》。習《なら》い相《あ》い遠《とお》き也《なり》（人のもともとの素質にはそれほど個人差はない。ただ後天的な習慣・学習によって距離が生じ遠く離れる）」（陽夏17－2）と述べているように、よほどの例外を除いて、誰でも積極的に学んだならば、展望が開け、変化・成長できるというのが、孔子の基本的な考えかただったといえよう。
なお、第三、第四ランクの者のくだりに見える「困《くる》しみて云々」の「困」については、なんらかの意味で生活上の困難を覚え、その局面を打開するために学ぶこと、あるいは、勉強が嫌いでとりかかるのに困難を覚えつつも、むりやりに学ぶこと、という二つの意味がある。いずれにしても、自発的・積極的ではなく、他動的にいやいや、むりやりにというニュアンスが強い。ここではこの両様の意味をこめて読んでおきたい。

季氏 16－10

孔子曰、君子有九思。視思明、聽思聰、色思溫、貌思恭、言思忠、事思敬、疑思問、忿思難、見得思義。

孔子《こうし》曰《いわ》く、君子《くんし》に九思《きゅうし》有《あ》り。視《み》ることは明《めい》を思《おも》い、聴《き》くことは聡《そう》を思《おも》い、色《いろ》は温《おん》を思《おも》い、貌《かたち》は恭《きょう》を思《おも》い、言《げん》は忠《ちゅう》を思《おも》い、事《こと》は敬《けい》を思《おも》い、疑《うたが》わしきは問《と》うを思《おも》い、忿《いか》りには難《なん》を思《おも》い、得《う》るを見《み》ては義《ぎ》を思《おも》う。

孔子は言われた。「君子には九つの思うことがある。見るときは、はっきり見たいと思い、聞くときは、はっきり聞きたいと思い、顔つきは穏やか

○**九思**《きゅうし》 九つの思うこと。○**明**《めい》 はっきり見ること。○**聡**《そう》 はっきり聞く

でありたいと思い、振る舞いはうやうやしくありたいと思い、言葉は誠実でありたいと思い、行動は敬虔でありたいと思い、疑わしいことは、質問したいと思い、腹が立ったときは、あとのめんどうを思い、利益を前にしたときは、それが正しいものかどうか考える」。

こと。○**色**《いろ》 顔つき、表情。○**貌**《かたち》 振る舞い。○**忠**《ちゅう》 誠実。○**事**《こと》 行動。○**難**《なん》 あとの困難さ、あとのめんどう。○**得**《う》**る** 利益。

見ること、聞くこと、顔つき、振る舞い、言葉、行動の六つにおいては、つねづね自分にとってもっとも望ましい状態を実現できるように考え、あとの三つの面は、三つの具体的な事態に遭遇したとき、すなわち、疑わしいことがあったとき、腹が立ったとき、利益を前にしたときに、いかに対処するかを考えるというもの。

季氏 16－11

孔子曰、見善如不及、見不善如探湯。吾見其人矣、吾聞其語矣。隠居以求其志、行義以達其道。吾聞其語矣、未見其人也。

孔子《こうし》曰《いわ》く、善《ぜん》を見《み》ては及《およ》ばざるが如《ごと》くし、不善《ふぜん》を見《み》ては湯《ゆ》を探《さぐ》るが如《ごと》くす。吾《わ》れ其《そ》の人《ひと》を見《み》る、吾《わ》れ其《そ》の語《ご》を聞《き》く。隠居《いんきょ》して以《もっ》て其《そ》の志《こころざし》を求《もと》め、義《ぎ》を行《おこな》いて以《もっ》て其《そ》の道《みち》に達《たっ》す。吾《わ》れ其《そ》の語《ご》を聞《き》く、未《いま》だ其《そ》の人《ひと》を見《み》ざる也《なり》。

孔子は言われた。「善を見ると、追いつけないかのように急いで追いかけ、不善を見ると、熱いお湯に手をつっこみ、慌てて引っ込めるように、急いで遠ざかる。私は、そんな人を見たことがあるし、そんな言葉も聞いたことがある。隠遁して志を追求し、正しいことを行って、自分独自の生きかたを達成した人は、言葉としては聞いたことがあるが、いまだかつて見たことがない」。

「善《ぜん》を見《み》ては及《およ》ばざるが如《ごと》くし、不善《ふぜん》を見《み》ては湯《ゆ》を探《さぐ》るが如《ごと》くす」という具合に、おりおりに善を追求し、不善から遠ざかる人間は、古語や文献のなかで目にし、じっさいに出会ったこともある。しかし、「隠居《いんきょ》して以《もっ》て其《そ》の志《こころざし》を求《もと》め、義《ぎ》を行《おこな》いて以《もっ》て其《そ》の道《みち》に達《たっ》す」というふうに、隠遁者として孤立しながら独自の境地に達した存在は、古語や文献のなかでは見たことがあるが、じっさいにはめぐりあったことがない、というものである。孔子の生きた春秋の乱世において、隠遁による自己実現がいかに困難であるかを、明らかにした発言だとおぼしい。

季氏 16－12

（誠不以富、亦祇以異。）齊景公有馬千駟。死之日、民無徳而稱焉。伯夷叔齊餓于首陽之下。民到于今稱之。其斯之謂與。

（誠《まこと》に富《とみ》を以《もっ》てせず、亦《ま》た祇《まさ》に異《い》を以《もっ》てす。）斉《せい》の景公《けいこう》 馬千駟《うませんし》有《あ》り。死《し》するの日《ひ》、民《たみ》 徳《とく》として称《たた》うる無《な》し。伯夷《はくい》・叔斉《しゅくせい》 首陽《しゅよう》の下《もと》に餓《う》えたり。民《たみ》 今《いま》に到《いた》るまで之《こ》れを称《たた》う。其《そ》れ斯《こ》れを之《こ》れ謂《い》うか。

「誠《まこと》に富《とみ》を以《もっ》てせず、亦《ま》た祇《まさ》に異《い》を以《もっ》てす（ほんとうに金持ちだということのためではなく、ただまさしくすぐれているため）」（『詩経《しきょう》』小雅《しょうが》「我行其野《がこうきや》」）という言葉がある。斉《せい》の景公《けいこう》は四千頭の馬をもっていたが、死んだとき、人々のなかに、有徳の君主として称える者は一人もいなかった。伯《はく》夷《い》・叔斉《しゅくせい》は首陽山《しゅようざん》で餓死したが、人々は今に至るまで、彼らを称えている。（先の言葉は）このことをいうのであろうか。

○**誠《まこと》に富《とみ》を以《もっ》てせず、亦《ま》た祇《まさ》に異《い》を以《もっ》てす** 『詩経《しきょう》』小雅《しょうが》「我行其野《がこうきや》」の二句。新注によれば、この二句は顔淵12‐10に混入しているが、もともとこの章の冒頭にあったとされる。今、これに従う。○**斉《せい》の景公《けいこう》** 前五四七―前四九〇在位。強欲な君主とされる。○**千駟《せんし》** 「駟」は四頭立ての馬車。千駟で四千頭になる。○**伯《はく》夷《い》・叔斉《しゅくせい》** 殷《いん》末にあった孤竹《こちく》という国の君主の息子で、伯夷が兄、叔斉が弟。清廉潔白の化身とされる。周《しゅう》に身を寄せるが、周王朝成立後、「周の粟《ぞく》は食《は》まず」と首陽山《しゅようざん》で餓死した。詳細については、公冶長5‐23参照。

注でも言及したように、朱子《しゅし》の新注に見える程子《ていし》の説では、顔淵12‐10に見える『詩経《しきょう》』小雅《しょうが》「我《が》行其野《こうきや》」の「誠不以富、亦祇以異」の二句は、本来、この章の冒頭に置かれるべきものだとする。顔淵12－10では、末尾に置かれたこの二句は意味不明だが、この章の冒頭に置けば、なるほど意味がよく通るようになる。

なお、この章には「孔子曰く」も欠落しているなど、そうとう乱れがある。朱子も、「この書《しょ》（『論語』）の後十篇《こうじっぺん》は闕誤《けつご》多《おお》し」と述べているように、『論語』の後半十篇には欠落や誤りがまま見られるが、この章にはその傾向が顕著にあらわれている。

季氏
16－13

陳亢問於伯魚曰、子亦有異聞乎。對曰、未也。嘗獨立。鯉趨而過庭。曰、學詩乎。對曰、未也。不學詩、無以言。鯉退而學詩。他日又獨立。鯉趨而過庭。曰、學禮乎。對曰、未也。不學禮、無以立。鯉退而學禮。聞斯二者。陳亢退而喜曰、問一得三。聞詩、聞禮、又聞君子之遠其子也。

陳亢《ちんこう》　伯魚《はくぎょ》に問《と》いて曰《いわ》く、子《し》も亦《ま》た異《い》聞《ぶん》有《あ》るか。対《こた》えて曰《いわ》く、未《いま》だし。嘗《かつ》て独《ひと》り立《た》てり。鯉《り》　趨《はし》りて庭《にわ》を過《す》ぐ。曰《いわ》く、詩《し》を学《まな》びたるかと。対《こた》えて曰《いわ》く、未《いま》だしと。詩《し》を学《まな》ばずば、以《もっ》て言《い》う無《な》しと。鯉《り》　退《しりぞ》いて詩《し》を学《まな》ぶ。他日《たじつ》又《ま》た独《ひと》り立《た》てり。鯉《り》　趨《はし》りて庭《にわ》を過《す》ぐ。曰《いわ》く、礼《れい》を学《まな》びたるかと。対《こた》えて曰《いわ》く、未《いま》だしと。礼《れい》を学《まな》ばずば、以《もっ》て立《た》つ無《な》しと。鯉《り》 退《しりぞ》いて礼《れい》を学《まな》ぶ。斯《こ》の二《ふた》つの者《もの》を聞《き》けり。陳亢《ちんこう》 退《しりぞ》いて喜《よろこ》んで曰《いわ》く、一《いち》を問《と》いて三《さん》を得《え》たり。詩《し》を聞《き》き、礼《れい》を聞《き》き、又《ま》た君子《くんし》の其《そ》の子《こ》を遠《とお》ざくるを聞《き》く也《なり》。

陳亢《ちんこう》が、伯魚《はくぎょ》にたずねて言った。「あなたは(お父上から)何か特別なことを聞かれたことがありますか」。答えて言った。「別にありません。ただ、以前、父が一人で部屋のなかに立っていましたとき、私が小走りに庭を通り過ぎようとすると、呼びとめて「詩を学んだか」と申しました。(私が)「まだです」と答えて言うと、「詩を学ばなければ、ちゃんとものが言えないよ」と申しました。それで私は自室にもどって詩の勉強をしました。また別のある日、父がやはり一人で部屋のなかに立っており、私が小走りに庭を通り過ぎようとすると、呼びとめて「礼を学んだか」と申しました。(私が)「まだです」と答えて言うと、「礼を学ばなければ、ちゃんとやってゆけないよ」と申しました。それで私は自室にもどって礼の勉強をしました。私が聞いたのはこの二つのことです」。陳亢は家に帰ると喜んで言った。「一つの質問で三つのことを聞くことができた。詩のことを聞き、礼のことを聞き、さらに君子はわが子に距離を置いて教育することを聞いた」。

○**陳亢**《ちんこう》 詳細は不詳。学而1-10に見える弟子の子禽《しきん》だとする説がある。
○**伯魚**《はくぎょ》 孔子の息子、孔鯉《こうり》のあざな。
○**異聞**《いぶん》 特別なこと。 ○**詩**《し》 『詩経《しきょう》』。

陳亢《ちんこう》なる人物から質問をうけた孔子の息子、孔鯉《こうり》あざな伯魚《はくぎょ》が、父孔子からあるとき詩(『詩経《しきょう》』)と礼を学ぶように言われたことを告げると、質問者の陳亢は「一を聞いて三を知った」と大喜びする。

ちなみに、当時は肉親であるがゆえの弊害があるため、君子はわが子を直接、教育しないのが、礼だとされた。これを百も承知でありながら、孔子は日常生活の一齣《ひとこま》のなかで、もっとも大事なことを端的に、実にさりげなく息子に伝え、息子の孔鯉も阿吽《あうん》の呼吸で、それをしっかり受けとめる。圧迫感を感じさせない、まことにみごとな教育である。この優秀な息子孔鯉は孔子に先立つこと四年、前四八三年に五十歳で死んだ。その二年後、最愛の弟子顔回《がんかい》も他界する。彼らの死は、最晩年の孔子を深く激しく悲しませた。

総体として、臨場感に欠けたり、欠落や誤りがまま見られる本篇において、孔子と息子孔鯉の血の通った関係性が浮き彫りにされた本章は、ずばぬけた光彩を放っている。

季氏 16－14

邦君之妻、君稱之曰夫人。夫人自稱曰小童。邦人稱之曰君夫人。稱諸異邦曰寡小君。異邦人稱之、亦曰君夫人。

邦君《ほうくん》の妻《つま》、君《きみ》之《こ》れを称《しょう》して夫人《ふじん》と曰《い》う。夫人《ふじん》自《みずか》ら称《しょう》して小童《しょうどう》と曰《い》う。邦人《ほうじん》之《こ》れを称《しょう》して君夫人《くんふじん》と曰《い》う。諸《これ》を異邦《いほう》に称《しょう》して寡小君《かしょうくん》と曰《い》う。異邦《いほう》の人《ひと》之《こ》れを称《しょう》して、亦《ま》た君夫人《くんふじん》と曰《い》う。

一国の君主の妻については、君主は彼女を「夫人」と呼び、夫人は自分を「小童《しょうどう》」と称する。その国の人々は「君夫人《くんふじん》」と呼ぶが、外国の人に対しては「寡小君《かしょうくん》」と称する。外国の人は彼女をまた「君夫人」と称する。

○**邦君《ほうくん》** 諸侯。一国の君主。

諸侯の妻を何と呼ぶか、夫である君主、妻自身の自称、国内の人々、外国人向け、外国人じたい、と、それぞれのケースに分けて記したもの。こうした呼称の使い分けは、ことに近代以前の中国では、まことに微妙にして複雑であった。

なお、この章は何らかの事情で、編纂のおりにまぎれ込んだ、メモの類ではないかとされている。

陽貨《ようか》 第十七

陽貨 17－1

陽貨欲見孔子。孔子不見。歸孔子豚。孔子時其亡也而往拜之。遇諸塗。謂孔子曰、來、予與爾言。曰、懷其寶而迷其邦。可謂仁乎。曰、不可。好從事而亟失時。可謂知乎。曰、不可。日月逝矣、歳不我與。孔子曰、諾、吾將仕矣。

陽貨《ようか》 孔子《こうし》を見《み》んと欲《ほっ》す。孔子《こうし》見《み》ず。孔子《こうし》に豚《いのこ》を帰《おく》る。孔子《こうし》 其《そ》の亡《な》きを時《とき》として往《ゆ》きて之《こ》れを拝《はい》す。諸《これ》に塗《みち》に遇《あ》う。孔子《こうし》に謂《い》いて曰《いわ》く、来《き》たれ、予《わ》れ爾《なんじ》と言《い》わん。曰《いわ》く、其《そ》の宝《たから》を懐《いだ》きて其《そ》の邦《くに》を迷《まよ》わす。仁《じん》と謂《い》う可《べ》きか。曰《いわ》く、不可《ふか》。事《こと》に従《したが》うことを好《この》みて亟《しば》しば時《とき》を失《うしな》う。知《ち》と謂《い》う可《べ》きか。曰《いわ》く、不可《ふか》。日月《じつげつ》逝《ゆ》く、歳《とし》我《わ》れと与《とも》にせず。孔子《こうし》曰《いわ》く、諾《だく》、吾《わ》れ将《まさ》に仕《つか》えんとす。

陽貨《ようか》(陽虎《ようこ》)が孔子に会おうとしたが、孔子は会われなかった。(すると)孔子に豚《いのこ》を贈ってきた。孔子は(陽貨の)不在の時を見計らってお礼を言いに出向かれ、その道すがら、陽貨とばったり出くわされた。(陽貨は)孔子に向かって言った。「こちらにいらっしゃい。私はあなたに話がある」。(そして)言った。「(あなたは)宝のような才能を持ちながら、(それを活用せず)国を混迷させている。それは仁といえますか」。(先生は)言われた。「いえませんな」。「政治にたずさわることを希望しながら、しばしば時機を失しておられる。それは知といえますか」。(先生は)言われた。「いえま

○**陽貨**《ようか》 陽虎《ようこ》。魯《ろ》の三大貴族(三桓《さんかん》)の一つ、季孫《きそん》氏の家臣だったが、三桓を抑えて魯の実権を握る。紀元前五〇二年、さらなる権力の強化を図りクーデタを起こすが失敗、翌年、斉《せい》に亡命する。詳しくは解説参照。○**帰**《おく》**る** 贈る。○**亡**《な》**きを時**《とき》**として** 不在の時を見計らって。○**塗**《みち》 道。ここでは「道すがら」の意。

せんな」。「日月はどんどん過ぎて行き、年はわれわれを待ってくれませんよ」。孔子は言われた。「わかりました。そのうち私はお仕えしましょう」。

名高い学者の孔子を傘下に引き入れようと、陽貨《ようか》（陽虎《ようこ》）がやつぎばやに投げかけて来る問いかけを、孔子は柳に風と受け流したあげく、最後に、「諾《だく》、吾《わ》れ将《まさ》に仕《つか》えんとす」と、やがて陽貨の期待に添うかのような返事をしているが、これは、あくまでもその場しのぎの社交辞令だった。というのも、孔子は陽貨の招請に対し、あくまで慎重な態度をとりつづけ、けっきょく応じなかったのである。

歴史的経緯をたどれば、この話の当時（紀元前五〇六年ごろから五〇二年ごろまでの時期であろう）、魯《ろ》の国は下剋上の大混乱期にあり、政治の実権は三大貴族（三桓《さんかん》。魯の桓《かん》公の子孫である季孫《きそん》氏、孟孫《もうそん》氏、叔孫《しゅくそん》氏を指す）から、さらにその家臣の手に移っていた。なかでも威勢をふるったのは三桓の一つ、季孫氏の家臣だった陽貨であり、三桓を制圧して、魯の国政を意のままに動かした。陽貨の専横は紀元前五〇二年、頂点に達し、三桓を排除すべくクーデタを起こしたが、三桓の総反撃を受けて失敗、翌年（前五〇一年）、斉《せい》に亡命するに至った。

なお、陽貨の招聘にはおいそれと応じなかった孔子が、けっきょく取りやめにしたものの、陽貨に同調してクーデタを起こした公山弗擾《こうざんふつじょう》の招請を受けようとした話が、陽貨（本篇）17－5に見える。もともと三桓の跋扈《ばっこ》を許し難く思っていた孔子は、この時期、大いに動揺したとおぼしい。この点については、17－5の解説を合わせて参照。

陽貨 17－2

子曰、性相近也。習相遠也。

子曰《しいわ》く、性相《せいあ》い近《ちか》き也《なり》。習《なら》い相《あ》い遠《とお》き也《なり》。

先生は言われた。「人のもともとの素質にはそれほど個人差はない。ただ後天的な習慣・学習によって距離が生じ遠く離れる」。

○**性**《せい》 もともとの素質。○**習**《なら》**い** 後天的な習慣・学習。

人は生のスタートではほとんど変わらないのに、以後の生きかた、学習のしかたによって、大きな差異が生じるという。もともと誰もがひとしく大いなる可能性をもつという、この人間観はまことに健やかである。通説では、こうした孔子の考えかたが体系化され、後世における儒家思想の性善説につながってゆくとされる。

陽貨 17－3

子曰、唯上知與下愚不移。

子曰《しいわ》く、唯《た》だ上知《じょうち》と下愚《かぐ》は移《うつ》らず。

先生は言われた。「ただ最上の知者と最下の愚者だけは、変化しない」。

○上知《じょうち》 最上の知者。○下愚《かぐ》 最下の愚者。

前章の、人は後天的な習慣や学習によって変化しうるという発言を補足し、例外として、最上の知者と最下の愚者だけは変化しないと述べたもの。最上の知者は極点まで上りつめた存在だから、それ以上、上昇しえず、最下の愚者はまったく上昇の見込みがないということである。

陽貨 17－4

子之武城、聞弦歌之聲。夫子莞爾而笑曰、割雞焉用牛刀。子游對曰、昔者偃也聞諸夫子。曰、君子學道則愛人、小人學道則易使也。子曰、二三子、偃之言是也。前言戲之耳。

子《し》 武城《ぶじょう》に之《ゆ》き、弦歌《げんか》の声《こえ》を聞《き》く。夫子《ふうし》 莞爾《かんじ》として笑《わら》いて曰《いわ》く、鶏《にわとり》を割《さ》くに焉《いず》くんぞ牛刀《ぎゅうとう》を用《もち》いん。子游《しゆう》対《こた》えて曰《いわ》く、昔者《むかし》 偃《えん》や諸《これ》を夫子《ふうし》に聞《き》く。曰《いわ》く、君子《くんし》 道《みち》を学《まな》べば則《すなわ》ち人《ひと》を愛《あい》し、小人《しょうじん》 道《みち》を学《まな》べば則《すなわ》ち使《つか》い易《やす》き也《なり》と。子《し》曰《いわ》く、二三子《にさんし》、偃《えん》の言《げん》 是《ぜ》也《なり》。前言《ぜんげん》は之《こ》れに戯《たわ》むるるのみ。

先生が武城《ぶじょう》に行かれたとき、弦楽を伴奏にして歌う声が聞こえてきた。先生はにっこり笑って言われた。「鶏を料理するのに、どうして牛切り包丁を使うのかね」。子游《しゆう》は答えて言った。「偃《わたくし》(子游の本名、言偃《げんえん》)は以前、先生からうかがったことがあります。「君子が道を学ぶと人を愛するようになり、小人が道を学ぶと使いやすくなる」と。(だから私はこの町できちんと礼楽を実施しているのです)」。先生は言われた。「諸君、偃《えん》(子游)の言うとおりだ。さっき言ったのは冗談だよ」。

○**武城**《ぶじょう》 山東省費《ひ》県。○**莞爾**《かんじ》 にっこりと笑うさま。○**二三子**《にさんし》 きみたち、諸君、みなさん。

子游《しゆう》が就職して、武城《ぶじょう》という小さな町の宰《さい》(地方長官)になった話は、雍也6-14にも見える。このとき、孔子がようすを見に出かけると、弦楽を伴奏にして歌う声が聞こえてくる。子游はこの小さな町で正式の礼楽教育を実施していたのである。なんとまた大げさなと、思わず孔子は笑みを浮かべ、「鶏《にわとり》を割《さ》くに焉《いず》くんぞ牛刀《ぎゅうとう》を用《もち》いん」とからかってしまう。すると、子游は「私は以前に先生からうかがったことがあります云々」と、生真面目に反論した。なるほどと感じ入った孔子は、お供をしてきた他の弟子たちに向かって、自分がまちがっていたと、あっさり失言を認めたというわけである。

このように、「過《あやま》てば則《すなわ》ち改《あらた》むるに憚《はばか》ること勿《な》かれ」(学而1-8、子罕9-25など)をみごとに実践する孔子は、頑固な道学者先生とはおよそ異なる、柔軟な精神の持ち主にほかならなかった。からかわれて気色ばむ子游、これを見てあっさり前言を取り消す孔子、というふうに、全体としてユーモラスな情趣あふれる場面である。

陽貨 17－5

公山弗擾以費畔。召。子欲往。子路不説曰、末之也已。何必公山氏之之也。子曰、夫召我者豈徒哉。如有用我者、吾其爲東周乎。

公山弗擾《こうざんふつじょう》 費《ひ》を以《もっ》て畔《そむ》く。召《よ》ぶ。子《し》 往《ゆ》かんと欲《ほっ》す。子路《しろ》 説《よろこ》ばずして曰《いわ》く、之《ゆ》くこと末《な》ければ已《や》む。何《なん》ぞ必《かなら》ずしも公山氏《こうざんし》に之《こ》れ之《ゆ》かんや。子《し》曰《いわ》く、夫《そ》れ我《わ》れを召《よ》ぶ者《もの》は豈《あ》に徒《いたず》らならんや。如《も》し我《わ》れを用《もち》うる者《ものあ》有らば、吾《わ》れ其《そ》れ東周《とうしゅう》を為《な》さんか。

公山弗擾《こうざんふつじょう》が費《ひ》を拠点として魯《ろ》に反乱を起こし、孔子を招請した。先生は応じようとされたが、子路《しろ》は不機嫌になって言った。「行くところがなければ、それまでのことです。どうしてわざわざ公山弗擾のもとへなど行かれるのですか」。先生は言われた。「そもそも私を招請する者に理由のないはずがない。もしも私を用いてくれる者があれば、私はそこを東の周《しゅう》にしてみせよう（初期の周王朝のすぐれた政治と文化をこの東方で実現してみせよう）」。

○**公山弗擾**《こうざんふつじょう》 季孫《きそん》氏の家臣であり、季孫氏の本拠である費城《ひ》の管理者だった。陽貨（本篇）17－1に登場する陽貨《ようか》（陽虎《ようこ》）のクーデタに呼応して反旗をひるがえした。詳細は解説参照。
○**畔く**《そむ》 反旗をひるがえす、謀反する。

『史記《しき》』孔子世家《こうしせいか》によれば、これは、魯《ろ》の定公《てい》八年（前五〇二）、孔子五十歳のときの話だという。陽貨（本篇）17－1解説で述べたように、もともと季孫《きそん》氏の執事であり、このとき魯の実権を握っていた陽貨《ようか》（陽虎《ようこ》）は、三桓《さんかん》（魯の三大貴族）を排除し、さらに権力を強化すべくクーデタを起こした。やはり季費城《ひ》の管理者だった公山弗擾《こうざんふつじょう》(『史記』などでは公山不狃《こうざんふじゅう》)は、陽貨のクーデタに呼応して反旗をひるがえした。陽貨の招請にはすぐに応じなかった孔子が、公山弗擾の招請に即座に応じようとしたのは、公山弗擾のほうが礼儀を心得た人物であり、それが正式の招請だったためだという。

いずれにせよ、孔子はもともと三桓のやり口に憤懣を抱いており、その打破をはかる公山弗擾らに共感するところがあったとおぼしい。ちなみに、『史記』はそれまで政治に関わる機会に恵まれなかった孔子は、公山弗擾の要請に応じて現実政治に乗りだそうとしたのだという。しかし、ここに示されている子路《しろ》をはじめ、弟子たちの反対もあったのか、けっきょく孔子は招請に応じなかった。ここではふだんは無謀な子路が引きとめ役にまわり、先生の孔子のほうが、意気込んで無謀なのも、なかなか面白い展開である。孔子はけっしておさまりかえった先生ではなく、行き過ぎもあれば失敗もあり、それを弟子たちの前で糊塗《こと》しようとはしなかった。まことにこだわりのない開放的な人物だったのである。

それはさておき、結果的にみれば、公山弗擾に加担しなかったことは、孔子にとって幸いであった。首謀者陽貨は翌年の紀元前五〇一年、敗北して出奔し、彼らのクーデタは失敗に終わった。この直後、孔子は定公に認められて出仕し、しかも紀元前四九九年には大司寇《だいしこう》(司法長官)に抜擢される。こうしてみると、公山弗擾の招請は、孔子が念願の政治参加を果たす直前の事件だったことになる。もっとも、ようやく念願の舞台におどりでたものの、そのわずか二年後、孔子は三桓の勢力削減に失敗して辞職、魯を去る羽目になってしまうのである。

陽貨 17－6

子張問仁於孔子。孔子曰、能行五者於天下、爲仁矣。請問之。曰、恭寬信敏惠。恭則不侮。寬則得衆。信則人任焉。敏則有功。惠則足以使人。

子張《しちょう》 仁《じん》を孔子《こうし》に問《と》う。孔子《こうし》曰《いわ》く、能《よ》く五者《ごしゃ》を天下《てんか》に行《おこな》うを、仁《じん》と為《な》す。請《こ》う之《こ》れを問《と》わん。曰《いわ》く、恭《きょう》・寛《かん》・信《しん》・敏《びん》・恵《けい》。恭《きょう》なれば則《すなわ》ち侮《あなど》られず。寛《かん》なれば則《すなわ》ち衆《しゅう》を得《う》。信《しん》なれば則《すなわ》ち人任《ひとにん》ず。敏《びん》なれば則《すなわ》ち功《こう》有《あ》り。恵《けい》なれば則《すなわ》ち以《もっ》て人《ひと》を使《つか》うに足《た》る。

子張《しちょう》が仁について孔子にたずねた。孔子は言われた。「五つのことを天下に実行できることを、仁とする」。(子張が言った。)「どうかその(五つの)ことをお聞きかせください」。(孔子は)言われた。「恭《きょう》・寛《かん》・信《しん》・敏《びん》・恵《けい》だ。うやうやしくすれば、バカにされない。寛大であれば、人望が得られ、誠実に信義を守れば、人から信頼され、敏捷であれば、業績があがり、恵み深ければ、人を十分に使うことができる」。

○**恭**《きょう》 うやうやしさ。○**寛**《かん》 寛大さ。○**信**《しん》 誠実に信義を守ること。○**敏**《びん》 敏捷さ。○**恵**《けい》 恵み深いこと。○**功**《こう》 功績、業績。

この章および次々章は、「季氏第十六」に多く見られたような数字を用いた図式的表現であり、孔子の発言に特有ののびやかさに欠け、子張《しちょう》や子路《しろ》とのやりとりも無味乾燥のきらいがある。

陽貨 17－7

佛肸召。子欲往。子路曰、昔者由也聞諸夫子。曰、親於其身爲不善者、君子不入也。佛肸以中牟畔。子之往也如之何。子曰、然。有是言也。不曰堅乎、磨而不磷。不曰白乎、涅而不緇。吾豈匏瓜也哉。焉能繫而不食。

仏肸《ひっきつ》召《まね》く。子《し》往《ゆ》かんと欲《ほっ》す。子路《しろ》曰《いわ》く、昔者《むかし》由《ゆう》や諸《これ》を夫子《ふうし》に聞《き》く。曰《いわ》く、親《みずか》ら其《そ》の身《み》に於《お》いて不善《ふぜん》を為《な》す者《もの》は、君子《くんし》入《い》らざる也《なり》と。仏肸《ひっきつ》は中牟《ちゅうぼう》を以《もっ》て畔《そむ》く。子《し》の往《ゆ》くや之《こ》れを如何《いかん》。子《し》曰《いわ》く、然《しか》り。是《こ》の言有《げんあ》る也《なり》。堅《かた》しと曰《い》わずや、磨《ま》して磷《うす》らがず。白《しろ》しと曰《い》わずや、涅《でっ》して緇《くろ》まず。吾《わ》れ豈《あ》に匏瓜《ほうか》ならんや。焉《いず》くんぞ能《よ》く繫《かか》りて食《く》らわざらん。

仏肸《ひっきつ》から招請され、先生は行こうとされた。子路《しろ》は言った。「昔、由《わたくし》（子路の本名、仲由《ちゅうゆう》）はこんなことを先生からうかがいました。「自分自身、その身で善からぬことを行っている者のところには、君子は足を踏み入れないものだ」と。仏肸は中牟《ちゅうぼう》に依拠して（晋《しん》に）謀反しています。先生がそこへ行かれるのはいかがなものでしょうか」。先生は言われた。「そうだ。そう言った。こんな言葉がある。「堅いではないか、いくら磨いても薄くならないものは。白いではないか、いくら染めても黒くならないものは」。私がどうしてにが瓜だろうか。どうしてぶら下がったまま、人に食われず

○**仏肸**《ひっきつ》　諸説あるが、晋《しん》の重臣范《はん》氏の家臣で、范氏の領地中牟《ちゅうぼう》（河南省）の長官だったとされる。複雑な政治状況のもと、紀元前四九〇年、孔子六十二歳のときに、中牟に依拠して晋に反旗をひるがえしたという。○**磨**《ま》**して磷**《うす》**らがず**　いくら磨《みが》いても薄くならない。○**涅**《でっ》**して緇**《くろ》**まず**　いくら染めても黒くならない。○**匏瓜**《ほうか》

にいられようか」。

——にが瓜《うり》。

中牟《ちゅうぼう》に依拠して晋《しん》に反旗をひるがえした仏肸《ひっきつ》から、孔子が招請されたのは、紀元前四九〇年、六十二歳のときだった。陽貨(本篇)17-5に見える公山弗擾《こうざんふつじょう》から招請を受けた十二年後である。このときもまた剛毅な子路《しろ》は敢然と反対するが、孔子は自分さえ毅然としていればいいのだから、たとえ仏肸のような問題の多い人物でも、招かれたら応じると答える。諸国を遊説し、自分の理想を実現してくれそうな君主がいないことに失望を深めた孔子が、あえて渦中に踏み込もうと前のめりになっていたことを、うかがわせる言葉である。もっとも、今度もまた子路など弟子たちの反対がつよかったのか、けっきょく孔子は仏肸の招請には応じなかった。なお、末尾の「吾《わ》れ豈《あ》に匏瓜《ほうか》ならんや。焉《いず》くんぞ能《よ》く繋《かか》りて食《く》らわざらん」の読みかたには異説があるが、文脈を考慮して上記のように解した。

陽貨 17-8

子曰、由也、女聞六言六蔽矣乎。對曰、未也。居、吾語女。好仁不好學、其蔽也愚。好知不好學、其蔽也蕩。好信不好學、其蔽也賊。好直不好學、其蔽也絞。好勇不好學、其蔽也亂。好剛不好學、其蔽也狂。

子《し》曰《いわ》く、由《ゆう》や、女《なんじ》六言六蔽《ろくげんろくへい》を聞《き》けるか。対《こた》えて曰《いわ》く、未《いま》だし。居《お》れ、吾《わ》れ女《なんじ》に語《つ》げん。仁《じん》を好《この》んで学《がく》を好《この》まず、其《そ》の蔽《へい》や愚《ぐ》。知《ち》を好《この》んで学《がく》を好《この》まず、其《そ》の蔽《へい》や蕩《とう》。信《しん》を好《この》んで学《がく》を好《この》まず、其《そ》の蔽《へい》や賊《ぞく》。直《ちょく》を好《この》んで学《がく》を好《この》まず、其《そ》の蔽《へい》や絞《こう》。勇《ゆう》を好《この》んで学《がく》を好《この》まず、其《そ》の蔽《へい》や乱《らん》。剛《ごう》を好《この》んで学《がく》を好《この》まず、其《そ》の蔽《へい》や狂《きょう》。

先生は言われた。「由《ゆう》（子路《しろ》の本名、仲由《ちゅうゆう》）よ、おまえは六言六蔽《ろくげんろくへい》を聞いたことがあるか」。（子路は）答えて言った。「まだうかがっていません」。（先生は言われた。）「座りなさい。おまえに話してやろう。仁（仁徳）を好んで学問を好まなければ、その弊害は愚かになることだ。知（知識）を好んで学問を好まなければ、その弊害はとめどがなくなることだ。信（信義）を好んで学問を好まなければ、その弊害は人も自分も損なうことだ。直（正直さ）を好んで学問を好まなければ、その弊害は窮屈になることだ。勇（勇気）を好んで学問を好まなければ、その弊害は無秩序になることだ。剛（剛毅さ）を好んで学問を好まなければ、その弊害は度を越えて狂おしくなることだ」。

○**六言六蔽**《ろくげんろくへい》 六つの言葉についての六つの弊害。六つの言葉とは、以下にあげられる、仁、知、信、直、勇、剛、を指す。○**蕩**《とう》 とめどがないこと、デタラメ。○**賊**《ぞく》 ここでは、人も自分も損なうこと。○**絞**《こう》 窮屈。○**乱**《らん》 無秩序。○**狂**《きょう》 度を越えた狂おしさ。

子路《しろ》との問答だが、孔子はここで本格的に語りはじめるにさいし、子路に「居《お》れ、吾《わ》れ女《なんじ》に語《つ》げん」と命じている。こうした改まった調子は、『論語』ではこの章にしか見えない堅苦しいものであり、この章の伝承に、他とは異質なものがあることをうかがわせる。さらにまた、孔子の言葉が前々章と同様、数字を使った図式的なものであることも、いっそうこの章の異質性を浮き立たせている。

陽貨 17－9

子曰、小子何莫學夫詩。詩可以興、可以觀、可以羣、可以怨。邇之事父、遠之事君。多識於鳥獸艸木之名。

子《し》曰《いわ》く、小子《しょうし》何《なん》ぞ夫《か》の詩《し》を学《まな》ぶ莫《な》きや。詩《し》は以《もっ》て興《おこ》す可《べ》く、以《もっ》て観《み》る可《べ》く、以《もっ》て群《つど》う可《べ》く、以《もっ》て怨《うら》む可《べ》し。之《こ》れを邇《ちか》くしては父《ちち》に事《つか》え、之《こ》れを遠《とお》くしては君《きみ》に事《つか》う。多《おお》く鳥獣艸木《ちょうじゅうそうもく》の名《な》を識《し》る。

先生は言われた。「若者たちよ、どうして詩（『詩経《しきょう》』）を学ばないのか。詩を学べば、もろもろの事がらを比喩的に表現できるし、世間を観察できるし、みんなといっしょに楽しむことができるし、政治を批判することもできる。近くは父に仕え、遠くは君主に仕え、多くの動物や植物の名称を覚えるにも役立つものだ」。

○**小子**《しょうし》 若い弟子への呼びかけ、若者たちよ。○**詩**《し》 『詩経《しきょう》』。

孔子が若い弟子たちに対して、詩すなわち『詩経《しきょう》』を学ぶ効用を説いた有名な発言であり、まず、「興《きょう》」「観《かん》」「群《ぐん》」「怨《えん》」の四つの効用が説かれる。「興」は、修辞法的には詩全体の雰囲気をあらかじめ暗示すべく、冒頭に置かれる比喩表現の一種、暗喩を指し、『詩経』独特のものである。ここでは、そうした比喩的表現に習熟することができるという意味に解した。つづく「観」は、広く世間のありさまを観察しうること、「群」は大勢の人々と楽しみを共有しうること、「怨」は間接的に現在の政治を批判しうることをいう。

こうして『詩経』を学んで得られる四つの基本的な効用をあげたうえで、現実的かつ具体的な効用として、父や君主など上位者に対する態度や姿勢を学び、詩にあらわれる多様な動植物の名称が覚えられることをあげる。

孔子が古典のうち、『詩経』を最重視したことは、息子の孔鯉《こうり》にまずこれを学ぶように勧めたことからも、明らかである（季氏16－13）。ただ、その効用を説くこのくだりの発言は、あまりに功利的で理に落ち、孔子のおおかたの発言に見られる伸びやかさに欠ける。すでに論者の指摘があるように、おそらく孔子の言葉をそのまま記したものではなく、後の編纂者によって整理されたものであろう。

陽貨 17－10

子謂伯魚曰、女爲周南召南矣乎。人而不爲周南召南、其猶正牆面而立也與。

子《し》 伯魚《はくぎょ》に謂《い》いて曰《いわ》く、女《なんじ》は周南《しゅうなん》・召南《しょうなん》を為《まな》びたるか。人《ひと》にして周南《しゅうなん》・召南《しょうなん》を為《まな》ばざれば、其《そ》れ猶《な》お正《まさ》しく牆《しょう》に面《むか》いて立《た》つがごときか。

先生は伯魚《はくぎょ》（孔鯉《こうり》）に対して言われた。「おまえは（『詩経《しきょう》』の）周南《しゅうなん》と召南《しょうなん》を学んだか。人間として周南と召南を学ばなければ、壁に向かって立っているようなものだ」。

○**伯魚**《はくぎょ》　孔子の息子、本名は孔鯉《こうり》。
○**周南**《しゅうなん》**・召南**《しょうなん》　『詩経《しきょう》』国風《こくふう》の冒頭に置かれた二巻。周《しゅう》王朝初期のもっと

孔子が息子の孔鯉《こうり》に『詩経《しきょう》』を学ぶように勧めたことは、すでに季氏16－13に見えるが、ここではいっそう具体的に、『詩経』のうちでも、もっともオーソドックスな国風《こくふう》冒頭の「周南《しゅうなん》」と「召南《しょうなん》」の二巻を学ぶように強く示唆している。まずこれを学ばなければ、「牆《しょう》に面《むか》いて立《た》つがごとし」というのは、壁に直面して立っているようなもので、まったく先が見えず、見通しがきかないという意味であろう。たいへん面白い比喩であり、なるほどと納得させられる。

もオーソドックスな歌謡とされる。○為《まな》ぶ ここでは「学ぶ」の意。○牆《しょう》 垣根、壁。

陽貨 17－11

子曰、禮云禮云、玉帛云乎哉。樂云樂云、鐘鼓云乎哉。

子曰《しいわ》く、礼《れい》と云《い》い礼《れい》と云《い》う、玉帛《ぎょくはく》を云《い》わんや。楽《がく》と云《い》い楽《がく》と云《い》う、鐘鼓《しょうこ》を云《い》わんや。

先生は言われた。「礼だ礼だというけれども、（儀式の道具の）玉《ぎょく》と絹が問題ではない。音楽だ音楽だというけれども、鐘《しょう》と太鼓が問題なのではない」。

○玉帛《ぎょくはく》 儀式に用いる玉《ぎょく》と絹。○鐘《しょう》鼓《こ》 楽器の鐘《しょう》と太鼓。

礼についても音楽についても、大事なのは精神であり、玉《ぎょく》と絹や鐘《しょう》と太鼓のような道具ではないということ。

陽貨 17-12

子曰、色厲而内荏、譬諸小人、其猶穿窬之盗也與。

子《し》曰《いわ》く、色厲《いろはげ》しくして内荏《うちやわら》かなるは、諸《これ》を小人《しょうじん》に譬《たと》うれば、其《そ》れ猶《な》お穿窬《せんゆ》の盗《とう》のごときか。

先生は言われた。「顔つきはきびしいが、内心、ぐにゃぐにゃと軟弱な者は、小人に例を取れば、こそ泥のようなものであろうか」。

○**色厲《いろはげ》し** 顔つきがきびしいこと。○**内荏《うちやわら》か** 内心、ぐにゃぐにゃと軟弱であること。○**小人《しょうじん》** ここでは、低い身分階層に属し芳しくない性向をもつ者を指す。○**穿窬《せんゆ》の盗《とう》** こそ泥。

見かけ倒しで実は軟弱な者を、臆病なこそ泥に喩えるとは、辛辣というほかない。

陽貨 17－13

子曰、郷原徳之賊也。

子曰《しいわ》く、郷原《きょうげん》は徳《とく》の賊也《ぞくなり》。

先生は言われた。「俗受けのするエセ君子は、徳義の泥棒である」。

○郷原《きょうげん》 俗受けのするエセ君子。○賊《ぞく》 盗人、泥棒。

陽貨 17－14

子曰、道聴而塗説、徳之棄也。

子曰《しいわ》く、道《みち》に聴《き》いて塗《みち》に説《と》くは、徳《とく》を之《こ》れ棄《す》つる也《なり》。

先生は言われた。「道で小耳にはさんだことを、すぐ道で言いふらすのは、徳義を放棄することだ」。

○道《みち》に聴《き》いて塗《みち》に説《と》く 道で小耳にはさんだことを、すぐ道で言いふらすこと。いわゆる「道聴塗説《どうちょうとせつ》」である。

これまたグサッと胸に突き刺さる痛烈な言葉である。

陽貨
17－15

子曰、鄙夫可與事君也與哉。其未得之也、患得之。既得之、患失之。苟患失之、無所不至矣。

子曰《しいわ》く、鄙夫《ひふ》は与《とも》に君《きみ》に事《つか》う可《べ》けんや。其《そ》の未《いま》だ之《こ》れを得《え》ざれば、之《こ》れを得《え》んことを患《うれ》う。既《すで》に之《こ》れを得《う》れば、之《こ》れを失《うしな》わんことを患《うれ》う。苟《いや》しくも之《こ》れを失《うしな》わんことを患《うれ》うれば、至《いた》らざる所無《ところな》し。

先生は言われた。「下劣な小心者とはいっしょに君主に仕えることはできない。まだ地位を手に入れていないときは、手に入れたいものだと、くよくよ悩む。地位を手に入れてしまったときは、失うことをくよくよ心配する。地位を失うことを心配しだすと、どんなことでもやりかねない」。

○鄙夫《ひふ》　下劣な小心者。○之《こ》れ　ここでは「地位」を指す。

これまた痛烈な言葉である。陽貨(本篇)17－12からここまで、救いようのないマイナス性を帯びた人間に対する、辛辣にして痛烈な発言がつづく。

陽貨 17－16

子曰、古者民有三疾。今也或是之亡也。古之狂也肆、今之狂也蕩。古之矜也廉、今之矜也忿戾。古之愚也直、今之愚也詐而已矣。

子《し》曰《いわ》く、古者《いにしえ》は民《たみ》に三《みっ》つの疾《やまい》有《あ》り。今《いま》や或《あるい》は是《こ》れすらも亡《な》き也《なり》。古《いにしえ》の狂《きょう》や肆《し》、今《いま》の狂《きょう》や蕩《とう》。古《いにしえ》の矜《きょう》や廉《れん》、今《いま》の矜《きょう》や忿戾《ふんれい》。古《いにしえ》の愚《ぐ》や直《ちょく》、今《いま》の愚《ぐ》や詐《さ》のみ。

先生は言われた。「昔は人間に三つの欠点があったが、今はそれすらなくなってしまった。昔の狂（度を越した狂おしさをもつ人間）は、自由奔放だったが、今の狂はデタラメなだけだ。昔の矜《きょう》（傲慢な人間）は意志の強さがあったが、今の矜は怒りっぽく、ねじけているだけだ。昔の愚か者は正直だったが、今の愚か者は人をペテンにかけるだけだ」。

○**民**《たみ》 雍也6－22、29と同様、ここでは「人、人間」の意。○**三つの疾**《みっ・やまい》 後出の狂、矜、愚の三つを指す。○**狂**《きょう》 度を越した狂おしさをもつ人間。○**肆**《し》 ほしいまま、自由奔放。○**蕩**《とう》 とめどがないこと、デタラメ。○**矜**《きょう》 傲慢な人間。○**廉**《れん》 ここでは、意志の強さ。○**忿戾**《ふんれい》 怒りっぽく、ねじけていること。○**詐**《さ》 いつわり、人を騙しペテンにかけること。

マイナス性を帯びた人間も昔は取り柄があったが、時代とともに品くだり、今は何の取り柄もなくなり、マイナス性が強まるばかりだと慨嘆した言葉。なお「古者《いにしえ》は民《たみ》に三《みっ》つの疾《やまい》有《あ》り」の「民」を、「人民」と解するのが一般的だが、注にも記したように、ここでは、そのほうが妥当であると考えられるので、雍也6－22、29に前例があるように、「人、人間」と解した。

陽貨 17－17

子曰、巧言令色、鮮矣仁。

子《し》曰《いわ》く、巧言令色《こうげんれいしょく》、鮮《すくな》し仁《じん》。

先生は言われた。「巧妙な言葉づかい、とりつくろった表情の人間は真情に欠ける」。

学而1－3とまったく同じ言葉である。

陽貨 17－18

子曰、悪紫之奪朱也。悪鄭聲之亂雅樂也。悪利口之覆邦家者。

子《し》曰《いわ》く、紫《むらさき》の朱《しゅ》を奪《うば》うを悪《にく》む也《なり》。鄭声《ていせい》の雅楽《ががく》を乱《みだ》るを悪《にく》む也《なり》。利口《りこう》の邦家《ほうか》を覆《くつがえ》す

者《もの》を悪《にく》む。

先生は言われた。「紫色が朱色を圧倒することを、私は憎む。（煽情的な）鄭《てい》の音楽が雅楽を混乱させることを、私は憎む。口のうまい野心家が国家を混乱させることを、私は憎む」。

○**鄭声**《ていせい》　鄭の音楽。○**雅楽**《ががく》　古典音楽。
○**利口**《りこう》　口のうまい野心家。

青、黄、赤（朱）、白、黒を正色《せいしょく》、二つ以上の正色を混ぜ合わせたものを間色《かんしょく》という。古代では正色が尊ばれたが、しだいに赤と青を混合して成る紫のような間色が尊ばれるようになる。孔子はこうして純粋なものより混ぜものの価値が高くなってゆく、色彩観の変化を怒り憎む。また音楽においても、優美な雅楽すなわちクラシックはしだいに廃れ、鄭《てい》の国の音楽のような煽情的なものが盛んになってゆくことに、怒りと憎しみを覚える。純粋かつ調和的な文化や芸術を好んだ古典主義者、孔子らしい発言である。

こうして色彩や音楽において、しだいに孔子の嫌う「まがい物」が本物を圧倒するのと同様、春秋の乱世では下剋上の嵐が吹き荒れ、「利口」すなわち弁はたつが実《じつ》のない野心家が巧みに立ち回って、しばしば国家を混乱させた。この事態を黙過できないと、孔子は辛辣な口調で裁断するのである。なお、衛霊公15－11の顔淵《がんえん》とのやりとりでも、孔子は、「鄭声《ていせい》を放《はな》ち、佞人《ねいじん》を遠《とお》ざく。鄭声《ていせい》は淫《いん》、佞人《ねいじん》は殆《あや》うし（鄭の音楽を追放し、口のうまい人間を排除しなさい。鄭の音楽は煽情的であり、口のうまい人間は危いからだ）」と、述べている。

陽貨
17－19

子曰、予欲無言。子貢曰、子如不言、則小子何述焉。子曰、天何言哉。四時行焉、百物生焉。天何言哉。

子曰《しいわ》く、予《わ》れ言《い》うこと無《な》からんと欲《ほっ》す。子貢曰《しこういわ》く、子《し》如《も》し言《い》わずば、則《すなわ》ち小子《しょうし》何《なに》をか述《の》べん。子曰《しいわ》く、天《てん》　何《なに》をか言《い》わんや。四時《しじ》行《おこな》わる、百物《ひゃくぶつ》生《しょう》ず。天《てん》　何《なに》をか言《い》わんや。

先生は言われた。「私はこれから何も言わないでおこうと思う」。子貢《しこう》が言った。「先生が何もおっしゃらなかったら、私たちは何によって語ったらいいのでしょうか」。先生は言われた。「天は何も言わないのに、四季はめぐり、もろもろの生物が生育する。しかし天は何も言わない」。

いくら言葉を尽くして語っても、弟子たちがなかなか自分の真意を理解してくれないことに嘆きいらだったのか、あるとき孔子は、これからはもう何も言わないと宣言する。驚いた優秀な高弟子貢《しこう》が、それでは私たち弟子には、もとづくものがなくなり困りますと言い、思い直してもらおうとする。すると、孔子は、見てごらん、天は何も言わないのに、万物はうまく運行しているではないか、と言う。私が何も言わなくとも、きみたちも自分で考えて、それぞれ自立してやってゆけるはずだというわけだ。

弟子たちとの意思疎通がままならないことに失望した孔子が、突然もうやめた、口もききたくないと言いだし、子貢をはじめとする弟子たちは見放されたと思い、うろたえるさまが彷彿とする面白い話である。

陽貨 17－20

孺悲欲見孔子。孔子辭以疾。將命者出戶。取瑟而歌、使之聞之。

孺悲《じゅひ》孔子《こうし》を見《み》んと欲《ほっ》す。孔子《こうし》辞《じ》するに疾《やまい》を以《もっ》てす。命《めい》を将《おこな》う者《もの》戸《こ》を出《い》づ。瑟《しっ》を取《と》って歌《うた》い、之《こ》れをして之《こ》れを聞《き》かしむ。

孺悲《じゅひ》が孔子に会おうとした。孔子は、病気を口実に断られた。それを取りつぐ者が部屋の戸口を出るや、（孔子は）瑟《しつ》を手に取って、（弾きながら）歌われ、彼（孺悲）にこれ（病気ではないこと）をわからせられた。

○**孺悲**《じゅひ》　魯《ろ》の人。魯の哀《あい》公に命ぜられ、孔子に喪礼を学んだとされる。○**命**《めい》**を将**《おこな》**う者**《もの》　主人（ここでは孔子）の言葉を取りつぐ者。○**瑟**《しつ》　大型の琴《きん》。先進11－15注参照。

孺悲《じゅひ》という人物の訪問をうけたとき、孔子は取りつぎの者を通じて、病気を口実に面会を断った。かくてその意向が相手の人物に伝わったころ、孔子は瑟《しつ》を弾きながら歌をうたいだす。こうして自分は病気ではなく、会う意思がないことを婉曲に伝えたというわけだ。ずいぶん意地の悪いやりかたに見えるが、相手はこんな仕打ちをされても仕方がないほど、嫌な人物だったのであろう。それはさておき、この話は、孔子が日常的に弾き語りをしていたことを示しており、その意味でも興味深い。

陽貨 17－21

宰我問。三年之喪、期已久矣。君子三年不爲禮、禮必壞。三年不爲樂、樂必崩。舊穀既沒、新穀既升。鑽燧改火。期可已矣。子曰、食夫稻、衣夫錦。於女安乎。曰、安。女安、則爲之。夫君子之居喪、食旨不甘。聞樂不樂。居處不安。故不爲也。今女安、則爲之。宰我出。子曰、予之不仁也。子生三年、然後免於父母之懷。夫三年之喪、天下之通喪也。予也有三年之愛於其父母乎。

宰我《さいが》問《と》う。三年《さんねん》の喪《も》は、期《き》已《すで》に久《ひさ》し。君子《くんし》三年《さんねん》礼《れい》を為《な》さざれば、礼必《れいかなら》ず壊《やぶ》れん。三年《さんねん》楽《がく》を為《な》さざれば、楽必《がくかなら》ず崩《くず》れん。旧穀既《きゅうこくすで》に没《つ》き、新穀既《しんこくすで》に升《な》る。燧《すい》を鑽《き》りて火《ひ》を改《あらた》む。期《き》にして可《か》なり。子《し》曰《いわ》く、夫《か》の稲《いね》を食《く》らい、夫《か》の錦《にしき》を衣《き》る。女《なんじ》に於《お》いて安《やす》きや。曰《いわ》く、安《やす》し。女安《なんじやす》くば、則《すなわ》ち之《こ》れを為《な》せ。夫《そ》れ君子《くんし》の喪《も》に居《お》るや、旨《うま》きを食《く》ろうて甘《あま》からず。楽《がく》を聞《き》いて楽《たの》しからず。居処安《きょしょやす》からず。故《ゆえ》に為《な》さざる也《なり》。今《いま》女《なんじ》安《やす》くば、則《すなわ》ち之《こ》れを為《な》せ。宰我《さいが》出《い》づ。子《し》曰《いわ》く、予《よ》の不仁《ふじん》なるや。子《こ》生まれて三年《さんねん》、然《しか》る後《のち》に父母《ふぼ》の懐《ふところ》を免《まぬか》る。夫《そ》れ三年《さんねん》の喪《も》は、天下《てんか》の通喪也《つうそうなり》。予《よ》や三年《さんねん》の其《そ》の父母《ふぼ》に愛《おし》むこと有《あ》るか。

宰我《さいが》がたずねた。「三年の喪は(長すぎますから)、一年でもう十分です。君子が三年間、礼法を実施しなければ、礼法はきっと崩壊するでしょう。三年間、音楽をやらなければ、音楽はきっと崩壊するでしょう。(一年たてば)去年の穀物は底を尽き、今年の穀物がすでに実っていますし、木をこすり合わせておこす火も新しく変わっています。(喪は)一年でよろしいでしょう」。先生は言われた。「(あの上等の)米の飯を食べ、錦の着物を身につけて、おまえは心穏やかなのか」。(宰我は)言った。「穏やかです」。(先生は言われた。)「おまえが心穏やかならば、そうしなさい。そもそも君子は喪に服している間、うまいものを食べてもうまくはなく、音楽を聞いても楽しくなく、家にいても落ち着かない。このために、そうしないのだ。今、おまえが心穏やかなら、そういうことをしなさい」。宰我が退出すると、先生は言われた。「予《よ》(宰我の本名、宰予《さいよ》)は不人情なやつだな。子供は生まれて三年してから、父母の懐から離れるものだ。そもそも三年の喪は天下に広く行われている規定だ。予は父母に対して(お返しの)三年をケチケチするのか」。

○**宰我《さいが》** 宰我は姓を宰、名を予《よ》、あざなを子我《しが》といい、孔子より二十九歳年下の弟子。○**三年《さんねん》の喪《も》** 親が死去すると、子が三年(じっさいには二十七か月もしくは二十五か月)の間、喪に服すという規定。○**期《き》** 満一年。○**旧穀《きゅうこく》** 去年の穀物。○**新穀《しんこく》** 今年の穀物。○**燧《すい》を鑽《き》りて火《ひ》を改《あらた》む** 木をこすり合わせて新しく火をおこす。○**稲《いね》** 米の飯。○**錦《にしき》** 上等の錦織。○**居処《きょしょ》** 住まい、家。○**不仁《ふじん》** 不人情。○**通喪《つうそう》** 広く行われる喪礼。○**愛《おし》む** ケチケチする。

孔子は喪礼を重視し、ことに父母に対する三年の服喪を重んじた。こうした孔子の考えかたに対し、昼寝をして孔子を憤激させるなど、何かにつけて孔子をいらだたせる弟子の宰我《さいが》が平然と、三年の喪は長すぎ、一年で十分だと主張し、孔子をほとほと呆れかえらせた話である。宰我は何度、注意されても懲りない問題児だが、怒りながら孔子はここで三年の喪の意味を嚙み砕いて説明しており、『論語』の読者にとっては意味深い章である。なお、問題児宰我の言動については、公冶長5－10、雍也6－26を合わせて参照。

陽貨17－22

子曰、飽食終日、無所用心、難矣哉。不有博弈者乎。爲之猶賢乎已。

子《し》曰《いわ》く、飽《あ》くまで食《く》らいて日《ひ》を終《お》え、心《こころ》を用《もち》うる所《ところな》無きは、難《かた》い哉《かな》。博弈《はくえき》なる者《もの》有《あ》らずや。之《こ》れを為《な》すは猶《な》お已《や》むに賢《まさ》れり。

先生は言われた。「一日中たらふく食べて、まったく頭を使わないというのは、困ったものだ。博《はく》や弈《えき》というものがあるではないか。これでもやっているほうが、何もしないよりはましではないか」。

○**博弈《はくえき》**「博」はすごろく、「弈」は囲碁。広くゲームを指す。

無為徒食するよりは、ゲームでもして頭を使うほうがましだと、だらけている弟子を叱るとは、孔子はほんとうに面白い人である。

陽貨 17-23

子路曰、君子尚勇乎。子曰、君子義以爲上。君子有勇而無義爲亂、小人有勇而無義爲盜。

子路《しろ》曰《いわ》く、君子《くんし》 勇《ゆう》を尚《たっと》ぶか。子《し》曰《いわ》く、君子《くんし》は義《ぎ》を以《もっ》て上《じょう》と為《な》す。君子《くんし》 勇有《ゆうあ》りて義無《ぎな》ければ乱《らん》を為《な》し、小人《しょうじん》 勇有《ゆうあ》りて義無《ぎな》ければ盗《とう》を為《な》す。

子路《しろ》がたずねた。「君子は勇気を尊重しますか」。先生は言われた。「君子は正しさを第一義とする。君子に、勇気があって正しさがなければ、混乱状態を引き起こす。小人に、勇気があって正しさがなければ、盗賊をはたらく」。

○義《ぎ》 正義、正しさ。○乱《らん》 混乱状態。

勇敢さでは誰にもひけをとらないと自負する子路《しろ》の質問に対し、孔子が、勇敢さだけではかえって困った状態を引き起こすことになると、やんわりとブレーキをかけたもの。孔子と子路のやりとりによく見られるパターンだが、意気軒昂と質問した子路がたしなめられ、ぐっと言葉につまる情景が彷彿とし、興趣尽きない。

陽貨 17－24

子貢曰、君子亦有惡乎。子曰、有惡。惡稱人之惡者。惡居下流而訕上者。惡勇而無禮者。惡果敢而窒者。曰、賜也亦有惡乎。惡徼以爲智者。惡不孫以爲勇者。惡訐以爲直者。

子貢《しこう》曰《いわ》く、君子《くんし》も亦《ま》た悪《にく》むこと有《あ》るか。子《し》曰《いわ》く、悪《にく》むこと有《あ》り。人《ひと》の悪《あく》を称《しょう》する者《もの》を悪《にく》む。下流《かりゅう》に居《い》て上《かみ》を訕《そし》る者《もの》を悪《にく》む。勇《ゆう》にして礼無《れいな》き者《もの》を悪《にく》む。果敢《かかん》にして窒《ふさ》がる者《もの》を悪《にく》む。曰《いわ》く、賜《し》も亦《また》た悪《にく》むこと有《あ》るか。徼《かす》めて以《もっ》て智《ち》と為《な》す者《もの》を悪《にく》む。不孫《ふそん》にして以《もっ》て勇《ゆう》と為《な》す者《もの》を悪《にく》む。訐《あば》いて以《もっ》て直《ちょく》と為《な》す者《もの》を悪《にく》む。

子貢《しこう》がたずねた。「君子もやはり憎むことがありますか」。先生は言われた。「憎むことがある。人の悪いところを言いたてる者を憎む。下位にいて上位者を非難する者を憎む。勇気はあるが礼儀を知らない者を憎む。果敢だが閉鎖的な者を憎む」。(また)言われた。「賜《し》(子貢の本名、端木賜《たんぼくし》)もやはり憎むことがあるか」。(子貢は言った。)「人の知恵をかすめ取って、自分の知恵のような顔をする者を憎みます。傲慢不遜を勇気だと思う者を憎みます。あばきたてることを正直だと思う者を憎みます」。

○**悪《にく》む** 憎む、憎悪する。○**下流《かりゅう》** 下位、低い地位。○**訕《そし》る** 非難する。○**窒《ふさ》がる者《もの》** 閉鎖的な者。○**徼《かす》む** かすめ取る、パクる。○**不孫《ふそん》** 「不遜」に同じ。傲慢不遜、傲慢無礼。○**訐《あば》く** あばきたてる。

孔子と子貢《しこう》がそれぞれ憎悪の対象とする人間像を列挙したもの。めずらしいやりとりだが、比べてみると、孔子のほうが大まかでストレートな憎悪の表現であるのに対して、子貢のほうは卑怯な人間や錯覚し思い上がった人間を標的とする、ひとひねりした憎悪の表現であり、見方が細かい。師弟の視点の差がおのずとあらわされており、興味深い。

陽貨 17 - 25

子曰、唯女子與小人爲難養也。近之則不孫、遠之則怨。

子曰《しいわ》く、唯《た》だ女子《じょし》と小人《しょうじん》とは養《やしな》い難《がた》しと為《な》す也《なり》。之《こ》れを近《ちか》づくれば則《すなわ》ち不孫《ふそん》、之《こ》れを遠《とお》ざくれば則《すなわ》ち怨《うら》む。

先生は言われた。「ただ女子と小人だけは扱いにくいものだ。これらを近づければ、傲慢無礼になるし、遠ざければ、怨みをいだく」。

○不孫《ふそん》 「不遜」に同じ。傲慢不遜、傲慢無礼。

孔子が、はるか二千五百年以上も前に生きた人であることを、改めて実感させられる発言である。

陽貨
17-26

子曰、年四十而見惡焉、其終也已。

子《し》曰《いわ》く、年四十《としししじゅう》にして悪《にく》まる、其《そ》れ終《お》わるのみ。

先生は言われた。「四十になって人に憎まれるようなら、おしまいだ」。

子罕9-23に、「四十五十《しじゅうごじゅう》にして聞《きこ》ゆること無《な》くんば、斯《こ》れ亦《ま》た畏《おそ》るるに足《た》らざるのみ（四十五十になっても、何の名声も得られないようなら、これまたいっこう畏敬するに値しない）」という言葉があり、これと同工異曲である。いずれにせよ、歯に衣《きぬ》着せぬきびしい発言だといえよう。この「陽貨第十七」は他の篇に比べて、孔子の鋭くも辛辣な発言が多く収録されているが、このきびしい発言をもって結ばれるのも、なかなか面白い構成である。

微子《びし》 第十八

微子 18－1

微子去之、箕子爲之奴、比干諫而死。孔子曰、殷有三仁焉。

微子《びし》は之《こ》れを去《さ》り、箕子《きし》は之《こ》れが奴《ど》と為《な》り、比干《ひかん》は諫《いさ》めて死《し》す。孔子《こうし》曰《いわ》く、殷《いん》に三仁有《さんじんあ》り。

微子《びし》は(紂《ちゅう》の支配する殷《いん》から)亡命し、箕子《きし》は奴隷に身をやつし、比干《ひかん》はつよく諫めて殺された。先生は言われた。「殷には三人の仁者がいた」。

○**微子《びし》** 殷《いん》王朝の亡国の天子紂《ちゅう》の兄。紂の暴虐を諫めたが、聞き入れられず亡命した。周の武王《しゅうぶ》が紂を滅ぼした後、周に帰順し、宋《そう》の始祖となる。○**箕子《きし》** 紂の叔父。やはり紂を諫めたが聞き入れられず、狂人のふりをして奴隷の仲間に入った。武王が紂を滅ぼした後、朝鮮に封ぜられた。○**比干《ひかん》** 紂の叔父。つよく紂を諫めたため、むごたらしいやりかたで処刑された。

殷《いん》の亡国の天子である、暴君紂《ちゅう》を諫めた三人の賢者のうち、紂の迫害を逃れて亡命した微子《びし》と狂ったふりをして奴隷に身をやつした箕子《きし》の二人は命長らえたが、比干《ひかん》は紂によって酷刑に処せられ惨死した。孔子はここで、それぞれ異なった身の処し方をしたこの三人を、いずれも「仁者」だと高く評価する。志さえまっとうであれば、人には多様な生きかたが可能であるという、孔子の許容量の深さを示すものである。

微子 18－2

柳下恵爲士師、三黜。人曰、子未可以去乎。曰、直道而事人、焉往而不三黜。枉道而事人、何必去父母之邦。

柳下恵《りゅうかけい》 士師《しし》と為《な》りて、三《み》たび黜《しりぞ》けらる。人曰《ひといわ》く、子《し》未《いま》だ以《もっ》て去《さ》る可《べ》からざるか。曰《いわ》く、道《みち》を直《なお》くして人《ひと》に事《つか》う、焉《いず》くにか往《ゆ》きて三《み》たび黜《しりぞ》けられざらん。道《みち》を枉《ま》げて人《ひと》に事《つか》う、何《なん》ぞ必《かなら》ずしも父母《ふぼ》の邦《くに》を去《さ》らん。

柳下恵《りゅうかけい》は（魯《ろ》の）裁判官の長官に任命され、三度、罷免された。ある人が言った。「あなたはそれでもまだこの国（魯）を去ることができないのですか」。（柳下恵は）言った。「まっすぐなやりかたで人に仕えれば、どこの国に行っても三度、罷免されるでしょう。まっすぐでないやりかたで人に仕えるなら、（この国でもどこの国でも罷免されることはないだろうから、）何も父母の国を去る必要はないでしょう」。

○**柳下恵**《りゅうかけい》 本名は展獲《てんかく》。孔子より百年ほど前の魯《ろ》の賢者という。衛霊公15-14にすでに登場している。○**士師**《しし》 裁判官の長官。

あくまでもまっすぐなやりかたを貫こうとする柳下恵《りゅうかけい》に対する、孔子の敬意がうかがえる章である。

もっとも、ここには孔子の名前はまったく出て来ない。しかし、柳下恵が孔子に感銘を与えた人物であるのは確かであり、編纂者が断片的な形であるとはいえ、その人物の記録をあえてここに収録したものとおぼしい。

微子 18-3

齊景公待孔子曰、若季氏則吾不能。以季孟之閒待之。曰、吾老矣。不能用也。孔子行。

斉《せい》の景公《けいこう》　孔子を待《ま》ちて曰《いわ》く、季氏《きし》の若《ごと》くするは則《すなわ》ち吾《わ》れ能《あた》わず。季孟《きもう》の間《あいだ》を以《もっ》て之《こ》れを待《ま》たん。曰《いわ》く、吾《わ》れ老《お》いたり。用《もち》うる能《あた》わざる也《なり》。孔子《こうし》行《さ》る。

斉《せい》の景《けい》公は孔子を重臣に起用しようとして言われた。「季孫《きそん》氏のように待遇することは、私にはできませんが、季孫氏と孟孫《もうそん》氏の中間くらいで待遇しましょう」。(しばらくすると)言われた。「私は年老いた。あなたを起用することはできません」。孔子は(斉を)立ち去った。

○**斉《せい》の景公《けいこう》**　前五四七―前四九〇在位。在位は長いが凡庸な君主だった。顔淵12-11および季氏16-12に見える。○**待《ま》つ**　ここでは、重臣に起用すること。○**季氏《きし》**　魯《ろ》の三大貴族(三桓《さんかん》)の一つで筆頭格の季孫《きそん》氏。○**季孟《きもう》の間《あいだ》**　「季」は前注の季孫氏、「孟」はやはり三桓の一つ、孟孫《もうそん》氏。二番手もしくは三番手の貴族。

このやりとりは、ふつう、紀元前五一七年、魯《ろ》で内乱が起こり孔子が一時的に斉《せい》に亡命したときのものだとされる(二、三年後に帰国)。「斉《せい》に在《あ》りて韶《しょう》を聞《き》く。三月《さんがつ》 肉《にく》の味《あじ》を知《し》らず(斉の国で韶の音楽を聞かれ、三か月間、肉の味さえわからなくなられた)」(述而7－13)と、感動した時期である。ただ、斉に亡命したとき、孔子はまだ三十五歳であり、話は成立しなかったものの、斉の景《けい》公がこれほど厚遇しようとするはずもなく、やはり時期は特定しがたいと思われる。なお、次章は孔子が失望して、今度は魯を立ち去る話であり、立ち去る話がつづく。

微子 18－4

齊人歸女樂。季桓子受之、三日不朝。孔子行。

斉人《せいひと》 女楽《じょがく》を帰《おく》る。季桓子《きかんし》 之《こ》れを受《う》け、三日《みっか》 朝《ちょう》せず。孔子《こうし》行《さ》る。

斉《せい》の国から、女性歌舞団が贈られてきた。季桓子《きかんし》はこれを受け入れ、(夢中になって)三日間、朝廷に出席しなかった。孔子は(失望して魯《ろ》を)立ち去った。

○**女楽**《じょがく》 女性歌舞団。○**季桓子**《きかんし》 魯《ろ》の三大貴族「三桓《さんかん》」の一つ、季孫《きそん》氏の一族で、この話の当時、魯の実力者であった。息子の季康子《きこうし》は晩年の孔子と深い関わりがあり、『論語』にもしばしば登場する。○**朝す**《ちょう》 朝廷に出席する。

紀元前四九七年、孔子が魯《ろ》の大司寇《だいしこう》（司法長官）として腕をふるっていたときの話である。ときに孔子五十五歳。魯を弱体化させるべく、斉《せい》から華美な女性歌舞団が贈られてくると、たちまち重臣筆頭の季桓子《きかんし》が夢中になり、朝廷にも出なくなった。これに失望した孔子が辞職し、魯国を去ったというもの。史実では、孔子は季桓子ら三桓《さんかん》の勢力を抑えることに失敗、やむなく辞職して魯を立ち去り、以後足かけ十四年にわたって諸国遊説をつづけたとされる。斉の女性歌舞団は直接、関わりはないと思われるが、そんな人の興味をそそる伝説も流布していたのであろう。

微子 18－5

楚狂接輿歌而過孔子曰、鳳兮鳳兮、何徳之衰。往者不可諫。來者猶可追。已而已而。今之従政者殆而。孔子下、欲與之言。趨而辟之。不得與之言。

楚《そ》の狂接輿《きょうせつよ》歌《うた》いて孔子《こうし》を過《す》ぎて曰《いわ》く、鳳《ほう》や鳳《ほう》や、何《なん》ぞ徳《とく》の衰《おとろ》えたる。往《ゆ》く者《もの》は諫《いさ》む可《べ》からず。来《き》たる者《もの》は猶《な》お追《お》う可《べ》し。已《や》みなん已《や》みなん。今《いま》の政《まつりごと》に従《したが》う者《もの》は殆《あや》うし。孔子《こうし》下《お》りて、之《こ》れと言《い》わんと欲《ほっ》す。趨《はし》って之《こ》れを辟《さ》く。之《こ》れと言《い》うを得《え》ず。

楚《そ》の狂接輿《きょうせつよ》が歌いながら、孔子の側を通り過ぎて言った。「鳳よ、鳳よ、なんとまあ、徳の衰えたことか。過去は改めようがないが、未来はまだ間に合う。よしな、よしな。今の政治にたずさわる者は危ないぞ」。孔子は

○**楚《そ》の狂接輿《きょうせつよ》** 楚の有名な隠者。○**鳳《ほう》** おおとり。孔子を高貴な鳥である鳳に喩えたもの。○**往《ゆ》く者《もの》** 過去。

車から下りて、彼と話そうとしたが、走って身をかわしてしまい、話すことができなかった。

○来《き》たる者《もの》　未来。

よく知られた話である。紀元前四八九年、諸国遊説中の孔子（六十三歳）が楚《そ》に立ち寄ったさいのこととされるが、実際にあった話かどうかは不明であり、おそらく伝説であろう。なお、これと同じ趣旨の挿話が、『荘子《そうし》』人間世篇《じんかんせい》に収められているが、こちらのほうがはるかに長文である。

前々章、前章と、孔子が失望して国を立ち去ることを記した二章の後、この第五章の隠遁を勧める狂接輿《きょうせつよ》の話を皮切りに以下、第六章、第七章と、隠者の話がつづく。

微子 18－6

長沮桀溺耦而耕。孔子過之。使子路問津焉。長沮曰、夫執輿者爲誰。子路曰、爲孔丘。曰、是魯孔丘與。曰、是也。曰、是知津矣。問於桀溺。桀溺曰、子爲誰。曰、爲仲由。曰、是魯孔丘之徒與。對曰、然。曰、滔滔者天下皆是也。而誰以易之。且而與其從辟人之士也、豈若從辟世之士哉。耰而不輟。子路行以告。夫子憮然曰、鳥獸不可與同羣。吾非斯人之徒與而誰與。天下有道、丘不與易也。

長沮《ちょうそ》・桀溺耦《けつできぐう》して耕《こう》す。孔子《こうし》　之《こ》れを過《す》ぐ。子路《しろ》をして津《しん》を問《と》わしむ。長沮曰《ちょうそいわ》く、夫《か》の輿《よ》を執《と》る者《もの》を誰《たれ》と為《な》す。子路《しろ》曰《いわ》く、孔丘《こうきゅう》と為《な》す。曰《いわ》く、是《こ》れ魯《ろ》の孔丘《こうきゅう》か。曰《いわ》く、是《こ》れ也《なり》。曰《いわ》く、是《こ》れ津《しん》を知《し》れり。桀溺《けつでき》に問《と》う。桀溺《けつでき》曰《いわ》く、子《し》は誰《たれ》と為《な》す。曰《いわ》く、仲由《ちゅうゆう》と為《な》す。曰《いわ》く、是《こ》れ魯《ろ》の孔丘《こうきゅう》の徒《と》か。対《こた》えて曰《いわ》く、然《しか》り。曰《いわ》く、滔滔《とうとう》たる者《もの》は天下《てんか》皆《み》な是《こ》れ也《なり》。而《しこう》して誰《たれ》か以《もっ》て之《これ》を易《か》えん。且《か》つ而《なんじ》其《そ》の人《ひと》を辟《さ》くるの士《し》に従《したが》う与《よ》りは、豈《あ》に世《よ》を辟《さ》くるの士《し》に従《したが》うに若《し》かんや。耰《ゆう》して輟《や》まず。子路《しろ》行《ゆ》きて以《もっ》て告《つ》ぐ。夫子《ふうし》憮然《ぶぜん》として曰《いわ》く、鳥獣《ちょうじゅう》は与《とも》に群《む》れを同《おな》じくす可《べ》からず。吾《わ》れ斯《こ》の人《ひと》の徒《と》と与《とも》にするに非《あら》ずして誰《たれ》と与《とも》にせん。天下《てんか》道有《みちあ》らば、丘《きゅう》与《もっ》て易《か》えざる也《なり》。

長沮《ちょうそ》と桀溺《けつでき》が並んで耕しているところに、孔子が通りかかられ、子路《しろ》に渡し場はどこか、たずねさせられた。長沮は言った。「あの手綱をとっている者は誰か」。子路は言った。「孔丘《こうきゅう》さまです」。(長沮は)言った。「魯《ろ》の孔丘か」。(子路は)言った。「そうです」。(長沮は)言った。「それなら渡し場を知っているはずだ」。(ついで)桀溺にたずねると、桀溺は言った。「きみは誰だ」。(子路は)言った。「仲由《ちゅうゆう》(子路の本名)です」。(桀溺は)言った。「魯の孔丘の弟子か」。(子路は)答えて言った。「そうです」。(桀溺は)言った。「滔々と洪水が氾濫するようになっているのは、天下全体みなそうだ。いったい誰がこの状態を変えられようか。かつまた、きみは、あんな、人

○**長沮《ちょうそ》・桀溺《けつでき》** 二人とも隠者。○**耦《ぐう》して耕《こう》す** 並んで耕す。○**津《しん》** 渡し場。○**輿《よ》を執《と》る** 馬の手綱をとる。ここでは、子路が馬車から下りて質問に行ったので、孔子が代わりに手綱をとっている。○**人《ひと》を辟《さ》くるの士《し》** 人を選り好みする人物。○**耰《ゆう》して輟《や》まず** 「耰」は種に土をかぶせること。「輟まず」はやめないこと。○**憮然《ぶぜん》** がっくりするさま。

を選り好みする者につき従うよりは、世間全体を避ける人につき従うほうが、ましではないか」。(そう言うと)種に土をかぶせ、いつまでもやめなかった。子路は(馬車のところに)行って報告した。先生はがっくりして言われた。「鳥や獣《けもの》とは仲間になれない。私はこの人間たちといっしょにいないで、誰といっしょにいようか。天下に正しい道が行われていれば、丘《わたくし》は変革しようとしないだろう」。

これもたいへん有名な話である。起承転結のある掌編《しょうへん》小説の趣があり、いついかなるときの話というよりは、うまくまとめられた伝説であろう。長沮《ちょうそ》・桀溺《けつでき》が子路《しろ》に向かって展開した隠遁論を聞いた孔子が、「天下《てんか》 道有《みちあ》らば、丘《きゅう》 与《もっ》て易《か》えざる也《なり》」と、かなわぬまでも、あくまでも現実にコミットしつづけることを宣言して、この話は結ばれる。隠遁思想と孔子の理想的現実主義の対立点を明確にしたエピソードだが、ここでは長沮・桀溺の大弁論がきわだっており、受けにまわった孔子は残念ながら影がうすい。

微子 18－7

子路從而後。遇丈人以杖荷蓧。子路曰、子見夫子乎。丈人曰、四體不勤、五穀不分。孰爲夫子。植其杖而芸。子路拱而立。止子路宿。殺雞爲黍而食之、見其二子。明日子路行以告。子曰、隱者也。使子路反見之。至則行矣。子路曰、不仕無義。長幼之節、不可廢也。君臣之義、如之何其廢之。欲潔其身、而亂大倫。君子之仕也、行其義也。道之不行、已知之矣。

子路《しろ》 従《したが》いて後《おく》る。丈人《じょうじん》の杖《つえ》を以《もっ》て蓧《あじか》を荷《にな》うに遇《あ》う。子路《しろ》曰《いわ》く、子《し》 夫子《ふうし》を見《み》たるか。丈人曰《じょうじんいわ》く、四体《したい》勤《つと》めず、五穀《ごこく》分《わ》かたず。孰《たれ》をか夫子《ふうし》と為《な》す。其《そ》の杖《つえ》を植《た》てて芸《くさぎ》る。子路《しろ》 拱《きょう》して立《た》つ。子路《しろ》を止《とど》めて宿《しゅく》せしむ。鶏《にわとり》を殺《ころ》し黍《しょ》を為《つく》りて之《こ》れに食《く》わしめ、其《そ》の二子《にし》を見《まみ》えしむ。明日《めいじつ》 子路《しろ》行《ゆ》きて以《もっ》て告《つ》ぐ。子曰《しいわ》く、隠者也《いんじゃなり》。子路《しろ》をして反《かえ》って之《こ》れを見《み》しむ。至《いた》れば則《すなわ》ち行《さ》れり。子路曰《しろいわ》く、仕《つか》えざるは義無《ぎな》し。長幼《ちょうよう》の節《せつ》は、廃《はい》す可《べ》からざる也《なり》。君臣《くんしん》の義《ぎ》は、之《こ》れを如何《いかん》ぞ其《そ》れ之《こ》れを廃《はい》せん。其《そ》の身《み》を潔《いさぎよ》くせんと欲《ほっ》して、大倫《たいりん》を乱《みだ》る。君子《くんし》の仕《つか》うるは、其《そ》の義《ぎ》を行《おこな》う也《なり》。道《みち》の行《おこな》われざるは、已《すで》に之《こ》れを知《し》れり。

子路《しろ》が（先生の）お供をして遅れた。老人が杖に竹籠をぶら下げながら、担

○**丈人**《じょうじん》 老人。○**蓧**《あじか》 竹籠。○**四体勤**《したいつと》

いでいるのに出会ったので、子路はたずねた。「先生を見かけましたか」。老人は言った。「手足を動かさず、五穀の見分けもつかない者なのに、それがどうして先生なのか」。(と言うと)杖を立てかけて、草むしりをした。子路は両手を組み合わせて立っていた。(老人は)子路を引き留めて一晩泊まらせ、鶏を殺しキビ飯を炊いて、子路に食べさせ、二人の息子を引き合わせた。翌日、子路は出発し、(孔子に追いついて)報告した。先生は言われた。「隠者だな」。子路に命じて引き返させ、(もう一度)会いに行かせた。(子路が)やって来ると、(老人は)不在だった。子路は(二人の息子に)言いのこした。「役人になって出仕しないのは正しいやりかたではありません。それでも(息子を引き合わせるなど)長幼の順序はなくすことができないのですから、君臣の正しい道もどうしてなくすことができましょうか。あなたは自分の身を清く保とうとして、大きな道理を混乱させておられます。君子が出仕するのは、正しい道を実行するためです。なかなか正しい道が実行されないことなど、(われわれには)とっくにわかっています」。

めず 手足を動かさない、肉体労働をしない。○**五穀**《ごこく》 諸説あるが、ふつう黍《きび》、稷《あわ》、麻、麦、菽《まめ》を指す。○**芸**《くさぎ》**る** 草をむしる。○**拱**《きょう》**す** 両手を胸の前で組み合わせる。○**黍**《しょ》 キビ飯。○**大倫**《たいりん》 人の守るべき大きな道理。

これも掌編小説の趣のある伝説的エピソードである。老隠者に歓待された子路《しろ》が、孔子に命ぜられ、再度、老人を訪問したところ、不在だった。と、そこで子路が孔子に代わって、やみくもに世を避けるのではなく、今の時代に正しい道など実行されないのは百も承知だが、それでもなお政治的理想を追い求め、現実に関与しつづけるのだと、力説する。孔子の誠実無比の愛弟子、子路の力んだ姿が彷彿とする面白い話である。

逸民、伯夷、叔齊、虞仲、夷逸、朱張、柳下恵、少連。子曰、不降其志、不辱其身、伯夷叔齊與。謂柳下恵少連、降志辱身矣。言中倫、行中慮。其斯而已矣。謂虞仲夷逸、隱居放言、身中清、廢中權。我則異於是、無可無不可。

逸民《いつみん》は、伯夷《はくい》、叔斉《しゅくせい》、虞仲《ぐちゅう》、夷逸《いいつ》、朱張《しゅちょう》、柳下恵《りゅうかけい》、少連《しょうれん》。子《し》曰《いわ》く、其《そ》の志《こころざし》を降《くだ》さず、其《そ》の身《み》を辱《はずかし》めざるは、伯夷《はくい》・叔斉《しゅくせい》か。柳下恵《りゅうかけい》・少連《しょうれん》を謂《い》わく、志《こころざし》を降《くだ》し身《み》を辱《はずかし》めしむ。言《げん》は倫《みち》に中《あた》り、行《こう》は慮《おもんぱか》りに中《あた》る。其《そ》れ斯《こ》れのみ。虞仲《ぐちゅう》・夷逸《いいつ》を謂《い》わく、隠居《いんきょ》して言《げん》を放《ほしいまま》にし、身《み》は清《せい》に中《あた》り、廃《はい》は権《けん》に中《あた》る。我《わ》れは則《すなわ》ち是《こ》れに異《こと》なり、可《か》も無《な》く不可《ふか》も無《な》し。

逸民は伯夷《はくい》、叔斉《しゅくせい》、虞仲《ぐちゅう》、夷逸《いいつ》、朱張《しゅちょう》、柳下恵《りゅうかけい》、少連《しょうれん》である。先生は言われた。「自分の志を低くせず、自分の身を汚さなかったのは、伯夷・叔斉であろうか」。柳下恵と少連を評して言われた。「志を低くし、身を汚したが、言葉は道理に的中し、行動は思慮どおりにやった。その点は評価できる」。虞仲《ぐちゅう》と夷逸《いいつ》を評して言われた。「隠遁し言葉は勝手放題だったが、身は清潔に持し、世の捨てかたも時宜にかなっていた。（しかし）私はこの人々とはちがい、きまってよしとすることもなければ、きまってよからずとすることもない（一定のやりかたにこだわることはない）」。

○**逸民《いつみん》** 抜きんでた才能を持ち、世俗を超越した人物。○**伯夷《はくい》・叔斉《しゅくせい》** 伯夷が兄、叔斉が弟。清廉潔白の化身とされる。詳しくは、公冶長5-23、述而7-14、季氏16-12参照。○**虞仲《ぐちゅう》** 周《しゅう》王朝の文《ぶん》王の叔父。文王の父の季歴《きれき》には、泰伯《たいはく》と虞仲という二人の兄がいた。この二人の兄は、父の古公亶父《ここうたんぽ》の意を汲んで周の君主の

七人の「逸民《いつみん》(抜きんでた才能を持ち、世俗を超越した人物)」をピックアップし、朱張《しゅちょう》以外の六人を論評したもの。全面肯定されるのは伯夷《はくい》と叔斉《しゅくせい》の二人だけであり、他の四人は、それぞれ欠点はあるが、評価されるべき点もあるという形で、総体として肯定されている。最後に、孔子はみずからの立脚点について、自分はこの六人とは異なり、「可《か》も無《な》く不可《ふか》も無《な》し」だと述べているが、これも意味のとりにくい表現である。ここでは、それぞれ何かにこだわりつづけるこれらの人々とは異なり、自分はケース・バイ・ケース、一定のやりかたに拘泥《こうでい》したりはしないという意味に取っておきたい。

座を放棄し出奔したため、三男の季歴が君主の座につき、季歴の死後、息子の昌《しょう》(文王)が後継者となった。詳しくは泰伯8-1解説参照。○**夷《い》逸《いつ》、朱張《しゅちょう》、少連《しょうれん》** 不詳。○**柳下恵《りゅうかけい》** 微子(本篇)18-2参照。○**言《げん》は倫《みち》に中《あた》り、行《こう》は慮《おもんばか》りに中《あた》る** 言葉は道理に的中し、行動は思慮どおりにやる。○**廃《はい》は権《けん》に中《あた》る** 「廃」は世を捨てること、世の捨てかた。「権」は時宜、状況。世の捨てかたが時宜にかなっていること。○**可《か》も無《な》く不可《ふか》も無《な》し** きまってよしとすることもなければ、きまってよからずとすることもない。一定のやりかたにこだわらない、ということか。

それにしても、古代の伯夷・叔斉から、孔子にとって近過去の先輩である柳下恵まで、あまり聞きなれない人名が羅列されるなど、奇異な印象を与える章である。なお、人名の羅列パターンは、次章（第九章）および最終章（第十一章）においても見られる。

微子 18-9

大師摯適齊。亞飯干適楚。三飯繚適蔡。四飯缺適秦。鼓方叔入于河。播鼗武入于漢。少師陽撃磬襄入于海。

大師摯《たいしし》は斉《せい》に適《ゆ》く。亞飯干《あはんかん》は楚《そ》に適《ゆ》く。三飯繚《さんはんりょう》は蔡《さい》に適《ゆ》く。四飯欠《しはんけつ》は秦《しん》に適《ゆ》く。鼓方叔《こほうしゅく》は河《か》に入《い》る。播鼗武《はとうぶ》は漢《かん》に入《い》る。少師陽《しょうしよう》・撃磬襄《げきけいじょう》は海《うみ》に入《い》る。

（国が混乱すると、楽人たちは各地に離散し、）大師摯《たいしし》は斉《せい》に行き、亞飯干《あはんかん》は楚《そ》に行った。三飯繚《さんはんりょう》は蔡《さい》に行き、四飯欠《しはんけつ》は秦《しん》に行った。鼓方叔《こほうしゅく》は黄河の流域に逃げ、播鼗武《はとうぶ》は漢水《かんすい》の流域に逃げた。少師陽《しょうしよう》と撃磬襄《げきけいじょう》は海岸地方に逃げた。

○**大師摯《たいしし》（以下七人）** 全員、楽人だという。あらましを記せば、大師摯《たいしし》は摯という名の楽団長。亞飯干《あはんかん》、三《さん》飯繚《はんりょう》、四《し》飯欠《はんけつ》はそれぞれ干、繚、欠という名の、君主の食事時に演奏する楽官。鼓方叔《こほうしゅく》は叔という名の太鼓係、播鼗武《はとうぶ》は武という名の振り鼓係、少師陽《しょうしよう》は陽という名の副楽団長、撃《げき》磬襄《けいじょう》は襄という名の磬（石製の打楽

この楽人の離散がいつの時代のことかについては、孔子と同時代である魯《ろ》の哀《あい》公のころだとするものや、はるか殷《いん》の滅亡したときのことだとするものなど、諸説ある。いずれにせよ、孔子はまったく登場せず、これまた奇妙な章である。前章に登場する伯夷《はくい》、叔斉《しゅくせい》、虞仲《ぐちゅう》など国外に出奔した逸民との連想で、その後に配されたのであろうが、断片もしくはメモの類としか考えられない。この篇には、こうした意味不明の断片もまま見え、総じて他の篇とは異なり、何らかの意味で孔子と関わりがあるということで、伝承されてきた話をも取り込んで、編纂されたとおぼしい。

微子 18－10

周公謂魯公曰、君子不施其親。不使大臣怨乎不以。故舊無大故則不棄也。無求備於一人。

周公《しゅうこう》　魯《ろ》公《こう》に謂《い》いて曰《いわ》く、君子《くんし》は其《そ》の親《しん》を施《す》てず。大臣《だいじん》をして以《もち》いざるに怨《うら》ましめず。故旧《こきゅう》　大故《たいこ》無《な》ければ則《すなわ》ち棄《す》てざる也《なり》。備《そな》わることを一人《いちにん》に求《もと》むる無《な》かれ。

周《しゅう》公は（息子の）魯《ろ》公に向かって言われた。「君子は親類をなおざりにしな

器）係だとされる。

○**周公**《しゅうこう》　周王朝の基礎を築いた周公《しゅうこう》

いものだ。重臣に重用されないと、不満を抱かせないように、昔馴染みは大きな過ちがなければ、見捨てないようにせよ。完全さを一人の人間に求めてはならない」。

旦《たん》（周の武王《ぶ》の弟）、魯《ろ》の始祖。○**魯《ろ》公《こう》** 周公旦の息子、伯禽《はくきん》。○**施《す》てず** 捨てない、なおざりにしない。○**故《こ》旧《きゅう》** 昔馴染み。○**大故《たいこ》** 大きな過ち。

これは、周公旦《しゅうこうたん》が息子の伯禽《はくきん》を領地の魯《ろ》に赴かせたさいの戒めだとされる。周公旦の言葉まで収録するとは、ますますこの篇は不思議な玉手箱の様相を呈している。

微子 18－11

周有八士。伯達、伯适、仲突、仲忽、叔夜、叔夏、季随、季騧。

周《しゅう》に八士《はっし》有《あ》り。伯達《はくたつ》、伯适《はくかつ》、仲突《ちゅうとつ》、仲忽《ちゅうこつ》、叔夜《しゅくや》、叔夏《しゅくか》、季随《きずい》、季騧《きか》。

周《しゅう》に八人のすぐれた人がいた。伯達《はくたつ》、伯适《はくかつ》、仲突《ちゅうとつ》、仲忽《ちゅうこつ》、叔夜《しゅくや》、叔夏《しゅくか》、季《き》随《ずい》、季騧《きか》である。

○**伯達《はくたつ》（以下八人）** いずれも不詳。伯、仲、叔、季はそれぞれ長男、二男、三男、四男を示す。

こうして周の八士の羅列を最後に、国を立ち去らざるを得なかった孔子の苦境、隠者との絡みから、伝説、伝聞の収集・記録に至るまで、さまざまな要素を含んだ、この微子篇は終幕となる。

子《し》張《ちょう》 第十九

この篇にはきわだった特徴がある。ここに収められているのは、孔子の弟子の言葉ばかりであり、孔子自身の言葉は一つも収録されていないのである。そのうちわけは、子張《しちょう》の言葉が全三章（1から3）、子夏《しか》の言葉が全十章（4から13）、子游《しゆう》の言葉が全二章（14、15）、曾子《そうし》の言葉が全四章（16から19）、子貢《しこう》の言葉が全六章（20から25）となっている。

ちなみに、孔子の率いる原始儒家集団は、孔子の死後、大きく二つの系統に分かれてゆく。まず本家本元の魯《ろ》の孔子一門は、孔子より四十六歳年下の若い弟子で、孝道に通暁していた曾子（本名は曾参《そうしん》、あざなは子与《しよ》）を中心にまとまり、これを孔子の孫（孔子の息子、孔鯉《こうり》あざな伯魚《はくぎょ》の息子）の孔伋《こうきゅう》あざな子思《しし》が受け継ぎ、孟子《もうし》は子思の弟子に学んだとされる。後世の宋《そう》代儒学はこの孔子・曾子・子思・孟子の流れを、正統として重視する。

もう一つの系統は子夏（本名は卜商《ぼくしょう》）を中心とするものである。子夏はこれまた孔子より四十四歳年下の若い弟子だが、「文学《ぶんがく》には子游《しゆう》・子夏」と称されるように、文学（学問）にすぐれていた。孔子の死後、子夏は西河《せいが》（河北省）で弟子の教育にあたり、また人材招集に熱心だった魏《ぎ》の文侯《ぶんこう》（前四四五—前三九六在位）に招かれて、その師となった。性悪《せいあく》説を唱えた荀子《じゅんし》は、子夏の学問の系統を受け継いだとされる。こうしてみると、性善《せいぜん》説を唱える孟子は曾子の系統につながり、性悪説を唱える荀子は子夏の系統につながることになる。このように孔子の思想は弟子の手を経てさまざまなヴァリエーションを生みながら、後世へと伝播されていったのである。

子張 19－1

子張曰、士見危致命。見得思義。祭思敬。喪思哀。其可已矣。

子張《しちょう》曰《いわ》く、士《し》は危《あやう》きを見《み》ては命《いのち》を致《いた》す。得《う》るを見《み》ては義《ぎ》を思《おも》う。祭《まつ》りには敬《けい》を思《おも》う。喪《も》には哀《あい》を思《おも》う。其《そ》れ可《か》なるのみ。

子張《しちょう》は言った。「士は危機にあたっては、命をかけ、利益を見れば、それが正しい道理に合ったものかどうか考える。祭祀には敬虔でありたいと思い、喪礼には死者への哀悼を大切に思う。そうあってこそ、まずはよろしかろう」。

○士《し》　官吏を含め、広く教養を身につけた社会的人間を指す。

子張《しちょう》は孔子より四十八歳年下、孔子門下の最年少ともいうべき若い弟子だった。優秀であり、礼法に詳しかったとされる。この子張の言葉は、おそらく孔子没後、子張がかなりの年齢に達してからのものであろう。なお、ほぼ同世代の曾子《そうし》、子夏《しか》、子游《しゆう》、そして、この子張は孔子門下の若き俊秀グループであり、よきライバル同士でもあったと思われる。

子張
19－2

子張曰、執徳不弘、信道不篤、焉能爲有、焉能爲亡。

子張《しちょう》曰《いわ》く、徳《とく》を執《と》ること弘《ひろ》からず、道《みち》を信《しん》ずること篤《あつ》からざれば、焉《いず》くんぞ能《よ》く有《あ》りと為《な》し、焉《いず》くんぞ能《よ》く亡《な》しと為《な》さん。

子張《しちょう》は言った。「徳義の守りかたが広大でなく、道の信じかたに誠意がなければ、(その人物は)存在するとはいえず、存在しないともいえない」。

○徳《とく》を執《と》る　徳義を守る。○篤《あつ》し　ここでは、誠意があること。○亡《な》し　無し。

「焉《いず》くんぞ能《よ》く有《あ》りと為《な》し、焉《いず》くんぞ能《よ》く亡《な》しと為《な》さん」は、直訳すれば、「どうして(その人物が)存在するといえようか、どうして(その人物が)存在しないといえようか」となる。要は、徳義の守りかたが広大でなく、道の信じかたに誠意がない人物は、この世に存在しても存在しなくても変わりがなく、人に何の感銘も与えないということである。

子張 19-3

子夏之門人、問交於子張。子張曰、子夏云何。對曰、子夏曰、可者與之、其不可者拒之。子張曰、異乎吾所聞。君子尊賢而容衆、嘉善而矜不能。我之大賢與、於人何所不容。我之不賢與、人將拒我。如之何其拒人也。

子夏《しか》の門人《もんじん》、交《まじ》わりを子張《しちょう》に問《と》う。子張曰《しちょういわ》く、子夏《しか》 何《なに》をか云《い》える。対《こた》えて曰《いわ》く、子夏曰《しかいわ》く、可《か》なる者《もの》は之《こ》れに与《くみ》し、其《そ》の不可《ふか》なる者《もの》は之《こ》れを拒《こば》め、と。子張曰《しちょういわ》く、吾《わ》れの聞《き》く所《ところ》に異《こと》なるなり。君子《くんし》は賢《けん》を尊《たっと》びて衆《しゅう》を容《い》れ、善《ぜん》を嘉《よ》みして不能《ふのう》を矜《あわ》れむ。我《わ》れの大賢《だいけん》なるか、人《ひと》に於《お》いて何《なん》の容《い》れざる所《ところ》ぞや。我《わ》れの不賢《ふけん》なるか、人《ひと》 将《まさ》に我《わ》れを拒《こば》まんとす。之《こ》れを如何《いかん》ぞ其《そ》れ人《ひと》を拒《こば》まんや。

子夏《しか》の弟子が、交際について子張《しちょう》にたずねた。子張は言った。「子夏はどう言ったのかね」。(子夏の弟子は)答えて言った。「子夏は、「よい人とは仲間になり、よくない人は交際を断りなさい」と言われました」。子張は言った。「それは、私が(孔子先生から)聞いたのとは違っているな。君子は、賢者を敬いながら大勢の人々を受け入れ、善を好みながら無能な者に同情する。(子夏の言うとおりだとしても、)もし、私が大いなる賢者だとしたら、誰にでも受け入れられるが、(逆に)私が賢者でなければ、人は誰でも私との交際を断ろうとするから、私のほうからどうして交際を断るこ

○可《か》なる者《もの》 よい人。○与《くみ》す 仲間になる。○不可《ふか》なる者《もの》 よくない人。○不能《ふのう》 無能な者。

とがあろうか」。

人との交際に関する子夏《しか》の意見は合理的で単純明快だが、これに対抗する子張《しちょう》の意見は一見、これより柔軟で許容量が大きい。ここまでは説得力があるが、これに付加される「我《わ》れの大賢《だいけん》なるか」以下の子張の主張は、屁理屈の感があり、言い過ぎだといえよう。孔子は、子夏と子張を比較し、「師《し》や過《す》ぎたり、商《しょう》や及《およ》ばず（師〔子張の本名、顓孫師《せんそんし》〕はやりすぎであり、商〔子夏の本名、卜商《ぼくしょう》〕は引っ込み思案だ）」と評し、「過《す》ぎたるは猶《な》お及《およ》ばざるがごとし（やりすぎと引っ込み思案は似たようなものだ）」（先進11－16）と言ったが、さすが炯眼である。

子張 19－4

子夏曰、雖小道、必有可觀者焉。致遠恐泥。是以君子不爲也。

子夏《しか》曰《いわ》く、小道《しょうどう》と雖《いえど》も、必《かなら》ず観《み》る可《べ》き者有《ものあ》らん。遠《とお》きを致《いた》さんには恐《おそ》らく泥《なず》まん。是《ここ》を以《もっ》て君子《くんし》は為《な》さざる也《なり》。

子夏《しか》は言った。「技術的なことにも、きっと取り柄はあるだろう。（しかし）遠大なところに到達しようとすると、障害になる。このため、君子は

○**小道**《しょうどう》 新注によれば、農学、医学、卜筮《ぼくぜい》などの技術。○**遠**《とお》**きを致**《いた》**す** 遠

（技術的なことを）やらないのだ」。

科学技術万能主義の現代にも通用する至言である。この章から第十三章まで、子夏《しか》の発言がつづく。

大なところに到達する。〇泥《なず》む 障害になる。

子張 19－5

子夏曰、日知其所亡、月無忘其所能、可謂好學也已矣。

子夏《しか》曰《いわ》く、日《ひ》に其《そ》の亡《な》き所《ところ》を知《し》り、月《つき》に其《そ》の能《よ》くする所《ところ》を忘《わす》る無《な》きは、学《がく》を好《この》むと謂《い》う可《べ》きのみ。

子夏《しか》は言った。「毎日、自分に欠けている知識は何であるか、知ろうとし、毎月、自分が知ることができ体得できたことを、忘れないようにするのは、学問を好むといえよう」。

〇亡《な》き所《ところ》 自分に欠けている知識。〇能《よ》くする所《ところ》 自分が知り体得できたこと。

日々、知識を積み重ね、月ごとにその集積を改めて見直し、記憶にしっかり留めておくこと。それが、真の学問好き、勉強好きだと、子夏《しか》は言う。生真面目さが彷彿とする言葉である。なお、明《みん》末清《しん》初の大学者である顧炎武《こえんぶ》（一六一三―一六八二）の主著『日知録《にっちろく》』のタイトルは、この章に由来する。

子張 19－6

子夏曰、博學而篤志、切問而近思。仁在其中矣。

子夏《しか》曰《いわ》く、博《ひろ》く学《まな》びて篤《あつ》く志《こころざ》し、切《せつ》に問《と》いて近《ちか》く思《おも》う。仁《じん》其《そ》の中《うち》に在《あ》り。

子夏《しか》が言った。「広く学んで(ここぞというところで)集中的に考え、切実な問題意識をもって身近なことから考えてゆく。仁徳はこのなかから生まれてくる」。

○**篤《あつ》く志《こころざ》す**「篤く」はここでは、もっぱら集中すること。(ここぞというところで)集中的に考える。○**切《せつ》に問《と》う** 切実な問題意識をもつ。○**近《ちか》く思《おも》う** 身近なことから考えてゆく。

日々、研鑽に励んだ体験を踏まえる含蓄の深い実践的学問論である。なお、朱子《しゅし》と呂祖謙《りょそけん》の共著『近思録《きんしろく》』のタイトルは、この言葉に由来する。

子張 19－7

子夏曰、百工居肆、以成其事。君子學、以致其道。

子夏《しか》曰《いわ》く、百工《ひゃくこう》は肆《みせ》に居《い》て、以《もっ》て其《そ》の事《こと》を成《な》す。君子《くんし》は学《まな》びて、以《もっ》て其《そ》の道《みち》を致《いた》す。

子夏《しか》は言った。「職人は店にいて、その仕事を完成させる。君子は学んで、その道に到達する」。

○百工《ひゃくこう》 もろもろの職人。○肆《みせ》 店。

職人も学者的君子も、日々の黙々たる努力の積み重ねによって、完成に到達する。職人のありかたと学者的君子のありかたの共通性に着目した、たいへん面白い言葉である。

子張 19-8

子夏曰、小人之過也、必文。

子夏《しか》曰《いわ》く、小人《しょうじん》の過《あやま》つや、必《かなら》ず文《かざ》る。

子夏《しか》は言った。「小人は過ちを犯すと、必ず美辞麗句を操ってごまかそうとする」。

○文《かざ》る 美辞麗句を操ってごまかす。

ぴしりと的を射た、手厳しい批判である。

子張 19－9

子夏曰、君子有三變。望之儼然。卽之也溫。聽其言也厲。

子夏《しか》曰《いわ》く、君子《くんし》に三変有《さんぺんあ》り。之《こ》れを望《のぞ》めば儼然《げんぜん》。之《こ》れに即《つ》くや温《おん》。其《そ》の言《げん》を聴《き》くや厲《れい》。

子夏《しか》は言った。「君子には三つの変化がある。遠くから見ると、いかめしく犯しがたい威厳があるが、側に近づくとおだやかであり、その言葉を聞くときびしく激しい」。

○三変《さんぺん》 三つの変化。○儼然《げんぜん》 いかめしく犯しがたい威厳のあるさま。○温《おん》 おだやか。○厲《れい》 きびしく激しい。

孔子が弟子たちに、「子《し》は温《おだ》やかにして而《しか》も厲《はげ》し。威《い》ありて而《しか》も猛《たけ》からず。恭《うやうや》しくして而《しか》も安《やす》し（先生は穏やかだけれども、きびしい。威厳があるけれども、たけだけしくはない。きちんとして礼儀正しいけれども、楽々として堅苦しくはない）」（述而7－37）と称えられたことが、連想される。ここで子夏《しか》の言う「君子」は、おそらく孔子のイメージであろう。

子張 19－10

子夏曰、君子信而後勞其民。未信、則以爲厲己也。信而後諫。未信、則以爲謗己也。

子夏曰《しかいわ》く、君子《くんし》は信《しん》ぜられて而《しこう》して後《のち》に其《そ》の民《たみ》を労《ろう》す。未《いま》だ信《しん》ぜられざれば、則《すなわ》ち以《もっ》て己《おのれ》を厲《なや》ますと為《な》す也《なり》。信《しん》ぜられて而《しこう》して後《のち》に諫《いさ》む。未《いま》だ信《しん》ぜられざれば、則《すなわ》ち以《もっ》て己《おのれ》を謗《そし》ると為《な》す也《なり》。

子夏《しか》は言った。「官吏は信頼されるようになってから、はじめて人民を使役する。まだ信頼されていなければ、（人民は）自分たちを苦しめると思う。（君主に）信頼されてから、はじめて諫める。まだ信頼されていなければ、（君主は）自分を誹謗していると思う」。

○君子《くんし》 ここでは「官職についている者、官吏」の意。○労《ろう》す 使役する。○厲《なや》ます 悩ます、苦しめる。

行政にたずさわる官吏にとって、もっとも重要なことは、人民および君主に信頼されることであり、信頼されないうちに、使役したり諫めたりすれば、時期尚早で手ひどいしっぺ返しにあうという。人情の機微を見抜いた言葉である。

子張 19-11

子夏曰、大徳不踰閑、小徳出入可也。

子夏曰《しかいわ》く、大徳《だいとく》は閑《のり》を踰《こ》えず、小徳《しょうとく》は出入《しゅつにゅう》するも可《か》也《なり》。

子夏《しか》は言った。「大きな徳義については、規制を踏み越えてはならないが、小さな徳義については、規制を少々はみ出してもかまわない」。

○閑《のり》 法則、規制。○出入《しゅつにゅう》 法則や規制をはみ出ること。

小徳すなわち第二義的な徳義については、過度にこだわる必要はないと述べたもの。融通性のある、いたって穏当な発言である。ちなみに、孔子は子夏《しか》に、「女《なんじ》は君子《くんし》の儒《じゅ》と為《な》れ。小人《しょうじん》の儒《じゅ》と為《な》る無《な》かれ（おまえは視野の広い大らかな君子の学者になれ、こせこせしたつまらない小人の学者となるな）」（雍也6－13）と諭したことがある。おそらく子夏は、この孔子の言葉を脳裏に刻みつけ、終生、忘れなかったのであろう。

子張 19－12

子游曰、子夏之門人小子、當洒掃應對進退、則可矣。抑末也。本之則無。如之何。子夏聞之曰、噫、言游過矣。君子之道、孰先傳焉、孰後倦焉。譬諸艸木、區以別矣。君子之道、焉可誣也。有始有卒者、其惟聖人乎。

子游《しゆう》曰《いわ》く、子夏《しか》の門人小子《もんじんしょうし》は、洒掃《さいそう》・応対《おうたい》・進退《しんたい》に当《あ》たりては、則《すなわ》ち可《か》なり。抑《そも》そも末也《すえなり》。之《こ》れを本《もと》づくれば則《すなわ》ち無《な》し。之《こ》れを如何《いかん》。子夏《しか》 之《こ》れを聞《き》きて曰《いわ》く、噫《ああ》、言游《げんゆう》は過《あやま》てり。君子《くんし》の道《みち》は、孰《いず》れをか先《ま》ず伝《つた》えん、孰《いず》れをか後《のち》に倦《う》まん。諸《これ》を艸木《そうもく》に譬《たと》うるに、区《く》して以《もっ》て別《わか》る。君子《くんし》の道《みち》は、焉《いず》くんぞ誣《し》う可《べ》けんや。始《はじ》め有《あ》り卒《おわ》り有《あ》る者《もの》は、其《そ》れ惟《た》だ聖人《せいじん》か。

子游《しゆう》は言った。「子夏《しか》の弟子の若者は、掃除、お客への応対、お客の扱いは、よくできるが、そもそもこれらは瑣末なことだ。本質的なことになると、何もない。これはいかがなものかな」。子夏がこれを聞き知って言った。「ああ、言游《げんゆう》(子游の本名は言偃《げんえん》)はまちがっている。君子への道は、何を先に伝え、何を後からうんざりするほど教えるかにある(弟子の資質によってまちまちだ)。たとえば、草や木を植えるのに、土地を区切って別々に育てるようなものだ。君子への道は、(最初から高尚な事を無理やりに押しつけて教えるといった)ごまかしがきかない。はじめから終わりまで、行きつけるものは聖人だけだろうがね」。

○**洒掃《さいそう》・応対《おうたい》・進退《しんたい》** 掃除、お客への応対、お客の扱い。○**倦《う》む** ここでは「うんざりするほど教える」の意。○**区《く》して以《もっ》て別《わか》る** 土地を区切って別々に植え育てる。○**誣《し》う** ごまかす。

子夏《しか》の弟子は、瑣末な仕事はうまくこなすが、根本的にして本質的なことはわからないという、子《し》游《ゆう》の批判に対して、子夏は大弁論を繰り広げる。子夏は、段階的に教育を施すべきだと主張し、まず具体的で身近な礼儀作法を教えることからスタートし、だんだんと弟子の資質に応じてレベルを引きあげて行くのだと主張する。それでも、最終段階に到達できない者が多いだろうが、それは聖人ならぬ者にとっては、いたしかたのないことだ、と。ここにも、子夏の現実を直視する合理的な発想が顕著に出ており、きわめて明快だ。

付言すれば、子游は孔子より四十五歳年下、子夏より一歳年下。「文学には子游・子夏」と、孔子門下で子夏と並び称される、学問にすぐれた若きホープだった。

子張 19－13

子夏曰、仕而優則學、學而優則仕。

子夏曰《しかいわ》く、仕《つか》えて優《ゆう》なれば則《すなわ》ち学《まな》び、学《まな》びて優《ゆう》なれば則《すなわ》ち仕《つか》う。

子夏《しか》は言った。「出仕し役人になって余力があれば、学問をし、学問をして余力があれば、出仕して役人になりなさい」。

○優《ゆう》 余力。

役人であることと学問することを共存させ、並行して継続せよ。子夏《しか》のこの言葉は、「行《おこな》いて余力《よりょく》有《あ》らば、則《すなわ》ち以《もっ》て文《ぶん》を学《まな》べ（実践して、余力があれば、書物を読みなさい）」（学而1－6）と、実践と学問の相関関係を述べた孔子の発言を踏まえたものであろう。子夏がいかに深く根底的に孔子に学び、影響を受けたかが、この言葉からもうかがえる。

この章をもって、十章にわたってつづいた子夏の発言の記録は完結する。総じて、子夏の発言には曖昧性がなく、いたって合理的にして明快である。子夏の系統が、「性悪説」を唱え、人為的な努力の積み重ねによる人間の本来的性格の転換・変革を主張する荀子《じゅんし》に受け継がれ、さらに、その荀子の門下から、礼をシビアに制度化した「法」を核とする法家思想の旗手韓非子《かんぴし》(前二八〇?—前二三三)が出現したのも、納得できる展開だったといえよう。

子張 19-14

子游曰、喪致乎哀而止。

子游《しゆう》曰《いわ》く、喪《そう》は哀《あい》を致《いた》して止《や》む。

子游《しゆう》は言った。「喪中の礼法は、悲しみを尽くしたならば、それでよい」。

○喪《そう》 喪礼、喪中の礼法。○哀《あい》 悲しみ。

以下の二章は、子游《しゆう》の言葉である。なお、子游は子夏《しか》との絡みで、子張(本篇)19-12にすでに登場している。この子游の言葉も、「喪《そう》は其《そ》の易《おさ》めん与《よ》りは寧《むし》ろ戚《いた》め(喪中の礼は細々ととのえるより、ひたすら哀悼したほうがいい)」(八佾3-4)という、孔子の言葉を踏まえたものであろう。大いなる師孔子の弟子たちに与えた影響力には、測り知れないものがある。

子張 19-15

子游曰、吾友張也、爲難能也。然而未仁。

子《し》游《ゆう》曰《いわく》く、吾《わ》が友《とも》　張《ちょう》や、能《よ》くし難《がた》きを為《な》す也《なり》。然《しか》り而《しこう》して未《いま》だ仁《じん》ならず。

子游《しゆう》は言った。「私の友だちの張《ちょう》（子張《しちょう》）は、人のできないことをやる。しかし、まだ仁者とはいえない」。

子游《しゆう》は孔子より四十五歳年下、子張《しちょう》は孔子より四十八歳年下だから、子游のほうが子張より三歳年上である。なお、子夏《しか》は孔子より四十四歳年下、次章から登場する曾子《そうし》は孔子より四十六歳年下であり、それぞれ優秀な彼ら四人はほぼ同世代にして、孔子門下のもっとも若い弟子層を構成していた。

それはさておき、子張は、孔子に「師《し》や辟《へき》（師〔子張の本名、顓孫師《せんそんし》〕はオーバーだ）」（先進11-18）と評され、また、すでに見たように「師《し》や過《す》ぎたり（子張はやりすぎだ）」（子張〈本篇〉19-3解説参照）と評されたように、出しゃばりでオーバーなところがあった。孔子の論評と、ここに見える、大したがんばりやだが、仁者とはいえないな、という、子游の人物評を合わせて見ると、子張の元気がよすぎて、いささか鼻につくところもある、独特のパーソナリティーが浮かびあがってきて、微笑ましい。

子張 19－16

曾子曰、堂堂乎張也。難與竝爲仁矣。

曾子《そうし》曰《いわ》く、堂堂《どうどう》たるかな張《ちょう》や。与《とも》に並《なら》びて仁《じん》を為《な》し難《がた》し。

曾子《そうし》は言った。「堂々たるものだな、子張《しちょう》は。（しかし、あまりに堂々としすぎて）いっしょに並んで仁徳を行うのは難しいな」。

今度は曾子《そうし》の子張《しちょう》評である。子張は容姿端麗、押し出しのいい人物だったようだ。外貌がすぐれているのに加え、前章で述べたように、元気いっぱい、あまりに積極的な性格の持ち主だったので、子《し》夏《か》や曾子のようなどちらかといえば、ひかえめな人々は、もてあまし、辟易《へきえき》することもあったのだろう。そんな同門、同世代の友人の気分が彷彿とする、面白い論評である。なお、以下、第十九章まで、曾子の発言がつづく。

子張 19－17

曾子曰、吾聞諸夫子。人未有自致者也。必也親喪乎。

曾子《そうし》曰《いわ》く、吾《わ》れ諸《これ》を夫子《ふうし》に聞《き》く。人《ひと》未《いま》だ自《みずか》ら致《いた》す者有《ものあ》らざる也《なり》。必《かなら》ずや親《おや》の喪《も》か。

曾子《そうし》は言った。「私は以下のように先生からうかがっている。「人はなかなか自力でとことんまでやれないものだ。(もしやれるとすれば)きっと親の喪のときかな」と」。

○**夫子**《ふうし》 先生。ここでは、孔子を指す。○**自**《みずか》**ら致**《いた》**す** 自力で究極まで行く、自力でとことんまでやる。

ここで曾子《そうし》は、孔子から聞いた言葉をアレンジせず、解説も加えず、そのまま引いている。孔子に「参《しん》や魯《ろ》(参(曾子の本名、曾参《そうしん》)はぐずだ)」(先進11－18)とまで評された、愚直な曾子らしい態度だといえよう。

子張 19－18

曾子曰、吾聞諸夫子。孟莊子之孝也、其他可能也。其不改父之臣與父之政、是難能也。

曾子《そうし》曰《いわ》く、吾《わ》れ諸《これ》を夫子《ふうし》に聞《き》く。孟荘子《もうそうし》の孝《こう》や、其《そ》の他《た》は能《よ》くす可《べ》き也《なり》。其《そ》の父《ちち》の臣《しん》と父《ちち》の政《まつりごと》を改《あらた》めざるは、是《こ》れ能《よ》くし難《がた》き也《なり》。

曾子《そうし》は言った。「私は以下のように先生からうかがっている。「孟荘子《もうそうし》の親

○**孟荘子**《もうそうし》 魯《ろ》の三大貴族(三桓《さんかん》)の一

孝行ぶりは、そのほかのことは誰でも真似できるが、自分の父の家臣と父の政治のやりかたを変えなかったことは、誰もが真似できることではない」と」。

これも前章同様、孔子の言葉をそのまま引用したもの。孔子は、喪礼をことのほか重んじたが、孝道の専門家だった曾子はむろんのこと、子游《しゆう》にも喪礼に関する発言が見える（子張〈本篇〉19－14）など、若い弟子たちもこれを受け継ぎ、重点項目として、後世に伝えていったことがわかる。

つ、孟孫《もうそん》氏の一族。父孟献子《もうけんし》の地位を世襲し、魯の重臣となった。

子張 19－19

孟氏使陽膚爲士師。問於曾子。曾子曰、上失其道、民散久矣。如得其情、則哀矜而勿喜。

孟氏《もうし》　陽膚《ようふ》をして士師《しし》為《た》らしむ。曾子《そうし》に問《と》う。曾子《そうし》曰《いわ》く、上《かみ》　其《そ》の道《みち》を失《うしな》い、民《たみ》散《さん》ずること久《ひさ》し。如《も》し其《そ》の情《じょう》を得《う》れば、則《すなわ》ち哀矜《あいきょう》して喜《よろこ》ぶ勿《な》かれ。

孟《もう》氏が陽膚《ようふ》を裁判官の長官に任じた。（陽膚がその心得を）曾子《そうし》にたずねた。曾子は言った。「上位の者が正しい道を見失い、もう長いこと人民は離散している。その実情が判明したならば、同情して憐れみをかけ、有頂天に

○**孟氏**《もうし》　魯《ろ》の三大貴族（三桓《さんかん》）の一つ、孟孫《もうそん》氏の一族。○**陽膚**《ようふ》　曾子《そうし》の弟子のようだが、不詳。○**士師**《しし》　裁判官

なってはならない」。

裁判官の長官になった弟子とおぼしき人物に対し、曾子《そうし》は、上に立つ者が乱脈になったために、下の者が離散し犯罪に手を染めるようになったのだから、よく調べて実情がわかれば、犯罪者に憐れみの心をもって対処し、鬼の首でも取ったように、有頂天になるなと注意を与える。いかにも、孔子の忠実な弟子らしい言葉だといえよう。

これをもって、子張《しちょう》、子游《しゆう》、子夏《しか》、曾子と、孔子門下の若い層に属する高弟グループの発言の記録は完了し、以下、この篇の最終章まで六章にわたって子貢《しこう》の発言を記録する。

の長官。○**情**《じょう》 実情。○**哀矜**《あいきょう》「矜」も憐れむ、の意。同情し憐れむこと。

子張 19－20

子貢曰、紂之不善、不如是之甚也。是以君子悪居下流。天下之悪皆帰焉。

子《し》貢《こう》曰《いわ》く、紂《ちゅう》の不善《ふぜん》、是《か》くの如《ごと》く之《こ》れ甚《はなはだ》しからざる也《なり》。是《ここ》を以《もっ》て君子《くんし》は下流《かりゅう》に居《お》るを悪《にく》む。天下《てんか》の悪《あく》 皆《み》な帰《き》す。

子《し》貢《こう》は言った。「殷《いん》の紂《ちゅう》王の悪行も、(後世、喧伝されるごとく)あれほどひどくはなかった。だから、君子は低い川下に身を置くことを嫌がるのだ。

○**紂**《ちゅう》 殷《いん》王朝最後の天子だった暴君。○**下流**《かりゅう》 川下。転じて、道義的に低天下の悪事という悪事を、すべて背負い込まされるのだから」。

い地位。

子貢《しこう》は孔子より三十一歳年下だから、先に登場した孔子門下の若手グループ、子張《しちょう》、子游《しゆう》、子夏《しか》、曾《そう》子《し》らより十数歳年上にあたる。彼は弁論にすぐれた孔子門下きっての秀才であり、外交官として活躍し、商才に長けた大商人でもあった（詳細は学而1－10解説など参照）。さすが聡明きわまりない子貢らしく、この章の発言も明晰そのものであり、伝説や伝承にしばしば見られる極端化現象を鋭く突いている。

子張 19－21

子貢曰、君子之過也、如日月之食焉。過也、人皆見之。更也、人皆仰之。

子貢《しこう》曰《いわ》く、君子《くんし》の過《あやま》ちや、日月《じつげつ》の食《しょく》の如《ごと》し。過《あやま》つや、人《ひと》　皆《み》な之《こ》れを見《み》る。更《あらた》むるや、人《ひと》　皆《み》な之《こ》れを仰《あお》ぐ。

子貢《しこう》は言った。「君子の過ちは、日食や月食のようなものだ。過ちを犯すと、人々はみなこれを見ている。改めると、人々はみなこれを仰ぎ見る」。

○**日月《じつげつ》の食《しょく》**　日食、月食。

さすがに頭の切れる子貢《しこう》らしく、この発言は凄まじいまでに歯切れがよく、明快このうえない。

子張 19－22

衛公孫朝問於子貢曰、仲尼焉學。子貢曰、文武之道、未墜於地。在人。賢者識其大者、不賢者識其小者。莫不有文武之道焉。夫子焉不學。而亦何常師之有。

衛《えい》の公孫朝《こうそんちょう》　子貢《しこう》に問《と》いて曰《いわ》く、仲尼焉《ちゅうじいず》くにか学《まな》べる。子貢曰《しこういわ》く、文武《ぶんぶ》の道《みち》、未《いま》だ地《ち》に墜《お》ちず。人《ひと》に在《あ》り。賢者《けんじゃ》は其《そ》の大《おお》いなる者《もの》を識《し》り、不賢者《ふけんじゃ》は其《そ》の小《ちい》さき者《もの》を識《し》る。文武《ぶんぶ》の道有《みちあ》らざること莫《な》し。夫子《ふうし》　焉《いず》くにか学《まな》ばざらん。而《しこう》して亦《ま》た何《なん》の常《つね》の師《し》か之《こ》れ有《あ》らん。

衛《えい》の公孫朝《こうそんちょう》が子貢《しこう》にたずねて言った。「あなたの先生の仲尼《ちゅうじ》（孔子のあざな）はどこで誰に就《つ》いて学ばれたのですか」。子貢は言った。「周《しゅう》の文《ぶん》王・武《ぶ》王の道はまだ地上から消滅したわけではなく、人々の間に存在しています。賢明な者はその重要なものを知っているし、賢明でない者でもその重要でないものを知っています。いたるところに文王・武王の道は存在しているのです。だから先生はどこでも誰にでも学ばれなかったことはなく、またきまった先生など、もたれなかったのです」。

○**衛《えい》の公孫朝《こうそんちょう》**　衛の君主の一族と推定されるが、詳細は不明。○**文武《ぶんぶ》の道《みち》**　周《しゅう》の文《ぶん》王・武《ぶ》王の道（方法）。

衛《えい》の君主の一族らしい公孫朝《こうそんちょう》が孔子はどこで誰に就いて学んだのかと、ありきたりの質問をすると、かの聡明な子貢《しこう》は胸を張って答える。文化の創始者である周《しゅう》の文《ぶん》王・武《ぶ》王の道（方法）は今もこの地上に遍在している。だから、先生はどこでも誰にでもその道を学ばれたのであり、きまった先生などもたれず、すべての人が先生であった、と。

孔子は遊説の旅に出てまもなく、匡《きょう》の地で襲撃され、危機に瀕した（先進11－23解説参照）。このとき、「文王既《ぶんおうすで》に没《ぼっ》し、文《ぶん》茲《ここ》に在《あ》らざらんや（周の文王はすでに亡くなっており、その文化は、ここ、私の身に存在しているではないか）」（子罕9－5）と述べた。このように、孔子はみずからこそ周の文化の継承者だとする強烈な自負をもっていた。そうした孔子は今も地上に遍在する周の文化を大小となく吸収し、学びつづけたのだと、子貢はここで自信をもって断言する。孔子の自負がのりうつったような力強い言葉である。

子張 19－23

叔孫武叔語大夫於朝曰、子貢賢於仲尼。子服景伯以告子貢。子貢曰、譬之宮牆、賜之牆也及肩。窺見室家之好。夫子之牆數仞。不得其門而入、不見宗廟之美、百官之富。得其門者或寡矣。夫子之云、不亦宜乎。

叔孫武叔《しゅくそんぶしゅく》　大夫《たいふ》に朝《ちょう》に語《かた》りて曰《いわ》く、子貢《しこう》は仲尼《ちゅうじ》より賢《まさ》れり。子服景伯《しふくけいはく》　以《もっ》て子貢《しこう》に告《つ》ぐ。子貢曰《しこういわ》く、之《こ》れを宮牆《きゅうしょう》に譬《たと》うれば、賜《し》の牆《かき》や肩《かた》に及《およ》ぶ。室家《しっか》の好《よ》きを窺《うかが》い見《み》る。夫子《ふうし》の牆《かき》は数仞《すうじん》。其《そ》の門《もん》を得《え》て入《い》らざれば、宗廟《そうびょう》の美《び》、百官《ひゃくかん》の富《とみ》を見《み》ず。

其《そ》の門《もん》を得《う》る者《もの》 或《ある》いは寡《すく》なし。夫子《ふうし》の云《い》うこと、亦《ま》た宜《むべ》ならずや。

叔孫武叔《しゅくそんぶしゅく》が宮廷で同僚の高官たちに告げて言った。「子貢《しこう》は先生の仲尼《ちゅうじ》(孔子のあざな)よりすぐれている」。子服景伯《しふくけいはく》がこれを子貢に話した。子貢は言った。「これを塀にたとえてみましょう。賜《わたくし》(子貢の本名、端木賜《たんぼくし》)の塀はせいぜい肩くらいの高さで、家のいいところをのぞき見することができます。一方、先生の塀は何仞もの高さがあり、門をみつけて中に入らないと、先祖の廟や大勢の役人がいるようすが見られません。その門をみつけられる者は少ないかもしれず、あのかたがそう言われるのももっともなことでしょう」。

○**叔孫武叔**《しゅくそんぶしゅく》 魯《ろ》の三大貴族(三桓《さんかん》)の一つ、叔孫《しゅくそん》氏の一族。○**大夫**《たいふ》 重臣。○**子服景伯**《しふくけいはく》 魯の重臣の一人。子服《しふく》何《か》(名は何忌《かき》ともいう)。憲問14‐37参照。○**宮牆**《きゅうしょう》 塀。○**数仞**《すうじん》 一仞は約一メートル五〇センチ。○**宗廟**《そうびょう》 先祖の廟。○**百官**《ひゃくかん》 大勢の役人。

叔孫武叔《しゅくそんぶしゅく》はかつて孔子と同僚だったが、孔子に反感をもつ人物である。その叔孫武叔が他の重臣たちに、孔子より弟子の子貢《しこう》のほうがすぐれていると告げ、これを聞いた重臣の一人で、かねて孔子に好意をもつ子服景伯《しふくけいはく》が子貢にこのことを話した。なお、子服景伯は憲問14‐37でも、孔子に好意的な魯《ろ》の重臣として登場している。

子服景伯の話を聞いた子貢は、自分を肩くらいの高さしかない塀にたとえ、孔子を何仞もの高さのある塀にたとえて、自分の長所はすぐ人目につくが、先生の長所は塀越しには見えず、門(入口)をみつけて中に入らないと見えないと言う。しかもその門は並みの者にはなかなかみつけられないから、あのかた(叔孫武叔)がそう言われるのももっともだ、とピシリと言ってのける。レベルの低い叔孫武叔には孔子のよさはわからないのだという、痛烈な皮肉である。なお子貢の発言に、先生や目上の人に対する尊称の「夫子《ふうし》」が二度出てくるが、いうまでもなく最初の夫子は孔子を指し、後のそれは叔孫武叔を指す。孔子に敵対的な叔孫武叔は次章でも孔子を誹謗し、子貢の猛反撃を受けている。

子張 19－24

叔孫武叔毀仲尼。子貢曰、無以爲也。仲尼不可毀也。他人之賢者、丘陵也。猶可踰也。仲尼日月也。無得而踰焉。人雖欲自絶、其何傷於日月乎。多見其不知量也。

叔孫武叔《しゅくそんぶしゅく》　仲尼《ちゅうじ》を毀《そし》る。子貢曰《しこういわ》く、以《もっ》て為《な》す無《な》き也《なり》。仲尼《ちゅうじ》は毀《そし》る可《べ》からざる也《なり》。他人《たにん》の賢者《けんじゃ》は、丘陵也《きゅうりょうなり》。猶《な》お踰《こ》ゆ可《べ》き也《なり》。仲尼《ちゅうじ》は日月也《じつげつなり》。得《え》て踰《こ》ゆる無《な》し。人《ひと》自《みずか》ら絶《た》たんと欲《ほっ》すと雖《いえど》も、其《そ》れ何《なに》をか日月《じつげつ》に傷《そこ》なわんや。多《まさ》に其《そ》の量《りょう》を知《し》らざるを見《み》る也《なり》。

叔孫武叔《しゅくそんぶしゅく》が仲尼《ちゅうじ》（孔子のあざな）を誹謗した。子貢《しこう》は言った。「そんなことはなさらないほうがよろしい。先生（仲尼さま）を誹謗することなどできません。他の賢者は岡のようなもので、それでも踏み越えることができます。

○**叔孫武叔**《しゅくそんぶしゅく》　前章注参照。○**毀《そし》る**　誹謗する。○**自《みずか》ら絶《た》たんと欲《ほっ》す**　無視しようとする。○**多《まさ》に**　まさしく～

（しかし）先生は太陽や月のような方であり、他の人間には越えるすべがない。人がいくら無視しようとしても、太陽や月はびくともしない。（無視しようとした者が）まさしく自分の身のほど知らずをさらけだすだけです」。

だけ、ほかでもなく～だけ。○量《りょう》 自分の容量、身のほど。したがって、「其《そ》の量《りょう》を知《し》らざるを見《み》る」は、自分の容量がわからないことを示す。すなわち、「自分の身のほど知らずをさらけだす」の意。

叔孫武叔《しゅくそんぶしゅく》はよほど孔子に反感をもっていたのか、前章では、「子貢《しこう》は仲尼《ちゅうじ》より賢《まさ》れり」と間接的に嫌味を言っただけだが、ここでは正面切って孔子を誹謗した。すると、子貢ははげしい口調で反論し、そんなことを言えば、あなたのほうが自分の身のほど知らずをさらけだすだけだと、完膚なきまでに叩きのめしたのだった。

孔子は子路《しろ》が戦死したという知らせを聞いたとき、「吾《わ》れ由《ゆう》を得《え》てより、悪言《あくげん》耳《みみ》に聞《き》こえず（由〈子路の本名、仲由《ちゅうゆう》〉を得てから、悪口を耳にすることがなくなったものを）」（『史記《しき》』仲尼弟子列伝《ちゅうじていしでん》）と慨嘆したが、子路のみならず、孔子を心から敬愛する弟子たちは、悪意をもって孔子を非難中傷する者には敢然と立ち向かい、徹底的に反撃を加えたことが、気色ばんだ子貢の発言から如実にうかがえる。大いなる師孔子と弟子たちの深い信頼関係に、あらためて感じ入るばかりだ。

子張
19－25

陳子禽謂子貢曰、子爲恭也。仲尼豈賢於子乎。子貢曰、君子一言以爲知、一言以爲不知。言不可不愼也。夫子之不可及也、猶天之不可階而升也。夫子之得邦家者、所謂立之斯立、道之斯行、綏之斯來、動之斯和。其生也榮、其死也哀。如之何其可及也。

陳子禽《ちんしきん》 子貢《しこう》に謂《い》いて曰《いわ》く、子《し》は恭《きょう》を為《な》す也《なり》。仲尼《ちゅうじ》 豈《あ》に子《し》より賢《まさ》らんや。子貢《しこう》曰《いわ》く、君子《くんし》は一言以《いちげんもっ》て知《ち》と為《な》し、一言以《いちげんもっ》て不知《ふち》と為《な》す。言《げん》は慎《つつし》まざる可《べ》からざる也《なり》。夫子《ふうし》の及《およ》ぶ可《べ》からざるや、猶《な》お天《てん》の階《はしご》して升《のぼ》る可《べ》からざるがごとき也《なり》。夫子《ふうし》の邦家《ほうか》を得《え》んには、所謂之《いわゆるこ》れを立《た》つれば斯《ここ》に立《た》ち、之《こ》れを道《みち》びけば斯《ここ》に行《おこな》われ、之《こ》れを綏《やす》んずれば斯《ここ》に来《き》たり、之《こ》れを動《うご》かせば斯《ここ》に和《やわ》らぐ。其《そ》の生《い》くるや栄《さか》え、其《そ》の死《し》するや哀《かな》しまる。之《こ》れを如何《いかん》ぞ其《そ》れ及《およ》ぶ可《べ》けんや。

陳子禽《ちんしきん》が子貢《しこう》に言った。「あなたは謙遜されています。仲尼《ちゅうじ》（孔子のあざな）はあなたよりも、まさってはおられません」。子貢は言った。「君子はたった一言で知性があるとされ、たった一言で知性に欠けるとされる。言葉は慎重に使わなければいけない（きみの言葉は慎重さを欠いている）。先生に及びもつかないのは、ちょうど天にはしごをかけて上ることができな

○**陳子禽《ちんしきん》** 学而1－10に登場する子禽《しきん》と同一人物で、姓を陳《ちん》、名を亢《こう》、あざなを子禽という人物だとされる。孔子の直弟子ではなく、子貢《しこう》もしくは孔子の息子の孔鯉《こうり》の弟子だとする

いのと同じだ。もし、先生が国家を治められたならば、いわゆる「樹立させればすぐ樹立し、導けばすぐ実行し、安心させればすぐ集まり、励ませばすぐこたえる」ということになる。生きておられる間は、栄誉に輝き、亡くなると、哀悼される。そんな先生には及びもつかないのだ」。

説もある。○**恭《きょう》を為《な》す** 謙遜する。○**階《はしご》す** はしごをかける。○**邦家《ほうか》** 国家。○**所謂《いわゆる》…** この「所謂」以下、訳文中、カギカッコでくくった部分は、古語あるいは成語を引用したと見える。○**綏《やす》んず** 安んじる、安心させる。○**動《うご》かす** 励ます、激励する。○**和《やわ》らぐ** ここでは「こたえる」の意。

孔子の死後、子貢《しこう》のほうが孔子より偉いという噂が、いっそう盛んになったのであろう。本篇第二十三章、第二十四章、およびこの章において、子貢は鮮やかな比喩を駆使しながら、大いなる孔子像を描きあげ、心ない風聞を一つ一つ打破してゆく。子貢は孔子門下きっての聡明な逸材であったが、この篇の言葉のみならず、これまでしばしば見られた孔子とのやりとりからも、彼がいかに孔子を敬愛していたか、如実に読みとれる。その孔子への心酔度の深さには、かの孔子一筋の子路《しろ》に勝るとも劣らぬものがあったといえよう。この篇は、そんな子貢の孔子への美しくも誠実な賛辞《オマージュ》を結びとして、終幕となる。

堯曰《ぎょうえつ》 第二十

『論語』全二十篇の最後に配されたこの篇に収録されたのは、わずか三篇に過ぎない。しかも、第一章は古代の聖天子や偉人の事迹を記したもの、第二章は政治にたずさわる者の心得をめぐる孔子と子張《しちょう》のやりとり、第三章は孔子の含蓄深い発言と、はなはだしく構成にまとまりを欠く。これを何とか筋道だてようと苦心する論者もあるようだが、無理だというほかない。おそらく、この『論語』最終篇は、未収録の文章をまとめた一種の補遺にあたるのではなかろうか。

考えてみれば、『論語』の中核をなすのは、孔子の対話の記録である。時期はさまざま、対話の相手は圧倒的に弟子が多い。こうしておびただしい対話の記録を集積したものだから、当然、思想家の体系的な著書とはもともと性格を異にする。各篇の構成も、それぞれ大まかな傾向は認められるものの、いたってゆるやかに組み立てられている。対話の現場を彷彿とさせる臨場感にあふれた、思考の乱反射がその特徴であり、魅力だといえよう。

堯曰
20－1

堯曰、咨爾舜。天之暦數在爾躬。允執其中。四海困窮、天祿永終。舜亦以命禹。曰、予小子履。敢用玄牡、敢昭告于皇皇后帝。有罪不敢赦。帝臣不蔽。簡在帝心。朕躬有罪、無以萬方。萬方有罪、罪在朕躬。周有大賚。善人是富。雖有周親、不如仁人。百姓有過、在予一人。謹權量、審法度、修廢官、四方之政行焉。興滅國、繼絶世、擧逸民、天下之民歸心焉。所重民、食喪祭。寬則得衆、信則民任焉。敏則有功。公則說。

堯曰《ぎょういわ》く、咨《ああ》 爾舜《なんじしゅん》。天《てん》の暦数《れきすう》 爾《なんじ》の躬《み》に在《あ》り。允《まこと》に其《そ》の中《ちゅう》を執《と》れ。四海困窮《しかいこんきゅう》し、天禄永《てんろくなが》く終《お》わらん。

舜《しゅん》も亦《ま》た以《もっ》て禹《う》に命《めい》ず。

曰《いわ》く、予《わ》れ小子履《しょうしり》。敢《あ》えて玄牡《げんぼ》を用《もち》いて、敢《あ》えて昭《あき》らかに皇皇《こうこう》たる后帝《こうてい》に告《つ》ぐ。罪有《つみあ》るは敢《あ》えて赦《ゆる》さず。帝臣蔽《ていしんおお》わず。簡《えら》ぶことは帝《てい》の心《こころ》に在《あ》り。朕《わ》が躬《み》に罪有《つみあ》らば、万方《ばんぽう》を以《もっ》てすること無《な》かれ。万方《ばんぽう》に罪有《つみあ》らば、罪《つみ》は朕《わ》が躬《み》に在《あ》り。周《しゅう》に大《おお》いなる賚《たまもの》有《あ》り。善人是《ぜんじんこ》れ富《と》めり。周親《しゅうしん》有《あ》りと雖《いえど》も、仁人《じんじん》に如《し》かず。百姓《ひゃくせい》過《あやま》ち有《あ》らば、予《わ》れ一人《いちにん》に在《あ》り。

権量《けんりょう》を謹《つつし》み、法度《ほうど》を審《つまび》らかにし、廃《すた》れたる官《かん》を修《おさ》むれば、四方《しほう》の政《まつりごと》行《おこな》わる。滅《ほろ》びたる国《くに》を興《おこ》し、絶《た》えたる世《よ》を継《つ》ぎ、逸民《いつみん》を挙《あ》ぐれば、天下《てんか》の民《たみ》心《こころ》を帰《き》せん。民《たみ》に重《おも》んずる所《ところ》は、食《しょく》・喪《そう》・祭《さい》。寛《かん》なれば則《すなわ》ち衆《しゅう》を得《う》、信《しん》なれば則《すなわ》ち民任《たみにん》ず。敏《びん》なれば則《すなわ》ち功有《こうあ》り。公《こう》なれば則《すなわ》ち説《よろこ》ぶ。

堯《ぎょう》は言った。「ああ、なんじ舜《しゅん》よ。天の運行のめぐりは、なんじの身にやって来た。誠実に中《ちゅう》なる道を掌握せよ。天下が困窮すれば、天から授かった幸運も永遠に終わるであろう」。

舜もまた、禹《う》に天子の位を譲った。

(殷《いん》の湯《とう》王は)言った。「私とるにたりない履《り》は、恐れ多くも、黒毛の雄牛を供え、はっきりと大いなる天帝に申し上げます。「罪を犯した者は許すわけにはまいりません。あなたさま(天帝を指す)の臣下(夏《か》の暴君桀《けつ》を指す)の罪は隠しようもなく、あなたさまの御心《みこころ》のままにお裁きください。もし万国の人々に罪があれば、その罪は私ひとりの身にあります」」。

周《しゅう》王朝は天から大きな賜物をいただいた。善き人の多いことである。身近な親類もいるけれども、仁徳のある人には及ばない。もし、人民に過ちがあれば、それは私(周の武《ぶ》王を指す)ひとりの身にある。

(堯、舜、禹〔夏王朝〕、殷の湯王、周の武王はなべて)度量衡をととのえ、法や制度を明確にし、廃止された官職を修復したので、天下四方でよき政

○**堯《ぎょう》、舜《しゅん》、禹《う》**　伝説の三人の聖天子。血統によらず、もっとも優秀な人物を天子に選ぶという方法(禅譲《ぜんじょう》)によって、堯は舜を、舜は禹を後継の天子に選んだ。○**履《り》**　履は禹を始祖とする夏王朝最後の天子桀《けつ》を滅ぼし(放伐《ほうばつ》)、殷《いん》王朝を立てた初代天子、湯《とう》王の実名とされる。○**周《しゅう》**　周の武《ぶ》王が殷王朝最後の天子紂《ちゅう》を滅ぼして(放伐)、立てた王朝。

治が行われた。滅亡した国を復興させ、絶えた家を復活させ、世間から逸脱した人々を抜擢登用したので、天下の人々が心を寄せた。人々に対して重んじたのは、食、喪(葬式儀礼など)、祭(もろもろの祭祀)であり、寛容に対処したので、人々が集まり、誠実に対処したので、人々から信頼された。敏捷にやったので、功績があがり、公平に行ったので、人々は喜んだ。

以上、五段に分けて読んだ。うちわけは、第一段が、尭《ぎょう》が舜《しゅん》に天子の位を譲りわたすときの言葉、第二段が、舜から禹《う》へ天子の位が譲られたことの短い記述、第三段が、殷《いん》の湯《とう》王が、夏《か》の桀《けつ》を滅ぼすために挙兵したさい、天帝に捧げた言葉である。ここまでで、一見して明らかなことは、舜から禹への移行のさいの言葉が見られないこと、また、禹が夏王朝の始祖となったことに関する記述がまったく抜けていることである。おそらく、この部分に大きな脱落があると思われる。ちなみに、第三段の初めにも、主語の「湯王」が欠けている。

つづいて、第四段が周《しゅう》王朝の武《ぶ》王に関する記述だが、武王の名も記されておらず、総じて大ざっぱであり、そうとうな脱落があると推測される。最後の第五段は、諸家の説により、いちおうこれまでの記述を総括した総論として解した。しかし、これは理想的政治のイメージを述べたものとも受け取れる。

という具合に、この章は脱落がそうとうあるのは確かであり、全体にたいへん乱雑な感じがする(本篇冒頭のコメント参照)。なお、煩雑になるので、この章では語注を大幅に省略し、訳文中で読みとれるようにした。

堯曰 20－2

子張問於孔子曰、何如斯可以從政矣。子曰、尊五美、屏四惡、斯可以從政矣。子張曰、何謂五美。子曰、君子惠而不費。勞而不怨。欲而不貪。泰而不驕。威而不猛。子張曰、何謂惠而不費。子曰、因民之所利而利之。斯不亦惠而不費乎。擇可勞而勞之。又誰怨。欲仁而得仁。又焉貪。君子無衆寡、無小大、無敢慢。斯不亦泰而不驕乎。君子正其衣冠、尊其瞻視。儼然人望而畏之。斯不亦威而不猛乎。子張曰、何謂四惡。子曰、不教而殺、謂之虐。不戒視成、謂之暴。慢令致期、謂之賊。猶之與人也、出納之吝、謂之有司。

子張《しちょう》　孔子《こうし》に問《と》いて曰《いわ》く、何如《いか》なれば斯《こ》れ以《もっ》て政《まつりごと》に従《したが》う可《べ》き。子《し》曰《いわ》く、五美《ごび》を尊《たっと》び、四悪《しあく》を屏《しりぞ》くれば、斯《こ》れ以《もっ》て政《まつりごと》に従《したが》う可《べ》し。子張曰《しちょういわ》く、何《なに》をか五美《ごび》と謂《い》う。子《し》曰《いわ》く、君子《くんし》は恵《けい》して費《ついや》さず。労《ろう》して怨《うら》まず。欲《ほっ》して貪《むさぼ》らず。泰《ゆた》かにして驕《おご》らず。威《い》あって猛《たけ》からず。子張曰《しちょういわ》く、何《なに》をか恵《けい》して費《ついや》さずと謂《い》う。子《し》曰《いわ》く、民《たみ》の利《り》する所《ところ》に因《よ》って之《こ》れを利《り》す。斯《こ》れ亦《ま》た恵《けい》して費《ついや》さざるにあらずや。労《ろう》す可《べ》きを択《えら》んで之《こ》れを労《ろう》す。又《ま》た誰《だれ》をか怨《うら》まん。仁《じん》を欲《ほっ》して仁《じん》を得《う》。又《ま》た焉《いず》くんぞ貪《むさぼ》らん。君子《くんし》は衆寡《しゅうか》と無《な》く、小大《しょうだい》と無《な》く、敢《あ》えて慢《あなど》る無《な》し。斯《こ》れ亦《ま》た泰《ゆた》かにして驕《おご》らざるにあらずや。君子《くんし》は其《そ》の衣冠《いかん》を正《ただ》し、其《そ》の瞻視《せんし》を尊《とうと》くす。儼然《げんぜん》として人《ひと》　望《のぞ》んで之《こ》れを畏《おそ》る。斯《こ》れ亦《ま》た威《い》あって猛《たけ》からざるにあらずや。子張曰《しちょういわ》く、何《なに》をか四悪《しあく》と謂《い》う。子曰《しいわ》く、教《おし》えずして殺《ころ》す、之《こ》れを虐《ぎゃく》と謂《い》う。戒《いまし》めずして成《な》るを視《み》る、之《こ》れを暴《ぼう》と謂《い》う。令《れい》を慢《みだり》にして期《き》を致《いた》す、之《こ》れを賊《ぞく》と謂《い》う。之《こ》れを猶《ひと》しく人《ひと》に与《あた》うる也《なり》、出《すい》納《とう》の吝《やぶさ》かなる、之《こ》れを有司《ゆうし》と謂《い》う。

子張《しちょう》が孔子にたずねて言った。「どうすれば政治にたずさわれますか」。先生は言われた。「五美を大切にし、四悪を排除すれば、それで政治にたずさわることができる」。子張は言った。「何を五美というのですか」。先生は言われた。「君子は恩恵を与えるが、費用はかけない。労働させるが、怨みを抱かせない。欲望はもつが、欲張らない。ゆったりと落ち着いているが、傲慢でない。威厳はあるが、たけだけしくない、ということだ」。子張は言った。「「恩恵を与えるが、費用はかけない」とは、どういうことですか」。先生は言われた。「人々の利益とするところに応じて、利益を与える。それが、恩恵を与えるが、費用はかけないということではないか。労働しがいのあることを自分で選んで労働させる。そうすれば、誰を怨むことがあろうか。仁徳を達成したいと欲して、けっきょく仁徳を得るのだから、どうして欲張りになることがあろうか。君子は相手の多少、大小にかかわらず、バカにすることはない。それが、ゆったりと落ち着いているが、傲慢でないということではないか。君子は衣冠を正して、高いところを見る。人はそのいかめしく犯しがたい威厳のあるさまを見て畏敬する。

○**恵《けい》して費《つい》やさず** 恩恵を与えるが費用はかけない。○**労《ろう》して怨《うら》まず** 労働させるが怨みを抱かせない。○**欲《はっ》して貪《むさぼ》らず** 欲望はもつが欲張らない。○**泰《ゆた》かにして驕《おご》らず** ゆったりと落ち着いているが、傲慢でない。子路13-26参照。○**威《い》あって猛《たけ》からず** 威厳はあるが、たけだけしくない。述而7-37参照。○**瞻視《せんし》** 見ること。○**儼然《げんぜん》** いかめしく犯しがたい威厳のあるさま。○**戒《いまし》めずして成《な》る** 期限をあらかじめきめず、急に仕上げを命じる。○**令《れい》を慢《みだり》にして期《き》を致《いた》す** いいかげんな命令を出しながら、期限を切る。○**出納《すいとう》の吝《やぶさ》かなる** 出し入れをけちけちする。○**有司《ゆうし》** ここでは、「役人根性」の意。

それが、威厳はあるが、たけだけしくないということではないか」。子張は言った。「何を四悪というのですか」。先生は言われた。「人々を教化せずに殺す。これを虐《ぎゃく》という。期限をあらかじめきめず、急に仕上げを命じる。これを暴《ぼう》という。いいかげんな命令を出しながら、期限を切る。これを賊《ぞく》という。どっちみち人に与えるのに、出し入れをけちけちする。これを有司《ゆうし》（役人根性）という」。

古代の王の事迹を記した前章とはうってかわり、この章の孔子と子張《しちょう》の質疑応答は、行政にたずさわる者の心得をテーマとする。あまりに様相が異なるので、漢《かん》代には、この章と次章を別の篇として独立させたテキストがあったとされる。

堯曰 20－3

子曰、不知命、無以爲君子也。不知禮、無以立也。不知言、無以知人也。

子《し》曰《いわ》く、命《めい》を知《し》らざれば、以《もっ》て君子《くんし》と為《な》す無《な》き也《なり》。礼《れい》を知《し》らざれば、以《もっ》て立《た》つ無《な》き也《なり》。言《げん》を知《し》らざれば、以《もっ》て人《ひと》を知《し》る無《な》き也《なり》。

先生は言われた。「天が自分に与えた使命や運命を知らなければ、君子で

○命《めい》　天が自分に与えた使命や運命。

はない。礼を知らなければ、自立してやってゆけない。言語を知らなければ、人を認識できない」。

『論語』上下あわせて二十篇の最後に置かれた言葉（漢《かん》代のテキストの一つ、『魯論語《ろろんご》』にはこの章が欠けている）。「命」「礼」「言」を知ることが、自立した人間にとって不可欠であることを述べたものである。「命を知る」は「五十《ごじゅう》にして天命《てんめい》を知《し》る」（為政2－4）と同様、天が自分に与えた使命や運命を自覚することをいい、ここでは、それが自覚できないものは、「君子」ではないとされる。ついで、節度や秩序の具体的表現である礼の方式を知らなければ、自分の位置づけができず、とても社会的に自立してゆけないとされる。さらに多種多様の人間によって構成される社会において、言語能力が乏しいと、相手がどういう人なのか、識別できないという。他者を理解し識別する手段は、その人物が何をいかに語るかを聞きとり把握するしかない。言語能力はいうまでもなくコミュニケーションの要《かなめ》である。

この章は、最初の「命《めい》を知《し》らざれば、以《もっ》て君子《くんし》と為《な》す無《な》き也《なり》」において、よき人となるための個人的自覚をうながし、これにつづく二句において、社会的人間として必要な属性を指摘するというふうに、個人から社会へと、論旨が展開されている。しかも、興味深いのは、すべて「知らなければ～ない」というぐあいに、否定形を重ねた強調表現になっていることである。こうした否定形による強調表現は、後世、たとえば現代の毛沢東《もうたくとう》に至るまで、しばしば見られるものであり、ここに、否定形を多用する中国的レトリックの原型を見ることもできる。

『論語』最終の堯曰篇は雑多な文章を取り込んだ補遺の感がつよいが、末尾に置かれたこの孔子の発言は、全二十篇からなる『論語』の有終の美を飾るにふさわしい、簡にして要を得た名言である。

解説

つごう五百有余章からなる『論語』の中核をなすのは、孔子の対話の記録である。対話の相手のほとんどは弟子たちだが、ときには、孔子の故国魯《ろ》をはじめとする諸国の君主や重臣などが登場することもある。このように、『論語』が孔子の著書ではなく、主として顔回《がんかい》、子貢《しこう》、子路《しろ》をはじめとする、ユニークで優秀な弟子たちと向き合い、語り合った対話の記録であるということは、この書物の他に類を見ない魅力の源泉となっている。

この稀有の対話記録がいつどのような人々によって編纂されたかについては、詳しいことはわからない。しかし、じかに孔子の謦咳《けいがい》に接した弟子たちが、記憶に刻みつけ、何らかの形で記録した問答や言葉を、孔子の没後、直弟子や孫弟子が収集・整理し、編纂したことはまずまちがいない。なお、江戸の儒学者伊藤仁斎《いとうじんさい》(一六二七—一七〇五)の説によれば、『論語』二十篇のうち、前半十篇(上篇)がまず整理・編纂され、後半十篇(下篇)がのちに附加されたという。この仁斎説には、前半十篇の表現が総じて、孔子の生気あふれる言葉づかいを、簡潔かつストレートに伝えている感があるのに比べ、後半十篇の表現には理に落ち、やや精彩を欠くものがあることを考えあわせると、まことに鋭いものがあると思われる。

『論語』各篇のタイトルは、各篇の冒頭の章から、二字ないし三字をとって篇名としたものである。

このある意味で、素っ気ないタイトルの付け方から明らかなように、各篇の内容は、もともとは共通性あるいは類似性のある章をまとめて配置しようとする意図はあったのだろうが、じっさいには、複雑多岐であり、一定の方向性をもったものとは言いがたい。こうして孔子のおりおりの発言を、無理に分類しようとせず、あるがままに収録したことによって、『論語』は、柔軟で闊達な孔子の精神、感覚、発想や弟子たちとの豊かな関係性を、現在形で臨場感ゆたかに浮き彫りにしえたともいえよう。

『論語』は中国でもっとも広くかつ長く読まれてきた書物である。紀元前二世紀、前漢《ぜんかん》の武帝《ぶ》が儒《じゅ》家《か》思想を国家の指導原理、正統思想とし、孔子が編纂したとされる五経《ごきょう》、すなわち易《えき》、書《しょ》、詩《し》、礼《れい》、春秋《しゅんじゅう》の五つの経典と合わせて、『論語』を知識人士大夫《したいふ》の必読書と定めて以来、約二千年にわたって、これらの書物は連綿と読まれてきた。とりわけ、『論語』は五経に比べれば、格段に読みやすいこともあって、時の経過とともに、知識人士大夫のみならず、庶民階層にも浸透し、読書人口は増加の一途をたどった。

さらにまた、南宋《なんそう》の朱子《しゅし》(一一三〇—一二〇〇)に至り、『大学《だいがく》』『中庸《ちゅうよう》』『論語』『孟子《もうし》』を四書《ししょ》と称し、孔子の思想のポイントを示すものとして、五経以上に重視するようになると、『論語』はとりわけ普遍的な必読書となり、子供から大人まで読まない者はないという状態になった。

一方、日本では、『古事記《こじき》』や『日本書紀《にほんしょき》』によれば、『論語』は四世紀初頭、応神《おうじん》天皇の時代に、百済《くだら》から渡来した王仁《わに》によってもたらされたという。これは伝説としても、おそらく六世紀初頭には日本に伝来し、以後、千二百年以上にわたって、これまた広く長く読み継がれ、江戸時代になると、上層階級のみならず、寺子屋などを通じて庶民階層にも浸透、普及していった。

『論語』には数えきれないほどの注釈書や解説書があるが、そのもとになるのは、いわゆる「古注《こちゅう》」と「新注《しんちゅう》」である。古注とは、魏《ぎ》の何晏《かあん》(一九〇ごろ―二四九)がそれまでの注釈を整理し編纂した『論《ろん》語集解《ごしっかい》』を指し、新注とは、南宋の朱子の著した注釈『論語集注《ろんごしっちゅう》』を指す。

また、日本におけるすぐれた注釈書としては、江戸時代、伊藤仁斎の著した『論語古義《ろんごこぎ》』と荻生徂《おぎゅうそ》徠《らい》(一六六六―一七二八)の著した『論語徴《ろんごちょう》』があげられる。ちなみに、仁斎は倫理主義的な要素の強い朱子の新注に違和感をもち、原点にもどって、『論語』の原義を追究しようとし、『論語古義』を著した。一方、徂徠の朱子に対する反発は仁斎よりも激越であり、仁斎もまた徹底性に欠けるときびしく批判した。こうして朱子も仁斎も否定する徂徠は、主として用語の語源を追究するなど、語学的方法によって、まま人の意表をつく奇説をも織り交ぜながら、『論語徴』を著し、『論語』を新たな角度からとらえかえした。

その後、現代に至るまで、日本でも注釈のついた全訳、抄訳がしばしば刊行され、広く読まれて来た。その主要なものについては、巻末の「主要参考文献」を参照されたい。

孔子の生の軌跡については、本書の随処において、孔子自身の発言に即しつつふれたが、ここでその概略を簡単に紹介しておきたい。

孔子(名は丘《きゅう》、あざな仲尼《ちゅうじ》)は、春秋《しゅんじゅう》時代(前七七〇―前四〇三)の後半、小国魯《ろ》(山東省)に生まれた。孔子の生年に関しては諸説あるが、本書では司馬遷《しばせん》の『史記《しき》』孔子世家《こうしせいか》により、紀元前五五一年説をとった。没年は紀元前四七九年、ときに七十三歳。

孔子の父は叔梁紇《しゅくりょうこつ》(または叔紇《しゅくこつ》。本姓は孔)という士(武人)であるが、母の顔《がん》氏は正妻ではなかったようだ。孔子はこの武人の父から、ずばぬけて強健な身体を受け継ぎ、身長は九尺六寸(漢代の尺度。約二メートル二〇センチ)、「長人《ちょうじん》」と称されたという。

父の叔梁紇、母の顔氏は早い時期に他界し、孤児として貧窮のなかで成長した孔子は苦労を重ねながら、礼法などを学び、文化的教養を積み重ねた。そのかいあって、三十歳のころには学問の基礎ができあがり、社会的評価も高まって、弟子入りする者もふえた。このころ、周《しゅう》王朝の基礎を築き、魯の始祖でもあった周公旦《しゅうこうたん》を手本とし、仁愛と礼法を中心とした節度ある社会の到来をめざす、孔子の儒家思想の骨格もできあがったとおぼしい。

孔子はみずからの理想を実践に移すべく、政治参加を志すが、その機会はなかなか訪れなかった。春秋時代後半は下剋上《げこくじょう》の嵐に見舞われた季節であり、孔子の故国魯も政治の実権は三大貴族(三桓《さんかん》。魯の桓《かん》公の子孫である季孫《きそん》氏、孟孫《もうそん》氏、叔孫《しゅくそん》氏)が握るなど、混乱の極みにあった。このため、孔子がようやく下剋上に揺れる魯の政治改革に着手しうる地位についたのは、紀元前四九九年、五十三歳のときだった。当時の君主、定《てい》公に抜擢され、大司寇《だいしこう》(司法長官)に就任すると、さっそく三大貴族の勢力を削ぐために活動を開始するが、猛反発をくらってあえなく失敗、失脚のやむなきに至る。

この後まもなく紀元前四九七年、孔子は大勢の弟子たちを引き連れて魯を離れ、みずからの政治理想を受け入れてくれる君主を求めて、諸国をめぐる遊説の旅に出た。ときに五十五歳。しかし、弱肉強食の乱世のさなか、孔子の理想主義を受け入れてくれる君主とめぐりあうことはできず、足かけ十四年におよんだ長旅のあげく、紀元前四八四年、ようやく魯に帰国した。ときに六十八歳。報われることの少なかった長い旅の間、孔子は意気阻喪することなく、理想社会の到来を期して弟子たちを励まし、不屈の精神力をもって長い旅を継続した。恐るべき強靱さである。かくして、帰国した孔子は、弟子の教育と『詩経』をはじめとする古典の編纂に専念する日々を送り、五年後、七十三歳でこの世を去った。

以上のように、孔子の生涯は文字どおり波瀾万丈だったが、いついかなるときも、孔子は身も心も健やかにして明朗闊達、躍動的な精神を失わなかった。不遇のどん底にあってもユーモア感覚たっぷり、学問や音楽を心から愛し、日常生活においても美意識を発揮するなど、生きることを楽しむ人だったのである。

『論語』には、こうしてさまざまな苦難を乗り越えてきた大いなる孔子と、彼を敬愛する弟子たちとの関係性が、鮮やかに映しだされている。孔子は偉大な師ではあるが、まったく偉ぶることなく、自然な態度で弟子たちと向き合い、弟子たちも孔子を深く敬愛しながらも、けっして崇めたてまつることなく、わからないことがあれば、「何《なん》の謂《いい》ぞや（どういう意味ですか）」と、率直に質問を投げかけた。まさに羨むべき師弟関係である。

さらにまた、孔子は弟子たちに向かって、画一的に難解な論理をふりかざすことはまったくなく、弟子の個性、志向、理解力等々に応じて、柔軟に対応し、彼らがそれぞれ自力で理解を深めることができるよう、力添えをした。したがって、『論語』の対話を読むとき、相手が明記されない場合はさておき、その対話の相手が誰であるかということも、ポイントの一つだといえよう。こうした点を考慮し、本書では、孔子の対話の主たる相手であるそれぞれの弟子のパーソナリティーについても、随処で言及した。

総じて、孔子は言語の表現方法、つまりはレトリックに長《た》けていたが、みずから「巧言令色《こうげんれいしょく》、鮮《すくな》し仁《じん》（巧妙な言葉づかい、とりつくろった表情の人間は真情に欠ける）」（学而1-3、陽貨17-17）と言いきっているように、誠実さに裏打ちされない美辞麗句をきびしく否定した。また、孔子は、思想的なテーマについて語るときも、生硬で観念的な言葉を用いることなく、身近で具体的なイメージによっていきいきと示唆することが多かった。『論語』が無機的な思想書とはおよそ異なり、そこから、孔子の息づかいや肉声が響いてくるように思われるのは、このためでもあろう。

本書に収録した『論語』の原文はそのつど諸書を参照しながら、おおむね、諸書を照合して定められた吉川幸次郎著『論語』（朝日新聞社刊）により、訓読や翻訳についても多大の教示を得た。ほかにも中国および日本における古今の数々の注釈書、翻訳書から多大の恩恵をこうむったが、これらについても巻末の「主要参考文献」を参照されたい。

本書の構成は、まず原文、訓読、語注、現代語訳の後、それぞれの言葉や文章を、臨場感ゆたかに読みとるための手がかりになることを念じながら、多様な角度から解説をつけた。また本書に先行するものとしては、拙著『論語入門』（岩波新書、二〇一二年）がある。これは『論語』全章の三分の一弱を収録したものだが、これも本書に手を加えながら溶かし込んだことを付記しておきたい。なお、本書の巻末に、「人名索引」「語注索引」「語句索引」「主要参考文献」「孔子関連年表」「孔子関連地図」を付した。おりにつけ、参照していただければ幸いである。漢字の字体については、原則として原文は旧字、それ以外は新字としたが、原文についても読み易さを優先し、適宜改めた所がある。

本書の刊行には、長いおつきあいの岩波書店編集部の古川義子さんにたいへんお世話になった。また、装丁は、これまで何冊も装丁してくださった坂口顯さん、校正は、『中国人物伝』(全四巻、岩波書店、二〇一四年)にひきつづいて八島文子さん、全体の製作構成は、これまた『中国人物伝』にひきつづき岩波書店の大宅尚美さんにお世話になった。鮮やかなチームプレーで、素敵な本に仕立ててくださった古川さん、坂口さん、八島さん、大宅さんに、心からお礼を申し上げたいと思う。

二〇一六年五月

井波律子

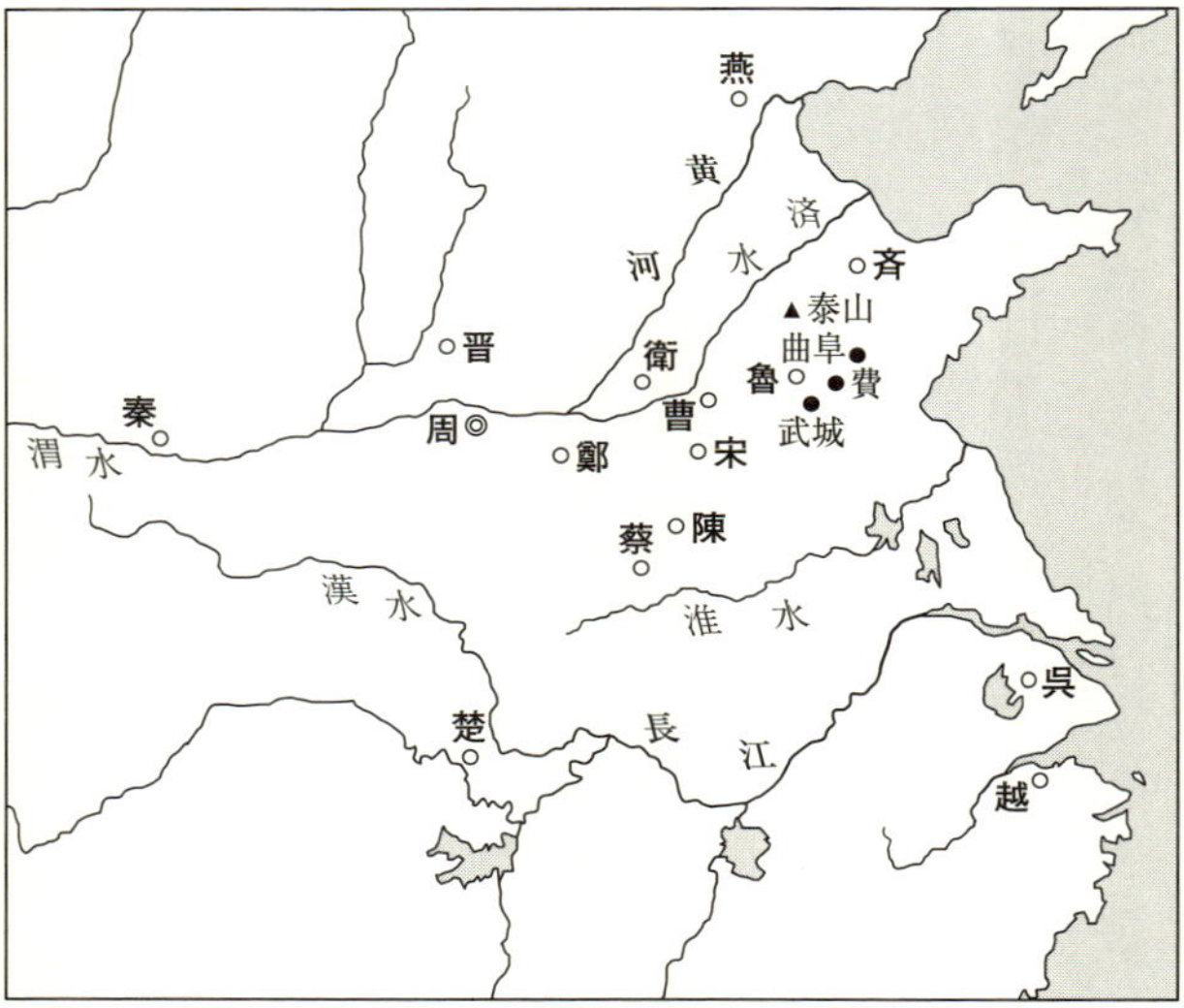

孔子関連地図

孔子関連年表

年号	年齢	事　迹
前 551	1	生まれる
544	8	＊冉伯牛が生まれる
542	10	＊子路が生まれる
536	16	＊閔子騫が生まれる
532	20	＊息子の孔鯉が生まれる
522	30	＊冉求，宰予が生まれる
521	31	＊顔回が生まれる
520	32	＊子貢が生まれる
518	34	孟懿子と南宮适に礼を教える
517	35	魯を去って一時的に斉に行く
515	37	＊樊遅が生まれる
511	41	＊子禽が生まれる
509	43	＊公西華が生まれる
507	45	＊子夏が生まれる
506	46	＊子游が生まれる
505	47	＊曾子が生まれる
503	49	＊子張が生まれる
502	50	＊公山弗擾が季孫氏に反旗を翻す
501	51	＊陽貨が斉に亡命する
		定公に任用され，中都の宰となる
500	52	魯と斉の夾谷(斉の地)の会盟で活躍する
499	53	魯の大司寇に任ぜられる
497	55	魯を去って衛に行く
		衛から陳に行く途中，匡で襲撃される
493	59	衛から陳に行く
492	60	宋で桓魋に殺されそうになる
		孫の子思(孔鯉の息子)が生まれる
489	63	陳から蔡に赴く途中，食糧が尽きる
		葉公と会う
484	68	衛から魯に戻る
483	69	＊孔鯉が亡くなる
481	71	＊顔回が亡くなる
480	72	＊子路が亡くなる
479	73	亡くなる

＊＝弟子などの事迹

主要参考文献

『論語』　金谷治訳注　岩波文庫
『論語』　桑原武夫　ちくま文庫
『論語』　吉川幸次郎　朝日選書
『論語解義』　簡野道明　明治書院
『論語古義』　伊藤仁斎　六盟館
『論語集注』　朱熹　土田健次郎訳注　平凡社(東洋文庫)
『論語徴』　荻生徂徠　小川環樹訳注　平凡社(東洋文庫)
『孔子　孟子』　貝塚茂樹　中央公論社(世界の名著)

*

『論語集釈』　程樹徳　中華書局
『論語正義』　劉宝楠　中華書局

井波律子

1944-2020年。1966年京都大学文学部卒業。1972年同大学院博士課程修了。金沢大学教授、国際日本文化研究センター教授などを歴任。専門は中国文学。『三国志演義』『中国文章家列伝』『奇人と異才の中国史』『中国の五大小説 上下』『論語入門』(以上、岩波新書)、『故事成句でたどる楽しい中国史』(岩波ジュニア新書)、『中国文学の愉しき世界』『三国志名言集』『中国名言集 一日一言』『中国名詩集』(以上、岩波現代文庫)、『一陽来復』『書物の愉しみ』『ラスト・ワルツ』(以上、岩波書店)、『酒池肉林』『中国人の機智』『中国俠客列伝』(以上、講談社学術文庫)など著書多数。『三国志演義』全4巻『水滸伝』全5巻(講談社学術文庫)、『世説新語』全5巻(平凡社東洋文庫)の個人全訳でも知られる。

完訳 論語

2016年6月8日 第1刷発行
2023年4月14日 第7刷発行

訳 者 井波律子《いなみりつこ》

発行者 坂本政謙

発行所 株式会社 岩波書店
〒101-8002 東京都千代田区一ツ橋2-5-5
電話案内 03-5210-4000
https://www.iwanami.co.jp/

印刷・精興社 製本・松岳社

ISBN 978-4-00-061116-9 Printed in Japan

人名索引

以下索引は、音訓にかかわりなく、筆頭漢字の読みの五十音順に従って配列し、読みが同じ場合にはその字の総画数順、ついで部首順とした。筆頭に同一漢字が来る場合は二文字目以下の読みに従った。

［あ］

亞飯干《あはんかん》　微子 18-9
哀公《あいこう》〔魯《ろ》〕　為政 2-19, 八佾 3-21, 雍也 6-3, 顔淵 12-9, 憲問 14-22
晏平仲《あんぺいちゅう》　公冶長 5-17

［い］

伊尹《いいん》　顔淵 12-22
夷逸《いいつ》　微子 18-8

［う］

禹《う》　泰伯 8-18, 21, 堯曰 20-1

［お］

王孫賈《おうそんか》　八佾 3-13, 憲問 14-20

［か］

回《かい》　→顔回《がんかい》
桓公《かんこう》〔斉《せい》〕　憲問 14-16, 17, 18
桓魋《かんたい》　述而 7-22
管仲《かんちゅう》　八佾 3-22, 憲問 14-10, 17, 18
簡公《かんこう》〔斉《せい》〕　憲問 14-22
顔淵《がんえん》　→顔回《がんかい》
顔回《がんかい》(顔淵《がんえん》、子淵《しえん》)　為政 2-9, 公冶長 5-9, 26, 雍也 6-3, 7, 11, 述而 7-10, 子罕 9-11, 20, 21, 先進 11-3, 4, 7, 8, 9, 10, 11, 19, 23, 顔淵 12-1, 衛霊公 15-11
顔路《がんろ》　先進 11-8

［き］

季騧《きか》　微子 18-11
季桓子《きかんし》　微子 18-4
季康子《きこうし》　為政 2-20, 雍也 6-8, 郷党 10-15, 先進 11-7, 顔淵 12-17, 18, 19, 憲問 14-20
季子然《きしぜん》　先進 11-24
季氏《きし》　→季孫氏《きそんし》
季随《きずい》　微子 18-11
季孫氏《きそんし》　雍也 6-9, 先進 11-17, 子路 13-2, 憲問 14-37, 季氏 16-1, 微子 18-3
季文子《きぶんし》　公冶長 5-20
季路《きろ》　→子路《しろ》
箕子《きし》　微子 18-1
求《きゅう》　→冉有《ぜんゆう》
蘧伯玉《きょはくぎょく》　憲問 14-26, 衛霊公 15-7
狂接輿《きょうせつよ》　微子 18-5
堯《ぎょう》　雍也 6-30, 泰伯 8-19, 20, 憲問 14-43, 堯曰 20-1
棘子成《きょくしせい》　顔淵 12-8
琴牢《きんろう》　→牢《ろう》

［く］

虞仲《ぐちゅう》　微子 18-8

［け］

景公《けいこう》〔斉《せい》〕　顔淵 12-11, 季氏 16-12, 微子 18-3
撃磬襄《げきけいじょう》　微子 18-9
桀溺《けつでき》　微子 18-6
言偃《げんえん》　→子游《しゆう》
言游《げんゆう》　→子游《しゆう》

原憲《げんけん》　→原思《げんし》
原思《げんし》(原憲《げんけん》、子思《しし》)　雍也 6-5, 憲問 14-1
原壌《げんじょう》　憲問 14-44
憲《けん》　→原思《げんし》

[こ]

鼓方叔《こほうしゅく》　微子 18-9
公山弗擾《こうざんふつじょう》　陽貨 17-5
公子糾《こうしきゅう》　憲問 14-17, 18
公子荊《こうしけい》　子路 13-8
公綽《こうしゃく》　→孟公綽《もうこうしゃく》
公叔文子《こうしゅくぶんし》　憲問 14-14, 19
公西華《こうせいか》　→子華《しか》
公西赤《こうせいせき》　→子華《しか》
公孫朝《こうそんちょう》　子張 19-22
公伯寮《こうはくりょう》(子周《ししゅう》)　憲問 14-37
公明賈《こうめいか》　憲問 14-14
公冶長《こうやちょう》　公冶長 5-1
孔文子《こうぶんし》(仲叔圉《ちゅうしゅくぎょ》)　公冶長 5-15, 憲問 14-20
孔鯉《こうり》(伯魚《はくぎょ》)　先進 11-8, 季氏 16-13, 陽貨 17-10
高柴《こうさい》(子羔《しこう》)　先進 11-18, 25
高宗《こうそう》〔殷《いん》〕　憲問 14-41
康子《こうし》　→季康子《きこうし》
皐陶《こうよう》　顔淵 12-22

[さ]

左丘明《さきゅうめい》　公冶長 5-25
柴《さい》　→高柴《こうさい》
宰我《さいが》　→宰予《さいよ》
宰予《さいよ》(宰我《さいが》、子我《しが》)　八佾 3-21, 公冶長 5-10, 雍也 6-26, 先進 11-3, 陽貨 17-21
崔子《さいし》　公冶長 5-19
三飯繚《さんはんりょう》　微子 18-9

[し]

子羽《しう》　憲問 14-9
子淵《しえん》　→顔回《がんかい》
子我《しが》　→宰予《さいよ》
子夏《しか》(卜商《ぼくしょう》)　学而 1-7, 為政 2-8, 八佾 3-8, 雍也 6-13, 先進 11-3, 16, 顔淵 12-5, 22, 子路 13-17, 子張 19-3, 4, 5, 6, 7, 8, 9, 10, 11, 12, 13
子華《しか》(公西赤《こうせいせき》、公西華《こうせいか》)　公冶長 5-8, 雍也 6-4, 述而 7-33, 先進 11-22, 26
子開《しかい》　→漆雕開《しつちょうかい》
子牛《しぎゅう》　→司馬牛《しばぎゅう》
子禽《しきん》(陳亢《ちんこう》、陳子禽《ちんしきん》)　学而 1-10, 季氏 16-13, 子張 19-25
子貢《しこう》(端木賜《たんぼくし》)　学而 1-10, 15, 為政 2-13, 八佾 3-17, 公冶長 5-4, 9, 12, 13, 15, 雍也 6-8, 30, 述而 7-14, 子罕 9-6, 13, 先進 11-3, 13, 16, 19, 顔淵 12-7, 8, 23, 子路 13-20, 24, 憲問 14-18, 29, 30, 36, 衛霊公 15-3, 10, 24, 陽貨 17-19, 24, 子張 19-20, 21, 22, 23, 24, 25
子産《しさん》　公冶長 5-16, 憲問 14-9, 10
子思《しし》　→原思《げんし》
子若《しじゃく》　→漆雕開《しつちょうかい》
子周《ししゅう》　→公伯寮《こうはくりょう》
子西《しせい》　憲問 14-10
子賤《しせん》(宓不斉《ふくふせい》)　公冶長 5-3
子桑伯子《しそうはくし》　雍也 6-2
子遅《しち》　→樊遅《はんち》
子張《しちょう》(顓孫師《せんそんし》)　為政 2-18, 23, 公冶長 5-19, 先進 11-16, 18, 20, 顔淵 12-6, 10, 14, 20, 憲問 14-41, 衛霊公 15-6, 42, 陽貨 17-6, 子張 19-1, 2, 3, 15, 16, 堯曰 20-2
子服景伯《しふくけいはく》　憲問 14-37, 子張 19-23
子有《しゆう》　→冉有《ぜんゆう》
子有《しゆう》　→有子《ゆうし》
子游《しゆう》(言偃《げんえん》、言游《げんゆう》)　為政 2-7, 里仁 4-26, 雍也 6-14, 先進 11-3, 陽貨 17-4, 子張 19-12, 14, 15
子与《しよ》　→曾子《そうし》
子路《しろ》(仲由《ちゅうゆう》、季路《きろ》)　為政 2-17, 公冶長 5-7, 8, 14, 26, 雍也 6-8, 28, 述而 7-10, 18, 34, 子罕 9-12, 27, 郷党 10-28, 先進 11-3, 12, 13, 15, 18, 22, 24, 25, 26, 顔淵 12-12, 子路 13-1, 3, 28, 憲問 14-13, 17, 23, 37, 39, 43, 衛霊公 15-2, 4, 季

氏 16-1, 陽貨 17-5, 7, 8, 23, 微子 18-6, 7
司馬牛《しばぎゅう》(司馬耕《しばこう》、子牛《しぎゅう》) 顔淵 12-3, 4, 5
史魚《しぎょ》 衛霊公 15-7
四飯欠《しはんけつ》 微子 18-9
師《し》 →子張《しちょう》
師摯《しし》 泰伯 8-15
師冕《しべん》 衛霊公 15-42
賜《し》 →子貢《しこう》
漆雕開《しつちょうかい》(子若《しじゃく》、子開《しかい》) 公冶長 5-6
朱張《しゅちょう》 微子 18-8
孺悲《じゅひ》 陽貨 17-20
周公《しゅうこう》(周公旦《しゅうこうたん》) 述而 7-5, 泰伯 8-11, 先進 11-17, 微子 18-10
周任《しゅうじん》 季氏 16-1
叔夏《しゅくか》 微子 18-11
叔斉《しゅくせい》 公冶長 5-23, 述而 7-14, 季氏 16-12, 微子 18-8
叔孫武叔《しゅくそんぶしゅく》 子張 19-23, 24
叔夜《しゅくや》 微子 18-11
祝鮀《しゅくだ》 雍也 6-16, 憲問 14-20
舜《しゅん》 雍也 6-30, 泰伯 8-18, 20, 顔淵 12-22, 憲問 14-43, 衛霊公 15-5, 11, 堯曰 20-1
少師陽《しょうしよう》 微子 18-9
少連《しょうれん》 微子 18-8
召忽《しょうこつ》 憲問 14-17
商《しょう》 →子夏《しか》
昭公《しょうこう》〔魯《ろ》〕 述而 7-30
葉公《しょうこう》 述而 7-18, 子路 13-16, 18
申棖《しんとう》 公冶長 5-11
参《しん》 →曾子《そうし》

［せ］

世叔《せいしゅく》 憲問 14-9
赤《せき》 →子華《しか》
冉求《ぜんきゅう》 →冉有《ぜんゆう》
冉耕《ぜんこう》 →冉伯牛《ぜんはくぎゅう》
冉子《ぜんし》 →冉有《ぜんゆう》
冉伯牛《ぜんはくぎゅう》(冉耕《ぜんこう》) 雍也 6-10, 先進 11-3
冉有《ぜんゆう》(冉求《ぜんきゅう》、子有《しゆう》) 八佾 3-6, 公冶長 5-8, 雍也 6-4, 8, 12, 述而 7-14, 先進 11-3, 13, 17, 22, 24, 26, 子路 13-9, 14, 憲問 14-13, 季氏 16-1
冉雍《ぜんよう》(仲弓《ちゅうきゅう》) 公冶長 5-5, 雍也 6-1, 2, 6, 先進 11-3, 顔淵 12-2, 子路 13-2
顓孫師《せんそんし》 →子張《しちょう》

［そ］

宋朝《そうちょう》 雍也 6-16
曾子《そうし》(曾参《そうしん》、子与《しよ》) 学而 1-4, 9, 里仁 4-15, 泰伯 8-3, 4, 5, 6, 7, 先進 11-18, 顔淵 12-24, 憲問 14-27, 子張 19-16, 17, 18, 19
曾参《そうしん》 →曾子《そうし》
曾哲《そうせき》(曾点《そうてん》) 先進 11-26
臧武仲《ぞうぶちゅう》 憲問 14-13, 15
臧文仲《ぞうぶんちゅう》 公冶長 5-18, 衛霊公 15-14

［た］

大師摯《たいしし》 微子 18-9
大夫僎《たいふせん》 憲問 14-19
泰伯《たいはく》 泰伯 8-1
端木賜《たんぼくし》 →子貢《しこう》
澹台滅明《たんだいめつめい》 雍也 6-14

［ち］

仲弓《ちゅうきゅう》 →冉雍《ぜんよう》
仲忽《ちゅうこつ》 微子 18-11
仲叔圉《ちゅうしゅくぎょ》 →孔文子《こうぶんし》
仲突《ちゅうとつ》 微子 18-11
仲由《ちゅうゆう》 →子路《しろ》
紂王《ちゅうおう》〔殷《いん》〕 子張 19-20
長沮《ちょうそ》 微子 18-6
陳亢《ちんこう》 →子禽《しきん》
陳子禽《ちんしきん》 →子禽《しきん》
陳成子《ちんせいし》(陳恒《ちんこう》) 憲問 14-22
陳文子《ちんぶんし》 公冶長 5-19

［て］

定公《ていこう》〔魯《ろ》〕 八佾 3-19, 子路 13-15

［と］

湯《とう》(履《り》)〔殷《いん》〕 顔淵 12-22, 堯曰 20-1

［な］

南宮适《なんきゅうかつ》 憲問 14-6

南容《なんよう》(南宮縚《なんきゅうとう》)　公冶長 5-2, 先進 11-6

[ね]

甯武子《ねいぶし》　公冶長 5-21

[は]

播鼗武《はとうぶ》　微子 18-9
伯夷《はくい》　公冶長 5-23, 述而 7-14, 季氏 16-12, 微子 18-8
伯适《はくかつ》　微子 18-11
伯牛《はくぎゅう》　→冉伯牛《ぜんはくぎゅう》
伯魚《はくぎょ》　→孔鯉《こうり》
伯氏《はくし》　憲問 14-10
伯達《はくたつ》　微子 18-11
樊遅《はんち》(樊須《はんしゅ》、子遅《しち》)　為政 2-5, 雍也 6-22, 顔淵 12-21, 22, 子路 13-4, 19

[ひ]

比干《ひかん》　微子 18-1
微子《びし》　微子 18-1
微生高《びせいこう》　公冶長 5-24
微生畝《びせいほ》　憲問 14-33
裨諶《ひじん》　憲問 14-9
仏肸《ひつきつ》　陽貨 17-7
閔子騫《びんしけん》(閔損《びんそん》、閔子《びんし》)　雍也 6-9, 先進 11-3, 5, 13, 14

[ふ]

巫馬期《ふばき》　述而 7-30
武王《ぶおう》〔周《しゅう》〕　泰伯 8-20, 子張 19-22
宓不斉《ふくふせい》　→子賤《しせん》
文王《ぶんおう》〔周《しゅう》〕　子罕 9-5, 子張 19-22
文公《ぶんこう》〔晋《しん》〕　憲問 14-16

[へ]

卞荘子《べんそうし》　憲問 14-13

[ほ]

卜商《ぼくしょう》　→子夏《しか》

[も]

孟懿子《もういし》　為政 2-5
孟敬子《もうけいし》　泰伯 8-4
孟公綽《もうこうしゃく》　憲問 14-12, 13
孟之反《もうしはん》　雍也 6-15
孟氏《もうし》　子張 19-19
孟荘子《もうそうし》　子張 19-18
孟孫氏《もうそんし》　微子 18-3
孟武伯《もうぶはく》　為政 2-6, 公冶長 5-8

[ゆ]

由《ゆう》　→子路《しろ》
有子《ゆうし》(有若《ゆうじゃく》、子有《しゆう》)　学而 1-2, 12, 13, 顔淵 12-9
有若《ゆうじゃく》　→有子《ゆうし》

[よ]

陽貨《ようか》(陽虎《ようこ》)　陽貨 17-1
陽膚《ようふ》　子張 19-19
雍《よう》　→冉雍《ぜんよう》

[り]

履《り》　→湯《とう》
鯉《り》　→孔鯉《こうり》
柳下恵《りゅうかけい》　衛霊公 15-14, 微子 18-2, 8
林放《りんぽう》　八佾 3-4, 6

[れ]

令尹子文《れいいんしぶん》　公冶長 5-19
霊公《れいこう》〔衛《えい》〕　憲問 14-20, 衛霊公 15-1

[ろ]

魯公《ろこう》　微子 18-10
老彭《ろうほう》　述而 7-1
牢《ろう》(琴牢《きんろう》)　子罕 9-7

語注索引

[あ]

挙《あ》ぐ　衛霊公 15-23
悪《あ》しきこと　里仁 4-4
飽《あ》く　述而 7-9
哀《あい》　子張 19-14
哀矜《あいきょう》　子張 19-19
哀公《あいこう》　顔淵 12-9, 憲問 14-22
愛《あい》す　八佾 3-17
騂《あか》　雍也 6-6
餒《あさ》る　郷党 10-7
欺《あざむ》く　憲問 14-23
蓧《あじか》　微子 18-7
与《あず》からず　泰伯 8-18
与《あず》かり聞《き》く　子路 13-14
厚《あつ》く葬《ほうむ》る　先進 11-11
篤《あつ》く志《こころざ》す　子張 19-6
篤《あつ》し　子張 19-2
合《あつま》る　子路 13-8
迹《あと》を践《ふ》む　先進 11-20
訐《あば》く　陽貨 17-24
殆《あや》うし　為政 2-15, 18
過《あやま》つ　学而 1-8
愆《あやま》ち　季氏 16-6
或《ある》ひと　為政 2-21
晏平仲《あんぺいちゅう》　公冶長 5-17

[い]

伊尹《いいん》　顔淵 12-22
夷《い》　憲問 14-44
夷逸《いいつ》、朱張《しゅちょう》、少連《しょうれん》　微子 18-8
夷狄《いてき》　八佾 3-5, 子路 13-19
衣裘《いきゅう》　公冶長 5-26
怡怡如《いいじょ》　郷党 10-4
威《い》　述而 7-37
威《い》あって猛《たけ》からず　堯曰 20-2
畏《い》す　子罕 9-5, 先進 11-23
唯《い》　里仁 4-15
帷裳《いしょう》　郷党 10-6
異端《いたん》　為政 2-16
異聞《いぶん》　季氏 16-13
間《い》ゆ　子罕 9-12
意《い》　子罕 9-4
謂《い》う　公冶長 5-1, 16, 述而 7-33
饐《い》して餲《あい》す　郷党 10-7
如何《いかん》　衛霊公 15-16
憤《いきどお》り　述而 7-18
郁郁乎《いくいくこ》　八佾 3-14
潔《いさぎよ》くす　述而 7-28
悪《いず》くにか〜　里仁 4-5
焉《いず》くにか　公冶長 5-3
格《いた》る　為政 2-3
一簣《いっき》　子罕 9-19
一匡《いっきょう》す　憲問 14-18
一簞《いったん》の食《し》　雍也 6-11
一朝《いっちょう》　顔淵 12-21
一瓢《いっぴょう》の飲《いん》　雍也 6-11
佚遊《いつゆう》　季氏 16-5
逸民《いつみん》　微子 18-8
詐《いつわり》　憲問 14-32
厭《いと》わず　述而 7-33
毋《いな》　雍也 6-5
稲《いね》　陽貨 17-21
禱《いの》る　述而 7-34
戒《いまし》め　季氏 16-7
戒《いまし》めずして成《な》る　堯曰 20-2
固《いや》し　述而 7-35
苟《いや》しくも　里仁 4-4, 顔淵 12-18
陋《いや》し　子罕 9-14
鄙《いや》し　憲問 14-40
色《いろ》　学而 1-7, 為政 2-8, 子罕 9-18, 郷党 10-3, 憲問 14-38, 季氏 16-7, 10
色厲《いろはげ》し　陽貨 17-12
色《いろ》みる　郷党 10-28
色《いろ》を観《み》る　顔淵 12-20
所謂《いわゆる》…　子張 19-25
殷《いん》　八佾 3-9
殷《いん》の輅《ろ》　衛霊公 15-11

淫《いん》　衛霊公 15-11
淫《いん》す　八佾 3-20
飲酒《いんしゅ》　郷党 10-12
隠《いん》　季氏 16-6

［う］

迂《う》　子路 13-3
禹《う》　憲問 14-6
倦《う》まず　述而 7-33
倦《う》む　子張 19-12
得《う》る　季氏 16-7, 10
動《うご》かす　子張 19-25
失《うしな》う　泰伯 8-17
失《うしな》う無《な》し　顔淵 12-5
偸《うす》し　泰伯 8-2
菲《うす》くす　泰伯 8-21
内荏《うちやわら》か　陽貨 17-12
徙《うつ》る　述而 7-3
愬《うった》う　憲問 14-37
獄《うった》えを折《さだ》む　顔淵 12-12
器《うつわ》　八佾 3-22, 子路 13-25, 衛霊公 15-10
馬《うま》　衛霊公 15-26
馬《うま》十乗《じゅうじょう》有《あ》り　公冶長 5-19
恭《うやうや》し　述而 7-37
怨《うら》み　憲問 14-35

［え］

得易《えやす》からず　泰伯 8-12
衛《えい》の公孫朝《こうそんちょう》　子張 19-22
衛《えい》の霊公《れいこう》　憲問 14-20, 衛霊公 15-1
易《えき》　述而 7-16
益《えき》　子路 13-1
益《えき》す　憲問 14-45
繹如《えきじょ》　八佾 3-23
怨《えん》　憲問 14-2
宴楽《えんらく》　季氏 16-5
遠《えん》　顔淵 12-6
燕居《えんきょ》　述而 7-4

［お］

里《お》る　里仁 4-1
居《お》る　郷党 10-6, 25
終《お》わりを慎《つつし》む　学而 1-9
王者《おうじゃ》　子路 13-12
王孫賈《おうそんか》　八佾 3-13, 憲問 14-20
往《おう》　学而 1-15, 述而 7-28
奥《おう》　八佾 3-13
庶《おお》し　子路 13-9
覆《おお》う　子罕 9-19
犯《おか》さる　泰伯 8-5
犯《おか》す　憲問 14-23
帰《おく》る　陽貨 17-1
饋《おく》る　郷党 10-15
奢《おご》る　述而 7-35
興《おこ》る　泰伯 8-8
驕《おご》る　子路 13-26
行《おこな》わる　衛霊公 15-6
攻《おさ》む　為政 2-16
易《おさ》む　八佾 3-4
脩《おさ》む　述而 7-3
愛《おし》む　陽貨 17-21
誨《おし》う　述而 7-2, 7
畏《おそ》れ　季氏 16-8
晏《おそ》し　子路 13-14
儺《おにやらい》　郷党 10-13
己《おのれ》に克《か》つ　顔淵 12-1
己《おのれ》を恭《うやうや》しくす　衛霊公 15-5
懐《おも》う　里仁 4-11
億《おもんぱか》る　先進 11-19, 憲問 14-32
慮《おもんぱか》る　顔淵 12-20
及《およ》ぶ　泰伯 8-17, 衛霊公 15-33
逮《およ》ぶ　里仁 4-22
乱《おわ》り　泰伯 8-15
温《おん》　子張 19-9
温故《おんこ》　為政 2-11
温《おん》・良《りょう》・恭《きょう》・倹《けん》・譲《じょう》　学而 1-10
縕袍《おんぽう》　子罕 9-27

［か］

下学《かがく》して上達《じょうたつ》す　憲問 14-36
下愚《かぐ》　陽貨 17-3
下大夫《かたいふ》　郷党 10-2
下達《かたつ》　憲問 14-24
下問《かもん》　公冶長 5-15
下流《かりゅう》　陽貨 17-24, 子張 19-20
可《か》　為政 2-22
可《か》なる者《もの》　子張 19-3
可《か》も無《な》く不可《ふか》も無《な》し　微子 18-8
我《が》　子罕 9-4
果《か》　雍也 6-8, 子路 13-20, 憲問 14-40
河《か》　子罕 9-9

若《か》くのごとき人　公冶長 5-3
夏《か》　八佾 3-9
夏《か》の時《とき》　衛霊公 15-11
貨殖《かしょく》す　先進 11-19
雅楽《ががく》　陽貨 17-18
雅頌《がしょう》　子罕 9-15
稼《か》　子路 13-4
駕《が》　郷党 10-21
闕《か》く　為政 2-18
会《かい》す　顔淵 12-24
蓋闕如《がいけつじょ》　子路 13-3
反《かえ》る　述而 7-8
顔色《かおいろ》を逞《の》ぶ　郷党 10-4
画《かぎ》る　雍也 6-12
椁《かく》　先進 11-8
廋《かく》す　為政 2-10
楽《がく》　八佾 3-3, 泰伯 8-8, 子罕 9-15
隠《かく》す　子路 13-18
鞟《かく》　顔淵 12-8
躩如《かくじょ》　郷党 10-3, 4
文《かざ》る　憲問 14-13, 子張 19-8
飾《かざ》る　郷党 10-6
徼《かす》む　陽貨 17-24
剛《かた》し　季氏 16-7
難《かた》し　衛霊公 15-17
容《かたち》つくる　郷党 10-25
貌《かたち》　季氏 16-10
必《かなら》ずや～か　八佾 3-7
上《かみ》　学而 1-2, 雍也 6-21
髪《かみ》を被《こうむ》る　憲問 14-18
干戈《かんか》　季氏 16-1
官《かん》の事《こと》は摂《か》ねず　八佾 3-22
侃侃如《かんかんじょ》　郷党 10-2, 先進 11-13
冠者《かんじゃ》　先進 11-26 ③
桓魋《かんたい》　述而 7-22
莞爾《かんじ》　陽貨 17-4
紺緅《かんしゅう》　郷党 10-6
喭《がん》　先進 11-18
間《かん》す　先進 11-5
間然《かんぜん》　泰伯 8-21
寛《かん》　陽貨 17-6
煥乎《かんこ》　泰伯 8-19
管仲《かんちゅう》　八佾 3-22, 憲問 14-10, 17
関雎《かんしょ》　八佾 3-20, 泰伯 8-15
簡《かん》　雍也 6-2
顔路《がんろ》　先進 11-8
灌《かん》　八佾 3-10

［き］

可《き》かず　憲問 14-22
危邦《きほう》　泰伯 8-13
来《き》たる者《もの》　微子 18-5
杞《き》　八佾 3-9
季桓子《きかんし》　微子 18-4
季康子《きこうし》　先進 11-7
季子然《きしぜん》　先進 11-24
季氏《きし》　八佾 3-1, 6, 雍也 6-9, 先進 11-17, 子路 13-2, 季氏 16-1, 微子 18-3
季孫《きそん》　憲問 14-37
季文子《きぶんし》　公冶長 5-20
季孟《きもう》の間《あいだ》　微子 18-3
既往《きおう》　八佾 3-21
鬼《き》　為政 2-24
鬼神《きしん》　雍也 6-22, 先進 11-12
亀玉《きぎょく》　季氏 16-1
喟然《きぜん》　子罕 9-11, 先進 11-26 ③
期《き》　陽貨 17-21
期月《きげつ》　子路 13-10
義《ぎ》　学而 1-13, 為政 2-24, 里仁 4-10, 公冶長 5-16, 述而 7-3, 顔淵 12-10, 子路 13-4, 衛霊公 15-18, 陽貨 17-23
箕子《きし》　微子 18-1
儀《ぎ》の封人《ほうじん》　八佾 3-24
蕢《き》　憲問 14-40
餼羊《きよう》　八佾 3-17
饋《き》　郷党 10-24
巍巍《ぎぎ》　泰伯 8-18
巍巍乎《ぎぎこ》　泰伯 8-19
驥《き》　憲問 14-34
鞠躬如《きくきゅうじょ》　郷党 10-4, 5
吉月《きつげつ》　郷党 10-6
九夷《きゅうい》　子罕 9-14
九合《きゅうごう》　憲問 14-17
九思《きゅうし》　季氏 16-10
久要《きゅうよう》　憲問 14-13
丘《きゅう》　公冶長 5-25, 28, 述而 7-23, 憲問 14-33
旧貫《きゅうかん》　先進 11-14
旧穀《きゅうこく》　陽貨 17-21
宮室《きゅうしつ》を卑《いや》しくす　泰伯 8-21

宮牆《きゅうしょう》　子張 19-23
翕如《きゅうじょ》　八佾 3-23
居《きょ》　憲問 14-3
居処《きょしょ》　子路 13-19, 陽貨 17-21
莒父《きょは》　子路 13-17
御《ぎょ》　為政 2-5, 子罕 9-2
蘧伯玉《きょはくぎょく》　憲問 14-26, 衛霊公 15-7
凶服《きょうふく》　郷党 10-26
共《きょう》す　郷党 10-28
匡《きょう》　子罕 9-5
狂《きょう》　泰伯 8-16, 陽貨 17-8, 16
狂簡《きょうかん》　公冶長 5-22
狂者《きょうしゃ》　子路 13-21
享礼《きょうれい》　郷党 10-5
拱《きょう》す　微子 18-7
矜《きょう》　衛霊公 15-22, 陽貨 17-16
恭《きょう》　学而 1-13, 公冶長 5-16, 泰伯 8-2, 子路 13-19, 陽貨 17-6
恭《きょう》を為《な》す　子張 19-25
郷原《きょうげん》　陽貨 17-13
郷人《きょうじん》　郷党 10-12, 子路 13-24
郷党《きょうとう》　郷党 10-1, 子路 13-20
堯《ぎょう》　泰伯 8-19
堯舜《ぎょうしゅん》　雍也 6-30, 憲問 14-43
堯《ぎょう》、舜《しゅん》、禹《う》　堯曰 20-1
皦如《きょうじょ》　八佾 3-23
襁負《きょうふ》す　子路 13-4
驕楽《きょうらく》　季氏 16-5
玉帛《ぎょくはく》　陽貨 17-11
棘子成《きょくしせい》　顔淵 12-8
誾誾如《ぎんぎんじょ》　郷党 10-2, 先進 11-13

[く]

区《く》して以《もっ》て別《わか》る　子張 19-12
具臣《ぐしん》　先進 11-24
愚《ぐ》　先進 11-18
虞仲《ぐちゅう》　微子 18-8
空空如《くうくうじょ》　子罕 9-8
耦《ぐう》して耕《こう》す　微子 18-6
芸《くさぎ》る　微子 18-7
与《くみ》す　述而 7-28, 先進 11-21, 子張 19-3
方《くら》ぶ　憲問 14-30
罔《くら》し　為政 2-15
位《くらい》　泰伯 8-14, 郷党 10-4, 憲問 14-45
尚《くわ》う　里仁 4-6
君子《くんし》　学而 1-1, 14, 為政 2-12, 泰伯 8-2, 顔淵 12-19, 憲問 14-7, 季氏 16-6, 7, 子張 19-10
君子者《くんししゃ》　述而 7-25, 先進 11-21
君子人《くんしじん》　泰伯 8-6
君子《くんし》の儒《じゅ》　雍也 6-13
軍旅《ぐんりょ》の事《こと》　衛霊公 15-1
群居終日《ぐんきょしゅうじつ》　衛霊公 15-17
群《ぐん》す　衛霊公 15-22

[け]

圭《けい》　郷党 10-5
刑《けい》　里仁 4-11
刑戮《けいりく》　公冶長 5-2
芸《げい》　雍也 6-8, 述而 7-6, 子罕 9-7, 憲問 14-13
羿《げい》　憲問 14-6
恵《けい》　里仁 4-11, 公冶長 5-16, 陽貨 17-6
恵《けい》して費《ついや》さず　堯曰 20-2
恵人《けいじん》　憲問 14-10
啓《けい》す　述而 7-8
敬《けい》　公冶長 5-16, 雍也 6-2, 子路 13-19, 憲問 14-43
敬忠《けいちゅう》　為政 2-20
軽裘《けいきゅう》　雍也 6-4
輗《げい》　為政 2-22
磬《けい》　憲問 14-40
麑裘《げいきゅう》　郷党 10-6
軏《げつ》　為政 2-22
闕党《けつとう》　憲問 14-45
闕文《けつぶん》　衛霊公 15-26
譎《けつ》　憲問 14-16
言《げん》有《あ》り　憲問 14-5
言語《げんご》　先進 11-3
言《げん》は倫《みち》に中《あた》り、行《こう》は慮《おもんぱか》りに中《あた》る　微子 18-8
言《げん》を廃《はい》す　衛霊公 15-23
倹《けん》　八佾 3-22, 述而 7-35
原壌《げんじょう》　憲問 14-44
狷者《けんしゃ》　子路 13-21
愿《げん》　泰伯 8-16
賢《けん》　里仁 4-17

憲《けん》　憲問 14-1
儼然《げんぜん》　子張 19-9, 堯曰 20-2

[こ]

之《こ》れ　公冶長 5-17, 衛霊公 15-33, 陽貨 17-15
之《こ》れに居《お》る　顔淵 12-14, 20
之《こ》れを失《うしな》う　里仁 4-23
五穀《ごこく》　微子 18-7
五人《ごにん》　泰伯 8-20
互郷《ごきょう》　述而 7-28
固《こ》　学而 1-8, 子罕 9-4, 憲問 14-33
虎兕《こじ》　季氏 16-1
故旧《こきゅう》　泰伯 8-2, 微子 18-10
是《こ》の邦《くに》　学而 1-10
狐貉《こかく》　子罕 9-27, 郷党 10-6
媚《こ》ぶ　八佾 3-13
斯《こ》の道《みち》　雍也 6-17
斯《こ》れ　公冶長 5-3
觚《こ》　雍也 6-25
賈《こ》　子罕 9-13
瞽《こ》　季氏 16-6
瞽者《こしゃ》　子罕 9-10, 郷党 10-26
口給《こうきゅう》　公冶長 5-5
公卿《こうけい》　子罕 9-16
公山弗擾《こうざんふつじょう》　陽貨 17-5
公子糾《こうしきゅう》　憲問 14-17
公子荊《こうしけい》　子路 13-8
公室《こうしつ》　季氏 16-3
公綽《こうしゃく》　憲問 14-13
公叔文子《こうしゅくぶんし》　憲問 14-14, 19
公《こう》に祭《まつ》る　郷党 10-8
公伯寮《こうはくりょう》　憲問 14-37
公明賈《こうめいか》　憲問 14-14
公門《こうもん》　郷党 10-4
孔文子《こうぶんし》　公冶長 5-15
巧言《こうげん》　学而 1-3, 公冶長 5-25, 衛霊公 15-27
巧笑倩《こうしょうせん》たり（以下三句）　八佾 3-8
功《こう》　陽貨 17-6
弘毅《こうき》　泰伯 8-7
行《こう》　学而 1-11, 述而 7-24
行行如《こうこうじょ》　先進 11-13
行人《こうじん》の子羽《しう》　憲問 14-9
孝弟《こうてい》　学而 1-2
孝《こう》を鬼神《きしん》に致《いた》す　泰伯 8-21
柙《こう》　季氏 16-1
後死《こうし》の者《もの》　子罕 9-5
後進《こうしん》　先進 11-1
後生《こうせい》　子罕 9-23
剛《ごう》　公冶長 5-11
剛毅木訥《ごうきぼくとつ》　子路 13-27
羔裘《こうきゅう》　郷党 10-6
高宗《こうそう》　憲問 14-41
康子《こうし》　郷党 10-15, 憲問 14-20
悾悾《こうこう》　泰伯 8-16
絞《こう》　泰伯 8-2, 陽貨 17-8
奡《ごう》　憲問 14-6
硜硜乎《こうこうこ》　憲問 14-40
硜硜然《こうこうぜん》　子路 13-20
皐陶《こうよう》　顔淵 12-22
溝洫《こうきょく》　泰伯 8-21
溝瀆《こうとく》に経《くび》れる　憲問 14-18
綱《こう》す　述而 7-26
衡《こう》　衛霊公 15-6
薨《こう》ず　憲問 14-41
講《こう》ず　述而 7-3
鏗爾《こうじ》　先進 11-26 ③
克《こく》　憲問 14-2
告朔《こくさく》　八佾 3-17
哭《こく》す　述而 7-9, 先進 11-10
穀《こく》　泰伯 8-12
穀《こく》す　憲問 14-1
是《ここ》を用《もっ》て　公冶長 5-23
斯《ここ》　里仁 4-7, 26, 泰伯 8-20
志《こころざし》　学而 1-11, 里仁 4-18
忽焉《こつえん》　子罕 9-11
事《こと》　子路 13-3, 14, 季氏 16-10
事《こと》とす　顔淵 12-1
事《こと》を執《と》る　子路 13-19
径《こみち》　雍也 6-14
昆弟《こんてい》　先進 11-5

[さ]

去《さ》る　顔淵 12-7
左丘明《さきゅうめい》　公冶長 5-25
詐《さ》　子罕 9-12, 陽貨 17-16
違《さ》る　公冶長 5-19
辟《さ》く　憲問 14-38
磋《さ》　学而 1-15
才《さい》の美《び》　泰伯 8-11
再拝《さいはい》　郷党 10-14
材《ざい》　公冶長 5-7
斉《さい》　述而 7-12
斉如《さいじょ》　郷党 10-10

斉《さい》するとき　郷党 10-6
洒掃《さいそう》・応対《おうたい》・進退《しんたい》　子張 19-12
殺《さい》す　郷党 10-6
宰《さい》　公冶長 5-8, 雍也 6-5, 9, 14, 子路 13-2
宰我《さいが》　陽貨 17-21
崔子《さいし》　公冶長 5-19
祭肉《さいにく》　郷党 10-24
菜羹《さいこう》　郷党 10-10
裁《さい》す　公冶長 5-22
蔡《さい》　公冶長 5-18, 先進 11-2
郷《さき》に　顔淵 12-22
殺《さつ》　子路 13-11
察《さっ》す　衛霊公 15-28
喩《さと》る　里仁 4-16
喪《さまよ》う　八佾 3-24
三家者《さんかしゃ》　八佾 3-2
三桓《さんかん》　季氏 16-3
三帰《さんき》　八佾 3-22
三軍《さんぐん》　述而 7-10, 子罕 9-26
三子《さんし》、三子者《さんししゃ》　憲問 14-22
三代《さんだい》　衛霊公 15-25
三年《さんねん》　学而 1-11
三年《さんねん》の喪《も》　陽貨 17-21
三変《さんぺん》　子張 19-9
山川《さんせん》　雍也 6-6
山梁《さんりょう》　郷党 10-28
残《ざん》　子路 13-11

［し］

士《し》　泰伯 8-7, 顔淵 12-20, 子路 13-20, 憲問 14-3, 衛霊公 15-10, 子張 19-1
士師《しし》　微子 18-2, 子張 19-19
子禽《しきん》　学而 1-10
子羔《しこう》　先進 11-25
子産《しさん》　公冶長 5-16
子西《しせい》　憲問 14-10
子桑伯子《しそうはくし》　雍也 6-2
子服景伯《しふくけいはく》　憲問 14-37, 子張 19-23
尸《し》す　郷党 10-25
司馬牛《しばぎゅう》　顔淵 12-3
司敗《しはい》　述而 7-30
史《し》　雍也 6-18, 衛霊公 15-26
史魚《しぎょ》　衛霊公 15-7
四海《しかい》　顔淵 12-5
四体《したい》勤《つと》めず　微子 18-7
市朝《しちょう》に肆《さら》す　憲問 14-37
如《し》かず　雍也 6-20
至徳《しとく》　泰伯 8-1
志士《しし》　衛霊公 15-9
私覿《してき》　郷党 10-5
侍坐《じざ》す　先進 11-26 ①
侍食《じしょく》　郷党 10-19
罔《し》いる　雍也 6-19
罔《し》う　雍也 6-26
斉《し》　郷党 10-4
斉衰《しさい》　子罕 9-10, 郷党 10-26
食《し》　郷党 10-7
師摯《しし》　泰伯 8-15
師冕《しべん》　衛霊公 15-42
師旅《しりょ》　先進 11-26 ②
葸《し》す　泰伯 8-2
肆《し》　陽貨 17-16
詩《し》　学而 1-15, 述而 7-17, 泰伯 8-8, 季氏 16-13, 陽貨 17-9
詩三百《しさんびゃく》　子路 13-5
辞気《じき》　泰伯 8-4
雌雉《しち》　郷党 10-28
緇衣《しい》　郷党 10-6
誣《し》う　子張 19-12
賜《し》　憲問 14-30
駟《し》も舌《した》に及《およ》ばず　顔淵 12-8
弑《しい》す　公冶長 5-19, 先進 11-24
否《しか》らざる所《ところ》　雍也 6-28
色荘者《しきそうしゃ》　先進 11-21
下《した》、上《うえ》　子罕 9-3
比《した》しむ　里仁 4-10
七人《しちにん》　憲問 14-38
日月《じつげつ》の食《しょく》　子張 19-21
室《しつ》　雍也 6-14, 子罕 9-32, 先進 11-15, 20
室《しつ》に居《お》る　子路 13-8
疾言《しつげん》　郷党 10-27
執鞭《しつべん》　述而 7-11
執礼《しつれい》　述而 7-17
瑟《しつ》　先進 11-15, 陽貨 17-20
質《しつ》　雍也 6-18, 顔淵 12-8, 衛霊公 15-18
質直《しっちょく》　顔淵 12-20
科《しな》　八佾 3-16
加《しの》ぐ　公冶長 5-12
数《しば》しばす　里仁 4-26
社《しゃ》　八佾 3-21

社稷《しゃしょく》 先進 11-25
社稷《しゃしょく》の臣《しん》 季氏 16-1
射《しゃ》 八佾 3-7, 16, 子罕 9-2
酒食《しゅし》 為政 2-8
樹《じゅ》 八佾 3-22
孺悲《じゅひ》 陽貨 17-20
州里《しゅうり》 衛霊公 15-6
戎《じゅう》に即《つ》く 子路 13-29
周《しゅう》 堯曰 20-1
周公《しゅうこう》 泰伯 8-11, 先進 11-17, 微子 18-10
周任《しゅうじん》 季氏 16-1
周《しゅう》す 為政 2-14
周南《しゅうなん》・召南《しょうなん》 陽貨 17-10
周《しゅう》の冕《べん》 衛霊公 15-11
脩飾《しゅうしょく》 憲問 14-9
聚斂《しゅうれん》す 先進 11-17
叔孫武叔《しゅくそんぶしゅく》 子張 19-23
祝鮀《しゅくだ》 雍也 6-16, 憲問 14-20
宿《しゅく》 述而 7-26
宿《しゅく》す 郷党 10-8
宿諾《しゅくだく》 顔淵 12-12
踧踖如《しゅくせきじょ》 郷党 10-2, 4
蹜蹜《しゅくしゅく》 郷党 10-5
出入《しゅつにゅう》 子張 19-11
恂恂如《じゅんじゅんじょ》 郷党 10-1
純《じゅん》 子罕 9-3
純如《じゅんじょ》 八佾 3-23
循循然《じゅんじゅんぜん》 子罕 9-11
舜《しゅん》 顔淵 12-22, 衛霊公 15-5
舜禹《しゅんう》 泰伯 8-18
潤色《じゅんしょく》 憲問 14-9
女楽《じょがく》 微子 18-4
恕《じょ》 衛霊公 15-24
書《しょ》 為政 2-21, 述而 7-17, 憲問 14-41
黍《しょ》 微子 18-7
諸夏《しょか》 八佾 3-5
諸公《しょこう》 憲問 14-19
上大夫《じょうたいふ》 郷党 10-2
上達《じょうたつ》 憲問 14-24
上知《じょうち》 陽貨 17-3
丈人《じょうじん》 微子 18-7
小過《しょうか》 子路 13-2
小慧《しょうけい》 衛霊公 15-17
小子《しょうし》 泰伯 8-3, 先進 11-17, 陽貨 17-9
小相《しょうしょう》 先進 11-26 ②
小人《しょうじん》 為政 2-14, 顔淵 12-19, 憲問 14-7, 陽貨 17-12
小人《しょうじん》の儒《じゅ》 雍也 6-13
小知《しょうち》 衛霊公 15-34
小道《しょうどう》 子張 19-4
少者《しょうしゃ》 公冶長 5-26
召忽《しょうこつ》 憲問 14-17
松柏《しょうはく》 子罕 9-29
昭公《しょうこう》〔魯《ろ》〕 述而 7-30
相《しょう》 憲問 14-18, 季氏 16-1
章《しょう》を成《な》す 公冶長 5-22
情《じょう》 子張 19-19
訟《しょう》 顔淵 12-13
葉公《しょうこう》 述而 7-18, 子路 13-16
誦《しょう》す 子路 13-5
韶《しょう》 八佾 3-25, 述而 7-13
韶舞《しょうぶ》 衛霊公 15-11
賞《しょう》す 顔淵 12-18
醬《しょう》 郷党 10-7
牆《しょう》 陽貨 17-10
蕭牆《しょうしょう》 季氏 16-1
鐘鼓《しょうこ》 陽貨 17-11
式《しょく》す 郷党 10-26
食《しょく》 衛霊公 15-38
稷《しょく》 憲問 14-6
退《しりぞ》く 述而 7-28, 先進 11-22
識《しる》す 述而 7-2, 衛霊公 15-3
徴《しるし》とす 八佾 3-9
仁《じん》 学而 1-2, 八佾 3-3, 里仁 4-1, 公冶長 5-8, 述而 7-33, 泰伯 8-2, 子罕 9-1, 顔淵 12-1, 24, 憲問 14-7
仁者《じんしゃ》 里仁 4-2, 子罕 9-30, 憲問 14-29
仁人《じんじん》 衛霊公 15-9
仁《じん》を為《な》す 衛霊公 15-10
申申如《しんしんじょ》 述而 7-4
申棖《しんとう》 公冶長 5-11
参《しん》 里仁 4-15
信《しん》 学而 1-4, 13, 為政 2-22, 述而 7-24, 泰伯 8-16, 子路 13-4, 20, 衛霊公 15-18, 陽貨 17-6
信《しん》ず 公冶長 5-6, 顔淵 12-7
津《しん》 微子 18-6
神祇《しんぎ》 述而 7-34
衽《じん》を左《ひだり》にす 憲問 14-18
晋《しん》の文公《ぶんこう》 憲問 14-16

浸潤《しんじゅん》の譖《しん》　顔淵 12-6
訒《じん》　顔淵 12-3
晨門《しんもん》　憲問 14-39
紳《しん》　郷党 10-20, 衛霊公 15-6
陳《じん》　衛霊公 15-1
寝衣《しんい》　郷党 10-6
慎《しん》　泰伯 8-2
新穀《しんこく》　陽貨 17-21
飪《じん》を失《うしな》う　郷党 10-7
親《しん》　泰伯 8-2, 顔淵 12-21

[す]

舎《す》つ　雍也 6-6, 子路 13-2
施《す》てず　微子 18-10
厭《す》つ　雍也 6-28
醯《す》　公冶長 5-24
出納《すいとう》の吝《やぶさ》かなる　堯曰 20-2
帥《すい》　子罕 9-26
遂事《すいじ》　八佾 3-21
綏《すい》　郷党 10-27
燧《すい》を鑽《き》りて火《ひ》を改《あらた》む　陽貨 17-21
足恭《すうきょう》　公冶長 5-25
数仞《すうじん》　子張 19-23
鄹人《すうひと》の子《こ》　八佾 3-15
救《すく》う　八佾 3-6
鮮《すくな》し　雍也 6-29
進《すす》む　述而 7-28
勧《すす》む　為政 2-20
薦《すす》む　郷党 10-18
斯《すなわ》ち　先進 11-22
曾《すなわ》ち　先進 11-24

[せ]

訟《せ》む　公冶長 5-27
誅《せ》む　公冶長 5-10
世《せい》　子路 13-12
世叔《せいしゅく》　憲問 14-9
正《せい》　憲問 14-16
成功《せいこう》　泰伯 8-19
成事《せいじ》　八佾 3-21
成人《せいじん》　憲問 14-13
性《せい》　公冶長 5-13, 陽貨 17-2
斉《せい》　雍也 6-24
斉《せい》の桓公《かんこう》　憲問 14-16
斉《せい》の景公《けいこう》　顔淵 12-11, 季氏 16-12, 微子 18-3
政事《せいじ》　先進 11-3
栖栖《せいせい》　憲問 14-33
清《せい》　公冶長 5-19
盛饌《せいせん》　郷党 10-26
聖《せい》　述而 7-33
聖人《せいじん》　述而 7-25, 季氏 16-8
石門《せきもん》　憲問 14-39
席《せき》　郷党 10-11
戚戚《せきせき》　述而 7-36
切《せつ》　学而 1-15
切切《せつせつ》偲偲《しし》怡怡《いい》　子路 13-28
切《せつ》に問《と》う　子張 19-6
梲《せつ》　公冶長 5-18
節《せつ》　公冶長 5-18
説《せつ》　八佾 3-11
褻裘《せつきゅう》　郷党 10-6
褻服《せつふく》　郷党 10-6
千駟《せんし》　季氏 16-12
千室《せんしつ》の邑《ゆう》　公冶長 5-8
千乗《せんじょう》の国《くに》　学而 1-5, 公冶長 5-8
冉求《ぜんきゅう》　憲問 14-13
冉有《ぜんゆう》　八佾 3-6
先王《せんおう》　学而 1-12, 季氏 16-1
先進《せんしん》　先進 11-1
先生《せんせい》　為政 2-8, 憲問 14-45
穿窬《せんゆ》の盗《とう》　陽貨 17-12
善柔《ぜんじゅう》　季氏 16-4
善人《ぜんじん》　述而 7-25, 先進 11-20, 子路 13-11
戦色《せんしょく》　郷党 10-5
戦戦《せんせん》兢兢《きょうきょう》として(以下三句)　泰伯 8-3
戦栗《せんりつ》　八佾 3-21
撰《せん》　先進 11-26 ③
瞻視《せんし》　堯曰 20-2
襜如《せんじょ》　郷党 10-3
顓臾《せんゆ》　季氏 16-1
饌《せん》す　為政 2-8

[そ]

其《そ》の徳《とく》を恒《つね》にせざれば…　子路 13-22
其《そ》の不能《ふのう》　憲問 14-31
其《そ》の身《み》に加《くわ》えしめず　里仁 4-6
其《そ》の道《みち》　里仁 4-5
其《そ》の余《よ》　雍也 6-7
其《そ》れ諸《こ》れ　学而 1-10
阼階《そかい》　郷党 10-13
俎豆《そとう》　衛霊公 15-1
素衣《そい》　郷党 10-6
疏食《そし》　述而 7-15, 郷党 10-

10
楚《そ》の狂接輿《きょうせつよ》　微子 18-5
艸創《そうそう》　憲問 14-9
宋《そう》　八佾 3-9
宋朝《そうちょう》　雍也 6-16
宗族《そうぞく》　子路 13-20
宗廟《そうびょう》　郷党 10-1, 子張 19-23
荘《そう》　為政 2-20, 衛霊公 15-33
造次《ぞうじ》　里仁 4-5
喪《そう》　八佾 3-4, 子張 19-14
喪事《そうじ》　子罕 9-16
聡《そう》　季氏 16-10
臧武仲《ぞうぶちゅう》　憲問 14-13
臧文仲《ぞうぶんちゅう》　公冶長 5-18, 衛霊公 15-14
躁《そう》　季氏 16-6
竈《そう》　八佾 3-13
束脩《そくしゅう》　述而 7-7
束帯《そくたい》　公冶長 5-8
速成《そくせい》　憲問 14-45
粟《ぞく》　雍也 6-4, 顔淵 12-11
粟九百《ぞくきゅうひゃく》　雍也 6-5
賊《ぞく》　憲問 14-44, 陽貨 17-8, 13
忮《そこな》わず求《もと》めず、何《なに》を用《もっ》て臧《よ》からざらん　子罕 9-28
賊《そこな》う　先進 11-25
訕《そし》る　陽貨 17-24
毀《そし》る　子張 19-24
率爾《そつじ》　先進 11-26 ②
備《そな》う　子路 13-25
畔《そむ》く　雍也 6-27, 陽貨 17-5
抑《そも》そも　学而 1-10, 述而 7-33
抑《そも》そも亦《ま》た　憲問 14-32
孫《そん》　衛霊公 15-18
孫弟《そんてい》　憲問 14-44
巽与《そんよ》の言《げん》　子罕 9-24

[た]

立《た》つ　子罕 9-31
立《た》つ所以《ゆえん》　里仁 4-14
多聞《たぶん》　季氏 16-4
作《た》つ　子罕 9-10, 郷党 10-26, 28
絶《た》つ　子罕 9-4
大故《たいこ》　微子 18-10
大宰《たいさい》　子罕 9-6
大祭《たいさい》　顔淵 12-2
大師《たいし》　八佾 3-23
大師摯《たいしし》(以下七人)　微子 18-9
大受《たいじゅ》　衛霊公 15-34
大人《たいじん》　季氏 16-8
大臣《だいじん》　先進 11-24
大節《たいせつ》　泰伯 8-6
大葬《たいそう》　子罕 9-12
大廟《たいびょう》　八佾 3-15
大賓《たいひん》　顔淵 12-2
大夫《たいふ》　先進 11-8, 憲問 14-12, 衛霊公 15-10, 季氏 16-2, 子張 19-23
大夫僎《たいふせん》　憲問 14-19
大謀《たいぼう》　衛霊公 15-27
大倫《たいりん》　微子 18-7
泰《たい》　子罕 9-3
泰山《たいざん》　八佾 3-6
泰伯《たいはく》　泰伯 8-1
危《たか》くす　憲問 14-4
違《たが》う　為政 2-5, 雍也 6-7
卓爾《たくじ》　子罕 9-11
琢《たく》　学而 1-15
諾《だく》　述而 7-14
類《たぐい》　衛霊公 15-39
工《たくみ》　衛霊公 15-10
為《たす》く　述而 7-14
繹《たず》ぬ　子罕 9-24
叩《たた》く　子罕 9-8
達《たつ》　雍也 6-8, 顔淵 12-20
達巷党《たつこうとう》　子罕 9-2
達《たっ》す　顔淵 12-22, 子路 13-5, 17
達《たっ》せず　郷党 10-15
楽《たの》しき　里仁 4-2
民《たみ》　雍也 6-22, 29, 季氏 16-9, 陽貨 17-16
坦《たん》　述而 7-36
端章甫《たんしょうほ》　先進 11-26 ②

[ち]

地《ち》　憲問 14-38
知者《ちしゃ》　里仁 4-2, 子罕 9-30, 憲問 14-29
知新《ちしん》　為政 2-11
絺綌《ちげき》　郷党 10-6
矢《ちか》う　雍也 6-28
近《ちか》く思《おも》う　子張 19-6
庶《ちか》し　先進 11-19
幾《ちか》し　子路 13-15

力《ちから》　憲問 14-34
中行《ちゅうこう》　子路 13-21
中人《ちゅうじん》　雍也 6-21
中庸《ちゅうよう》　雍也 6-29
仲叔圉《ちゅうしゅくぎょ》　憲問 14-20
忠《ちゅう》　学而 1-4, 八佾 3-19, 公冶長 5-19, 述而 7-24, 子路 13-19, 憲問 14-8, 季氏 16-10
忠恕《ちゅうじょ》　里仁 4-15
忠信《ちゅうしん》　公冶長 5-28, 顔淵 12-10, 衛霊公 15-6
忠《ちゅう》もて告《つ》ぐ　顔淵 12-23
紂《ちゅう》　子張 19-20
長《ちょう》ず　先進 11-26 ①
長沮《ちょうそ》・桀溺《けつでき》　微子 18-6
長府《ちょうふ》　先進 11-14
冢宰《ちょうさい》　憲問 14-41
朝《ちょう》　公冶長 5-8, 子路 13-14
朝《ちょう》す　微子 18-4
朝廷《ちょうてい》　郷党 10-1
朝服《ちょうふく》　郷党 10-6, 13
趙魏《ちょうぎ》　憲問 14-12
直《ちょく》　泰伯 8-2, 16, 憲問 14-35
直道《ちょくどう》　衛霊公 15-25
陳《ちん》　述而 7-30, 先進 11-2
陳亢《ちんこう》　季氏 16-13
陳子禽《ちんしきん》　子張 19-25
陳成子《ちんせいし》　憲問 14-22
陳文子《ちんぶんし》　公冶長 5-19

[つ]

釣《つ》りす　述而 7-26
竭《つ》くす　子罕 9-8
通喪《つうそう》　陽貨 17-21
杖《つえ》つく者《もの》　郷党 10-12
作《つく》る　述而 7-1
恒《つね》有《あ》る者《もの》　述而 7-25
恒《つね》無《な》し　子路 13-22
雅《つね》に　述而 7-17

[て]

弟《てい》　子路 13-20
弟子《ていし》　為政 2-8
定公《ていこう》　子路 13-15
貞《てい》　衛霊公 15-37
禘《てい》　八佾 3-10
鄭声《ていせい》　衛霊公 15-11, 陽貨 17-18
適《てき》　里仁 4-10
涅《でつ》して緇《くろ》まず　陽貨 17-7
徹《てっ》す　八佾 3-2, 顔淵 12-9
天道《てんどう》　公冶長 5-13
天命《てんめい》　季氏 16-8
殿《でん》　雍也 6-15
顚沛《てんぱい》　里仁 4-5

[と]

土《ど》　里仁 4-11
斗筲《としょう》の人《ひと》　子路 13-20
図《と》　子罕 9-9
取《と》る　憲問 14-14
徒《と》　先進 11-17
問《と》う　泰伯 8-4
同《どう》ず　子路 13-23
同姓《どうせい》　述而 7-30
侗《とう》　泰伯 8-16
東首《とうしゅ》す　郷党 10-20
東蒙《とうもう》　季氏 16-1
東里《とうり》の子産《しさん》　憲問 14-9
党《とう》　里仁 4-7, 子路 13-18
党《とう》す　述而 7-30, 衛霊公 15-22
唐虞《とうぐ》の際《さい》　泰伯 8-20
唐棣《とうてい》の華《はな》…　子罕 9-32
討論《とうろん》　憲問 14-9
堂《どう》　先進 11-15
湯《とう》　顔淵 12-22
慟《どう》す　先進 11-10
滕薛《とうせつ》　憲問 14-12
蕩《とう》　陽貨 17-8, 16
蕩蕩《とうとう》　述而 7-36
蕩蕩乎《とうとうこ》　泰伯 8-19
闘《とう》　季氏 16-7
遠《とお》き慮《おもんぱか》り　衛霊公 15-12
遠《とお》きを致《いた》す　子張 19-4
遠《とお》きを追《お》う　学而 1-9
遠《とお》く遊《あそ》ぶ　里仁 4-19
尤《とが》め　為政 2-18
時《とき》にして　憲問 14-14
時《とき》を以《もっ》てす　学而 1-5
徳《とく》　学而 1-9, 子罕 9-18, 憲問 14-34, 35
徳《とく》を崇《たか》くす　顔淵 12-10, 21
徳《とく》を執《と》る　子張 19-2
篤敬《とくけい》　衛霊公 15-6
慝《とく》を脩《おさ》む　顔淵 12-21

櫝《とく》　季氏 16-1
訥《とつ》　里仁 4-24
斉《ととの》う　為政 2-3
友《とも》　顔淵 12-23

[な]

亡《な》き所《ところ》　子張 19-5
亡《な》きを時《とき》として　陽貨 17-1
亡《な》し　子張 19-2
末《な》し　憲問 14-40
生《な》す　述而 7-22
名《な》を成《な》す　子罕 9-2
成《な》す　顔淵 12-16
成《な》る　子路 13-10
狎《な》る　季氏 16-8
就《な》す　顔淵 12-19
内顧《ないこ》　郷党 10-27
直《なお》き　季氏 16-4
直《なお》し　雍也 6-19
泥《なず》む　子張 19-4
何《なに》か有《あ》らん　里仁 4-13, 子路 13-13
腥《なまぐさ》き　郷党 10-18
膾《なます》　郷党 10-7
厲《なや》ます　子張 19-10
難《なや》む　雍也 6-22
習《なら》い　陽貨 17-2
何《なん》為《す》れぞ　雍也 6-26
南宮适《なんきゅうかつ》　憲問 14-6
南人《なんじん》　子路 13-22
南面《なんめん》　雍也 6-1, 衛霊公 15-5
南容《なんよう》　先進 11-6
奚《なん》ぞ　為政 2-21, 八佾 3-2, 述而 7-18
盍《なん》ぞ〜ざる　公冶長 5-26
盍《なん》ぞ〜せざるや　顔淵 12-9
難《なん》　季氏 16-10
女《なんじ》　公冶長 5-9
爾《なんじ》　八佾 3-17, 公冶長 5-12, 子罕 9-32

[に]

二三子《にさんし》　八佾 3-24, 述而 7-23, 子罕 9-12, 先進 11-11, 陽貨 17-4
熟《に》る　郷党 10-18
疾《にく》む　泰伯 8-10
悪《にく》む　陽貨 17-24
錦《にしき》　陽貨 17-21

[ぬ]

朽《ぬ》る　公冶長 5-10
攘《ぬす》む　子路 13-18

[ね]

佞《ねい》　公冶長 5-5, 雍也 6-16, 憲問 14-33
佞者《ねいしゃ》　先進 11-25
佞人《ねいじん》　衛霊公 15-11
甯武子《ねいぶし》　公冶長 5-21

[の]

乎爾《のみ》　述而 7-23
述《の》ぶ　述而 7-1
述《の》べらる　憲問 14-44
能《のう》　泰伯 8-5
涖《のぞ》む　衛霊公 15-33
望《のぞ》む　公冶長 5-9
往《のち》　八佾 3-10
後《のち》を魯《ろ》に為《な》す　憲問 14-15
閑《のり》　子張 19-11

[は]

怍《は》ず　憲問 14-21
拝《はい》す　郷党 10-15, 24
陪臣《ばいしん》　季氏 16-2
廃《はい》は権《けん》に中《あた》る　微子 18-8
権《はか》る　子罕 9-31
謀《はか》る　衛霊公 15-40
脛《はぎ》　憲問 14-44
白圭《はくけい》　先進 11-6
伯夷《はくい》・叔斉《しゅくせい》　公冶長 5-23, 述而 7-14, 季氏 16-12, 微子 18-8
伯魚《はくぎょ》　季氏 16-13, 陽貨 17-10
伯達《はくたつ》(以下八人)　微子 18-11
莫《ばく》　里仁 4-10
博弈《はくえき》　陽貨 17-22
厲《はげ》し　述而 7-37
恥《はじ》有《あ》り　子路 13-20
趨《はし》り進《すす》む　郷党 10-3
趨《はし》る　子罕 9-10
階《はしご》す　子張 19-25
辱《はずかし》めらる　顔淵 12-23
八佾《はちいつ》　八佾 3-1
伐《ばつ》　憲問 14-2
発《はっ》す　為政 2-9, 述而 7-8

已甚《はなはだ》し　泰伯 8-10
反坫《はんてん》　八佾 3-22
蛮貊《ばんばく》　衛霊公 15-6
飯《はん》す　郷党 10-19

[ひ]

比干《ひかん》　微子 18-1
比《ひ》す　為政 2-14
皮《ひ》　八佾 3-16
拖《ひ》く　郷党 10-20
美《び》　顔淵 12-16
悱《ひ》す　述而 7-8
斐然《ひぜん》　公冶長 5-22
費《ひ》　雍也 6-9, 先進 11-25, 季氏 16-1
微子《びし》　微子 18-1
微生高《びせいこう》　公冶長 5-24
微生畝《びせいほ》　憲問 14-33
裨諶《ひじん》　憲問 14-9
鄙事《ひじ》　子罕 9-6
鄙倍《ひばい》　泰伯 8-4
鄙夫《ひふ》　子罕 9-8, 陽貨 17-15
秀《ひい》づ　子罕 9-22
帥《ひき》いる　顔淵 12-17
仏肸《ひつきつ》　陽貨 17-7
匹夫《ひっぷ》　子罕 9-26
匹夫匹婦《ひっぷひっぷ》　憲問 14-18
必《ひつ》　子罕 9-4
人《ひと》の猶《ごと》し　述而 7-32
人《ひと》を兼《か》ぬ　先進 11-22
人《ひと》を辟《さ》くるの士《し》　微子 18-6
仁《ひと》　雍也 6-26
専《ひと》り対《こた》う　子路 13-5
百官《ひゃくかん》　子張 19-23
百工《ひゃくこう》　子張 19-7
百乗《ひゃくじょう》の家《いえ》　公冶長 5-8
百姓《ひゃくせい》　顔淵 12-9, 憲問 14-43
百里《ひゃくり》の命《めい》を寄《よ》す　泰伯 8-6
表《ひょう》して出《い》づ　郷党 10-6
敏《びん》　里仁 4-24, 述而 7-19, 陽貨 17-6
彬彬《ひんぴん》　雍也 6-18
擯《ひん》　郷党 10-3
殯《ひん》す　郷党 10-23

[ふ]

不可《ふか》　顔淵 12-23
不可《ふか》なる者《もの》　子張 19-3
不賢《ふけん》　里仁 4-17
不仁《ふじん》　泰伯 8-10, 陽貨 17-21
不仁者《ふじんしゃ》　里仁 4-2
不信《ふしん》　憲問 14-32
不善《ふぜん》　述而 7-3
不孫《ふそん》　述而 7-35, 陽貨 17-24, 25
不能《ふのう》　為政 2-20, 子張 19-3
布《ふ》　郷党 10-6
巫医《ふい》　子路 13-22
巫馬期《ふばき》　述而 7-30
武《ぶ》　八佾 3-25
武王《ぶおう》　泰伯 8-20
武城《ぶじょう》　雍也 6-14, 陽貨 17-4
附益《ふえき》す　先進 11-17
負版《ふはん》の者《もの》　郷党 10-26
釜《ふ》　雍也 6-4
偃《ふ》す　顔淵 12-19
復《ふ》む　学而 1-13
舞雩《ぶう》　先進 11-26 ③, 顔淵 12-21
憮然《ぶぜん》　微子 18-6
膚受《ふじゅ》の愬《そ》　顔淵 12-6
賦《ふ》　公冶長 5-8
夫子《ふうし》　学而 1-10, 顔淵 12-8, 憲問 14-14, 26, 37, 子張 19-17
深《ふか》ければ則《すなわ》ち厲《はげ》し、浅《あさ》ければ則《すなわ》ち掲《けい》せよ　憲問 14-40
窒《ふさ》がる者《もの》　陽貨 17-24
禦《ふせ》ぐ　公冶長 5-5
黻冕《ふつべん》　泰伯 8-21
分崩離析《ぶんぽうりせき》　季氏 16-1
文《ぶん》　学而 1-6, 八佾 3-14, 公冶長 5-15, 雍也 6-18, 述而 7-24, 32, 顔淵 12-8, 24
文王《ぶんおう》　子罕 9-5
文学《ぶんがく》　先進 11-3
文献《ぶんけん》　八佾 3-9
文章《ぶんしょう》　公冶長 5-13, 泰伯 8-19
文《ぶん》と為《な》す　憲問 14-19
文徳《ぶんとく》　季氏 16-1
文武《ぶんぶ》の道《みち》　子張 19-22
汶《ぶん》　雍也 6-9
忿戻《ふんれい》　陽貨 17-16
聞《ぶん》　顔淵 12-20
憤《ふん》す　述而 7-8
糞土《ふんど》の牆《かき》　公冶長 5-10

[へ]

[ほ]

[ま]

[み]

[む]

無為《むい》　衛霊公 15-5
無道《むどう》　顔淵 12-19
逆《むか》う　憲問 14-32
校《むく》いず　泰伯 8-5
無寧《むしろ》　子罕 9-12
空《むな》し　先進 11-19
宗《むね》とす　学而 1-13

[め]

命《めい》　雍也 6-10, 子罕 9-1, 顔淵 12-5, 憲問 14-9, 37, 堯曰 20-3
命《めい》を将《おこな》う　憲問 14-45
命《めい》を将《おこな》う者《もの》　陽貨 17-20
命《めい》を授《さず》く　憲問 14-13
明《めい》　顔淵 12-6, 季氏 16-10
明衣《めいい》　郷党 10-6

[も]

孟懿子《もういし》　為政 2-5
孟公綽《もうこうしゃく》　憲問 14-12
孟之反《もうしはん》　雍也 6-15
孟氏《もうし》　子張 19-19
孟荘子《もうそうし》　子張 19-18
目《もく》　顔淵 12-1
沐浴《もくよく》　憲問 14-22
以《もち》いず　子路 13-14
以《もち》う　為政 2-10
用《もち》う　雍也 6-6
門人《もんじん》　里仁 4-15, 先進 11-11
門弟子《もんていし》　泰伯 8-3, 子罕 9-2
門《もん》に及《およ》ばず　先進 11-2

[や]

已《や》んぬるかな　公冶長 5-27, 衛霊公 15-3
病《や》む　憲問 14-43
野《や》　子路 13-3
野人《やじん》　先進 11-1
約《やく》　里仁 4-2, 23
約《やく》す　雍也 6-27
安《やす》し　述而 7-37
安《やす》んず　為政 2-10
綏《やす》んず　子張 19-25
傷《やぶ》らず　八佾 3-20
吝《やぶさ》か　泰伯 8-11
疚《やま》し　顔淵 12-4
疾病《やまいへい》なり　述而 7-34, 子罕 9-12
和《やわ》らぐ　子張 19-25

[ゆ]

往《ゆ》く者《もの》　微子 18-5
庾《ゆ》　雍也 6-4
愉愉如《ゆゆじょ》　郷党 10-5
適《ゆ》く　子路 13-9
友《ゆう》　為政 2-21
由《ゆう》　子路 13-3
有司《ゆうし》　泰伯 8-4, 子路 13-2, 堯曰 20-2
有政《ゆうせい》　為政 2-21
有道《ゆうどう》　学而 1-14, 顔淵 12-19
勇者《ゆうしゃ》　子罕 9-30, 憲問 14-29
揖譲《ゆうじょう》　八佾 3-7
揖《ゆう》す　述而 7-30, 郷党 10-3, 5
優《ゆう》　子張 19-13
耰《ゆう》して輟《や》まず　微子 18-6
孫《ゆず》る　憲問 14-4
泰《ゆた》か　述而 7-25, 子路 13-26
泰《ゆた》かにして驕《おご》らず　堯曰 20-2

[よ]

与与如《よよじょ》　郷党 10-2
与《よ》りは寧《むし》ろ　八佾 3-4, 述而 7-35
由《よ》る　為政 2-10, 泰伯 8-9
因《よ》ること　学而 1-13
放《よ》る　里仁 4-12
能《よ》く～か　里仁 4-6
能《よ》くする所《ところ》　子張 19-5
能《よ》く養《やしな》う　為政 2-7
善《よ》く　公冶長 5-17
臧《よ》し　子罕 9-28
輿《よ》　衛霊公 15-6
輿《よ》を執《と》る　微子 18-6
夭夭如《ようようじょ》　述而 7-4
用《よう》　顔淵 12-9
洋洋乎《ようようこ》　泰伯 8-15
要《よう》す　憲問 14-15
容色《ようしょく》　郷党 10-5
陽貨《ようか》　陽貨 17-1
陽膚《ようふ》　子張 19-19
雍《よう》　八佾 3-2
幾《ようや》くに　里仁 4-18

弋《よく》す　述而 7-26
欲《よく》　憲問 14-2
慾《よく》　公冶長 5-11
翼如《よくじょ》　郷党 10-3, 4
説《よろこ》ぶ　学而 1-1, 公冶長 5-6, 雍也 6-12, 子罕 9-24

[ら]

来《らい》　学而 1-15
来者《らいしゃ》　子罕 9-23
乱《らん》　学而 1-2, 陽貨 17-8, 23
乱臣十人《らんしんじゅうにん》　泰伯 8-20
乱邦《らんぽう》　泰伯 8-13
濫《らん》す　衛霊公 15-2

[り]

利《り》　里仁 4-2, 子罕 9-1
利口《りこう》　陽貨 17-18
犂牛《りぎゅう》　雍也 6-6
履《り》　堯曰 20-1
鯉《り》　先進 11-8
六尺《りくせき》の孤《こ》　泰伯 8-6
柳下恵《りゅうかけい》　衛霊公 15-14, 微子 18-2
旅《りょ》す　八佾 3-6
両端《りょうたん》　子罕 9-8
量《りょう》　子張 19-24
諒《りょう》　衛霊公 15-37, 季氏 16-4
諒陰三年《りょうあんさんねん》　憲問 14-41
糧《りょう》を絶《た》つ　衛霊公 15-2
林放《りんぽう》　八佾 3-6

[る]

誄《るい》　述而 7-34
縲絏《るいせつ》　公冶長 5-1

[れ]

令尹子文《れいいんしぶん》　公冶長 5-19
令色《れいしょく》　学而 1-3, 公冶長 5-25
令《れい》す　子路 13-6
令《れい》を慢《みだり》にして期《き》を致《いた》す　堯曰 20-2
礼《れい》　学而 1-12, 為政 2-3, 八佾 3-3, 泰伯 8-2, 顔淵 12-1
礼楽《れいがく》　先進 11-1
礼譲《れいじょう》　里仁 4-13
厲《れい》　子張 19-9
廉《れん》　陽貨 17-16

[ろ]

魯《ろ》　先進 11-18
魯《ろ》〔国名〕　雍也 6-24
魯公《ろこう》　微子 18-10
魯無君子者(魯《ろ》に君子《くんし》無《な》かりせば)　公冶長 5-3
魯人《ろひと》　先進 11-14
老《ろう》　憲問 14-12
老彭《ろうほう》　述而 7-1
労《ろう》　泰伯 8-2
労《ろう》して怨《うら》まず　堯曰 20-2
労《ろう》す　里仁 4-18, 子張 19-10
労《ろう》を施《ほどこ》す　公冶長 5-26
牢《ろう》　子罕 9-7
陋巷《ろうこう》　雍也 6-11
六言六蔽《ろくげんろくへい》　陽貨 17-8
禄《ろく》　季氏 16-3
禄《ろく》を干《もと》む　為政 2-18
論《ろん》の篤《あつ》き　先進 11-21

[わ]

吾《わ》が党《とう》の小子《しょうし》　公冶長 5-22
和《わ》　学而 1-12
和《わ》す　子路 13-23
少《わか》し　子罕 9-6, 10

語句索引

本索引に関しては紙幅の都合上、篇名を除いた。
なお、＊は解説に引かれた別解を示す。

［あ］

上《あ》ぐることは揖《ゆう》するが如《ごと》く、下《お》ろすことは授《さず》くるが如《ごと》し　10-5
有《あ》れども無《な》きが若《ごと》く　8-5
亜飯干《あはんかん》は楚《そ》に適《ゆ》く　18-9
豈《あ》に爾《なんじ》を思《おも》わざらんや。室《しつ》の是《こ》れ遠《とお》ければなり　9-32
豈《あ》に匹夫匹婦《ひっぷひっぷ》の諒《まこと》を為《な》すや、自《みずか》ら溝瀆《こうとく》に経《くび》れて之《こ》れを知《し》るもの莫《な》きが若《ごと》く莫《な》からんや　14-18
敢《あ》えて後《おく》るるに非《あら》ざる也《なり》　6-15
敢《あ》えて死《し》を問《と》う　11-12
敢《あ》えて其《そ》の次《つぎ》を問《と》う　13-20
敢《あ》えて徳《とく》を崇《たか》くし、慝《とく》を脩《おさ》め惑《まど》いを弁《わきま》うることを問《と》う　12-21
敢《あ》えて嘗《な》めず　10-15
敢《あ》えて佞《ねい》を為《な》すに非《あら》ざる也《なり》。固《こ》を疾《にく》む也《なり》　14-33
飽《あ》くまで食《く》らいて日《ひ》を終《お》え、心《こころ》を用《もち》うる所無《ところな》きは、難《かた》い哉《かな》　17-22
咨《ああ》 爾《なんじ》 舜《しゅん》。天《てん》の暦数《れきすう》 爾《なんじ》の躬《み》に在《あ》り。允《まこと》に其《そ》の中《ちゅう》を執《と》れ。四海困窮《しかいこんきゅう》し、天禄永《てんろくなが》く終《お》わらん　20-1
噫《ああ》、言游《げんゆう》は過《あやま》てり　19-12
噫《ああ》、天《てん》 予《わ》れを喪《ほろ》ぼせり　11-9
噫《ああ》、斗筲《としょう》の人《ひと》、何《なん》ぞ算《かぞ》うるに足《た》らんや　13-20
哀公《あいこう》 社《しゃ》を宰我《さいが》に問《と》う　3-21
哀公《あいこう》 有若《ゆうじゃく》に問《と》いて曰《いわ》く　12-9
悪衣悪食《あくいあくしょく》　4-9　→士《し》 道《みち》に志《こころざ》して、而《しか》も悪衣悪食《あくいあくしょく》を恥《は》ずる者《もの》は…
欺《あざむ》くこと勿《な》かれ。而《しこう》して之《こ》れを犯《おか》せ　14-23
足《あし》 躩如《かくじょ》たり　10-3, 4
足《あし》は蹜蹜《しゅくしゅく》として循《したが》う有《あ》るが如《ごと》し　10-5
朝《あした》に道《みち》を聞《き》かば、夕《ゆうべ》に死《し》すとも可《か》なり　4-8
遊《あそ》ぶこと必《かなら》ず方《ほう》有《あ》り　4-19
篤《あつ》く信《しん》じて学《がく》を好《この》み、死《し》を守《まも》って道《みち》を善《よ》くす　8-13
迹《あと》を践《ふ》まざれば、亦《ま》た室《しつ》に入《い》らず　11-20＊
迹《あと》を践《ふ》まず。亦《ま》た室《しつ》に入《い》らず　11-20
訐《あば》いて以《もっ》て直《ちょく》と為《な》す者《もの》を悪《にく》む　17-24
危《あや》うくして持《じ》せず、顚《くつがえ》って扶《たす》けずんば、則《すなわ》ち将《ま》た焉《いず》くんぞ彼《か》の相《しょう》を用《もち》いん　16-1
過《あやま》ちを弐《ふたた》びせず　6-3
過《あやま》ちを観《み》れば、斯《ここ》に仁《じん》を知《し》る　4-7
過《あやま》って改《あらた》めざる、是《こ》れを過《あやま》ちと謂《い》う　15-30
過《あやま》つや、人《ひと》 皆《み》な之《こ》れを見《み》る　19-21
過《あやま》てば則《すなわ》ち改《あらた》むるに憚《はばか》ること勿《な》かれ　1-8, 9-25
更《あらた》むるや、人《ひと》 皆《み》な之《こ》れを仰《あお》ぐ　19-21
或《ある》ひと子産《しさん》を問《と》う　14-10
或《ある》ひと醯《す》を乞《こ》う　5-24
或《ある》ひと禘《てい》の説《せつ》を問《と》う　3-11
晏平仲《あんぺいちゅう》は善《よ》く人《ひと》と交《まじ》わる

5-17

[い]

入《い》りては則《すなわ》ち孝《こう》、出《い》でては則《すなわ》ち弟《てい》 1-6
出《い》でて一等《いっとう》を降《くだ》れば、顔色《かおいろ》を逞《の》べて、怡怡如《いいじょ》たり 10-4
出《い》でては則《すなわ》ち公卿《こうけい》に事《つか》え、入《い》りては則《すなわ》ち父兄《ふけい》に事《つか》う 9-16
生《い》けるには之《こ》れに事《つか》うるに礼《れい》を以《もっ》てし、死《し》すれば之《こ》れを葬《ほうむ》るに礼《れい》を以《もっ》てし、之《こ》れを祭《まつ》るに礼《れい》を以《もっ》てす 2-5
夷狄《いてき》に之《ゆ》くと雖《いえど》も、棄《す》つ可《べ》からざる也《なり》 13-19
夷狄《いてき》の君有《きみあ》るは、諸夏《しょか》の亡《な》きに如《し》かざる也《なり》 3-5
衣《い》の前後《ぜんご》 襜如《せんじょ》たり 10-3
衣服《いふく》を悪《あ》しくして美《び》を黻冕《ふつべん》に致《いた》し 8-21
言《い》う能《あた》わざる者《もの》に似《に》たり 10-1
威《い》あって猛《たけ》からず 20-2
威《い》ありて而《しか》も猛《たけ》からず 7-37
容《い》れられざるが如《ごと》くす 10-4
帷裳《いしょう》に非《あら》ざれば、必《かなら》ず之《こ》れを殺《さい》す 10-6
異端《いたん》を攻《おさ》むるは、斯《こ》れ害《がい》あるのみ 2-16
異邦《いほう》の人《ひと》 之《こ》れを称《しょう》して、亦《ま》た君夫人《くんふじん》と曰《い》う 16-14
寝《い》ぬるに言《い》わず 10-9
寝《い》ぬるに尸《し》せず 10-25
意《い》母《な》く、必《ひつ》母《な》く、固《こ》母《な》く、我《が》母《な》し 9-4
何如《いか》なるをか 斯《こ》れ之《こ》れを士《し》と謂《い》う可《べ》き 13-20, 28
何如《いか》なれば斯《こ》れ以《もっ》て 政《まつりごと》に従《したが》う可《べ》き 20-2
忿《いか》りには難《なん》を思《おも》い 16-10
怒《いか》りを遷《うつ》さず 6-3
桴《いかだ》に乗《の》りて海《うみ》に浮《う》かばん 5-7
何如《いかん》ぞ其《そ》れ知《ち》ならんや 5-18
憤《いきどお》りを発《はっ》して食《しょく》を忘《わす》れ 7-18
郁郁乎《いくいくこ》として文《ぶん》なる哉《かな》 3-14
焉《いず》くにか賢才《けんさい》を知《し》りて之《こ》れを挙《あ》げん 13-2
焉《いず》くんぞ稼《か》を用《もち》いん 13-4
焉《いず》くんぞ倹《けん》なるを得《え》ん 3-22
焉《いず》くんぞ剛《ごう》なるを得《え》ん 5-11
焉《いず》くんぞ仁《じん》なるを得《え》ん 5-19
焉《いず》くんぞ佞《ねい》を用《もち》いん 5-5
焉《いず》くんぞ能《よ》く繫《かか》りて食《く》らわざらん 17-7
焉《いず》くんぞ来者《らいしゃ》の今《いま》に如《し》かざるを知《し》らんや 9-23
安《いずく》んぞ方六七十《ほうろくしちじゅう》、如《も》しくは五六十《ごろくじゅう》にして、邦《ほう》に非《あら》ざる者《もの》を見《み》んや 11-26 ④
至《いた》れば則《すなわ》ち行《さ》れり 18-7
一言《いちげん》にして邦《くに》を喪《ほろぼ》すもの、諸有《これあ》りや 13-15
一言《いちげん》にして以《もっ》て邦《くに》を興《おこ》す可《べ》きもの、諸有《これあ》りや 13-15
一言《いちげん》にして以《もっ》て身《み》を終《お》うるまで之《こ》れを行《おこな》う可《べ》き者有《ものあ》りや 15-24
一隅《いちぐう》を挙《あ》げて三隅《さんぐう》を以《もっ》て反《かえ》らざれば、則《すなわ》ち復《ま》たせざる也《なり》 7-8
一日己《いちじつおのれ》に克《か》ちて礼《れい》に復《かえ》らば、天下仁《てんかじん》に帰《き》す 12-1
一《いち》を問《と》いて三《さん》を得《え》たり 16-13
一簣《いっき》を覆《おお》うと雖《いえど》も、進《すす》むは吾《わ》が往《ゆ》く也《なり》 9-19
一簞《いったん》の食《し》、一瓢《いっぴょう》の飲《いん》、陋巷《ろうこう》に在《あ》り 6-11
一朝《いっちょう》の忿《いか》り、其《そ》の身《み》を忘《わす》れて以《もっ》て其《そ》の親《しん》に及《およ》ぼす、惑《まど》いに非《あら》ずや 12-21
一邦《いっぽう》に之《ゆ》き、則《すなわ》ち又《ま》た曰《いわ》く、猶《な》お吾《わ》が大夫崔子《たいふさいし》のごとき也《なり》 5-19
逸民《いつみん》は、伯夷《はくい》、叔斉《しゅくせい》、虞《ぐ》仲《ちゅう》、夷逸《いいつ》、朱張《しゅちょう》、柳下《りゅうか》恵《けい》、少連《しょうれん》 18-8
詐《いつわり》を逆《むか》えず、不信《ふしん》を億《おもんぱか》らずして、抑《そも》そも

亦《ま》た先《さき》に覚《さと》る者《もの》は、是《こ》れ賢《けん》なるか　14-32
毋《いな》、以《もっ》て爾《なんじ》の隣《りん》里郷党《りきょうとう》に与《あた》えんか　6-5
古《いにしえ》の学者《がくしゃ》は己《おのれ》の為《ため》にし、今《いま》の学者《がくしゃ》は人《ひと》の為《ため》にす　14-25
古《いにしえ》の狂《きょう》や肆《し》、今《いま》の狂《きょう》や蕩《とう》　17-16
古《いにしえ》の矜《きょう》や廉《れん》、今《いま》の矜《きょう》や忿《ふん》戻《れい》　17-16
古《いにしえ》の愚《ぐ》や直《ちょく》、今《いま》の愚《ぐ》や詐《さ》のみ　17-16
古《いにしえ》の賢人也《けんじんなり》　7-14
古《いにしえ》の道也《みちなり》　3-16
古《いにしえ》の者《もの》言《げん》を出《い》ださざるは、躬《み》の逮《およ》ばざるを恥《は》じる也《なり》　4-22
古《いにしえ》自《よ》り皆《み》な死《し》有《あ》り　12-7
古《いにしえ》を好《この》み敏《びん》にして以《もっ》て之《こ》れを求《もと》むる者也《ものなり》　7-19
古《いにしえ》者は民《たみ》に三《みっ》つの疾《やまい》有《あ》り　17-16
今《いま》夫《か》の顓臾《せんゆ》は、固《かた》くして費《ひ》に近《ちか》し。今《いま》取《と》らざれば、後世《こうせい》必《かなら》ず子孫《しそん》の憂《うれ》いを為《な》さん　16-1
今《いま》女《なんじ》は画《かぎ》れり　6-12
今《いま》女《なんじ》安《やす》くば、則《すなわ》ち之《こ》れを為《な》せ　17-21
今《いま》の学者《がくしゃ》は人《ひと》の為《ため》にす　14-25
今《いま》の狂《きょう》や蕩《とう》　17-16
今《いま》の矜《きょう》や忿戻《ふんれい》　17-16
今《いま》の愚《ぐ》や詐《さ》のみ　17-16
今《いま》の孝《こう》なる者《もの》は、是《こ》れを能《よ》く養《やしな》うを謂《い》う　2-7
今《いま》の成人《せいじん》なる者《もの》は何《なん》ぞ必《かなら》ずしも然《しか》らん　14-13
今《いま》の政《まつりごと》に従《したが》う者《もの》は殆《あや》うし　18-5
今《いま》の政《まつりごと》に従《したが》う者《もの》は何如《いかん》　13-20
今《いま》は上《うえ》に拝《はい》するは泰也《たいなり》　9-3
今《いま》は亡《な》きかな　15-26
今《いま》や或《ある》いは是《こ》れすらも亡《な》き也《なり》　17-16
今《いま》や純《じゅん》なるは倹《けん》なり　9-3
今《いま》や則《すなわ》ち亡《な》し　6-3, 11-7
今《いま》由《ゆう》と求《きゅう》とは、具臣《ぐしん》と謂《い》う可《べ》し　11-24
今《いま》由《ゆう》と求《きゅう》や、夫子《ふうし》を相《たす》け、遠人《えんじん》服《ふく》せずして、而《しか》も来《き》たすこと能《あた》わざる也《なり》　16-1
今《いま》吾《わ》れ人《ひと》に於《お》けるや、其《そ》の言《げん》を聴《き》きて、其《そ》の行《こう》を観《み》る　5-10
未《いま》だ焉《いず》くにか仁《じん》を得《う》るかを知《し》らず　5-19＊
未《いま》だ一簣《いっき》を成《な》さざるも、止《や》むは吾《わ》が止《や》む也《なり》　9-19
未《いま》だ可《か》ならざる也《なり》　13-24
未《いま》だ顔色《かおいろ》を見《み》ずして而《しか》も言《い》う、之《こ》れを瞽《こ》と謂《い》う　16-6
未《いま》だ学《がく》を好《この》む者《もの》を聞《き》かざる也《なり》　6-3
未《いま》だ之《こ》れを思《おも》わざる也《なり》　9-32
未《いま》だし　16-13, 17-8
未《いま》だ知《し》らず　5-19
未《いま》だ小人《しょうじん》にして仁《じん》なる者《もの》有《あ》らざる也《なり》　14-7
未《いま》だ仁《じん》ならざるか　14-17
未《いま》だ仁《じん》を蹈《ふ》みて死《し》する者《もの》を見《み》ざる也《なり》　15-35
未《いま》だ信《しん》ぜられざれば、則《すなわ》ち以《もっ》て己《おのれ》を謗《そし》ると為《な》す也《なり》　19-10
未《いま》だ信《しん》ぜられざれば、則《すなわ》ち以《もっ》て己《おのれ》を厲《なや》ますと為《な》す也《なり》　19-10
未《いま》だ生《せい》を知《し》らず、焉《いず》くんぞ死《し》を知《し》らん　11-12
未《いま》だ与《とも》に立《た》つ可《べ》からず　9-31
未《いま》だ与《とも》に権《はか》る可《べ》からず　9-31
未《いま》だ与《とも》に議《はか》るに足《た》らざる也《なり》　4-9
未《いま》だ与《とも》に道《みち》に適《ゆ》く可《べ》からず　9-31
未《いま》だ人《ひと》に事《つか》うる能《あた》わず。焉《いず》くんぞ能《よ》く鬼《き》に事《つか》えん　11-12
未《いま》だ貧《まず》しくして楽《たの》しみ、富《と》んで礼《れい》を好《この》む者《もの》に若《し》かざる也《なり》　1-15
未《いま》だ学《まな》ばずと曰《い》うと雖《いえど》も、吾《わ》れは必《かなら》ず之《こ》れを学《まな》びた

りと謂《い》わん　1-7
而今《いま》よりして後《のち》、吾《わ》れは免《まぬか》るることを知《し》るかな、小子《しょうし》　8-3
戒《いまし》めずして成《な》るを視《み》る、之《こ》れを暴《ぼう》と謂《い》う　20-2
苟《いや》しくも過《あやま》ち有《あ》らば、人《ひと》必《かなら》ず之《こ》れを知《し》る　7-30
苟《いや》しくも之《こ》れを失《うしな》わんことを患《うれ》うれば、至《いた》らざる所無《ところな》し　17-15
苟《いや》しくも子《し》の欲《ほっ》せざれば、之《こ》れを賞《しょう》すと雖《いえど》も窃《ぬす》まず　12-18
苟《いや》しくも仁《じん》に志《こころざ》せば、悪《あ》しきこと無《な》き也《なり》　4-4
苟《いや》しくも其《そ》の身《み》を正《ただ》しくせば、政《まつりごと》に従《したが》うに於《お》いて何《なに》か有《あ》らん　13-13
苟《いや》しくも我《わ》れを用《もち》うる者有《ものあ》らば、期月《きげつ》のみにして可《か》也《なり》。三年《さんねん》にして成《な》る有《あ》らん　13-10
陋《いや》しきこと之《こ》れを如何《いかん》　9-14
鄙《いや》しい哉《かな》。硜硜乎《こうこうこ》として、己《おのれ》を知《し》る莫《な》き也《なり》　14-40
色悪《いろあ》しき 食《く》らわず　10-7
色難《いろかた》し　2-8
色《いろ》は温《おん》を思《おも》い　16-10
色《いろ》厲《はげ》しくして内荏《うちやわら》かなるは、諸《これ》を小人《しょうじん》に譬《たと》うれば、其《そ》れ猶《な》お穿窬《せんゆ》の盗《とう》のごときか　17-12
色《いろ》勃如《ぼつじょ》たり　10-3, 4
色《いろ》みて斯《ここ》に挙《あ》がり、翔《かけ》りて而《しか》る後《のち》に集《とど》まる　10-28
所謂大臣《いわゆるだいじん》なる者《もの》は、道《みち》を以《もっ》て君《きみ》に事《つか》え、不可《ふか》なれば則《すなわ》ち止《や》む　11-24
殷《いん》に三仁《さんじん》有《あ》り　18-1
殷《いん》の礼《れい》を吾《わ》れ能《よ》く之《こ》れを言《い》えども、宋《そう》徴《しるし》とするに足《た》らざる也《なり》　3-9
殷《いん》の輅《ろ》に乗《の》り　15-11
殷《いん》は夏《か》の礼《れい》に因《よ》る。損益《そんえき》する所《ところ》、知《し》る可《べ》き也《なり》　2-23
飲食《いんしょく》を菲《うす》くして、孝《こう》を鬼《き》神《しん》に致《いた》し　8-21
隠居《いんきょ》して以《もっ》て其《そ》の志《こころざし》を求《もと》め　16-11
隠者也《いんじゃなり》　18-7

[う]

生《う》まれながらにして之《こ》れを知《し》る者《もの》は、上也《じょうなり》　16-9
禹《う》と稷《しょく》は躬《み》ずから稼《か》して天《てん》下《か》を有《たも》つ　14-6
禹《う》は吾《わ》れ間然《かんぜん》すること無《な》し　8-21
倦《う》むこと無《な》かれ　13-1
得《う》るを見《み》ては義《ぎ》を思《おも》う　16-10, 19-1
疑《うたが》わしきは問《と》うを思《おも》い　16-10
内《うち》に省《かえ》りみて疚《やま》しからず、夫《そ》れ何《なに》をか憂《うれ》え何《なに》をか懼《おそ》れん　12-4
旨《うま》きを食《く》ろうて甘《あま》からず　17-21
馬有《うまあ》る者《もの》は人《ひと》に借《か》して之《こ》れに乗《の》らしむ　15-26
馬進《うますす》まざる也《なり》　6-15
馬《うま》を問《と》わず　10-16
厩焚《うまやや》けたり　10-16
恭《うやうや》しくして而《しか》も安《やす》し　7-37
怨《うら》み是《ここ》を用《もっ》て希《まれ》なり　5-23
怨《うら》みたるか　7-14
怨《うら》みを匿《かく》して其《そ》の人《ひと》を友《とも》とす　5-25
占《うらな》わざるのみ　13-22
憂《うれ》えず懼《おそ》れず、斯《すなわ》ち之《こ》れを君子《くんし》と謂《い》うか　12-4

[え]

絵《え》の事《こと》は素《しろ》きを後《のち》にす　3-8
衛《えい》の君《きみ》子《し》を待《ま》ちて政《まつりごと》を為《な》さば、子《し》将《まさ》に奚《いず》れをか先《さき》にせん　13-3
衛《えい》の公孫朝《こうそんちょう》子貢《しこう》に問《と》いて曰《いわ》く　19-22
衛《えい》の霊公《れいこう》は、陳《じん》を孔子《こうし》に問《と》う　15-1
益者三友《えきしゃさんゆう》、損者三友《そんしゃさんゆう》　16-4
益者三楽《えきしゃさんらく》、損者三楽《そんしゃさんらく》　16-5
益《えき》する者《もの》か　14-45
益《えき》を請《こ》う　13-1
益《えき》を求《もと》むる者《もの》に非《あら》ざる也《なり》　14-45
択《えら》んで仁《じん》に処《お》らずんば、焉《いず》

くんぞ知《ち》なるを得《え》ん　4-1
遠人《えんじん》 服《ふく》せざれば、則《すなわ》ち文《ぶん》徳《とく》を脩《おさ》めて以《もっ》て之《こ》れを来《き》たす　16-1

[お]

老《お》いの将《まさ》に至《いた》らんとするを知《し》らざるのみ　7-18
居《お》るに容《かたち》つくらず　10-25
居《お》れ　17-8
居《お》れば則《すなわ》ち曰《いわ》く、吾《わ》れを知《し》らざる也《なり》と　11-26①
惜《お》しいかな　9-21, 12-8
終《お》わりを慎《つつし》み遠《とお》きを追《お》えば　1-9
王孫賈《おうそんか》は軍旅《ぐんりょ》を治《おさ》む　14-20
大《おお》いなる哉《かな》 堯《ぎょう》の君《きみ》為《た》るや　8-19
大《おお》いなる哉《かな》 孔子《こうし》　9-2
大《おお》いなる哉《かな》 問《と》いや　3-4
多《おお》きを以《もっ》て寡《すく》なきに問《と》い　8-5
多《おお》く聞《き》き其《そ》の善《よ》き者《もの》を択《えら》びて之《こ》れに従《したが》い、多《おお》く見《み》て之《こ》れを識《しる》すは、知《し》るの次《つぎ》也《なり》　7-27
多《おお》く聞《き》きて疑《うたが》わしきを闕《か》き、慎《つつし》んで其《そ》の余《あま》りを言《い》えば、則《すなわ》ち尤《とが》め寡《すく》なし　2-18
多《おお》く鳥 獣 艸木《ちょうじゅうそうもく》の名《な》を識《し》る　17-9
多《おお》く見《み》て殆《あや》うきを闕《か》き、慎《つつし》んで其《そ》の余《あま》りを行《おこな》えば、則《すなわ》ち悔《く》い寡《すく》なし　2-18
多《おお》しと雖《いえど》も、亦《ま》た奚《なに》を以《もっ》て為《な》さん　13-5
庶《おお》き哉《かな》　13-9
犯《おか》されて校《むく》いず　8-5
奢《おご》れば則《すなわ》ち不孫《ふそん》、倹《けん》なれば則《すなわ》ち固《いや》し　7-35
行《おこな》いて余力有《よりょくあ》らば、則《すなわ》ち以《もっ》て文《ぶん》を学《まな》べ　1-6
教《おし》え有《あ》りて類無《たぐいな》し　15-39
教《おし》えざるの民《たみ》を以《もっ》て戦《たたか》う、是《こ》れ之《こ》れを棄《す》つと謂《い》う　13-30
教《おし》えずして殺《ころ》す、之《こ》れを虐《ぎゃく》と謂《い》う　20-2
己立《おのれた》たんと欲《ほっ》して人《ひと》を立《た》て、己 達《おのれたっ》せんと欲《ほっ》して人《ひと》を達《たっ》す　6-30
己《おのれ》に克《か》ちて礼《れい》に復《かえ》るを仁《じん》と為《な》す　12-1
己《おのれ》の欲《ほっ》せざる所《ところ》を、人《ひと》に施《ほどこ》す勿《な》かれ　12-2, 15-24
己《おのれ》を恭《うやうや》しくして正《ただ》しく南面《なんめん》するのみ　15-5
己《おのれ》を行《おこな》いて恥有《はじあ》り。四方《しほう》に使《つか》いして、君命《くんめい》を辱《はずかし》めず、士《し》と謂《い》う可《べ》し　13-20
己《おのれ》を脩《おさ》めて以《もっ》て敬《けい》す　14-43
己《おのれ》を脩《おさ》めて以《もっ》て人《ひと》を安《やす》んず　14-43
己《おのれ》を脩《おさ》めて以《もっ》て百 姓《ひゃくせい》を安《やす》んず　14-43
己《おのれ》を脩《おさ》めて以《もっ》て百 姓《ひゃくせい》を安《やす》んずるは、堯 舜《ぎょうしゅん》も其《そ》れ猶《な》お諸《これ》を病《や》めるか　14-43
己《おのれ》を知《し》る莫《な》きを患《うれ》えず、知《し》らる可《べ》きを為《な》すを求《もと》むる也《なり》　4-14
思《おも》い邪 無《よこしまな》し　2-2
思《おも》うて学《まな》ばざれば則《すなわ》ち殆《あや》うし　2-15
億《おもんぱか》　れば則《すなわ》ち屢《しば》しば中《あた》る　11-19
慮《おもんぱか》　って以《もっ》て人《ひと》に下《くだ》る　12-20
温故知新《おんこちしん》　2-11　→故《ふる》きを温《たず》ねて新《あたら》しきを知《し》る…

[か]

下学《かがく》して上 達《じょうたつ》す　14-36
下流《かりゅう》に居《い》て上《かみ》を訕《そし》る者《もの》を悪《にく》む　17-24
夫《か》の稲《いね》を食《く》らい、夫《か》の錦《にしき》を衣《き》る。女《なんじ》に於《お》いて安《やす》きや　17-21
夫《か》の三子者《さんししゃ》の言《げん》は何如《いかん》　11-26④
夫《か》の三子《さんし》に告《つ》げよ　14-22
夫《か》の人《ひと》の子《こ》を賊《そこな》わん　11-25
夫《か》の人《ひと》の為《ため》に慟《どう》するに非《あら》ずして誰《た》が為《ため》にせん　11-10
夫《か》の人《ひと》は言《い》わず、言《い》わば必《かなら》ず中《あた》ること有《あ》り　11-14
夫《か》の輿《よ》を執《と》る者《もの》を誰《たれ》と為《な》す　18-6

且《か》つ而《なんじ》 其《そ》の人《ひと》を辟《さ》くるの士《し》に従《したが》う与《よ》りは、豈《あ》に世《よ》を辟《さ》くるの士《し》に従《したが》うに若《し》かんや　18-6
且《か》つ爾《なんじ》が言《げん》は過《あやま》てり　16-1
且《か》つ予《わ》れ其《そ》の臣《しん》の手《て》に死《し》せん与《よ》りは、無寧《むしろ》二三子《にさんし》の手《て》に死《し》せんか　9-12
且《か》つ予《わ》れ縦《たと》い大葬《たいそう》を得《え》ざるも、予《わ》れ道路《どうろ》に死《し》なんや　9-12
可《か》なる者《もの》は之《こ》れに与《くみ》し、其《そ》の不可《ふか》なる者《もの》は之《こ》れを拒《こば》め　19-3
可也《かなり》　1-15, 6-2
可《か》も無《な》く不可《ふか》も無《な》し　18-8
果敢《かかん》にして窒《ふさ》がる者《もの》を悪《にく》む　17-24
果《か》なる哉《かな》。之《こ》れを難《かた》しとする末《な》し　14-40
河《か》 図《と》を出《い》ださず　9-9
沽《か》う酒《さけ》と市《か》う脯《ほしにく》は食《く》らわず　10-7
夏后氏《かこうし》は松《まつ》を以《もっ》てし、殷人《いんひと》は柏《はく》を以《もっ》てし、周 人《しゅうひと》は栗《くり》を以《もっ》てす　3-21
夏《か》の時《とき》を行《おこな》い　15-11
夏《か》の礼《れい》を吾《わ》れ能《よ》く之《こ》れを言《い》えども、杞《き》 徴《しるし》とするに足《た》らざる也《なり》　3-9
斯《か》くの如《ごと》きのみか　14-43
雅頌《がしょう》 各《おの》おの其《そ》の所《ところ》を得《え》たり　9-15
稼《か》を学《まな》ばんことを請《こ》う　13-4
駕《が》を俟《ま》たずして行《ゆ》く　10-21
回《かい》や一《いち》を聞《き》いて以《もっ》て十《じゅう》を知《し》る　5-9
回《かい》や愚《ぐ》ならず　2-9
回《かい》や其《そ》の心《こころ》 三月《さんがつ》仁《じん》に違《たが》わず　6-7
回《かい》や其《そ》の楽《たの》しみを改《あらた》めず　6-11
回《かい》や其《そ》れ庶《ちか》きか。屢《しば》しば空《むな》し　11-19
回《かい》や不敏《ふびん》と雖《いえど》も、請《こ》う斯《こ》の語《ご》を事《こと》とせん　12-1
回《かい》や予《わ》れを視《み》ること 猶《な》お父《ちち》のごとく也《なり》　11-11
回《かい》や、我《わ》れを助《たす》くる者《もの》に非《あら》ざる也《なり》　11-4
怪《かい》・力《りき》・乱《らん》・神《しん》　7-20
階也《かいなり》　15-42
階《かい》に及《およ》ぶ　15-42
階《かい》を没《つ》くせば、趨《はし》り進《すす》むこと翼如《よくじょ》たり　10-4
帰《かえ》らんか、帰《かえ》らんか　5-22
顔色《かおいろ》を逞《の》べて、怡怡如《いいじょ》たり　10-4
学《がく》を好《この》むと謂《い》う可《べ》きのみ　1-14, 19-5
楽《がく》と云《い》い楽《がく》と云《い》う、鐘鼓《しょうこ》を云《い》わんや　17-11
楽《がく》に成《な》る　8-8
楽《がく》は則《すなわ》ち 韶舞《しょうぶ》　15-11
楽《がく》は其《そ》れ知《し》る可《べ》き也《なり》　3-23
楽《がく》を如何《いかん》　3-3
楽《がく》を聞《き》いて楽《たの》しからず　17-21
翔《かけ》りて而《しか》る後《のち》に集《とど》まる　10-28
徼《かす》めて以《もっ》て智《ち》と為《な》す者《もの》を悪《にく》む　17-24
堅《かた》しと曰《い》わずや、磨《ま》して磷《うす》らがず　17-7
難《かた》いかな 今《いま》の世《よ》に免《まぬか》るること　6-16
難《かた》い哉《かな》　15-17
貌《かたち》は恭《きょう》を思《おも》い　16-10
嘗《かつ》て独《ひと》り立《た》てり　16-13
必《かなら》ず寝衣《しんい》有《あ》り、長《た》け一身《いっしん》有半《ゆうはん》　10-6
必《かなら》ずや親《おや》の喪《も》か　19-17
必《かなら》ずや事《こと》に臨《のぞ》んで懼《おそ》れ、謀《はかりごと》を好《この》んで成《な》る者也《ものなり》　7-10
必《かなら》ずや射《しゃ》か　3-7
必《かなら》ずや訟無《しょうな》からしめんか　12-13
必《かなら》ずや聖《せい》か　6-30
必《かなら》ずや名《な》を正《ただ》さんか　13-3
必《かなら》ず已《や》むを得《え》ずして去《さ》らば、斯《こ》の三者《さんしゃ》に於《お》いて何《なに》をか先《さき》にせん　12-7
必《かなら》ず已《や》むを得《え》ずして去《さ》らば、斯《こ》の二者《にしゃ》に於《お》いて何《なに》をか先《さき》にせん　12-7
上《かみ》 義《ぎ》を好《この》めば、則《すなわ》ち民《たみ》 敢《あ》えて服《ふく》せざる莫《な》し　13-4
上《かみ》 信《しん》を好《この》めば、則《すなわ》ち民《たみ》 敢《あ》えて情《まこと》を用《もち》いざる莫《な》し　13-4

上《かみ》 其《そ》の道《みち》を失《うしな》い、民《たみ》 散《さん》ずること久《ひさ》し　19-19
上《かみ》に居《い》て寛《かん》ならず、礼《れい》を為《な》して敬《けい》せず、喪《も》に臨《のぞ》んで哀《かな》しまずんば、吾《わ》れ何《なに》を以《もっ》てか之《こ》れを観《み》んや　3-26
上《かみ》 礼《れい》を好《この》めば、則《すなわ》ち民《たみ》 敢《あ》えて敬《けい》せざる莫《な》し　13-4
上《かみ》 礼《れい》を好《この》めば、則《すなわ》ち民《たみ》 使《つか》い易《やす》き也《なり》　14-42
上《かみ》を犯《おか》すことを好《この》まずして、而《しか》も乱《らん》を作《な》すことを好《この》む者《もの》は、未《いま》だ之《こ》れ有《あ》らざる也《なり》　1-2
神《かみ》を祭《まつ》ること神在《かみいま》すが如《ごと》くす　3-12
彼《かれ》をや彼《かれ》をや　14-10
干禄《かんろく》　2-18　→子張《しちょう》 禄《ろく》を干《もと》めんことを学《まな》ぶ
官《かん》の事《こと》は摂《か》ねず　3-22
桓公《かんこう》 公子糾《こうしきゅう》を殺《ころ》す　14-17
桓公《かんこう》 公子糾《こうしきゅう》を殺《ころ》す。死《し》ぬ能《あた》わず。又《ま》た之《こ》れに相《しょう》たり　14-18
桓公《かんこう》 諸侯《しょこう》を九合《きゅうごう》し、兵車《へいしゃ》を以《もっ》てせず。管仲《かんちゅう》の力《ちから》也《なり》　14-17
桓魋《かんたい》 其《そ》れ予《わ》れを如何《いかん》せん　7-22
寛《かん》なれば則《すなわ》ち衆《しゅう》を得《う》　17-6, 20-1
煥乎《かんこ》として其《そ》れ文章《ぶんしょう》有《あ》り　8-19
管氏《かんし》に三帰《さんき》有《あ》り　3-22
管氏《かんし》にして礼《れい》を知《し》らば、孰《たれ》か礼《れい》を知《し》らざらん　3-22
管氏《かんし》も亦《ま》た樹《じゅ》して門《もん》を塞《ふさ》ぐ　3-22
管氏《かんし》も亦《ま》た反坫《はんてん》有《あ》り　3-22
管仲《かんちゅう》 桓公《かんこう》に相《しょう》として、諸侯《しょこう》に覇《は》たらしめ、天下《てんか》を一匡《いっきょう》す　14-18
管仲《かんちゅう》 死《し》せず　14-17
管仲《かんちゅう》 微《な》かりせば、吾《わ》れ其《そ》れ髪《かみ》を被《こうむ》り衽《じん》を左《ひだり》にせん　14-18
管仲《かんちゅう》の器《うつわ》は小《ちい》さい哉《かな》　3-22
管仲《かんちゅう》は倹《けん》なるか　3-22
管仲《かんちゅう》は仁者《じんしゃ》に非《あら》ざるか　14-18
管仲《かんちゅう》は礼《れい》を知《し》れるか　3-22
管仲《かんちゅう》を問《と》う　14-10
関雎《かんしょ》は、楽《たの》しみて淫《いん》せず、哀《かな》しみて傷《やぶ》らず　3-20
簡《かん》なり　6-2
簡《かん》に居《い》て簡《かん》を行《おこな》う。乃《すなわ》ち大《はなは》だ簡《かん》なる無《な》からんや　6-2
顔淵後《がんえんおく》る　11-23
顔淵《がんえん》・季路《きろじ》侍す　5-26
顔淵《がんえん》 喟然《きぜん》として歎《たん》じて曰《いわ》く　9-11
顔淵《がんえん》 邦《くに》を為《おさ》むることを問《と》う　15-11
顔淵《がんえん》死《し》す　11-8, 9, 10, 11
顔淵《がんえん》 仁《じん》を問《と》う　12-1
顔回《がんかい》なる者《もの》有《あ》り、学《がく》を好《この》む　6-3, 11-7
顔色《がんしょく》を正《ただ》せば、斯《ここ》に信《しん》に近《ちか》づく　8-4
顔路《がんろ》 子《し》の車《くるま》以《もっ》て之《こ》れが椁《かく》を為《つく》らんと請《こ》う　11-8

[き]

危邦《きほう》には入《い》らず　8-13
危《き》を見《み》て命《めい》を授《さず》け　14-13
気《き》を屛《おさ》めて息《いき》せざる者《もの》に似《に》たり　10-4
来《き》たれ、予《わ》れ爾《なんじ》と言《い》わん　17-1
季桓子《きかんし》 之《こ》れを受《う》け、三日《みっか》朝《ちょう》せず　18-4
季康子《きこうし》 盗《とう》を患《うれ》えて、孔子《こうし》に問《と》う　12-18
季康子《きこうし》 政《まつりごと》を孔子《こうし》に問《と》いて曰《いわ》く　12-19
季康子《きこうし》 政《まつりごと》を孔子《こうし》に問《と》う　12-17
季氏《きし》 周公《しゅうこう》より富《と》む　11-17
季氏《きし》 泰山《たいざん》に旅《りょ》す　3-6
季氏《きし》の若《ごと》くするは則《すなわ》ち吾《わ》れ能《あた》わず　18-3
季氏《きし》 閔子騫《びんしけん》をして費《ひ》の宰《さい》と為《な》らしむ　6-9
季氏《きし》 将《まさ》に顓臾《せんゆ》に事有《ことあ》らんとす　16-1
季氏《きし》 将《まさ》に顓臾《せんゆ》を伐《う》たんとす　16-1
季文子《きぶんし》 三《み》たび思《おも》いて而《しか》る後《のち》に行《おこな》う　5-20

季孟《きもう》の間《あいだ》を以《もっ》て之《こ》れを待《ま》たん　18-3
季路《きろ》 鬼神《きしん》に事《つか》えんことを問《と》う　11-12
鬼神《きしん》を敬《けい》して之《こ》れを遠《とお》ざく　6-22
割《き》りめ正《ただ》しからざれば 食《く》らわず　10-7
期月《きげつ》のみにして可也《かなり》　13-10
期《き》にして可《か》なり　17-21
義《ぎ》にして然《しか》る後《のち》に取《と》る　14-14
義《ぎ》にのみ之《こ》れ与《とも》に比《した》しむ　4-10
義《ぎ》以《もっ》て質《しつ》と為《な》し　15-18
義《ぎ》を行《おこな》いて以《もっ》て其《そ》の道《みち》に達《たっ》す　16-11
義《ぎ》を見《み》て為《な》さざるは、勇無《ゆうな》き也《なり》　2-24
聞《き》けば斯《すなわ》ち諸《これ》を行《おこな》え　11-22
聞《き》けば斯《すなわ》ち諸《これ》を行《おこな》わんか　11-22
儀《ぎ》の封人《ほうじん》 見《まみ》えんことを請《こ》う　3-24
蕢《き》を荷《にな》いて孔氏《こうし》の門《もん》を過《す》ぐる者有《ものあ》り　14-40
聴《き》くことは聡《そう》を思《おも》い　16-10
巍巍乎《ぎぎこ》として、其《そ》れ成功有《せいこうあ》り　8-19
巍巍乎《ぎぎこ》として、唯《た》だ天《てん》を大《おお》いなりと為《な》す　8-19
巍巍《ぎぎ》たるかな、舜禹《しゅんう》の天下《てんか》を有《たも》てるや。而《しこう》して与《あず》からず　8-18
驥《き》は其《そ》の力《ちから》を称《しょう》せず。其《そ》の徳《とく》を称《しょう》する也《なり》　14-34
吉月《きつげつ》には必《かなら》ず朝服《ちょうふく》して朝《ちょう》す　10-6
君《きみ》 生《い》けるを賜《たま》わば、必《かなら》ず之《こ》れを畜《か》う　10-18
君在《きみいま》せば、踧踖如《しゅくせきじょ》たり、与与如《よよじょ》たり　10-2
君君《きみきみ》たり、臣臣《しんしん》たり、父父《ちちちち》たり、子子《ここ》たり　12-11
君《きみ》 呉《ご》に取《めと》る　7-30
君《きみ》 薨《こう》ずれば、百官《ひゃくかん》 己《おのれ》を総《す》べて、以《もっ》て冢宰《ちょうさい》に聴《き》くこと三年《さんねん》　14-41
君《きみ》 食《しょく》を賜《たま》わば、必《かなら》ず席《せき》を正《ただ》して、先《ま》ず之《こ》れを嘗《な》む　10-17
君《きみ》 臣《しん》を使《つか》い、臣《しん》 君《きみ》に事《つか》うる、之《こ》れを如何《いかん》　3-19
君《きみ》 臣《しん》を使《つか》うに礼《れい》を以《もっ》てし、臣《しん》 君《きみ》に事《つか》うるに忠《ちゅう》を以《もっ》てす　3-19
君為《きみた》るは難《かた》く、臣為《しんた》るは易《やす》からず　13-15
君《きみ》 腥《なまぐさ》きを賜《たま》わば、必《かなら》ず熟《に》て之《こ》れを薦《すす》む　10-18
君《きみ》にして礼《れい》を知《し》らば、孰《たれ》か礼《れい》を知《し》らざらん　7-30
君《きみ》に侍食《じしょく》するに、君祭《きみまつ》れば先《ま》ず飯《はん》す　10-19
君《きみ》に事《つか》うるには、其《そ》の事《こと》を敬《つつし》みて、其《そ》の食《しょく》を後《のち》にす　15-38
君《きみ》に事《つか》うるに礼《れい》を尽《つ》くせば、人以《ひともっ》て諂《へつら》えりと為《な》す也《なり》　3-18
君《きみ》に事《つか》えて数《しば》しばすれば、斯《ここ》に辱《はずかし》めらる　4-26
君《きみ》に事《つか》えて能《よ》く其《そ》の身《み》を致《いた》し　1-7
君祭《きみまつ》れば先《ま》ず飯《はん》す　10-19
君《きみ》 召《め》して擯《ひん》たらしむれば、色《いろ》 勃如《ぼつじょ》たり　10-3
君《きみ》 命《めい》じて召《め》せば、駕《が》を俟《ま》たずして行《ゆ》く　10-21
君《きみ》を要《よう》せずと曰《い》うと雖《いえど》も、吾《わ》れ信《しん》ぜざる也《なり》　14-15
久要《きゅうよう》は平生《へいぜい》の言《げん》を忘《わす》れず　14-13
丘《きゅう》 未《いま》だ達《たっ》せず　10-15
丘《きゅう》の禱《いの》ること久《ひさ》し　7-34
丘《きゅう》の学《がく》を好《この》むに如《し》かざる也《なり》　5-28
丘《きゅう》も亦《ま》た之《こ》れを恥《は》ず　5-25
丘《きゅう》や聞《き》く　16-1
丘《きゅう》 や幸《さいわ》いなり　7-30
丘《きゅう》や 何《なん》ぞ是《こ》の栖栖《せいせい》たる者《もの》を為《な》すや。乃《すなわ》ち佞《ねい》を為《な》す無《な》からんや　14-33
旧悪《きゅうあく》を念《おも》わず　5-23
旧貫《きゅうかん》に仍《よ》らば、之《こ》れを如何《いかん》　11-14
旧穀《きゅうこく》既《すで》に没《つ》き、新穀《しんこく》既《すで》に升《な》る　17-21
旧令尹《きゅうれいいん》の政《せい》、必《かなら》ず以《もっ》て新《しん》令尹《れいいん》に告《つ》ぐ　5-19
求《きゅう》、君子《くんし》は夫《か》の之《こ》れを欲《ほっ》

すと曰《い》うを舎《お》きて、而《しか》も必《かなら》ず之《こ》れが辞《じ》を為《な》す者《もの》を疾《にく》む　16-1
求《きゅう》、周任《しゅうじん》言《い》えること有《あ》り　16-1
求《きゅう》、乃《すなわ》ち爾《なんじ》是《こ》れ過《あやま》てる無《な》きか　16-1
求《きゅう》爾《なんじ》は何如《いかん》　11-26 ②
求《きゅう》や何如《いかん》　5-8
求《きゅう》や芸《げい》　6-8
求《きゅう》や之《こ》れが為《ため》に聚斂《しゅうれん》して之《こ》れに附益《ふえき》す　11-17
求《きゅう》や退《しりぞ》く、故《ゆえ》に之《こ》れを進《すす》む　11-22
求《きゅう》や、千室《せんしつ》の邑《ゆう》、百乗《ひゃくじょう》の家《いえ》、之《こ》れが宰《さい》たらしむ可《べ》き也《なり》　5-8
求《きゅう》や政《まつりごと》に従《したが》わしむ可《べ》きか　6-8
宮室《きゅうしつ》を卑《いや》しくして、力《ちから》を溝洫《こうきょく》に尽《つ》くす　8-21
居処《きょしょ》は恭《きょう》、事《こと》を執《と》りて敬《けい》、人《ひと》と与《まじ》わりて忠《ちゅう》なれ　13-19
居処《きょしょ》安《やす》からず　17-21
御《ぎょ》を執《と》らんか　9-2
蘧伯玉《きょはくぎょく》人《ひと》を孔子《こうし》に使《つか》いせしむ　14-26
凶服《きょうふく》の者《もの》には之《こ》れに式《しょく》す　10-26
匡人《きょうひと》其《そ》れ予《わ》れを如何《いかん》せん　9-5
狂者《きょうしゃ》は進《すす》み取《と》る　13-21
狂《きょう》にして直《ちょく》ならず　8-16
享礼《きょうれい》には容色《ようしょく》有《あ》り　10-5
恭《きょう》・寛《かん》・信《しん》・敏《びん》・恵《けい》　17-6
恭《きょう》なれば則《すなわ》ち侮《あなど》られず　17-6
恭《きょう》にして礼《れい》無《な》ければ則《すなわ》ち労《ろう》す　8-2
恭《きょう》礼《れい》に近《ちか》づけば、恥辱《ちじょく》に遠《とお》ざかる也《なり》　1-13
郷原《きょうげん》は徳《とく》の賊也《ぞくなり》　17-13
郷人《きょうじん》の飲酒《いんしゅ》に、杖《つえ》つく者《もの》出《い》づれば、斯《ここ》に出《い》づ　10-12
郷人《きょうじん》の儺《おにやらい》には、朝服《ちょうふく》して阼階《そかい》に立《た》つ　10-13
郷人《きょうじん》の善《よ》き者《もの》之《こ》れを好《この》み、其《そ》の不善《ふぜん》なる者《もの》之《こ》れを悪《にく》むに如《し》かず　13-24
郷人《きょうじん》皆《み》な之《こ》れを好《この》まば、何如《いかん》　13-24
郷人《きょうじん》皆《み》な之《こ》れを悪《にく》まば、何如《いかん》　13-24
郷党《きょうとう》は弟《てい》を称《しょう》す　13-20
堯舜《ぎょうしゅん》も其《そ》れ猶《な》お諸《これ》を病《や》めるか　6-30, 14-43
驕楽《きょうらく》を楽《たの》しみ、佚遊《いつゆう》を楽《たの》しみ、宴楽《えんらく》を楽《たの》しむは、損《そん》なり　16-5

[く]

朽《く》ちたる木《き》は雕《は》る可《べ》からざる也《なり》　5-10
食《く》らうに語《かた》らず　10-9
虞仲《ぐちゅう》・夷逸《いいつ》を謂《い》わく、隠居《いんきょ》して言《げん》を放《はしいまま》にし、身《み》は清《せい》に中《あた》り、廃《はい》は権《けん》に中《あた》る　18-8
空空如《くうくうじょ》たり　9-8
草《くさ》之《こ》れに風《かぜ》を上《くわ》うれば、必《かなら》ず偃《ふ》す　12-19
邦《くに》に在《あ》りても怨《うら》み無《な》く、家《いえ》に在《あ》りても怨《うら》み無《な》し　12-2
邦《くに》に在《あ》りても必《かなら》ず聞《き》こえ、家《いえ》に在《あ》りても必《かなら》ず聞《き》こゆ　12-20
邦《くに》に在《あ》りても必《かなら》ず達《たっ》し、家《いえ》に在《あ》りても必《かなら》ず達《たっ》す　12-20
邦《くに》に道《みち》有《あ》るに、貧《まず》しくして且《か》つ賤《いや》しきは、恥也《はじなり》　8-13
邦《くに》に道《みち》有《あ》るも矢《や》の如《ごと》く、邦《くに》に道《みち》無《な》くも矢《や》の如《ごと》し　15-7
邦《くに》に道《みち》有《あ》れば、言《げん》を危《たか》くし行《おこな》いを危《たか》くす　14-4
邦《くに》に道《みち》有《あ》れば穀《こく》す。邦《くに》に道《みち》無《な》きに穀《こく》するは、恥也《はじなり》　14-1
邦《くに》に道《みち》有《あ》れば、廃《す》てられず。邦《くに》に道《みち》無《な》ければ、刑戮《けいりく》より免《まぬか》れん　5-2
邦《くに》に道《みち》有《あ》れば則《すなわ》ち知《ち》、邦《くに》に道《みち》無《な》ければ則《すなわ》ち愚《ぐ》　5-21
邦《くに》に道《みち》有《あ》れば、則《すなわ》ち仕《つか》う。邦《くに》に道《みち》無《な》ければ、則《すなわ》ち巻《ま》いて之《こ》れを懐《ふところ》にす可《べ》し

15-7
邦《くに》に道《みち》無《な》きに、富《と》み且《か》つ貴《とうと》きは、恥也《はじなり》 8-13
邦《くに》に道《みち》無《な》ければ、行《おこな》いを危《たか》くし言《げん》は孫《ゆず》る 14-4
邦《くに》は分崩離析《ぶんぽうりせき》して、而《しか》も守《まも》ること能《あた》わざる也《なり》。而《しか》も干戈《かんか》を邦内《ほうない》に動《うご》かさんことを謀《はか》る 16-1
国《くに》を為《おさ》むるには礼《れい》を以《もっ》てす 11-26 ④
国《くに》を有《たも》ち家《いえ》を有《たも》つ者《もの》は、寡《すく》なきを患《うれ》えずして、均《ひと》しからざるを患《うれ》う。貧《まず》しきを患《うれ》えずして、安《やす》からざるを患《うれ》う 16-1
位《くらい》無《な》きを患《うれ》えず、立《た》つ所以《ゆえん》を患《うれ》う 4-14
位《くらい》を過《す》ぐれば、色《いろ》勃如《ぼつじょ》たり 10-4
困《くる》しみて之《こ》れを学《まな》ぶは、又《ま》た其《そ》の次也《つぎなり》 16-9
困《くる》しみて而《しか》も学《まな》ばざるは、民《たみ》にして斯《これ》を下《げ》と為《な》す 16-9
車《くるま》に升《のぼ》れば、必《かなら》ず正《ただ》しく立《た》ちて綏《すい》を執《と》る 10-27
車《くるま》の中《うち》にては内顧《ないこ》せず、疾言《しつげん》せず、親《した》しく指《ゆび》ささず 10-27
君子《くんし》之《こ》れに居《お》らば、何《なん》の陋《いや》しきこと之《こ》れ有《あ》らん 9-14
君子《くんし》三年礼《さんねんれい》を為《な》さざれば、礼必《れいかなら》ず壊《やぶ》れん 17-21
君子者《くんししゃ》を見《み》るを得《う》れば、斯《こ》れ可《か》なり 7-25
君子人《くんしじん》か、君子人也《くんしじんなり》 8-6
君子《くんし》親《しん》に篤《あつ》ければ、則《すなわ》ち民《たみ》仁《じん》に興《おこ》る 8-2
君子《くんし》なる哉《かな》 15-18
君子《くんし》なる哉《かな》若《か》くのごとき人 5-3, 14-6
君子《くんし》なる哉《かな》蘧伯玉《きょはくぎょく》 15-7
君子何《くんしなん》ぞ兄弟《けいてい》無《な》きを患《うれ》えんや 12-5
君子《くんし》に九思《きゅうし》有《あ》り 16-10
君子《くんし》に三変《さんぺん》有《あ》り 19-9
君子《くんし》にして仁《じん》ならざる者《もの》有《あ》り 14-7
君子《くんし》に侍《はべ》るに三《みっ》つの愆《あやま》ち有《あ》り 16-6
君子《くんし》に三《みっ》つの戒《いまし》め有《あ》り 16-7
君子《くんし》に三《みっ》つの畏《おそ》れ有《あ》り 16-8
君子《くんし》の過《あやま》ちや、日月《じつげつ》の食《しょく》の如《ごと》し 19-21
君子《くんし》の斯《ここ》に至《いた》るや、吾《わ》れ未《いま》だ嘗《かつ》て見《み》るを得《え》ずんばあらざる也《なり》 3-24
君子《くんし》の儒《じゅ》と為《な》れ 6-13
君子《くんし》の仕《つか》うるは、其《そ》の義《ぎ》を行《おこな》う也《なり》 18-7
君子《くんし》の天下《てんか》に於《お》けるや、適《てき》も無《な》く、莫《ばく》も無《な》し 4-10
君子《くんし》の徳《とく》は風《かぜ》、小人《しょうじん》の徳《とく》は草《くさ》 12-19
君子《くんし》の道《みち》なる者《ものみっ》三つ、我《わ》れ能《よ》くすること無《な》し 14-29
君子《くんし》の道《みち》に貴《たっと》ぶ所《ところ》の者《もの》は三《さん》 8-4
君子《くんし》の道《みち》は、孰《いず》れをか先《ま》ず伝《つた》えん、孰《いず》れをか後《のち》に倦《う》まん 19-12
君子《くんし》の道《みち》は、焉《いず》くんぞ誣《し》う可《べ》けんや 19-12
君子《くんし》の道四《みちよ》つ有《あ》り 5-16
君子《くんし》の喪《も》に居《お》るや、旨《うま》きを食《く》ろうて甘《あま》からず 17-21
君子《くんし》は争《あらそ》う所《ところ》無《な》し 3-7
君子《くんし》は一言以《いちげんもっ》て知《ち》と為《な》し、一言以《いちげんもっ》て不知《ふち》と為《な》す 19-25
君子《くんし》は器《うつわ》ならず 2-12
君子《くんし》は憂《うれ》えず懼《おそ》れず 12-4
君子《くんし》は思《おも》うこと其《そ》の位《くらい》を出《い》でず 14-27
君子《くんし》は重《おも》からざれば則《すなわ》ち威《い》あらず、学《まな》べば則《すなわ》ち固《こ》ならず 1-8
君子《くんし》は紺緅《かんしゅう》を以《もっ》て飾《かざ》らず 10-6
君子《くんし》は義《ぎ》に喩《さと》り、小人《しょうじん》は利《り》に喩《さと》る 4-16
君子《くんし》は義以《ぎもっ》て質《しつ》と為《な》し、礼《れい》以《もっ》て之《こ》れを行《おこな》い、孫以《そんもっ》て之《こ》れを出《い》だし、信以《しんもっ》て之《こ》れを成《な》す 15-18
君子《くんし》は義《ぎ》を以《もっ》て上《じょう》と為《な》す 17-23
君子《くんし》は矜《きょう》にして争《あらそ》わず。群《ぐん》

して党《とう》せず　15-22
君子《くんし》は刑《けい》を懐《おも》い、小人《しょうじん》は恵《けい》を懐《おも》う　4-11
君子《くんし》は恵《けい》して費《ついや》さず。労《ろう》して怨《うら》まず。欲《ほっ》して貪《むさぼ》らず。泰《ゆた》かにして驕《おご》らず。威《い》あって猛《たけ》からず　20-2
君子《くんし》は敬《けい》して失《うしな》う無《な》く、人《ひと》と与《まじ》わるに恭《うやうや》しくして礼《れい》有《あ》らば　12-5
君子《くんし》は言《げん》に訥《とつ》にして、行《おこな》いに敏《びん》ならんと欲《ほっ》す　4-24
君子《くんし》は言《げん》を以《もっ》て人《ひと》を挙《あ》げず、人《ひと》を以《もっ》て言《げん》を廃《はい》せず　15-23
君子《くんし》は賢《けん》を尊《たっと》びて衆《しゅう》を容《い》れ、善《ぜん》を嘉《よ》みして不能《ふのう》を矜《あわ》れむ　19-3
君子《くんし》は之《こ》れに名《な》づくれば、必《かなら》ず言《い》う可《べ》き也《なり》。之《こ》れを言《い》えば、必《かなら》ず行《おこな》う可《べ》き也《なり》　13-3
君子《くんし》は諸《これ》を己《おのれ》に求《もと》め、小人《しょうじん》は諸《これ》を人《ひと》に求《もと》む　15-21
君子《くんし》は質《しつ》のみ。何《なん》ぞ文《ぶん》を以《もっ》て為《な》さんや　12-8
君子《くんし》は周《しゅう》して比《ひ》せず、小人《しょうじん》は比《ひ》して周《しゅう》せず　2-14
君子《くんし》は衆寡《しゅうか》と無《な》く、小大《しょうだい》と無《な》く、敢《あ》えて慢《あなど》る無《な》し。斯《こ》れ亦《ま》た泰《ゆた》かにして驕《おご》らざるにあらずや　20-2
君子《くんし》は上達《じょうたつ》し、小人《しょうじん》は下達《かたつ》す　14-24
君子《くんし》は小知《しょうち》す可《べ》からず、而《しこう》して大受《たいじゅ》す可《べ》き也《なり》　15-34
君子《くんし》は食飽《しょくあ》くを求《もと》むること無《な》く、居安《きょやす》きを求《もと》むること無《な》し　1-14
君子《くんし》は食《しょく》を終《お》うる間《あいだ》も仁《じん》に違《たが》うこと無《な》し　4-5
君子《くんし》は仁《じん》を去《さ》りて、悪《いず》くにか名《な》を成《な》さん　4-5
君子《くんし》は信《しん》ぜられて而《しこう》して後《のち》に其《そ》の民《たみ》を労《ろう》す　19-10
君子《くんし》は其《そ》の衣冠《いかん》を正《ただ》し、其《そ》の瞻視《せんし》を尊《とうと》くす。儼然《げんぜん》として人《ひと》望《のぞ》んで之《こ》れを畏《おそ》る。斯《こ》れ亦《ま》た威《い》あって猛《たけ》からざるにあらずや　20-2
君子《くんし》は其《そ》の言《い》いて其《そ》の行《おこな》いに過《す》ぐるを恥《は》ず　14-28
君子《くんし》は其《そ》の言《げん》に於《お》いて、苟《いや》しくもする所無《ところな》きのみ　13-3
君子《くんし》は其《そ》の知《し》らざる所《ところ》に於《お》いて、蓋闕如《がいけつじょ》たり　13-3
君子《くんし》は其《そ》の親《しん》を施《す》てず　18-10
君子《くんし》は多《た》ならんや。多《た》ならざる也《なり》　9-6
君子《くんし》は坦《たん》として蕩蕩《とうとう》。小人《しょうじん》は長《とこし》なえに戚戚《せきせき》　7-36
君子《くんし》は事《つか》え易《やす》くして説《よろこ》ばせ難《がた》き也《なり》　13-25
君子《くんし》は貞《てい》にして諒《りょう》ならず　15-37
君子《くんし》は党《とう》せず　7-30
君子《くんし》は徳《とく》を懐《おも》い、小人《しょうじん》は土《ど》を懐《おも》う　4-11
君子《くんし》は急《とぼ》しきを周《すく》うも富《と》めるに継《つ》がず　6-4
君子《くんし》は人《ひと》の美《び》を成《な》し、人《ひと》の悪《あく》を成《な》さず　12-16
君子《くんし》は博《ひろ》く文《ぶん》を学《まな》びて、之《こ》れを約《やく》するに礼《れい》を以《もっ》てすれば　6-27
君子《くんし》は文《ぶん》を以《もっ》て友《とも》を会《かい》し、友《とも》を以《もっ》て仁《じん》を輔《たす》く　12-24
君子《くんし》は学《まな》びて、以《もっ》て其《そ》の道《みち》を致《いた》す　19-7
君子《くんし》は道《みち》を憂《うれ》えて貧《まず》しきを憂《うれ》えず　15-32
君子《くんし》は道《みち》を謀《はか》って食《しょく》を謀《はか》らず　15-32
君子《くんし》は無能《むのう》を病《なや》みとす。人《ひと》の己《おのれ》を知《し》らざるを病《なや》みとせざる也《なり》　15-19
君子《くんし》は本《もと》を務《つと》む　1-2
君子《くんし》は逝《ゆ》かしむ可《べ》き也《なり》、陥《おちい》らしむ可《べ》からざる也《なり》。欺《あざむ》く可《べ》き也《なり》。罔《し》う可《べ》からざる也《なり》　6-26
君子《くんし》は泰《ゆた》かにして驕《おご》らず。小人《しょうじん》は驕《おご》りて泰《ゆた》かならず　13-26
君子《くんし》は世《よ》を没《お》わるまで名《な》の称《しょう》せられざるを疾《にく》む　15-20
君子《くんし》は和《わ》して同《どう》ぜず。小人《しょうじん》

は同《どう》じて和《わ》せず　13-23
君子《くんし》道《みち》を学《まな》べば則《すなわ》ち人《ひと》を愛《あい》し、小人《しょうじん》道《みち》を学《まな》べば則《すなわ》ち使《つか》い易《やす》き也《なり》　17-4
君子《くんし》も亦《ま》た窮《きゅう》すること有《あ》るか　15-2
君子《くんし》も亦《ま》た党《とう》するか　7-30
君子《くんし》も亦《ま》た悪《にく》むこと有《あ》るか　17-24
君子固《くんしもと》より窮《きゅう》す　15-2
君子《くんし》勇有《ゆうあ》りて義無《ぎな》ければ乱《らん》を為《な》し　17-23
君子《くんし》勇《ゆう》を尚《たっと》ぶか　17-23
君臣《くんしん》の義《ぎ》は、之《こ》れを如何《いかん》ぞ其《そ》れ之《こ》れを廃《はい》せん　18-7
軍旅《ぐんりょ》の事《こと》は、未《いま》だ之《こ》れを学《まな》ばざる也《なり》　15-1
群居終日《ぐんきょしゅうじつ》、言《げん》は義《ぎ》に及《およ》ばず、好《この》んで小慧《しょうけい》を行《おこな》う、難《かた》い哉《かな》　15-17

[け]

兄弟《けいてい》には怡怡《いい》　13-28
刑罰中《けいばつあた》らざれば、則《すなわ》ち民《たみ》手足《しゅそく》を措《お》く所無《ところな》し　13-3
圭《けい》を執《と》れば、鞠躬如《きくきゅうじょ》たり。勝《た》えざるが如《ごと》し　10-5
羿《げい》は射《しゃ》を善《よ》くし、奡《ごう》は舟《ふね》を盪《うご》かす。倶《とも》に其《そ》の死《し》を得《え》ざるがごとく然《しか》り　14-6
恵《けい》して費《ついや》さず　20-2
恵人也《けいじんなり》　14-10
恵《けい》なれば則《すなわ》ち以《もっ》て人《ひと》を使《つか》うに足《た》る　17-6
敬《けい》して違《たが》わず　4-18
敬《けい》せずんば、何《なに》を以《もっ》て別《わか》たんや　2-7
敬《けい》に居《い》て簡《かん》を行《おこな》い、以《もっ》て其《そ》の民《たみ》に臨《のぞ》まば、亦《ま》た可《か》ならずや　6-2
蓋《けだ》し之《こ》れ有《あ》らん　4-6
蓋《けだ》し知《し》らずして之《こ》れを作《つく》る者有《ものあ》らん　7-27
蓋《けだ》し均《ひと》しければ貧《まず》しきこと無《な》く、和《やわ》らげば寡《すく》なきこと無《な》く、安《やす》ければ傾《かたむ》くこと無《な》し　16-1
桀溺《けつでき》に問《と》う　18-6
闕党《けつとう》の童子《どうじ》命《めい》を将《おこな》う　14-45
犬馬《けんば》に至《いた》るまで、皆《み》な能《よ》く養《やしな》う有《あ》り　2-7
言有《げんあ》る者《もの》は必《かなら》ずしも徳有《とくあ》らず　14-5
言《げん》未《いま》だ之《こ》れに及《およ》ばずして而《しか》も言《い》う、之《こ》れを躁《そう》と謂《い》う　16-6
言《げん》之《こ》れに及《およ》んで而《しか》も言《い》わず、之《こ》れを隠《いん》と謂《い》う　16-6
言語《げんご》には宰我《さいが》・子貢《しこう》　11-3
言順《げんしたが》わざれば、則《すなわ》ち事成《ことな》らず　13-3
言忠信《げんちゅうしん》、行篤敬《こうとくけい》なれば、蛮貊《ばんぱく》の邦《くに》と雖《いえど》も行《おこな》われん　15-6
言忠信《げんちゅうしん》ならず、行篤敬《こうとくけい》ならずんば、州里《しゅうり》と雖《いえど》も行《おこな》われんや　15-6
言《げん》に尤《とが》め寡《すく》なく、行《おこな》いに悔《く》い寡《すく》なければ、禄《ろく》其《そ》の中《うち》に在《あ》り　2-18
言《げん》に訥《とつ》にして、行《おこな》いに敏《びん》ならんと欲《ほっ》す　4-24
言《げん》は必《かなら》ず信《しん》。行《こう》は必《かなら》ず果《か》　13-20
言《げん》は義《ぎ》に及《およ》ばず　15-17
言《げん》は忠《ちゅう》を思《おも》い　16-10
言《げん》は慎《つつし》まざる可《べ》からざる也《なり》　19-25
言《げん》は以《もっ》て是《か》くの若《ごと》くなる可《べ》からざるも、其《そ》れ幾《ちか》き也《なり》　13-15
言游《げんゆう》は過《あやま》てり　19-12
言《げん》を出《い》ださざるは、躬《み》の逮《およ》ばざるを恥《は》じる也《なり》　4-22
言《げん》を察《さっ》して色《いろ》を観《み》　12-20
言《げん》を知《し》らざれば、以《もっ》て人《ひと》を知《し》る無《な》き也《なり》　20-3
言《げん》を以《もっ》て人《ひと》を挙《あ》げず　15-23
倹《けん》なれば則《すなわ》ち固《いや》し　7-35
原思《げんし》之《こ》れが宰《さい》と為《な》り　之《こ》れに粟九百《ぞくきゅうひゃく》を与《あた》う。辞《じ》す　6-5
原壌《げんじょう》夷《い》して俟《ま》つ　14-44
狷者《けんしゃ》は為《な》さざる所有《ところあ》る也《なり》　13-21
権量《けんりょう》を謹《つつし》み、法度《ほうど》を審《つまび》らかにし、廃《すた》れたる官《かん》を修《おさ》むれば、四方《しほう》の政《まつりごと》行《おこな》わる　20-1
賢者《けんじゃ》は其《そ》の大《おお》いなる者《もの》を識《し》り、不賢者《ふけんじゃ》は其《そ》の小《ちい》さき

者《もの》を識《し》る　19-22
賢者《けんじゃ》は世《よ》を辟《さ》く。其《そ》の次《つぎ》は地《ち》を辟《さ》く。其《そ》の次《つぎ》は色《いろ》を辟《さ》く。其《そ》の次《つぎ》は言《げん》を辟《さ》く　14-38
賢《けん》なる哉《かな》 回《かい》や　6-11
賢《けん》を賢《けん》として色《いろ》に易《か》え　1-7
賢《けん》を見《み》ては斉《ひと》しからんことを思《おも》い、不賢《ふけん》を見《み》ては内《うち》に自《みずか》ら省《かえ》りみる也《なり》　4-17
憲《けん》 恥《はじ》を問《と》う　14-1

[こ]

この人《ひと》や、伯氏《はくし》の駢邑三《べんゆうさん》百《びゃく》を奪《うば》う　14-10
之《こ》れに居《お》りて倦《う》むこと無《な》く、之《こ》れを行《おこな》うに忠《ちゅう》を以《もっ》てす　12-14
之《こ》れに先《さき》んじ之《こ》れを労《ねぎら》う　13-1
之《こ》れに従《したが》わんと欲《ほっ》すと雖《いえど》も、由《よ》る末《な》きのみ　9-11
之《こ》れに即《つ》くや温《おん》　19-9
之《こ》れに語《つ》げて惰《おこた》らざる者《もの》は、其《そ》れ回《かい》なるか　9-20
之《こ》れに臨《のぞ》むに荘《そう》を以《もっ》てすれば則《すなわ》ち敬《けい》　2-20
之《こ》れに釜《ふ》を与《あた》えよ　6-4
之《こ》れに庾《ゆ》を与《あた》えよ　6-4
之《こ》れを愛《あい》しては其《そ》の生《い》きんことを欲《ほっ》し、之《こ》れを悪《にく》んでは其《そ》の死《し》なんことを欲《ほっ》す　12-10
之《こ》れを愛《あい》す、能《よ》く労《ねぎら》うこと勿《な》からんや　14-8
之《こ》れを仰《あお》げば弥《いよ》いよ高《たか》く　9-11
之《こ》れを改《あらた》むるを貴《とうと》しと為《な》す　9-24
之《こ》れを如何《いかん》　19-12
之《こ》れを如何《いかん》、之《こ》れを如何《いかん》と曰《い》わざる者《もの》は、吾《わ》れは之《こ》れを如何《いかん》ともする末《な》きのみ　15-16
之《こ》れを如何《いかん》ぞ其《そ》れ及《およ》ぶ可《べ》けんや　19-25
之《こ》れを沽《う》らん哉《かな》　9-13
之《こ》れを行《おこな》うに忠《ちゅう》を以《もっ》てす　12-14
之《こ》れを教《おし》えん　13-9
之《こ》れを文《かざ》るに礼楽《れいがく》を以《もっ》てすれば、亦《ま》た以《もっ》て成人《せいじん》と為《な》す可《べ》し　14-13
之《こ》れを鑽《き》れば弥《いよ》いよ堅《かた》し　9-11
之《こ》れを宮 牆《きゅうしょう》に譬《たと》うれば、賜《し》の牆《かき》や肩《かた》に及《およ》ぶ。室家《しっか》の好《よ》きを窺《うかが》いみる　19-23
之《こ》れを好《この》む者《もの》は之《こ》れを楽《たの》しむ者《もの》に如《し》かず　6-20
之《こ》れを違《さ》る　5-19
之《こ》れを裁《さい》する所以《ゆえん》を知《し》らず　5-22
之《こ》れを知《し》る者《もの》は之《こ》れを好《この》む者《もの》に如《し》かず　6-20
之《こ》れを知《し》るを之《こ》れを知《し》ると為《な》し、知《し》らざるを知《し》らずと為《な》す。是《こ》れ知《し》る也《なり》　2-17
之《こ》れを罔《し》いて生《い》くるや、幸《さいわ》いにして免《まぬか》る　6-19
之《こ》れを過《す》ぐれば必《かなら》ず趨《はし》る　9-10
之《こ》れを立《た》つれば斯《ここ》に立《た》ち、之《こ》れを道《みち》びけば斯《ここ》に行《おこな》われ、之《こ》れを綏《やす》んずれば斯《ここ》に来《き》たり、之《こ》れを動《うご》かせば斯《ここ》に和《やわ》らぐ　19-25
之《こ》れを繹《たず》ぬるを貴《とうと》しと為《な》す　9-24
之《こ》れを近《ちか》づくれば則《すなわ》ち不孫《ふそん》、之《こ》れを遠《とお》ざくれば則《すなわ》ち怨《うら》む　17-25
之《こ》れを邇《ちか》くしては父《ちち》に事《つか》え、之《こ》れを遠《とお》くしては君《きみ》に事《つか》う　17-9
之《こ》れを富《と》まさん　13-9
之《こ》れを為《な》すこと難《かた》し、之《こ》れを言《い》いて訒《じん》する無《な》きを得《え》んや　12-3
之《こ》れを為《な》すは猶《な》お已《や》むに賢《まさ》れり　17-22
之《こ》れを望《のぞ》めば儼然《げんぜん》　19-9
之《こ》れを従《はな》ちて純 如《じゅんじょ》たり。皦 如《きゅうじょ》たり。繹如《えきじょ》たり。以《もっ》て成《な》る　3-23
之《こ》れを猶《ひと》しく人《ひと》に与《あた》うる也《なり》、出納《すいとう》の吝《やぶさ》かなる、之《こ》れを有司《ゆうし》と謂《い》う　20-2
之《こ》れを亡《ほろ》ぼせり　6-10
之《こ》れを見《み》て少《わか》しと雖《いえど》も 必《かなら》ず作《た》つ　9-10

之《こ》れを瞻《み》るに前《まえ》に在《あ》り、忽《こつ》焉《えん》として後《うしろ》に在《あ》り　9-11
之《こ》れを道《みち》びくに徳《とく》を以《もっ》てし、之《こ》れを斉《ととの》うるに礼《れい》を以《もっ》てせば、恥《はじ》有《あ》りて且《か》つ格《いた》る　2-3
之《こ》れを道《みち》びくに政《まつりごと》を以《もっ》てし、之《こ》れを斉《ととの》うるに刑《けい》を以《もっ》てせば、民《たみ》免《まぬか》れて恥《はじ》無《な》し　2-3
之《こ》れを用《もち》うれば則《すなわ》ち行《おこな》い、之《こ》れを舎《す》つれば則《すなわ》ち蔵《かく》る　7-10
之《こ》れを本《もと》づくれば則《すなわ》ち無《な》し　19-12
之《こ》れを能《よ》くすと曰《い》うに非《あら》ず。願《ねが》わくは学《まな》ばん　11-26②
之《こ》れを説《よろこ》ばすに道《みち》を以《もっ》てせざれば、説《よろこ》ばざる也《なり》　13-25
之《こ》れを説《よろこ》ばすに道《みち》を以《もっ》てせずと雖《いえど》も、説《よろこ》ぶ也《なり》　13-25
子《こ》生《う》まれて三年《さんねん》、然《しか》る後《のち》に父母《ふぼ》の懐《ふところ》を免《まぬか》る　17-21
五十《ごじゅう》にして天命《てんめい》を知《し》る　2-4
五十《ごじゅう》にして以《もっ》て易《えき》を学《まな》べば、以《もっ》て大《おお》いなる過《あやま》ち無《な》かる可《べ》し　7-16
五美《ごび》を尊《たっと》び、四悪《しあく》を屏《しりぞ》くれば、斯《こ》れ以《もっ》て政《まつりごと》に従《したが》う可《べ》し　20-2
互郷《ごきょう》与《とも》に言《い》い難《がた》し　7-28
固《こ》を疾《にく》む也《なり》　14-33
虎兕《こじ》柙《こう》より出《い》で、亀玉《きぎょく》櫝《とく》の中《うち》に毀《こわ》る、是《こ》れ誰《たれ》の過《あやま》ちぞや　16-1
虎豹《こひょう》の鞟《かく》は、猶《な》お犬羊《けんよう》の鞟《かく》のごとし　12-8
故旧《こきゅう》大故《たいこ》無《な》ければ則《すなわ》ち棄《す》てざる也《なり》　18-10
故旧《こきゅう》遺《わす》れざれば、則《すなわ》ち民《たみ》偸《うす》からず　8-2
是《こ》の邦《くに》に居《お》るや、其《そ》の大夫《たいふ》の賢《けん》なる者《もの》に仕《つか》え、其《そ》の士《し》の仁《じん》なる者《もの》を友《とも》とせよ　15-10
是《こ》の道《みち》や、何《なん》ぞ以《もっ》て臧《よ》しとするに足《た》らん　9-28
是《こ》の故《ゆえ》に夫《か》の佞者《ねいしゃ》を悪《にく》む　11-25
是《こ》れ有《あ》る哉《かな》、子《し》の迂《う》なるや　13-3
是《こ》れ丘也《きゅうなり》　7-23
是《こ》れ社稷《しゃしょく》の臣也《しんなり》　16-1
是《こ》れ津《しん》を知《し》れり　18-6
是《こ》れ其《そ》の不可《ふか》を知《し》りて、而《しか》も之《こ》れを為《な》す者《もの》か　14-39
是《こ》れ聞也《ぶんなり》。達《たつ》に非《あら》ざる也《なり》　12-20
是《こ》れ亦《ま》た政《まつりごと》を為《な》すなり。奚《な》んぞ其《そ》れ政《まつりごと》を為《な》すことを為《な》さん　2-21
是《こ》れ惑《まど》い也《なり》　12-10
是《こ》れ礼也《れいなり》　3-15
是《こ》れ魯《ろ》の孔丘《こうきゅう》か　18-6
是《こ》れ魯《ろ》の孔丘《こうきゅう》の徒《と》か　18-6
是《こ》れ吾《わ》が憂《うれ》い也《なり》　7-3
狐貉《こかく》の厚《あつ》きを以《もっ》て居《お》る　10-6
唯《こ》れ求《きゅう》は則《すなわ》ち邦《ほう》に非《あら》ざるか　11-26④
唯《こ》れ赤《せき》は則《すなわ》ち邦《ほう》に非《あら》ざるか　11-26④
斯《こ》の民《たみ》や、三代《さんだい》の直道《ちょくどう》にして行《おこな》う所以也《ゆえんなり》　15-25
斯《こ》の人《ひと》にして斯《こ》の疾《やまい》有《あ》るや　6-10
斯《こ》の二《ふた》つの者《もの》を聞《き》けり　16-13
斯《こ》れ己《おのれ》のみ　14-40
瑚璉也《これんなり》　5-4
觚《こ》觚《こ》ならず。觚《こ》ならんや、觚《こ》ならんや　6-25
鼓方叔《こほうしゅく》は河《か》に入《い》る　18-9
請《こ》う之《こ》れを問《と》わん　17-6
請《こ》う斯《こ》の語《ご》を事《こと》とせん　12-1,2
請《こ》う其《そ》の目《もく》を問《と》う　12-1
公山弗擾《こうざんふつじょう》費《ひ》を以《もっ》て畔《そむ》く。召《よ》ぶ　17-5
公事《こうじ》に非《あら》ざれば、未《いま》だ嘗《かつ》て偃《えん》の室《しつ》に至《いた》らざる也《なり》　6-14
公綽《こうしゃく》の不欲《ふよく》　14-13
公叔文子《こうしゅくぶんし》の臣《しん》の大夫僎《たいふせん》、文子《ぶんし》と同《おな》じく諸公《しょこう》に升《のぼ》す　14-19
公《こう》なれば則《すなわ》ち説《よろこ》ぶ　20-1
公《こう》に祭《まつ》れば、肉《にく》を宿《しゅく》せず

10-8
公伯寮《こうはくりょう》 子路《しろ》を季孫《きそん》に愬《うった》う 14-37
公伯寮《こうはくりょう》 其《そ》れ命《めい》を如何《いかん》せん 14-37
公門《こうもん》に入《い》るに、鞠躬如《きくきゅうじょ》たり 10-4
孔丘《こうきゅう》と為《な》す 18-6
孔子《こうし》下《お》りて、之《こ》れと言《い》わんと欲《ほっ》す。趨《はし》って之《こ》れを辟《さ》く。之《こ》れと言《い》うを得《え》ず 18-5
孔子《こうし》 郷党《きょうとう》に於《お》いて、恂恂如《じゅんじゅんじょ》たり 10-1
孔子《こうし》 之《こ》れに坐《ざ》を与《あた》えて問《と》う 14-26
孔子《こうし》 之《こ》れを過《す》ぐ。子路《しろ》をして津《しん》を問《と》わしむ 18-6
孔子《こうし》行《さ》る 18-3, 4
孔子《こうし》 辞《じ》するに疾《やま》いを以《もっ》てす 17-20
孔子退《こうししりぞ》く 7-30
孔子《こうし》 其《そ》の兄《あに》の子《こ》を以《もっ》て之《こ》れに妻《め》あわす 11-6
孔子《こうし》に豚《いのこ》を帰《おく》る。孔子《こうし》 其《そ》の亡《な》きを時《とき》として往《ゆ》きて之《こ》れを拝《はい》す。諸《これ》に塗《みち》に遇《あ》う 17-1
孔子《こうし》 沐浴《もくよく》して朝《ちょう》し、哀公《あいこう》に告《つ》げて曰《いわ》く 14-22
孔文子《こうぶんし》は何《なに》を以《もっ》て之《こ》れを文《ぶん》と謂《い》うや 5-15
巧言《こうげん》は徳《とく》を乱《みだ》る 15-27
巧言《こうげん》・令色《れいしょく》・足恭《すうきょう》 5-25
巧言令色《こうげんれいしょく》、鮮《すくな》し仁《じん》 1-3, 17-17
巧笑倩《こうしょうせん》たり、美目盼《びもくはん》たり、素《そ》以《もっ》て絢《あや》を為《な》すとは、何《なん》の謂《いい》ぞや 3-8
行人《こうじん》の子羽《しう》 之《こ》れを脩飾《しゅうしょく》し 14-9
行《こう》は必《かなら》ず果《か》 13-20
孝慈《こうじ》なれば則《すなわ》ち忠《ちゅう》 2-20
孝弟《こうてい》なる者《もの》は、其《そ》れ仁《じん》の本《もと》為《た》るか 1-2
孝《こう》なるかな惟《こ》れ孝《こう》、兄弟《けいてい》に友《ゆう》なり、有政《ゆうせい》に施《ほどこ》す 2-21
孝《こう》なる哉《かな》 閔子騫《びんしけん》 11-5
後死《こうし》の者《もの》 斯《こ》の文《ぶん》に与《あず》かることを得《え》ざる也《なり》 9-5
後進《こうしん》の礼楽《れいがく》に於《お》けるは、君子也《くんしなり》 11-1
後生畏《こうせいおそ》る可《べ》し 9-23
紅紫《こうし》は以《もっ》て褻服《せつふく》と為《な》さず 10-6
剛毅木訥《ごうきぼくとつ》、仁《じん》に近《ちか》し 13-27
剛《ごう》を好《この》んで学《がく》を好《この》まず、其《そ》の蔽《へい》や狂《きょう》 17-8
羔裘玄冠《こうきゅうげんかん》しては、以《もっ》て弔《ちょう》せず 10-6
高宗《こうそう》 諒陰三年《りょうあんさんねん》言《い》わず 14-41
康子《こうし》 薬《くすり》を饋《おく》る 10-15
悾悾《こうこう》にして信《しん》ならず 8-16
硜硜然《こうこうぜん》として小人《しょうじん》なる哉《かな》 13-20
黄衣《こうい》には狐裘《こきゅう》 10-6
克《こく》・伐《ばつ》・怨《えん》・欲《よく》 行《おこな》われず、以《もっ》て仁《じん》と為《な》す可《べ》し 14-2
告朔《こくさく》の餼羊《きよう》を去《さ》らんと欲《ほっ》す 3-17
是《ここ》を以《もっ》て君子《くんし》は下流《かりゅう》に居《お》るを悪《にく》む 19-20
是《ここ》を以《もっ》て君子《くんし》は為《な》さざる也《なり》 19-4
是《ここ》を以《もっ》て之《こ》れを文《ぶん》と謂《い》う也《なり》 5-15
斯《ここ》に美玉有《びぎょくあ》り 9-13
心有《こころあ》る哉《かな》、磬《けい》を撃《う》つや 14-40
志《こころざし》 の従《したが》われざるを見《み》ては、又《ま》た敬《けい》して違《たが》わず。労《ろう》して怨《うら》まず 4-18
事有《ことあ》れば、弟子《ていし》 其《そ》の労《ろう》に服《ふく》す 2-8
事《こと》ごとに問《と》う 3-15, 10-22
事成《ことな》らざれば、則《すなわ》ち礼楽興《れいがくおこ》らず 13-3
事《こと》に従《したが》うことを好《この》みて亟《しば》しば時《とき》を失《うしな》う。知《ち》と謂《い》う可《べ》きか 17-1
事《こと》に敏《びん》にして、言《げん》に慎《つつし》む 1-14
事《こと》は敬《けい》を思《おも》い 16-10
事《こと》を先《さき》にして得《う》るを後《のち》にす、徳《とく》を崇《たか》くすることに非《あら》ずや 12-21
事《こと》を敬《つつし》みて信《しん》 1-5
事《こと》を執《と》りて敬《けい》 13-19
好《この》んで小慧《しょうけい》を行《おこな》う 15-17

諸《これ》有《あ》りや　7-34
諸《これ》に往《おう》を告《つ》げて来《らい》を知《し》る者《もの》なり　1-15
諸《これ》を異邦《いほう》に称《しょう》して寡小君《かしょうくん》と曰《い》う　16-14
諸《これ》を其《そ》の鄰《りん》に乞《こ》うて、而《しこう》して之《こ》れに与《あた》う　5-24
諸《これ》を艸木《そうもく》に譬《たと》うるに、区《く》して以《もっ》て別《わか》る　19-12

[さ]

左丘明《さきゅうめい》 之《こ》れを恥《は》ず　5-25
才《さい》あるも才《さい》あらざるも、亦《ま》た各《おの》おの其《そ》の子《こ》を言《い》う也《なり》　11-8
才《さい》難《かた》し　8-20
材《ざい》を取《と》る所無《ところな》からん　5-7
斉《さい》するときは必《かなら》ず食《しょく》を変《へん》じ、居《きょ》は必《かなら》ず坐《ざ》を遷《うつ》す　10-7
斉《さい》するときは必《かなら》ず明衣《めいい》有《あ》り、布《ふ》なり　10-6
柴《さい》や愚《ぐ》　11-18
宰我《さいが》出《い》づ　17-21
宰予《さいよ》、昼《ひる》に寝《い》ぬ　5-10
崔子《さいし》 斉《せい》の君《きみ》を弑《しい》す　5-19
祭肉《さいにく》に非《あら》ざれば、拝《はい》せず　10-24
富《さか》んに有《あ》るに曰《いわ》く、苟《いささ》か美《よ》し　13-8
先《さき》に其《そ》の言《げん》を行《おこな》いて、而《しこう》して後《のち》に之《こ》れに従《したが》う　2-13
郷《さき》に吾《わ》れ夫子《ふうし》に見《まみ》えて、知《ち》を問《と》う　12-22
酒《さけ》の困《みだ》れを為《な》さず　9-16
酒《さけ》は量《りょう》無《な》し、乱《らん》に及《およ》ばず　10-7
三家者《さんかしゃ》 雍《よう》を以《もっ》て徹《てっ》す　3-2
三月《さんがつ》 仁《じん》に違《たが》わず　6-7
三月《さんがつ》 肉《にく》の味《あじ》を知《し》らず　7-13
三軍《さんぐん》も帥《すい》を奪《うば》う可《べ》き也《なり》　9-26
三子者《さんししゃ》出《い》づ。曾皙《そうせき》後《おく》る　11-26④
三子者《さんししゃ》の撰《せん》に異《こと》なり　11-26③
三子《さんし》に之《ゆ》きて告《つ》ぐ。可《き》かず　14-22
三十《さんじゅう》にして立《た》つ　2-4
三人《さんにん》行《あゆ》めば、必《かなら》ず我《わ》が師《し》有《あ》り　7-21
三年《さんねん》 楽《がく》を為《な》さざれば、楽《がく》必《かなら》ず崩《くず》れん　17-21
三年《さんねん》 父《ちち》の道《みち》を改《あらた》むる無《な》きは、孝《こう》と謂《い》う可《べ》し　1-11, 4-20
三年《さんねん》にして成《な》る有《あ》らん　13-10
三年《さんねん》の喪《も》は、期《き》已《すで》に久《ひさ》し　17-21
三年《さんねん》の喪《も》は、天下《てんか》の通喪也《つうそうなり》　17-21
三年《さんねん》学《まな》びて、穀《こく》に至《いた》らざるは、得易《えやす》からざる也《なり》　8-12
三年《さんねん》 礼《れい》を為《な》さざれば、礼《れい》必《かなら》ず壊《やぶ》れん　17-21
三飯繚《さんはんりょう》は蔡《さい》に適《ゆ》く　18-9
山川《さんせん》其《そ》れ諸《これ》を舎《す》てんや　6-6
山梁《さんりょう》の雌雉《しち》、時《とき》なる哉《かな》、時《とき》なる哉《かな》　10-28

[し]

士《し》 何如《いか》なれば斯《すなわ》ち之《こ》れを達《たつ》と謂《い》う可《べ》きや　12-20
士《し》にして居《きょ》を懐《おも》うは、以《もっ》て士《し》と為《な》すに足《た》らず　14-3
士《し》は危《あやう》きを見《み》ては命《いのち》を致《いた》す　19-1
士《し》は以《もっ》て弘毅《こうき》ならざる可《べ》からず　8-7
士《し》 道《みち》に志《こころざ》して、而《しか》も悪衣《あくい》悪食《あくしょく》を恥《は》ずる者《もの》は、未《いま》だ与《とも》に議《はか》るに足《た》らざる也《なり》　4-9
子《し》未《いま》だ以《もっ》て去《さ》る可《べ》からざるか　18-2
子《し》在《いま》す。回《かい》 何《なん》ぞ敢《あ》えて死《し》せん　11-23
子《し》 衛《えい》に適《ゆ》く　13-9
子《し》 衛《えい》の公子荊《こうしけい》を謂《い》う　13-8
子《し》 衛《えい》の霊公《れいこう》の無道《むどう》を言《い》う　14-20
子夏《しか》 莒父《きょほ》の宰《さい》と為《な》りて、政《まつりごと》を問《と》う　13-17
子夏《しか》 孝《こう》を問《と》う　2-8
子夏《しか》 何《なに》をか云《い》える　19-3
子夏《しか》の門人《もんじん》小子《しょうし》は、洒《さい》掃《そう》・応対《おうたい》・進退《しんたい》に当《あ》たりては、則《すなわ》ち可《か》なり。抑《そも》そも末也《すえなり》　19-12
子夏《しか》の門人《もんじん》、交《まじ》わりを子《し》

張《ちょう》に問《と》う　19-3
子華《しか》 斉《せい》に使《つか》いす　6-4
子《し》 川《かわ》の上《ほとり》に在《あ》りて曰《いわ》く　9-17
子《し》 顔淵《がんえん》に謂《い》いて曰《いわ》く　7-10
子《し》 九夷《きゅうい》に居《お》らんと欲《ほっ》す　9-14
子《し》 匡《きょう》に畏《い》す　9-5, 11-23
子《し》 磬《けい》を衛《えい》に撃《う》つ　14-40
子《し》 之《こ》れを哭《こく》して慟《どう》す　11-10
子《し》 之《こ》れを問《と》う　6-10
子《し》 是《こ》の日《ひ》に於《お》いて哭《こく》すれば、則《すなわ》ち歌《うた》わず　7-9
子《し》 公叔文子《こうしゅくぶんし》を公明賈《こうめいか》に問《と》いて曰《いわ》く　14-14
子《し》 公冶長《こうやちょう》を謂《い》わく　5-1
子貢《しこう》 君子《くんし》を問《と》う　2-13
子貢《しこう》 仁《じん》を為《な》すことを問《と》う　15-10
子貢《しこう》 友《とも》を問《と》う　12-23
子貢《しこう》は仲尼《ちゅうじ》より賢《まさ》れり　19-23
子貢《しこう》 人《ひと》を方《くら》ぶ　14-30
子貢《しこう》 政《まつりごと》を問《と》う　12-7
子《し》 三軍《さんぐん》を行《おこな》わば、則《すなわ》ち誰《たれ》と与《とも》にせん　7-10
子《し》 子産《しさん》を謂《い》わく　5-16
子《し》 子賤《しせん》を謂《い》わく　5-3
子《し》 四《し》を絶《た》つ　9-4
子《し》 斉衰《しさい》の者《もの》と、冕衣裳《べんいしょう》の者《もの》と、瞽者《こしゃ》とを見《み》れば　9-10
子《し》 漆雕開《しつちょうかい》をして仕《つか》えしむ　5-6
子西《しせい》を問《と》う　14-10
子《し》 斉《せい》に在《あ》りて韶《しょう》を聞《き》く　7-13
子《し》 善《ぜん》を欲《ほっ》すれば 民《たみ》 善《ぜん》なり　12-19
子《し》 大廟《たいびょう》に入《い》りて、事《こと》ごとに問《と》う　3-15
子《し》 楽《たの》しむ　11-13
子《し》 仲弓《ちゅうきゅう》を謂《い》いて曰《いわ》く　6-6
子張《しちょう》 行《おこな》われんことを問《と》う　15-6
子張《しちょう》 諸《これ》を紳《しん》に書《しょ》す　15-6
子張《しちょう》 仁《じん》を孔子《こうし》に問《と》う　17-6
子張《しちょう》 善人《ぜんじん》の道《みち》を問《と》う　11-20
子張《しちょう》 徳《とく》を崇《たか》くし惑《まど》いを弁《わきま》えんことを問《と》う　12-10
子張《しちょう》 政《まつりごと》を問《と》う　12-14
子張《しちょう》 明《めい》を問《と》う　12-6
子張《しちょう》 禄《ろく》を干《もと》めんことを学《まな》ぶ　2-18
子《し》 朝《ちょう》より退《しりぞ》いて曰《いわ》く　10-16
子《し》 釣《つ》りして綱《こう》せず。弋《よく》して宿《しゅく》を射《い》ず　7-26
子《し》 南子《なんし》を見《み》る　6-28
子《し》 南容《なんよう》を謂《い》わく　5-2
子奚《しなん》ぞ 政《まつりごと》を為《な》さざる　2-21
子《し》の燕居《えんきょ》は、申申如《しんしんじょ》たり。夭夭如《ようようじょ》たり　7-4
子《し》の慎《つつし》む所《ところ》は、斉《さい》、戦《せん》、疾《しつ》　7-12
子《し》の雅《つね》に言《い》う所《ところ》は、詩《し》・書《しょ》・執礼《しつれい》、皆《み》な雅《つね》に言《い》う也《なり》　7-17
子《し》の道《みち》を説《よろこ》ばざるに非《あら》ず　6-12
子《し》の疾《やまい》 病《へい》なり　7-34, 9-12
子《し》の往《ゆ》くや之《こ》れを如何《いかん》　17-7
子《し》は温《おだ》やかにして而《しか》も厲《はげ》し　7-37
子《し》は怪《かい》・力《りき》・乱《らん》・神《しん》を語《かた》らず　7-20
子《し》は恭《きょう》を為《な》す也《なり》　19-25
子《し》は四《し》を以《もっ》て教《おし》う。文《ぶん》、行《こう》、忠《ちゅう》、信《しん》　7-24
子《し》は誰《たれ》と為《な》す　18-6
子《し》は罕《まれ》に利《り》と命《めい》と仁《じん》とを言《い》う　9-1
子《し》は罕《まれ》に利《り》を言《い》う　9-1*
子《し》 伯魚《はくぎょ》に謂《い》いて曰《いわ》く　17-10
子《し》 帥《ひき》いるに正《せい》を以《もっ》てせば、孰《たれ》か敢《あ》えて正《ただ》しからざらん　12-17
子《し》 人《ひと》と歌《うた》いて善《よ》ければ、必《かなら》ず之《こ》れを反《かえ》さしめて、而《しか》る後《のち》に之《こ》れに和《わ》す　7-31
子《し》 武城《ぶじょう》に之《ゆ》き、弦歌《げんか》の声《こえ》を聞《き》く　17-4
子《し》 夫子《ふうし》を見《み》たるか　18-7
子服景伯《しふくけいはく》 以《もっ》て子貢《しこう》に告《つ》ぐ　19-23

子服景伯《しふくけいはく》 以《もっ》て告《つ》げて曰《いわ》く 14-37
子《し》 政《まつりごと》を為《な》すに、焉《いずく》んぞ殺《さつ》を用《もち》いん 12-19
子《し》も亦《ま》た異聞《いぶん》有《あ》るか 16-13
子《し》 如《も》し言《い》わずば、則《すなわ》ち小《しょう》子《し》 何《なに》をか述《の》べん 17-19
子《し》 喪《も》有《あ》る者《もの》の側《かたわら》に 食《しょく》すれば、未《いま》だ嘗《かつ》て飽《あ》かざる也《なり》 7-9
子《し》 往《ゆ》かんと欲《ほっ》す 17-5, 7
子游《しゆう》 孝《こう》を問《と》う 2-7
子游《しゆう》 武城《ぶじょう》の宰《さい》と為《な》る 6-14
子説《しよろこ》ぶ 5-6
子路《しろ》 慍《いか》って見《まみ》えて曰《いわ》く 15-2
子路《しろ》 禱《いの》らんことを請《こ》う 7-34
子路《しろ》曰《いわ》く、孔氏《こうし》自《よ》りす 14-39
子路《しろ》聞《き》くこと有《あ》りて、未《いま》だ之《こ》れを行《おこな》うこと能《あた》わざれば、唯《た》だ聞《き》くこと有《あ》るを恐《おそ》る 5-14
子路《しろ》 君《きみ》に事《つか》うることを問《と》う 14-23
子路《しろ》 拱《きょう》して立《た》つ 18-7
子路《しろ》 君子《くんし》を問《と》う 14-43
子路《しろ》 之《こ》れに共《きょう》す 10-28
子路《しろ》之《こ》れを聞《き》いて喜《よろこ》ぶ 5-7
子路《しろ》 行行如《こうこうじょ》たり 11-13
子路《しろ》対《こた》えず 7-18
子路《しろ》 子羔《しこう》をして費《ひ》の宰《さい》と為《な》らしむ 11-25
子路《しろ》 従《したが》いて後《おく》る 18-7
子路《しろ》 終身《しゅうしん》之《こ》れを誦《しょう》す 9-28
子路《しろ》 宿諾《しゅくだく》無《な》し 12-12
子路《しろ》 成人《せいじん》を問《と》う 14-13
子路《しろ》 石門《せきもん》に宿《やど》る 14-39
子路《しろ》・曾晳《そうせき》・冉有《ぜんゆう》・公西華《こうせいか》、侍坐《じざ》す 11-26 ①
子路《しろ》 率爾《そつじ》として対《こた》えて曰《いわ》く 11-26 ②
子路《しろ》は仁《じん》なるか 5-8
子路《しろ》 政《まつりごと》を問《と》う 13-1
子路《しろ》 門人《もんじん》をして臣《しん》と為《な》らしむ 9-12
子路《しろ》 行《ゆ》きて以《もっ》て告《つ》ぐ 18-6
子路《しろ》 説《よろこ》ばず 6-28
子路《しろ》 説《よろこ》ばずして曰《いわ》く 17-5
子路《しろ》をして反《かえ》って之《こ》れを見《み》しむ 18-7
子路《しろ》を止《とど》めて宿《しゅく》せしむ 18-7
子《し》 魯《ろ》の大師《たいし》に楽《がく》を語《かた》りて曰《いわ》く 3-23
司馬牛《しばぎゅう》 憂《うれ》えて曰《いわ》く 12-5
司馬牛《しばぎゅう》 君子《くんし》を問《と》う 12-4
司馬牛《しばぎゅう》 仁《じん》を問《と》う 12-3
四海《しかい》の内《うち》、皆《みな》 兄弟也《けいていなり》 12-5
四時《しじ》行《おこな》わる、百物《ひゃくぶつ》生《しょう》ず 17-19
四十五十《しじゅうごじゅう》にして聞《きこ》ゆること無《な》くんば、斯《こ》れ亦《ま》た畏《おそ》るるに足《た》らざるのみ 9-23
四十《しじゅう》にして惑《まど》わず 2-4
四体《したい》勤《つと》めず、五穀《ごこく》分《わ》かたず。孰《たれ》をか夫子《ふうし》と為《な》す 18-7
四飯欠《しはんけつ》は秦《しん》に適《ゆ》く 18-9
四方《しほう》に使《つか》いして、専《ひと》り対《こた》うること能《あた》わず 13-5
四方《しほう》の民《たみ》、其《そ》の子《こ》を襁負《きょうふ》して至《いた》る 13-4
死《し》して後《のち》已《や》む 8-7
死《し》するの日《ひ》、民《たみ》 徳《とく》として称《たた》うる無《な》し 16-12
死生《しせい》 命《めい》有《あ》り。富貴《ふうき》 天《てん》に在《あ》り 12-5
死《し》を守《まも》って道《みち》を善《よ》くす 8-13
而立《じりつ》 2-4 →三十《さんじゅう》にして立《た》つ
耳順《じじゅん》 2-4 →六十《ろくじゅう》にして耳順《みみしたが》う
志学《しがく》 2-4 →十有五《じゅうゆうご》にして学《がく》に志《こころざ》す
志士《しし》・仁人《じんじん》は、生《せい》を求《もと》めて以《もっ》て仁《じん》を害《がい》すること無《な》く、身《み》を殺《ころ》して以《もっ》て仁《じん》を成《な》す有《あ》り 15-9
私覿《してき》には愉愉如《ゆゆじょ》たり 10-5
使者《ししゃ》出《い》づ 14-26
知《し》る可《べ》きを為《な》すを求《もと》むる也《なり》 4-14
斉衰《しさい》の者《もの》を見《み》ては、狎《な》れたりと雖《いえど》も必《かなら》ず変《へん》ず 10-26
斉《し》を摂《かか》げて堂《どう》に升《のぼ》るに、鞠躬如《きくきゅうじょ》たり 10-4
指掌《ししょう》 3-11 →其《そ》の掌《たなごころ》を指《さ》す

食《し》の饐《い》して餲《あい》せる、魚《うお》の餒《あさ》れて肉《にく》の敗《やぶ》れたる、食《く》らわず　10-7
食《し》は精《しら》げを厭《いと》わず　10-7
師摯《しし》の始《はじ》め、関雎《かんしょ》の乱《おわ》りは、洋洋乎《ようようこ》として耳《みみ》に盈《み》てる哉《かな》　8-15
師《し》と言《い》う道《みち》か　15-42
師《し》と商《しょう》と孰《いず》れか賢《まさ》れる　11-16
師冕《しべん》出《い》づ　15-42
師冕《しべん》見《まみ》ゆ　15-42
師《し》や過《す》ぎたり、商《しょう》や及《およ》ばず　11-16
師《し》や辟《へき》　11-18
詩《し》三百《さんびゃく》、一言《いちごん》以《もっ》て之《こ》れを蔽《おお》えば、曰《いわ》く、思《おも》い邪《よこしま》無《な》し　2-2
詩《し》三百《さんびゃく》を誦《しょう》するも、之《こ》れに授《さず》くるに政《まつりごと》を以《もっ》てして、達《たっ》せず　13-5
詩《し》に興《おこ》り、礼《れい》に立《た》ち、楽《がく》に成《な》る　8-8
詩《し》は以《もっ》て興《おこ》す可《べ》く、以《もっ》て観《み》る可《べ》く、以《もっ》て群《つど》う可《べ》く、以《もっ》て怨《うら》む可《べ》し　17-9
詩《し》を聞《き》き、礼《れい》を聞《き》き、又《ま》た君子《くんし》の其《そ》の子《こ》を遠《とお》ざくるを聞《き》く也《なり》　16-13
詩《し》を学《まな》ばずば、以《もっ》て言《い》う無《な》し　16-13
詩《し》を学《まな》びたるか　16-13
辞気《じき》を出《い》だせば、斯《ここ》に鄙倍《ひばい》を遠《とお》ざく　8-4
辞《じ》は達《たっ》するのみ　15-41
緇衣《しい》には羔裘《こうきゅう》　10-6
賜《し》は命《めい》を受《う》けずして、貨《か》殖《しょく》す　11-19
賜《し》も亦《ま》た悪《にく》むこと有《あ》るか　17-24
賜《し》や一《いち》を聞《き》いて以《もっ》て二《に》を知《し》る　5-9
賜《し》や何如《いかん》　5-4
賜《し》や賢《けん》なる哉《かな》。夫《そ》れ我《わ》れ則《すなわ》ち暇《いとま》あらず　14-30
賜《し》や何《なん》ぞ敢《あ》えて回《かい》を望《のぞ》まん　5-9
賜《し》や達《たつ》　6-8
賜《し》や、女《なんじ》は予《わ》れを以《もっ》て多《おお》く学《まな》びて之《こ》れを識《しる》す者《もの》と為《な》すか　15-3
賜《し》や、爾《なんじ》の及《およ》ぶ所《ところ》に非《あら》ざる也《なり》　5-12
賜《し》や政《まつりごと》に従《したが》わしむ可《べ》きか　6-8
然《しか》らば則《すなわ》ち之《こ》れに従《したが》う者《もの》か　11-24
然《しか》らば則《すなわ》ち師《し》愈《まさ》れるか　11-16
然《しか》り。是《こ》の言《げん》有《あ》る也《なり》　17-7
然《しか》り。非《ひ》なるか　15-3
下《した》に拝《はい》するは礼也《れいなり》　9-3
七十《しちじゅう》にして心《こころ》の欲《ほっ》する所《ところ》に従《したが》って、矩《のり》を踰《こ》えず　2-4
十室《じっしつ》の邑《ゆう》にも、必《かなら》ず忠信《ちゅうしん》丘《きゅう》の如《ごと》き者有《ものあ》らん　5-28
十世《じっせい》知《し》る可《べ》きや　2-23
日月《じつげつ》逝《ゆ》く、歳《とし》我《わ》れと与《とも》にせず　17-1
室《しつ》に入《い》らず　11-20
室《しつ》の是《こ》れ遠《とお》ければなり　9-32
瑟《しつ》を取《と》って歌《うた》い、之《こ》れをして之《こ》れを聞《き》かしむ　17-20
瑟《しつ》を鼓《ひ》くこと希《まれ》なり、鏗爾《こうじ》と瑟《しつ》を舎《お》きて作《た》つ　11-26③
質直《しっちょく》にして義《ぎ》を好《この》み　12-20
質《しつ》文《ぶん》に勝《か》てば則《すなわ》ち野《や》　6-18
屢《しば》しば空《むな》し　11-19
射《しゃ》は皮《ひ》を主《しゅ》とせず。力《ちから》の科《しな》を同《おな》じくせざる為《ため》なり　3-16
射《しゃ》は皮《ひ》を主《しゅ》とせず。力《ちから》を爲《な》すこと科《か》を同《おな》じくせず　3-16＊
射《しゃ》を執《と》らんか　9-2
酒食《しゅし》有《あ》れば、先生《せんせい》に饌《せん》す　2-8
孺悲《じゅひ》孔子《こうし》を見《み》んと欲《ほっ》す　17-20
十有五《じゅうゆうご》にして学《がく》に志《こころざ》す　2-4
周公《しゅうこう》魯公《ろこう》に謂《い》いて曰《いわ》く　18-10
周親《しゅうしん》有《あ》りと雖《いえど》も、仁人《じんじん》に如《し》かず　20-1
周《しゅう》に大《おお》いなる賚有《たまものあ》り　20-1
周《しゅう》に八士《はちし》有《あ》り　18-11
周《しゅう》の徳《とく》は、其《そ》れ至徳《しとく》と謂《い》

う可《べ》きのみ　8-20
周《しゅう》の冕《べん》を服《ふく》し　15-11
周《しゅう》は殷《いん》の礼《れい》に因《よ》る。損益《そんえき》する所《ところ》、知《し》る可《べ》き也《なり》　2-23
周《しゅう》は二代《にだい》に監《かんが》む　3-14
従者《じゅうしゃ》曰《いわ》く、子《し》慟《どう》す　11-10
従者《じゅうしゃ》病《や》んで、能《よ》く興《た》つこと莫《な》し　15-2
衆《しゅう》に違《たが》うと雖《いえど》も、吾《わ》れは下《した》に従《したが》わん　9-3
衆《しゅう》の之《こ》れを悪《にく》む、必《かなら》ず察《さっ》す。衆《しゅう》の之《こ》れを好《この》む、必《かなら》ず察《さっ》す　15-28
叔孫武叔《しゅくそんぶしゅく》 大夫《たいふ》に朝《ちょう》に語《かた》りて曰《いわ》く　19-23
叔孫武叔《しゅくそんぶしゅく》 仲尼《ちゅうじ》を毀《そし》る　19-24
祝鮀《しゅくだ》の佞《ねい》有《あ》らずして、宋《そう》朝《ちょう》の美《び》有《あ》るは　6-16
祝鮀《しゅくだ》の佞《ねい》有《あ》りて、宋朝《そうちょう》の美《び》有《あ》らずば　6-16＊
祝鮀《しゅくだ》は宗廟《そうびょう》を治《おさ》め　14-20
舜《しゅん》 天下《てんか》を有《たも》ち、衆《しゅう》に選《えら》んで皐陶《こうよう》を挙《あ》ぐれば、不仁《ふじん》なる者《もの》遠《とお》ざかる　12-22
舜《しゅん》に臣《しん》五人《ごにん》有《あ》り、而《しこう》して天下《てんか》治《おさ》まる　8-20
舜《しゅん》も亦《ま》た以《もっ》て禹《う》に命《めい》ず　20-1
暑《しょ》に当《あ》たっては袗《ひとえ》の絺綌《ちげき》、必《かなら》ず表《ひょう》して之《こ》れを出《い》だす　10-6
諸侯《しょこう》自《よ》り出《い》づれば、蓋《けだ》し十《じっ》世《せい》にして失《うしな》わざること希《まれ》なり　16-2
上大夫《じょうたいふ》と言《い》う、誾誾如《ぎんぎんじょ》たり　10-2
丈人《じょうじん》の杖《つえ》を以《もっ》て蓧《あじか》を荷《にな》うに遇《あ》う　18-7
小子《しょうし》 鼓《こ》を鳴《な》らして之《こ》れを攻《せ》めて可《か》也《なり》　11-17
小子《しょうし》何《なん》ぞ夫《か》の詩《し》を学《まな》ぶ莫《な》きや　17-9
小人《しょうじん》窮《きゅう》すれば、斯《ここ》に濫《らん》す　15-2
小人《しょうじん》なる哉《かな》 樊須《はんしゅ》や　13-4
小人《しょうじん》の過《あやま》つや、必《かなら》ず文《かざ》る　19-8
小人《しょうじん》の儒《じゅ》と為《な》る無《な》かれ　6-13
小人《しょうじん》の徳《とく》は草《くさ》　12-19
小人《しょうじん》は驕《おご》りて泰《ゆた》かならず　13-26
小人《しょうじん》は下達《かたつ》す　14-24
小人《しょうじん》は恵《けい》を懐《おも》う　4-11
小人《しょうじん》は是《こ》れに反《はん》す　12-16
小人《しょうじん》は諸《これ》を人《ひと》に求《もと》む　15-21
小人《しょうじん》は大受《たいじゅ》す可《べ》からず、而《しこう》して小知《しょうち》す可《べ》き也《なり》　15-34
小人《しょうじん》は事《つか》え難《がた》くして説《よろこ》ばせ易《やす》き也《なり》　13-25
小人《しょうじん》は天命《てんめい》を知《し》らずして畏《おそ》れざる也《なり》。大人《たいじん》に狎《な》れ、聖人《せいじん》の言《げん》を侮《あなど》る　16-8
小人《しょうじん》は土《ど》を懐《おも》う　4-11
小人《しょうじん》は同《どう》じて和《わ》せず　13-23
小人《しょうじん》は長《とこし》なえに戚戚《せきせき》　7-36
小人《しょうじん》は利《り》に喩《さと》る　4-16
小人《しょうじん》 道《みち》を学《まな》べば則《すなわ》ち使《つか》い易《やす》き也《なり》　17-4
小人《しょうじん》 勇《ゆう》有《あ》りて義《ぎ》無《な》ければ盗《とう》を為《な》す　17-23
小大《しょうだい》之《こ》れに由《よ》れば、行《おこな》われざる所《ところ》有《あ》り　1-12
小道《しょうどう》と雖《いえど》も、必《かなら》ず観《み》る可《べ》き者《もの》有《あ》らん　19-4
小徳《しょうとく》は出入《しゅつにゅう》するも可《か》也《なり》　19-11
小利《しょうり》を見《み》る無《な》かれ　13-17
小利《しょうり》を見《み》れば、則《すなわ》ち大事《だいじ》成《な》らず　13-17
小《しょう》を忍《しの》ばざれば、則《すなわ》ち大《たい》謀《ぼう》を乱《みだ》る　15-27
少師陽《しょうしよう》・撃磬襄《げきけいじょう》は海《うみ》に入《い》る　18-9
少者《しょうしゃ》は之《こ》れを懐《なつ》く　5-26
召忽《しょうこつ》 之《こ》れに死《し》す　14-17
昭公《しょうこう》は礼《れい》を知《し》れるか　7-30
商《しょう》 之《こ》れを聞《き》く　12-5
訟《しょう》を聴《き》くは吾《わ》れ猶《な》お人《ひと》のごとき也《なり》　12-13
葉公《しょうこう》 孔子《こうし》に語《つ》げて曰《いわ》く　13-18
葉公《しょうこう》 孔子《こうし》を子路《しろ》に問《と》う　7-18
葉公《しょうこう》 政《まつりごと》を問《と》う　13-16
韶《しょう》を謂《い》う、美《び》を尽《つ》くせり、

又《ま》た善《ぜん》を尽《つ》くす也《なり》　3-25
食《しょく》を終《お》うる間《あいだ》も仁《じん》に違《たが》うこと無《な》し　4-5
食《しょく》を去《さ》らん　12-7
食《しょく》を足《た》らしめ、兵《へい》を足《た》らしめ、民《たみ》 之《こ》れを信《しん》ず　12-7
退《しりぞ》いて其《そ》の私《わたくし》を省《かえ》りみれば、亦《ま》た以《もっ》て発《はっ》するに足《た》れり　2-9
白《しろ》しと曰《い》わずや、涅《でつ》して緇《くろ》まず　17-7
仁者《じんしゃ》は 寿《いのちなが》し　6-23
仁者《じんしゃ》は憂《うれ》えず　9-30,14-29
仁者《じんしゃ》は必《かなら》ず勇《ゆう》有《あ》り。勇者《ゆうしゃ》は必《かなら》ずしも仁《じん》有《あ》らず　14-5
仁者《じんしゃ》は之《こ》れに告《つ》げて、井《せい》に仁《じん》有《あ》りと曰《い》うと雖《いえど》も、其《そ》れ之《こ》れに従《したが》わんや　6-26
仁者《じんしゃ》は静《しず》かなり　6-23
仁者《じんしゃ》は仁《じん》に安《やす》んじ、知者《ちしゃ》は仁《じん》を利《り》とす　4-2
仁者《じんしゃ》は其《そ》の言《げん》や訒《じん》　12-3
仁者《じんしゃ》は先《ま》ず難《なや》んで後《のち》に獲《う》　6-22
仁者《じんしゃ》は山《やま》を楽《たの》しむ　6-23
仁《じん》 其《そ》の中《うち》に在《あ》り　19-6
仁《じん》と謂《い》う可《べ》きか　6-30
仁《じん》と謂《い》う可《べ》し　6-22
仁遠《じんとお》からんや　7-29
仁《じん》なりや　5-19
仁《じん》に当《あ》たりては、師《し》にも譲《ゆず》らず　15-36
仁《じん》に里《お》るを美《よ》しと為《な》す　4-1
仁《じん》の方《みち》と謂《い》う可《べ》きのみ　6-30
仁《じん》は則《すなわ》ち吾《わ》れ知《し》らざる也《なり》　14-2
仁以《じんもっ》て己《おのれ》が任《にん》と為《な》す　8-7
仁《じん》を好《この》む者《もの》は、以《もっ》て之《こ》れに尚《くわ》うる無《な》し　4-6
仁《じん》を好《この》んで学《がく》を好《この》まず、其《そ》の蔽《へい》や愚《ぐ》　17-8
仁《じん》を為《な》すは己《おのれ》に由《よ》る、而《しこう》して人《ひと》に由《よ》らんや　12-1
仁《じん》を欲《ほっ》して仁《じん》を得《う》。又《ま》た焉《いず》くんぞ貪《むさぼ》らん　20-2
仁《じん》を求《もと》めて仁《じん》を得《え》たり。又《ま》た何《なに》をか怨《うら》まん　7-14
申棖《しんとう》あり　5-11
臣無《しんな》くして臣有《しんあ》りと為《な》す　9-12
迅雷《じんらい》・風烈《ふうれつ》には必《かなら》ず変《へん》ず　10-26
参《しん》や魯《ろ》　11-18
信《しん》 義《ぎ》に近《ちか》づけば、言《げん》 復《ふ》む可《べ》き也《なり》　1-13
信《しん》じて古《いにしえ》を好《この》む　7-1
信《しん》ぜられて而《しこう》して後《のち》に諫《いさ》む　19-10
信《しん》なれば則《すなわ》ち民任《たみにん》ず　20-1
信《しん》なれば則《すなわ》ち人任《ひとにん》ず　17-6
信以《しんもっ》て之《こ》れを成《な》す　15-18
信《しん》を好《この》んで学《がく》を好《この》まず、其《そ》の蔽《へい》や賊《ぞく》　17-8
晋《しん》の文公《ぶんこう》は譎《けつ》にして正《せい》ならず　14-16
浸潤《しんじゅん》の譖《しん》、膚受《ふじゅ》の愬《そ》、行《おこな》われず。遠《えん》と謂《い》う可《べ》きのみ　12-6
浸潤《しんじゅん》の譖《しん》、膚受《ふじゅ》の愬《そ》、行《おこな》われず。明《めい》と謂《い》う可《べ》きのみ　12-6
晨門曰《しんもんいわ》く、奚《いず》れ自《よ》りする　14-39
深淵《しんえん》に臨《のぞ》むが如《ごと》く　8-3
慎終追遠《しんしゅうついえん》　1-9　→終《お》わりを慎《つつし》み遠《とお》きを追《お》えば
慎《しん》にして礼無《れいな》ければ則《すなわ》ち葸《し》す　8-2
飪《じん》を失《うしな》える 食《く》らわず　10-7

[す]

過《す》ぎたるは猶《な》お及《およ》ばざるがごとし　11-16
水火《すいか》は吾《わ》れ蹈《ふ》みて死《し》する者《もの》を見《み》る　15-35
燧《すい》を鑽《き》りて火《ひ》を改《あらた》む　17-21
寡《すく》なきを患《うれ》えずして、均《ひと》しからざるを患《うれ》う　16-1
少《すこ》しく有《あ》るに曰《いわ》く、苟《いささ》か完《まった》し　13-8
既《すで》に庶《おお》し。又《ま》た何《なに》をか加《くわ》えん　13-9
既《すで》に之《こ》れを得《う》れば、之《こ》れを失《うしな》わんことを患《うれ》う　17-15
既《すで》に之《こ》れを来《き》たせば、則《すなわ》ち之《こ》れを安《やす》んず　16-1
既《すで》に其《そ》の生《い》きんことを欲《ほっ》し、又《ま》た其《そ》の死《し》なんことを欲《ほっ》す　12-10
既《すで》に富《と》めり。又《ま》た何《なに》をか加《くわ》

えん　13-9
既《すで》に吾《わ》が才《さい》を竭《つ》くすに、立《た》つ所有《ところあ》りて卓爾《たくじ》たるが如《ごと》し　9-11
曾《すなわ》ち是《こ》れを以《もっ》て孝《こう》と為《な》せるか　2-8
曾《すなわ》ち由《ゆう》と求《きゅう》とを之《こ》れ問《と》うか　11-24
速《すみ》やかならんと欲《ほっ》すれば、則《すなわ》ち達《たっ》せず　13-17
速《すみ》やかなるを欲《ほっ》する無《な》かれ　13-17

[せ]

井《せい》に仁《ひと》有《あ》り　6-26
世叔《せいしゅく》 之《こ》れを討論《とうろん》し　14-9
生《せい》を求《もと》めて以《もっ》て仁《じん》を害《がい》すること無《な》く　15-9
成事《せいじ》は説《と》かず、遂事《すいじ》は諫《いさ》めず、既往《きおう》は咎《とが》めず　3-21
性《せい》相《あ》い近《ちか》き也《なり》。習《なら》い相《あ》い遠《とお》き也《なり》　17-2
斉一変《せいいっぺん》せば魯《ろ》に至《いた》らん　6-24
斉《せい》の桓公《かんこう》は正《せい》にして譎《けつ》ならず　14-16
斉《せい》の景公《けいこう》 馬千駟《うませんし》有《あ》り　16-12
斉《せい》の景公《けいこう》 孔子《こうし》を待《ま》ちて曰《いわ》く　18-3
斉《せい》の景公《けいこう》 政《まつりごと》を孔子《こうし》に問《と》う　12-11
斉人《せいひと》 女楽《じょがく》を帰《おく》る　18-4
政事《せいじ》には冉有《ぜんゆう》・季路《きろ》　11-3
政《せい》なる者《もの》は正也《せいなり》　12-17
清《せい》なり　5-19
盛饌《せいせん》有《あ》れば、必《かなら》ず色《いろ》を変《へん》じて作《た》つ　10-26
聖人《せいじん》は吾《わ》れ得《え》て之《こ》れを見《み》ず　7-25
聖《せい》と仁《じん》の若《ごと》きは、則《すなわ》ち吾《わ》れ豈《あ》に敢《あ》えてせんや　7-33
赤《せき》 爾《なんじ》は何如《いかん》　11-26 ②
赤《せき》の斉《せい》に適《ゆ》くや、肥馬《ひば》に乗《の》り、軽裘《けいきゅう》を衣《き》る　6-4
赤《せき》や何如《いかん》　5-8
赤《せき》や之《こ》れが小《しょう》と為《な》る、孰《たれ》か能《よ》く之《こ》れが大《だい》と為《な》らん　11-26 ④
赤《せき》や、束帯《そくたい》して朝《ちょう》に立《た》ち、賓客《ひんかく》と言《い》わしむ可《べ》き也《なり》　5-8
赤《せき》や惑《まど》う、敢《あ》えて問《と》う　11-22
席《せき》正《ただ》しからざれば、坐《ざ》せず　10-11
席也《せきなり》　15-42
席《せき》に及《およ》ぶ　15-42
切《せっ》するが如《ごと》く磋《さ》するが如《ごと》く、琢《たく》するが如《ごと》く磨《ま》するが如《ごと》し　1-15
切切偲偲怡怡如《せつせつししいいじょ》たり、士《し》と謂《い》う可《べ》し　13-28
節《せつ》を山《やま》にし梲《せつ》を藻《も》にす　5-18
褻裘《せつきゅう》は長《なが》し　10-6
千乗《せんじょう》の国《くに》、大国《たいこく》の間《あいだ》に摂《はさ》まれ、之《こ》れに加《くわ》うるに師旅《しりょ》を以《もっ》てし、之《こ》れに因《かさ》ぬるに飢饉《ききん》を以《もっ》てす　11-26 ②
千乗《せんじょう》の国《くに》を道《みち》びくに　1-5
冉求《ぜんきゅう》の芸《げい》　14-13
冉子《ぜんし》 之《こ》れに粟五秉《ぞくごへい》を与《あた》う　6-4
冉子《ぜんし》 其《そ》の母《はは》の為《ため》に粟《ぞく》を請《こ》う　6-4
冉子《ぜんし》 朝《ちょう》より退《しりぞ》く　13-14
冉有《ぜんゆう》・季路《きろ》 孔子《こうし》に見《まみ》えて曰《いわ》く　16-1
冉有《ぜんゆう》・子貢《しこう》 侃侃如《かんかんじょ》たり　11-13
冉有《ぜんゆう》 僕《ぼく》たり　13-9
先進《せんしん》の礼楽《れいがく》に於《お》けるは、野人也《やじんなり》　11-1
前言《ぜんげん》は之《こ》れに戯《たわ》むるるのみ　17-4
善人《ぜんじん》 邦《くに》を為《おさ》むること百年《ひゃくねん》、亦《ま》た以《もっ》て残《ざん》に勝《か》ち殺《さつ》を去《さ》る可《べ》し　13-11
善人《ぜんじん》是《こ》れ富《と》めり　20-1
善人《ぜんじん》 民《たみ》を教《おし》うること七年《しちねん》、亦《ま》た以《もっ》て戎《じゅう》に即《つ》く可《べ》し　13-29
善人《ぜんじん》は吾《わ》れ得《え》て之《こ》れを見《み》ず　7-25
善《ぜん》を挙《あ》げて不能《ふのう》を教《おし》うれば則《すなわ》ち勧《すす》む　2-20
善《ぜん》を見《み》ては及《およ》ばざるが如《ごと》くし、不善《ふぜん》を見《み》ては湯《ゆ》を探《さぐ》るが如《ごと》くす　16-11
戦戦兢兢《せんせんきょうきょう》として、深淵《しんえん》に

臨《のぞ》むが如《ごと》く、薄氷《はくひょう》を履《ふ》むが如《ごと》し　8-3

[そ]

夫《そ》れ是《か》くの如《ごと》くなるが故《ゆえ》に、遠人《えんじん》服《ふく》せざれば、則《すなわ》ち文徳《ぶんとく》を脩《おさ》めて以《もっ》て之《こ》れを来《き》たす　16-1
夫《そ》れ是《か》くの如《ごと》くなれば、則《すなわ》ち四方《しほう》の民《たみ》、其《そ》の子《こ》を襁負《きょうふ》して至《いた》る　13-4
夫《そ》れ是《か》くの如《ごと》くんば、奚《なん》ぞ其《そ》れ喪《ほろ》びん　14-20
夫《そ》れ是《か》くの如《ごと》くんば、奚《なん》ぞ喪《ほろ》びざる　14-20
夫《そ》れ然《しか》して後《のち》に行《おこな》われん　15-6
夫《そ》れ仁者《じんしゃ》は、己立《おのれた》たんと欲《ほっ》して人《ひと》を立《た》て、己達《おのれたっ》せんと欲《ほっ》して人《ひと》を達《たっ》す　6-30
夫《そ》れ顓臾《せんゆ》は、昔者《むかし》先王以《せんおうもっ》て東蒙《とうもう》の主《しゅ》と為《な》す。且《か》つ邦域《ほういき》の中《うち》に在《あ》り　16-1
夫《そ》れ達《たつ》なる者《もの》は、質直《しっちょく》にして義《ぎ》を好《この》み、言《げん》を察《さっ》して色《いろ》を観《み》、慮《おもんぱか》って以《もっ》て人《ひと》に下《くだ》る　12-20
夫《そ》れ何《なに》をか為《な》すや　15-5
夫《そ》れ何《なん》ぞ遠《とお》きことか之《こ》れ有《あ》らん　9-32
夫《そ》れ聞《ぶん》なる者《もの》は、色《いろ》に仁《じん》を取《と》りて行《おこな》いは違《たが》い、之《こ》れに居《お》りて疑《うたが》わず　12-20
夫《そ》れ我《わ》れを召《よ》ぶ者《もの》は豈《あに》徒《いたず》らならんや　17-5
其《そ》の悪《あく》を攻《せ》め、人《ひと》の悪《あく》を攻《せ》むる無《な》きは、慝《とく》を脩《おさ》むるに非《あら》ずや　12-21
其《そ》の兄《あに》の子《こ》を以《もっ》て之《こ》れに妻《め》あわす　5-2
其《そ》の過《あやま》ちを寡《すく》なくせんと欲《ほっ》して而《しか》も未《いま》だ能《あた》わざる也《なり》　14-26
其《そ》の争《あらそ》いや君子《くんし》なり　3-7
其《そ》の或《ある》いは周《しゅう》を継《つ》ぐ者《もの》は、百世《ひゃくせい》と雖《いえど》も知《し》る可《べ》き也《なり》　2-23
其《そ》の生《い》くるや栄《さか》え、其《そ》の死《し》するや哀《かな》しまる　19-25
其《そ》の言《い》うこと足《た》らざる者《もの》に似《に》たり　10-4
其《そ》の潔《いさぎよ》きに与《くみ》する也《なり》　7-28
其《そ》の未《いま》だ之《こ》れを得《え》ざれば、之《こ》れを得《え》んことを患《うれ》う　17-15
其《そ》の馬《うま》に策《むち》うって曰《いわ》く　6-15
其《そ》の老《お》ゆるに及《およ》びてや、血《けっ》気《き》既《すで》に衰《おとろ》う。之《こ》れを戒《いまし》むること得《え》るに在《あ》り　16-7
其《そ》の往《おう》を保《ほ》せざる也《なり》　7-28
其《そ》の奥《おう》に媚《こ》びん与《よ》りは、寧《むし》ろ竈《そう》に媚《こ》びよとは　3-13
其《そ》の己《おのれ》を行う《おこう》や恭《きょう》　5-16
其《そ》の上《かみ》に事《つか》うるや敬《けい》　5-16
其《そ》の鬼《き》に非《あら》ずして之《こ》れを祭《まつ》るは、諂《へつら》い也《なり》　2-24
其《そ》の愚《ぐ》は及《およ》ぶ可《べ》からざる也《なり》　5-21
其《そ》の位《くらい》に在《あ》らざれば、其《そ》の政《まつりごと》を謀《はか》らず　8-14, 14-27
其《そ》の位《くらい》に復《かえ》れば、踧踖如《しゅくせきじょ》たり　10-4
其《そ》の言《げん》や訒《じん》、斯《すなわ》ち之《こ》れを仁《じん》と謂《い》うか　12-3
其《そ》の言譲《げんゆず》らず、是《こ》の故《ゆえ》に之《こ》れを哂《わら》う　11-26④
其《そ》の言《げん》を聴《き》きて、其《そ》の行《こう》を信《しん》ず　5-10
其《そ》の言《げん》を聴《き》きて、其《そ》の行《こう》を観《み》る　5-10
其《そ》の言《げん》を聴《き》くや厲《れい》　19-9
其《そ》の子《こ》を以《もっ》て之《こ》れに妻《め》あわす　5-1
其《そ》の志《こころざし》を降《くだ》さず、其《そ》の身《み》を辱《はずかし》めざるは、伯夷《はくい》・叔斉《しゅくせい》か　18-8
其《そ》の士《し》の仁《じん》なる者《もの》を友《とも》とせよ　15-10
其《そ》の醬《しょう》を得《え》ざれば 食《く》らわず　10-7
其《そ》の仁《じん》に如《し》かんや　14-17
其《そ》の仁《じん》を知《し》らざる也《なり》　5-8
其《そ》の仁《じん》を知《し》らず　5-5
其《そ》の進《すす》むに与《くみ》する也《なり》。其《そ》の退《しりぞ》くに与《くみ》せざる也《なり》　7-28
其《そ》の説《せつ》を知《し》る者《もの》の天下《てんか》に於《お》けるや、其《そ》れ諸《こ》れ斯《ここ》に示《み》るが如《ごと》きか　3-11
其《そ》の先生《せんせい》と並《なら》び行《ゆ》くを見《み》る

也《なり》　14-45
其《その》の壮《そう》に及《およ》びてや、血気《けっき》方《まさ》に剛《かた》し。之《こ》れを戒《いまし》むること闘《とう》に在《あ》り　16-7
其《そ》の宗廟《そうびょう》・朝廷《ちょうてい》に在《あ》るや、便便《べんべん》として言《い》い、唯《た》だ謹《つつ》しめり　10-1
其《そ》の大夫《たいふ》の賢《けん》なる者《もの》に仕《つか》え　15-10
其《そ》の宝《たから》を懐《いだ》きて其《そ》の邦《ほう》を迷《まよ》わす。仁《じん》と謂《い》う可《べ》きか　17-1
其《そ》の掌《たなごころ》を指《さ》す　3-11
其《そ》の民《たみ》を使《つか》うや義《ぎ》　5-16
其《そ》の民《たみ》を養《やしな》うや恵《けい》　5-16
其《そ》の知《ち》は及《およ》ぶ可《べ》き也《なり》。其《そ》の愚《ぐ》は及《およ》ぶ可《べ》からざる也《なり》　5-21
其《そ》の父《ちち》の臣《しん》と父《ちち》の政《まつりごと》を改《あらた》めざるは、是《こ》れ能《よ》くし難《がた》き也《なり》　19-18
其《そ》の父《ちち》　羊《ひつじ》を攘《ぬす》む。而《しこう》して子《こ》は之《こ》れを証《しょう》す　13-18
其《そ》の杖《つえ》を植《た》てて芸《くさぎ》る　18-7
其《そ》の徳《とく》を恒《つね》にせざれば、或《ある》いは之《こ》れが羞《はじ》を承《う》く　13-22
其《そ》の人《ひと》と為《な》りや、憤《いきどお》りを発《はっ》して食《しょく》を忘《わす》れ、楽《たの》しんで以《もっ》て憂《うれ》いを忘《わす》れ、老《お》いの将《まさ》に至《いた》らんとするを知《し》らざるのみ　7-18
其《そ》の人《ひと》と為《な》りや孝弟《こうてい》にして、而《しか》も上《かみ》を犯《おか》すことを好《この》む者《もの》は鮮《すくな》し　1-2
其《そ》の人《ひと》を使《つか》うに及《およ》びてや、器也《うつわなり》　13-25
其《そ》の人《ひと》を使《つか》うに及《およ》びてや、備《そな》うるを求《もと》む　13-25
其《そ》の不孫《ふそん》ならん与《よ》りは寧《むし》ろ固《いや》しかれ　7-35
其《そ》の蔽《へい》や狂《きょう》　17-8
其《そ》の蔽《へい》や愚《ぐ》　17-8
其《そ》の蔽《へい》や絞《こう》　17-8
其《そ》の蔽《へい》や賊《ぞく》　17-8
其《そ》の蔽《へい》や蕩《とう》　17-8
其《そ》の蔽《へい》や乱《らん》　17-8
其《そ》の身《み》正《ただ》しければ、令《せい》せずして行《おこな》わる。其《そ》の身《み》正《ただ》しからざれば、令《れい》すと雖《いえど》も従《したが》われず　13-6
其《そ》の身《み》を潔《いさぎよ》くせんと欲《ほっ》して、大倫《たいりん》を乱《みだ》る　18-7
其《そ》の身《み》を正《ただ》しくすること能《あた》わずんば、人《ひと》を正《ただ》しくすることを如何《いかん》せん　13-13
其《そ》の身《み》を正《ただ》しくせば、政《まつりごと》に従《したが》うに於《お》いて何《なに》か有《あ》らん　13-13
其《そ》の道《みち》を以《もっ》てせざれば、之《こ》れを得《う》るも処《お》らざる也《なり》　4-5
其《そ》の道《みち》を以《もっ》てせざれば、之《こ》れを得《う》るも去《さ》らざる也《なり》　4-5
其《そ》の以《もち》うる所《ところ》を視《み》、其《そ》の由《よ》る所《ところ》を観《み》、其《そ》の安《やす》んずる所《ところ》を察《さっ》すれば、人焉《ひといず》くんぞ廋《かく》さんや　2-10
其《そ》の門《もん》を得《う》る者《もの》　或《ある》いは寡《すく》なし。夫子《ふうし》の云《い》うこと、亦《ま》た宜《むべ》ならずや　19-23
其《そ》の余《よ》は則《すなわ》ち日月《じつげつ》に至《いた》るのみ　6-7
其《そ》の善《よ》からざる者《もの》は之《こ》れを改《あらた》む　7-21
其《そ》の善《よ》き者《もの》を択《えら》んで之《こ》れに従《したが》う　7-21
其《そ》の礼楽《れいがく》の如《ごと》きは、以《もっ》て君《くん》子《し》を俟《ま》たん　11-26②
其《そ》れ可《か》なるのみ　19-1
其《そ》れ言《げん》の怍《は》じざるは、則《すなわ》ち之《こ》れを為《な》すや難《かた》し　14-21
其《そ》れ事也《ことなり》　13-14
其《そ》れ斯《こ》れを之《こ》れ謂《い》うか　16-12
其《そ》れ諸《これ》を舎《す》てんや　6-6, 13-2
其《そ》れ然《しか》らずや　8-20
其《そ》れ然《しか》り、豈《あ》に其《そ》れ然《しか》らんや　14-14
其《そ》れ恕《じょ》か　15-24
其《そ》れ由《ゆう》なるか　9-27
俎豆《そとう》の事《こと》は、則《すなわ》ち嘗《かつ》て之《こ》れを聞《き》けり　15-1
疏《そ》食《し》と菜羹《さいこう》と瓜《うり》と雖《いえど》も、祭《まつ》れば必《かなら》ず斉如《さいじょ》たり　10-10
疏《そ》食《し》を飯《く》らい、歯《とし》を没《おわ》るまで怨言《えんげん》無《な》し　14-10
疏《そ》食《し》を飯《く》らい水《みず》を飲《の》み、肱《ひじ》を曲《ま》げて之《こ》れを枕《まくら》とす　7-15

素衣《そい》には麑裘《げいきゅう》 10-6
楚《そ》の狂接輿《きょうせつよ》 歌《うた》いて孔子《こうし》を過《す》ぎて曰《いわ》く 18-5
宗族《そうぞく》は孝《こう》を称《しょう》し、郷党《きょうとう》は弟《てい》を称《しょう》す 13-20
宗廟《そうびょう》・会同《かいどう》は、諸侯《しょこう》に非《あら》ずして何《なん》ぞや 11-26④
宗廟《そうびょう》の事《こと》、如《も》しくは会同《かいどう》に、端章甫《たんしょうほ》して、願《ねが》わくは小相《しょうしょう》と為《な》らん 11-26②
造次《ぞうじ》にも必《かなら》ず是《ここ》に於《お》いてし、顛沛《てんぱい》にも必《かなら》ず是《ここ》に於《お》いてす 4-5
喪事《そうじ》は敢《あ》えて勉《つと》めずんばあらず 9-16
喪《そう》は哀《あい》を致《いた》して止《や》む 19-14
喪《そう》は其《そ》の易《おさ》めん与《よ》りは寧《むし》ろ戚《いた》め 3-4
曾子《そうし》疾有《やまいあ》り 8-3, 4
臧武仲《ぞうぶちゅう》の知《ち》 14-13
臧武仲《ぞうぶちゅう》 防《ぼう》を以《もっ》て後《のち》を魯《ろ》に為《な》すを求《もと》む 14-15
臧文仲《ぞうぶんちゅう》 蔡《さい》を居《お》けり 5-18
臧文仲《ぞうぶんちゅう》は其《そ》れ位《くらい》を窃《ぬす》む者《もの》か 15-14
束脩《そくしゅう》を行《おこな》う自《よ》り以上《いじょう》は、吾《わ》れ未《いま》だ嘗《かつ》て誨《おし》うる無《な》くんばあらず 7-7
速成《そくせい》を欲《ほっ》する者也《ものなり》 14-45
粟有《ぞくあ》りと雖《いえど》も、吾《わ》れ得《え》て諸《これ》を食《く》らわんや 12-11
忮《そこな》わず求《もと》めず、何《なに》を用《もっ》て臧《よ》からざらん 9-28
備《そな》わることを一人《いちにん》に求《もと》むる無《な》かれ 18-10
抑《そも》そも之《こ》れを為《な》して厭《いと》わず、人《ひと》に誨《おし》えて倦《う》まざるは、則《すなわ》ち謂《い》う可《べ》きのみ 7-33
抑《そも》そも亦《ま》た以《もっ》て次《つぎ》と為《な》す可《べ》し 13-20
孫以《そんもっ》て之《こ》れを出《い》だし 15-18
巽与《そんよ》の言《げん》は、能《よ》く説《よろこ》ぶ無《な》からんや 9-24

［た］

他日又《たじつま》た独《ひと》り立《た》てり 16-13
他人《たにん》の賢者《けんじゃ》は、丘陵也《きゅうりょうなり》。猶《な》お踰《こ》ゆ可《べ》き也《なり》 19-24
他邦《たほう》に至《いた》って、則《すなわ》ち曰《いわ》く、猶《な》お吾《わ》が大夫崔子《たいふさいし》のごとき也《なり》と 5-19
立《た》つ所有《ところあ》りて卓爾《たくじ》たるが如《ごと》し 9-11
立《た》つに門《もん》に中《ちゅう》せず 10-4
立《た》つ所以《ゆえん》を患《うれ》う 4-14
立《た》てば則《すなわ》ち其《そ》の前《まえ》に参《さん》するを見《み》る也《なり》 15-6
足《た》らば則《すなわ》ち吾《わ》れ能《よ》く之《こ》れを徴《しるし》とせん 3-9
唯《た》だ聞《き》くこと有《あ》るを恐《おそ》る 5-14
唯《た》だ堯《ぎょう》 之《こ》れに則《のっと》る 8-19
唯《た》だ女子《じょし》と小人《しょうじん》とは養《やしな》い難《がた》しと為《な》す也《なり》 17-25
唯《た》だ上知《じょうち》と下愚《かぐ》は移《うつ》らず 17-3
惟《た》だ酒《さけ》は量無《りょうな》し。乱《らん》に及《およ》ばず 10-7
惟《た》だ仁者《じんしゃ》のみ、能《よ》く人《ひと》を好《この》み、能《よ》く人《ひと》を悪《にく》む 4-3
惟《た》だ我《わ》れと爾《なんじ》とのみ是《こ》れ有《あ》るかな 7-10
大宰《たいさい》 子貢《しこう》に問《と》いて曰《いわ》く 9-6
大宰《たいさい》は我《わ》れを知《し》れるか 9-6
大師摯《たいしし》は斉《せい》に適《ゆ》く 18-9
大車《だいしゃ》に輗無《げいな》く、小車《しょうしゃ》に軏《げつ》無《な》くんば、其《そ》れ何《なに》を以《もっ》てか之《こ》れを行《や》らんや 2-22
大臣《だいじん》をして以《もち》いざるに怨《うら》ましめず 18-10
大節《たいせつ》に臨《のぞ》んで奪《うば》う可《べ》からず 8-6
大徳《だいとく》は閑《のり》を踰《こ》えず、小徳《しょうとく》は出入《しゅつにゅう》するも可也《かなり》 19-11
大廟《たいびょう》に入《い》りて、事《こと》ごとに問《と》う 3-15, 10-22
大夫《たいふ》自《よ》り出《い》づれば、五世《ごせい》にして失《うしな》わざること希《まれ》なり 16-2
泰山《たいざん》を林放《りんぼう》に如《し》かずと謂《おも》えるか 3-6
泰伯《たいはく》は其《そ》れ至徳《しとく》と謂《い》う可《べ》きのみ 8-1
違《たが》うこと無《な》し 2-5
耕《たがや》して餒《う》え其《そ》の中《うち》に在《あ》り 15-32
工《たくみ》は其《そ》の事《こと》を善《よ》くせんと欲《ほっ》すれば、必《かなら》ず先《ま》ず其《そ》の器《うつわ》を利《するど》くす 15-10

相《たす》くるは維《こ》れ辟公《へきこう》、天子《てんし》穆《ぼく》穆《ぼく》 3-2
達巷党《たつこうとう》の人《ひと》曰《いわ》く 9-2
譬《たと》えば地《ち》を平《たい》らかにするが如《ごと》し 9-19
譬《たと》えば山《やま》を為《つく》るが如《ごと》し 9-19
楽《たの》しくして然《しか》る後《のち》に笑《わら》う 14-14
楽《たの》しみて淫《いん》せず、哀《かな》しみて傷《やぶ》らず 3-20
楽《たの》しみ亦《ま》た其《そ》の中《うち》に在《あ》り 7-15
楽《たの》しんで以《もっ》て憂《うれ》いを忘《わす》れ 7-18
民《たみ》 今《いま》に到《いた》りて、其《そ》の賜《たまもの》を受《う》く 14-18
民《たみ》 今《いま》に到《いた》るまで之《こ》れを称《たた》う 16-12
民《たみ》得《え》て称《しょう》する無《な》し 8-1
民《たみ》 信《しん》無《な》くんば立《た》たず 12-7
民《たみ》鮮《すくな》きこと久《ひさ》し 6-29
民《たみ》に重《おも》んずる所《ところ》は、食《しょく》・喪《そう》・祭《さい》 20-1
民《たみ》の義《ぎ》を務《つと》め、鬼神《きしん》を敬《けい》して之《こ》れを遠《とお》ざく 6-22
民《たみ》の仁《じん》に於《お》けるや、水火《すいか》よりも甚《はなは》だし 15-35
民《たみ》の徳《とく》 厚《あつ》きに帰《き》せん 1-9
民《たみ》の利《り》する所《ところ》に因《よ》って之《こ》れを利《り》す。斯《こ》れ亦《ま》た恵《けい》して費《ついや》さざるにあらずや 20-2
民《たみ》は之《こ》れに由《よ》らしむ可《べ》し。之《こ》れに知《し》らしむ可《べ》からず 8-9
民《たみ》をして敬忠《けいちゅう》にして以《もっ》て勧《すす》ましむるには、之《こ》れを如何《いかん》 2-20
民《たみ》をして戦栗《せんりつ》せしむ 3-21
民《たみ》を使《つか》うに時《とき》を以《もっ》てす 1-5
民《たみ》を使《つか》うには大祭《たいさい》に承《つか》うるが如《ごと》くす 12-2
孰《たれ》か鄹人《すうひと》の子《こ》を礼《れい》を知《し》ると謂《い》うか 3-15
孰《たれ》か微生高《びせいこう》を直《なお》しと謂《い》うや 5-24
誰《たれ》か能《よ》く出《い》づるに戸《こ》に由《よ》らざらん 6-17
澹台滅明《たんだいめつめい》なる者《もの》有《あ》り 6-14

［ち］

知《ち》 之《こ》れに及《およ》び、仁《じん》 能《よ》く之《こ》れを守《まも》り、荘《そう》 以《もっ》て之《こ》れに涖《のぞ》めども、之《こ》れを動《うご》かすに礼《れい》を以《もっ》てせざれば、未《いま》だ善《よ》からざる也《なり》 15-33
知《ち》 之《こ》れに及《およ》び、仁《じん》 能《よ》く之《こ》れを守《まも》れども、荘《そう》 以《もっ》て之《こ》れに涖《のぞ》まざれば、則《すなわ》ち民《たみ》 敬《けい》せず 15-33
知《ち》 之《こ》れに及《およ》べども、仁《じん》 之《こ》れを守《まも》る能《あた》わざれば、之《こ》れを得《う》ると雖《いえど》も、必《かなら》ず之《こ》れを失《うしな》う 15-33
知者《ちしゃ》は動《うご》き、仁者《じんしゃ》は静《しず》かなり 6-23
知者《ちしゃ》は仁《じん》を利《り》とす 4-2
知者《ちしゃ》は楽《たの》しみ、仁者《じんしゃ》は寿《いのちなが》し 6-23
知者《ちしゃ》は人《ひと》を失《うしな》わず、亦《ま》た言《げん》を失《うしな》わず 15-8
知者《ちしゃ》は惑《まど》わず 9-30, 14-29
知者《ちしゃ》は水《みず》を楽《たの》しみ、仁者《じんしゃ》は山《やま》を楽《たの》しむ 6-23
知《ち》と謂《い》う可《べ》し 6-22
知命《ちめい》 2-4 →五十《ごじゅう》にして天命《てんめい》を知《し》る
知《ち》を好《この》んで学《がく》を好《この》まず、其《そ》の蔽《へい》や蕩《とう》 17-8
近《ちか》き者《もの》は説《よろこ》び、遠《とお》き者《もの》は来《き》たる 13-16
力足《ちからた》らざる也《なり》 6-12
力足《ちからた》らざる者《もの》は、中道《ちゅうどう》にして廃《はい》す 6-12
力《ちから》を陳《の》べて列《れつ》に就《つ》く。能《あた》わざる者《もの》は止《や》む 16-1
父在《ちちいま》せば其《そ》の志《こころざし》を観《み》、父《ちち》没《ぼっ》すれば其《そ》の行《こう》を観《み》る 1-11
父《ちち》と君《きみ》を弑《しい》すれば、亦《ま》た従《したが》わざる也《なり》 11-24
父《ちち》は子《こ》の為《ため》に隠《かく》し、子《こ》は父《ちち》の為《ため》に隠《かく》す 13-18
中行《ちゅうこう》を得《え》て之《こ》れと与《とも》にせずんば、必《かなら》ずや狂狷《きょうけん》か 13-21
中人以上《ちゅうじんいじょう》には、以《もっ》て上《かみ》を語《かた》る可《べ》き也《なり》。中人以下《ちゅうじんいか》には、以《もっ》て上《かみ》を語《かた》る可《べ》か

らざる也《なり》　6-21

中庸《ちゅうよう》の徳《とく》為《た》るや、其《そ》れ至《いた》れるかな　6-29

仲弓《ちゅうきゅう》季氏《きし》の宰《さい》と為《な》りて、政《まつりごと》を問《と》う　13-2

仲弓《ちゅうきゅう》子桑伯子《しそうはくし》を問《と》う　6-2

仲弓《ちゅうきゅう》仁《じん》を問《と》う　12-2

仲尼《ちゅうじ》豈《あ》に子《し》より賢《まさ》らんや　19-25

仲尼《ちゅうじ》焉《いず》くにか学《まな》べる　19-22

仲尼《ちゅうじ》は日月也《じつげつなり》。得《え》て踰《こ》ゆる無《な》し　19-24

仲尼《ちゅうじ》は毀《そし》る可《べ》からざる也《なり》　19-24

仲叔圉《ちゅうしゅくぎょ》は賓客《ひんかく》を治《おさ》め　14-20

仲由《ちゅうゆう》と冉求《ぜんきゅう》は、大臣《だいじん》と謂《い》う可《べ》きか　11-24

仲由《ちゅうゆう》と為《な》す　18-6

仲由《ちゅうゆう》は政《まつりごと》に従《したが》わしむ可《べ》きか　6-8

忠信《ちゅうしん》を主《しゅ》とし、己《おのれ》に如《し》かざる者《もの》を友《とも》とすること無《な》かれ　1-8, 9-25

忠信《ちゅうしん》を主《しゅ》とし、義《ぎ》に徙《うつ》るは、徳《とく》を崇《たか》くする也《なり》　12-10

忠《ちゅう》なり　5-19

忠《ちゅう》なり、能《よ》く誨《おし》うること勿《な》からんや　14-8

忠《ちゅう》もて告《つ》げて善《ぜん》もて之《こ》れを道《みち》びく。不可《ふか》なれば則《すなわ》ち止《や》む　12-23

昼夜《ちゅうや》を舎《お》かず　9-17

紂《ちゅう》の不善《ふぜん》、是《か》くの如《ごと》く之《こ》れ甚《はなはだ》しからざる也《なり》　19-20

長《ちょう》じて述《の》べらるる無《な》く、老《お》いて死《し》せず、是《こ》れを賊《ぞく》と為《な》す　14-44

長沮《ちょうそ》・桀溺《けつでき》耦《ぐう》して耕《こう》す　18-6

長幼《ちょうよう》の節《せつ》は、廃《はい》す可《べ》からざる也《なり》　18-7

鳥獣《ちょうじゅう》は与《とも》に群《む》れを同《おな》じくす可《べ》からず　18-6

朝《ちょう》して下大夫《かたいふ》と言《い》う、侃《かん》侃如《かんじょ》たり　10-2

直《ちょく》なる哉《かな》史魚《しぎょ》　15-7

直《ちょく》にして礼《れい》無《な》ければ則《すなわ》ち絞《こう》　8-2

直《ちょく》を好《この》んで学《がく》を好《この》まず、其《そ》の蔽《へい》や絞《こう》　17-8

直《ちょく》を以《もっ》て怨《うら》みに報《むく》い、徳《とく》を以《もっ》て徳《とく》に報《むく》ゆ　14-35

陳亢《ちんこう》退《しりぞ》いて喜《よろこ》んで曰《いわ》く　16-13

陳亢《ちんこう》伯魚《はくぎょ》に問《と》いて曰《いわ》く　16-13

陳恒《ちんこう》其《そ》の君《きみ》を弑《しい》す。請《こ》う之《こ》れを討《う》たん　14-22

陳子禽《ちんしきん》子貢《しこう》に謂《い》いて曰《いわ》く　19-25

陳成子《ちんせいし》簡公《かんこう》を弑《しい》す　14-22

陳《ちん》に在《あ》りて糧《りょう》を絶《た》つ　15-2

陳《ちん》の司敗《しはいと》問う　7-30

陳文子《ちんぶんし》馬十乗《うまじゅうじょう》有《あ》り。棄《す》てて之《こ》れを違《さ》る　5-19

[つ]

釣《つ》りして綱《こう》せず　7-26

杖《つえ》を以《もっ》て其《そ》の脛《はぎ》を叩《たた》く　14-44

仕《つか》えざるは義《ぎ》無《な》し　18-7

仕《つか》えて優《ゆう》なれば則《すなわ》ち学《まな》び、学《まな》びて優《ゆう》なれば則《すなわ》ち仕《つか》う　19-13

使《つか》いなるかな、使《つか》いなるかな　14-26

伝《つた》えて習《なら》わざるか　1-4＊

謹《つつし》みて信《しん》　1-6

恒《つね》有《あ》るに難《かた》し　7-25

恒《つね》有《あ》る者《もの》を見《み》るを得《う》れば、斯《こ》れ可《か》なり　7-25

罪《つみ》有《あ》るは敢《あ》えて赦《ゆる》さず　20-1

罪《つみ》を天《てん》に獲《う》れば、禱《いの》る所無《ところな》き也《なり》　3-13

[て]

弟子《ていし》孰《たれ》か学《がく》を好《この》むと為《な》す　6-3, 11-7

帝臣蔽《ていしんおお》わず。簡《えら》ぶことは帝《てい》の心《こころ》に在《あ》り　20-1

禘《てい》既《すで》に灌《かん》して自《よ》り往《のち》は、吾《わ》れ之《こ》れを観《み》るを欲《ほっ》せず　3-10

鄭声《ていせい》の雅楽《ががく》を乱《みだ》るを悪《にく》む也《なり》　17-18

鄭声《ていせい》は淫《いん》、佞人《ねいじん》は殆《あや》うし　15-11

鄭声《ていせい》を放《はな》ち、佞人《ねいじん》を遠《とお》ざく

15-11
天下《てんか》の悪《あく》 皆《み》な帰《き》す 19-20
天下《てんか》の道《みち》無《な》きや久《ひさ》し 3-24
天下《てんか》 道《みち》有《あ》らば、丘《きゅう》 与《もっ》て易《か》えざる也《なり》 18-6
天下《てんか》 道《みち》有《あ》れば則《すなわ》ち見《あらわ》れ、道《みち》無《な》ければ則《すなわ》ち隠《かく》る 8-13
天下《てんか》 道《みち》有《あ》れば、則《すなわ》ち 政《まつりごと》は大夫《たいふ》に在《あ》らず。天下《てんか》道《みち》有《あ》れば、則《すなわ》ち庶人《しょじん》 議《ぎ》せず 16-2
天下《てんか》 道《みち》有《あ》れば、則《すなわ》ち礼楽《れいがく》征伐《せいばつ》 天子《てんし》自《よ》り出《い》づ。天下《てんか》 道《みち》無《な》ければ、則《すなわ》ち礼楽征伐《れいがくせいばつ》 諸侯《しょこう》自《よ》り出《い》づ 16-2
天下《てんか》を三分《さんぶん》して其《そ》の二《に》を有《たも》ち、以《もっ》て殷《いん》に服事《ふくじ》す 8-20
天《てん》 之《こ》れを厭《す》てん 6-28
天《てん》 徳《とく》を予《わ》れに生《な》せり 7-22
天《てん》 何《なに》をか言《い》わんや 17-19
天《てん》の未《いま》だ斯《こ》の文《ぶん》を喪《ほろ》ぼさざるや 9-5
天《てん》の将《まさ》に斯《こ》の文《ぶん》を喪《ほろ》ぼさんとするや 9-5
天《てん》 将《まさ》に夫子《ふうし》を以《もっ》て木鐸《ぼくたく》と為《な》す 3-24
天命《てんめい》を畏《おそ》れ、大人《たいじん》を畏《おそ》れ、聖人《せいじん》の言《げん》を畏《おそ》る 16-8
天《てん》を欺《あざむ》かんか 9-12
天《てん》を怨《うら》まず。人《ひと》を尤《とが》めず 14-36
天《てん》 予《わ》れを喪《ほろ》ぼせり 11-9
点《てん》 爾《なんじ》は何如《いかん》 11-26③

［と］

斗筲《としょう》の人《ひと》、何《なん》ぞ算《かぞ》うるに足《た》らんや 13-20
富《と》める哉《かな》 言《げん》や 12-22
富《と》んで驕《おご》る無《な》きは易《やす》し 14-11
同姓《どうせい》なるが為《ため》に、之《こ》れを呉《ご》孟子《もうし》と謂《い》う 7-30
侗《とう》にして愿《げん》ならず 8-16
東首《とうしゅ》して朝服《ちょうふく》を加《くわ》え、紳《しん》を拖《ひ》く 10-20
東里《とうり》の子産《しさん》 之《こ》れを潤色《じゅんしょく》す 14-9
唐虞《とうぐ》の際《さい》、斯《ここ》に於《お》いて盛《さか》んと為《な》す 8-20
唐棣《とうてい》の華《はな》、偏《へん》として其《そ》れ反《はん》せり 9-32
堂堂《どうどう》たるかな張《ちょう》や。与《とも》に並《なら》びて仁《じん》を為《な》し難《がた》し 19-16
棖《とう》や慾《よく》、焉《いず》くんぞ剛《ごう》なるを得《え》ん 5-11
湯《とう》 天下《てんか》を有《たも》ち、衆《しゅう》に選《えら》んで伊尹《いいん》を挙《あ》ぐれば、不仁《ふじん》なる者遠《ものとお》ざかる 12-22
童子《どうじ》見《まみ》ゆ 7-28
慟《どう》する有《あ》るか 11-10
滔滔《とうとう》たる者《もの》は天下《てんか》皆《み》な是《こ》れ也《なり》。而《しこう》して誰《たれ》か以《もっ》て之《こ》れを易《か》えん 18-6
蕩蕩乎《とうとうこ》として、民《たみ》能《よ》く名《な》づくる無《な》し 8-19
遠《とお》きを致《いた》さんには恐《おそ》らく泥《なず》まん 19-4
時《とき》ならざる 食《く》らわず 10-7
時《とき》なる哉《かな》 10-28
徳《とく》有《あ》る者《もの》は必《かなら》ず言《げん》有《あ》り。言《げん》有《あ》る者《もの》は必《かなら》ずしも徳《とく》有《あ》らず 14-5
徳行《とくこう》には顔淵《がんえん》・閔子騫《びんしけん》・冉《ぜん》伯牛《はくぎゅう》・仲弓《ちゅうきゅう》 11-3
徳《とく》の脩《おさ》まらざる、学《がく》の講《こう》ぜざる、義《ぎ》を聞《き》きて徙《うつ》る能《あた》わざる、不善《ふぜん》を改《あらた》むる能《あた》わず、是《こ》れ吾《わ》が憂《うれ》い也《なり》 7-3
徳《とく》は孤《こ》ならず、必《かなら》ず鄰《とな》り有《あ》り 4-25
徳《とく》を知《し》る者《もの》は鮮《すくな》し 15-4
徳《とく》を尚《たっと》ぶ哉《かな》 若《か》くのごとき人《ひと》 14-6
徳《とく》を執《と》ること弘《ひろ》からず、道《みち》を信《しん》ずること篤《あつ》からざれば、焉《いず》くんぞ能《よ》く有《あ》りと為《な》し、焉《いず》くんぞ能《よ》く亡《な》しと為《な》さん 19-2
徳《とく》を以《もっ》て怨《うら》みに報《むく》ゆるは何如《いかん》 14-35
徳《とく》を以《もっ》て徳《とく》に報《むく》ゆ 14-35
年《とし》饑《う》えて用《よう》足《た》らず。之《こ》れを如何《いかん》 12-9
年《とし》四十《しじゅう》にして悪《にく》まる、其《そ》れ終《お》わるのみ 17-26
歳《とし》寒《さむ》くして、然《しか》る後《のち》に松《しょう》柏《はく》の彫《しぼ》むに後《おく》るることを

知《し》る也《なり》　9-29
富《とみ》と貴《たっと》きとは、是《こ》れ人《ひと》の欲《ほっ》する所也《ところなり》　4-5
富《とみ》にして求《もと》む可《べ》くんば、執《しつ》鞭《べん》の士《し》と雖《いえど》も、吾《わ》れも亦《ま》た之《こ》れを為《な》さん　7-11
与《とも》に言《い》う可《べ》からずして、之《こ》れと言《い》えば、言《げん》を失《うしな》う　15-8
与《とも》に言《い》う可《べ》くして、之《こ》れと言《い》わざれば、人《ひと》を失《うしな》う　15-8
与《とも》に立《た》つ所《ところ》を揖《ゆう》すれば、手《て》を左右《さゆう》にす　10-3
与《とも》に立《た》つ可《べ》し　9-31
与《とも》に共《とも》に学《まな》ぶ可《べ》し　9-31
与《とも》に道《みち》に適《ゆ》く可《べ》し　9-31
友《とも》を以《もっ》て仁《じん》を輔《たす》く　12-24
朋《とも》有《あ》り遠方《えんぽう》自《よ》り来《き》たる　1-1
鳥《とり》の将《まさ》に死《し》なんとするや、其《そ》の鳴《な》くこと哀《かな》し　8-4

［な］

亡《な》くして有《あ》りと為《な》し、虚《むな》しくして盈《み》てりと為《な》し、約《まず》しくして泰《ゆた》かなりと為《な》す　7-25
名《な》正《ただ》しからざれば、則《すなわ》ち言《げん》順《したが》わず　13-3
作《な》す者《もの》は七人《しちにん》なり　14-38
狎《な》れたりと雖《いえど》も必《かなら》ず変《へん》ず　10-26
猶《な》お吾《わ》が大夫《たいふ》崔子《さいし》のごとき也《なり》　5-19
褻《な》れたりと雖《いえど》も必《かなら》ず貌《かたち》を以《もっ》てす　10-26
苗《なえ》にして秀《ひい》でざる者《もの》有《あ》り　9-22
直《なお》きこと其《そ》の中《うち》に在《あ》り　13-18
直《なお》きを挙《あ》げて諸《これ》を枉《まが》れるに錯《お》く。能《よ》く枉《まが》れる者《もの》をして直《なお》からしむ　12-22
直《なお》きを挙《あ》げて諸《これ》を枉《まが》れるに錯《お》けば、則《すなわ》ち民《たみ》服《ふく》す　2-19
直《なお》きを友《とも》とし、諒《りょう》を友《とも》とし、多聞《たぶん》を友《とも》とするは、益也《えきなり》　16-4
何《なに》をか憂《うれ》え何《なに》をか懼《おそ》れん　12-4
何《なに》をか恵《けい》して費《ついや》さずと謂《い》う　20-2
何《なに》をか五美《ごび》と謂《い》う　20-2
何《なに》をか四悪《しあく》と謂《い》う　20-2
何《なに》を為《な》さば則《すなわ》ち民服《みんふく》せん　2-19
何《なに》を以《もっ》てか伐《う》つことを為《な》さん　16-1
何《なに》を以《もっ》てか徳《とく》に報《むく》いん　14-35
何《なに》を用《もっ》て臧《よ》からざらん　9-28
膾《なます》は細《ほそ》きを厭《いと》わず　10-7
習《なら》い相《あい》遠《とお》き也《なり》　17-2
習《なら》わざるを伝《つた》うるか　1-4
何為《なんす》れぞ其《そ》れ子《し》を知《し》る莫《な》きや　14-36
何為《なんす》れぞ其《そ》れ然《しか》らんや　6-26
何《なん》ぞ傷《いた》まんや。亦《ま》た各《おの》おの其《そ》の志《こころざし》を言《い》う也《なり》　11-26 ③
何《なん》ぞ晏《おそ》きや　13-14
何《なん》ぞ必《かなら》ずしも改《あらた》め作《つく》らん　11-14
何《なん》ぞ必《かなら》ずしも公山氏《こうざんし》に之《こ》れ之《ゆ》かんや　17-5
何《なん》ぞ必《かなら》ずしも高宗《こうそう》のみならん。古《いにしえ》の人《ひと》皆《み》な然《しか》り　14-41
何《なん》ぞ必《かなら》ずしも書《しょ》を読《よ》みて、然《しか》る後《のち》に学《まな》ぶと為《な》さんや　11-25
何《なん》ぞ斯《こ》の道《みち》に由《よ》ること莫《な》きや　6-17
何《なん》ぞ仁《じん》を事《こと》とせん。必《かなら》ずや聖《せい》か　6-30
何《なん》ぞ其《そ》れ多能《たのう》なるや　9-6
何《なん》ぞや、爾《なんじ》の所謂《いわゆる》達《たつ》なる者《もの》は　12-20
何《なん》の謂《いい》ぞや　2-5, 3-8, 13, 4-15, 12-22, 14-41
何《なん》の器《うつわ》ぞや　5-4
何《なん》の常《つね》の師《し》か之《こ》れ有《あ》らん　19-22
南宮适《なんきゅうかつ》出《い》づ　14-6
南宮适《なんきゅうかつ》孔子《こうし》に問《と》いて曰《いわ》く　14-6
南人《なんじん》言《い》えること有《あ》りて曰《いわ》く　13-22
南容《なんよう》三《み》たび白圭《はくけい》を復《ふく》す

11-6
奚《なん》ぞ三家《さんか》の堂《どう》に取《と》らん　3-2
奚《なん》ぞ其《そ》れ正《ただ》さん　13-3
盍《なん》ぞ各《おの》おの爾《なんじ》の志《こころざし》を言《い》わざる　5-26
盍《なん》ぞ徹《てっ》せざるや　12-9
女《なんじ》救《すく》うこと能《あた》わざるか　3-6
女《なんじ》と回《かい》と孰《いず》れか愈《まさ》れる　5-9
女《なんじ》奚《なん》ぞ曰《い》わざる　7-18
女《なんじ》に之《こ》れを知《し》ることを誨《おし》えんか　2-17
女《なんじ》は器也《うつわなり》　5-4
女《なんじ》は画《かぎ》れり　6-12
女《なんじ》は君子《くんし》の儒《じゅ》と為《な》れ。小人《しょうじん》の儒《じゅ》と為《な》る無《な》かれ　6-13
女《なんじ》は周南《しゅうなん》・召南《しょうなん》を為《まな》びたるか　17-10
女《なんじ》人《ひと》を得《え》たりや　6-14
女《なんじ》安《やす》くば、則《すなわ》ち之《こ》れを為《な》せ　17-21
爾《なんじ》の知《し》る所《ところ》を挙《あ》げよ。爾《なんじ》の知《し》らざる所《ところ》を、人《ひと》其《そ》れ諸《これ》を舎《す》てんや　13-2
爾《なんじ》は其《そ》の羊《ひつじ》を愛《あい》す　3-17
爾《なんじ》を上下《しょうか》の神祇《しんぎ》に禱《いの》る　7-34

[に]

二三子《にさんし》、偃《えん》の言《げん》是也《ぜなり》　17-4
二三子《にさんし》何《なん》ぞ喪《さまよ》うことを患《うれ》えんや　3-24
二三子《にさんし》、我《わ》れを以《もっ》て隠《かく》せりと為《な》すか。吾《わ》れは隠《かく》す無《な》きのみ　7-23
二《に》だに吾《わ》れ猶《な》お足《た》らず。之《こ》れを如何《いかん》ぞ其《そ》れ徹《てっ》せんや　12-9
臭《にお》いの悪《あ》しき　食《く》らわず　10-7
肉《にく》は多《おお》しと雖《いえど》も、食《し》の気《き》に勝《か》たしめず　10-7
悪《にく》むこと有《あ》り　17-24
鶏《にわとり》を殺《ころ》し黍《しょ》を為《つく》りて之《こ》れに食《く》わしめ、其《そ》の二子《にし》を見《まみ》えしむ　18-7
鶏《にわとり》を割《さ》くに焉《いず》くんぞ牛《ぎゅう》刀《とう》を用《もち》いん　17-4
任《にん》重《おも》くして道《みち》遠《とお》し　8-7

[ね]

佞《ねい》を為《な》す無《な》からんや　14-33
甯武子《ねいぶし》邦《くに》に道《みち》有《あ》れば則《すなわ》ち知《ち》、邦《くに》に道《みち》無《な》ければ則《すなわ》ち愚《ぐ》　5-21
願《ねが》わくは子《し》の志《こころざし》を聞《き》かん　5-26
願《ねが》わくは車馬《しゃば》衣裘《いきゅう》、朋友《ほうゆう》と共《とも》にし、之《こ》れを敝《やぶ》りて憾《うら》み無《な》からん　5-26
願《ねが》わくは善《ぜん》を伐《ほこ》ること無《な》からん。労《ろう》を施《ほどこ》すこと無《な》からん　5-26

[の]

述《の》べて作《つく》らず　7-1
能《のう》を以《もっ》て不能《ふのう》に問《と》い　8-5

[は]

播鼗武《はとうぶ》は漢《かん》に入《い》る　18-9
拝《はい》して之《こ》れを受《う》く　10-15
陪臣《ばいしん》国命《こくめい》を執《と》れば、三世《さんせい》にして失《うしな》わざること希《まれ》なり　16-2
図《はか》らざりき　楽《がく》を為《な》すことの斯《ここ》に至《いた》るや　7-13
伯夷《はくい》・叔斉《しゅくせい》、旧悪《きゅうあく》を念《おも》わず　5-23
伯夷《はくい》・叔斉《しゅくせい》首陽《しゅよう》の下《もと》に餓《う》えたり　16-12
伯夷《はくい》・叔斉《しゅくせい》は何人《なんぴと》ぞや　7-14
伯牛《はくぎゅう》疾《やまい》有《あ》り　6-10
伯達《はくたつ》、伯适《はくかつ》、仲突《ちゅうとつ》、仲忽《ちゅうこつ》、叔夜《しゅくや》、叔夏《しゅくか》、季随《きずい》、季《き》騧《か》　18-11
博弈《はくえき》なる者《もの》有《あ》らずや　17-22
博学《はくがく》にして而《しか》も名《な》を成《な》す所《ところ》無《な》し　9-2
薄氷《はくひょう》を履《ふ》むが如《ごと》し　8-3
奔《はし》って殿《でん》たり　6-15
始《はじ》め有《あ》り卒《おわ》り有《あ》る者《もの》は、其《そ》れ惟《た》だ聖人《せいじん》か　19-12
始《はじ》め有《あ》るに曰《いわ》く、苟《いささ》か合《あつま》る　13-8
始《はじ》めて作《おこ》すに翕如《きゅうじょ》たり　3-23

始《はじ》めて与《とも》に詩《し》を言《い》う可《べ》きのみ　1-15, 3-8
始《はじ》め吾《わ》れ人《ひと》に於《お》けるや、其《そ》の言《げん》を聴《き》きて、其《そ》の行《こう》を信《しん》ず　5-10
趨《はし》り進《すす》むこと翼如《よくじょ》たり　10-4
趨《はし》り進《すす》むには翼如《よくじょ》たり　10-3
薑《はじかみ》を撤《す》てずして食《く》らう。多《おお》く食《く》らわず　10-7
八佾《はちいつ》を庭《にわ》に舞《ま》わす。是《こ》れをしも忍《しの》ぶ可《べ》くんば、孰《いず》れをか忍《しの》ぶ可《べ》からざらん　3-1
甚《はなはだ》しいかな 吾《わ》が衰《おとろ》えたるや　7-5
万方《ばんぼう》に罪《つみ》有《あ》らば、罪《つみ》は朕《わ》が躬《み》に在《あ》り　20-1
樊遅《はんち》出《い》づ　13-4
樊遅《はんち》 未《いま》だ達《たっ》せず　12-22
樊遅《はんち》 稼《か》を学《まな》ばんことを請《こ》う　13-4
樊遅《はんち》 従《したが》いて舞雩《ぶう》の下《もと》に遊《あそ》ぶ　12-21
樊遅《はんち》退《しりぞ》いて、子夏《しか》を見《み》て曰《いわ》く　12-22
樊遅《はんち》 仁《じん》を問《と》う　12-22, 13-19
(樊遅《はんち》)仁《じん》を問《と》う　6-22
樊遅《はんち》 知《ち》を問《と》う　6-22
(樊遅《はんち》)知《ち》を問《と》う　12-22

[ひ]

日《ひ》に其《そ》の亡《な》き所《ところ》を知《し》り、月《つき》に其《そ》の能《よ》くする所《ところ》を忘《わす》る無《な》きは、学《がく》を好《この》むと謂《い》う可《べ》きのみ　19-5
悱《ひ》せずんば発《はっ》せず　7-8
微子《びし》は之《こ》れを去《さ》り、箕子《きし》は之《こ》れが奴《ど》と為《な》り、比干《ひかん》は諫《いさ》めて死《し》す　18-1
微生畝《びせいほ》 孔子《こうし》に謂《い》いて曰《いわ》く　14-33
裨諶《ひじん》 之《こ》れを艸創《そうそう》し　14-9
鄙夫《ひふ》有《あ》りて我《わ》れに問《と》う　9-8
鄙夫《ひふ》は与《とも》に君《きみ》に事《つか》う可《べ》けんや　17-15
秀《ひい》でて実《みの》らざる者《もの》有《あ》り　9-22
久《ひさ》しい哉《かな》、由《ゆう》の詐《さ》を行《おこな》うや　9-12
久《ひさ》しいかな、吾《わ》れ復《ま》た夢《ゆめ》に周公《しゅうこう》を見《み》ず　7-5
久《ひさ》しくして人之《ひとこれ》を敬《けい》す　5-17
肱《ひじ》を曲《ま》げて之《こ》れを枕《まくら》とす　7-15
窃《ひそ》かに我《わ》が老彭《ろうほう》に比《ひ》す　7-1
仏肸《ひつきつ》は中牟《ちゅうぼう》を以《もっ》て畔《そむ》く　17-7
仏肸《ひつきつ》召《まね》く　17-7
匹夫《ひっぷ》も志《こころざし》を奪《うば》う可《べ》からざる也《なり》　9-26
匵《ひつ》に韞《おさ》めて諸《これ》を蔵《ぞう》せんか　9-13
一《ひと》つには則《すなわ》ち以《もっ》て喜《よろこ》び、一《ひと》つには則《すなわ》ち以《もっ》て懼《おそ》る　4-21
人《ひと》 未《いま》だ自《みずか》ら致《いた》す者《もの》有《あ》らざる也《なり》　19-17
人《ひと》 己《おのれ》を潔《いさぎよ》くして以《もっ》て進《すす》む　7-28
人《ひと》知《し》らずして慍《いか》らず　1-1
人《ひと》 其《そ》の言《げん》を厭《いと》わず　14-14
人《ひと》 其《そ》の取《と》るを厭《いと》わず　14-14
人《ひと》 其《そ》の父母昆弟《ふぼこんてい》に間《かん》する言《げん》あらず　11-5
人《ひと》 其《そ》の笑《わら》いを厭《いと》わず　14-14
人《ひと》と歌《うた》いて善《よ》ければ、必《かなら》ず之《こ》れを反《かえ》さしめて、而《しか》る後《のち》に之《こ》れに和《わ》す　7-31
人《ひと》と与《まじ》わりて忠《ちゅう》なれ　13-19
人《ひと》 遠《とお》き慮《おもんぱか》り無《な》ければ、必《かなら》ず近《ちか》き憂《うれ》い有《あ》り　15-12
人《ひと》に誨《おし》えて倦《う》まず　7-2
人《ひと》にして周南《しゅうなん》・召南《しょうなん》を為《まな》ばざれば、其《そ》れ猶《な》お正《まさ》しく牆《しょう》に面《むか》いて立《た》つがごときか　17-10
人《ひと》にして仁《じん》ならずんば、楽《がく》を如何《いかん》　3-3
人《ひと》にして仁《じん》ならずんば、礼《れい》を如何《いかん》　3-3
人《ひと》にして信《しん》無《な》くば、其《そ》の可《か》なることを知《し》らざる也《なり》　2-22
人《ひと》にして恒《つね》無《な》ければ、以《もっ》て巫医《ふい》を作《な》す可《べ》からず　13-22

人《ひと》にして不仁《ふじん》なるを、之《こ》れを疾《にく》むこと已甚《はなはだ》しければ、乱《みだ》る　8-10
人《ひと》の悪《あく》を称《しょう》する者《もの》を悪《にく》む　17-24
人《ひと》の過《あやま》つや、各《おの》おの其《そ》の党《とう》に於《お》いてす　4-7
人《ひと》の生《い》くるや直《なお》し　6-19
人《ひと》の己《おのれ》を知《し》らざるを患《うれ》えず、其《そ》の不能《ふのう》を患《うれ》うる也《なり》　14-31
人《ひと》の己《おのれ》を知《し》らざるを患《うれ》えず、人《ひと》を知《し》らざるを患《うれ》うる也《なり》　1-16
人《ひと》の為《ため》に謀《はか》りて忠《ちゅう》ならざるか　1-4
人《ひと》の将《まさ》に死《し》なんとするや、其《そ》の言《げん》や善《よ》し　8-4
人《ひと》は其《そ》の憂《うれ》いに堪《た》えず　6-11
人《ひと》皆《み》な兄弟《けいてい》有《あ》り。我《わ》れ独《ひと》り亡《な》し　12-5
人《ひと》自《みずか》ら絶《た》たんと欲《ほっ》すと雖《いえど》も、其《そ》れ何《なに》をか日月《じつげつ》に傷《そこ》なわんや　19-24
人《ひと》能《よ》く道《みち》を弘《ひろ》む。道《みち》の人《ひと》を弘《ひろ》むるに非《あら》ず　15-29
人《ひと》を愛《あい》す　12-22
人《ひと》を知《し》る　12-22
人《ひと》を傷《そこ》なえりや　10-16
人《ひと》を他邦《たほう》に問《と》えば、再拝《さいはい》して之《こ》れを送《おく》る　10-14
人《ひと》を尤《とが》めず　14-36
人《ひと》を禦《ふせ》ぐに口給《こうきゅう》を以《もっ》てせば、屢《しば》しば人《ひと》に憎《にく》まる　5-5
人《ひと》を以《もっ》て言《げん》を廃《はい》せず　15-23
唯《ひと》えに何《なん》ぞ甚《はなはだ》しきや　7-28
百工《ひゃくこう》は肆《みせ》に居《い》て、以《もっ》て其《そ》の事《こと》を成《な》す　19-7
百姓《ひゃくせい》過《あやま》ち有《あ》らば、予《わ》れ一人《いちにん》に在《あ》り　20-1
百姓《ひゃくせい》足《た》らば、君《きみ》孰《たれ》と与《とも》にか足《た》らざらん。百姓《ひゃくせい》足《た》らずんば、君《きみ》孰《たれ》と与《とも》にか足《た》らん　12-9
汎《ひろ》く衆《しゅう》を愛《あい》して仁《じん》に親《した》しみ　1-6
博《ひろ》く文《ぶん》を学《まな》びて、之《こ》れを約《やく》するに礼《れい》を以《もっ》てすれば、亦《ま》た以《もっ》て畔《そむ》かざる可《べ》し　6-27, 12-15
博《ひろ》く学《まな》びて篤《あつ》く志《こころざ》し、切《せつ》に問《と》いて近《ちか》く思《おも》う　19-6
敏《びん》なれば則《すなわ》ち功《こう》有《あ》り　17-6, 20-1
敏《びん》にして学《がく》を好《この》み、下問《かもん》を恥《は》じず　5-15
閔子《びんし》側《かたわら》に侍《じ》す、誾誾如《ぎんぎんじょ》たり　11-13
賓《ひん》退《しりぞ》けば、必《かなら》ず復命《ふくめい》して曰《いわ》く、賓《ひん》顧《かえり》みずと　10-3

[ふ]

不義《ふぎ》にして富《と》み且《か》つ貴《とうと》きは、我《わ》れに於《お》いて浮雲《ふうん》の如《ごと》し　7-15
不賢《ふけん》を見《み》ては内《うち》に自《みずか》ら省《かえ》りみる也《なり》　4-17
不幸《ふこう》短命《たんめい》にして死《し》せり　6-3, 11-7
不仁者《ふじんしゃ》は以《もっ》て久《ひさ》しく約《やく》に処《お》る可《べ》からず。以《もっ》て長《なが》く楽《たの》しきに処《お》る可《べ》からず　4-2
不仁者《ふじんしゃ》をして其《そ》の身《み》に加《くわ》えしめず　4-6
不仁《ふじん》なる者《もの》遠《とお》ざかる　12-22
不仁《ふじん》を悪《にく》む者《もの》は、其《そ》れ仁《じん》を為《な》すなり　4-6
不孫《ふそん》にして以《もっ》て勇《ゆう》と為《な》す者《もの》を悪《にく》む　17-24
不惑《ふわく》　2-4　→四十《しじゅう》にして惑《まど》わず
夫人《ふじん》自《みずか》ら称《しょう》して小童《しょうどう》と曰《い》う　16-14
父兄《ふけい》在《いま》す有《あ》り。之《こ》れを如何《いかん》ぞ其《そ》れ聞《き》けば斯《すなわ》ち之《こ》れを行《おこな》わん　11-22
父母《ふぼ》在《いま》せば、遠《とお》く遊《あそ》ばず　4-19
父母《ふぼ》に事《つか》うるには幾《ようや》くに諌《いさ》む　4-18
父母《ふぼ》に事《つか》えて能《よ》く其《そ》の力《ちから》を竭《つ》くし　1-7
父母《ふぼ》の年《とし》は、知《し》らざる可《べ》からざる也《なり》　4-21
父母《ふぼ》は唯《た》だ其《そ》の疾《やまい》を之《こ》れ憂《うれ》う　2-6
巫馬期《ふばき》以《もっ》て告《つ》ぐ　7-30
巫馬期《ふばき》を揖《ゆう》して之《こ》れを進《すす》ましめて、曰《いわ》く　7-30
武王《ぶおう》曰《いわ》く、予《わ》れに乱臣《らんしん》十《じゅう》

人《にん》有《あ》り　8-20

武《ぶ》を謂《い》う、美《び》を尽《つ》くせり、未《いま》だ善《ぜん》を尽《つ》くさざる也《なり》　3-25

婦人《ふじん》有《あ》り。九人《きゅうにん》のみ　8-20

負版《ふはん》の者《もの》に式《しょく》す　10-26

夫子《ふうし》焉《いず》くにか学《まな》ばざらん。而《しこう》して亦《ま》た何《なん》の常《つね》の師《し》か之《こ》れ有《あ》らん　19-22

夫子《ふうし》莞爾《かんじ》として笑《わら》いて曰《いわ》く　17-4

夫子《ふうし》喟然《きぜん》として歎《たん》じて曰《いわ》く、吾《わ》れは点《てん》に与《くみ》せん　11-26③

夫子《ふうし》之《こ》れに矢《ちか》いて曰《いわ》く　6-28

夫子《ふうし》之《こ》れを欲《ほっ》す　16-1

夫子《ふうし》之《こ》れを哂《わら》う　11-26②

夫子《ふうし》答《こた》えず　14-6

夫子《ふうし》何《なに》をか為《な》す　14-26

夫子《ふうし》何《なん》ぞ由《ゆう》を哂《わら》うや　11-26④

夫子《ふうし》の及《およ》ぶ可《べ》からざるや、猶《な》お天《てん》の階《はしご》して升《のぼ》る可《べ》からざるがごとき也《なり》　19-25

夫子《ふうし》の牆《かき》は数仞《すうじん》。其《そ》の門《もん》を得《え》て入《い》らざれば、宗廟《そうびょう》の美《び》、百官《ひゃくかん》の富《とみ》を見《み》ず　19-23

夫子《ふうし》の君子《くんし》を説《と》くや、駟《し》も舌《した》に及《およ》ばず　12-8

夫子《ふうし》の之《こ》れを求《もと》むるや、其《そ》れ諸《こ》れ人《ひと》の之《こ》れを求めたるに異《こと》なるか　1-10

夫子《ふうし》の是《こ》の邦《くに》に至《いた》るや、必《かなら》ず其《そ》の政《まつりごと》を聞《き》く　1-10

夫子《ふうし》の性《せい》と天道《てんどう》とを言《い》うは、得《え》て聞《き》く可《べ》からざる也《なり》　5-13

夫子《ふうし》の文章《ぶんしょう》は、得《え》て聞《き》く可《べ》き也《なり》　5-13

夫子《ふうし》の邦家《ほうか》を得《え》んには、所謂《いわゆる》之《こ》れを立《た》つれば斯《ここ》に立《た》ち、之《こ》れを道《みち》びけば斯《ここ》に行《おこな》われ、之《こ》れを綏《やす》んずれば斯《ここ》に来《き》たり、之《こ》れを動《うご》かせば斯《ここ》に和《やわ》らぐ　19-25

夫子《ふうし》の道《みち》は、忠恕《ちゅうじょ》のみ　4-15

夫子《ふうし》は衛《えい》の君《きみ》を為《たす》けんか　7-14

夫子《ふうし》は温《おん》・良《りょう》・恭《きょう》・倹《けん》・譲《じょう》以《もっ》て之《こ》れを得《え》たり　1-10

夫子《ふうし》は循循然《じゅんじゅんぜん》として善《よ》く人《ひと》を誘《さそ》う　9-11

夫子《ふうし》は聖者《せいじゃ》か　9-6

夫子《ふうし》は其《そ》の過《あやま》ちを寡《すく》なくせんと欲《ほっ》して而《しか》も未《いま》だ能《あた》わざる也《なり》　14-26

夫子《ふうし》は為《たす》けざる也《なり》　7-14

夫子《ふうし》は時《とき》にして然《しか》る後《のち》に言《い》う　14-14

夫子《ふうし》憮然《ぶぜん》として曰《いわ》く　18-6

夫子《ふうし》固《まこと》に公伯寮《こうはくりょう》に惑《まど》える志《こころざし》有《あ》り　14-37

夫子《ふうし》自《みずか》ら道《い》う也《なり》　14-29

富貴《ふうき》天《てん》に在《あ》り　12-5

深《ふか》ければ則《すなわ》ち厲《はげ》し、浅《あさ》ければ則《すなわ》ち掲《けい》せよ　14-40

再《ふたた》びせば斯《こ》れ可《か》なり　5-20

故《ふる》きを温《たず》ねて新《あたら》しきを知《し》る、以《もっ》て師《し》と為《な》る可《べ》し　2-11

文王《ぶんおう》既《すで》に没《ぼっ》し、文《ぶん》茲《ここ》に在《あ》らざらんや　9-5

文学《ぶんがく》には子游《しゆう》・子夏《しか》　11-3

文献《ぶんけん》足《た》らざるが故也《ゆえなり》　3-9

文《ぶん》、行《こう》、忠《ちゅう》、信《しん》　7-24

文《ぶん》質《しつ》に勝《か》てば則《すなわ》ち史《し》　6-18

文質彬彬《ぶんしつひんぴん》として、然《しか》る後《のち》に君子《くんし》　6-18

文《ぶん》は猶《な》お質《しつ》のごとく、質《しつ》は猶《な》お文《ぶん》のごとくならば、虎豹《こひょう》の鞹《かく》は、猶《な》お犬羊《けんよう》の鞹《かく》のごとし　12-8

文《ぶん》は吾《わ》れ人の猶《ごと》くなること莫《な》からんや　7-32

文武《ぶんぶ》の道《みち》有《あ》らざること莫《な》し　19-22

文武《ぶんぶ》の道《みち》、未《いま》だ地《ち》に墜《お》ちず。人《ひと》に在《あ》り　19-22

文《ぶん》を以《もっ》て友《とも》を会《かい》し、友《とも》を以《もっ》て仁《じん》を輔《たす》く　12-24

汶《ぶん》の上《ほとり》に在《あ》らん　6-9

憤《ふん》せずんば啓《けい》せず　7-8

糞土《ふんど》の牆《かき》は、杇《ぬ》る可《べ》からざる也《なり》　5-10

[へ]

兵《へい》を去《さ》らん　12-7

卞荘子《べんそうし》の勇《ゆう》　14-13
片言《へんげん》以《もっ》て獄《うった》えを折《さだ》む可《べ》き者《もの》は、其《そ》れ由《ゆう》なるか　12-12
便辟《べんぺき》を友《とも》とし、善柔《ぜんじゅう》を友《とも》とし、便佞《べんねい》を友《とも》とするは、損《そん》なり　16-4
偏《へん》として其《そ》れ反《はん》せり　9-32
冕者《べんしゃ》と瞽者《こしゃ》とを見《み》ては、褻《な》れたりと雖《いえど》も必《かなら》ず貌《かたち》を以《もっ》てす　10-26
籩豆《へんとう》の事《こと》は、則《すなわ》ち有司《ゆうし》存《そん》す　8-4

[ほ]

圃《ほ》を為《な》すを学《まな》ばんことを請《こ》う　13-4
莫春《ぼしゅん》には、春服《しゅんぷく》既《すで》に成《な》り、冠者《かんじゃ》五六人《ごろくにん》、童子《どうじ》六七人《ろくしちにん》、沂《ぎ》に浴《よく》し、舞雩《ぶう》に風《ふう》し、詠《えい》じて帰《かえ》らん　11-26③
方六七十《ほうろくしちじゅう》、如《も》しくは五六十《ごろくじゅう》。求《きゅう》や之《こ》れを為《おさ》むるに、三年《さんねん》に及《およ》ぶ比《ころ》おいには、民《たみ》を足《た》らしむ可《べ》し　11-26②
邦君《ほうくん》の妻《つま》、君《きみ》之《こ》れを称《しょう》して夫人《ふじん》と曰《い》う　16-14
邦君《ほうくん》は樹《じゅ》して門《もん》を塞《ふさ》ぐ　3-22
邦君《ほうくん》は両君《りょうくん》の好《よしみ》を為《な》すに、反坫《はんてん》有《あ》り　3-22
邦人《ほうじん》之《こ》れを称《しょう》して君夫人《くんふじん》と曰《い》う　16-14
朋友死《ほうゆうし》して、帰《き》す所無《ところな》し　10-23
朋友《ほうゆう》と交《まじ》わりて信《しん》ならざるか　1-4
朋友《ほうゆう》と交《まじ》わるに、言《い》いて信《しん》有《あ》らば　1-7
朋友《ほうゆう》に数《しば》しばすれば、斯《ここ》に疏《うと》んぜらる　4-26
朋友《ほうゆう》には切切《せつせつ》偲偲《しし》、兄弟《けいてい》には怡怡《いい》　13-28
朋友《ほうゆう》の饋《き》は、車馬《しゃば》と雖《いえど》も、祭肉《さいにく》に非《あら》ざれば、拝《はい》せず　10-24
朋友《ほうゆう》は之《こ》れを信《しん》じ　5-26
法語《ほうご》の言《げん》は、能《よ》く従《したが》う無《な》からんや　9-24
某《ぼう》は斯《ここ》に在《あ》り　15-42
鳳鳥《ほうちょう》至《いた》らず　9-9
鳳《ほう》や鳳《ほう》や、何《なん》ぞ徳《とく》の衰《おとろ》えたる　18-5
暴虎《ぼうこ》馮河《ひょうが》、死《し》して悔《く》い無《な》き者《もの》は、吾《わ》れ与《とも》にせざる也《なり》　7-10
勃如《ぼつじょ》として戦色《せんしょく》あり　10-5
欲《ほっ》して貪《むさぼ》らず　20-2
滅《ほろ》びたる国《くに》を興《おこ》し、絶《た》えたる世《よ》を継《つ》ぎ、逸民《いつみん》を挙《あ》ぐれば、天下《てんか》の民《たみ》心《こころ》を帰《き》せん　20-1

[ま]

又《ま》た多能也《たのうなり》　9-6
亦《ま》た各《おの》おの其《そ》の志《こころざし》を言《い》うのみ　11-26④
亦《ま》た重《おも》からずや　8-7
亦《ま》た君子《くんし》ならずや　1-1
亦《ま》た楽《たの》しからずや　1-1
亦《ま》た遠《とお》からずや　8-7
亦《ま》た以《もっ》て成人《せいじん》と為《な》す可《べ》し　14-13
亦《ま》た以《もっ》て畔《そむ》かざる可《べ》し　6-27, 12-15
亦《ま》た説《よろこ》ばしからずや　1-1
益《ま》すを請《こ》う　6-4
麻冕《まべん》は礼也《れいなり》　9-3
枉《まが》れるを挙《あ》げて諸《これ》を直《なお》きに錯《お》けば、則《すなわ》ち民服《みんふく》せず　2-19
信《まこと》に夫子《ふうし》は言《い》わず笑《わら》わず取《と》らざるか　14-14
信《まこと》に如《も》し君君《きみきみ》たらず、臣《しん》臣《しん》たらず、父父《ちちちち》たらず、子子《ここ》たらずば　12-11
誠《まこと》なる哉《かな》是《こ》の言《げん》や　13-11
誠《まこと》に富《とみ》を以《もっ》てせず、亦《ま》た祇《まさ》に異《い》を以《もっ》てす　16-12
正《まさ》に唯《こ》れ弟子《ていし》学《まな》ぶ能《あた》わざる也《なり》　7-33
多《まさ》に其《そ》の量《りょう》を知《し》らざるを見《み》る也《なり》　19-24
将《まさ》に門《もん》に入《い》らんとす　6-15
約《まず》しくして泰《ゆた》かなりと為《な》す　7-25
貧《まず》しきと賤《いや》しきとは、是《こ》れ人《ひと》の悪《にく》む所也《ところなり》　4-5
貧《まず》しきを患《うれ》えずして、安《やす》からざるを患《うれ》う　16-1

貧《まず》しくして怨《うら》む無《な》きは難《かた》く、富《と》んで驕《おご》る無《な》きは易《やす》し　14-11
貧《まず》しくして諂《へつら》うこと無《な》く、富《と》んで驕《おご》ること無《な》きは、何如《いかん》　1-15
祭《まつ》りには敬《けい》を思《おも》う　19-1
祭《まつ》りの肉《にく》は三日《みっか》を出《い》でず　10-8
祭《まつ》ること在《いま》すが如《ごと》くす　3-12
政《まつりごと》有《あ》り　13-14
政《まつりごと》に従《したが》うに於《お》いてか何《なに》か有《あ》らん　6-8
政《まつりごと》の大夫《たいふ》に逮《およ》ぶこと四《し》世《せい》なり　16-3
政《まつりごと》を為《な》すに徳《とく》を以《もっ》てせば、譬《たと》えば北辰《ほくしん》の、其《そ》の所《ところ》に居《い》て、衆星《しゅうせい》の之《こ》れに共《むか》うが如《ごと》し　2-1
牖《まど》自《よ》り其《そ》の手《て》を執《と》りて　6-10
学《まな》びて優《ゆう》なれば則《すなわ》ち仕《つか》う　19-13
学《まな》びて禄《ろく》其《そ》の中《うち》に在《あ》り　15-32
学《まな》ぶに及《およ》ばざるが如《ごと》くするも、猶《な》お之《こ》れを失《うしな》うを恐《おそ》る　8-17
学《まな》ぶに如《し》かざる也《なり》　15-31
学《まな》んで思《おも》わざれば則《すなわ》ち罔《くら》し　2-15
学《まな》んで之《こ》れを知《し》る者《もの》は、次《つぎ》也《なり》　16-9
学《まな》んで時《とき》に之《こ》れを習《なら》う　1-1
守《まも》って善《よ》き道《みち》に死《し》す　8-13＊

[み]

三《み》たび嗅《か》ぎて作《た》つ　10-28
三《み》たび之《こ》れを已《や》むるも、慍《いか》る色《いろ》無《な》し　5-19
三《み》たび仕《つか》えて令尹《れいいん》と為《な》りて、喜《よろこ》ぶ色《いろ》無《な》し　5-19
三《み》たび天下《てんか》を以《もっ》て譲《ゆず》る　8-1
身《み》を殺《ころ》して以《もっ》て仁《じん》を成《な》すこと有《あ》り　15-9
実《み》つれども虚《むな》しきが若《ごと》く　8-5
皆《み》な坐《ざ》す　15-42
躬自《みみずか》ら厚《あつ》くして、薄《うす》く人《ひと》を責《せ》むれば、則《すなわ》ち怨《うら》みに遠《とお》ざかる　15-15
躬《み》もて君子《くんし》を行《おこな》うことは、則《すなわ》ち吾《わ》れ未《いま》だ之《こ》れを得《う》る有《あ》らず　7-32
視《み》ることは明《めい》を思《おも》い　16-10
右《みぎ》の袂《たもと》を短《みじか》くす　10-6
自《みずか》ら辱《はずか》しめらるること無《な》かれ　12-23
親《みずか》ら其《そ》の身《み》に於《お》いて不善《ふぜん》を為《な》す者《もの》は、君子《くんし》入《い》らざる也《なり》　17-7
道行《みちおこな》われず、桴《いかだ》に乗《の》りて海《うみ》に浮《う》かばん　5-7
道同《みちおな》じからざれば、相《あ》い為《ため》に謀《はか》らず　15-40
道《みち》に聴《き》いて塗《みち》に説《と》くは、徳《とく》を之《こ》れ棄《す》つる也《なり》　17-14
道《みち》に志《こころざ》し、徳《とく》に拠《よ》り、仁《じん》に依《よ》り、芸《げい》に游《あそ》ぶ　7-6
道《みち》の行《おこな》われざるは、已《すで》に之《こ》れを知《し》れり　18-7
道《みち》の将《まさ》に行《おこな》われんとするや、命也《めいなり》。道《みち》の将《まさ》に廃《すた》れんとするや、命也《めいなり》　14-37
道《みち》を直《なお》くして人《ひと》に事《つか》う、焉《いず》くにか往《ゆ》きて三《み》たび黜《しりぞ》けられざらん　18-2
道《みち》を枉《ま》げて人《ひと》に事《つか》う、何《なん》ぞ必《かなら》ずしも父母《ふぼ》の邦《くに》を去《さ》らん　18-2
三日《みっか》を出《い》づれば、之《こ》れを食《く》らわず　10-8
民人《みんじん》有《あ》り、社稷《しゃしょく》有《あ》り　11-25

[む]

無為《むい》にして治《おさ》むる者《もの》は、其《そ》れ舜《しゅん》なるか　15-5
昔者《むかし》偃《えん》や諸《これ》を夫子《ふうし》に聞《き》く　17-4
昔者《むかし》由《ゆう》や諸《これ》を夫子《ふうし》に聞《き》く　17-7
昔者《むかし》吾《わ》が友《とも》、嘗《かつ》て斯《ここ》に従《じゅう》事《じ》せり　8-5
無寧《むしろ》二三子《にさんし》の手《て》に死《し》せんか　9-12
虚《むな》しくして盈《み》てりと為《な》し　7-25
紫《むらさき》の朱《しゅ》を奪《うば》うを悪《にく》む也《なり》　17-18

[め]

妻《め》あわす可《べ》き也《なり》　5-1
命《めい》と与《とも》にし仁《じん》と与《とも》にす　9-1＊
命《めい》なるかな　6-10
命《めい》を将《おこな》う者《もの》 戸《こ》を出《い》づ　17-20
命《めい》を知《し》らざれば、以《もっ》て君子《くんし》と為《な》す無《な》き也《なり》　20-3
命《めい》を為《つく》るに　14-9
明日《めいじつ》 子路《しろ》行《ゆ》きて以《もっ》て告《つ》ぐ　18-7
明日遂《めいじつつい》に行《ゆ》く　15-1

[も]

如《も》し或《ある》いは爾《なんじ》を知《し》らば、則《すなわ》ち何《なに》を以《もっ》てせんや　11-26 ①
如《も》し王者《おうじゃ》有《あ》らば、必《かなら》ず世《せい》にして後《のち》に仁《じん》ならん　13-12
如《も》し君《きみ》為《た》るの難《かた》きを知《し》らば、一言《いちげん》にして邦《くに》を興《おこ》すに幾《ちか》からずや　13-15
如《も》し之《こ》れを用《もち》うれば、則《すなわ》ち吾《わ》れは先進《せんしん》に従《したが》わん　11-1
如《も》し周公《しゅうこう》の才《さい》の美《び》有《あ》りとも、驕《おご》りて且《か》つ吝《やぶさ》かならしめば、其《そ》の余《よ》は観《み》るに足《た》らざるのみ　8-11
如《も》し其《そ》の情《じょう》を得《う》れば、則《すなわ》ち哀矜《あいきょう》して喜《よろこ》ぶ勿《な》かれ　19-19
如《も》し其《そ》れ善《よ》くして之《こ》れに違《たが》うこと莫《な》きは、亦《ま》た善《よ》からずや　13-15
如《も》し博《ひろ》く民《たみ》に施《ほどこ》して、能《よ》く衆《しゅう》を済《すく》うもの有《あ》らば、何如《いかん》　6-30
如《も》し誉《ほ》むる所有《ところあ》る者《もの》は、其《そ》れ試《こころ》むる所有《ところあ》り　15-25
如《も》し政《まつりごと》有《あ》らば、吾《わ》れを以《もち》いずと雖《いえど》も、吾《わ》れ其《そ》れ之《こ》れを与《あず》かり聞《き》かん　13-14
如《も》し無道《むどう》を殺《ころ》して、以《もっ》て有《ゆう》道《どう》を就《な》さば、何如《いかん》　12-19
如《も》し求《もと》む可《べ》からずんば、吾《わ》が好《この》む所《ところ》に従《したが》わん　7-11
如《も》し善《よ》からずして之《こ》れに違《たが》うこと莫《な》きは、一言《いちげん》にして邦《くに》を喪《ほろぼ》すに幾《ちか》からずや　13-15
如《も》し我《わ》れに復《ふたた》びする者有《ものあ》らば、則《すなわ》ち吾《わ》れは必《かなら》ず汶《ぶん》の上《ほとり》に在《あ》らん　6-9
如《も》し我《わ》れを用《もち》うる者有《ものあ》らば、吾《わ》れ其《そ》れ東周《とうしゅう》を為《な》さんか　17-5
喪《も》には哀《あい》を思《おも》う　19-1
喪《も》を去《のぞ》けば佩《お》びざる所無《ところな》し　10-6
孟懿子《もういし》 孝《こう》を問《と》う　2-5
孟敬子《もうけいし》 之《こ》れを問《と》う　8-4
孟公綽《もうこうしゃく》、趙魏《ちょうぎ》の老《ろう》と為《な》れば則《すなわ》ち優《ゆう》、以《もっ》て滕薛《とうせつ》の大《たい》夫《ふ》と為《な》る可《べ》からず　14-12
孟之反《もうしはん》 伐《ほこ》らず　6-15
孟氏《もうし》 陽膚《ようふ》をして士師《しし》為《た》らしむ　19-19
孟荘子《もうそうし》の孝《こう》や、其《そ》の他《た》は能《よ》くす可《べ》き也《なり》　19-18
孟武伯《もうぶはく》 孝《こう》を問《と》う　2-6
黙《もく》して之《こ》れを識《しる》し、学《まな》んで厭《いと》わず　7-2
以《もっ》て難《かた》しと為《な》す可《べ》し　14-2
以《もっ》て士《し》と為《な》すに足《た》らず　14-3
以《もっ》て仁《じん》と為《な》す可《べ》し　14-2
以《もっ》て告《つ》ぐる者《もの》 過《あやま》つ也《なり》　14-14
以《もっ》て為《な》す無《な》き也《なり》　19-24
以《もっ》て百里《ひゃくり》の命《めい》を寄《よ》す可《べ》く　8-6
以《もっ》て文《ぶん》と為《な》す可《べ》し　14-19
以《もっ》て六尺《りくせき》の孤《こ》を託《たく》す可《べ》く　8-6
本《もと》立《た》ちて道《みち》生《しょう》ず　1-2
固《もと》より師《し》を相《たす》くる道也《みちなり》　15-42
固《もと》より天《てん》 之《こ》れを縦《ほしい》ままにして将《まさ》に聖《せい》ならしめんとす　9-6
門人《もんじん》 厚《あつ》く之《こ》れを葬《ほうむ》らんと欲《ほっ》す　11-11
門人《もんじん》 子路《しろ》を敬《けい》せず　11-15
門人惑《もんじんまど》う　7-28
門《もん》を出《い》でては大賓《たいひん》を見《み》るが如《ごと》くし　12-2

[や]

已《や》みなん已《や》みなん　18-5
已《や》んぬるかな　5-27, 15-13
野《や》なる哉《かな》 由《ゆう》や　13-3
罷《や》まんと欲《はっ》すれども能《あた》わず　9-11
約《やく》を以《もっ》て之《こ》れを失《うしな》う者《もの》は、鮮《すくな》し　4-23
安《やす》し　17-21
敝《やぶ》れたる縕袍《おんぼう》を衣《き》、狐貉《こかく》を衣《き》る者《もの》と立《た》ちて、而《しか》も恥《は》じざる者《もの》は、其《そ》れ由《ゆう》なるか　9-27
疾《やまい》あり、君《きみ》 之《こ》れを視《み》れば、東首《とうしゅ》して朝服《ちょうふく》を加《くわ》え、紳《しん》を拖《ひ》く　10-20
病《やまい》 間《い》えたり　9-12

[ゆ]

之《ゆ》くこと末《な》ければ已《や》む　17-5
行《ゆ》くに径《こみち》に由《よ》らず　6-14
行《ゆ》くに閾《しきい》を履《ふ》まず　10-4
往《ゆ》く者《もの》は諫《いさ》む可《べ》からず。来《き》たる者《もの》は尚《な》お追《お》う可《べ》し　18-5
逝《ゆ》く者《もの》は斯《か》くの如《ごと》きか、昼夜《ちゅうや》を舎《お》かず　9-17
由《ゆう》の若《ごと》きは、其《そ》の死《し》を得《え》ざるがごとく然《しか》り　11-13
由《ゆう》の瑟《しつ》、奚為《なんす》れぞ丘《きゅう》の門《もん》に於《お》いてせん　11-15
由《ゆう》や果《か》　6-8
由《ゆう》や喭《がん》　11-18
由《ゆう》や之《こ》れを為《おさ》むるに、三年《さんねん》に及《およ》ぶ比《ころ》おいには、勇《ゆう》有《あ》らしめ、且《か》つ方《みち》を知《し》らしむ可《べ》き也《なり》　11-26②
由《ゆう》や、千乗《せんじょう》の国《くに》、其《そ》の賦《ふ》を治《おさ》めしむ可《べ》き也《なり》　5-8
由《ゆう》や堂《どう》に升《のぼ》れり。未《いま》だ室《しつ》に入《い》らざる也《なり》　11-15
由《ゆう》や、女《なんじ》 六言六蔽《ろくげんろくへい》を聞《き》けるか　17-8
由《ゆう》や人《ひと》を兼《か》ぬ、故《ゆえ》に之《こ》れを退《しりぞ》く　11-22
由《ゆう》や勇《ゆう》を好《この》むこと我《わ》れに過《す》ぎたり　5-7
由《ゆう》よ、徳《とく》を知《し》る者《もの》は鮮《すくな》し　15-4
有司《ゆうし》を先《さき》にし、小過《しょうか》を赦《ゆる》し、賢才《けんさい》を挙《あ》げよ　13-2
有道《ゆうどう》に就《つ》きて正《ただ》す　1-14
勇者《ゆうしゃ》は懼《おそ》れず　9-30, 14-29
勇者《ゆうしゃ》は必《かなら》ずしも仁《じん》有《あ》らず　14-5
勇《ゆう》にして礼《れい》無《な》き者《もの》を悪《にく》む　17-24
勇《ゆう》にして礼《れい》無《な》ければ則《すなわ》ち乱《みだ》る　8-2
勇《ゆう》を好《この》みて貧《まず》しきを疾《にく》むは、乱《みだ》る　8-10
勇《ゆう》を好《この》んで学《がく》を好《この》まず、其《そ》の蔽《へい》や乱《らん》　17-8
揖譲《ゆうじょう》して升《のぼ》り下《くだ》り、而《しこう》して飲《の》む　3-7
耰《ゆう》して輟《や》まず　18-6
故《ゆえ》に夫《か》の三桓《さんかん》の子孫《しそん》は微《び》なり　16-3
故《ゆえ》に鄙事《ひじ》に多能《たのう》なり　9-6
泰《ゆた》かにして驕《おご》らず　20-2

[よ]

予《よ》に於《お》いてか是《こ》れを改《あらた》む　5-10
予《よ》に於《お》いてか何《なん》ぞ誅《せ》めん　5-10
予《よ》の不仁《ふじん》なるや　17-21
予《よ》や三年《さんねん》の其《そ》の父母《ふぼ》に愛《おし》むこと有《あ》るか　17-21
因《よ》ること 其《そ》の親《しん》を失《うしな》わざれば、亦《ま》た宗《むね》とす可《べ》き也《なり》　1-13
能《よ》く一日《いちじつ》も其《そ》の力《ちから》を仁《じん》に用《もち》いること有《あ》らんか　4-6
能《よ》く五者《ごしゃ》を天下《てんか》に行《おこな》うを、仁《じん》と為《な》す　17-6
能《よ》く近《ちか》く譬《たと》えを取《と》る　6-30
能《よ》く礼譲《れいじょう》を以《もっ》て国《くに》を為《おさ》めずんば、礼《れい》を如何《いかん》　4-13
能《よ》く礼譲《れいじょう》を以《もっ》て国《くに》を為《おさ》めんか、何《なに》か有《あ》らん　4-13
善《よ》きかな　13-22
善《よ》き哉《かな》　12-11
善《よ》き哉《かな》 問《と》いや　12-21
善《よ》き賈《こ》を求《もと》めて諸《これ》を沽《う》らんか　9-13
善《よ》く室《しつ》に居《お》る　13-8
善《よ》く我《わ》が為《ため》に辞《じ》せよ　6-9
輿《よ》に在《あ》れば則《すなわ》ち其《そ》の衡《こう》に倚《よ》るを見《み》る也《なり》　15-6

幼《よう》にして孫弟《そんてい》ならず　14-44
用《よう》を節《せっ》して人《ひと》を愛《あい》し　1-5
洋洋乎《ようようこ》として耳《みみ》に盈《み》てる哉《かな》　8-15
容貌《ようぼう》を動《うご》かせば、斯《ここ》に暴慢《ぼうまん》に遠《とお》ざかる　8-4
陽貨《ようか》 孔子《こうし》を見《み》んと欲《ほっ》す。孔子《こうし》見《み》ず　17-1
雍《よう》の言然《げんしか》り　6-2
雍《よう》や、仁《じん》にして佞《ねい》ならず　5-5
雍《よう》や南面《なんめん》せしむ可《べ》し　6-1
雍《よう》や不敏《ふびん》と雖《いえど》も、請う斯《こ》の語《ご》を事《こと》とせん　12-2
弋《よく》して宿《しゅく》を射《い》ず　7-26
説《よろこ》んで繹《たず》ねず、従《したが》いて改《あらた》めざれば、吾《わ》れ之《こ》れを如何《いかん》ともする末《な》きのみ　9-24

[ら]

乱邦《らんぼう》には居《お》らず　8-13

[り]

利口《りこう》の邦家《ほうか》を覆《くつがえ》す者《もの》を悪《にく》む　17-18
利《り》に放《よ》りて行《おこな》えば、怨《うら》み多《おお》し　4-12
利《り》を見《み》て義《ぎ》を思《おも》い　14-13
里《り》は仁《じん》を美《よ》しと為《な》す　4-1＊
犂牛《りぎゅう》の子《こ》、騂《あか》くして且《か》つ角《つの》あらば、用《もち》うる勿《な》からんと欲《ほっ》すと雖《いえど》も、山川《さんせん》其《そ》れ諸《これ》を舎《す》てんや　6-6
鯉《り》 退《しりぞ》いて詩《し》を学《まな》ぶ　16-13
鯉《り》 退《しりぞ》いて礼《れい》を学《まな》ぶ　16-13
鯉《り》 趨《はし》りて庭《にわ》を過《す》ぐ　16-13
鯉《り》や死《し》す。棺《かん》有《あ》りて椁《かく》無《な》し　11-8
柳下恵《りゅうかけい》 士師《しし》と為《な》りて、三《み》たび黜《しりぞ》けらる　18-2
柳下恵《りゅうかけい》・少連《しょうれん》を謂《い》わく、志《こころざし》を降《くだ》し身《み》を辱《はずかし》めしむ。言《げん》は倫《みち》に中《あた》り、行《こう》は慮《おもんぱか》りに中《あた》る。其《そ》れ斯《これ》のみ　18-8
柳下恵《りゅうかけい》の賢《けん》を知《し》りて、而《しか》も与《とも》に立《た》たざる也《なり》　15-14
林放《りんぼう》 礼《れい》の本《もと》を問《と》う　3-4

[る]

誄《るい》に曰《いわ》く　7-34
縲絏《るいせつ》の中《うち》に在《あ》りと雖《いえど》も、其《そ》の罪《つみ》に非《あら》ざる也《なり》　5-1

[れ]

令尹子文《れいいんしぶん》、三《み》たび仕《つか》えて令《れい》尹《いん》と為《な》りて、喜《よろこ》ぶ色《いろ》無《な》し　5-19
令《れい》を慢《みだり》にして期《き》を致《いた》す、之《こ》れを賊《ぞく》と謂《い》う　20-2
礼楽興《れいがくおこ》らざれば、則《すなわ》ち刑罰《けいばつ》中《あた》らず　13-3
礼楽《れいがく》を節《せっ》するを楽《たの》しみ、人《ひと》の善《ぜん》を道《い》うを楽《たの》しみ、賢《けん》友多《ゆうおお》きを楽《たの》しむは、益《えき》なり　16-5
礼《れい》と云《い》い礼《れい》と云《い》う、玉帛《ぎょくはく》を云《い》わんや　17-11
礼《れい》に非《あら》ざれば言《い》う勿《な》かれ　12-1
礼《れい》に非《あら》ざれば動《うご》く勿《な》かれ　12-1
礼《れい》に非《あら》ざれば聴《き》く勿《な》かれ　12-1
礼《れい》に非《あら》ざれば視《み》る勿《な》かれ　12-1
礼《れい》に立《た》ち　8-8
礼《れい》の和《わ》を用《もっ》て貴《とうと》しと為《な》すは、先王《せんおう》の道《みち》も斯《これ》を美《び》と為《な》す　1-12
礼《れい》は其《そ》の奢《おご》らん与《よ》りは寧《むし》ろ倹《けん》せよ　3-4
礼《れい》は後《のち》か　3-8
礼以《れいもっ》て之《こ》れを行《おこな》い　15-18
礼《れい》を如何《いかん》　3-3, 4-13
礼《れい》を知《し》らざれば、以《もっ》て立《た》つ無《な》き也《なり》　20-3
礼《れい》を知《し》れり　7-30
礼《れい》を学《まな》ばずば、以《もっ》て立《た》つ無《な》し　16-13
礼《れい》を学《まな》びたるか　16-13

[ろ]

魯《ろ》一変《いっぺん》せば道《みち》に至《いた》らん　6-24
魯《ろ》・衛《えい》の政《まつりごと》は、兄弟也《けいていなり》　13-7
魯《ろ》に君子《くんし》無《な》かりせば、斯《こ》れ焉《いず》くにか斯《こ》れを取《と》らん　5-3
魯人《ろひと》 長府《ちょうふ》を為《つく》る　11-14

老者《ろうしゃ》は之《こ》れに安《やす》んじ、朋友《ほうゆう》は之《こ》れを信《しん》じ、少者《しょうしゃ》は之《こ》れを懐《なつ》く　5-26
労《ろう》して怨《うら》まず　4-18, 20-2
労《ろう》す可《べ》きを択《えら》んで之《これ》を労《ろう》す。又《ま》た誰《たれ》をか怨《うら》まん　20-2
陋巷《ろうこう》に在《あ》り　6-11
六十《ろくじゅう》にして耳順《みみしたが》う　2-4
禄《ろく》の公室《こうしつ》を去《さ》ること五世《ごせい》なり　16-3
論《ろん》の篤《あつ》きに是《こ》れ与《くみ》せば、君《くん》子者《ししゃ》か、色荘者《しきそうしゃ》か　11-21

[わ]

予《わ》が足《あし》を啓《ひら》け、予《わ》が手《て》を啓《ひら》け　8-3
予《わ》れ言《い》うこと無《な》からんと欲《ほっ》す　17-19
予《わ》れ君《きみ》為《た》るに楽《たの》しむこと無《な》し。唯《た》だ其《そ》の言《い》いて予《わ》れに違《たが》う莫《な》き也《なり》　13-15
予《わ》れ否《しか》らざる所《ところ》の者《もの》は、天《てん》之《こ》れを厭《す》てん、天《てん》　之《こ》れを厭《す》てん　6-28
予《わ》れ小子《しょうし》履《り》。敢《あ》えて玄牡《げんぼ》を用《もち》いて、敢《あ》えて昭《あき》らかに皇皇《こうこう》たる后帝《こうてい》に告《つ》ぐ　20-1
予《わ》れ道路《どうろ》に死《し》なんや　9-12
予《わ》れに乱臣十人《らんしんじゅうにん》有《あ》り　8-20
予《わ》れは一以《いつもっ》て之《こ》れを貫《つらぬ》く　15-3
予《わ》れは視《み》ること猶《な》お子《こ》のごとくするを得《え》ざる也《なり》　11-11
予《わ》れを起《お》こす者《もの》は商也《しょうなり》　3-8
吾《わ》が言《げん》に於《お》いては、説《よろこ》ばざる所無《ところな》し　11-4
吾《わ》が徒《と》に非《あら》ざる也《なり》　11-17
吾《わ》が党《とう》に躬《み》を直《なお》くする者有《ものあ》り　13-18
吾《わ》が党《とう》の小子《しょうし》狂簡《きょうかん》にして、斐然《ひぜん》として章《しょう》を成《な》す　5-22
吾《わ》が党《とう》の直《なお》き者《もの》は、是《こ》れに異《こと》なる　13-18
吾《わ》が友張《ともちょう》や、能《よ》くし難《がた》きを為《な》す也《なり》。然《しか》り而《しこう》して未《いま》だ仁《じん》ならず　19-15
吾《わ》が道《みち》は一以《いつもっ》て之《こ》れを貫《つらぬ》く　4-15
吾《わ》れ豈《あ》に匏瓜《ほうか》ならんや　17-7
吾《わ》れ一日爾《いちじつなんじ》に長《ちょう》ぜるを以《もっ》て、吾《わ》れを以《もっ》てする毋き也《なり》　11-26①
吾《わ》れ未《いま》だ剛《ごう》なる者《もの》を見《み》ず　5-11
吾《わ》れ未《いま》だ徳《とく》を好《この》むこと色《いろ》を好《この》むが如《ごと》くする者《もの》を見《み》ざる也《なり》　9-18, 15-13
吾《わ》れ未《いま》だ能《よ》く其《そ》の過《あやま》ちを見《み》て、而《しか》も内《うち》に自《みずか》ら訟《せ》むる者《もの》を見《み》ざる也《なり》　5-27
吾《わ》れ衛《えい》自《よ》り魯《ろ》に反《かえ》りて、然《しか》る後《のち》に楽《がく》正《ただ》しく、雅頌《がしょう》各《おの》おの其《そ》の所《ところ》を得《え》たり　9-15
吾《わ》れ老《お》いたり。用《もち》うる能《あた》わざる也《なり》　18-3
吾《わ》れ行《おこな》いて二三子《にさんし》と与《とも》にせざる無《な》き者《もの》は、是《こ》れ丘《きゅう》也《なり》　7-23
吾《わ》れ回《かい》と言《い》うこと終日《しゅうじつ》、違《たが》わざること愚《ぐ》なるが如《ごと》し　2-9
吾《わ》れ嘗《かつ》て終日《しゅうじつ》食《く》らわず、終夜《しゅうや》寝《い》ねず、以《もっ》て思《おも》う。益無《えきな》し　15-31
吾《わ》れ季孫《きそん》の憂《うれ》いは、顓臾《せんゆ》に在《あ》らずして、蕭牆《しょうしょう》の内《うち》に在《あ》るを恐《おそ》るる也《なり》　16-1
吾《わ》れ聞《き》く、君子《くんし》は党《とう》せずと　7-30
吾《わ》れ之《こ》れを聞《き》く　6-4
吾《わ》れ之《こ》れを知《し》らず　8-16
吾《わ》れ斯《こ》の人《ひと》の徒《と》と与《とも》にするに非《あら》ずして誰《たれ》と与《とも》にせん　18-6
吾《わ》れ斯《こ》れを之《こ》れ未《いま》だ信《しん》ずること能《あた》わず　5-6
吾《わ》れ諸《これ》を夫子《ふうし》に聞《き》く　19-17, 18
吾《わ》れ子《し》を以《もっ》て異《こと》なるを之《こ》れ問《と》うと為《な》せり　11-24
吾《わ》れ知《し》ること有《あ》らんや。知《し》ること無《な》き也《なり》　9-8
吾《わ》れ其《そ》の位《くらい》に居《お》るを見《み》る也《なり》　14-45

吾《わ》れ其《そ》の語《ご》を聞《き》く、未《いま》だ其《そ》の人《ひと》を見《み》ざる也《なり》　16-11
吾《わ》れ其《そ》の進《すす》むを見《み》る也《なり》。未《いま》だ其《そ》の止《と》まるを見《み》ざる也《なり》　9-21
吾《わ》れ其《そ》の人《ひと》を見《み》る、吾《わ》れ其《そ》の語《ご》を聞《き》く　16-11
吾《そ》れ大夫《たいふ》の後《あと》に従《したが》うを以《もっ》て、敢《あ》えて告《つ》げずんばあらざる也《なり》　14-22
吾《わ》れ大夫《たいふ》の後《あと》に従《したが》うを以《もっ》て、徒行《とこう》す可《べ》からざる也《なり》　11-8
吾《わ》れ誰《たれ》をか欺《あざむ》かん　9-12
吾《わ》れ力《ちから》猶《な》お能《よ》く諸《これ》を市朝《しちょう》に肆《さら》さん　14-37
吾《わ》れと女《なんじ》と如《し》かざる也《なり》　5-9
吾《わ》れ徒行《とこう》して以《もっ》て之《こ》れが椁《かく》を為《つく》らず　11-8
吾《わ》れ猶《な》お史《し》の闕文《けつぶん》に及《およ》ぶ也《なり》　15-26
吾《わ》れ何《なに》をか執《と》らん　9-2
吾《わ》れ女《なんじ》に語《つ》げん　17-8
吾《わ》れ女《なんじ》を以《もっ》て死《し》せりと為《な》す　11-23
吾《わ》れ二臣《にしん》なる者《もの》は皆《み》な欲《ほっ》せざる也《なり》　16-1
吾《わ》れの聞《き》く所《ところ》に異《こと》なるなり　19-3
吾《わ》れの人《ひと》に於《お》けるや、誰《たれ》をか毀《そし》り誰《たれ》をか誉《ほ》めん　15-25
吾《わ》れは隠《かく》す無《な》きのみ　7-23
吾《わ》れは必《かなら》ず汶《ぶん》の上《ほとり》に在《あ》らん　6-9
吾《わ》れは御《ぎょ》を執《と》らん　9-2
吾《わ》れは周《しゅう》に 従《したが》わん　3-14
吾《わ》れは衆《しゅう》に 従《したが》う　9-3
吾《わ》れは点《てん》に与《くみ》せん　11-26
③
吾《わ》れ日《ひ》に三《み》たび吾《わ》が身《み》を省《かえ》りみる　1-4
吾《わ》れ復《ま》た夢《ゆめ》に周 公《しゅうこう》を見《み》ず　7-5
吾《わ》れ将《まさ》に之《こ》れを問《と》わんとす　7-14
吾《わ》れ将《まさ》に仕《つか》えんとす　17-1
吾《わ》れ祭《まつ》りに与《あず》からざれば、祭《まつ》らざるが如《ごと》し　3-12
吾《わ》れも亦《ま》た人《ひと》を加《しの》ぐ無《な》からんと欲《ほっ》す　5-12
吾《わ》れ試《もち》いられず、故《ゆえ》に芸《げい》なり　9-7
吾《わ》れ已《や》んぬるかな　9-9
吾《わ》れ老農《ろうのう》に如《し》かず　13-4
吾《わ》れ老圃《ろうほ》に如《し》かず　13-4
吾《わ》れ少《わか》くして賤《いや》し　9-6
我《わ》れ未《いま》だ之《こ》れを見《み》ざる也《なり》　4-6
我《わ》れ未《いま》だ仁《じん》を好《この》む者《もの》、不仁《ふじん》を悪《にく》む者《もの》を見《み》ず　4-6
我《わ》れ未《いま》だ力足《ちからた》らざる者《もの》を見《み》ず　4-6
我《わ》れ仁《じん》を欲《ほっ》すれば、斯《ここ》に仁《じん》至《いた》る　7-29
我《わ》れ則《すなわ》ち 暇《いとま》あらず　14-30
我《わ》れ其《そ》の両 端《りょうたん》を叩《たた》いて竭《つ》くす　9-8
我《わ》れに非《あら》ざる也《なり》。夫《か》の二三《にさん》子《し》也《なり》　11-11
我《わ》れに於《お》いて何《なに》か有《あ》らんや　7-2, 9-16
我《わ》れに於《お》いて殯《ひん》せよ　10-23
我《わ》れに於《お》いて浮雲《ふうん》の如《ごと》し　7-15
我《わ》れに従《したが》う者《もの》は、其《そ》れ由《ゆう》なるか　5-7
我《わ》れに数年《すうねん》を加《くわ》え、五十《ごじゅう》にして以《もっ》て易《えき》を学《まな》べば、以《もっ》て大《おお》いなる過《あやま》ち無《な》かる可《べ》し　7-16
我《わ》れに陳《ちん》・蔡《さい》に従《したが》いし者《もの》は、皆《み》な門《もん》に及《およ》ばざる也《なり》　11-2
我《わ》れの大賢《だいけん》なるか、人《ひと》に於《お》いて何《なん》の容《い》れざる所《ところ》ぞや　19-3
我《わ》れの不賢《ふけん》なるか、人《ひと》　将《まさ》に我《わ》れを拒《こば》まんとす。之《こ》れを如何《いかん》ぞ其《そ》れ人《ひと》を拒《こば》まんや　19-3
我《わ》れは生《う》まれながらにして之《こ》れを知《し》る者《もの》に非《あら》ず　7-19
我《わ》れは是《こ》れ無《な》き也《なり》　7-27
我《わ》れは賈《こ》を待《ま》つ者也《ものなり》　9-13
我《わ》れは則《すなわ》ち是《こ》れに異《こと》なり、可《か》も無《な》く不可《ふか》も無《な》し　18-8
我《わ》れは其《そ》の礼《れい》を愛《あい》す　3-17
我《わ》れ人《ひと》の我《わ》れを加《しの》ぐを欲《ほっ》せ

ざる也《なり》　5-12
我《わ》れを知《し》る莫《な》きかな　14-36
我《わ》れを知《し》る者《もの》は其《そ》れ天《てん》か　14-36
我《わ》れを博《ひろ》むるに文《ぶん》を以《もっ》てし、我《わ》れを約《やく》するに礼《れい》を以《もっ》てす　9-11
和《わ》を知《し》って和《わ》すれども、礼《れい》を以《もっ》て之《こ》れを節《せっ》せざれば、亦《ま》た行《おこな》う可《べ》からざる也《なり》　1-12
朕《わ》が躬《み》に罪《つみ》有《あ》らば、万方《ばんぽう》を以《もっ》てすること無《な》かれ　20-1
少《わか》き時《とき》は、血気《けっき》未《いま》だ定《さだ》まらず。之《こ》れを戒《いまし》むること色《いろ》に在《あ》り　16-7